든든한 일상을 위한 **성서 읽기**

집밥
바이블

신약 편

송봉운

집밥 바이블 - 신약 편

지은이	송 봉 운
초판 발행	2022년 5월 31일
펴낸이	배용하
책임 편집	배용하
등록	제364-2008-000013호
펴낸 곳	도서출판 대장간
	www.daejanggan.org
등록한 곳	충남 논산시 매죽헌로 1176번길 8-54, 101호
대표 전화	전화 041-742-1424 전송 0303-0959-1424
분류	기독교 ǀ 성서 ǀ 신앙 ǀ 신약
ISBN	978-89-7071-615-2 03230

 값 27,000원

Interpretation of the Scriptures for Everyone's Daily Life

New Testament

Paul Song, Ph.D.

우리가 성서에서
얻을 수 있는
유일한 것은
일상을 바르게 살아가는 데
필요한 지혜다.

구원과 영생이라는 것도
따지고 보면
일상의 연장이며
일상 자체다.

성서를 읽으면서
종교적 열심이나
교회 일에만
집착한 나머지
일상을 등지는 사람이 있다면

그는 성서를 조금도
모르는 것이다.

성서를 문자적으로가 아닌 역사적인 배경을 근거로 풀어낸 해설서로서
누구나 쉽게 읽고 이해할 수 있게 하자는 취지에서
지난 「집밥바이블, 구약편」을 출판한 뒤에
여러가지 아쉬움이 남았습니다.

제가 가르치고 있는 청년들은 물론
교회 안팎에서 저와 성서 스터디를 하고 있는 사람들을 위해서
출판을 재촉한 것이 화근이었던 것 같습니다.

그럼에도 책을 읽은 많은 분이
저에게 좋은 평가와 감상을 전해 주시고
근본주의적이며 문자주의적인 성서 해석만이 널리 퍼져 있는
한국 개신교 환경에서
역사비평적인 성서 해석을 중심으로 하고 있으면서
접근성이 뛰어난 책을 앞으로도 더 출판해달라는 요청을 해 주셨습니다.

물론, 한국어로 쓰인 그대로 믿어 왔고
심지어 미심쩍은 내용조차 무작정 따라야 한다는 신앙으로 살아오신
많은 신자가 읽기에
저의 책은 너무나 충격적이고 자극적이며
거칠게 느껴졌던 것 같습니다.

그래서 전작을 내고 지나온 1년 동안
응원과 격려 못지않게
많은 질타와 훈계를 들었던 것이 사실입니다.

개중에는 메일을 통해 폭언하신 분도 계셨고
저에게 삿대질하는 분도 계셨습니다.
가장 가슴 아픈 것은
제가 목사로 안수를 준 어떤 분조차
책의 내용도 다 읽어보지 않고
저를 비난한 것입니다.

그 와중에 저는 어떤 장로교 교단에서 자의 반 타의 반 탈퇴하며
오래 쌓아온 친분을 허물어야 했습니다.

물론 편협한 신앙을 가진 집단에서 발길을 돌린 것이
잘한 결정이라고 저를 위로해 주시는 분도 계시지만
긴 시간 동안 교제하며 함께 밥을 먹고 함께 예배를 드렸던
가족 같은 분들을 생각하면 안타깝기 그지없습니다.

저의 입장과 저의 글을 이해하지 못하는 것은
먼 곳에 계신 분만이 아닙니다.
오래 교회에서 중직을 맡아 섬기고 계신 친지와 지인 중에도
글이 교회를 세우는 데 도움이 되는 것이 아니라
허무는 데 영향을 줄 수 있을 것이라는 판단으로
제 책을 금서 목록에 넣어야 한다고 하시는 분도 계셨습니다.

이런 일을 경험하고 나니
제가 괜히 이런 책을 쓴 것은 아닌지
괜히 교회를 떠난 분들과 성서 연구를 한 것은 아닌지
잠시 자책하기도 하였습니다.

이처럼, 구약 해설서에 이어 신약 해설서 원고를 준비하면서
제 마음은 큰 갈등에 사로잡혔습니다.

하지만 차분히 기도하는 가운데
제 중심을 주님의 희생, 그 십자가 앞에서 성찰하면서
사회 가운데 지탄을 받고 있으며
젊은이들이 등을 돌리고 떠나고 있는
이 시대 개신교 교회와 신자들이
근본주의, 문자주의, 신비주의에서 떠나
최대한 합리적인 사고를 하는데
저의 이 책과 같은 글이 일조하고 있다는 확신에 이르렀습니다.

최근 자칭 예수라고 하는 이단과 사이비들의
범죄 행각이 만천하에 드러나
사람들에게 큰 충격을 주고 있습니다.

그들은 기존 개신교로부터 많은 것을 차용하고 있습니다.
성서와 찬송가, 성직 명칭을 그대로 가져다 쓰고 있으며
제가 볼 때
근본주의, 문자주의적 성서 해석과 신비주의적 경향 역시

기성 개신교가 모판을 깔아준 것으로 보입니다.

따라서 기성 개신교는 이단과 사이비를 손가락질하고만 있을 것이 아니라
자신의 어떤 부분을 개선해야 하는지 돌아보아야 합니다.
만약 개신교가 탈이성적이며 탈합리적인 요소를 극대화하여
교회 성장을 위해 교인을 현혹하고 이용하려고 한다면
개신교나 이단 사이비나 아무런 차이가 없을 것입니다.

성서는 따져 보며 읽어야 합니다.
쓰인 문자 그대로 믿는 것은 맹신입니다.
제가 개인적으로 경험한 가슴 아픈 일들은 사실 아무것도 아닙니다.

저의 부족한 글을 읽고 단 한 사람이라도
몽롱한 신앙의 길에서 떠나
현실적 감각을 되찾고
실제 생활에서 신앙의 가치와 의미를 찾는 사람이 된다면
저는 기쁘게 여길 것입니다.

이번 책도 저 혼자만의 힘으로는
세상에 나오지 못했을 것입니다.

이제는 장성한 사랑하는 나의 세 아이들, 조인, 아인, 리인,
그리고 세상에서 가장 아름다운 사랑하는 아내,
늘 훌륭한 목사가 되라고 기도하시는 장모님 우정숙 권사님,

늘 응원해 주시는
충만한 신앙의 가정, 정순, 정화, 정미 이모님 댁과
제봉 삼촌과 외숙모께 고개 숙여 감사를 표합니다.

수요 언어 문화 연구 모임의 모든 선생님과 선배님
특히, 저의 책을 애독하시고 피드백을 주셨던
조현용 선생님과 김낭예 선생님!
아쉽게도 이번 책도 정확하고 부드러운 문체를 쓰지 못했지만
앞으로 계속 바른 글, 옳은 글을 쓰도록 배우겠습니다.

작년에 박사가 되신 송기천, 이승렬, 이영노 목사님과의 교제도
책을 쓰는데 많은 격려와 응원이었습니다.

용산의 한 작은 신학원에서부터 알고 지냈던 40년지기
이종민 목사님 외 많은 분,
중국 북경에서부터 30년 넘게 알고 지낸 정영선 선생님 외 귀한 분들,
그동안 물심양면의 후원과 기도를 아끼지 않으신 허영희 권사님 외
추억의 영신교회 중등부 교사 여러분,

그밖에 페이스북 5,000명 친구 중에서
오래 마음의 교제를 나누는 분들,
하종호 선생님, 제이든 가족, 제가 아직까지 미안한 민박사님 외
많은 분께 감사하고

개신교 문제의 심각성을 깨닫고 일터인 광야로 나온 이중직 목사님들,

늘 메신저를 통해서 성서 해석의 난제를 질문하여
제가 더 열심히 연구하도록 채근하시는 분들께도
늘 제게 영감을 주신다는 점에서
깊이 감사 올립니다.

저의 이 특이한(?) 책이 독자들을 만날 수 있도록
매번 힘써 주시는 도서 출판 배용하 대표님께 고맙고

저의 책을 구해 읽어 주신 모든 독자 여러분에게
이 지면을 빌어 감사 올립니다.

이 글은 전적으로
여러분 모두의 것입니다.

부족하지만 제 마음을 드립니다.
사람이 되겠습니다.
더 나은 사람이 되겠습니다.

2023년 5월, 글쓴이

성서 / 성경

구약과 신약으로 된 성경(聖經)이라는 단어 대신 이 책에서는 성서(聖書)라는 단어를 씁니다. 분석과 고찰 대상으로서의 문서(文書)라는 뜻을 부각합니다.

근본주의 (Fundamentalism)

근본주의는 성서를 문자 그대로 이해합니다. 교리를 중시합니다. 성서의 글자까지도 하나님의 영감으로 기록되었기 때문에 한 글자도 오류가 없다는 성경관을 근본주의 성경관이라고 합니다. 혹은 축자영감설(逐字靈感說)이라고 부릅니다. 하지만 성서의 원본은 존재하지 않습니다. 사본이나 번역본을 두고 전혀 오류가 없다고 주장하는 것은 큰 의미가 없습니다. 근본주의 성서 이해의 근본적인 문제가 이것입니다.

자유주의 신학 (Liberal Theology)

독일의 슐라이에르마허가 시작하였으며 성서를 이성과 자연의 원리, 과학, 심리학 등을 통해 이해하려고 합니다. 자유주의 신학은 근본주의를 맹비난합니다. 하지만 과학과 심리학 등의 학문에도 한계가 있습니다. 성서의 모든 내용을 과학적으로 해명할 수 없습니다. 결국 성서는 일정 부분 이상을 신앙적 내러티브로 이해해야 합니다. 근본주의도 자유주의를 맹비난합니다. 그러나 이성적인 이해를 원천적으로 포기할 수는 없습니다. 성서를 최대한 이성적으로 이해하기 위해 연구해야 합니다.

성서 비평 (Biblical Criticism)

성서의 역사적 배경과 진실을 고찰하기 위해서 성서 본문의 문학적 요소, 편집 구조 등을 살피는 학문적인 연구 방법입니다.

성서 사본들을 비교하거나 편집 과정에서 드러난 난점을 해설하는 것이 연구 목적 중 하나입니다. 일반적으로 근본주의적 성서 이해가 신앙적 이해이며 비평적 성서 해설이 이성적이며 논리적인 해설이라고 합니다. 그러나 본서는 비평적 이해를 통해 규명한 성서의 가치를 실천하는 신앙의 삶을 추구합니다. 성서를 비평하는 것 자체에 목적을 두지 않습니다.

간단한 연대표

태고사	족장 시대	왕정 시대	국가 패망	포로기	포로 후기	헬레니즘 시대	로마시대
창조 B.C.20C	B.C20-17C	B.C. 10-6C	B.C.722 (북이스라엘) B.C.587 (남 유다)	B.C. 587-538	B.C. 538 - 333	B.C. 333-63	B.C. 63 -
				포로기 전환기 B.C. 550-500			

목차

66

꼭
성서를 펼쳐 놓고
구절을 찾으면서
읽으세요.

99

마태복음 1:17

이에 그런즉 모든 대 수가 아브라함부터 다윗까지 열네 대요 다윗부터 바벨론으로 사로잡혀 갈 때까지 열네 대요 바벨론으로 사로잡혀 간 후부터 그리스도까지 열네 대더라

꿈은 때로 완전히 다른 차원에서 이루어집니다.

지금부터의 내용은 어떤 분에게 상당히 지루하고 따분한 이야기일 것입니다. 처음부터 지루하고 따분하다고 말하는 책은 아마 이 책이 처음일 것입니다. 하지만 저는 거짓말을 하지 못합니다. 솔직히 이스라엘 민족의 이야기가 한국인과 무슨 상관인지 모르겠다는 분도 계실 것입니다. 하지만 민족, 인종, 언어, 피부의 다름과 무관하게 보편적으로 함께 나눌 만한 이야기가 있습니다. 이스라엘 민족의 역사와 그들의 종교인 유대교에서 파생된 기독교의 경전인 성서를 살펴보면서 이스라엘 민족의 역사와 같은 배경 지식을 다루지 않을 수는 없습니다. 하지만 이 책이 궁극적으로 지향하는 것은 한국인인 우리가 모두 공감할 만한 이야기입니다. 이 책은 교회를 다니는 개신교인뿐 아니라 교회를 다니지 않는 분들까지 고려하고 쓴 것입니다. 그만큼 보편적인 이야기를 하려고 했습니다. **하나님이 존재하고 그가 인류를 위해서 성서를 주셨다면 이스라엘 민족의 이야기로 시작하더라도 결국에는 인류 모두의 이야기로 끝나야 맞습니다. 성서의 내용은 실제로 그렇습니다. 이스라엘 민족 역사로 시작하여 이방인들, 즉, 세계 모든 사람의 이야기로 나갑니다.** 그런 의미에서 지루하고 따분한 타국 역사와 문화, 언어 이야기라고 해도 가능한 한 관심을 두고 읽어주시기를 바랍니다.

바벨론 제국에 패망했던 이스라엘은 길고 긴 세월 동안 인간 왕이 일어나 나라를 재건하기를 바랐지만, 그 꿈은 끝내 이루어지지 않았습니다. 아래 적

은 긴 글은 이들이 얼마나 간절하게 인간 왕을 기대했는지 알게 합니다. 애석하게도 그들이 기대하는 인간 왕은 나타나지 않았지만, 대신 그들은 다른 차원에서 그들의 꿈이 이루어졌음을 성찰하게 됩니다.

족보(族譜, genealogy, pedigree chart)는 어떤 가문의 혈통, 혈맥을 시간의 흐름에 따라 차례대로 기록한 것을 말합니다. 신약성서를 펼치면 긴 족보가 나오는데 처음 성서를 읽는 분은 이게 무엇인지 알 수가 없어 따분함을 느낄 것입니다. 마태복음은 원래 유대인 독자를 위해서 쓴 글로서 글의 첫머리부터 유대인들이 중시하는 혈통을 반영하고 있습니다.

마태복음 1:1은 이 단락의 내용이 "아브라함과 다윗의 자손 예수 그리스도의 계보"라고 합니다. 이 말은 글쓴이가 민족 시조인 "아브라함"과 성군(聖君) "다윗" 왕과 "예수 그리스도"에 대해서 지대한 관심이 있음을 노출합니다. 그 아래로 **14명씩 그룹을 지어 놓았는데**(마 1:17) **다소 억지스러운 느낌이 있습니다.**

아브라함 ～ 다윗까지 14대, 14명이고 솔로몬 ～ 여고냐까지 14대인데 글쓴이는 "다윗은 우리야의 아내에게서 솔로몬을 낳"았다(마 1:6)면서 두 번째 그룹을 다시 "다윗부터"(마 1:17) 시작하고 있습니다.

> **다윗**, 솔로몬, 르호보암, 아비야, 아사
> 여호사밧, 요람, 웃시야, 요담, 아하스
> 히스기야, 므낫세, 아몬, 요시야, 여고냐(1 + 14명)

여기에서 우리는 **글쓴이의 의도**를 읽게 됩니다. **글쓴이는 작위적으로 아브라함과 다윗과 예수님을 연결하는 데 치중했습니다.** 그런데 거기에 너무 치중하다가 **사이사이에 빼먹은 사람**이 생겼습니다! 정확한 족보라면 "요람"과 "웃시야" 사이에는 아하시야, 요아스, 아마샤가 있어야 합니다. **이 사람들은 왜 뺐습니까?** 성서는 조금도 틀림이 없어야 하지 않습니까?

지난 『집밥 바이블–구약 편』에서도 말씀드린 것과 같이, **성서에 적힌 글 그대로 역사적 사실로 받아들이면 큰 문제에 봉착하게 됩니다.** 저는 결코 성서 전체가 거짓이라고 말하는 것이 아닙니다. 거짓이라고 생각하는 책에 관한 호의적인 해설을 이렇게 수백 쪽이나 적어내는 사람은 없습니다. 저는 단지 특정한 식으로만 성서를 이해하는 것에 심각한 문제가 있다는 말씀을 드리고 싶습니다. 대부분의 문자주의자, 축자영감(逐字靈感, verbal inspiration)을 맹신하는 근본주의 개신교인들은 성서의 문자 하나하나에까지 오류가 없다고 주장합니다. 그러나 일단 **성서의 원본이 존재하지 않습니다!** 사본(寫本)간의 내용, 구성 배열의 차이가 존재한다는 것을 안다면 오류가 없다는 주장을 할 수 없습니다.

성서를 읽을 때 독자는 **그 안에 들어있는 가치**를 찾아야 합니다. 물론 그 가치는 특정한 역사적 배경과 특별한 시점을 살았던 사람들의 사고를 바탕으로 맺어진 것입니다. 긴 시간이 흐르면서 다양한 관점을 가진 많은 사람이 성서 텍스트의 형성에 참여했기 때문에 때로 문장과 문장, 단락과 단락의 내용이 서로 충돌하는 때도 나타납니다. 그리고 위와 같이 자신이 하고 싶은 이야기에 몰입하다가 중요한 사실을 건너뛰는 일도 있습니다. 이런 사실이 성서의 가치를 떨어뜨립니까? 저는 그렇지 않다고 생각합니다. **쓰인 문자 그대로 받아들이려고 하지 말고 그 안에 숨은 의미, 즉, 글쓴이들이 왜 이런 방식으로 글을 썼으며 이런 방식의 글쓰기를 통해서 무엇을 독자에게 전달하려고 했는지 집중하면 됩니다.** 그럴 때 비로소 읽기를 통해 성서 전체가 우리에게 전하는 메시지가 드러납니다. 저는 **하나님의 말씀이 바로 이 메시지, 이 가치라고 생각합니다.**

성서는 독특한 책이기 때문에 읽는 방식에 문제가 생기면 제대로 이해할 수 없고 아전인수식으로 해석하게 됩니다. 그 어떤 책 못지않게 유명한 성서라는 책을 문자적으로 제멋대로 이해하여 사회에 물의를 일으킨 사이비 종교가 얼마나 많습니까? 놀랍게도 그런 식으로 성서를 이해하는 것은 다른 이들이 아닌 기성 개신교 근본주의자들이 그들에게 모범으로 보여 준 것입니다. 이런 의미에서 근본주의자들에게 이단·사이비를 손가락질할 자격이 있을까 싶습니다. 적어도 **성서 해석 방식에 있어서 그들과 사이비는 거의 판박이입니다.**

다시 마태복음 1장의 족보 이야기로 돌아갑시다.

글쓴이는 무리해서라도 14, 14, 14라는 숫자를 맞추려고 합니다. 그리고 예수님이 아브라함과 다윗의 계보를 잇는 적통이라는 점을 부각합니다. **저는 성서에 나오는 숫자 맞추기에 대해서 큰 관심을 느끼지 못합니다.** 마태복음 1장처럼 억지로 꿰맞추려고 하지 않아도 성서의 메시지를 파악하는 데 아무 문제가 없기 때문입니다. **성서의 숫자는 음모론이나 종말론에 자주 사용됩니다. 지구 멸망까지 몇 년이 남았다거나 예수님이 이 땅에 다시 오실 때까지 몇 달이 남았다거나 하는 말들은 대개 모두 사기꾼의 거짓말입니다.** 마태복음 1장의 저자가 14라는 숫자를 제시한 것은 하나님이 예수님의 탄생을 완벽하게 계획하셨다고 느끼게 하려는 것입니다. 14는 7의 배수이며 성서의 저자들이 애용하는 완전수로 알려져 있습니다. 인기가 얼마나 좋은지 성서의 첫 번째 책부터 마지막 책까지, 즉, 창세기부터 요한계시록까지 많이 나옵니다.

일곱 좋은 암소는 **일곱** 해요 **일곱** 좋은 이삭도 일곱 해니 그 꿈은 하나라(창 41:26)

네가 본 것은 내 오른손의 **일곱** 별의 비밀과 또 **일곱** 금 촛대라 **일곱** 별은 **일곱** 교회의 사자요 **일곱** 촛대는 **일곱** 교회니라(계 1:20)

"일곱"이 쓰인 구절은 성서 전체에 161절, 205회나 됩니다. 유대인들이 쓴 탈무드에도 일곱 천사 이야기 같은 것이 나오는데 제가 볼 때 페르시아 문화의 영향을 받은 것으로 보입니다. 물론 페르시아인이나 유대인들만 일곱을 중시하는 것이 아니라 그리스 문화에서도 일곱이 매우 중요한 의미가 있는데 무엇에도 의존하지 않는 수로서 독립적인 숫자이며 신성한 수로 여겨왔습니다. 7의 배수인 14에 대해서는 그것이 "다윗"을 의미하는 것이라는 주장이 있습니다. "다윗"은 히브리어 알파벳으로 달렛(ㄱ) + 와우(ㅣ) + 달렛(ㄱ)인데 각각 4, 6, 4를 뜻하며 이것을 더하면 14가 된다는 것입니다. 히브리어에는 숫자를 의미하는 글자가 따로 없고 히브리어 알파벳으로 숫자를 표시합니다. **마태복음 1장에서 저자가 의도적으로 "다윗"을 연거푸 강조했기 때문에 족보를 14명씩 추렸을 가능성이 있습니다.** 그러나 숫자에 치중하는 것은 별로 유익할 것이 없습니다! 마치 퍼즐을 가지고 노는 것처럼 이리저리 맞추는 것이 재미는 있습니다만 이미 우리가 살펴본 것처럼 억지로 맞추다가 뭔가를 빠뜨리게 됩니다. 우리가 성서를 읽는 것은 그 안에 들어있는 가치를 탐구하기 위한 것인데 숫자 놀이에 빠져 삼천포로 가 버리는 경우가 적지 않습니다. **숫자 14가 다윗을 암시하는 것이라면서 신기하다고 여기는 것보다는 이 본문 단락에서 저자가 왜 다윗을 강조했는지 살피는 것이 더 중요합니다.**

유대인들이 다윗의 후손 중에서 메시아가 등장할 것을 고대한 것은 상당히 긴 역사가 있습니다. 유대인들은 메시아가 반드시 다윗의 혈통에서 등장해야 한다고 생각했습니다. 그에 따르면 지금 한국에서 자칭 메시아니 예수라고 하는 자들은 다 사기꾼입니다. 그들은 다윗의 후손이 아니기 때문입니다.

국가가 패망한 뒤에 이스라엘 민족은 페르시아 제국이 바벨론을 정복하고 그들에게 일정한 자유를 줄 때까지 노예 같은 삶을 살았습니다. 새 주인의 아량에 힘입어 고향으로 귀환한 그들은 하나님이 그들의 잘못을 용서하고 새로운 미래를 열어 주신 것으로 생각했습니다. 그래서 그들이 여전히 제국의 통치 아래에 있다는 것을 일부러 잊으려고 했던 것 같습니다. 그들의 최종적인 목적은 국가를 재건하고 다윗 왕조의 명맥을 잇는 것이었습니다. 그들에게 있어서 최고의 선왕(善王)이며 성군(聖君)은 역시 다윗입니다.

> 여호와께서 그의 왕에게 큰 구원을 주시며 **기름 부음 받은 자에게** 인자를 베무심이여 **영원하도록 다윗과 그 후손에게로다** 하였더라(삼하 22:51)

사무엘하 22:51은 다윗의 노래 중의 한 구절인데 민족의 소원이 다윗 왕조의 지속이라는 것을 엿보게 합니다. 이 민족에게 있어서 왕의 대표는 역시 다윗이며 왕권의 정통성 역시 오로지 다윗에게 속합니다. **이들이 처음부터 신적 존재로서의 메시아를 갈망한 것으로 보이지는 않습니다.** 이들은 단지 선왕(善王)의 명맥을 지속하기만을 추구했습니다. 선왕(善王)의 "평강"은 바로 백성의 평강을 의미합니다.

> … 다윗과 그의 자손과 그의 집과 그의 왕위에는 여호와께로 말미암는 **평강이 영원히 있으리라**(왕상 2:33)

이스라엘 민족의 이런 바람이 큰 좌절을 맞게 된 것은 역시 국가의 패망입니다. 백성은 국가 패망의 이유를 왕의 실정(정치적 실패)에서 찾았습니다. 왕정 자체를 불신하게 된 것도 이때입니다. 물론 과거 사회에 있어서 왕이 없는 나라는 상상할 수 없으므로 긴 시간이 지나지 않아 다시 왕을 옹립할 필요성을 제기하게 되지만 말입니다.

왕에 대한 실망감과 왕정을 포기하는 당시의 심정은 예레미야 22장의 몇 구절에서 엿볼 수 있습니다.

> 여호와께서 이와 같이 말씀하시니라 너희는 이 사람이 자식이 없겠고 그의 평생 동안 형통하지 못할 자라 기록하라 이는 그의 자손 중 형통하여 **다윗의 왕위에 앉아 유다를 다스릴 사람이 다시는 없을 것임이라** 하시니라(렘 22:30)

예레미야 22:30은 바벨론에 의하여 국가가 패망했을 때의 극한 절망감을 엿보게 합니다.(렘 22:25) 여기에는 **다윗의 후손이 끊어질 것이라는 전망이** 담겨 있습니다. 예레미야 33장에도 살펴볼 만한 구절이 있습니다.

> 야곱과 내 종 다윗의 자손을 버리고 **다시는 다윗의 자손 중에서 아브라함과 이삭과 야곱의 자손을 다스릴 자를 택하지 아니하리라** 내가 그 포로된 자를 돌아오게 하고 그를 불쌍히 여기리라(렘 33:26)

예레미야 33:26에서도 "다시는 다윗의 자손 중에서 … 다스릴 자를 택하지 아니하리라"라고 말합니다. 이처럼 국가 패망, 왕정 포기와 더불어 다윗 계보의 왕 옹립 거절이라는 개념들은 모두 비슷한 시대 배경을 가지고 있습니다. 그러나 **시대가 바뀌고 바벨론이 패망하자 사라졌던 기대가 다시 움트기 시작합니다. 그것은 국가의 재건과 다윗 왕조의 부활입니다.**

> 내가 이로 말미암아 다윗의 자손을 괴롭게 할 것이나 **영원히 하지는 아니하리라** 하셨느니라 한지라(왕상 11:39)

이것은 하나님의 마음이 바뀌어 다윗 후손에 관한 생각을 바꾸신 것이 아니라(민 23:19 = 후회하지 않는 하나님; 삼상 15:11,35 = 왕을 세웠음을 후회하는 하나님) **성서를 쓴 저자의 시각이 새로운 시대와 환경에 따라 변한 것**

입니다.

> 하늘의 만상은 셀 수 없으며 바다의 모래는 측량할 수 없나니 내가 그와 같
> 이 내 종 다윗의 자손과 나를 섬기는 레위인을 번성하게 하리라 하시니라(렘
> 33:22)

어떤 이는 예레미야 33장에 왕에 대한 실망과 다윗 후손을 왕으로 옹립하
는 것에 대한 반대만 있는 줄 아는데, 사실 그 안에는 예레미야 33:22와 같이
전혀 다른 목소리도 들어있습니다. **이런 현상은 성서 본문이 긴 시간 동안 형
성되면서 서로 다른 생각을 하는 편집자들에 의해 편집되지 않고는 일어날 수
없는 일입니다.** 특히 예레미야 33:21과 22는 완전히 다른 이야기를 하고 있
습니다.

> **다윗에게 세운 나의 언약** … 깨뜨려; 아들이 **없게 할** 수 있겠으며(렘 33:21)
> **다윗의 자손** … **번성하게** 하리라; 바다의 모래 … 측량할 수 없나니(렘 33:22)

예레미야 33장에는 계속 "여호와의 말씀이 예레미야에게 임하니라"라거
나 "여호와께서 말씀하시니라"와 같은 패턴으로 하나님이 연거푸 말씀하시
는데 그 **내용이 서로 얽혀 있어서 글이 상당히 복잡하게 편집되었음**을 감지
할 수 있습니다. 주로 1절부터 시작하는 상반부에 **회복과 희망적인 메시지가**
들어있고 중간 이하, 하반부에 **절망적이며 암울한 내용**이 들어있어서 하반부
를 먼저 작성한 후에 상당한 시간이 흘렀고 나중에 다른 이들이 상반부를 작
성하여 덧붙인 것 같습니다. 물론 세부적으로 개별 구절들이 상당히 많이 편
집되었기 때문에 이렇게 간략하게 정리하는 것도 완벽하지는 않습니다. 예레
미야 33장 각 구절의 세밀한 분석은 절 단위가 아닌 어구 단위로 해야 하며
이를 위해서는 더 많은 지면이 필요합니다. 예레미야 33장에는 메시아로서의

예수 그리스도를 언급할 때 자주 거론하는 유명한 구절도 들어있습니다.

> 여호와의 말씀이니라 보라 내가 이스라엘 집과 유다 집에 대하여 일러 준 선한 말을 성취할 날이 이르리라 **그날 그때에 내가 다윗에게서 한 공의로운 가지가 나게 하리니** 그가 이 땅에 정의와 공의를 실행할 것이라 그날에 **유다가 구원을 받겠고 예루살렘이 안전히 살 것이며** 이 성은 여호와는 우리의 의라는 이름을 얻으리라 여호와께서 이와 같이 말씀하시니라 **이스라엘 집의 왕위에 앉을 사람이 다윗에게 영원히 끊어지지 아니할 것이며** 내 앞에서 번제를 드리며 소제를 사르며 다른 제사를 항상 드릴 레위 사람 제사장들도 끊어지지 아니하리라 하시니라(렘 33:14-18)

여기 언급한 "다윗에게서(뻗은) 한 공의로운 가지"는 일차적으로, **예수님을 예언한 것이라고 보기 어렵습니다.** 이것은 위에서 살펴본 것처럼 **고향으로의 귀환 이후 다윗 후손 중의 한 왕을 옹립하려는 당시 사람들의 의지를 반영**합니다. 귀환기에 다윗 혈통이면서 왕 후보자로 주목받은 사람은 **스룹바벨**이라는 사람이었을 것입니다. 그는 이스라엘 백성의 첫 번째 귀환자들을 인솔하였습니다. **한껏 고취된 분위기에서 사람들을 이끄는 사람이 심지어 다윗의 후손이라니! 백성들이 그를 지지하지 않을 이유가 없었을 것입니다.**

> 만군의 여호와가 말하노라 스알디엘의 아들 내 종 스룹바벨아 여호와가 말하노라 그날에 내가 너를 세우고 너를 인장으로 삼으리니 이는 내가 너를 택하였음이니라 만군의 여호와의 말이니라 하시니라(학 2:23)

학개서는 **당시 스룹바벨의 인기**를 엿보게 합니다. 왕의 혈통인 그는 백성과 함께 무너진 성전을 건축하며 패망한 국가의 중흥을 바랐습니다. 예레미야 33:14-18도 비슷한 시기에 편집되어 예레미야서에 추가되었을 것입니다.

당시 이스라엘 사람들은 나라의 독립과 중흥을 절실하게 바랐던 것입니다.

> 여호와께서 그 왕에게 큰 구원을 주시며 기름 부음 받은 자에게 인자를 베푸
> 심이여 영원토록 다윗과 그 후손에게로다(시 18:50)

그렇다면 **페르시아가 이들의 독립을 가만히 보고 있었을까요?** 그럴 수는 없었습니다. **바벨론과 비교해서 상당히 관대한 페르시아였으나 인내의 한계가 있는 법입니다.** 결국, 스룹바벨은 역사의 무대에서 갑자기 사라져 버리고 맙니다. 아마도 제국에 의해서 숙청당했을 것입니다. **제국은 그런 것입니다. 대단히 포용적인 것 같지만 누군가 통치권을 부정할 때는 가차 없이 응징합니다.**

인간 왕을 옹립하고자 했던 기대가 꺾였음에도 여전히 비슷한 흐름은 명맥을 유지했습니다. 구약 시대에서 신약 시대로 넘어오면서 **초월적인 메시아를 기대하게 된 이유는 인간 왕을 옹립하려는 시도가 실패했기 때문입니다. 인간 왕에서 초월적 메시아로 기대의 대상이 바뀌는 이런 흐름은 하나님이 다윗의 후손을 분명히 약속했음에도 번번이 그 약속이 성취되지 않는 것에 대한 해명이 되었습니다.** 이런 역사 배경을 뒤로하고 마태복음 1장의 족보가 쓰인 것입니다.

마태복음 1장의 족보를 통해서 우리는 결이 다른 두 가지 기대를 감지하게 됩니다.

첫째, **다윗 혈통인 예수님에 대한 정치적인 기대.**

둘째, **초월적 메시아인 예수님에 대한 신앙적인 기대.**

민족 시조인 "아브라함"부터 족보를 시작하고 있는 것을 볼 때 글쓴이가 민족적이며 정치적인 관점에서 이야기를 풀어가고 있음을 알 수 있습니다.

스스로 유대인으로서 자민족이 지대한 관심이 있는 화제를 끌어와서 글의 맨 처음에 배치한 것입니다. 예수님을 향한 유대인들의 첫 번째 질문은 **"다윗의 후손이라는 그가 민족에게 정치적 독립을 가져올 수 있나?"**였습니다. 그런데 어디선가 아주 작은 소리로 "아마 안될 거야"라는 소리가 들려오는 것 같습니다.

글쓴이는 여기에서 멈추지 않고 이어지는 글에서 초월적 메시아로서의 예수님 이야기로 넘어갑니다. 예수님이 "성령으로 잉태"되었다고 주장합니다.(마 1:18) 예수님이 정말 신적 존재라면 불가능한 일이 아닐 것입니다. 글쓴이는 이제야 본격적으로 자신이 하고 싶은 이야기를 시작합니다. 다시 한 번 천사를 등장시켜 신적 "잉태"를 언급하고(마 1:20) **예수님이 사람들을 정치적인 독립으로 이끌 존재가 아니라 그들을 "죄에서 구원할" 존재라는 것을 밝힙니다.**(마 1:21) 마지막으로 예수님이 신적 존재, 초월적 메시아라는 점을 구약성서(사 7:14)를 인용하여 명확히 합니다.(마 1:23 "하나님이 우리와 함께 계시다.") **글쓴이에 따르면 예수님은 하나님의 현현이자 하나님 자신입니다.** 하나님은 인류를 위해서 잔인하게 자기 아들만 보내 죽게 하고 뒷전에서 뻔뻔히 보고 있는 존재가 아니라 그 스스로 이 땅에 내려와 멸시와 천대, 죽임을 당한 그 자신이라는 것입니다. 따라서 **글쓴이의 주장에 따르면, 예수님은 하나님의 아들이면서 반드시 하나님 자신이셔야 합니다.**

글쓴이는 마태복음 1장의 첫머리에서 독자들의 기대에 부응하여 **그들이 긴 세월 동안 고대하던 다윗 혈통인 왕이 바로 예수 그리스도라고 선전했습니다.** 유대인들은 그 말에 귀를 기울일 수밖에 없었습니다. 그를 통하여 잃어버린 국권을 되찾을 수 있을 것이라는 기대가 팽배했습니다. 그러나 우리가 이미 아는 것과 같이 **예수님의 등장은 그들의 정치적인 기대에 만족을 주기 위한 것이 아니었습니다.** 예수님은 그들이 볼 때 너무나 무기력하게 십자가라는 형틀에서 사망하였습니다. 사람들은 다시 한번 복습하게 됩니다. **"신은 정치적인 지도자를 허락하지 않는다! 신이 우리의 지도자이기 때문이다!"** 그들은 메시아가 정치적인 바람을 이뤄주는 존재가 아닐 수 있다고 생각합니다. **정치적인 메시아사상이 초월적인 메시아사상으로 진화합니다.** 그리고 주류 사상이 됩니다. 그도 그럴 것이 정치적으로 다윗의 왕권은 지속하지 않았고 단절되었기 때문입니다. 이제 그들에게 남은 것은 영적인 계승입니다.

긴 시간 동안 발전한 메시아 개념을 통해 사람들이 깨달은 것은 **인간의 왕좌는 영원하지 않으며 치명적인 한계를 노출한다는 것입니다. 신의 뜻은 인간의 왕좌를 유지하는 데 있지 않고 오히려 권력을 유지하려고 애쓰는 자들을 궤멸시킨다는 것입니다.** 마태복음은 일면 정치적 기대를 담은 글로도 보이지만 정치적 기대가 꺾이면서 나중에는 **실망을 초월적 소망으로 승화하는 단계로 나아갑니다. 마태복음 1장에서 이것을 읽어낼 수 있다면 이제 이 글은 더는 독자에게 따분한 글일 수 없습니다.** 그 안에는 **인간의 정치적이며 세속적인 기대의 흔적이 고스란히 남아있으면서도 그것이 결국 절망에 봉착했으며 그 대안으로 어떤 성찰을 제시하고 있는지** 명확하게 나타나 있습니다. 마태복음 1장은 세속적인 기대가 반복적으로 좌절에 봉착할지라도 때로는 획기적인 성찰을 빚어낼 수도 있다고 말합니다.

🐝 **신앙은 당신을 절망으로부터 성공이 아닌 성찰로 이끕니다.** 제가 목사가 되기 전, 전도사였을 때 있었던 일입니다. 한 부부가 교회에 출석하고 있었는데 아기가 생기지 않았습니다. 결혼한 지 오래되었는데 아기가 생기지 않자 성가시게 물어보는 사람이 늘어났다고 합니다. 그래서 겉으로는 일부러 아기를 갖지 않는다고 했지만, 사실은 누구보다도 절실히 아기를 바라고 있었습니다. 교회에 와서 늘 간절하게 기도했습니다. 시험관을 통한 체외수정도 여러 번 했지만 아무 성과도 없었습니다. 체외수정을 네 번인가 실패하고

그들이 교회에 나왔는데 담임목사님도 저도 차마 아무 말도 건네기 어려웠습니다. 그런데 오히려 그 둘의 얼굴이 아주 밝았습니다. 예배가 끝나고 같이 식사를 할 때 어떤 권사님이 주책맞게 아기에 관해서 묻자 그들은 아무렇지도 않다는 듯이 이런 말을 했습니다.

> "저희는 입양을 알아보기로 했습니다. 꼭 우리가 낳아야 우리 자식이라는 생각을 버리기로 했어요. 아마도 하나님이 부모가 없는 예쁜 아이와 만나게 하시려고 저희에게 아기를 안 주시는 것 같습니다."

그 말을 들은 모두는 정말 깜짝 놀랐습니다. 옆에서 누군가 조그마한 소리로 "그래도 자기가 낳아야 자식이지 …라고 중얼거린 것 같은데 부부에게서 느껴지는 당당함 때문에 그런 소리는 하나 마나 한 것이 되어 버렸습니다. 그 부부는 아주 똘똘하게 생긴 아이를 입양했고 원래 살던 곳에서 조금 멀리 떨어진 곳으로 이사하면서, 다니던 교회는 더는 출석하지 못하게 되었습니다. 마지막으로 그들의 가정에 심방을 갔을 때 담임목사님이 왜 이사하였느냐고 묻자 부부는 아이를 입양한 것을 교인들이 다 아는데 혹시라도 아이가 자라서 감당하기 어려운 말을 듣게 되면 어떻게 하나 걱정이 되어 그렇게 했다고 했습니다. 평상시에 상대방에 대한 숙고 없이 경솔하게 말하는 교인들의 모습이 떠올라 담임목사님과 저의 얼굴이 순간 붉게 달아올랐습니다.

현관문을 나서는데 **부부의 얼굴에서 빛이 나는 듯했습니다. 남들은 알지 못하는 아주 중요한 무엇인가를 깨달은 것 같은 모습이었습니다.** 불임이라는 긴 고통이 그들에게 어떤 성찰을 가져다준 것 같았습니다. 여전히 누군가는 이 부부가 더는 임신할 방법이 없어 입양이라는 방식으로 정신 승리를 했다고 말할지도 모릅니다. 하지만 제가 보기에 **이 부부에게는 일반 사람이 가지고 있는 자식에 대한 개념을 초월한 무엇인가가 있었습니다.** 최소한 누구도 그들이 어쩔 수 없이 입양한 것이라고 감히 말할 수 없는 그런 느낌을 받았습니다.

시간이 꽤 지난 뒤에 우연히 입양했던 그 부부를 만나게 되었습니다. 아이도 볼 수 있었습니다. 얼마나 사랑과 정성으로 키웠는지 아이가 훌륭하게 잘 자랐습니다! 불임으로 고통스럽게 지내던 그들은 어느 날 **하나님께서 자신에게 아기를 허락하지 않은 것이 아니라, 부모의 보살핌 없이 자랐을 한 아이를 사랑과 정성을 다해 키우도록 그들을 선택하셨음을 깨달았다**고 말했습니다. 이는 정말 아무나 소유할 수 없는 놀라운 성찰입니다!

이스라엘 백성들도 긴 시간 동안 인간 왕을 세우고 왕정 국가를 재건하기를 간절히 바랐습니다. 심지어 어떤 이들은 바벨론이나 페르시아 못지않은 제국을 꿈꾸기도 했습니다. **그러나 애석하게도 그것은 끝내 이루어지지 않았습니다. 하지만 이야기는 절망으로 끝나지 않습니다.** 인간 왕을 고대하는 정치적인 소망이 권력-초월적인 메시아 신학으로 나아갔기 때문입니다. 이는 **대단한 사상사적 도약**입니다. 전자는 일반적인 일개 민족 중심적인 정치 철학 개념이지만 후자는 우주적인 담론입니다.

긴 시간 동안 반복되는 고통은 우리로 절망에 빠지게 합니다. **아마 상황은 앞으로도 나아지지 않을 것입니다.** 유일한 돌파구는 우리 밖이 아니라 우리 안에서만 찾을 수 있습니다. 신이 부여한 고통의 의미를 최대한 긍정적으로 사고해 보는 것입니다. **사실 이것은 대단히 어려운 일입니다.** 사람은 고통스러우면 입술에서 원망이 먼저 튀어나오기 마련입니다. **하지만 고통에 몸부림치다가 때로는 획기적인 성찰로 나아가기도 한다**고 성서는 말합니다. 우리가 바라던 것 이상의 의미와 가치가 선물처럼 주어지기도 한다고 말입니다. **제가 이것을 선물이라고 말하는 것은 모든 이에게 이런 깨달음이 주어지는 것은 아니기 때문입니다.** 하지만 그 깨달음을 소유한 사람에게서는 빛이 납니다. 당당함이 느껴집니다. 심지어 어떤 특권 의식까지 감지됩니다. 대단한 비밀을 소유한 사람처럼 보입니다. 그 삶 가운데 일반적인 가치 구조에서는 생성될 수 없는 어떤 신비로움이 감돕니다. 저는 상당히 이성적인 사람이지만 이것만은 신비로운 신적 은총이라고 고백할 수밖에 없습니다. 고통과 절망을 초월하고 더 높은 가치를 향하는 것 말입니다! 진정한 신의 은총입니다! 宗

이에 선지자 예레미야를 통하여 말씀하신바 / 라마에서 슬퍼하며 크게 통곡하는 소리가 들리니 라헬이 그 자식을 위하여 애곡하는 것이라 그가 자식이 없으므로 위로받기를 거절하였도다 함이 이루어졌느니라 / 헤롯이 죽은 후에 주의 사자가 애굽에서 요셉에게 현몽하여 이르되 / 일어나 아기와 그의 어머니를 데리고 이스라엘 땅으로 가라 아기의 목숨을 찾던 자들이 죽었느니라 하시니 / 요셉이 일어나 아기와 그의 어머니를 데리고 이스라엘 땅으로 들어가니라 / 그러나 아켈라오가 그의 아버지 헤롯을 이어 유대의 임금 됨을 듣고 거기로 가기를 무서워하더니 꿈에 지시하심을 받아 갈릴리 지방으로 떠나가 / 나사렛이란 동네에 가서 사니 이는 선지자로 하신 말씀에 나사렛 사람이라 칭하리라 하심을 이루려 함이러라

시골 출신 예수님을 서울 출신으로 만든 이유

어떤 분은 예수님이 시골에서 태어나셨다고 하면 화를 냅니다. 예수님을 모욕하지 말라면서요. 그에게 있어 예수님은 똑똑하고 지적인 차도남(차가운 도시의 남자)의 이미지일지도 모르겠습니다.

정도의 차이는 있지만, **우리 각자는 나름대로 자신이 그리는 예수님의 이미지를 가지고 있습니다.** 신약성서를 쓴 2,000여 년 전 사람들도 그랬습니다. 예수님을 정치 지도자 비슷하게 묘사한 사람이 있는가 하면 마법사처럼 그린 사람, 다정다감한 친구처럼 설명한 사람도 있습니다. 예수님이 스스로 쓴 글은 하나도 없고 모두 제삼자가 예수님에 관해서 쓴 글뿐이라서 어느 것이 완전히 정확하다고 말하기 어렵습니다. 많은 이가 각자 예수님에 대해서 말하다 보니까 성서가 알록달록 여러 가지 색깔이 섞인 모자이크처럼 되어 버렸습니다.

성서는 다양한 그림을 모은 화집이라고 할 수 있습니다. 한 권의 두꺼운 화집에 바로크, 로코코, 고전파, 낭만파, 인상파 화풍의 그림이 섞여 있는 것과

같습니다. 화풍이 같아도 각 그림은 작가에 따라 적지 않은 차이를 보입니다. 바로크라고 해도 루벤스, 렘브란트, 귀도 레니의 그림은 다릅니다. 낭만주의라고 해도 고야와 블레이크의 차이가 있으며, 인상파로 묶지만, 세잔과 르누아르의 차이점이 있습니다. 구약성서의 경우, 본문 한 단락 안에, 심지어 한 문장 안에 서로 다른 저자의 주장이 들어있어서 세심하게 구분하지 않으면 어떤 부분이 제사장 문헌인지 어떤 내용이 신명기 역사가의 주장인지 알 수 없습니다. 성서를 기록한 시기도 마찬가지입니다. 한 단락 안에 왕정 시대의 글과 국가 패망 이후의 글이 섞여 있어서 잘 구분해야 합니다.

신약성서는 글의 형성 시기가 구약성서보다 짧으므로 시기 구분이 상대적으로 쉽습니다만 그래도 여러 저자가 하나의 글에 손을 댄 경우가 있어서 누가 어떤 목적으로 어떤 부분을 썼는지 잘 살펴야 합니다.

사람들은 글쓴이가 유대인들을 위해서 마태복음을 썼다고 생각합니다. **특정한 독자를 의식하면서 성서를 썼다는 말입니다.** 어휘와 화법이 독특해서 정말 유대인들에게 최적화되었다는 느낌을 줍니다.

신약 시대의 유대계 그리스도인들은 "예루살렘 교회"(행 8:1)와 같은 집단을 중심으로 활동했습니다. 유대교를 믿다가 기독교로 개종한 사람들은 동족 중 더 많은 사람이 기독교인이 되기를 바랐습니다. 마태복음은 구약성서의 구절을 많이 인용하고 있는데 **구약성서를 모르는 사람이 들으면 금방 이해하지 못할 것입니다.** 마태복음 2:17은 노골적으로 구약의 예레미야서를 인용하여 어떤 주장을 하고 있습니다.("이에 선지자 예레미야를 통하여 말씀하신바") 마태복음 2:18 이하에서 인용한 구절은 예레미야 31:15입니다.

여호와께서 이와 같이 말씀하시니라 라마에서 슬퍼하며 통곡하는 소리가 들

리니 라헬이 그 자식 때문에 애곡하는 것이라 그가 자식이 없어져서 위로받기를 거절하는도다(렘 31:15)

라마에서 슬퍼하며 크게 통곡하는 소리가 들리니 라헬이 그 자식을 위하여 애곡하는 것이라 그가 자식이 없으므로 위로받기를 거절하였도다 함이 **이루어졌느니라**(마 2:18)

예레미야 31:15는 끔찍한 이야기입니다. 부모들이 전쟁통에 자식을 잃었습니다. 이는 **바벨론에 의한 국가의 패망**을 배경으로 합니다. 국왕이 사라지자 **'하나님 = 왕'**이라는 주장이 나타납니다.(렘 31:1 "내가 … 이스라엘 모든 종족의 하나님이 되고 그들은 내 백성이 되리라") 물론 예레미야 31장 전부가 슬프고 침울한 분위기인 것은 아닙니다. 예레미야 31:16-17 같은 구절은 위로와 소망을 말합니다. '울음소리와 … 눈물을 멈추라'라고 말합니다. 이는 예레미야 31:15를 쓴 역사적 시점과는 또 다른 시점에 추가한 글들입니다.(렘 31:16 "대적의 땅에서 돌아오리라", **귀환기**)

마태복음 2장을 쓴 사람은 **예레미야 31장에서 단 한 구절(렘 31:15)만 인용**했습니다. 자세하게 덧붙인 해석도 없습니다. 당시 예레미야의 "라헬" 이야기는 이미 널리 알려져 있었을 것입니다. 유대인이라면 이 이야기를 잘 알고 있었을 것입니다. 라헬은 유대인의 조상 야곱의 아내로 오랫동안 아이를 낳지 못해 고통받았던 여자입니다.(창 30:1 "내가 죽겠노라") 자식이 없는 것은 당시 문화에서는 신의 저주였습니다. 얼마나 자식을 간절히 원했는지 하녀와 남편을 동침하게 했습니다. 그리고 그 하녀가 낳은 아기를 자기 아기로 여겼습니다.(창 30:3-8) 이 오래된 이야기를 통해서 **라헬은 아기가 없어 고통을 받는 여자의 대명사**가 되었습니다. 물론 그녀도 나중에 친자식들을 낳았습니다. 그러나! **신약성서가 억지로 라헬의 이야기와 예수님의 탄생 이야기를 연**

결하려고 하는 것과는 별개로, 라헬의 자식들은 살해당한 적이 없습니다! "라마"라는 지명은 라헬의 무덤이 있는 곳인데 예루살렘 근처입니다. 따라서 라헬이 자식을 잃고("없어져서") 울부짖는다는 이야기는 **그녀가 자식이 죽어서 운다는 게 아니라 후손의 자식들이 죽은 것이 슬프다는 뜻입니다.** "라마"는 바벨론이 이스라엘 사람들을 끌고 갈 때 들렀던 곳이기도 합니다. 후손이 살해당하고 포로가 된 것을 보고 누군가 라마에 묻힌 조상 라헬이 울부짖었다고 말하기 시작한 것 같습니다.

마태복음 2:18의 저자는 예레미야서 31:15의 역사 배경을 잘 알고 있는 것 같습니다. 가해자가 바벨론에서 헤롯으로 바뀌었을 뿐 **무자비하고 잔인한 자라는 사실은 똑같습니다.** 마태복음의 화자는 분봉왕 헤롯이 유아를 살해한 것이 구약 예언의 실현이라고 주장합니다. 이는 단순히 **헤롯이 과거 바벨론과 같은 짓거리를 했다는 뜻뿐 아니라 문제의 해결, 즉 하나님의 구원이 주어질 것이라는 의미까지 포함합니다.**

마태복음 2장의 저자에 따르면, 헤롯은 아기 중 하나가 장래에 자신을 위협할 자가 될 수 있다고 생각했고 결국 끔찍하고 잔인한 일을 저지르게 됩니다.(마 2:16) 예수님의 아버지 요셉은 위험을 피해 가족을 데리고 도망쳤습니다.(마 2:12-15) 헤롯이 두 살 아래 아이를 다 죽인다는 소식을 꿈에서 전해 들었고(마 2:13) 얼른 피신했기에 아기 예수님은 죽음을 피할 수 있었습니다. 이들은 이집트로 피신했는데 어떤 사람은 **이집트로 피신한 것이 구약성서 예언의 성취라고 주장합니다.**(마 2:15) 하지만, 이렇게 글에 쓰인 예언의 성취는 **사실 이루어진 일을 보고 나중에 소급하여 평가하여 적은 것입니다.** 그렇게 이해하는 것이 합리적입니다.

당시 이집트는 로마의 지배 아래 있었지만, 헤롯의 영향권 밖에 있는 지역이었습니다. 과거 솔로몬이 여로보암을 죽이려고 하자 여로보암이 애굽(이집트)으로 도망쳐서 솔로몬이 죽을 때까지 머문 적이 있었고(왕상 11:40) 여호야김 왕 때는 왕이 우리야를 죽이려고 하자 우리야가 애굽으로 도망친 적이 있습니다.(렘 26:22) 하지만 **마태복음 2장이 직접 영향을 받은 것은 호세아 11:1입니다.**

이스라엘이 어렸을 때에 내가 사랑하여 내 아들을 애굽에서 불러냈거늘(호 11:1)

'애굽에서 불러냈다'라는 말은 출애굽 이야기를 떠올리게 합니다. 이집트 왕자였던 모세가 노예로 살던 이스라엘 백성을 이집트에서 구원했다는 이야기 말입니다. 어떤 독자는 **출애굽 전승과 예수님이 이집트로 피신한 것에 연관성이 없다고** 생각할 것입니다. 호세아서가 하나님 **"아들"**을 언급한 것은 맞지만 그 **"아들"**은 모세나 예수님이 아니고 **"이스라엘" 백성을 비유해서 말한 것**이기 때문입니다. 하나님이 어린 아들을 돌보듯이 이스라엘 백성을 애굽에서 구원하셨는데 이스라엘 백성이 그런 하나님을 배신했다는 것이 호세아 11:1의 의미입니다.

현대적 해석의 관점에서 보자면 마태복음 2장의 구약 인용들은 다소 문제가 있습니다. 우격다짐으로 연결한 느낌을 줍니다. 이집트라는 장소는 같은데, 이집트를 탈출한 사건과 예수님이 이집트로 피신한 것의 연관성은 상대적으로 모호합니다. 하지만 글쓴이는 **예수님과 모세를 필사적으로 연결**하고 있습니다. 모세가 유대인들의 인식 속에 차지하고 있는 위상을 생각할 때 글쓴이의 노력은 가치가 있습니다. 하나님의 인도로 이집트에 갔다는 것은 어쨌든 모세 이야기와 **장소를 공유하고 있다**는 점에서 아주 무관하지는 않습니다. 다만 두 이야기를 연결하는 치밀성이 좀 떨어집니다. **마태복음의 저자는 조급합니다. 끌어들일 수 있는 모든 것을 끌어들입니다.** 예수님과 연관 지을 수 있는 것이라면 조금도 놓치지 않습니다. 그러나 그런 과정에서 다소 허점을 노출합니다. 마태복음 저자의 주장은 아래와 같습니다.

예수님의 출생은 구약성서가 예언한 것입니다.
예수님의 출생은 신의 계획입니다.
예수님은 출생부터 비범한 분입니다.
예수님이 바로 메시아입니다.

헤롯의 유아 살해 사건이 사실이라면 **하나님은 왜 모든 갓난아기가 생존할 수 있도록 하지 않고 예수님의 아버지에게만 "현몽"하셨을까요?** 왜 예수님 한 명만 살렸습니까? 마태복음 2장의 모든 내용을 문자 그대로 받아들이면 이런 의문이 생길 수 있습니다. 하지만 위에서 언급한 대로, **이 이야기는 예수님이 특별한 존재라는 것을 나타내는 문학적 서술일 뿐입니다.** 따라서 **이야기를 읽으면서 유아의 생명에 대한 하나님의 책임을 거론할 수는 없습니다.** 헤롯의 유아 살해 사건이 실제로 있었던 일인지 아니면 허구인지와 상관없이 마태복음 2장의 이야기는 '예수님은 특별하다'라고 주장합니다. 이것이 중요합니다. 물론 이것은 분명히 우격다짐이지요? 무조건 예수님이 특별하다고 말하니까 말입니다. 하지만 너무 가볍게 "성서가 이런 식이라면 읽을 가치가 없다!"라고 하시지 말고 조금만 더 파헤쳐 봅시다. 성서 글 심층에 우리가 교훈으로 삼을 가치가 있는지 없는지 말입니다. **논리적으로 전혀 이해가 안 가는 내용은 과거 사람들이 그런 식으로 주장했다는 것만 확인하고 일단 넘어갑시다.**

실제로 당시 "베들레헴과 그 모든 지경 안"에 있던 "사내아이"의 수는 우리가 생각하는 것처럼 엄청나게 많지는 않았을 것입니다. **성서의 예루살렘은 10만 명 이상을 수용할 수 없는 도시입니다. 실제로 당시 총인구는 많이 잡아도 5만 명 안팎이었을 것입니다.** 베들레헴의 경우, 총인구는 1,000명 정도였을 것이며 2살 미만의 사내아이는 20명 정도밖에 안 되었을 것입니다.

성서의 유아 살해 이야기는 아마도 헤롯 아르켈라오스(Ηρώδης Αρχέλαος, B.C. 23~18?)**의 유혈 진압 사건에서 유래한 것으로 보입니다.** 그는 바리새 파 유대인 수천 명을 죽였다고 하는데 그 과정에서 아동도 죽였을 것입니다. 이 헤롯은 헤롯 성전을 지은 헤롯이 아니고 그다음 세대 헤롯입니다. 사람들 은 헤롯 성전을 지은 1대 헤롯과 다른 헤롯을 자주 혼동하는데 **1대 헤롯이 예 수님 탄생 때 유아 살해를 지시했다는 주장은 역사적으로 아무 근거가 없습니 다.** 1대 헤롯은 친화 정책을 펼쳤고 무너졌던 성전도 다시 지어 주었습니다. 헤롯 아르켈라오스는 원래 사마리아인의 후손이었는데 정통 유대인은 그가 로마의 승인 아래 팔레스타인의 지배자가 되는 것을 거부했습니다. 그리고 마침내 유혈 진압 사건이 일어납니다. 유아 살해 사건은 그의 통치 기간에 발 생한 것입니다.

이렇게 보니 잔혹한 사건과 예레미야서의 라헬 이야기를 연결한 것이 상 당히 적절하게 보입니다. 예레미야의 상황이나 헤롯 아르켈라오스 때의 상황 이나 **이스라엘 백성에 대한 박해**라는 점에서 완전히 같습니다. 유대인은 핍 박받았고 많은 이가 죽었습니다.

어떤 분은 마태복음 2장의 내용이 한 글자도 빼지 않고 전부 사실이라고 주장합니다. 하지만, 그런 주장이 오히려 성서의 신빙성을 떨어뜨립니다. 역 사적인 사실은 사실로, 신앙적인 서술은 신앙적인 서술로 구분하는 것이 좋습 니다. 우리는 마태복음 2장이 예수님을 특별한 존재로 부각하려는 목적에서 쓴 글이라는 것을 인정해야 합니다. 어떤 인용은 적절하지만 어떤 인용은 어 색합니다. 역사적 사실을 서술할 때 필요에 따라 저자가 인용할 내용을 선택 하고 각색하고 변화를 주었다는 것을 확인할 수 있습니다. 그 과정에서 때로 는 명확하게 때로는 모호하게 특정한 내러티브를 형성합니다. **정확한 사실을**

전달하지 않았다는 측면에서는 비판할 수 있지만, 저자가 글에 특정한 목적을 담는 데 치중했다는 것을 안다면 나름 수긍할 수 있습니다. 현대를 사는 우리는 컴퓨터와 데이터를 다루는 기술의 발달로, 가능한 모든 정보를 수집하고 그 어느 때보다 그것을 잘 파악할 수 있습니다. 이를 근거로 과거에 쓰인 글의 허점도 짚어냅니다. 하지만 과거의 정보는 현재의 정보보다 부족하기 마련입니다. 비는 부분은 최대한 논리적으로 추정할 뿐입니다. 글의 허점을 파고 들어가되 최대한 당시 현실에 근접한 정황을 추정하고 그 정황들을 연결하여 입체적으로 재구성합니다. 거기서부터 비로소 성서가 우리에게 전하려고 하는 영롱한 가치가 조금씩 모습을 드러냅니다. 이처럼 글의 허점을 짚어낸다는 것은 성서를 폄훼하기 위한 것이 아니라 **문자 저변에 들어있는 성서의 주장과 진정한 가치를 규명하는 과정의 시작입니다. 과일의 껍질을 벗기는 것은 과일을 망치려는 것이 아니라 온전한 과일의 실체를 드러내고 섭취하려는 것입니다.** 아쉽게도 많은 성서 연구자 중에서는 아직 성서의 외피(外皮)만 붙들고 이러쿵저러쿵하는 사람들이 많습니다. 성서가 궁극적으로 어떤 교훈을 우리에게 전달하려고 하는지는 관심이 없고 단편적인 교리에 근거하여 피상적인 해설에 만족합니다. 이런 태도로는 이해가 갈 만한 설명도 하지 못하고 순환화법(fallacy of begging the question)에나 빠지기 쉽습니다. **이들은 "진리는 이미 다 드러나 있다"라고 합니다. 그렇다면 학자라는 그들이 연구하는 것은 무엇입니까? 이미 모든 것이 밝혀졌다면 더 연구할 필요가 있습니까? 모두 같은 주장을 하는 학자가 왜 그렇게 많이 필요합니까?**

마태복음 2장의 저자는 구약성서 중에서 쓸만하다 싶은 구절을 최대한 끌어모아 예수님의 권위를 높이려고 애를 썼습니다. 그는 궁극적인 목적에 달성하려고 노력했습니다. 그의 목적은 **예수님과 베들레헴이라는 지역을 의미상으로 연결하는 것입니다.** 베들레헴을 연거푸 언급한 것을 보십시오.(마 2:1,5,6,8,16; 참고: 미 5:2)

성서의 인물들은 쓸데없이 이곳저곳을 다니지 않습니다. 어떤 지역으로 이동하면 거기에는 특정한 뜻이 있는 것입니다. 헤롯이 사망했다는 소식(마 2:19a)이 퍼지자 요셉 가족은 베들레헴으로 돌아가지 않고 "이스라엘 땅"으로 갑니다.(마 2:20) 당연히 그것에 관한 적절한 이유가 추가됩니다.(마 2:22) 예수님 아버지의 꿈에 나타난 "주의 사자"는 "아기의 목숨을 찾던 자들이 죽었"다면서 "베들레헴"으로 돌아가지 말고 "이스라엘 땅"으로 가라고 합니다. **이는 예수님의 출생지와 예수님이 머물고 생활한 중요 지역들에 대하여 많은 사람 사이에 밀고 당기는 논의가 있었음을 추정하게 합니다.**

> 그러나 아켈라오가 그의 아버지 헤롯을 이어 유대의 임금 됨을 듣고 거기로 가기를 무서워하더니 꿈에 지시하심을 받아 갈릴리 지방으로 떠나가 나사렛이란 동네에 가서 사니 … (마 2:22-23a)

이 구절에서 예수님은 "갈릴리" 지방 "나사렛" 사람입니다. 나사렛은 예루살렘에 비하면 보잘것없는 곳입니다. 시골입니다. 예수님의 출신지입니다. **예수님은 시골 사람인데 글쓴이 중 어떤 이는 예수님이 도시 출신이라고 말하고 싶었습니다. 무엇 때문입니까? 그게 더 의미 있다고 생각했기 때문입니다.** 그런데 다른 어떤 이는 "갈릴리"라는 지역 명칭에 특별한 의미를 부여합니다. '나사렛 사람 예수' 자체가 구약성서 예언의 성취라고 주장합니다.

> … 이는 선지자로 하신 말씀에 나사렛 사람이라 칭하리라 하심을 이루려 함이러라(마 2:23b)

비록 이렇게 주장했지만, 구약성서에서 근거가 될만한 구절이 금세 보이지 않습니다. 성서에 밝은 똑똑한 사람이라면 이사야 11:1을 꼽을 수 있을 것입니다. 한글 성경의 관주도 이 구절을 소개합니다.

이새의 줄기에서 한 싹이 나며 그 뿌리에서 한 가지(נֵצֶר, 네체르)가 나서 결실할 것이요(사 11:1)

이사야 11:1은 다윗 후손 중의 한 사람을 말하고 있습니다. "이새의 줄기"는 다윗의 혈통을 뜻합니다. 포로 생활이 끝나고 귀환 시대에 접어들자 이스라엘 사람들은 다윗 후손 가운데 한 사람을 뽑아 왕으로 세우고 싶었습니다. 하지만 결국 페르시아 치하에서도 그 소망을 실현할 수 없었고 **다윗 후손 이야기는 초월적인 메시아 개념으로 나아가게 됩니다.** 이 땅의 소망이 붕괴하자 더 높은 영역으로 눈을 돌린 것입니다. 그렇게 본다면 이 구절을 다윗의 후손이며 메시아인 예수님과 연결할 수 있습니다.(마 2:23b) 네체르와 나치르의 음이 비슷합니다. 네체르는 나무의 가지를 뜻하고 나치르는 위기 중에 보전된 자의 의미입니다. 이 의미를 아는 사람이라면 금방 대단한 사실을 발견했다는 것을 기뻐하면서 마태복음의 나사렛 사람과 다윗의 가지인 예수님을 구원이라는 주제를 중심으로 연결 지을 것입니다.

그가 이르시되 네가 나의 종이 되어 야곱의 지파들을 일으키며 이스라엘 중에 보전된 자(נָצִיר, 나치르)를 돌아오게 할 것은 매우 쉬운 일이라 내가 또 너를 이방의 빛으로 삼아 나의 구원을 베풀어서 땅끝까지 이르게 하리라(사 49:6)

마태복음 2:23b을 추가한 사람들이 1세기 유대인 그리스도인 공동체 나자르네스(Nazarenes, Nazōraíoi)였을 수도 있습니다. "나사렛 사람" 혹은 "보전된 자들"이라고 불렀던 사람들이 실존했다면 말입니다. 사도행전은 바울을 이 공동체의 "우두머리"라고 칭합니다.

우리가 보니 이 사람은 전염병 같은 자라 천하에 흩어진 유대인을 다 소요하게 하는 자요 **나사렛 이단**의 우두머리라(행 24:5)

마태복음 2장의 이야기로 돌아와서, 본문의 여러 편집자 중에 어떤 이는 예수님이 베들레헴 출신이라고 주장했고, 어띤 이는 구약성서 전승(호 11:1)의 연장선에서(모세나 요셉같이) 이집트에 갔다 왔다는 점을 부각합니다. 한편, 나사렛 사람들로 칭하는 그룹은 예수님의 근거지를 "나사렛"으로 고정합니다.

제가 볼 때, **예수님의 출생지는 그냥 시골의 한 지역이었을 것 같습니다.** 편집자들이 "베들레헴"과 "이집트" 등의 이야기를 추가한 것으로 보입니다. **그들의 각색 때문에 이야기 속에서 예수님 가족이 이리저리로 이동하게 되었습니다.**

갈릴리 나사렛은 별 볼 일 없는 시골 지역이었습니다.(요 1:46 "나사렛에서 무슨 선한 것이 날 수 있느냐?") 위대한 메시아에게는 걸맞지 않은 지역이지요. 메시아라면 모름지기 수도 예루살렘이나 다윗의 출생지인 베들레헴(삼상 17:58 "다윗 … 베들레헴 사람 이새의 아들")에서 태어나야 할 것 같습니다. 이런 생각은 제 생각이 아니라 성서 편집자들의 생각이었습니다.

누가복음 2장의 경우, 저자는 12살로 어린 예수님을 예루살렘 성전으로 가게 합니다. 그리고 "선생들"이 예수님의 "지혜와 대답을 놀랍게 여기"도록 연출합니다.(눅 2:46-47) 하지만 다양하게 미화된 모습과는 달리 **예수님은 출신지부터 별 볼 일 없는 분이셨습니다.** 본격적으로 활동하시던 시기 이전에 예수님은 아마도 민족 명절 때만 빼고 거의 갈릴리 나사렛을 벗어나지 않으셨을 것입니다. 예수님이 정식으로 예루살렘으로 들어가신 것은 성인이 된 이후의 일로 보입니다. 따라서 겨우 12살 어린 나이에 예루살렘에 들어가 당시 석학들에게 달변으로 충격을 준 예수님 이야기는 하나의 연출이었을 가능성이 있습니다. 실제로는 성인이 된 예수님이 예루살렘에 나타났을 때 사람들은 비로소 예수님에 관해서 관심을 두기 시작했을 것입니다.(마 21:10 "예수께서 예루살렘에 들어가시니 온 성이 소동하여 이르되 **이는 누구냐** 하거늘")

🐝 **출신과 가문을 따지다가 중요한 것을 놓치게 됩니다.** 적지 않은 이들은 시골 사람보다는 도시 사람이 모든 면에서 낫다고 생각합니다. 수많은 시골 사람이 시골을 떠나 도시로 몰려드는 이유도 같습니다. 자신은 시골 태생이지만 자식은 서울에서 자라고 공부하게 하려고 도시로 몰려듭니다. 마태복음 2장을 작성한 사람들의 마음도 그와 비슷했습니다. 예수님이 어디 출신인지, 아니 어디 출신이어야 하는지 아주 까다롭게 따집니다. **그들에게 예수님은 아무 의미도 없는 시골 출신이 아니라 핵심 지역, 뼈대 있는 집안 출신이셔야 했습니다.** 그러나 짓궂게도 역사는 예루살렘의 예수님을 말하던 파(派), 베들레헴의 예수님을 주장하던 파, 나사렛 출신임을 주장하는 파 중에서 성서를 최종 마무리한 사람은 '나사렛 파'였던 것 같습니다. 덕분에 예수님이 도시 사람이 아니라 촌사람이었다는 사실이 그대로 유지되어 전래할 수 있었습니다.

현재 한국 시골의 공시지가는 비싸야 단위 면적당 3~40만 원 정도입니다. 하지만 서울시 강남의 경우는 평당 수백만 원을 넘습니다. 실거래가는 훨씬 더 비쌉니다. 성서의 편집자들이 **예수님을 대단한 지역 출신으로 내세운 것은 그들의 욕망을 반영합니다. 예수님을 대단하다고 말하는 것은 동시에 예수님을 따르는 자신도 대단한 사람이라고 말하는 것입니다.**(참고: 제자들의 자리다툼, 막 9:34; 10:37; 마 20:21; 눅 9:46; 22:24) 그런데 예수님의 출신 배경에까지 그들의 욕망을 투영하는 것은 좋지 않습니다. **예수님이 어떤 지역 출신인지보다 그분의 교훈과 가치가 더 중요합니다.** 저는 예루살렘의 예수님이나 베들레헴의 예수님, 요셉이나 모세처럼 이집트에 갔다 오신 예수님보다는 그냥 나사렛 시골 출신 예수님이 더 좋습니다. 출신과 가문을 너무 따지지 마세요. 하나님이 비웃으실 것입니다. 그런 것을 너무 따지다 보면 놓치는 것이 너무 많습니다. 자전거를 탈 때 너무 두리번거리면 어딘가에 부딪혀 넘어지게 마련입니다. **중요하지 않은 것에 정신을 빼앗기면 가장 중요한 것을 잃어버리게 됩니다. 사람은 사람이기에 그냥 소중하다는 것 말입니다.** 그 중요한 사실을 잊고 살게 됩니다.

어떤 이들은 예수님에게 '금팔찌와 금목걸이'를 달아 드립니다. 그러면서 그것이 예수님께 영광이 될 것이라고 착각합니다. 그런 행동은 우리의 욕망을 반영한 것일 뿐입니다. 예수님에게는 그런 것이 필요 없습니다. 예수님은 소박하셔도 품격이 드러나는 분이십니다. 그런 **예수님을 따르는 사람들인 우리 역시 소박하게 살아가는 게 좋습니다.** 그러면서 겉만 치장하는 사람들이 보고 부끄러워하도록 그들이 베풀지 않을 때 베풀고, 그들이 사회를 섬기지 않을 때 섬겨야 합니다. 그래야 어디 출신이며 어떤 가문인지만 따지고 드는 사람들의 행동이 아무 쓸데 없다는 것을 모두가 알게 됩니다. 예수님이 그러셨던 것처럼 우리도 그렇게 소박한 사람들로 삽시다. 중요하지도 않은 것에 치중하면 예수님의 이름에 누가 됩니다. 소박함과 절제미를 잃어버리고 더덕더덕 욕심을 덧붙인 모든 것이 추하기 때문입니다.

성서를 보십시오! **예수님이 인간의 욕심에 따라 이리저리 끌려다니는 꼴입니다.** 예수님이 태어나신 곳이 그렇게 중요합니까? 제가 볼 때, 그것은 별로 중요하지 않습니다. 현대 사회, 우리 곁에 예수님이 계신다면 박수받는 자리만 찾아다니고 부자들만 만나시겠습니까? 오히려 낙후된 지역에 사는 빈자들만 찾아다니시지 않겠습니까? **우리는 부자 동네로 이사 가기를 원하고 거기 있는 부자 교회에 다니기를 바라지만 예수님이 어디 돈으로 사람을 구분하시겠습니까?** 예수님께 차별은 먼 나라 이야기입니다. 예수님 자신도 자기 출신에 대해서 전혀 부끄럽게 여기지 않으십니다. 그래서 다른 사람의 출신에 대해서 차별하지 않으시는 것입니다. 예수님을 따르는 사람들이라면 허세를 부리고 과시하며 화려함을 추구하는 사치스러운 삶보다는 소박한 삶이 좋습니다. 사람을 출신 지역과 집안, 재산에 따라 차별하는 것은 예수님의 사람들에게 걸맞지 않은 행동입니다. 사람을 사람으로 대하면서 가진 것을 나누는 소박한 삶을 살아야겠습니다. 宗

마태복음 3:10-12

이미 도끼가 나무뿌리에 놓였으니 좋은 열매를 맺지 아니하는 나무마다 찍혀 불에 던져지리라 / 나는 너희로 회개하게 하기 위하여 물로 세례를 베풀거니와 내 뒤에 오시는 이는 나보다 능력이 많으시니 나는 그의 신을 들기도 감당하지 못하겠노라 그는 성령과 불로 너희에게 세례를 베푸실 것이요 / 손에 키를 들고 자기의 타작마당을 정하게 하사 알곡은 모아 곳간에 들이고 쭉정이는 꺼지지 않는 불에 태우시리라

사람들은 예수님의 자발적인 희생을 보고 그가 하나님의 아들임을 알았습니다.

저는 예수님이 이 세상에 나타나셨을 때 사람들이 한눈에 그분을 구세주로 알아보았을 것 같지 않습니다. 그렇다면 과연 그 시대 사람들은 어떤 계기와 과정을 거쳐 예수님이 특별한 신분이라는 것을 알았을까요?

마태복음 3:11은 10절과 12절 사이에 삽입된 구절 같습니다. 11절이 없으면 10절과 12절이 훨씬 자연스럽게 연결됩니다.

이미 도끼가 나무뿌리에 놓였으니 좋은 열매를 맺지 아니하는 나무마다 찍혀 불에 던져지리라(마 3:10)

손에 키를 들고 자기의 타작마당을 정하게 하사 알곡은 모아 곳간에 들이고 쭉정이는 꺼지지 않는 불에 태우시리라(마 3:12)

두 구절 다 "불(퓌르, πύρ)"이라는 단어로 연결하고 있고, 둘 다 비유적으로 심판을 경고합니다. "좋은 열매를 맺지 아니하는 나무"는 "찍혀 불에 던져지"고, "쭉정이는 … 불에 태"워질 것입니다.

한편, 중간에 낀 마태복음 3:11에서 **세례 요한은 의도적으로 예수님의 권위를 높이려고 합니다.** 전체 문맥과 비교해 보면 좀 이질적인 내용입니다. 회개하지 않으면 "불"에 던져지고 태워진다고 하다가 '나보다 예수님이 대단하다'라고 말하는 것은 어떻게 생각해도 어색합니다.

마태복음 3:3에서 세례 요한을 "선지자 이사야"가 예언한 바로 그 사람으로 소개한 것도 희한한 일입니다.

> 광야에 외치는 자의 소리가 있어 이르되 너희는 주의 길을 준비하라 그가 오실 길을 곧게 하라(마 3:3b; 사 40:3)

이사야 40:3은 포로기 전환기의 본문으로 바벨론 땅에서의 유배 생활을 끝내고 귀환하던 때에 쓴 것입니다. 글쓴이는 이스라엘 백성("너희는")에게 "여호와의 길을 예비하라! 사막에서 우리 하나님의 대로를 평탄하게 하라!"라고 명령합니다. 이것은 확실히 새 시대의 도래를 선언하면서 준비하라고 타이르는 것입니다. 그런데 **여호와의 길을 예비해야 하는 것은 개인이 아닙니다. 집단 전체입니다. 공동체 전체가 예비하게 하는 역할을 "외치는 자의 소리"가 담당한 것입니다.**

마태, 마가, 누가, 요한복음이 모두 이사야의 글인 이사야 40:3을 인용했습니다. 마가복음 1:2-3, 마태복음 3:3, 누가복음 3:3-4는 구약성서의 이 구절을 인용하면서 그에 비추어 세례 요한의 행동을 분석하고 있습니다. 어렵지 않게 독자는 어떤 것이 구약성서의 내용이고 어떤 것이 새로 말한 것인지 구분할 수 있습니다. 그런데 **요한복음 1:23에서는 아예 세례 요한이 직접 '내가 예언자 이사야가 말한 … 그 소리다'라고 주장합니다.** 인용할 때 이렇게 하면 곤란합니다. 요한복음을 쓴 시기는 앞의 세 권의 복음서보다 뒤입니다. 시간이 지나면서 세례 요한의 이야기는 하나의 전설이 되었습니다. 세례 요한이 처음 등장했을 때는 그의 활동에 정당성을 부여하기 위해서 구약성서를 인용했지만, **나중에는 세례 요한 자체가 구약성서의 그 사람이 된 것입니다.** 이런 재미있는 발견은 성서를 읽을 때 얻는 유익 중의 하나입니다.

세례 요한이 회개하라고 선포하자 각지의 사람들("예루살렘과 온 유대와 요단강 사방에서")이 "그에게 나아와"(마 3:5) "죄를 자복하고 … 세례를 받"았습니다.(마 3:6) 아마도 세례 요한에게 나아온 사람들은 세례 요한을 메시아나 구세주로 알았을 것입니다. **세례를 베푸는 시점에서 요한은 자신이 구세주가 아니라는 말을 하지 않습니다. 그냥 담담히 죄를 사하는 세례식을 행합니다.** 그러다가 일련의 특별한 부류의 사람들, "바리새인들과 사두개인들"이 세례 장소에 접근하자 저주성 발언을 내뱉습니다.

> 독사의 자식들아! 누가 너희를 가르쳐 임박한 진노를 피하라 하더냐? 그러므로 회개에 합당한 열매를 맺고 속으로 아브라함이 우리 조상이라고 생각하지 말라 내가 너희에게 이르노니 하나님이 능히 이 돌들로도 아브라함의 자손이 되게 하시리라!(마 3:7b-9)

이런 말을 통해서는 세례 요한이 스스로 어떤 존재로 생각하고 있었는지는 알 길이 없습니다. 하지만 내용을 자세히 보면, 세례 요한은 자신이 베푸는 세례를 **"임박한 진노"를 피하게 하는 능력의 세례**라고 생각했던 것 같습니다. 또한, 그의 말에 따르면 그에게 세례를 받으려면 **마음으로만 믿어서는 부족하고 회개에 걸맞은 행위("열매")가 필요합니다. 행위가 필요 없고 오로지 믿음으로만 구원받는다는 극단적 칭의론을 주장하는 사람이 이 내용을 보면 혼란스러울 것입니다.** 또한, 세례 요한은 일반적으로 사람들이 자랑스럽게 여기는 혈통("아브라함이 우리 조상이라고 생각")이 진노를 피하는 데 아무런 소용이 없다고 말합니다. 이런 세례 요한의 주장은 대단히 **진보적이며 개혁적**입니다.

위의 내용만 읽으면 세례 요한이 글의 전면에 드러납니다. 그러나 글이 이어지면서 그는 "무대"에서 점차 자취를 감추게 됩니다. 처음부터 끝까지 세례 요한이 구세주 역할을 할 수는 없었던 모양입니다. 비극적이게도 그는 나중에 숙청되어 "무대"에서 완전히 사라집니다.(마 14:1-12)

사람들은 예수님이 나타나기 전까지 그가 시대를 바꿀 중요한 인물인 줄 알았을 것입니다. 원래 이야기의 주인공은 확실히 세례 요한이었습니다. 그는 실제로 한층 두드러져 있었습니다. 하지만 그가 사라지고 난 뒤 예수님의 추종자들에 의해 그의 위상은 현저히 낮아져 조연의 위치로 밀려나게 됩니다. 예수님이 대중의 주목을 받기 전까지 세례 요한은 사람들의 눈에 구세주요 메시아로 보였을 것이며 **심지어 예수님이 활발하게 활동하시던 시기에도 그가 훨씬 중요한 사람이라고 생각하는 사람이 있었던 것 같습니다.** 마태복음 16:14, 마가복음 8:28, 누가복음 9:19-20을 읽어보십시오. 그리고 요한복음 1:20-25과의 차이를 비교해 보세요. 앞의 세 내용에서 예수님이 제자들에게 사람들이 자신을 뭐라고 부르냐고 묻자 **예수님의 제자들은 '어떤 사람은 예수님을 세례 요한이라고 합니다'라고 말합니다.** 하지만 요한복음 1:20-25에서는 유대인이 세례 요한에게 '네가 그리스도냐?'고 묻자 세례 요한이 직접 '나는 그리스도가 아니다'라고 공적으로 못을 박는 장면이 나옵니다. **사람들은 원래 세례 요한과 예수님을 구분하지 못했습니다.** 그만큼 세례 요한은 대단한 사회적 신드롬을 일으켰고 자신도 스스로 신적인 소명을 받아 중요한 일을 감당한다고 생각했던 것 같습니다.

종합적으로 보았을 때, 마태복음 3:11과 같이 겸손한 세례 요한의 모습이 추가된 것은 세례 요한이 사라진 뒤, 예수님의 위상을 높이려는 사람들에 의

하여 이루어진 것입니다. 같은 관점에서, **마태복음 3:13-17의 세례 요한과 예수님이 만나는 장면 역시 같은 사람들이 각색했을 가능성이 있습니다. 둘이 만난 사건 자체를 지어냈다는 것이 아니라 세례 요한이 세례를 주는 이야기에 세심하게 손을 댄 것입니다.** 저는 **예수님이 세례를 받는 시점에 요한에게 예수님이 메시아라는 인식이 있었을까** 싶습니다. 제가 볼 때, 마태복음 3:13-17까지의 내용 중에 가장 먼저 있었던 구절은 "예수께서 세례를 받으"셨다는 마태복음 3:16a뿐입니다. 예수님도 일반인과 똑같이 유명한 세례 요한 앞에 나와 세례를 받았을 것입니다. 하지만 마태복음 3장의 최종 편집자는 어떻게 든 예수님이 세례 요한보다 더 뛰어난 분이라는 것을 주장하고 싶었습니다. **세례 요한이 정말로 예수님이 메시아라는 것을 일찍 알고 있었다면 그는 결코 감히 예수님에게 세례를 주지 못했을 것입니다! 신적 존재를 확실히 인식하고 있는 자가 그 신적 존재에게 '죄 사함을 얻게 하여 임박한 진노를 피하게 하는 세례'를 주었을 리가 없습니다.** 예수님에게 세례를 주는 순간까지 세례 요한 은 예수님을 하나의 평범한 사람으로 보았으며 하나님의 대리자로서 하나님 의 심판을 공언하고 모든 이로 구원받게 하는 일을 자기 소명으로 생각했을 것입니다. 시대 자체가 아주 위태로운 시대였고 세례 요한이 느낄 때 곧 무슨 일이 터질 것 같았습니다. 그러다가 예수님이 주목받으면서 요한이 주는 세 례의 가치와 위상이 급락하고 **종말적 심판을 면하기 위한 세례가 메시아로서 의 예수님을 수용하는 심적 준비 행위 비슷하게 바뀐 것입니다.**

대개 이야기를 각색하면 글이 늘어납니다. 마태복음 3:11에 세례 요한의 겸손한 발언이 추가되었고 13-15절에 세례를 받은 겸손한 왕의 이미지가 더 해졌습니다. 그리고 16-17절의 하나님 아들에게 임한 비둘기 같은 성령 이 야기까지 추가되어 예수님에 관한 신적 묘사가 완성되었습니다. 저는 이것이 **평범한 인간이었던 예수님을 신으로 만든 구절이라고 말씀드리는 것이 아닙 니다.** 하지만, 적어도 세례 요한의 인식 속에서 예수님은 처음부터 하나님의 아들이었던 것이 아닙니다. "하나님의 아들"이라는 표현은 원래 다수의 백성을 지칭하는 것이었습니다.(신 14:1 "너희는 … 하나님 여호와의 자녀이니") 그리고 선을 행하면 "하나님의 자녀"가 됩니다.(참고: 신 32:5) 그러므로 이런 전통적인 입장에서도 **예수님은 하나님의 아들이 아니라고 할 수 없습니다.** 세례 요한이 실제로 예수님에게 "하나님의 아들"이라는 말을 했다면 아마 이런 의미에서 발언했을 것입니다.

저는 예수님이 수많은 하나님의 아들, 딸들에 앞서 계시는 것으로 생각합니다. **모든 아들과 딸의 맨 앞에 서신 하나님의 아들이라는 것입니다.** 따라서 예수님이 세례 의식을 통해 비로소 하나님의 아들이 된 것으로 볼 수 **없습니다! 예수님은 원래 하나님의 아들이 분명합니다.** 아래 추가로 설명하겠습니다.

처음에는 세례 요한이 예수님을 하나님의 아들로 인식하지 못했던 것처럼 모든 사람도 마찬가지였을 것입니다. 그렇다면 그것이 언제 밝혀졌습니까?

저는 **예수님이 십자가에 못 박히신 이후에야 그것이 명확히 드러났다고** 생각합니다. 능력을 행하는 분이, 수많은 사람의 추종을 받는 분이었다가 자발적으로 희생의 십자가를 지셨고 비로소 그때 그분이 하나님의 아들이심을 모두가 확인하게 되었던 것입니다! 또한, 저는 **신적 능력이 아니고는 예수님같이 많은 추종자를 거느렸던 분이 자발적인 희생을 할 수 없다고** 생각합니다.

> 예수께서 큰 소리를 지르시고 숨지시니라 이에 성소 휘장이 위로부터 아래까지 찢어져 둘이 되니라 예수를 향하여 섰던 **백부장이 그렇게 숨지심을 보고 이르되 이 사람은 진실로 하나님의 아들이었도다 하더라**(막 15:37-39; 참고: 마 27:54)

만약 예수님처럼 대중의 큰 지지를 받았다면 저는 많은 추종자를 이끌고 악의 무리와 물리적으로 맞서 싸웠을 것 같습니다. 하지만 예수님은 **힘을 가지고도 그렇게 하지 않으셨습니다.** 이것이 어떻게 가능합니까? 사람들은 대개 돈이 많으면 자랑합니다. 힘이 조금 생기면 그 힘으로 자신이 얼마나 대단한지 으스대곤 합니다. 그런 사람들은 하나님의 아들로서 십자가를 지신 예수님의 이야기를 들으면 깜짝 놀랄 것입니다. '그게 어떻게 가능하지?' 의아한 표정을 지을 것입니다.

물론 우리는 예수님처럼 목숨을 내놓을 수 없습니다. 예수님과 우리 사이에는 현격한 격차가 존재합니다. 우리는 심지어 우리가 존경하는 위인들보다도 훨씬 못합니다. 우리가 위대한 박애를 실현하려고 한다는 것은 어떻게 보면 오만입니다. 하지만 **할 수 있는 한계 안에서는 우리도 어느 정도는 힘의 논리를 거절하고 희생의 가치, 평화의 가치, 역설적인 가치를 좇을 수 있습니다. 실천의 양이 문제가 아니라 가치를 공유하고 있느냐가 문제입니다.** 그렇습니다! 우리는 각자 열심히 선을 추구하고 악을 멀리할 수 있습니다. 이렇게 할 때 비로소 우리도 하나님의 아들과 딸로 살아가는 것이 됩니다. 우리가 이스라엘 사람이 아니고 한국 사람이라고 해도 그 사실은 변하지 않습니다.(참고: 요 11:52; 롬 9:8) **자발적 비하(卑下)를 통해 나타난 비폭력적인 평화의 가치는 초시대적이며 범지역적이며 범인종적입니다.** 이스라엘 사람과 한국인을 구분하지 않습니다. 놀랍게도 이러한 성서적 가치 안에서 우리는 죽음을 극복하고 신적 처벌이 있다면 그것으로부터의 사면권도 얻습니다. 죽어도 다시 살아날 불굴의 능력을 소유한 자들로 인정받습니다.(눅 20:36) 죽임을 당한 예수님이 부활하셨듯이 우리도 절망과 죽음에서 다시 일어날 수 있게 됩니다. **같은 원리로 말입니다. 고상한 가치에 기반한 불굴의 생명력을 가진 자들은 한시적인 이익을 위해서 격조 높은 신분을 포기하는 어리석은 선택을 하지 않습니다.** 그러면서도 교만하지 않고, 내가 속한 사회 공동체를 섬기며 궂은일을 마다하지 않습니다.(롬 8:17) 성서의 가치를 따라 행할 때 비로소 우리가 어떤 사람들인지 잘 드러납니다.(요일 5:2) 우리는 권력을 자랑하는 부패한 세속적 가치로부터 해방되어 영광스러운 자유를 누립니다.(롬 8:21) 이런 찬란한 삶은 그것이 소박한 일상의 모습일지라도 어두운 욕망이 넘실대는 세상에 환한 빛이 됩니다.(빌 2:15)

🐝 희생의 삶과 힘의 논리를 거절하신 태도를 보고도 예수님이 하나님의 아들이심을 부정하기는 어렵습니다. 예수님이 맨 앞서 계시지 않았다면(고전 15:20,23 첫 열매 예수님) **우리는 힘의 논리를 거절하고 영속적인 가치를 따르는 희생적 삶이 무엇인지 알 수 없었을 것입니다.**(렘 2:3 첫 열매 이스라엘; 약 1:18 첫 열매인 우리) 모델이 없는데 누군가가 맨 먼저 어떤 일을 시도하기란 사실상 불가능합니다. 인간의 성정만으로는 충분한 힘이 있는데도 자발적으로 희생의 자리를 찾아가는 것이 무슨 의미인지 깨닫기가 어렵습니다. 자칭 신인 듯 으스대는 자들의 삶을 보십시오! 힘을 응집하려고만 하지 누구도 자발적인 희생을 실천하지 않습니다. **자신이 예수요 하나님이라고 하면서 힘자랑을 하고 희생하지 않는 자들은 모두 사이비며 이단입니다.** 그런 의미에서 오직 예수님만 구세주이며 메시아입니다. 오로지 자기 성공과 번영과 영광만을 따라 사는 사람들 사이에 참된 가치를 삶의 실천으로 제시하신 예수님이 값진 보석처럼 영롱하게 빛나고 있습니다.

누군가가 하나님의 능력 없이 예수님과 같은 희생의 삶을 살 수 있을까요? 저는 신적 능력이 없이는 불가능하다고 생각합니다. **교회를 다니느냐 안 다니느냐, 신자의 이름을 가지고 있느냐 아니냐의 문제가 아닙니다.** 우리가 예수님과 그의 가치를 수용하고 실천하느냐 아니냐의 문제입니다. 그 가치는 우리의 신분 변화뿐 아니라 일상적 삶에 있어서 절실히 필요합니다. 하나님의 선한 능력을 통하여 우리 각자를 통해 사회 전체에 선한 가치가 펼쳐질 수 있습니다. **누가 예수님과 비슷한 삶을 산다면 그가 예수님을 인식하느냐에 여**

부에 상관없이 그는 이미 예수님 가치의 능력을 힘입은 것입니다. 어떤 이는 선행을 하고 예수님께 영광을 돌립니다. 하지만 어떤 이는 그것이 예수님으로부터 주어진 가치라는 것을 모르고 선행을 합니다. **그래도 그 선행은 가치를 잃지 않습니다.** 사실 우리는 스스로 하나님 앞에서 자랑할 것이 없습니다. 모두 하나님이 부여하신 가치의 능력으로 그렇게 사는 것이기 때문입니다. 심지어 저는 예수 안에서 죽음조차 극복할 수 있음을 전망합니다. **이미 우리의 삶에서 고난과 실패와 부활은 끊임없이 반복되고 있습니다. 특히 예수님의 가치를 따르는 삶에 있어서 부활은 낯설지 않습니다. 욕망에 사로잡혀 오로지 나 자신만을 위해 살 수밖에 없는 마음을 부드럽게 하시고 자발적으로 지고한 가치의 통로가 되게 하신 신적 능력을 저는 언제나 바라봅니다.** 그 신적 능력이 저를 죽음조차 두려워하지 않는 삶으로 이끌고 계십니다. **인간으로 사셨으며 폭력을 반대하셨고 평화를 추구하셨으며 자발적으로 희생의 삶을 사셨던 그 실천으로 예수님의 삶은 그분이 진정한 하나님 아들이심을 증명하셨습니다! 이것이 진정한 종교이며 신앙입니다! 참된 종교는 힘자랑하지 않습니다. 참된 신앙은 힘의 논리를 따르지 않습니다.** 일상에서의 실천으로 그 능력을 조용히 증명합니다. 宗

예수께서 무리를 보시고 산에 올라가 앉으시니 제자들이 나아온지라 / 입을 열어 가르쳐 가라사대 / 심령이 가난한 자는 복이 있나니 천국이 저희 것임이요 / 애통하는 자는 복이 있나니 저희가 위로를 받을 것임이요 / 온유한 자는 복이 있나니 저희가 땅을 기업으로 받을 것임이요 / 의에 주리고 목마른 자는 복이 있나니 저희가 배부를 것임이요 / 긍휼히 여기는 자는 복이 있나니 저희가 긍휼히 여김을 받을 것임이요 / 마음이 청결한 자는 복이 있나니 저희가 하나님을 볼 것임이요 / 화평케 하는 자는 복이 있나니 저희가 하나님의 아들이라 일컬음을 받을 것임이요 / 의를 위하여 핍박을 받은 자는 복이 있나니 천국이 저희 것임이라 / 나를 인하여 너희를 욕하고 핍박하고 거짓으로 너희를 거스려 모든 악한 말을 할 때에는 너희에게 복이 있나니 / 기뻐하고 즐거워하라 하늘에서 너희의 상이 큼이라 너희 전에 있던 선지자들을 이같이 핍박하였느니라

내세 지향적인 신앙이 과하면 일상의 소중함을 망각하게 됩니다.

마태복음 5장은 예수님께서 "산에 올라가 앉"아 교훈하신 산상보훈입니다. 이 글을 읽으면 눈앞에 예수님이 한적하게 산에 올라앉아 설교하실 정도로 평온한 상황이 떠오릅니다. 그런데 이 글 중에 **종말에 관한 내용**이 들어있어서 읽다가 놀라게 됩니다. 모든 사람은 죽음을 직면하게 된다는 정도가 아니라, 아주 구체적이고, 심각한 상황을 묘사하고 있습니다. 제가 볼 때, 이는 분명히 **실제 박해 상황을 배경으로 작성한 것**입니다. 이것을 미래에 대한 경고로만 보면 해석이 되지 않습니다. 마태복음 5:11-12에는 실제로 "박해"라는 단어도 들어있습니다.

나로 말미암아 너희를 욕하고 박해하고 거짓으로 너희를 거슬러 모든 악한 말을 할 때에는 너희에게 복이 있나니 기뻐하고 즐거워하라 하늘에서 너희의 상이 큼이라 너희 전에 있던 선지자들도 이같이 **박해**하였느니라(마 5:11-12)

마태복음 5:11은 청중을 "욕하고 박해하고 거짓 … 말을" 하는 **가해자들**이 있음을 알립니다. 12절은 '박해받는 사람들'을 옛날에 비슷한 박해를 받았던 "선지자들"과 연결하면서 위로합니다.("너희의 상이 큼이라") 이 이질적인 내용이 얼마나 깊은 인상을 남기는지 이 구절들 때문에 앞선 구절들까지 모두 박해 상황과 연결하게 됩니다.

4절의 "애통하는 자", 6절의 "의에 주리고 목마른 자", 10절의 "의를 위하여 박해를 받는 자"등이 모두 마태복음 5:11-12와 같은 상황에서 쓰인 것 같습니다. "애통하는 자"(마 5:4)에게는 "위로"(마 5:4)가 "의에 주리고 목마른 자"(마 5:6)에게는 "배부"름(마 5:6)이 주어집니다. "의를 위하여 박해를 받은 자"(마 5:10)에게는 "천국"(마 5:10)을 보장합니다. 종합적으로 이 내용은 **회생하지 못할 정도로 심각한 타격을 받은 피해자들에 대한 위로**입니다. 마태복음 5:3b과 5:10b의 "천국" 보장이 서로 호응하는데 **"심령이 가난한 자" 역시 "박해"로 인해 피해를 본 사람**일 가능성이 큽니다.

산상수훈의 뼈대는 **고대 지혜 전승**입니다. 글은 그것을 바탕으로 하여 부분적으로 편집하였습니다. 예수님이 원래 교훈하셨던 것은 **사람답게 사는 법**이었을 것입니다. 초기 지혜 전승은 **사회 속에서 살아가는 한 사람이 어떻게 올바르게 살아갈 것인지를 교훈**합니다. 특히, 마태복음 5:5는 안정된 사회에서 노력한 만큼 땅의 기업을 얻는 온유한 사람에 관하여 말하며, 마태복음 5:7은 다른 사람을 불쌍히 여긴 사람에게 보답이 주어진다는 이야기입니다. 그리고 마 5:9a는 화평을 추구하는 사람에 대해서 말합니다. 따라서 원론적으로 **이런 지혜 문헌으로부터 "박해"와 같은 정황이 배어 나올 수 없습니다.** 그런데도 산상보훈의 최종 편집자는 박해 상황을 고려했고 글에 과격한 종말론을 추가했습니다. 산상보훈은 확실히 **다양한 상황에 따라 점진적으로 편집된 문헌**입니다.

박해 상황을 고려하면서 산상보훈의 전체적인 구성에 변화가 생겼습니다. 이제 **마태복음 5:3-12를 '박해'라는 특별한 상황을 배경으로 해석해 봅시다.**

"심령이 가난한 자"(마 5:3)에 "가난"이라는 단어가 쓰였음에도 이 어구는 돈의 많고 적음과 **일차적인 관련이 없습니다.** 마태복음 5장 전체의 구도에서 볼 때, "심령이 가난한 자"는 **힘자랑하는 박해자**에 의해 타격을 입은 사람입니다. 피해 정도가 아주 심해서 거의 죽을 지경에 이른 것 같습니다. 그래서 글은 그에게 "천국"을 약속합니다.

"애통하는 자"(마 5:4) 역시 **박해자의 피해를 받아 애통**해하는 그것 같습니다. 그러나 이 사람이 당하는 피해는 문자적으로만 보면 상대적으로 약합니다. 그들에게는 "위로"가 주어집니다.

이런 환난 상황에서 어떤 이(마 5:5 "온유한 자")는 숨어서 전쟁 같은 환난이 끝나기를 기다리고 있습니다. 그들은 힘자랑하던 **모든 사람이 다 죽어 쓰러지고 난 뒤에 남은 "땅"**을 차지할 것입니다.(참고: 마 5:5b)

"의에 주리고 목마른 자"(마 5:6)라는 표현은 **엉망진창이 된 세상의 법 제도가 기능을 상실한 상황**을 전제하는 것 같습니다. 그런데 성서 본문은 법이 제 자리를 찾고 세상이 사람 살기 좋은 곳이 되기를 소망하는 사람에게 어떤 방식으로든 만족이 주어진다고 약속합니다.("배부를 것임이요") 따라서 이것을 개인적인 위로이면서도 사회적인 위로라고 보면 되겠습니다. **사회의 안정은 개인의 안녕과 직결됩니다.**

사람들이 쓰러지고 죽어 넘어가는 가운데 원수를 사랑하고 불쌍히 여기는 자들도 있으며(마 5:7 "긍휼히 여기는 자") 마태복음 5:5의 은신자처럼 수양을 하면서 기다리는 자들도 있습니다.(마 5:8 "마음이 청결한 자") 그들은 무엇인가 중요한 것을 깨닫게 됩니다. 신앙적 측면에서 말입니다.("하나님을 볼 것임이요") 또 다른 어떤 이들은 이 와중에 평화를 추구합니다.(마 5:9) 이는 숭고한 가치를 소유하지 않고는 행할 수 없는 것입니다. 결국, 그들은 **예수님이 십자가에 못 박히시면서 실현하신 박애주의를 표방함으로 "하나님의 아들이라 일컬음을 받"습니다.**(마 5:9)

> "의를 위하여 박해를 받는 자"(마 5:10) 역시 절체절명의 위기 가운데 놓여있는 것 같습니다. 이는 실질적으로 "심령이 가난한 자", 즉 한 가닥 소망의 불꽃마저 꺼져 절망하는 사람과 같은 사람입니다.(마 5:3a) 생명의 불꽃이 꺼져가는 이들은 "천국"의 약속을 받습니다.(마 5:3b, 10b)

내세인 "천국"을 말하는 종말론은 상황적 스트레스와 상황적 긴장감에서 나온 것입니다. 마태복음 5장의 "박해"는 영적인 의미가 아니며 실제적인 의미를 지향합니다. 그렇게 보면 적어도 이 본문의 **"천국"**은 이 세상에서 이루어야 할 하나님 나라의 개념이 **아닙니다. 죽어가는 착한 사람을 위한 보장입니다.** 보편적인 의미가 있는 고대 지혜 전승이 실제적 긴장 상황과 맞물리면서 종말론적 본문으로 탈바꿈했습니다.

성서를 이해하는 데에 **종말론적 긴장감이 커지면 일상을 살아가는 데 필요한 교훈은 잘 보이지 않게 됩니다.** 지금 우리는 큰 전쟁이나 박해를 경험하고 있지 않습니다. 따라서 **우리에게 중요한 것은 바로 죽어 천국 간다는 메시지가 아닙니다. 하루하루 이어지는 일상을 어떻게 사느냐가 더 중요합니다.**

원래 예수님은 "산에 올라가 앉으"신 뒤 인간의 도리에 대해서 말씀하셨을 것입니다. 우리 주변의 신자들을 보면, 어떤 이는 열정적인 신앙인이 되려고 노력하면서도 올바른 사람이 되는 것에는 관심이 없습니다. 하지만 원래 예수님의 교훈은 "온유"하고 "긍휼히 여기"며 "화평하게 하는" 사람으로 살아가라는 가르침이었습니다. 그러나 **박해가 주어지면서 일상의 조화와 균형이 깨지고 오로지 당장 죽고 사는 문제에 집착하게 되었습니다.** 어쩔 수 없이 이 세상에서의 조화로운 삶보다는 죽음 이후에 어떻게 될 것인가에 대해서 사람들의 관심이 쏠리게 됩니다. 어떻게 하면 사회 안에서 빛과 소금의 역할을 감당하며 살아갈 수 있을지를 고민할 겨를도 없이 극단적인 상황으로 내몰린 것입니다. 목에 칼이 들어와도 절개를 저버릴 수 없다는 선언을 하는 사람에게 모든 이목이 쏠립니다. 실제로 목에 칼이 들어오는 상황에는 그렇습니다. 어쩔 수 없는 일입니다. 그런데 일상이라는 것은 신앙의 기반과 같은 것이라서 **올바른 삶을 하루하루 살아오지 못한 사람이 환난 날에만 신앙적 영웅이 될 것 같지는 않습니다.** 기초가 잘 닦여지지 않은 상태에서 그 위에 높은 건물을 지을 수 없는 것과 마찬가지입니다. 성실한 일상을 살아온 사람은 극단적인 상황에서도 흥분하지 않고 담담히 실마리를 풀어가려고 할 것입니다. 최선의 선택이 무엇인지 차분히 고려할 것입니다. 그러다가 정말로 목숨을 버리는 일 외에는 달리 선택지가 없다고 여긴다면 의를 위해서 담담히 목숨을 버릴 것입니다. 저는 대의를 위해서 소중한 목숨을 버린 분들이 일순간의 충동으로 그랬으리라 생각하지 않습니다.

일제 강점기나 한국 전쟁 시기와는 달리 지금 우리 사회에 평화가 유지된다는 것이 얼마나 감사한지 모르겠습니다. 목숨이 왔다 갔다 할 정도로 위험한 상황이 좋아서 일부러 쫓아다니는 사람은 없습니다. 성서를 읽다가 위기 상황을 배경으로 한 글을 보시고 거기서 "목에 칼이 들어와도 신앙을 지킵시다", "종말 신앙", "종말을 사는 신자들"과 같은 무서운 제목의 설교문을 뽑아내지 마십시오. 당시의 절박한 상황을 실제로 경험한 분들이 안다면 기가 막힐 일입니다. 위기도 없고 편안한 삶을 사는 우리가 일부러 위기를 즐기는 듯한 느낌을 준다면 그분들은 우리에게 "참 철이 없다"라고 할 것입니다.

위기 상황은 신앙을 극단적인 것으로 만듭니다. 한국 개신교 신앙과 신학이 극단적인 성향을 띠게 된 이유가 있습니다. 한국 전쟁과 독재, 경제 위기 등 많은 어려움을 겪었기 때문입니다. 하지만 **원래 예수님이 교훈하셨던 삶이란 극한 상황에도 담담히 일상을 살아가는 것입니다.** 예수님이 바라셨던 삶과 교훈이 그랬으니 우리는 그저 사람다운 일상을 살아가면 됩니다. 전쟁 같은 위기 상황이 벌어지지 않기를 기도하면서 말입니다. 그런데도 적지 않은 사람은 조금만 불안한 상황이 생기면 흔들립니다. 그리고 그 가운데 또 적지 않은 사람은 시한부 종말론 같이 자극적인 것에 빠질 것입니다. 이 땅에 신의 심판이 주어지기만을 기다리며 일상을 저버리고 온종일 모여 기도만 할 것입니다. 일상을 통해 말씀하시는 하나님의 말씀은 어디론가 사라지고 극단적 정황에 적합한 이념이 사람들을 이끌 것입니다. 저는 그래서 불안한 상황이 벌어지는 것을 우려합니다.

성서를 읽을 때 종말론이나 박해 상황을 걷어내야 그 바탕을 이루고 있는 글의 참 의도가 드러나는 경우가 적지 않습니다. 그런 세심한 수고 없이 성서를 표면적으로 받아들이게 되면 멀쩡히 평안한 삶을 살고 있으면서도 끝날을 기다린다고 고백하는 기이한 사람들이 나타납니다. 자주 강조합니다만, 우리의 시대는 성서의 시대처럼 전쟁과 박해의 시대가 아닙니다. **지금과 완전히 다른 시대 상황과 그런 상황을 전제로 쓴 성서 본문을 현대 생활에 그대로 적용해서는 안 됩니다.** 이를 위해서, 산상보훈을 이른바 윤리적 설교로 이해하고 해설한다는 것에 거부감을 가질 필요가 없습니다. 예수님이 원래 의도하신 것이 그런 내용이면 그냥 그렇게 이해하면 됩니다. 제가 볼 때 현대 개신교인 중에 적지 않은 사람은 종말을 외치고 다니면서 비윤리적이며 탈윤리적인 삶을 살고 있으므로 오히려 **윤리적 교훈을 더 많이 들을 필요가 있습니다.** 윤리적 설교는 시한부 종말론을 바탕으로 한 설교보다 여러모로 낫습니다.

산상보훈을 읽었다면 사람다운 사람이 됩시다! 눈물을 흘릴 줄 알고, 온유하며, 남을 불쌍히 여기는 사람이 되고, 청결한 마음을 소유하고 평화를 사랑하며 옳은 일을 위해 기꺼이 수고하는 사람이 됩시다! 올바른 사람이 되라는 제 말이 틀렸습니까? 오히려 다가올 미래를 대비하라면서 이익을 속여 뺏는 사이비 종말 주의자의 말보다는 낫지 않나요? 家

생활이 어려워서 걱정하는데 교회에서는 믿음이 없대요.

"믿음이 적은 자"는 전적으로 마태의 표현입니다. 같은 표현이 마태복음에만 4회 나옵니다. 누가복음 12:28은 마태복음 6:30의 영향을 그대로 받았습니다. 이제 **마태가 무엇을 믿음이라고 생각했고, 무슨 뜻으로 "믿음이 적은 자"라는 표현을 썼는지** 살펴봅시다.

마태는 국가의 멸망을 막기는커녕 그것을 초래한 원흉인 인간 왕과는 달리 창조주 하나님만이 백성이 의존할 유일한 왕이라는 구약성서의 성찰을 받아들였습니다. 마태는 그를 창조자요 전능한 만유의 왕으로 인식하고 있습니다. 따라서 그가 말하는 "믿음이 적은 자"는 **하나님을 전적으로 의존하지 않고 자기 방식과 자기 판단에 따라 사는 사람입니다. 하지만 저는 열심히 자기 힘으로 살고 미래를 염려하는 것이 그렇게까지 나쁘다고 생각하지 않습니다.** 하지만 마태는 그것이 '믿음이 적은 것'이라고 이해하고 있습니다.

> 오늘 있다가 내일 아궁이에 던지우는 들풀도 하나님이 이렇게 입히시거든 하물며 너희일까보냐 믿음이 적은 자들아(마 6:30, 눅 12:28)

이 구절은 분명히 **경제적으로 열악한 생활을 하는 사람에게 하는 말**입니다. "오늘", "내일"이라는 시간사(時間詞)를 사용했는데 당장 내일 먹을 것이 없어서 걱정하는 사람들에게 이 말을 한 것 같습니다.(마 6:34 "내일 일을 위하여 염려하지 말라") 다시 말해, 이 구절은 더 좋은 옷이 없고 더 맛있는 음식이 없어서 걱정하는 사람들을 위해서 쓴 것이 아니라 몹시 가난한 사람들을 위해서 쓴 것입니다. 물론 부유한 생활을 하지만 마음은 쓸데없는 걱정으로 가득한 사람도 문자적으로는 이 글에서 도움을 얻을 수 있습니다. 하지만 제가 드리고 싶은 말씀은 **이 글이 원래 독자로 여긴 사람들은 실제로 열악한 환경에서 살아가는 사람들**이라는 것입니다. 당장 내일 먹을 것이 없어서 걱정하는 사람이 아니라면 사실 이 구절과 큰 관계가 없습니다.

성서의 모든 내용이 모든 부류의 독자에게 도움이 되어야 한다는 생각은 일종의 강박입니다. 그런 의미에서 성서는 그 의도와 내용에 있어서 **선택적으로** 기록되었고 그 때문에 독자도 본문을 선택적으로 받아들이게 됩니다. 물론 성서에는 범시대적인 가치가 들어있습니다. 이런 가치는 어느 시대를 사는 누구에게나 도움을 줍니다. 하지만 제 말은 모든 성경 구절 하나하나에 특정한 시대를 사는 우리가 모두 수용할 만한 가치가 있다는 것은 맞지 않습니다. **어떤 내용은 상황 제한적이고 어떤 구절은 가치 제한적이기 때문에 특정한 사람들에게만 도움이 됩니다.** 대상을 설정하고 작성한 글을 '영적인 해석'과 같이 모호하게 초월적으로 풀어내려고 해서는 안 됩니다. 그 멋대로 한 해석으로부터 해석자의 사적 욕망이 고개를 들면 성서가 인간을 공격하고 인성을 파괴하는 가공할 무기가 될 수도 있습니다. 따라서 **성서의 각 본문이 정확히 어떤 대상을 전제하고 작성된 것인지 최대한 명확하게 구분하려는 자세가** 성서를 읽는 바른 자세입니다.

당장 내일 먹을 것이 없어서 걱정하는 사람들에게 '걱정하는 것은 하나님을 안 믿는 거야!'라고 하는 것은 잔인합니다. '믿음이 적은 자들'이라고 부르는 것도 적절해 보이지 않습니다.

마태복음 6장 전체를 읽어보면, **사회가 특별히 불안한 상황에 있는 것 같지는 않습니다.** 물론 부자는 더 부자가 되고 가난한 사람들은 좀처럼 그 가난에서 헤어 나오지 못하고 있는 듯합니다만 그래도 전쟁이나 큰 박해가 일어난 것은 아닙니다. 또한, 권력자늘에 대한 사람들의 대체적인 순응이 감지됩니다. 6장에서 권력자를 향한 적극적인 대항은 발견할 수 없습니다. **놀랄 분도 계시겠지만 성서에는 당시 집권자의 정책에 수긍하거나 심지어 지지하는 내용도 들어 있습니다.**(참고: 롬 13:1 **"권세들에게 복종하라"**) 신자들에 대한 대대적인 박해가 일어나면 그야말로 집권 세력에 대한 명확한 저항이 두드러지지만, 마태복음 6장의 상황은 아직 그런 상황이 아닙니다. 이런 상황에서 글쓴이는 재화의 결핍을 염려하는 가난한 사람들에게 문제의 원인이 오로지 그 개인에게만 있는 것처럼 몰아붙이고 있습니다. 마태복음 6장은 당시 가난한 사람에게 "구제"할 여력이 있는 부자들이 있었음을 알게 합니다.(마 6:1-5) 자세히 살펴보면 이들은 이 "구제"를 자기가 좋은 사람이라는 것을 드러내려는 목적에서 행했던 것 같습니다.(마 6:2 "외식") 이게 무슨 말이냐면, 당시 어떤 부류의 사람은 그래도 넉넉해서 살 만했다는 것입니다. 같은 시기에 누구는 하루 먹을 양식을 위해 기도하는데 말입니다.(마 6:11 "일용할 양식을 주시옵고")

자본주의 사회에서 부자와 가난한 사람이 공존하는 것은 지극히 당연한 일입니까? 하지만 그 격차가 너무 커서 적지 않은 국민이 세 끼 식사도 제대로 먹지 못하는 상황이라면 아주 심각합니다. 일부 사람이 부를 대부분 독점하고 극히 가난한 사람들이 대다수인 상황은 결코 당연하게 넘어갈 것이 아닙니다. 극한 자유 경쟁의 사회에서는 도태되는 사람들이 생기게 마련입니다. 극단에 몰리는 사람들을 자기 잘못으로 그렇게 된 것으로 비난하며 생과 사의 벼랑에 서 있는 사람들을 무시하면 안 됩니다. 많이 가진 사람들은 일단 세금을 착실히 내고 가진 것의 일부를 나누어 극빈한 사람들이 줄어들도록 노력해야 합니다. **정부는 부자 편에만 설 것이 아니라 걷은 세금으로 두터운 복지제도를 시행하여 전체 사회가 안정되게 만들어야 합니다.**

안타깝게도 마태복음 6:24는 이러한 가난한 사람들의 생존에 대한 염려가 하나님을 주인으로 받아들이지 않기 때문이라고 **섣부른 해석**을 내립니다. 이에 따르면 생존에 대하여 염려하지 않는 것이 바른 믿음의 자세입니다. **저는 이런 간단한 신앙 평가 방법은 우리가 배울 만한 것이 아니라고 생각합니다.** 여러분도 생각해보세요. 이런 염려를 하는 사람이 모두 사라지려면 어떤 조건이 충족되어야 합니까? 사회가 개인에게 충분히 공평하고 균등한 기회를 제공하였는데도 개인이 생존을 염려할 정도로 가난하다면 그것은 그 개인에게 탓을 돌릴 수 있을 것입니다. 하지만 **아무리 노력해도 대다수 사람이 경제적 안정을 확보할 수 없다면 그 사회에는 심각한 문제가 있습니다.** 마태복음이 전제하는 사회가 전혀 문제가 없는 공평한 사회라면 좋겠으나 그렇지는 않은 것 같습니다. 마태복음의 글쓴이는 사회 문제를 뻔히 보면서도 그것의 심각성을 애써 모른 척하고 있습니다. 그리고 가난 문제를 신앙 문제와 결부시켜서 가난한 사람들에게 상처를 주고 있습니다.

우리는 모두 최선을 다해서 생존과 안정을 위해서 열심히 일해야 합니다. 하지만 때로는 사회 환경 자체가 개인의 노력에 맞는 정당한 대가를 주지 않습니다. 그래서 우리는 개인의 노력과 동시에 사회의 어그러진 구조를 개선할 필요가 있는 것입니다. 개선의 여지가 전혀 없을 때 가난한 약자가 의존할 것은 하나님의 신적 능력뿐입니다.

> 예수께서 이르시되 어찌하여 무서워하느냐 믿음이 적은 자들아 하시고 곧 일어나사 바람과 바다를 꾸짖으신대 아주 잔잔하게 되거늘(마 8:26)

이 본문에서 예수님은 바람과 바다도 부리는 창조주 자체입니다.(마 8:27) 글쓴이는 창조주만 피조물의 근본적인 문제를 해결할 수 있다고 생각합니다. 오직 그분만 위기에 빠진 자들을 구원할 수 있다는 것입니다. 제가 반복해서 말씀드리지만, 이렇게 **절대적으로 신을 의존하는 사상은 국가 패망의**

시기 이후에 일어난 성찰에 기초하고 있습니다. 이스라엘이라는 국가가 패망할 때 왕을 위시한 인간 리더들은 백성의 안위에 아무런 도움을 주지 못했습니다. 국가는 바벨론 제국에 짓밟혔고 무고한 많은 백성이 사망했습니다. 인간의 능력은 하찮고 구원을 가져다주지 못하며 오직 주님만 인간이 지옥에 떨어지는 것도 저지할 수 있을 정도의 능력을 갖추고 계신다는 신앙이 바로 이런 역사적인 경험에서 나온 것입니다. 전능한 신의 개념에 도취한 마태복음의 글쓴이는 "믿음이 적은 자"를 일깨우기 위해 들풀이나 풍랑과 같은 시각 자료를 동원합니다. 궁극적으로 전능하신 하나님을 왕으로 수용하고 오직 그분을 의존하면 모든 문제가 해결되는데 왜 쭈그려 앉아 있냐는 것입니다. **저는 특정 신앙관에 도취한 사람 옆에 있으면 힘이 쭉 빠집니다. 혼자 신나서 뭔가를 막 주장하는데 주위 상황이나 다른 사람 마음에 대한 고려는 눈곱만큼도 없습니다.**

> 예수께서 즉시 손을 내밀어 저를 붙잡으시며 가라사대 믿음이 적은 자여 왜 의심하였느냐 하시고(마 14:31)

예수님은 강한 어조로 믿음이 없어 염려하는 사람을 꾸짖고 있습니다. 이 구절 앞뒤 본문을 읽어보면 제자는 주를 창조자로도 구원자로도 인식하지 못하고 의존하지도 않습니다. 이것이 바로 마태복음이 말하는 **적은 믿음**입니다.

> 예수께서 아시고 가라사대 믿음이 적은 자들아 어찌 떡이 없음으로 서로 의논하느냐(마 16:8)

"떡"은 생존 자체입니다. "떡"이 없으면 인간은 살 수가 없습니다. 누가 밥을 먹지 않고 살아갈 수 있습니까? 이 구절은 "떡"을 주님이 알아서 주실 것인데 왜 걱정하면서 어떻게 할까 의논하고 있느냐는 말처럼 들립니다. **하**

지만 누가 당장 먹을 것조차 없는데 걱정하지 않고 마냥 기뻐할 수 있겠습니까? 그렇게 할 수 있는 사람은 거의 없을 것입니다. **믿는 구석이 있지 않은 한 배에서 꼬르륵 소리가 나는데도 히죽거릴 수는 없습니다.** 걱정되는데도 걱정하지 말라면서 그게 신앙적으로 바른 자세라고 자꾸 강제하면 누군가 이렇게 반문할 가능성이 있습니다.

> 예수님은 신이니까 걱정하지 않으실지 모르지만 우리는 당장 먹을 것이 없는데도 태평하게 웃고 있을 수는 없습니다.
> 믿음이 없다고 꾸지람만 하지 마세요.
> 저희도 최선을 다해 생존을 위해 일하고 있습니다.
> 하지만 일한 만큼 충분한 돈을 벌 수 없습니다.
> 예수님이 꾸짖을 대상은 우리 같은 서민이 아니라
> 바로 너무 많은 것을 독식하고 독점하는 사람들이 아닐까요?
> 많은 일을 시키고 고작 적은 임금만 주는 사람들이 아닐까요?

마태복음의 논리를 그대로 따라가면 인간의 도움과 지혜를 하찮게 여기게 됩니다. 저는 이것이 별로 좋은 접근 방식이 아니라고 생각합니다. 그런 식의 신앙적 교훈은 실제 문제 해결에 전혀 도움이 되지 않습니다. **사회적인 문제는 그대로 존재하는데, 아무리 노력해도 가난을 극복할 수 없는 노동자들만 적은 믿음을 가진 자들이라고 탓하는 것은 아무리 생각해도 모진 행동입니다.** 우리는 대다수 사람이 끊임없이 "염려"하고 있다면 그것의 근원이 무엇인지 생각해보아야 합니다.

🐝 염려하고 있는 사람을 탓하기 전에 우리 사회가 노력한 만큼 대가를 획득할 수 있는 사회인지 한번 생각해 봅시다. 신약성서는 창조주 하나님의 전능하신 능력을 전적으로 의존하지 않는 자를 "믿음이 적은 자"라고 생

각합니다. 하지만 이것은 이스라엘의 조상들이 인간 왕을 의존하고 자력 구원을 시도하다가 결국 나라의 패망을 초래했던 것처럼 하나님을 왕으로 의존하지 않고서는 결코 삶에서 어떤 능력도 체험하지 못하고 구원도 없다는 교훈입니다. 하지만 어떤 교훈은 세계 모든 나라, 모든 역사적 상황에 딱 맞지 않습니다. **우리는 성서의 이런 내용이 어떤 역사적 배경에서 형성된 것인지를 이해하면서 동시에 완전히 다른 현재 상황에 그 성서의 내용이 부합하지 않을 수도 있다는 것을 인정해야 합니다.** 특정한 성서 구절을 무슨 만능열쇠처럼 들고 아무 데나 휘두르는 것은 타인에 대한 무례함과 폭력이 될 수 있음을 기억합시다.

마태복음 6장의 글쓴이에게서 우리가 갖는 아쉬움은 아직 사회의 부조리에 대해 심각하게 여기고 있지 않다는 것입니다. 조금 더 시간이 흘러 대대적인 박해가 주어지면 걱정하는 사람이 믿음 없는 사람이라는 식의 말은 쏙 들어가 버리게 됩니다. 그때가 되면 누구나 절박하고 모두가 생존 문제를 놓고 걱정하기 때문입니다. 그나마 상황이 좋을 때, 여유가 있고, 살 만한 사람들이 자발적으로 하루 먹을 것을 걱정하는 사람에게 조금 나누었다면 어땠을까 하는 생각이 듭니다. 그랬다면 "일용할 양식"을 위해 절박하게 기도하던 사람도 대신 뭔가 더 창의적인 일을 하게 되었을 것이고 괜히 아무에게나 믿음이 없는 사람이라고 지적하는 일도 없었을 것입니다. 이른바 주님이 가르쳐 주신 기도문에 "일용할 양식"을 구하는 내용이 있다고 주문처럼 예배 때마다 읊을 것만 아니라, 우리 사회에 혹시 누가 아직도 하루 먹을 식사를 걱정하는지 돌아봅시다. **우리 사회에 정말로 그런 사람이 하나도 없다면 우리 사회는 주님이 가르쳐 주신 기도가 현실로 이루어진 사회일 것입니다.** 그런 기도를 하지 않아도 되는 사회가 좋은 사회 아닐까요? 생존과 일상을 염려하는 사람이 없는 사회가 우리가 모두 바라는 사회 아닙니까? 宗

예수께서 그의 열두 제자를 부르사 더러운 귀신을 쫓아내며 모든 병과 모든 악한 것을 고치는 권능을 주시니라

기적으로 병을 고칠 수 있다고 하는 사람은 자신이 예수님이라는 것입니다.

최근 코로나바이러스로 세계 모든 사람이 긴 시간 동안 큰 고통을 받았습니다. **성서는 질병과 치료에 대해 어떤 견해를 가졌는지 살펴봅시다.**

복음서는 자주 예수님을 '병을 고치는 자'로 소개합니다. 그런데 예수님의 병을 고치는 능력이 그의 제자들에게 주어지게 됩니다.(마 10:1; 막 3:15) 병을 고치는 일은 원래 예수님 혼자 하시던 것이었습니다. 마태복음 4:23은 예수님께서 수고롭게 혼자 "두루 다니"며 "모든 병과 모든 약한 것을 고치"셨다고 말합니다. 마태복음 8:7에서도 예수님은 "내가 가서 고쳐주리라"라고 말합니다. 특히, 마태복음 8:4에는 완치의 입증에 관하여 거론하는데 이는 예수님 자체의 능력이 확실함을 강화하는 역할을 합니다.

주목할 점은 **어느 시점에 이르면 예수님은 더는 스스로 병을 고치지 않고 제자들에게 권한을 양도한다**는 것입니다.

예수께서 그의 열두 제자를 부르사 더러운 귀신을 쫓아내며 모든 병과 모든 약한 것을 고치는 권능을 주시니라(마 10:1)

예수께서 열두 제자를 불러 모으사 모든 귀신을 제어하며 병을 고치는 능력과 권위를 주시고(눅 9:1)

제가 **권한**이라고 말한 것은 마태복음 10:1의 "권능"과 누가복음 9:1의 "권위"를 제 말로 바꾸어 말한 것입니다. 오직 예수님에게 제한되었던 능력이 제자들에게 개방되었습니다. 원래 병을 고치는 능력은 예수님으로 예수님이 되게 하는 중요한 요소였습니다. 그런데 이제 그것이 제자들에게 넘어갔습니다. **그것은 예수님이 가지고 계셨던 권위도 제자들에게 넘어갔음을 의미합니다. 이 글을 작성한 사람은 적어도 제자들의 권위를 옹호하는 사람이거나 제자 자신일 것으로 추정됩니다.** 그 혹은 그들은 제자 역시 예수님 못지않게 대단하다고 믿는 사람입니다.

어떤 사람들은 예수님이 승천하시면서 자신이 하시던 일을 제자들에게 맡겨 지속하려는 뜻에서 권한을 양도하였다고 주장합니다. 하지만 권한 양도의 본문이 어떤 배경과 시점에서 형성되었는지 생각해보면 훨씬 더 분명한 결론을 얻을 수 있습니다.

원래 복된 소식의 전파라는 임무를 중심으로 한 권한 승계는 예수님이 십자가에서 돌아가시고 부활하신 다음에 이루어져야 더 자연스럽습니다.(막 16:15) 그런데 병 고치는 능력의 양도가 특별히 **초기 기독교 교회의 정치적인 역학 관계와 관계**가 있는 것 같습니다.

원래 예수님이 안식일에 병 고치는 일을 할 때, 그 도발적 행위(마 12:10 "한쪽 손 마른 사람이 있는지라 사람들이 예수를 고발하려 하여 물어 이르되 안식일에 병 고치는 것이 옳으니이까")는 안식일을 엄수하여 아무 일도 해서는 안 된다고 생각하는 유대인의 이해와 정면으로 충돌했습니다. 글쓴이는 이러한 당시의 갈등 상황을 고스란히 전하면서 새로 등장한 예수 공동체가 유대인 공동체와 완전히 다르다는 것을 명확히 합니다. 이 안에는 **두 그룹 간의 정치적이며 권력적인 갈등**이 숨어있는 것입니다.(눅 14:3 "예수께서 대답하여 율법교사들과 바리새인들에게 이르시되 안식일에 병 고쳐 주는 것이 합당하냐 …)

어느 정도 시간이 지나 예수님 대신 예수님의 제자들이 전면에 등장했고 그들은 처음과 달리 점점 반대 관점에 서 있는 유대인 공동체를 견제하려는 태도를 보입니다. 이 과정에서 **안식일에 병을 고치는 이야기**가 전면에 등장하게 됩니다. 간단하게 말해서 **초기 기독교 공동체는 안식일에 병을 고치는 일을 통하여 기성 유대교 집단을 정면으로 반대하였습니다.** 이러한 정황은 **초기 기독교 공동체가 더는 유대인 집단을 신경 쓰지 않아도 될 정도로 성장할 때까지 계속됩니다.**

우리는 위의 고찰을 통하여 성서의 신적 치료의 배후에 정치적인 역학 관계가 존재했다는 사실을 확인할 수 있습니다.

많은 사람이 코로나바이러스에 감염되어 사망하자 어떤 개신교 목사가 등장하여 신적인 치유에 관하여 떠들었습니다. 그는 하나님이 모든 코로나 환자를 낫게 하실 것이라고 말했습니다. 그러나 위의 성서 내용에 따르면, '예수님이 고쳐주신다'라거나 '예수님의 이름(권위)'을 내세우면서 기도하거나 안수하는 사람이 신경 쓰는 것은 고작 권력의 확보, 그리고 그것의 확장과 유지입니다. **성서에서 신적 치유는 바로 정치적인 목적과 함께 가는 것입니다.** 그렇다면 예수님의 치유를 무조건 정치적인 행위로 볼 수 있습니까? 저는 예수님이 병을 고쳤다는 이야기가 원래는 제대로 치료받을 수 없는 대중에 관한 관심과 사랑을 표현하는 데 쓰였을 것으로 생각합니다. 하지만 **신적인 힘을 나타내는 것은 본질상 정치적이며 권력적입니다.** 예수님께서 그것을 의도하셨든 아니든 기적적인 치유 이야기를 읽는 사람은 예수님의 대단한 능력에 놀랄 것입니다. **긍휼의 이야기가 권력의 양도 이야기로 완전히 바뀐 것은 예수님 이후에 집권에 관심을 가진 추종자들에 의한 일이었습니다.** 예수님 자신은 오히려 사랑의 치유에 관한 관심이 힘 자체에 관한 관심과 힘의 응집으로 나아가는 것을 우려하셨습니다.

> 예수께서 거기에서 떠나가실새 두 맹인이 따라오며 소리 질러 이르되 다윗의 자손이여 우리를 불쌍히 여기소서 하더니 예수께서 집에 들어가시매 맹인들이 그에게 나아오거늘 예수께서 이르시되 내가 능히 이 일 할 줄을 믿느냐 대답하되 주여 그러하오이다 하니 이에 예수께서 그들의 눈을 만지시며 이르시되 너희 믿음대로 되라 하시니 그 눈들이 밝아진지라 **예수께서 엄히 경고하시되 삼가 아무에게도 알리지 말라 하셨으나** 그들이 나가서 예수의 소문을 그 온 땅에 퍼뜨리니라(마 9:27-31)

우리는 성서에서 병 고침의 이야기를 읽을 때 매우 주의해야 합니다. 성서에서 병자가 기적적으로 치유되었으니 모든 병을 신앙의 힘으로 치료받을 수 있다고 생각하는 것은 위험합니다. 병이 들었으면 병원에 가도록 합시다. 약을 지어 먹읍시다. **성서의 병 고침 이야기 배후에 권력적 역학이 도사리고 있다는 것도 기억합시다.** 그렇게 보면 병 고침 이야기는 병원에 갈 수 없어 딱한 분들을 위한 글이지 "나에게는 병 고침의 능력이 있다"라면서 신비한 능력 자랑을 하는 사람이나 병 고치는 능력이 있다는 사람을 추종하는 추종자들을 위한 글이 아닙니다.

🌸 아프면 일단 병원에 가세요. 기도는 병원에서 치료받으면서 하세요. 정말로 주변에 병원도 없고 아무런 의료 혜택을 받을 수 없다면 기도밖에 달리 대책이 없을 것입니다. 하지만 일반적인 상황에서 우리는 병든 사람을 위해서 기도만 할 것이 아니라 병원에서 적절한 치료를 받을 수 있게 해야 합니다. 병자를 진정으로 불쌍히 여긴다면 병원에 데려다주세요. 당신이 하나님의 치유를 설교하면서 가만히 있으면 이웃의 병은 더 심각해질 것입니다.

그리고 **신적 기적을 말하는 사람이 사실은 그 자신의 대단함을 선전하고 있다는 것을 성서는 날카롭게 지적하고 있습니다.** 과거에 별로 많이 배우지 못했고 가난해서 내세울 것이 없던 목사들과 전도자들은 신적 기적을 행함으로 스스로 예수의 제자이며 성령의 사람이라는 점을 증명하려고 했습니다. 신적 치유를 한다면서 헌금을 거뒀고 또 그 돈으로 큰 기도원을 짓고 수천수만 명의 사람들을 모았습니다. 그 결과는 어떻습니까? 결국, 부적절한 방법으로 재산을 불린 그들은 사회에 선한 영향력을 끼친 것이 아니라 오히려 사회가 개신교에 대해서 거부감을 느끼고 멀리하게 했습니다. 하나님이 영광을 받으셨습니까? 아닙니다. 영광과 번영을 누린 것은 몇몇 인간이고 나중에 그들이 행한 신적 신유가 모두 새빨간 거짓말이라는 것이 밝혀져 추종하던 사람들의 신앙이 완전히 붕괴하였습니다. 이처럼 건전한 가치가 아니라 대단한 능력에만 집중하는 것은 성서적으로 볼 때 여러모로 불건전합니다. 그래서 예수님께서 그것을 경계하라고 교훈하신 것입니다.

성서의 치유는 사랑의 실천, 그 이상도 이하도 아닙니다. 하나님은 당신의 나눔과 실천을 통해 사람들을 고칠 것입니다. 바로 그것만이 주 사랑의 모범을 따르는 것이며 놀랍게도 그런 따뜻함으로 인하여 사람들이 가지고 있던 여러 가지 고통이 나음을 얻습니다. 우리가 추구할 신적인 치유란 이것뿐입니다. 宗

예수께서 거기서 나가사 두로와 시돈 지방으로 들어가시니 / 가나안 여자 하나가 그 지경에서 나와서 소리 질러 이르되 주 다윗의 자손이여 나를 불쌍히 여기소서 내 딸이 흉악하게 귀신 들렸나이다 하되 / 예수는 한 말씀도 대답하지 아니하시니 제자들이 와서 청하여 말하되 그 여자가 우리 뒤에서 소리를 지르오니 그를 보내소서 / 예수께서 대답하여 이르시되 나는 이스라엘 집의 잃어버린 양 외에는 다른 데로 보내심을 받지 아니하였노라 하시니 / 여자가 와서 예수께 절하며 이르되 주여 저를 도우소서 / 대답하여 이르시되 자녀의 떡을 취하여 개들에게 던짐이 마땅하지 아니하니라 / 여자가 이르되 주여 옳소이다마는 개들도 제 주인의 상에서 떨어지는 부스러기를 먹나이다 하니 / 이에 예수께서 대답하여 이르시되 여자여 네 믿음이 크도다 네 소원대로 되리라 하시니 그때로부터 그의 딸이 나으니라

예수님이라도 나에게 개라고 할 권리는 없습니다.

마태복음 15:21은 예수님이 "두로와 시돈 지방으로" 이동하신 것을 언급합니다. 이 지역들을 간단히 소개하겠습니다. 두로(Tyres)는 이스라엘로부터 북쪽으로 약 20Km 떨어져 있는 지역으로 예로부터 공업으로 유명했으며 첫 번째 성전을 지을 때 예루살렘에 건축자재와 기술자를 지원한 적이 있습니다.(삼하 5:11-12; 왕상 5:7-18) 시돈(Sidon)은 두로의 북쪽에 있는 지역으로서 페르시아 시대에 성전을 재건축할 때 필요한 건축 자재를 제공했습니다.(스 3:7 "백향목") 시돈 전체가 불탔던 적이 있었는데 페르시아 제국에 대한 저항으로 시돈 사람들 스스로 그렇게 한 것이었습니다. 제국에게 저항하고 응징을 당하는 과정에서 **도성은 심판의 상징이 되었습니다.**('심판의 도성' 마 11:21-22)

예수님께서 "두로와 시돈 지방으로" 이동했다는 것은 무슨 의미입니까? 왜 심판의 상징인 지역에 진입하셨습니까? 다른 본문에서도 예수님은 "두로와

시돈"을 언급하신 적이 있습니다.

> 예수께서 권능을 가장 많이 행하신 고을들이 회개하지 아니하므로 그때에 책
> 망하시되 화 있을진저 고라신아 화 있을진저 벳새다야 너희에게 행한 모든 권
> 능을 두로와 시돈에서 행하였더라면 그들이 벌써 베옷을 입고 재에 앉아 회개
> 하였으리라(마 11:20-21)

이 내용을 읽으면 예수님이 두로와 시돈에 간 적이 없고 그 지역들에 애정
도 없다는 것을 알게 됩니다. 일반적으로 예수님과 같은 유대인들이 자기 지
역 외에 대하여 무관심하거나 배타적이었다는 것을 안다면 이는 일반적인 상
황입니다. **그런데 마태복음 15장 본문을 보면 예수님이 두로와 시돈에 가셨
을 뿐 아니라 그곳에서 신기한 일을 행했습니다.** 마태복음 15:22을 보면 그
곳을 방문한 예수님에게 이방인 여자("가나안 여자")가 다가와 "불쌍히 여기
소서"라고 구원을 요청합니다. 그리고 이 여자에게 기적이 일어났습니다.(마
15:28 "딸이 나으니라") 이 본문을 제대로 이해하려면 **이방인과의 접촉과 배
척이라는 서로 다른 내용이 왜 같은 단락에 함께 들어있는지 살펴야 합니다.**
예수님은 이방인과 접촉하시고 도와주셨으나 본문에는 유대인으로서의 예수
님의 이방인에 대한 배타적 태도도 들어있기 때문입니다.(마 15:24,26)

독자 여러분에게 힌트를 드리면 이방인을 배척하는 글과 수용하는 글 중
에 어떤 글이 후대에 추가된 것인지 생각해보십시오. 시대가 흐르면서 원래
있던 글에 내용이 추가되었습니다.

글의 순서에 따르면, 예수님은 "예루살렘"(마 15:1)에서 "바리새인과 서기
관"과 변론하신 후에 20Km 이상이나 떨어진 "두로와 시돈 지방"으로 이동
하셨습니다. 어떻게 보면 마태복음 5:16에서 "너희도 아직까지 깨달음이 없
느냐"라는 예수님의 도발성 발언을 들은 사람들이 자기를 배척하자 부득이
하게 자리를 피하신 것 같습니다. 이를 단편적으로 파악하면 동족 유대인들

과의 대화에서 실망하신(?) 예수님이 의도적으로 이방인의 땅으로 이동하신 것이 됩니다. 그런데 그다음 장면에서 **유대인인 예수님은 달갑지 않으셨는지 이방 여자를 차갑게 대하십니다.** 바리새인과 서기관에게 실망하셔서 떠나셨으면 이방 여자는 따뜻하게 대해주셨으면 좋았을 텐데 말입니다.

> 가나안 여자 하나가 그 지경에서 나와서 소리 질러 이르되 주 다윗의 자손이여 나를 불쌍히 여기소서 내 딸이 흉악하게 귀신 들렸나이다 하되 예수는 한 말씀도 대답하지 아니하시니 제자들이 와서 청하여 말하되 그 여자가 우리 뒤에서 소리를 지르오니 그를 보내소서 예수께서 대답하여 이르시되 나는 이스라엘 집의 잃어버린 양 외에는 다른 데로 보내심을 받지 아니하였노라 하시니 여자가 와서 예수께 절하며 이르되 주여 저를 도우소서 대답하여 이르시되 자녀의 떡을 취하여 개들에게 던짐이 마땅하지 아니하니라(마 15:22-26)

처음에 "가나안 여자"가 "딸"이 "귀신 들렸"다면서 간곡하게 도와달라고 했는데도(마 15:22) 예수님은 **무반응**이었습니다.(마 15:23a) 최대한 좋게 생각해서 이방인 여자가 다가오자 놀라신 것일 수도 있고 잠시 어떻게 응대해야 하는지 몰라 주저하신 것일 수도 있습니다. 제자들은 그 여자가 시끄럽게 하니(마 15:23b "소리를 지르오니") 쫓아버리라고 합니다. 예수님도 냉정하게 "나는 이스라엘 집의 잃어버린 양 외에는 다른 데로 보내심을 받지" 않았다고 합니다.(마 15:24) 이는 **분명히 그 여자를 도와주지 않겠다는 의사 표현**입니다. 이는 보편적인 유대인이 가진 **특수주의적 사고**입니다. 이 구절을 문헌의 기본층(基本層)으로 보면 예수님이 선민주의에 근거하여 이방인을 차별한 것이 됩니다. **초기 기독교를 구성한 유대인 크리스천들은 처음에는 이방인을 전혀 포용하지 못했고 점진적으로 받아들이게 되었습니다. 이런 과정을 거치면서 예수님의 이방 여자에 대한 다양한 태도가 담긴 글이 완성된 것입니다.**

그렇다면 이방 여자를 냉대하는 예수님 이야기가 먼저 있었고 그녀를 환대하는 이야기가 나중에 추가된 것일까요? 제가 볼 때는 그렇지 않습니다. **마태복음의 저자가 이방인을 환대하시는 예수님의 이야기에 유대인들이 호응하고 이해할 수 있는 내용을 삽입한 것 같습니다. 이방 땅에 가서 이방인과 접촉하는 데 아무런 거리낌이 없는 유대인의 모습은 동족이 볼 때 대단히 이상합니다.** 그래서 글쓴이는 전통적인 강성 유대인으로서의 예수님의 이미지를 추가하게 된 것입니다. 유대인으로서 이방인과 상종하지도 않고 도움을 주고받지도 않는다고 하다가 이방 여자의 믿음을 보고 기꺼이 어쩔 수 없이 그녀를 돕는 예수님의 이야기는 이런 과정으로 만들어진 것입니다.

독자 여러분이 알아야 할 것은 **이방인 수용 사상이 신약 시대에 와서 비로소 시작된 것이 아니라는 것입니다.** 이스라엘 민족은 멀게는 족장 시대부터 이방 민족과 더불어 평화롭게 공존했습니다.(창 14:17-18) 왕정 시대에도 주변 나라와 지속해서 화친을 맺었으며(왕상 4:34; 16:31) 이방 제국에 의해 포로 신세가 된 이후에는 더욱 이방인을 배척할 수 없었습니다. 바벨론은 이스라엘 백성을 억압했지만 페르시아 제국은 그들과 달리 피정복자들에게 일정한 자유를 제공했습니다. 바벨론 유배 생활에서 해방된 이스라엘 백성이 고향 땅으로 귀환하여 성전을 재건하게 허락하고 자금을 지원한 것이 바로 페르시아 제국의 키루스(고레스)왕 입니다. 이방은 멸절되어야 할 존재라는 인식에서 벗어나 모두의 평화로운 공존(참고: 사 42:6; 49:6 "이방의 빛이 되게 하리니")을 소망하게 된 것은 **제국 사상의 영향을 받은 결과라고도 할 수 있습니다.** 이방인을 배척하는 특수주의 사상이 이스라엘 민족의 뇌리에 명확하게 자리를 잡은 것은 긴 포로기가 끝나고 고향 땅으로 귀환한 이후의 일입니다. 그들은 **민족의 응집력을 높임으로 무너진 국가를 재건하고 중흥을 꾀했던 것입니다.** 유일신 사상이 확정되자 그동안 용인했던 이웃 민족의 신앙을 전면 부정했고 모든 면에서 외부에 대한 비타협적 태도로 나가게 되었습니다.

'이방인도 야훼에게 기도하고 경배할 수 있다'라는 사고는 결코 신약성서 시대에 와서 나타난 것이 아닙니다.(사 56:7 "내 집은 만민이 기도하는 집이 라"; 습 2:11 "이방의 … 사람들이 … 여호와께 경배하리라") 저는 예수님이 이런 구약 전승을 적극적으로 수용하셨을 것으로 생각합니다. 유대인뿐 아니 라 이방인까지 수용하는 구약의 전승 말입니다.

마태복음 15:1-20에서 유대인 지도자들("바리새인과 서기관들")에게 '너 희는 하나님의 말씀을 폐한다'(마 15:6) '입술로만 하나님을 공경하고 마음은 멀다'(마 15:8) '사람의 계명으로 교훈을 삼아 가르치고 헛된 경배를 한다'(마 15:9) '더럽다'(마 15:11,18,19-20) '맹인이다'(마 15:14)라고 폭언을 한 것은 이방인을 수용하는 태도에서 유대인을 비판한 것입니다. 예수님이 유대인 지 도자들과의 대화 직후 즉시 먼 거리에 있는 이방 지역으로 이동했다는 이야 기(마 15:21)도 같은 동기에서 쓰인 친이방적 본문입니다.

그렇다면 무슨 이유로 이방 여자에게 **차갑게 대하시는 예수님의 이미지가 필요했을까요?** 그것은 복음서의 초기 저자층 중의 가장 중요한 제자군인 **유 대인 그리스도인 독자들을 배려**한 것이라고 하겠습니다. 대다수 유대인이 볼 때, 이방인과 아무런 거리낌 없이 접촉하고 호의적으로 대하고 그들을 위해 능력을 행하는 예수님은 아주 이상하게 보였을 것입니다. 이방인을 수용하 는 보편주의가 분명히 구약성서의 중요한 흐름이었음에도 성서에는 선민사 상과 같은 특수주의적 맥락이 전면에 드러나 있고 더 많은 이들의 사상적 바 탕을 이루고 있으므로 아직 그리스도인이 되지 않은 전통적 사고를 하는 유 대인들, 그리고 그리스도인이 되었다고 하더라도 아직 이방인 수용의 단계로 나아가지 못한 유대인에게 이방인을 냉대하시는 예수님의 이미지는 자연스러운 것입니다.(참고: 행 10:9-15,45 "베드로와 함께 온 … 신자들이 이방인들에게도 성령 부어 주심으로 말미암아 놀라니") 마태복음의 저자는 유대인이 볼 때 최대한 자연스러운 이미지의 예수님을 구성한 것입니다. 그의 글을 읽는 사람들이 유대인이었기 때문입니다.

마태복음 15:26의 '이방인이 개와 같다'라는 취지의 언급은 예수님의 말씀이라기보다는 유대인 그리스도인들을 의식한 편집자에 의해 각색 및 추가된 것으로 볼 수 있습니다. 저의 이 주장을 뒷받침하는 중요한 단서는 **예수님을 향한 가나안 여자의 요청이 두 번 반복**된다는 것입니다.

> 가나안 여자 하나가 그 지경에서 **나와서** 소리 질러 이르되 주 다윗의 자손이여 나를 **불쌍히 여기소서** 내 딸이 흉악하게 귀신 들렸나이다 하되(마 15:22)

> 여자가 **와서** 예수께 절하며 이르되 주여 **저를 도우소서**(마 15:25)

원래 이야기의 원형은 여자가 예수님에게 와서 도움을 요청했을 때 예수님은 다소 멈칫거리셨으나(마 15:23a "예수는 한 말씀도 대답하지 아니하시니") 결국 제자들의 만류(마 15:23b)에도 불구하고 그녀의 딸을 고쳐주신 이야기였을 것입니다.(마 15:28b "그의 딸이 나으니라") 글쓴이는 예수님이 멈칫거린 찰나에 큰 의미를 부여하여 글을 확장했습니다. 그는 마태복음 11:24에 "(예수님이) 이스라엘 집의 잃어버린 양 외에는 다른 데로 보내심을 받지 아니하였노라"라는 구절을 추가하였습니다. 이는 **이방인 신자 수용을 위한 명확한 전환점이 된 사도행전 10장의 사건이 발생하기 이전 유대인 그리스도인의 정서를 대변하고 있습니다.** 이 구절이 삽입된 것과 거의 같은 시기에 마태복음 15:26-28a의 '개들도 주인의 상에서 떨어진 부스러기를 먹는다'라는 속담이 추가되었을 것입니다. **추가된 내용을 둘러싸고 여자의 청원이 반복됩니다. 이것을 여자가 예수님께 두 번 와서 비슷한 요청을 연거푸 한 것으로 볼**

수는 없습니다.

이방인을 개에 비유한 것은 유대인들이 볼 때 우리가 상상하는 것처럼 거북스러운 것은 아니었습니다. 그래서 마태복음 15장의 편집자가 그것을 추가하면서 거리낌이 없었을 것입니다. 하지만 **유대인이 아닌 우리가 볼 때 이방여자의 딸이 치유를 받았고 그 여자도 큰 믿음의 사람이라고 칭찬을 받는 마당에 이방인을 개에 비유했다는 것은 결코 기분 좋은 것이 아닙니다.** 하지만 마태복음 15장 전체를 비평적으로 볼 때 **예수님은 결코 유대인과 이방인을 차별하는 분이 아닙니다.** 이방인에게 편견이 있는 유대인을 질책하셨고 스스로 이방인을 찾아가셨으며 그들을 위해서 능력을 행하셨습니다. **성서를 읽으면서 가장 자연스러운 이야기의 골자를 찾아내는 것은 매우 중요합니다.** 그래야 예수님이 왜 뜬금없이 이방인에게 냉정하게 대하고 모욕적 언사를 했는지 비로소 이해가 됩니다. 어색한 부분들은 마태복음의 독자인 유대인을 의식하고 추가한 것입니다.

제가 아는 한, 예수님은 일찍이 구약성서의 중요한 하나의 맥락인 보편주의적 신앙 전승을 수용하셨으며 복음서 문헌의 기본층에서 드러나는바 **처음부터 친이방적 행보를 하셨습니다. 예수님의 사상에는 유대인과 이방인의 구분이 없으며 누구나 하나님의 자녀라는 생각이 자리 잡고 있습니다.** 그래서 유대인들이 개처럼 여기는 사람들을 향해서 예수님이 지역적 경계를 넘을 수 있었던 것입니다.(막 6:45 "예수께서 즉시 제자들을 재촉하사 자기가 무리를 보내는 동안에 배 타고 앞서 건너편 벳새다로 가게 하시고")

🐝 **익숙한 터전을 떠나 이웃을 향해 사고의 경계 너머로 나아가야 합니다.** 예수님께서 예루살렘에 머물고자 하셨다면 종교 지도자들과 어떤 방식이든 타협하셨을 것입니다. 그리고 그들 대부분이 가지고 있는 선민사상에

동조하셨을 것입니다. 그렇지 않았기 때문에 예수님이 종교 지도자들과 논쟁한 것입니다. 하지만 주님은 논쟁을 통해서 상대방의 생각을 바꾸는 데 많은 시간을 소모하지 않으시고 이방 사람들이 사는 변경으로 경계를 넘어 전진하셨습니다. **예수님의 이런 행보는 거기에도 똑같은 사람이 산다는 생각에 기초한 것입니다.**

혹시 개신교인이 개와 쓰레기처럼 여기는 부류의 사람들이 있습니까? 실제로 그렇게 표현하지는 않지만, **지옥 가야 마땅하다고 생각하는 사람들이 있습니까?** 개신교인들이 적대하는 그들은 누구입니까? 너무 경솔하게 죄인이라고 손가락질하는 사람들은 누구입니까? 제 생각에 예수님이 지금 우리 곁에 계신다면 손가락질을 받는 사람들을 만나러 나아가셨을 것 같습니다. 그들과 싸우고 욕하기 위해서가 아니라 그들의 말을 듣고 그들을 위해 기꺼이 베풀기 위해서 말입니다. **제일 안타깝고 이해하기 어려운 것은 성서를 논하면서 누군가를 욕하고 적대하는 것입니다.** 성서의 원래 뜻은 그런 게 아닙니다! **특수주의와 선민주의로 덮인 성서 본문을 비평적으로 사고하십시오! 그리고 성서의 심층적 의미인 보편주의와 타인에 대한 포용성을 수용하십시오!** 경솔하게 예수님도 이방 여인을 개처럼 여기신 것이 아니냐 하지 말고 결국 그녀의 딸을 고쳐주신 그 따뜻함을 기억하십시오! 그게 옳습니다. **예수님이 정말로 이방인을 무시하셨다면 왜 도와주셨겠습니까?** 家

바리새인과 사두개인들이 와서 예수를 시험하여 하늘로부터 오는 표적 보이기를 청하니 / 예수께서 대답하여 이르시되 너희가 저녁에 하늘이 붉으면 날이 좋겠다 하고 / 아침에 하늘이 붉고 흐리면 오늘은 날이 궂겠다 하나니 너희가 날씨는 분별할 줄 알면서 시대의 표적은 분별할 수 없느냐 / 악하고 음란한 세대가 표적을 구하나 요나의 표적밖에는 보여 줄 표적이 없느니라 하시고 그들을 떠나 가시니라

신기한 일에 몰입하므로 세상이 어떻게 돌아가는지 모르는 것입니다.

마태복음 16:1-4는 하나의 독립 단락입니다. "바리새인과 사두개인들"은 예수님을 "시험"하려는 마음에서 "하늘로부터 오는(신기한) 표적"을 보여달라고 요청했습니다.(마 16:1) 그런 그들에게 **예수님은 신기한 것을 보여주시지 않고 도리어 분별을 교훈하십니다.** 예수님의 이 교훈의 골자는 하늘을 보고 맑은 날인지 궂은날인지를 분별할 수 있는 것과 같이 시대가 어떻게 돌아가는지 금방 감지할 수 있는데 왜 쓸데없이 신기한 기적만 구하느냐는 것입니다. 이를 다시 말하자면 **신기한 기적을 추구하는 사람들은 시대의 흐름을 읽지 못하는 사람들**이라는 것입니다. 이 단락은 표적을 구하는 것에 대한 부정적인 견해와 함께 시대 분별의 필요성을 제기합니다. **신기한 것을 보려는 태도와는 비교할 수 없을 정도로 시대를 분별하는 것이 훨씬 중요합니다.** 어떤 분은 이렇게 반문할 것입니다. "개신교 자체가 신비로운 것을 추구하지 않나? 그런데 왜 신기한 것을 추구하는 것에 대해서 비판하지? 아! 교회 말고 다른 데서 그러지 말라고?" 하지만 저는 성서가 신기한 일들에 관하여 많은 이야기를 하고 있지만, 자세히 살펴보면 성서 역시 합리와 논리를 잘 갖추고 있다고 생각합니다. 그렇지 않다면 성서의 글이 너무 모호해서 하나도 이해하지 못할 것입니다. 더 중요한 것은 예수님도 신기한 것만 추구하는 것을 몹시 부정적으로 보신다는 것입니다. 예수님은 불쾌하셨는지 "악하고 음

란한 세대"라고 폭언하신 뒤에 그런 "세대"가 "표적을 구"한다고 비판하십니다. 그리고 비꼬듯이 만약 신기한 것을 보고 싶다면 "요나의 표적밖에는 보여 줄 표적이 없"다고 말씀하십니다.(마 16:4) "요나"는 요나서의 주인공으로서 물고기 배에 들어갔다가 사흘 만에 나왔다는 전설적인 인물로서 유대인들에게 익숙한 이름입니다.

마태복음 16:1-4의 내용은 마가복음(막 8:11-13)과 누가복음(눅 15:54-57)에도 적혀있습니다. 그런데 각 본문은 그 구성에 있어 차이가 있습니다. 마가복음 8장의 이 단락은 그중 편폭(篇幅)이 제일 짧습니다.

> 바리새인들이 나와서 예수를 힐난하며 그를 시험하여 하늘로부터 오는 표적을 구하거늘 예수께서 마음속으로 깊이 탄식하시며 이르시되 어찌하여 이 세대가 표적을 구하느냐 내가 진실로 너희에게 이르노니 이 세대에 표적을 주지 아니하리라 하시고 그들을 떠나 다시 배에 올라 건너편으로 가시니라(막 8:11-13)

마가복음 8:11-13은 분별력에 대해서는 언급하지 **않습니다.** 다만, 표적을 구하는 태도만 지적합니다. 그리고 그런 태도에 대하여 "표적을 주지 아니하리라"라는 대응이 주어지고 난 뒤에 단락이 바로 종결됩니다.

누가복음 12장에도 날씨를 분별하는 것과 같이 시대를 분별하라는 취지의 언급이 나오지만, 표적에 관한 부정적인 설명은 함께 붙어있지 **않습니다.** 표적 비판은 누가복음 11:29에 나오는데 누가복음 12:54-55에서 멀리 떨어져 있습니다.

또 무리에게 이르시되 너희가 구름이 서쪽에서 이는 것을 보면 곧 말하기를 소나기가 오리라 하나니 과연 그러하고 남풍이 부는 것을 보면 말하기를 심히 더우리라 하나니 과연 그러하니라 외식하는 자여 너희가 천지의 기상은 분간할 줄 알면서 어찌 이 시대는 분간하지 못하느냐(눅 12:54-55)

이렇게 비슷한 글들을 비교하면 표적 비판과 시대 분별의 글이 붙었다 떨어졌다 하는 것을 볼 수 있는데 이것은 문서 편집의 증거입니다. 정리하자면, 마가복음 8:11-13과 같은 표적 비판의 글과 분별력을 요구하는 누가복음 12:54-56의 저본(底本)이 합쳐져서 마태복음 16:1-4와 같은 글이 된 것 같습니다. 그러나 **각 글이 참고한 또 다른 어떤 원본이 있을 가능성도 있으므로 어느 책을 다른 어떤 책이 전적으로 수용했다고 단정하기는 어렵습니다.** 각 글을 비교하다 보니까 자연스럽게 이 모든 글이 영향을 받았지만, 알려지지 않은 원본이 있을지도 모른다는 생각이 들게 됩니다.

🌿 성서는 의식적으로 신비한 것을 배척하고 분별력을 가지라고 요구합니다. 분별력 요구가 본문에서 종말론과 연결되고 있지만 "분별하다"(διακρίνω)라는 단어 자체는 원래 신앙적인 어휘(행 10:20; 11:2,12; 롬 4:20; 14:23 등)라기보다는 **사회 속에서 살아갈 때 필요한 판단력**을 의미하는 것입니다. 특히 **현대 사회에서 무조건 믿는 것은 더는 호평을 받지 못합니다. 따져보고 알아보는 신앙이 필요합니다.** 하지만 여전히 무턱대고 황홀경과 같은 신비한 체험을 신앙 전부로 이해하는 흐름이 존재합니다. 그러다 보니 믿는 자들의 행동이 자주 분별력을 완전히 잃어버린 것처럼 갈팡질팡하고 삶이 개념을 상실한 것처럼 보입니다. 위에서 살펴본 본문에서 예수님은 그런 우리에게 아주 중요한 교훈을 주시고 있습니다. 신기한 기적만 추구하지 말고 이젠 좀 따져보며 살아가라는 말씀입니다.

신앙이 이성적이어서는 안 됩니까? 이성을 챙기는 것은 불신앙입니까? 적어도 마태복음 16:1-4는 그렇게 말하지 않습니다. 먹구름이 끼면 비가 온다는 것을 상식적으로 아는 것처럼 **누구나 예상할 수 있고 수용할 만한 행동을 하며 개념 있는 삶을 사는 것은 잘못된 것이 아닙니다.** 오히려 우리의 지각을 **만드신 하나님이 영광 받으실 일입니다.** 믿음이 있으면 정신을 풀어놓고 목사가 시키는 대로 행동해야 합니까? 아낌없이 헌금하고 시간을 바쳐야 한다는 목사의 주장에 무조건 동의해야만 합니까? 조건 없는 순종이 믿음이라는 말은 이제 설득력이 없습니다. **좋은 신앙인이란 맑은 정신으로 분별력 있게 올바른 삶을 살아가는 사람입니다.** 욕망에 사로잡히지 않고 세속적인 충동질에 영향을 받지 않는 사람 말입니다. 하지만, 여전히 적지 않은 목사는 몽롱한 상태를 영적이라고 설교하며 누군가가 좀 따지고 드는 것 같으면 그것을 불신앙으로 매도합니다. 우리는 분별력을 가져야 합니다! 속이는 것인지 아닌지 구분해야 합니다! 내세를 준비하라면서 영적이니 영력이니 헛소리를 하는 사람들이 있습니다. 그들이 뒤로 제 욕심을 차리는지 아닌지 우리는 꿰뚫어 보아야 합니다. 신앙이라는 것이 어느 정도는 덮어놓고 믿는 모호한 부분이 있다고 하더라도 그것은 최소한으로 해야 합니다. **신앙은 최대한의 분별력과 최소한의 불가해적 믿음으로 건전해지는 것입니다.** 마치 사랑과 우정의 존재를 증명하기 어렵다고 하더라도 그것을 믿는 것처럼 그냥 믿어야 하는 것이 분명히 존재하기는 합니다. 하지만 최대한 이성적이고 합리적이며 누가 그 삶을 보아도 이해하도록 분별하면서 생활하도록 합시다. 기적 좀 그만 좋아하세요! 기적에 환장한 사람들에게 예수님은 지금 때가 어느 땐데 그러냐고 이제 정신 좀 차리라고 하십니다! 🈳

마태복음 20:1-16

천국은 마치 품꾼을 얻어 포도원에 들여보내려고 이른 아침에 나간 집주인과 같으니 / 그가 하루 한 데나리온씩 품꾼들과 약속하여 포도원에 들여보내고 / 또 제삼 시에 나가 보니 장터에 놀고 서 있는 사람들이 또 있는지라 / 그들에게 이르되 너희도 포도원에 들어가라 내가 너희에게 상당하게 주리라 하니 그들이 가고 / 제육 시와 제구 시에 또 나가 그와 같이 하고 / 제십일 시에도 나가 보니 서 있는 사람들이 또 있는지라 / 이르되 너희는 어찌하여 종일토록 놀고 여기 서 있느냐 / 이르되 우리를 품꾼으로 쓰는 이가 없음이니이다 이르되 너희도 포도원에 들어가라 하니라 / 저물매 포도원 주인이 청지기에게 이르되 품꾼들을 불러 나중 온 자로부터 시작하여 먼저 온 자까지 삯을 주라 하니 / 제십일 시에 온 자들이 와서 한 데나리온씩을 받거늘 / 먼저 온 자들이 와서 더 받을 줄 알았더니 그들도 한 데나리온씩 받은지라 / 받은 후 집주인을 원망하여 이르되 / 나중 온 이 사람들은 한 시간밖에 일하지 아니하였거늘 그들을 종일 수고하며 더위를 견딘 우리와 같게 하였나이다 / 주인이 그중의 한 사람에게 대답하여 이르되 친구여 내가 네게 잘못한 것이 없노라 네가 나와 한 데나리온의 약속을 하지 아니하였느냐 / 네 것이나 가지고 가라 나중 온 이 사람에게 너와 같이 주는 것이 내 뜻이니라 / 내 것을 가지고 내 뜻대로 할 것이 아니냐 내가 선하므로 네가 악하게 보느냐 이와 같이 나중 된 자로서 먼저 되고 먼저 된 자로서 나중 되리라

많이 일한 사람과 적게 일한 사람이 똑같은 보수를 받으면 안 됩니다.

마태복음 20:1-16의 단락 내용은 **대단히 불합리해 보입니다.** 일반적인 상식에 비추어 볼 때 더 오래 일한 사람에게 더 많은 보수를 지급하고 짧은 시간 동안 일한 사람에게 적은 보수를 주어야 할 것 같은데 3시(마 20:3)부터 일한 사람, 6시와 9시(마 20:5), 그리고 11시(마 20:6)부터 일을 하기 시작한 사람들이 **모두 똑같이 "한 데나리온씩"**(마 20:9,10) 품삯을 받았습니다. 먼저 온 사람이 항의했으나(마 20:12) 집주인은 전혀 아랑곳하지 않는 것 같습니다.

집주인의 말에는 신학적으로 **언약 개념**이 들어 있습니다.(마 20:2,13 "약

속") 그리고 이 이야기에서 노동 시간과 무관한 같은 봉급은 **주인의 뜻입니다**.(마 20:14) 겉만 보면 이 이야기가 고용주와 노동자의 이야기 같지만, 그 안에는 **하나님이 모든 것을 마음대로 한다는 신정론**이 들어있습니다. 이런 신정론 안에서는 하나님이 임의로 행하시는 것에 대하여 누구도 항변할 수 없습니다. **이런 신정론으로 보자면 "내 것을 가지고 내 뜻대로" 하는 "집주인"에 대하여 "악하"다고 하기 어렵습니다.** 이런 과격한 신정론 안에서 하나님은 절대 선(善)입니다.(마 20:15) 어떤 분이 보시기에는 아주 기분이 나쁘겠지만 신이든 왕이든 주인이든 정말로 사심 없이 다스린다면 큰 문제가 없을 것입니다. 큰 힘을 가지고도 그것을 제대로 제어하지 못하니까 문제지요.

마태복음 20:16을 볼 때, 1-16절 단락은 유대인을 비판하고 유대인 그리스도인, 더 나아가 이방인 그리스도인을 옹호하려는 의도에서 작성한 것이 틀림없습니다. "먼저 된 자"는 분명히 유대인을 지칭하는 것이며 "나중 된 자"는 최소한 개종한 유대인, 최대한 이방인 그리스도인을 전제한 표현입니다.

현재를 사는 우리가 볼 때, 이 단락의 내용은 **상당히 불합리하고**, 공동 노동에 따른 **획일적 분배**를 말하는 것 같아서 이해하기가 상당히 어렵습니다. 물론 **권력에 대하여 순종적인 사람은 이것을 쉽게 이해할 수 있습니다. 권력자 마음대로 행동하는 것에 별다른 이의를 제기하지 않습니다.** 그렇게 보면 이야기가 딱히 불합리한 것을 요구하는 것 같지도 않습니다. 그러나 **권력에 대해서 순응하지 않는 사람에게 이런 이야기는 아주 불편할 것입니다.** 심지어 본인이 적게 일하고 많이 받는다고 하더라도 불편함은 가시지 않을 것입니다. 그러나 **이 이야기는 현실적인 교훈으로 볼 수 없는 이야기입니다. 이것은 그냥 하나의 신학적 주장입니다.** 모든 주권이 하나님에게 있으며, 인간은 그의 결정과 부여에 대하여 아무런 반론을 제기할 수 없다는 주장입니다. 그러므로 **노동자에게 적은 임금을 주면서 그래도 열심히 일하라는 식으로 이 본문을 현실에 적용해서는 안 됩니다. 그것은 노동착취입니다.**

마태복음 20:1-16과 같이 **현실에 적용하기 나쁜 본문을 설교하는 것은 그**것이 교리적인 설교라고 해도 곤혹스러운 일입니다. **매정한 사장을 옹호하면서 평직원에게는 열악한 대우를 받아도 불평하지 말라고 설교하는 것은 부적절합니다.** 이런 설교는 하나님을 제 멋대로인 신으로 이해하게 만들거나 조건 없는 굴종을 요구하는 하나님으로 보이게 만들 위험성이 있습니다.

굳이 이 본문으로 설교하고 싶다면 **시기적으로 먼저 하나님을 알고 성서를 배운 사람들이나 나중에 하나님을 믿은 사람들 모두 하나님 앞에서 다르지 않다**고 설교하십시오. 그 정도가 적절합니다.

🐝 **교회 밥 좀 더 많이 먹었다고 텃세 부리지 마세요!** 새로 교회에 갔을 때, 일반 신자만 그것을 느끼는 것이 아니라 저와 같은 목사나 전도사들도 텃세를 느낄 때가 있습니다. 선의에서 초심자에게 뭔가를 가르쳐 주고 이끌어 주는 사람도 있지만, 어떤 이들은 무슨 대단한 계급장이라도 달고 있는 듯이 거만하게 굴며 뻣뻣하게 행동합니다. 웃긴 것은, **말로는 사람이 더 많이 오기를 바라면서도 텃세를 부리기 때문에 제 발로 찾아온 사람까지 내몰고 있다**는 것입니다.

제가 목사가 되기 전에 서울 S동에 전도사로 갔던 기억이 납니다. 그곳은 담임목사를 중심으로 친척들이 똘똘 뭉쳐 있는 교회였습니다. 친척의 수가 상당해서 그 자체로 웬만한 소형 교회 규모였습니다. 저는 그 교회를 다니면서 사방의 눈이 수시로 저를 감시하는 것 같은 느낌을 받았습니다. 그게 단순한 착각이었으면 좋았을 텐데 사방에 포진하고 있는 담임목사의 친인척에 의하여 저의 일거수일투족이 실시간으로(!) 담임목사에게 보고되고 있었습니다.

저는 정말 좋은 뜻에서 교회에 여러 가지 도움이 되고 싶었지만 마치 몸에 들어온 바이러스를 밀어내는 것처럼 사람들이 저를 밀어내는 통에 오래 그곳에 있을 수가 없었습니다. 식사 때가 되면 서로 조카니 삼촌이니 이모부라고 호칭하면서 큰 테이블에 오밀조밀 모여 앉아 즐겁게 대화하는데 저와 같은 '이방인'은 끼어들기가 미안할 정도였습니다. 상황이 그러니 교회에 사람이 늘어날 리가 없었습니다. 친척들로 이미 북적거렸기 때문에 굳이 새로운 사람이 올 필요가 없다고 생각하는 것 같기도 했습니다. 그런데도 교회 건물이 좋은 위치에 있었기 때문에 그랬는지 매주 새로 오는 사람이 있었지만, 기존 사람들이 썰렁한 반응을 보이는 통에 금세 자취를 감추곤 했습니다. 어느 날은 S대학의 인문학 교수로 계신 분이 새로 왔습니다. 성서에 대해서 궁금한 점이 있어 물어보려고 오셨다고 했습니다. 일반적으로는 새로운 사람이 오면 교회 신자들은 그를 극진히 환영합니다. 그리고 예배를 마친 후에는 담임목사와 다과와 담소를 나눕니다. 그런데 이상하게 그 교회는 새로 온 사람에게 별로 관심이 없었습니다. 생각해보니 저와 같은 전도사를 채용한 것도 의아했습니다. 그냥 자신들끼리 하면 될 것이지 말입니다. 식사 시간에 새로 온 분에게 식사하시라는 말 한마디 없이 자기들끼리 챙겨 먹었습니다. 그분에게 접근하는 사람이 아무도 없어서 제가 그분 혼자 식사하는 교회 식당 구석으로 갔습니다. 그러자 그는 저에게 대뜸 "혹시 담임목사님이세요?"라고 물었습니다. 젊은 제가 담임목사님처럼 보일 리는 없었습니다. 그는 그런 식으로 아무도 자신을 환영하지 않는 썰렁한 분위기에 대한 불만을 표시한 것입니다. 그는 성서에 관한 질문을 들고 왔는데 젊은 제 모습을 쓱 보더니 아무것도 모르는 표정이라 짜증이 났던 모양입니다. 담임목사님과의 식후 면담을 요청했으나 눈치 없는 담임목사는 가족들을 데리고 약속이 있다면서 가 버렸습니다. 그러니 더욱 황당했을 것입니다. 그 이후로 저는 교회에서 그분을 다시 볼 수 없었습니다. **그 교회는 그런 식으로 한번 왔던 사람은 다시는 찾지 않는 교회였습니다.** 제가 그 교회를 떠나온 뒤 10년쯤 지나서 소식을 들으니 여전히 새로운 신자도 없고 담임목사와 친척들만 하하 호호 잘 지내고 있다고 합니다. 최소한 서로 싸우지는 않으니까 어떻게 보면 그것도 나쁘지 않다는 생각이 듭니다. 하지만 찾아오시는 분들이 그때 그분처럼 **소외되는 경험을 가지고 돌아가서 전체 개신교에 대한 부정적인 감정을 가지고 산다면 개신교에 좋을 것이 없습니다.**

간혹 교회에서 30년, 20년, 10년 신앙생활을 했다고 자랑하는 사람들을 볼 수 있습니다. 그런 사람들은 신앙 연륜이 길지 않은 분들을 은근히 무시합니다. 그들에게 성서는 훈계합니다. **먼저 믿은 게 뭐 잘났냐**고 말이죠. 사실 영원한 시간에 있어서 몇십 년 차이는 차이도 아닙니다. 솔직히, 신앙생활을 오래 했다고 뭘 더 많이 압니까? 오히려 여러 측면에서 신앙생활을 시작한 지 얼마 안 된 사람이 더 나을 수가 있습니다. 성서를 읽을 때 선입견이 없어서 더 맑은 마음으로 남들이 미처 찾아내지 못한 부분을 찾아낼 수도 있습니다. 성서가 뭐라고 합니까? 나중 된 자가 먼저 되고 먼저 된 자가 나중 된다고 합니다!(막 10:31; 마 19:30; 20:16; 눅 13:30) 신앙생활 한 지 오래되었다고 괜히 잘난척하다가 큰코다칠 수가 있습니다. 오늘 처음 교회 나온 사람도 금방 깨닫는 것을 3~40년 신앙생활 한 사람은 아무리 애써도 이해하지 못하는 일이 자주 일어납니다. 宗

농부들이 그 아들을 보고 서로 말하되 이는 상속자니 자 죽이고 그의 유산을 차지하자 하고 / 이에 잡아 포도원밖에 내쫓아 죽였느니라 / 그러면 포도원 주인이 올 때에 그 농부들을 어떻게 하겠느냐 / 그들이 말하되 그 악한 자들을 진멸하고 포도원은 제 때에 열매를 바칠 만한 다른 농부들에게 세로 줄지니이다 / 예수께서 이르시되 너희가 성경에 건축자들이 버린 돌이 모퉁이의 머릿돌이 되었나니 이것은 주로 말미암아 된 것이요 우리 눈에 기이하도다 함을 읽어 본 일이 없느냐 / 그러므로 내가 너희에게 이르노니 하나님의 나라를 너희는 빼앗기고 그 나라의 열매 맺는 백성이 받으리라 / 이 돌 위에 떨어지는 자는 깨지겠고 이 돌이 사람 위에 떨어지면 그를 가루로 만들어 흩으리라 하시니 / 대제사장들과 바리새인들이 예수의 비유를 듣고 자기들을 가리켜 말씀하심인 줄 알고 / 잡고자 하나 무리를 무서워하니 이는 그들이 예수를 선지자로 앎이었더라

유대인을 악마화한 사람들

마태복음 21:23-27은 예수님과 "대제사장들과 백성의 장로들" 사이의 담화입니다. 그것은 "권위"(23,24,27)에 관한 것으로서, 도전적인 질문과 그에 대한 답변이 오갑니다. 이어지는 21:28-32는 "맏아들"과 "둘째 아들"의 비유입니다. 맏아들은 "포도원에 가서 일하라"(마 21:28)라는 "아버지"의 명령을 듣고 간다고 말만 하고 실제로는 가지 않았지만(마 21:29) 둘째 아들은 싫다고 하고서 나중에는 "뉘우치고" 일하러 "갔"습니다.(마 21:30) 이 이야기는 제사장이나 장로와 같은 유대인 지도자를 비꼬는 이야기입니다. **성서는 말만 하지 말고 행동을 취할 것을 교훈합니다. 실천하라는 것입니다. 복잡한 해석을 할 필요가 없습니다.**

이 비유에 이어 다시 다른 비유 하나가 주어집니다. 마태복음 21:33-46에서는 "농부들에게" "포도원"을 맡긴 어떤 "집주인"(마 21:33)의 이야기가 주축을 이루고 있습니다. "열매"를 맺을 시기가 되자 "집주인"이 추수를 위해

종들을 보냈는데(마 21:34) "농부들"이 종들을 "때리고 돌로 쳤"습니다.(마 21:35) 나중에 주인은 "자기 아들"까지 보냈는데(마 21:37) 농부들은 그도 죽였습니다.(마 21:39) 예수님은 "포도원 주인이 올 때에" 그 농부들이 처벌받게 된다는 당연한 이치를 말하면서(마 21:40) 불충한 유대인(지도자)들에게도 같은 처벌이 주어지리라는 것을 우회적으로 경고합니다.(마 21:45) 이는 "농부들"이 "포도원"을 임시로 총괄했듯이 하나님의 율법을 먼저 맡은 자로서 유대인들이 제대로 반성하고 실천하지 않는다면 "하나님의 나라를 빼앗기고" 신분적 특권이나 실천할 기회와 같은 것들이 모두 다른 이에게 넘어가고 결국 비참하게 죽임을 당하게 될 것이라고 경고합니다.(마 21:43b) 그들은 "돌 위에 떨어"져 "깨지겠고" "돌이 … 위에 떨"어져 그들을 "가루로 만들" 것입니다.(마 21:44)

마태복음 21장의 내용을 전체적으로 살펴보면 뭔가 **앞뒤가 안 맞는 점**이 있을 것입니다. 28-32절의 비유에서 유대인들은 "맏아들"입니다. 그러나 33-46절의 비유에서 유대인들은 "아들"이 아닌 "농부들"입니다. 만약 한 명의 저자가 두 비유를 이어서 적었다면 이런 일은 벌어지지 않았을 것입니다. 이는 **각각 다른 편집자가 서로 다른 역사 배경과 이념을 전제로 작성한 것입**니다.

첫째 비유에서 '두 아들'은 복수인데 둘째 비유의 '포도원 주인의 아들'과 그 수에서 차이를 두고 있습니다. 둘째 비유의 "아들"은 '악한 농부들에게 죽임을 당한 종들'과도 구분됩니다. 이 "아들"은 첫째 비유에서와는 달리 구별된 특별한 존재로 인식됩니다. 이는 궁극적으로 **메시아를 암시**하고 있으며 그 메시아가 악인들에 의해서 죽임을 당하리라는 것, 또는 이미 죽임을 당했다는 것을 암시하고 있습니다. 그에 비해서, 첫째 비유에서의 "둘째 아들"은 '불순종한 큰아들'의 반대 개념이라는 의미만 있습니다. 그가 받는 보상이나 심지어 맏아들에게 내려질 수 있는 징벌도 언급하지 않습니다. 이는 이 비유가 '말로만 순종하지 말고 실제 행동으로 순종하라'라는 교훈을 제시하려고 쓰인 하나의 이야기라는 것을 알게 합니다. 느낌상으로, 본문의 내용은 '순종해야 합니다. 순종하지 않으면 안 돼' 정도의 **상대적으로 가벼운 가르침으로** 느껴집니다. 명확한 보상도 징벌로 거론되지 않았다는 것은 실제 시기적으로 박해나, 예수님의 수난과 같은 위기 상황 이전에 이 문헌이 형성되었음을 추정하게 합니다.

급박한 종말론적 위기가 감지되는 것은 역시 마태복음 21:33-46의 두 번째 비유입니다. "(악한) 농부들"은 "진멸"될 것이고, 그제야 그들에게 맡겼던 "포도원"이 "다른 농부들에게" 양도됩니다.(마 21:41) 그리고 마태복음 21:42에서는 노골적으로 "건축자들이 버린 돌이 모퉁이의 머릿돌이 되었"다는 탄원시 중의 한 편인 시편 118:22-23을 인용하고 있습니다. 이 구절을 볼 때 '죽임을 당한 아들'(마 21:39)이 '모퉁이 돌', 즉, 고난 겪어 죽은 **예수님을 암시**하고 있다고 하겠습니다. **첫째 비유와 비교하면 두 번째 비유의 정황은 살벌하고 암울합니다.** 이는 적어도 예수님이 십자가에서 돌아가신 후, 혹은, 로마 황제의 박해가 일어난 이후에 최종적으로 형성된 본문이라고 하겠습니다. **이를 예수님이 돌아가시기 전에 미리 예수님의 고난을 내다보고 비유적으로 말한 내용이라고 보기는 어렵습니다.**

글의 내용을 미루어 볼 때, 유대인에게 처음부터 '회개'나 '반성'하지 않으면 '사생결단'하라는 식으로 말한 것은 아니었습니다. 예수님의 공생애 이후 생겨난 교회들 안에서 유대인들에 대한 인식은 원래 그렇게 나쁘지 않았습니다. 히브리파 유대인과 헬라파 유대인 및 이방인 개종자들은 마치 '큰아들'과 '둘째 아들'처럼 공생하였고, '큰아들'이 예수님의 새로운 교훈을 따름에 있어서 진부한 태도를 보이는 것에 대해서 '참 말씀을 알고 순종하라'라는 가벼운 요구를 한 것입니다. 물론 그 요구는 헬라파 유대인이나 이방인 그리스도인들에게서 나왔을 것입니다.

상황이 점점 심각하게 바뀌었습니다. 박해가 주어진 것으로 보입니다. 유대인 그리스도인들과 헬라파 유대인, 이방 출신 그리스도인들의 관계가 점점 안 좋아졌는데(참고: 행 6:1; 행 20:21 "유대인과 헬라인들") 나중에는 상대가 심판받아야 한다고 폭언할 정도로 완전히 갈라선 것 같습니다. 추측하건대, 박해가 주어지자 히브리파 그리스도인들에게서 더 많은 배도자가 나타난 것 같습니다. **이방 나라 출신 그리스도인들의 눈에 과거에는 "맏아들"처럼 '율법을 맡았던 자들'이 지금은 '포도원을 맡고서 충성을 바치지 않고 오히려 주인의 아들을 살해할 정도로 탐욕을 부린 사악한 농부들'이 된 것입니다.** 간단하게 말해서, 유대인들은 '아들을 죽인 자', '예수님을 죽인 자'들과 같은 부류가 되었습니다. 이처럼 유대인에 대한 부정적 인식이 확산하면서 이방 나라 출신 그리스도인들이 유대교로부터 모든 면에서 완전히 분립하게 되었습니다.

한 사람이나 하나의 집단을 '심판받아 소멸해도 좋을 인간들'로 인식하는 것은 엄청난 분노를 전제로 합니다. 순식간에 어떤 대상에 대하여 강한 부정적 인식과 엄청난 분노가 생기는 것 같지는 않습니다. 마태복음 21장의 두 가지 비유에서 크게 지적받은 유대인들은 처음에는 적어도 '큰아들'로 인정받았습니다. 그러나 나중에는 '없어져 버려야 좋을 극악무도한 악인들'의 이미지를 뒤집어쓰게 되었습니다. 아래 구절을 보면 **이런 '악인화'의 과정**이 있었음을 알게 됩니다.

그때에 바라바라 하는 유명한 죄수가 있는데 그들이 모였을 때에 빌라도가 물어 이르되 너희는 내가 누구를 너희에게 놓아주기를 원하느냐 바라바냐 그리스도라 하는 예수냐 하니 이는 그가 그들의 시기로 예수를 넘겨 준 줄 앎이더라 총독이 재판석에 앉았을 때에 그의 아내가 사람을 보내어 이르되 저 옳은 사람에게 아무 상관도 하지 마옵소서 오늘 꿈에 내가 그 사람으로 인하여 애를 많이 태웠나이다 하더라 대제사장들과 장로들이 무리를 권하여 바라바를 달라 하게 하고 예수를 죽이자 하게 하였더니 총독이 대답하여 이르되 둘 중의 누구를 너희에게 놓아주기를 원하느냐 이르되 바라바로소이다 빌라도가 이르되 그러면 그리스도라 하는 예수를 내가 어떻게 하랴 그들이 다 이르되 십자가에 못 박혀야 하겠나이다 빌라도가 이르되 어찜이냐 무슨 악한 일을 하였느냐 그들이 더욱 소리 질러 이르되 십자가에 못 박혀야 하겠나이다 하는지라 백성이 다 대답하여 이르되 그 피를 우리와 우리 자손에게 돌릴지어다 하거늘(마 27:16-25; 참고: 눅 23:18-25)

마태복음 27:16-25에는 예수님이 십자가에 못 박혀 돌아가시기 전에 재판받는 장면이 펼쳐집니다. 그런데 빌라도는 무고한 예수님을 풀어주려는 마음에서 "유명한 죄수"인 "바라바"와 예수님 중 누구를 "놓아주기를 원하느냐"라고 군중에게 물었습니다.(마 27:17) 그러나 "무리"는 오히려 바라바를 풀어주고 예수님에게 십자가 형벌을 내리라고 요구합니다.(마 27:23-24) 같은 사건을 언급하고 있는 누가복음 23:18-25도 참고하십시오. 그런데 요한복음에서는 유대인이 사안의 주체라는 점을 훨씬 명확하게 강조합니다. 예수님이 동족인 "유대인"들에 의하여 죽임을 당했다고 연거푸 "유대인"이라는 어휘를 사용합니다.(요 18:35,36,38,39) 아래 내용을 보십시오.

빌라도가 대답하되 내가 **유대인**이냐 **네 나라 사람**과 대제사장들이 너를 내게 넘겼으니 네가 무엇을 하였느냐 예수께서 대답하시되 내 나라는 이 세상에 속한 것이 아니라 만일 내 나라가 이 세상에 속한 것이었다면 내 종들이 싸워 나로 **유대인들**에게 넘기우지 않게 하였으리라 이제 내 나라는 여기에 속한 것이 아니니라 빌라도가 가로되 그러면 네가 왕이 아니냐 예수께서 대답하시되 네 말과 같이 내가 왕이니라 내가 이를 위하여 났으며 이를 위하여 세상에 왔 나니 곧 진리에 대하여 증거하려 함이로라 무릇 진리에 속한 자는 내 소리를 듣느니라 하신대 빌라도가 가로되 진리가 무엇이냐 하더라 이 말을 하고 다 시 **유대인들**에게 나가서 이르되 나는 그에게서 아무 죄도 찾지 못하노라 유월 절이면 내가 너희에게 한 사람을 놓아주는 전례가 있으니 그러면 너희는 내가 **유대인의 왕**을 너희에게 놓아주기를 원하느냐 하니 저희가 또 소리 질러 가로 되 이 사람이 아니라 바라바라 하니 바라바는 강도러라(요 18:35-40)

예수님이 십자가 위에 못 박히셨을 때도 예수님을 조롱한 주체로 유대인 을 소개하는데(막 15:31-32; 마 27:41-42 "대제사장들 … 서기관들과 장로 들과 함께") 초기 문헌에서는 의식적으로 "유대인"이라는 어휘를 꼭 집어내 지는 않았습니다. 그러나 세월이 흐르면서 분명히 '동족이면서 예수님을 죽 게 한 악한 유대인들'이라는 의미가 명확해지는데 그 배후에는 **유대인 크리 스천과 이방인 크리스천의 관계가 공존의 관계에서 배척의 관계로 악화한 정 황**이 자리 잡은 듯합니다.

신약성서에서 유대인과 이방인에 관한 이해의 변화를 잘 추적하면 중요한 사실들을 알게 됩니다. 인간과 인간, 집단과 집단의 관계라는 것은 **영원히 좋 을 수도 없고 영원히 나쁠 수도 없다**는 것입니다. 관계는 이해득실을 중심으 로 계속 변합니다. 성서에 등장하는 인물들의 이미지가 대부분 단편화되어 있으므로 그렇지 않은 것 같지만 자세히 살펴보면 성서의 인물들이나 우리나 비슷합니다. 좋은 면도 있고 나쁜 면도 있습니다.

🐝 **특정 집단을 악마화하는 것은 큰 잘못입니다.** 우리가 특히 주의해야 하는 것은 특정한 집단을 악마화하는 것입니다. 100% 선한 사람이 없는 것처 럼 100% 악한 사람도 없습니다. 과거에 히틀러라는 미치광이는 예수님을 죽

인 집단이 유대인이라고 유대인을 말살시켜야 한다는 주장을 했습니다. 이런 **악마화의 배후에는 사실 인간의 편견이 자리 잡고 있습니다.** 그는 유대인만 너무 많은 돈을 번다고 생각했고 배가 아팠습니다. 히틀러가 영향을 받은 사람은 1897년부터 10년 넘게 비엔나 시장이었던 칼 뤼거(Karl Lueger)였는데 유대인들이 경제를 쥐고 있어서 소상인들과 자영업자들이 고통을 받는다고 주장을 했습니다. 경제적인 측면에서 반유대주의를 펼친 것인데요. 이처럼 특정 집단이 축출 대상이라고 생각하는 배후에는 언제나 시기심이나 이기주의 같은 편견이 존재합니다. 그리고 이런 편견은 매우 두려운 결과를 낳습니다. 히틀러 때문에 6백만 명에 육박하는 유대인들이 사망했다는 것을 기억하십시오.

성서를 읽으면서 특정 집단에 대한 편견을 갖는다는 것은 슬픈 일입니다. 바로 이것이 우리가 성서를 비평적으로 따져보며 읽어야 하는 이유입니다. 유대인들이 예수님을 죽게 했다고 딱 잘라 말하기 어려운 것은 사형 선고는 결국 로마 권력자에 의해 내려졌기 때문입니다. **유대인에게 프레임을 씌운 최초의 집단은 아마도 그들의 고발로 박해받은 이방인 크리스천이었을지도 모릅니다.** 그리고 **종교개혁자 마틴 루터 역시 반유대주의자였습니다.** 지금도 같은 크리스천끼리 서로 손가락질하고 미워하는 경우가 있는데 참 슬픈 일입니다.

함부로 특정 집단을 악마화하지 마세요. 잘 살펴보면 상대에게도 인간적인 면이 존재합니다. 물론 나를 죽이려고 달려들면 피하거나 맞서 싸워야겠지만 그런 상황이 아니라면 더 성숙한 사람이 너그럽게 용서해 줍시다. 그게 좋겠습니다. 家

또 어떤 사람이 타국에 갈 때 그 종들을 불러 자기 소유를 맡김과 같으니 / 각각 그 재능대로 한 사람에게는 금 다섯 달란트를, 한 사람에게는 두 달란트를, 한 사람에게는 한 달란트를 주고 떠났더니 / 다섯 달란트 받은 자는 바로 가서 그것으로 장사하여 또 다섯 달란트를 남기고 / 두 달란트 받은 자도 그같이 하여 또 두 달란트를 남겼으되 / 한 달란트 받은 자는 가서 땅을 파고 그 주인의 돈을 감추어 두었더니 / 오랜 후에 그 종들의 주인이 돌아와 그들과 결산할새 / 다섯 달란트 받았던 자는 다섯 달란트를 더 가지고 와서 이르되 주인이여 내게 다섯 달란트를 주셨는데 보소서 내가 또 다섯 달란트를 남겼나이다 / 그 주인이 이르되 잘하였도다 착하고 충성된 종아 네가 적은 일에 충성하였으매 내가 많은 것을 네게 맡기리니 네 주인의 즐거움에 참여할지어다 하고 / … (중략) … / 한 달란트 받았던 자는 와서 이르되 주인이여 당신은 굳은 사람이라 심지 않은 데서 거두고 헤치지 않은 데서 모으는 줄을 내가 알았으므로 / 두려워하여 나가서 당신의 달란트를 땅에 감추어 두었나이다 보소서 당신의 것을 가지셨나이다 / 그 주인이 대답하여 이르되 악하고 게으른 종아 나는 심지 않은 데서 거두고 헤치지 않은 데서 모으는 줄로 네가 알았느냐 / 그러면 네가 마땅히 내 돈을 취리하는 자들에게나 맡겼다가 내가 돌아와서 내 원금과 이자를 받게 하였을 것이니라 하고 / 그에게서 그 한 달란트를 빼앗아 열 달란트 가진 자에게 주라 / 무릇 있는 자는 받아 풍족하게 되고 없는 자는 그 있는 것까지 빼앗기리라 / 이 무익한 종을 바깥 어두운 데로 내쫓으라 거기서 슬피 울며 이를 갈리라 하니라

내일 세계가 멸망한다고 해도 오늘의 삶을 멈출 수는 없습니다.

얼핏 보면, 마태복음 24-25장의 '무화과나무의 비유'(마 24:32-33), '일하다가 사라진 사람들 비유'(마 24:40-42), '도둑 비유'(마 24:43-44), '열 처녀 비유'(마 25:1-13)는 맨 뒤에 있는 '달란트를 받은 종들 비유'(마 25:14-30)와 함께 하나의 세트로 짜인 것 같습니다. 하지만 자세히 살펴보면 **'시간'에 대한 개념에 있어서 서로 중요한 차이를 보입니다.**

'일하다가 사라진 사람들 비유'(마 24:40-42), '도둑 비유'(마 24:43-44), '열 처녀 비유'(마 25:1-13)는 '종말의 때가 급박하게 다가온다'라는 주제를

담고 있습니다.(마 24:42,44, 25:13) 하지만 '달란트를 받은 종들 비유'(마 25:14-30)는 "오랜 후에" 돌아온 주인에 대해서 말합니다.(마 25:19) '무화과나무의 비유'(마 24:32-33) 역시 "가지가 연하여지고 잎사귀를 내"는 때까지는 **상대적으로 긴 시간이 필요합니다.** '무화과나무의 비유' 다음으로 이어지는 '노아 이야기'(마 24:37-39)도, 노아 이야기를 실제 역사로 믿는 사람들이 인용했기 때문에 비유로 쓴 것이라고 보기는 어렵지만 "홍수"로 인한 멸망을 대비하기 위해서 큰 "방주"를 제작하고 그 안에 피신할 때까지 상당한 시간이 주어졌다는 측면에서 **시간의 흐름이 조금 느릿한 느낌을** 줍니다. 이렇게 보면 '무화과나무의 비유'(마 24:32-33)와 '달란트를 받은 종들 비유'(마 25:14-30)가 비슷한 느낌의 글이고 그사이에 삽입된 '일하다가 사라진 사람들 비유'(마 24:40-42), '도둑 비유'(마 24:43-44), '열 처녀 비유'(마 25:1-13)는 훨씬 더 급박한 상황을 전제로 쓴 글이라고 추정하게 됩니다.

어떤 분은 성서가 지금 우리가 보는 그 모습 그대로 차례대로 쓰인 것이라고 믿습니다. 하지만 실제로는 성서의 필사 과정에서 원래 있던 문헌의 앞에 새로운 내용을 적는 일도 있었을 것입니다. 그러므로 마태복음의 많은 비유 중에 어떤 비유가 성서에 제일 먼저 들어왔는지는 따져보아야 합니다.

제가 볼 때, 마태복음 24~25장에 걸쳐 나타나는 5개의 비유 중에서 '달란트를 받은 종들 비유'와 '무화과나무의 비유'(마 24:32-33)가 가장 오래된 것 같습니다. 물론, 이 '달란트를 받은 종들 비유'와 비슷한 글을 마태복음 24:45-51에서도 볼 수 있는데 제가 생각할 때 '달란트를 받은 종들 비유'(마 25:14-30)가 마태복음 24:45-51의 이야기를 확장했다기보다는 이 둘이 함께 성서에는 실려 있지 않은 어떤 비유를 참고한 것 같습니다. 마태복음 24:45-51의 내용에 새로운 내용을 덧붙여 '달란트를 받은 종들 비유'(마 25:14-30)를 써냈다고 보기에는 오로지 마태복음 24:45-51에만 포함된 내용도 있기 때문입니다. 물론 여기서도 주인의 책망을 듣는 종은 '악인'(마 24:48 "악한 종"; 마 25:26 "악하고 ⋯ 종아!")입니다. 다만 '달란트를 받은 종들 비유'(마 25:14-30)와는 달리 "동료들을 때리며 술친구들과 더불어 먹고 마"시는 행동을 합니다.(마 24:49) 비록 글의 길이는 '달란트를 받은 종들 비유'가 훨씬 더 길지만, 종들이 일하고 보상받는 내용이 중복되어 있기도 해서 마태복음 24:45-51을 확장하여 '달란트를 받은 종들 비유'(마 25:14-30)를 작성했다고 주장하는 것은 곤란합니다.

'달란트를 받은 종들 비유'와 '무화과나무의 비유'(마 24:32-33)가 다른 비유에 비해서 먼저 쓰였다고 생각하는 이유는 **이 두 비유가 충분히 긴 시간을 전제한다는 측면에서** 그렇습니다. 중간의 세 비유는 이 둘에 비해서 나중에 상황이 훨씬 급박하게 바뀐 다음에 비로소 삽입된 것 같습니다. 원래 존재했던 두 비유는 마태복음 24장의 첫머리 부분에서 예수님이 하신 말씀과도 일맥상통합니다. 예수님은 마태복음 24:6에서 "난리와 ⋯ 소문을 듣겠으나 ⋯ 두려워하지 말라 ⋯ **아직 끝은 아니니라**"라고 말씀하셨습니다. 그리고 25절에서는 "내가 ⋯ 미리 말하였노라"라고 하시면서 종말까지 꽤 많은 시간이 남아있음을 언급하셨습니다. "징조"(마 24:30)가 보일 때까지는 마치 무화과나무가 잎사귀를 낼 때까지 시간이 필요한 것처럼 시간이 필요합니다.(마 24:14 "그제야 끝이 오리라")

나중에 세 비유가 삽입되었을 시점은 이보다는 훨씬 심각한 위기 상황이었으리라 추정됩니다. 이 세 비유에서는 '시간이 있다'라고 말하지 않습니다. 종말이 당장이라도 올 것처럼 경고합니다. 아마도 이 세 비유가 끼어들어 오기 전에는 '무화과나무의 비유'와 '달란트를 받은 종들의 비유'가 붙어있었을 것입니다. **나중에 삽입된 세 비유는 엄청나게 조급한 마음을 가진 사람이 쓴 글이며 상대적으로 느긋한 '무화과나무의 비유'와 '달란트를 받은 종들 비유',** 심지어 마태복음 24장에서 예수님이 종말에 관하여 말씀하신 것과도 느낌이 완전히 일치하지 않습니다.

삽입된 세 비유에는 전반적으로 "그날과 그때는 아무도 모르고"라는 말을 반복하고 있습니다.(마 24:36,42-43,44; 25:13) 이 말은 "그날"과 "그때"가 바로 오늘일지도 모른다는 것입니다. 이 말은 긴박감을 조성합니다.

상대적으로 느긋한 시간을 전제하는 '무화과나무의 비유' 아래 붙어있는 노아 이야기(마 24:37-39)를 보면 '시집 장가 이야기'(마 24:38b)를 중심에 두고 홍수의 '시점'이 앞뒤로 둘러싸고 있습니다.(마 25:37-38 "날"ἡμέραις … "까지"ἕως) 이를 볼 때 '결혼'이라는 일상적인 행위를 부정적으로 보고 있는 이 내용은 나중에 삽입된 것으로 평가됩니다. 왜냐하면, **일상 행위는 어느 정도 넉넉한 시간을 전제하는 것인데 그것을 부정적으로 보았다는 것은 마치 '곧 세상이 끝나는데 한가하게 무슨 결혼이냐?'라고 하는 것과 같습니다.** 따라서 노아의 홍수 이야기로 말하자면, 고대 근동 문화에 있던 홍수 이야기를 성서의 저자가 인용할 때까지만 해도 '갑작스러운 종말'보다는 '대비하지 못하는 자세'에 무게 중심이 실려 있었던 것입니다. **홍수 이야기 자체가 원래 '절망'을 주제로 한 것이 아니라 '자연재해에 대한 준비'를 교훈하기 위해서 쓰인 것이기 때문입니다.** 잘 생각해보십시오. 홍수가 났을 때 아무도 살아남지 않았다면 누가 홍수 이야기를 적을 수 있겠습니까? 그리고 살아남은 사람이 '홍수가 나면 어차피 다 죽을 테니까 체념하라'라고 말하겠습니까? 아니면 '홍수는 대단하지만 잘 대비하면 살아남을 수 있다'라는 교훈을 말하겠습니까? **세계 각지에 남아있는 홍수 설화의 결론을 보면 인류 전멸로 끝나는 경우는 하나도 없습니다. 따라서 홍수 이야기의 주제를 '절망'으로 볼 수 없는 것입니다.**

역설적이지만 소망을 말하는 홍수 이야기에 일상 행위를 비웃는 듯한 이해를 집어넣은 것은 분명히 나중에 성서 본문에 들어온 세 가지 비유를 편집한 사람입니다. **그는 일상을 지속할 가치를 느끼지 못합니다.** 실제로 큰 재앙이나 위기에 휩싸인 것 같습니다. 그는 큰 불안에 휩싸여 재앙이 갑자기 닥쳐온다는 이야기를 반복하고 있습니다. 삽입된 3편의 비유는 종말의 시간에 대하여 큰 집착을 보이며 급박함을 한층 강화하고 있습니다.(마 24:42 '알지 못하는 날', 50절 "생각하지 않은 날"; 마 25:6,10 '갑자기 온 신랑') 다시 언급하지만, '달란트를 받은 종들 비유'에서 주인은 "오랜 후에"(마 25:19) 돌아옵니다.

이처럼 비유에 종말의 급박성을 강화한 것은 실제로 편집자들이 느낀 상황적 위기가 가중되었음을 의미할 수도 있습니다. 혹은, 상황 변화와는 상관없이 안일한 생활을 하는 신자들에게 경각심을 주기 위해서 글을 작성했을 가능성도 있습니다. 하지만 후자의 경우라고 하더라도 주변 상황에 아무런 조짐이 없지는 않았을 것입니다.

위에서 고찰한 대로 '달란트를 받은 종들의 비유'는 종말의 시기는 의식하지만, 아직 시간이 많이 남아있어서 사람들이 할 일에 관해 말하고 있습니다. 이 이야기를 읽다 보면 독자는 먼 곳으로 떠나 언제 올지 모르는 주인의 모습으로부터 언젠가 재림하실 예수님의 실루엣을 발견할 것입니다.(마 25:14) 그러나 "속히 오리라"(계 22:20)라고 하셨던 예수님은 오지 않고 시간만 늘어지고 있었습니다. 마침 어떤 실제 위기가 닥쳐왔습니다. 성서의 화자는 이 기회를 포착했습니다. 그리고 사람들에게 오랫동안 오지 않던 예수님이 곧 다시 오실 것이며 그 시점이 바로 오늘이나 내일이 될 수 있다고 말하려고 했습니다. 바로 그가 마태복음 24-25장 본문에 새로운 비유 세 가지를 삽입한 사람입니다.

다시 "달란트를 받은 종들 비유"로 돌아와 글을 통해 상대적으로 평온했던 시절의 분위기를 살펴보겠습니다.

달란트가 종마다 다르게 주어진 것(마 25:15)은 예수의 추종자들 가운데 어떤 형태로든 환경이나 조건의 불균형이 존재하고 있음을 방증합니다. 그런데도 아무것도 가지지 못한 자는 없었습니다. 박해와 같은 극한 위기 상황이 일어나면 극빈자가 속출하지만, 이때의 사람들은 그래도 다들 재산을 가지고 있었던 것 같습니다. 이들의 문제는 막 성장하고 있는 초기 기독교 교회를 위해 좀처럼 **적극적으로 일하지 않는다**는 것이었습니다. 긴박감이 떨어지면 안일한 마음이 드는 것은 인지상정입니다. 그래서 개신교 교회는 때로 사람들이 열심히 교회 일을 하게끔 종말론 세미나 같은 것을 합니다. **위기감과 긴박감을 조성하는 사람은 어떤 이익을 얻으려고 그러는 것입니다.** 한국 역사를 보면 선거철에 자신에게 유리하게끔 북한에 도발 요청을 한 사람도 있다고 합니다. '달란트를 받은 종들 비유'는 아마도 이런 상황에서 처음 쓰인 것 같습니다. 하지만 아직은 긴박감을 높이기 위해서 '시간이 없다'라는 말은 하지 않고 '아무 일도 하지 않고 가만히 있으면 안 된다'라고만 경고합니다. 그러면 훗날 언젠가 예수님이 오셨을 때 혹은 사람이 죽어 예수님 앞에 갔을 때 천국에서 추방을 당할 수 있다고 윽박지르는 정도입니다. 저는 이런 글과 분위기로 사람을 몰아가는 것을 별로 좋아하지 않지만 '일하다가 사라진 사람들 비유'(마 24:40-42), '도둑 비유'(마 24:43-44), '열 처녀 비유'(마 25:1-13)보다는 '달란트를 받은 종들의 비유'(마 25:14-30)가 더 낫다고 생각합니다. **다른 비유에 비해서 덜 극단적이고 그나마 할 일을 주었다는 측면에서 일상의 가치를 인정하고 있기 때문입니다.** 물론 그 일이 교회만을 위한 일이라면 글에 대한 저의 평가를 부득이하게 낮출 수밖에 없습니다. 저는 내일 종말이 오든, 10년 뒤에 오든, 아니면 제가 죽은 다음에 오든, 똑같이, 오늘 저에게 **주어진 일상의 소임을 다하는 것이 하나님이 바라시는 제일 중요한 일이**라고 생각하기 때문입니다.

물론 제가 성서의 어떤 본문이 마음에 들지 않는다고 하든 말든 성서는 성서 자체로서의 가치를 지닙니다. **성서에는 좋은 이야기만 쓰여 있지 않습니다. 부족하면 부족한 대로 엉성하면 엉성한 대로 그대로 적혀있습니다. 이것이 인간의 삶을 닮았습니다.** 완벽한 사람은 존재하지 않습니다. 좋은 점 나쁜 점이 얽히고설켜 한 사람이라는 인격을 이룹니다.

성서가 참 재미있는 것은 하나의 주장을 제기하면 그에 대한 반론이 추가되고 주장과 반론에 대한 비평이 나타나면 다시 그 비평에 대한 또 다른 비평이 더해진다는 것입니다. 이 모든 내용이 시대의 흐름에 따라, 어느 것도 삭제되지 않고 고스란히 성서에 남았기 때문에 세심하게 읽으면 성서를 통해 과거의 상황을 제법 정확하게 추론할 수 있습니다. 이것을 저는 성서 전승의 누적(累積)이라고 부릅니다. 저는 이전에 있던 글을 삭제하지 않은 것에 대해서 성서의 부족함이라고 생각하지 않습니다. 사람에게서 부족한 점을 발견했다고 그 사람을 '병신'이라고 부르는 것이 부당한 것과 마찬가지입니다. 성서는 훌륭한 부분과 부족한 부분을 가감 없이 노출한다는 측면에서 오묘하고도 위대한 글입니다. 솔직한 진실의 책입니다. 그래서 인생이 거기에서 많은 도움을 받을 수 있습니다. 성서가 글을 누적하여 기록한 상황에 대하여 어떤 분은 과거에는 지금처럼 작성 후 삭제가 쉽지 않았을 것이라고 하십니다. 하지만 제가 생각하기에는 무엇보다 **글에 대한 존중 때문에 먼저 있던 것을 함부로 삭제하지 않았던 것 같습니다.** 그리고 그런 존중은 성서를 신성시하는 단계로 나아갔을 것입니다. 그 안에 부족하고 앞뒤가 안 맞는 부분을 그대로 유지한 채로 말입니다.

'달란트를 받은 종들' 이야기를 쓴 사람은 **종마다 받은 달란트가 다르다는 것에 대해서 큰 관심을 두지 않습니다.** 각각 5달란트와 2달란트를 받은 종들이 열심히 그것을 자본금으로 비즈니스를 했으며 이중의 이익을 달성했을 때 그것을 똑같이 칭찬한 것을 보면 그것을 알 수 있습니다.(마 25:20-23) 이는 조건과 환경에 집중하지 말고 예수님의 가르침을 열심히 전파하고 사람을 얻어야 한다는 임무를 교훈한 것입니다.(마 9:37-38; 참고: 마 13:30) 그러나 1달란트 받은 종은 "두려워서" 아무 노력도 하지 않았습니다.(마 25:25) 그는 주인을 심각하게 오해하고 있었는데(마 25:24) 자본금을 묻어두고 아무것도 하지 않았습니다. 초기 크리스천 중에는 **예수님이 곧 오신다는 말을 철석같**

이 믿고 진짜로 아무것도 하지 않고 가만히 있었던 자도 존재했을 것입니다. 하지만 달란트 비유에서 글쓴이는 주어진 것을 가지고 비즈니스를 하는 것이 상식적이라고 생각합니다. 글쓴이의 의도같이 비유에 등장하는 주인의 유일한 관심사가 비즈니스였기 때문에(마 25:27) 1달란트를 받았던 종은 결국 추방을 당합니다.(마 25:30) 그의 문제는 아무것도 하지 않고 가만히 있었다는 것입니다. 할 수 있는 일이 많은데도 어떤 착각과 오해에 빠져 가만히 있는 사람은 징벌을 받아야 한다고 글쓴이는 생각합니다. **마태복음 25:30의 '추방되어 어두운 곳에서 울며 이빨을 간다'라는 표현은 종말론적 징벌을 의미합니다.**(참고: 마 8:12; 13:42,50; 22:13; 24:51) 아마 당시 어떤 추종자들은 점점 커지는 위협에 대한 두려움으로 예수님을 널리 전파하는 일을 할 엄두를 내지 못하고 마냥 주저앉아 있었던 것 같습니다. 이들을 독려하기 위해서 이 특별한 이야기가 쓰인 것인지도 모릅니다. 물론 시간이 더 흐르면 전도하라 말라 할 겨를도 없이 종말을 대비했느냐 안 했느냐만 따지는 본문이 전면에 드러나게 됩니다.

　누가복음 19:12-27은 '달란트를 받은 종들' 이야기의 조금 다른 버전입니다. 마태복음과 누가복음의 해당 이야기를 작성할 때 참고한 **어떤 이야기 자료가 있었던 것 같고 그것을 끌어올 때 저자마다 약간씩 내용의 변화가 생긴 것 같습니다.**

　누가복음에서 '달란트를 받은 종들'의 비유는 어색하게도 "왕" 이야기와 얽힙니다.(눅 19:12 "왕위"; 14절 '왕 됨을 원하지 않는 백성') 누가복음에서 게으른 종이 징벌을 받는 궁극적인 이유는 주인이 '왕 됨을 원하지 않았기 때문'이었습니다.(눅 19:27) 마태복음이 '두려움 때문에 할 일을 하지 않은 종'에 관해서 말한다면 **누가복음은 '왕을 인정하지 않아서(무시해서) 할 일을 하지 않은 백성'의 이야기입니다.** 둘 다 종말론적 급박성은 미미하거나 드러나지 않는데, 공통점이라면 **맡긴 일을 완수하지 않았다**는 것입니다. 누가에게 있어 맡겨진 일이라는 것은 전도 대상인 이방인과 열심히 접촉하여 그들을 신자로 만드는 것, 즉, '알곡을 추수하는 것'이었고(눅 10:2) 이것은 마태복음의 유사 본문과 일맥상통하는 내용입니다.

이처럼 마태복음과 누가복음의 글쓴이는 당시 **널리 알려졌던 이야기를 도입하여 각자 서로 조금씩 다른 이야기를 써냈습니다.** 그런데도 그들의 이야기들은 원래 자료와 기본적인 연대를 유지하고 있습니다. 모든 이야기는 예수님의 추종자들이 감당할 중요한 일이 있음과 어떤 이유로든 게을리하고 주저앉아 있어서는 안 된다는 교훈입니다.

종말이 닥쳐온다고 하면 대개 두려움에 아무것도 하지 못하고 이불을 뒤집어쓰고 벌벌 떨고 있을 것 같은데 그래도 뭔가 열심히 하라고 교훈하는 것이 아주 인상 깊습니다. 많은 기독교 교리는 예수님의 재림(再臨, 다시 오심) 시점을 세상의 종말 시점과 같은 시점으로 봅니다. 빨리 오겠다고 하신 예수님(히 10:37; 마 25:1-10)이 오시는 시기가 더 늦어지자 추종자 중에는 교회의 일을 내려놓고 원래의 생업을 찾아 돌아간 사람들도 있었던 것 같습니다.(참고: 요 21:3) 교회 공동체는 이들에게 경고하고 다시 전도하는 일에 열심을 내도록 할 필요가 있었습니다. 그런 상황에서 종들의 이야기는 아주 유용하게 쓰였을 것입니다.

🐝 **종말론에 경도된 조급한 전도보다는 평범한 일상이 더 중요합니다.** 제가 성서에 **사업적인 차원에서 전도를 독려하는 내용이 나온다고 하면 대부분 목사와 신학자는 정색합니다.** 그런데 달란트 이야기가 그런 이야기입니다. 흔히 달란트라고 하면 '하나님이 주신 재능'으로 이해하지만 '열심히 일해서 수익을 창출하는 것'이 달란트를 맡긴 핵심적인 이유이며 시간이 제한되어 있다는 점, 즉, 종말론적 긴박성마저 점진적으로 강화되면 그야말로 **'세상이**

끝나기 전에 더 많은 사람을 신자로 만들어라'라는 강한 명령이 뚜렷하게 드러납니다.

제가 오래 여러 담임목사님을 도와 교회에서 일하다 보니까 교인을 더 데려오는 것만큼 교회가 중시하는 것이 없습니다. **엄청나게 많은 신자가 교회를 탈퇴하는 요즘 비어가는 예배당을 바라보면 교회의 장래가 어떻게 될까 걱정이 됩니다.** 상황이 이렇다 보니 각종 전도 기술을 가르치는 세미나가 우후죽순처럼 생겨납니다. 마치 일반 기업체에서 실적을 올리기 위해 영업 기술을 전수해 주는 것처럼, 어떻게 하면 더 많은 사람으로 교회에 오게 할 수 있는지, 교회의 부흥 방법에 대해서 개신교계에서는 나름 이름난 강사들이 비싼 강사료를 받고 열강을 합니다. 하지만 **교회를 탈퇴한 사람들의 처지에서 보면 아무리 획기적인 방법을 쓴다고 해도 개신교 교회의 구조가 바뀌지 않으면 교회에 나가는 사람의 수가 늘지 않을 것입니다.** 지금 개신교 교회의 구조는 교회별로 중앙집권식입니다. 담임목사가 전권을 쥐고 흔드는 형국입니다. 그런 권력 구조 안에서 담임목사의 전횡, 부패, 타락을 견제하고 처리할 교단은 제구실하지 못하고 있고, 심지어 검은돈을 받고 교회 신자들 편에 서기보다 무조건 담임목사 편을 들기 일쑤입니다. 이렇다 보니 담임목사가 성폭행, 성추행, 학위논문 표절, 공금 횡령, 성직 세습과 매매를 하는데도 나서서 그것을 제재하는 사람이 없습니다. 설교 강단에서 예배 때마다 성서 해설이 아닌 변명을 늘어놓는 것을 뻔히 알면서도 목사에게 당한 피해자조차 '목사님을 대적하면 저주받는다'라는 **미신**을 믿으면서 침묵하므로 제삼자들은 감히 어떻게 조치할 수가 없습니다. 결국, 조용히 교회를 떠날 수밖에 없는 것입니다.

이런 상황에서 전도 기술을 가르치고 배우는 것의 실효성에 대하여 저는 의문을 제기합니다. **먼저 깨끗한 교회, 다니고 싶은 교회, 매력적인 교회가 되는 것이 우선 아닐까요?** 아무리 하나님이 맡기신 전도의 중책을 다하라고 명령해도 누가 계속 사람을 교회로 데려오고 싶겠습니까?

아마 그래서 달란트 이야기를 '개인의 재능' 이야기로 바꾸어 말하는 전통이 생겼는지도 모르겠습니다. 사실 달란트 이야기는 시간이 없으니 전도 더열심히 하라는 이야기에 가깝습니다만, 현재 한국 개신교 교회의 전반적인상황을 볼 때 그 이야기를 전도하라는 이야기로 설명하는 것보다는 '당신의천부적인 재능을 사장하지 말고 계발하십시오'라는 메시지로 전달하는 것이훨씬 나을 것 같습니다.

저는 시간이 없다면서 조급을 떠는 것을 견디기 힘들어하는 사람 중의 하나입니다. **어떤 일을 할 때 충분한 시간이 주어지지 않고 갑자기 임무가 주어지면 대개 양해를 구하고 그 임무를 다음에 수행하겠다고 말합니다.** 성서를읽다 보면 모든 일을 제쳐두고 당장 어떤 일을 해야 한다고 명령하는 때도있습니다. 이런 경우는 대개 박해나 종말론적 급박성이 그 배후에 깔려 있습니다. 따라서 이런 내용은 평온한 일상을 사는 우리가 신경 쓸 필요가 없는내용입니다. 우리는 당장 내일 예수님이 재림하시고 세상이 멸망할 것처럼불안해하지 않아도 됩니다. **일상적인 일을 내팽개치고 전도에 열을 낼 필요가 없습니다.** 만일 정말로 내일이 지구의 마지막 날이라고 해도 우리는 오늘의 삶을 멈출 수 없습니다. 우리나라 말에 '급하면 바늘허리에 실 매어 쓸까'라는 속담이 있습니다. 이것은 **모든 일에는 정한 순서가 있으므로 아무리 급해도 절차를 따라 일을 해야 한다는** 뜻입니다. **교회는 전도보다는 내부 정화와 개혁에 힘써야 하고 신자들도 너무 교회 일에 얽매여 있기보다는 각자에게주어진 일상 속에서 하나님이 맡기신 '보물'을 찾는 데 더 많은 시간을 써야합니다. 하나님은 교회보다 가정을 먼저 창조하셨다는 것을 잊지 마세요. 일상을 먼저 정돈한 다음에 교회 일도 하는 것입니다.** 교회도 내부 청소를 해야사람이 더 찾아오리라는 것을 기억하십시오. 여러 영업 기술 같은 것만 의존해서 억지로 사람들을 데려와 봐야 결국 금방 실망하고 떠날 것입니다. 신앙에 앞서 상식부터! 전도보다 일상입니다! 제 말이 틀렸습니까? '어? 목사가전도하지 말라고 하네?'라는 소리만 하지 마시고요! 🈺

… 희롱을 다 한 후 홍포를 벗기고 도로 그의 옷을 입혀 십자가에 못 박으려고 끌고 나가니라 / 나가다가 시몬이란 구레네 사람을 만나매 그에게 예수의 십자가를 억지로 지워 가게 하였더라 …

예수님도 죽음이 두려우셨습니다.

기독교인은 누구나 예수님을 구세주로 여깁니다. 그리고 예수님이 인류의 죄를 속하기 위하여 스스로 십자가의 고통을 받으셨다고 신앙합니다. 다시 말해, 기독교인들은 예수님이 인간의 몸으로 이 땅에 오신 하나님의 아들인 동시에 하나님 자신이며, 그분이 인간 되신 것, 혹은 인간의 몸을 입으신 것은 모두 **인류를 대신하여 고난을 받으시기 위한 것으로 생각합니다.** 인간의 구원이라는 주제에 있어서, 이른바 예수님의 인성(人性), 그리고 동시에, 고난의 상징인 십자가는 중요하지 않을 수 없습니다. '사람 되신 하나님의 아들 예수님을 통해 죄인이 하나님 나라에 들어갈 수 있다'라는 이해에 있어서, 인간으로서 고통을 받는 예수님의 개념, 그리고 그 핵심 상징인 십자가와 그 안에 담긴 수난의 의미가 서로 연결되어 기독교의 구속사를 구성합니다.

마태복음 27장은 십자가 형벌을 받기까지 고문당하는 예수님의 인간적 고통을 잘 묘사하고 있습니다. 그는 인류가 받아야 할 고통을 대신 받으시기 위해서 **인간의 몸을 입으시고 매 맞고 모욕당하는** 하나님의 아들입니다. 사람들은 예수님을 십자가에 못 박은 후에 그 옷을 나눴고(참고: 시 22:18) 하나님의 아들인데 왜 자신을 구원하지 못하냐면서 조롱했고(마 27:40-42) 욕했습니다.(마 27:43-44)

고통을 가볍게 해줄 수 있는 일종의 마취제와 같은 '쓸개 탄 포도주'를 예수님께서 거절하시는 것(마 27:34; 막 15:23 "몰약을 탄 포도주"; 참고: 시

69:21 "쓸개를 나의 음식으로 주며 … 초를 마시게 하였사오니")을 보고 어떤 이는 '예수님은 하나님이며 동시에 하나님의 아들이기 때문에 고통을 느끼지 못하고 그래서 마취제가 필요 없었을 것이다'라고 해석합니다. 하지만 **최소한, 예수님이 고통을 받으시는 시점에서 그는 완전히 하나의 인간이어야만 합니다!** 그래야 '인간을 대신한다'라는 말이 성립합니다. 따라서, 고통을 느끼지 못했을 것이라는 추정은 **옳지 않습니다.** 오히려 인간이 느낄 수 있는 최대의 고통을 느꼈다는 것이 맞을 것입니다. 온 인류의 죄지음을 홀로 지고 십자가에 못 박히셨다고 하지 않습니까? 해석하려면, 차라리, 예수님께서 마취제를 거절하신 것은 '인류를 위하여 고통을 온전히 감내하려고 그것의 경감을 거절하신 것이다'라고 해석하십시오. 그러는 편이 낫습니다. **무통(無痛)의 예수님으로 만들지 말고요!**

예수님께서 인류의 죄를 대속(代贖)하시기 위해서 고통을 피하지 않고 적극적으로 수용하셨다고 생각할 때, 그제야, 이해가 안 가는 내용이 눈에 들어올 것입니다.

> 희롱을 다 한 후 홍포를 벗기고 도로 그의 옷을 입혀 십자가에 못 박으려고 끌고 나가니라 나가다가 시몬이란 구레네 사람을 만나매 그에게 예수의 십자가를 억지로 지워 가게 하였더라(마 27:31-32)

물론, 이는 예수님이 원해서 그렇게 한 것이라고 보기보다는 **타인에 의해서** 그렇게 된 것입니다. 하지만, 당시 사람들이 예수님을 볼 때 도저히 무거운 십자가를 형장까지 메고 갈 힘이 없거나 아주 많은 시간이 지체될 것을 염려한 나머지, 다른 사람("구레네 사람 시몬")에게 "억지로 지워 가게" 했을 것이므로, 원인이 예수님에게 없다고는 할 수 없습니다. **예수님이 모든 고통을 혼자 감내하기 원했다고 하더라도, 결론적으로 본인의 육체가 엄청난 고통**

을 혼자 감당하는 것을 제한한 것입니다. 결과적으로 지금의 우리가 볼 때 대단히 중요한 상징적 의미를 담고 있는 **십자가가 예수님이 아닌 다른 사람의 어깨에 짐 지워졌습니다.**

자! 전체 구속 위업(偉業)에 있어서 '다른 사람과 나눠서 진 십자가'는 아무런 문제가 되지 않습니까? 물론, 궁극적으로 십자가에 못 박혀 사망한 사건이 핵심이기 때문에 '예수님이 인류를 대신해서 돌아가셨다'라는 명제에는 손상이 없겠지만, 적어도 예수님이 인류를 위해 십자가를 '지셨다'라는 표현은 수정해야 하는 것 아닙니까? 예수님은 십자가를 끝까지 지지 않으셨고 다만 거기에 못 박히셨으니까 말입니다. '십자가를 지셨다'라는 표현이 비유적으로 '대신 형벌을 받고 돌아가셨다'라는 의미로 쓰일 수는 있겠지만, 실제 정황에 있어서 '예수님이 아닌 다른 이가 십자가를 지고 옮겼다'(막 15:21 "루포의 아버지 구레네 시몬 … 그를 억지로 같이 가게 하여 예수의 십자가를 지우고")는 것은 부정할 수 없습니다.

어떤 **냉혹한** 교리주의자는 비록 많은 시간이 걸렸겠으나 질질 끌고서라도 예수님 홀로 십자가를 지고 형장까지 가서 못 박히는 것이 이상적이었을 것이라고 합니다. 하지만 **성서의 최종 편집자는 예수님에 관한 연약한 인간적 묘사를 제거하지 않고 그냥 남겨두었습니다.** 편집자는 종교적 상징 개념이 완전히 자리를 잡기 이전에 살았습니다. 그들에게 있어서 "십자가"는 아직 종교적 상징이 아니었습니다. 그냥 '극악무도한 죄인의 형틀'이었습니다. 만일 그들이 "십자가 = 구원"과 같은 강력한 상징 개념을 가지고 있었다면, 아마도 예수님이 처음부터 끝까지 혼자 십자가를 지도록 문헌을 각색했을 것입니다. 이런 관점에서, **'다른 이가 십자가를 졌다'라는 내용은 문헌의 초기층에 해당하는 내용**이라고 확언할 수 있습니다.

'마취제'를 거절하셨던 예수님은 나중에 십자가에서 돌아가시기 직전에는 '신 포도주'를 받아 마십니다.(마 27:48; 막 15:36) 누가복음은 '어떤 것은 안 먹고, 어떤 것은 먹는 정황'에 대해서 의구심을 갖고, 이 둘을 하나로 통합한 뒤에 '안 먹었다', '먹었다'는 표현 자체를 삭제했습니다.(눅 23:36 "군병들도 희롱하면서 나아와 신 포도주를 주며") 결국, 누가복음에서 십자가에 못 박히기 이전에 무엇을 먹게 했다는 이야기가 없어졌습니다.

이 모든 고찰 결과를 미루어 볼 때, 마취제와 같은 '쓸개 탄 포도주'를 예수님께서 거절하셨다는 문헌(마 27:34; 막 15:23)을 작성한 편집자는 **구세주로서의 예수님을 더 멋지게 묘사하려고 했던 것** 같습니다. 그는 예수님이 고통을 피하지 않고 감내하는 것이 맞다고 생각했을 것입니다. 냉정하게도 말이죠. 하지만, 마가복음이나 마태복음의 초기층을 저술한 저자는 예수님이 무엇이든 다 받아 마셨다고 적었던 것입니다. 그들에게는 '예수님이 마취제의 힘을 입다니 안될 말이다'라는 사고 자체가 없었을 것입니다. 그저, **'십자가형을 당하는 인간이라면 그것을 혼자 감당하기 어렵다'라는 합리적인 사고에 근거하여 글을 서술했을 것**입니다. 그리고 그런 초기적 서술은 실제 예수님이 십자가형을 당하는 상황과도 완벽하게 일치했을 것입니다. **초기층을 형성한 사람들은 '인간의 몸을 입으신 예수님'을 적어낸 것이 아니라 '가련한 하나의 인간인 예수님'을 적었던 것**입니다.

여러분은 **예수님이 인간적으로 고통을 조금이라도 줄이기 위해 '쓸개 탄 포도주'나 '신 포도주'를 받아먹는 것에 대해서 이상한 느낌을 받습니까?** 아픔을 피하려고 애를 쓰는 예수님의 모습은 **메시아의 이미지에 손상을 가져옵니까?** 마태복음 26장에는 초기 문헌적인 예수님의 모습과 후대에 각색된 예수님의 모습이 함께 나옵니다. 어떤 모습이 더 예수님답습니까? 고통이 자신을 피해 갔으면 하는 태도입니까? 아니면 의연하게 고통을 수용하는 모습입니까?

이에 말씀하시되 내 마음이 매우 고민하여 죽게 되었으니 너희는 여기 머물러 나와 함께 깨어 있으라 하시고(마 26:38)

조금 나아가사 얼굴을 땅에 대시고 엎드려 기도하여 이르시되 내 아버지여 만일 할 만하시거든 이 잔을 내게서 지나가게 하옵소서 그러나 나의 원대로 마시옵고 아버지의 원대로 하옵소서 하시고(마 26:39)

다시 두 번째 나아가 기도하여 이르시되 내 아버지여 만일 내가 마시지 않고는 이 잔이 내게서 지나갈 수 없거든 아버지의 원대로 되기를 원하나이다 하시고(마 26:42)

마태복음 26:38은 공포에 휩싸여 '죽을 정도로 고민하시는 예수님'("고민하여 죽게 되었으니")의 모습을 묘사하는 초기 문헌 그대로를 노출합니다.

마태복음 26:39a 역시 "이 잔을 내게서 지나가게 하옵소서"라고 솔직하게 기도하시는 예수님의 모습을 소개하고 있습니다.

하지만, 마태복음 26:39b와 26:42는 대단히 '의연하고 멋진 예수님', '메시아다운 예수님'의 이미지를 제시하고 있습니다. '아버지의 원대로 되기를 원합니다'라는 표현이 반복되고 있고(39b, 42b) 42절에서 예수님은 자기 죽음이 필연적인 소명임을 충분히 자각하고 있습니다.("내가 마시지 않고는 이 잔이 내게서 지나갈 수 없거든") 39b절과 42절을 작성한 편집자들에게 있어서 예수님은 초라하게 생명을 구걸하는 사람이 아니며, 대의를 위해 하나님의 뜻을 추구하는 멋진 예수님입니다. 하지만, **저는 멋진 예수님에게서 아무런 감흥을 느끼지 못합니다. 죽음에 대해서 아무런 두려움을 느끼지 않는 사람은 인간다운 인간이 아닙니다.** 예수님에게서 친근한 인간적인 면면을 발견할 때마다 저는 예수님이야말로 나를 대신하여 죽임을 당한 바로 그분이라는 **확신을 하게 됩니다.** 가장 인간적인 분이기에 죽음을 피해 도망치고 싶었지만 결국 회피하지 않고 받아들였습니다. 그것은 왜일까요? 예수님이 고통을 피하지 않고 자리를 지키신 이유를 잘 살피면 인간 개인뿐 아니라 인류 사회에 필요한 중요한 가치를 발견하게 됩니다. 성서를 세심히 읽는다면 **폭력에 대해 비폭력으로 대응하신 예수님의 가치, 그 가치 자체가 찬란한 빛**이라는 것을 깨닫게 될 것입니다.

예수님의 앞선 희생이 있었기에 그를 따라 자발적으로 희생하는 사람들의 모든 삶 역시 가치를 발하게 됩니다. **힘의 논리가 주도권을 갖는 세상에서는 약자의 구원이 없습니다.** 하지만 예수님께서 자발적으로 희생하심으로 세상의 빛이 되셨습니다. 힘의 논리가 사람들에게 구원은커녕 그 어떤 기여도 하지 못한다는 것을 예수님께서 밝히셨습니다. 힘이 영원할 것 같지만 역사는 평화와 비폭력이 승리한다는 것을 증명합니다. 역사적으로 힘자랑했던 모든 자는 '무대'의 뒤안길로 사라졌지만, 평화의 가치를 추구하는 자들은 죽은 것 같으나 부활하고 사라진 것 같으나 모두의 마음속에 영원히 존재합니다.(참고: 고후 6:9-10) 그 중심에 십자가를 지신 예수님이 계시는 것입니다.

어떤 이는 예수님을 하나님이나 하나님의 아들로만 추앙합니다. 그러나 그 이전에 여러분은 예수님을 평범한 하나의 인간으로 만나야 합니다. **죽을 듯이 고민하고 될 수 있으면 죽음을 피하려고 하는, 우리와 다르지 않은 하나의 인간으로서의 예수님을 먼저 알아야 합니다!** 성서를 비평적으로 연구하고 그 문헌 안에서 우선 인간 예수를 발견해야 합니다. 그래야 그 이해의 바탕 위에 신앙이라는 씨앗을 심고 싹을 내고 열매도 열리게 됩니다. **텁텁하고 거친 흙에서 아름다운 꽃이 피어납니다.** 그분의 발자취를 따라갈 때, 연약한 그분이 자발적인 희생으로 결국 영생의 부활을 이루신 것처럼 우리에게도 영원히 소멸하지 않을 생명의 소망이 깃들게 됩니다. 말로만 '예수님을 영접합니다'

라고 하는 것은 너무 부족합니다. 삶을 시작하지도 않았고 그분의 여정을 추종할 때 생기는 '예수를 따르는 흔적'도 전혀 보이지 않습니다. 아무런 희생도 없다는 것입니다. 그냥 하나님께 무슨 은총을 받았다고 자랑하면서 살고 있을 뿐입니다. 그것은 신앙도 아무것도 아닙니다. 어떤 이들은 '순식간에 예수님 믿고 구원받을 수 있다'라고 거짓말을 합니다. 그것은 **인식적 속임수**입니다. 우리는 씨앗을 나무와 혼동하지 않습니다. 씨앗을 꽃이라고도 하지 않습니다. 씨앗만으로는 농부에게 만족을 줄 수 없습니다. **씨앗이 자신을 쪼개어 갈라질 때 비로소 줄기를 뻗고 잎을 내고 꽃과 열매를 맺습니다.** 보십시오! 십자가를 지기 전에 예수님은 평범한 하나의 인간으로 **나타났습니다.** 그러나 십자가에 달림으로 자신이 하나님의 아들임을 증명하셨습니다. 완벽하게 그 일을 해내셨습니다! 이는 가벼운 입술로는 이룰 수 없는 위대한 실천이며 부활과 승화(昇化), 승귀(昇貴)라는 열매를 낳습니다. 진토에서 세상에서 가장 아름답고 고귀한 꽃이 피어났습니다!

🐝 억지로는 하지 말되 할 수 있는 만큼 희생하는 삶을 사십시오. 두려울 때 두려워하십시오. 슬플 때 눈물을 흘리고, 아플 때 소리를 내십시오. 인간답게 살아갑시다. 다만 '희생할 수 있겠다'라는 마음이 생긴다면 예수님이 하신 것처럼 자발적으로 희생하십시오. 누구도 강요하지는 않을 것입니다. 얼마나 희생해야 하는지 정해주지도 않을 것입니다. 당신의 마음이 이끄는 대로 하면 됩니다. **억지로 하는 모든 것은 잘못입니다.** 예수님이 자발적인 희생으로 자신이 누구인지 드러내신 것처럼 우리는 모두 사회에 대한 우리의 작은 희생으로 우리가 그를 닮은 참 제자라는 것을 나타낼 수 있습니다. **많은 돈과 권세로는 결코 예수님의 가치를 나타낼 수 없습니다. 연약함으로 강함을 부끄럽게 하고 침묵으로 요란함을 이기는 것! 그게 바로 예수님을 믿는 참 신앙입니다.** 그런 사람들이 하나님의 자녀입니다.(참고: 엡 1:5 "예수 그리스도로 말미암아 … 아들들이 되게 하셨으니")

지금은 고인이 된 유명한 목사가 늘 이렇게 설교했습니다. "예수님이 우리의 멍에를 짊어지시고 돌아가셨으니 우리는 아무 짐을 질 필요가 없습니다!" 이 말은 사실 **악마의 속임수입니다. 예수님은 우리의 모범이 되시기 위해 자발적인 희생을 감내하신 것입니다.** 한때는 그 목사가 이단이라고 하던 사람들도 교회에 엄청나게 많은 신자가 모이는 것을 보고 오히려 그 목사의 설교와 목회 방식을 따라 하기 시작했습니다. 시간이 지나자 **한국 개신교 신자들은 점점 이기적이고 손해 보기 싫어하는 욕심꾸러기들이 되었습니다.** 제가 그 목사의 설교를 왜 악마의 속임수라고 했는지 이해하겠습니까? 예수님의 고결한 자발적 희생의 가치에 매료되어 조금씩이라도 인류를 위해 사회를 위해 희생하는 사람들이 늘어나야 했는데 교회 안에는 오로지 자신의 채워지지 않는 욕망의 항아리를 벌리고 소리치며 더 채워 달라고 호통치는 사람만 늘었으니 한국 개신교는 발전한 것이 아니라 퇴보하고 타락한 꼴이 되었습니다.

예수님이 몸소 보이신 자발적인 희생의 가치를 따르는 자가 바로 그리스도인입니다. **삶이 오로지 자기 자신만을 위한 것일 뿐 조금도 타인을 위한 나눔이 없다면 혹은 너무 적다면 자신의 신앙이 제대로 된 신앙인지 돌아보아야 합니다. 그런 신앙은 정말 아무짝에도 쓸모없는 신앙입니다.**(참고: 마 5:13; 눅 14:35) 남에게 도움이 되어야 하는데 짐만 되니 말입니다. 정말 처치 곤란 아닙니까?

물론 희생하는 것은 고통스러운 일입니다. 나누는 것은 갈등 되는 일입니다. 그러나 예수님이 우리 앞에 먼저 걸어가셨습니다. **예수님도 고통과 갈등을 느끼셨지만 끝내 해내셨습니다.** 예수님을 사랑한다는 노래만 청승맞게 부를 것이 아니라 조금이라도 자발적으로 다른 이를 위해 희생해야 합니다. 특히, 도움이 절실히 필요한 사람에게 하나님이 우리에게 맡기신 것의 일부를 제공할 수 있어야 합니다. 그런 실천이 없다면 우리는 그냥 우리가 가진 돈과 힘과 지위를 자랑하는 자들에 불과합니다. **이런 사람들은 흔하디흔합니다. 그리고 예수님과 아무런 관계가 없습니다.** 심지어 예수님의 반대편에 서 있습니다. **예수님을 반대하는 자들이 바로 힘을 의지하고 자리에 연연하는 자들이었습니다.** 그러나 최후의 승자는 바로 예수님뿐이었다는 것을 기억하십시오.

열한 제자가 갈릴리에 가서 예수께서 지시하신 산에 이르러 / 예수를 뵈옵고 경배하나 아직도 의심하는 사람들이 있더라 / 예수께서 나아와 말씀하여 이르시되 하늘과 땅의 모든 권세를 내게 주셨으니 / 그러므로 너희는 가서 모든 민족을 제자로 삼아 아버지와 아들과 성령의 이름으로 세례를 베풀고 / 내가 너희에게 분부한 모든 것을 가르쳐 지키게 하라 볼지어다 내가 세상 끝날까지 너희와 항상 함께 있으리라 하시니라

일상으로 돌아와 삶을 나누라는 것이 성서의 지상명령입니다.

마태복음 28장은 예수님의 부활에 대한 이야기입니다. 처음부터 기적 이야기가 나오는데(마 28:1-10) 11-15절에 이르면 개신교 교회 설교에서 좀처럼 다루지 않는 특이한 내용이 나옵니다.

여자들이 갈 때 경비병 중 몇이 성에 들어가 모든 된 일을 대제사장들에게 알리니 그들이 장로들과 함께 모여 의논하고 **군인들에게 돈을 많이 주며** 이르되 너희는 말하기를 그의 제자들이 밤에 와서 우리가 잘 때에 그를 도둑질하여 갔다 하라 만일 이 말이 총독에게 들리면 우리가 권하여 너희로 근심하지 않게 하리라 하니 **군인들이 돈을 받고 가르친 대로 하였으니** 이 말이 오늘날까지 유대인 가운데 두루 퍼지니라(마 28:11-15)

이 단락은 '예수님이 부활하셔서 시신이 없어'진 상황을 전제하면서(마 28:6-7), 그 소식을 들은 "대제사장들"(마 28:11)이 예수님이 부활했다는 것을 무마하려고 "군인들에게 돈을 많이 주며"(마 28:12) 부활한 게 아니라 **시신이 도둑맞은 것이라고**(마 28:13) 분부하는(마 28:14-15) 장면입니다. 이 단락의 화자는 "돈을 받고 가르친 대로" 한 "군인들"에 의해서 '예수님의 시신이 도둑맞았다'라는 이야기가 각 지역으로 "두루 퍼"졌다(마 28:15)고 합니

다. 이는 이 글이 쓰인 시점에 광범위한 지역에 예수님의 시신이 사라졌다는 뉴스가 퍼져있었다는 것을 알게 합니다. 마태복음 28:11-15의 화자는 도둑맞았다는 뉴스가 거짓이고 사실 예수님은 부활하셨다고 주장하기 위해서 이 단락을 작성했을 것입니다.

중립적인 입장에서 이 글을 보면 마태복음 28장의 '예수님의 부활'은 뉴스라기보다는 주장에 가깝다는 생각이 들 것입니다. 영적인 것을 우리 눈으로 볼 수 있다는 것에 대해서도 논란의 여지가 있는데 부활은 아무래도 신앙 영역에 있는 것이고 가시적인 확인이 불가능하다는 생각이 들기 때문에 신앙인이 아무리 그것이 객관적인 사실이라고 주장한다고 해도 신앙이 없는 분들이 보면 그것은 하나의 주장일 뿐입니다. 지금 세상에도 부활을 뉴스로 생각하는 신앙인들이 있습니다만 그것을 신앙적 주장이요 고백이라고 말하는 편이 누구나 이해하기 쉽습니다.

제가 차분히 이런 설명을 하면 어떤 신자는 흥분하여 "부활이 사실이 아니라는 거예요?"라고 소리를 칩니다. 사실도 과학적인 사실, 증명 가능한 사실이 있는가 하면 증명은 어렵지만, 분명히 존재하는 사실도 있습니다. 과학 하시는 분들은 그런 사실은 사실이 아니라고 단정하지만, 꼭 그렇지만도 않습니다. 영혼, 천국, 부활 외에도 사랑, 우정, 그리움 등의 감정은 분명히 실존하는 사실입니다. 꼭 삼단논법과 같은 것으로 명확하게 증명되지 않는다고 해도 존재하는 것이 있습니다. 최근에는 과학 영역에서도 양자역학에서와같이 이해는 되지 않지만 실재하는 현상과 원리들이 발견되고 있습니다. 건전한 신앙이라는 것은 그런 신비한 부분을 최소화하고, 최대한 이해 가능한 영역을 확보하자는 뜻이지 아예 완전히 신비한 부분을 제거하자는 것은 아닙니다. 만약 그렇게 한다면 신앙이 완전 과학과 똑같은 것이 되겠지요.

어쨌든, 저의 이 글은 교회 안에 계신 분만 아니라 교회 밖의 분들도 고려하며 쓰는 글이니까 부활이 사실이라고 하는 것은 확인 가능한 뉴스가 아니라 하나의 주장이라고 잠정적으로 정리하고 글을 이어가도록 하겠습니다.

마태복음 28장은 15절로 일단락됩니다. 28:18-20에 붙은 지상명령은 내용에서 위 단락과 전혀 연결되지 않고 별도로 추가된 것이 확실합니다. 마가복음의 마지막 장인 16장에도 비슷한 내용이 나오기는 하지만 마태복음만큼 정돈되지는 않았습니다.

> 그 후에 열한 제자가 음식 먹을 때에 예수께서 그들에게 나타나사 그들의 믿음 없는 것과 마음이 완악한 것을 꾸짖으시니 이는 자기가 살아난 것을 본 자들의 말을 믿지 아니함일러라 또 이르시되 너희는 온 천하에 다니며 만민에게 복음을 전파하라(막 16:14-15)

마가복음 16장에서 예수님은 식사 시간에 나타나셨고 부활을 목격한 사람들의 말을 믿지 않는다고 질책하신 뒤에 "온 천하에 다니며 만민에게 복음을 전파하라"라고 명령합니다. 이어지는 내용을 보면, 예수님은 승천하셨고(막 16:19) "제자들"은 여러 곳을 다니며 여러 가지 기적을 보여주면서 '말씀을 확실히 증언'했습니다.(막 16:20) 이런 내용을 보면 **성서의 화자는 확실히 부활을 과학적 사실처럼 여기고 있습니다.** 글에서 제자들도 그것을 증명하려고 노력합니다. 신앙의 세계에서는 이런 행동이 인정받습니다. 다만, **초월적인 것을 증명하려다 보니까 다시 신비한 방법이 필요합니다.** 부활을 받아들이지 못하는 사람을 이해시키기 위해 다른 기적을 보여주는 식입니다. 하지만 부활을 받아들이지 못하는 사람으로서 이해하기 어려운 또 다른 무엇인가를 보여주는 것이 얼마나 효과가 있을지는 모르겠습니다.

다시 마태복음 이야기로 돌아갑시다. 마가복음 16:14-15를 읽고 나면 마태복음 28:18-20이 마가복음 관련 내용의 확장판이라는 것을 알게 됩니다. 당연히 마태복음의 내용이 더 충실하고 훨씬 짜임새가 있습니다. 그래서 개신교 전도나 선교의 필요성을 논하는 자들은 마태복음을 더 많이 인용합니다. 차이점이 있다면, 마가복음의 명령은 부활 신앙을 강조하며 **표적**으로 말씀을 전파하라(증명하라)고 했다면, 마태복음은 제자로 삼아 세례를 베풀고 … 가르쳐 지키게 하라며 **교육**을 강조했다는 것입니다. 마가복음이 전도자의 말을 믿지 않는 것을 질책하는 데서 멈추었다면 마태복음은 믿지 않는 자가 상당히 많이 늘어나고 있음을 암시합니다. 초기 교회가 성장하고 있습니다. 사람이 많이 불어납니다. 이전에 **표적으로 증명**하는 수준의 가르침은 점차 일정한 과정을 갖춘 **교육으로 발전**합니다.

이와 같은 상황을 한국 개신교 성장사를 통해서도 엿볼 수 있습니다. **초기에는 병을 고친다거나 귀신을 쫓는 목사들이 큰 인기를 끌었습니다. 변변한 신학적인 체계도 없어서 단순히 성서를 읽고 문장에 쓰인 대로 했더니 기적이 일어났다는 증언이 대부분이었습니다.** 그러나 개신교가 성장하면서 이른바 배운 목사들이 늘어났습니다. 그들은 신비로운 것보다는 교육하려고 했습니다. 사람들을 모아 놓고 성서 교리와 간단한 신학을 가르쳤습니다. 무조건 믿는 것은 미신이라면서 지양하라고 했습니다. 그들은 또 신학대학교를 세우고 신학대학원을 세웠습니다. 짜인 교육과정대로 학생을 가르치는 시스템을 갖추게 되었습니다. **처음 교회를 개척할 때는 단순하고 무지하게 돌진했던 목사들이 세월이 흐르면서 모여 뭔가를 공부하는 모습을 보십시오. 시대가 바뀐 것입니다.**

> 열한 제자가 갈릴리에 가서 예수께서 지시하신 산에 이르러 예수를 뵈옵고 경배하나 아직도 의심하는 사람들이 있더라(마 28:16-17)

마태복음의 이런 자신감은 마가복음의 해당 구절에서는 찾아볼 수 없는 것입니다. 마가복음이 '왜 안 믿지? 믿지 않으면 화낼 거야'라고 하는 식이라면, 마태복음은 '아직도 안 믿는 사람이 있나? 믿는 이들은 잘 배워라'라고 하는 것입니다. 이는 시기적으로 마태복음이 마가복음 문헌이 형성된 이후에 완성된 것임을 알게 합니다. **이제 교회는 상당한 규모를 갖추게 되었습니다.**

누가복음도 살펴봅시다. 마지막 장(눅 24장)은 '전파'와 '교육'이라는 주제를 중심으로 구체적인 에피소드와 긴 해석이 붙었습니다. 부활 이야기로부터 전도사역까지 자연스럽게 연결되도록 신경을 많이 썼습니다. 부활을 신앙하는 사람들의 태도도 점진적으로 발전합니다.(눅 24:13-50) 놀랍게도 부활을 믿지 않는 상황을 보고도 별로 성급하고 강한 질책을 하지 않습니다.(눅 24:38-39) **재미있는 것은 "어찌하여 마음에 의심이 일어나느냐"는 말을 듣고도 제자들이 "너무 기뻐"하며(눅 24:41) 식사를 이어갔다는 것입니다.**(눅 24:41-43) 이것은 꾸지람을 들은 사람들의 태도가 아닙니다. 누가복음 24장에 지속해서 언급되는 가르침(눅 24:27 "자세히 설명하시니라"; 눅 24:32 "성경을 풀어 주실 때에"; 눅 24:35 자기들에게 알려지신 것을 말하더라"; 눅 24:44 "모세의 율법과 선지자의 글과 시편에 … 기록된"; 눅 24:45 "성경을 깨닫게 하시고"; 눅 24:47 "기록되었으니")은 누가복음 24장 전체를 교육적인 문헌으로 보이게 하며 누가복음 24:48의 "증인"이라는 것은 사실 교육자와 같은 개념으로 이해할 수 있습니다. 이는 마태복음 28:20의 "가르쳐 지키게 하라"는 말에 덧붙인 추가 설명이라고 할 수 있겠습니다. 누가복음의 화자는 가르칠 도의 원천을 세례 요한의 가르침, 나중에는 예수님의 가르침이 된 가르침까지 거슬러 올라갑니다.(눅 24:47 '죄 사함의 세례')

결론적으로 지상명령에 관하여 말하자면, 마가복음 본문이 마태복음을 거쳐 누가복음으로 나아갔다고 하겠습니다. 마가복음을 마무리한 사람은 차분한 교육보다는 자극적인 표적을 내세운 전도와 신속한 신자 수 확장에 대해 지대한 관심이 있었던 것 같습니다. 그러나 상황이 상대적으로 안정되면서 교회를 지속해서 발전시키기 위해서 교육이 필요하다는 주장이 제기되었습니다. 물론, 구약 전승에도 성서 교육의 전통은 존재했지만, 그것이 신약성서의 세계에서 지금 우리가 알고 있는 것과 같은 양상이 되기까지는 긴 시간이 필요했습니다. 교육 텍스트로서의 누가복음의 마지막 내용은 실질적으로 사도행전에 나타난 교회의 생성 및 발전과 밀접하게 연결되어 있습니다.(눅 24:49 = 행 1:8; 2:1-13) **하나님의 영이 내려와 사람들에게 언어를 교육합니다.(행 1:4,8,11) 이는 신비로움과 실제적인 교육이 잘 융합한 모습입니다.** 요한복음의 마지막 장, 마지막 단락의 표현인 "내 양을 먹이라"(요 21:15-25)도 역시 교육의 차원에서 이해할 수 있습니다. 이미 교회가 많이 성장했고 상대적으로 안정된 상황에 접어들었던 것입니다.

여기까지 저의 글을 꼼꼼히 잘 읽으신 분은 문헌의 발전 과정에 따라 전파해야 할 내용에 변화가 생겼음을 감지하셨을 것입니다.

마가복음은 부활의 주장을 수용하는 사람들이 늘어나는 것이 최우선 목표였습니다. 사람을 늘리기 위해서 신기한 표적을 사용하는 것을 권장합니다. **물론 이는 마가복음 전체에서 울리는 풋풋한 목소리와는 색깔이 다른 내용입니다.**

마태복음은 처음으로 교육을 강조합니다. 이를 유대 교육 전통의 영향을 받은 것으로 해석할 수도 있겠으나 제가 볼 때는 교회의 지속적인 성장과 발전을 위해 신자들의 교육이 절실히 필요하다는 것을 깨달은 것입니다. **마태복음 28:17의 "의심하는 자들"**은 원래 예수님의 부활을 믿지 않는 자들의 의미만 있었을 테지만 **점진적으로 예수님의 교훈을 배우지 않고 알지도 못하는 자들의 의미로 바뀝니다.**

누가복음에 오면 예수님을 따른다는 것을 전적으로 배우고 깨닫는 것과 같게 보는 인식이 고착화합니다. 요한복음은 이를 단순히 확인하고 있고 누가복음은 그에 앞서 부활 개념조차도 단계적인 교육을 통해 점진적으로 깨닫는 것이라고 주장하고 있습니다. 긴 편폭을 통해 설명하는데(눅 24:13-49) 이는 짧은 마가복음 16:12-13을 기초로 확장한 것입니다. 믿는지 안 믿는지만을 따지면서 안 믿는 사람에 대해서는 더 이상의 설명을 이어가지 않는 마가복음과는 달리, 누가복음은 심지어 예수님까지 등장시켜서 믿지 않는 자들을 교육하고 설득하려고 합니다. 배움이 중요하다고 말입니다.

🐝 일상의 식탁에서 삶을 나눌 때 거기 예수님이 계십니다. 급진적으로 보이는("세상 끝날") 마태복음의 지상명령에 교육의 필요성이 언급되고 있음을 주목하십시오. 그리고, **누가복음에서 교육은 지식적 교육에서 멈추지 않고 같이 식사를 나누는 일상과 연결되어 있다는 것도 확인하십시오!** 그리고 우리가 **다른 이에게 전해야 할 것이 있다면 그것이 도대체 무엇인지 생각하십시오.** 그것이 단순한 종말론인지 아니면 삶 자체인지 말입니다. 배움은 삶을 위한 것입니다. 당장 세상이 멸망한다는 위기감을 가지고 있으면 제대로 뭔가를 배우기 어렵습니다. 차분히 앉아서 무엇인가를 배우고, 배운 것을 삶에 적용하고 나누기보다는 한시바삐 신자 수를 늘리고 사람들에게 예수님의 부활을 받아들이라고 열을 올리는 사람들은 과거에도 있었지만, 현대에도 존재합니다. 제가 생각할 때 참 이상한 것은 현대 한국 개신교는 지금 어떤 심각한 위기 상황에 놓여있지도 않는데도(자체적으로 역성장이라는 위기를 직면한 것 말고) 옛날과 똑같은 설교를 한다는 것입니다. **교육이라고 하지만 단순한 교리 교육일 뿐 삶의 나눔과 연결되는 성서적 교육과는 거리가 멉니다.** 왜 그럴까요? 옛날에 대한 향수 때문일까요? 옛날 방식이 완벽한 진리라는 생각에서일까요? 아니라면 혹시 신자들이 신앙인이자 사회의 구성원으로서 **어떤 삶을 살아가야 하는지 관심이 없는 것은 아닐까요?** 그래서 일부러 신자의 믿음과 삶 가운데 끊임없이 **괴리를 조장하고** 그 와중에 떨어지는 재물을 교회와 일부 지도자가 슬쩍 쓸어 담고 있는 것은 아닐까요? **세상의 끝이 오는데 재물이 무슨 소용이냐면서 자기는 뒤로 재물을 쌓고 있는 자칭 지도자들을 보면 한심합니다.** 물론 제가 벌어 제가 쓰면 누가 뭐라고 하겠습니까? 전부 교인들의 헌금이니까 그렇지요.

　　이른바 **지상명령이 신자들의 눈을 오로지 세상 끝에 몰두하게 하고 일상적인 삶을 포기하게 만드는 것을 주의하십시오!** 그것은 제자의 삶이 아니라 시한부 종말론에 현혹된 맹신자의 삶입니다. 성서는 무턱대고 믿으라고 하지 않습니다. 배우라고 합니다. 조금만 성서를 살펴보고 따져보면 교회를 위해서 너무 많은 시간을 소비하는 것이 잘못이라는 것을 알게 됩니다. 그것은 기형적이며 소수 종교 지도자의 명성을 높이고 재물을 늘리는 데 소용될 것입니다. 제가 다시 말씀드립니다. **우리에게 주어진 지상명령은 일상적 삶입니다.** 상황이 안정될수록 배우라고 하고 삶을 나누라고 하는 것이 성서의 가르침입니다. 시한부 종말론의 신앙을 버리십시오! 교회 생활을 오래 한 당신은 어쩌면 신앙생활을 지속한 만큼 일상적인 삶을 잃었겠지만, 이제는 일상으로 돌아오십시오! **삶의 식탁에서 예수님을 만나십시오.**(눅 24:41-43) 일상을 살아가며 올바른 도를 배우십시오! 바로 그것이 성서적 명령입니다! 家

그들이 먹을 때에 예수께서 떡을 가지사 축복하시고 떼어 제자들에게 주시며 이르시되 받으라 이것은 내 몸이니라 하시고 / 또 잔을 가지사 감사 기도하시고 그들에게 주시니 다 이를 마시매 / 이르시되 이것은 많은 사람을 위하여 흘리는 나의 피 곧 언약의 피니라 / 진실로 너희에게 이르노니 내가 포도나무에서 난 것을 하나님 나라에서 새것으로 마시는 날까지 다시 마시지 아니하리라 하시니라 / 이에 그들이 찬미하고 감람산으로 가니라 / 예수께서 제자들에게 이르시되 너희가 다 나를 버리리라 이는 기록된바 내가 목자를 치리니 양들이 흩어지리라 하였음이니라 / 그러나 내가 살아난 후에 너희보다 먼저 갈릴리로 가리라 / 베드로가 여짜오되 다 버릴지라도 나는 그리하지 않겠나이다 / 예수께서 이르시되 내가 진실로 네게 이르노니 오늘 이 밤 닭이 두 번 울기 전에 네가 세 번 나를 부인하리라 / 베드로가 힘있게 말하되 내가 주와 함께 죽을지언정 주를 부인하지 않겠나이다 하고 모든 제자도 이와 같이 말하니라

세력 다툼으로 밀려난 불쌍한 베드로 목사님

마가복음 14:22-31은 크게 두 단락으로 나눌 수 있습니다. '감람산으로의 이동'을 언급하는 마가복음 14:26을 중심으로, 앞에는 성찬식(막 14:22-25) 에피소드가 있고 그 뒤로는 베드로의 허황한 맹세를 부각하고 있는 '베드로 비판' 단락(막 14:27-31)이 있습니다.

마가복음 14장의 큰 이야기 묶음을 최종적으로 구성한 사람은 "유월절"(막 14:12, 14, 16)을 시간적 배경으로 설정했습니다. 그리고 그것의 "준비" 과정(막 14:12-16)과 유월절 식탁 앞에서 드러나는 "배반자" 이야기(막 14:17-21), 그리고 같은 식사 시간에 이루어지는 것으로 보이는(막 14:22a "그들이 먹을 때에") 성찬식(22-25절)을 나름대로 최대한 매끄럽게 연결하려고 했습니다. 그런데 **이런 흐름은 마가복음 14:26에서 '장소 이동'이 일어나면서 부득이하게 단절됩니다.**

등장인물 모두가 "찬미"하며 "감람산으로" 이동하는 것을 마가의 기술 전략으로 본다면 **이는 독자의 시선을 색다른 화제로 이끌어가려는 것입니다.** 주제가 달라지자 핵심 가치에도 변화가 생겼습니다. 마가복음 14장의 '목자의 피격과 양 떼의 분산'(막 14:27)이 '감람산으로의 이동' 이후 단락에 배치된 것을 마태복음 26:30 이하에서도 그대로 찾아볼 수 있습니다. 하지만 '베드로의 부인', 즉, 베드로에 관한 부정적인 기사, 전문용어로는 '베드로의 하강(下降) 기사'를 언급하는 누가복음 22장에서는 마가와 마태가 아주 중시하는 장소의 이동이 연결 본문 간에 보이지 않으며, 베드로의 부인 이야기도 담담하고 축약적으로 기술되어 있습니다.(눅 22:31-33)

> 시몬아, 시몬아, 보라 사탄이 너희를 밀 까부르듯 하려고 요구하였으나 그러나 내가 너를 위하여 네 믿음이 떨어지지 않기를 기도하였노니 너는 돌이킨 후에 네 형제를 굳게 하라 그가 말하되 주여 내가 주와 함께 옥에도, 죽는 데에도 가기를 각오하였나이다 이르시되 베드로야 내가 네게 말하노니 오늘 닭 울기 전에 네가 세 번 나를 모른다고 부인하리라 하시니라(**눅 22:31-33**)

누가복음 22장에 있어서 '감람산으로의 이동'은 마가나 마태복음만큼 중요하게 다뤄지지 않고 있으며 베드로의 부인 예고가 나온 다음에 언급합니다.(눅 22:39) 이는 미세한 차이 같으나 사실은 매우 중요한 문헌적인 변화입니다.

누가는 베드로의 잘못을 여러 번 언급하는 것을 의도적으로 회피하고 있습니다. 베드로가 저지른 잘못에 대해서 누가는 마가나 마태보다 훨씬 안타깝게 여기는 것 같습니다. 누가복음 5:1-11, 특히 8절에 나타난 참된 뉘우침을 보십시오. 누가에 따르면 베드로는 "주여 나를 떠나소서 나는 죄인이로소이다"라는 말로 진심 어린 회개를 했습니다. 이는 마가복음 1:16-20과 마태복음 4:18-22의 기술에 비하면 아주 긴 편폭입니다.(마가복음의 해당 내용은 총 4절, 마태복음은 총 5절, 누가복음은 총 11절) **누가는 이런 식으로 베드로를 변호하고 있는 것입니다.**

마가복음 14:27-31은 예수님의 예고성 말씀과 함께 베드로를 희화화하여 부정적으로 소개하는 단락입니다. 한 사람에 대하여 비판의 화살이 집중되는 것은 마가복음 14장 첫머리부터 26절까지 "유월절"의 분위기를 이어가던 흐름과는 분명하게 구분되는 변조(變調)입니다. 특히, 마가복음 14:22-24의 성찬식 단락이 오직 예수님을 부각하고 있는 것과는 달리, 마가복음 14:27-31은 베드로에 대한 조소(嘲笑) 일색입니다. 베드로의 잘못은 거듭 언급되고, 누가복음 5:1-11과 같이 그에 대한 긴 변호는 찾아볼 수 없습니다. 이 사실에 대해서, 단순히 마가의 글이 누가 이전에 기록된 것이기 때문에 그 편폭이 짧다고 하는 것은 충분한 설명이 아닙니다. 마가복음뿐 아니라 마태복음 역시 동일하게 베드로가 '반복해서 주를 부인하지 않겠다고 호언장담한' 허황한 맹세를 의도적으로 부각하고 있습니다.(막 14:31; 마 26:35)

마가복음 14:26의 '감람산으로의 이동'을 기점으로 그 이후 베드로에 대한 희화적 설명이 쓰였다는 것을 확인했다면, 이번에는 27절 이하의 내용을 좀 더 자세히 고찰하도록 합시다.

마가복음 14:27-31 단락은 예수님께서 "양 떼"가 "흩어"질 것을 예고하는 말씀으로 시작합니다.

> … 이는 기록된바 내가 목자를 치리니 양들이 흩어지리라 하였음이니라(막 14:27)

이는 스가랴 13:7("… 목자를 치면 양이 흩어지려니와 …)를 인용한 것입니다. 범국가적 위기를 전제한 것으로(슥 13:8 "온 땅에서 …) 난리 통에 지도자들의 지도력이 와해하면서 "백성"(슥 13:9b), 즉, 모든 사람이 원래 거주

하던 지역을 떠나 뿔뿔이 흩어지는 상황을 언급한 것입니다. 이는 신약성서의 전통에 있어서, "목자"인 예수님이 수난을 당하게 될 경우, 제자들이 뿔뿔이 흩어질 것을 예고한 것으로 해석됩니다. 이를 뒤집어 생각하면, **이미 뿔뿔이 흩어진 상황을 경험한 사람들이 이 글을 작성했을 가능성이 있습니다.** 다음 구절인 마가복음 14:28의 "내가 살아난 후에"라는 표현은 잘 보면 예수님의 부활 이후에 제자들이 흩어진 것이 아니라 제자들이 먼저 흩어졌거나 부활 사건과 동시에 제자들이 사방으로 도망친 일이 일어났다는 것을 알 수 있습니다. 마가복음 14:27의 "목자"인 예수님이 수난을 당하자 추종자들이 두려워서 흩어진 것입니다. 하지만 이 글을 쓴 사람은 사건을 **신앙적 관점에서 재구성합니다. 예수님은 제자들이 흩어질 것을 미리 아셨고 예수님의 예고대로 모든 일이 일어났다고 말입니다.**

마가복음 14:29에서 베드로가 28절의 '흩어질 양 떼'의 이야기를 듣고 화들짝 놀라 자신은 "그리하지 않겠"다고 하는 장면 역시 위와 같은 해석을 전제로 할 때, 전후 맥락의 흐름에 있어서 자연스럽습니다. 그런데 단락 첫머리에 모든 "양 떼"가 "흩어"질 것을 언급하는 것을 보고, 당시 어떤 독자들은 아마도 베드로가 맡게 된 "예루살렘 … 교회"가 "큰 박해" 때문에 "유대와 사마리아 모든 땅으로 흩어"진 상황을 떠올렸을 것입니다.(행 8:1b) 목자의 피격과 양 떼의 분산에 관한 내용이 베드로를 비난하는 내용과 함께 붙어있습니다. 그리고 목자와 양 떼 비유라는 우언(寓言)의 근거가 되는 스가랴 13:7의 문헌적 정황이 '어리석은 지도자의 지도력 붕괴로 인하여 흩어지는 백성'을 의미한다는 것을 고려하면 **이 이야기를 최종적으로 완성한 사람은 예수님의 수난 이후 사방으로 흩어진(예루살렘 교회) 신자들일 가능성이 큽니다.** 아마 그중에서 지도자인 베드로를 탓하는 사람도 있었을 것입니다.

예수님의 수난을 예고하는 마가복음 14:28을 둘러싸고 있는 **마가복음 14:27, 29-30은 베드로의 부족함을 드러내려고 하는 사람들이 삽입한 것입니다.** 그, 혹은 그들은 분명히 베드로가 맡고 있던 예루살렘 교회의 신자들

이 흩어지는 양 떼의 처지가 된 것을 알고 있었을 것입니다.(행 8:1)

바울이라는 또 하나의 걸출한 인물은 초기 교회의 권력 구도에 있어서 정확히 베드로의 반대 자리에 서 있습니다. 성서 본문 편집에 관해서 말하자면, 바울의 추종자들이 초기 교회의 최종적인 주도권을 장악하면서, 유대인 기독교인에게 있어서 전설적인 리더인 베드로를 폄훼하려는 의도로 마가복음 14:27, 29-31을 마가복음 14:26, 28 사이에 끼워 넣었을 가능성이 있습니다. 바울의 추종자들은 이방인 그리스도인들을 말합니다.

마가복음 14:29은 근거를 알 수 없는 충만한 자신감으로 "(모든 이가 예수님을) 다 버릴지라도 나는 그리하지 않겠나이다"라고 호언장담하는 베드로의 모습을 희화적으로 그리고 있습니다. 마가복음 14:30에서 예수님이 그 호언장담에 대해 즉각적으로 반박하므로 베드로의 맹세는 아무런 효용성이 없습니다. 그런데도 마가복음 14:31에서 더 강하게 맹세하는 베드로의 말을 그와 함께 맹세했던 나머지 제자들(막 14:31b "모든 제자도 이와 같이 말하니라") 보다 앞에 두어서 베드로 혼자 헛된 맹세를 한 실없는 사람으로 부각하고 있습니다. 이는 많은 독자가 간과하는 부분인데 **'죽어도 주를 부인하지 않겠습니다'라고 호언장담한 사람은 베드로 혼자가 아닙니다!** 이는 베드로와 그를 추종하는 모든 이를 싸잡아 비난하려는 태도에서 처음 작성된 글이지만 여러 번의 편집을 통해서 결국 베드로만 제일 뚜렷하게 주목받은 것입니다.

이 단락의 내용에 따르면, 베드로는 근본적으로 자질이 부족한 지도자이며 자신이 한 말을 책임질 능력도 없는 사람입니다. 마가복음 14:27-31의 화자는 이런 생각에서 베드로의 결함을 부각하려고 애쓰고 있습니다. 이 단락의 최종 구성자가 베드로에 대하여 찬동하지 않는, 비판적인 입장을 가진 사람이라면, **이런 본문 구조는 베드로에게서 바울로 넘어가는 주도권 이양 과정 중에 이루어진 것 같습니다.**

마가복음 14:27을 보면서 '흩어지는 자는 모두 악인'이라는 구약 성서적 관점(참고: 시 92:9)을 떠올리는 분도 있을 것입니다. 하지만, 공동체가 뭉쳐 있을 때만 의미가 있다는 사고는 국가멸망과 포로기라는 위기를 이스라엘 백성에게 신앙적 교훈을 주기 위해서 하나님이 의도하신 것으로 이해하는 구약 성서의 전통(막 14:27b, 참고: 겔 17:21 "그의 정예병들이 다 칼에 죽을 것이며 살아남은 자들은 사방으로 흩어질 것이다. 그때 너희는 이것을 말한 자가 나 여호와임을 알게 될 것이다", 현대인의 성경)과는 **그 결이 다릅니다.** 흩어짐을 하나님이 하신 일로 보지 않는 시각은 구약성서의 연대기에서 보자면, 이스라엘이라는 민족국가가 멸망하기 이전이나 멸망한 후 긴 시간이 지난 후에 재건을 꿈꾸는 시기에나 나타날 수 있는 것입니다. 그러나 이런 시각이 마가복음 14장에 포함되어 있다고 해도, 그것은 전체적인 글의 흐름에 역행하지 않고 오히려 도움이 됩니다. 그래서 전반적으로 마가복음 14장을 읽으면 위에서 언급한 스가랴 13:7에 관한 전통적 이해와 같이 "양 떼"로 "흩어"지게 하는 "목자"가 예수님이든, 베드로든지, "흩어"지는 것 자체에 대해서 명확히 부정적인 느낌을 표명하지 않습니다. 오히려 '흩어짐'이 필연적이고 심지어 확장의 시발점이 된다고 사고하는 것이 낫습니다.(참고: 행 8:4 지도자가 아닌 흩어진 사람들이 교세를 확장함)

신자들의 흩어짐에 대해서 정말 다양한 시각이 존재했다는 것을 우리는 마가복음 14:26-31을 읽으면서 느끼게 됩니다.

어떤 이는 흩어짐에 대해서 조금 불안해했지만, 더 많은 이는 흩어짐에 대해서 신앙적 의미를 부여했습니다. 그런 글에, 베드로의 지도력에 대해서 의문을 제기하는 사람들, 혹은 바울의 지지자로 보이는 사람들이 베드로를 희화화하는 내용을 추가하였습니다.

우리가 기억해야 할 것은 글쓴이가 "목자"인 예수님을 악인으로 보지 않는 것같이, 흩어진 신자들의 책임자인 베드로를 무지막지한 악인으로 보고 있

는 것은 아니라는 것입니다. 화자는 단지 베드로를 지지하지 않고 그를 견제함으로 베드로와 경쟁자 관계에 있는 바울을 부각하려고 하는 것입니다. 이해를 돕기 위해서 고린도전서 1:12-13, 그리고 3:4를 보면, "바울파"와 "게바파(베드로파)" 모두를 무용한 것으로 비판하고 있음에도 모순적으로 동시에 그 모두가 "하나님의 동역자들"(고전 3:9)임을 확인하고 있습니다. 그러면서 "건축자"로 하나님을 언급하는 것이 아니라 자신("나", 바울?)을 내세우고 있습니다. 이를 볼 때 초기 교회에 있어서 **계파 간 반목은 은근하면서도 끈질기게 상당히 오랫동안 유지되었던 것 같습니다.** 현대에도 목사님끼리 반목하고 싸울 때 옆에서 말리면서 살펴보면, **상대가 목사라는 것까지 부정하지는 않습니다.** 그러나 그 반목이 은근히 오래가는 것을 보게 됩니다. 목사님마다 차이는 있겠지만.

이제 부차적으로 "포도나무에서 난 것(포도주)"을 "다시 마시지 아니하리라"(막 14:25; 마 26:29)라고 말씀하셨던 예수님의 맹세에 집중합시다. 예수님은 수난을 받으시면서 몰약을 탄 포도주는 받지 않으셨습니다.(막 15:23) 그런데 나중에 해면에 적신 포도주를 예수님께 제공합니다.(막 15:36; 마 27:48) 이것에 대하여 제공되었을 뿐 예수님이 마신 것은 아니라고 주장하는 분이 있습니다. "갈대에 꿰어 마시게 하고(περιθείς)"라는 표현이 '제공자에 의해서 주어진 것일 뿐, 예수님은 그것을 실제로 마신 것은 아니다'라는 것입니다.(눅 23:36 "신 포도주를 주며") 포도주를 마시지 않은 것은 마가복음 14:25에서 '아버지 나라에서 새것으로 너희와 함께 마시는 날'(마 26:29; 눅 22:18 "하나님의 나라가 임할 때까지")이라는 종말의 도래를 의미한다는 점에서 매우 중요한 표현입니다. **하지만 수난을 당해 목이 말랐던 예수님이 포도주로 목을 축였다고 해서 큰 문제가 될 것은 없습니다.** 목마름에도 불구하고 포도주를 받아 마시지 않은 예수님은 대의를 위해 작은 욕망을 제어하는 강건한 이미지로 나타날 수는 있습니다. 그러나 그런 강건한 이미지는 '어린 양으로서 대의에 순종하는 이미지와 일정한 격차를 갖게 됩니다. 반면, **극한 고통 속에 해면에 적신 포도주로 입을 적시는 예수님의 모습은 독자에게 더 큰 연민의 정을 불러일으키게 할 것입니다.**

안타깝게도 마가복음 본문을 작성하던 당시 '아버지 나라'의 축제에 동참할 것을 예상했던 청자들은 종말의 실현을 보지 못하고 죽게 되었습니다. 그래서 조금 더 후대에 완성된 누가복음 22:18은 '모든 사람이 동참하는 파티'의 개념을 과감하게 제거하고 그냥 '하나님 나라의 도래'라는 표현으로 바꿉니다. 박해라는 환경에 처했던 초기 기독교인들이 바랐던 것과 달리 예수님은 그들의 시대에 재림하지 않으셨지만, 오히려 그것이 '이 땅이 하나님 나라로 바뀐다'와 같이, 현세 지향적 신학을 더 고상한 천상의 개념으로 승화시켰습니다. **이는 구약성서에서 점진적으로 발전한 메시아론과 판박이처럼 똑같은 과정입니다.** 처음에 다윗 계보의 인간 왕을 고대했던 이스라엘 백성도 국가 재건이 실현되지 않자 점차 신적 메시아와 천상의 나라를 추구하게 되었습니다.

우리가 예수님을 거듭 부인한 베드로를 베드로의 반대파들과 같이 비난할 필요는 없습니다. 흠이라고 한다면 베드로보다는 오히려 이방인 교회의 주도권을 쥐고 훨씬 많은 양의 글을 남긴 바울에게 더 많은 흠이 있습니다. 바울은 생전에 예수님을 한 번도 직접 만난 적이 없었으며 거친 성격을 가진 급진주의자였습니다. 이런 바울보다는 **주도권이 유대인 중심의 공동체인 예루살렘 교회에서 이방인 중심의 국제적 공동체로 이동하는 것을 알고도 그것을 관용한 베드로가 훨씬 훌륭합니다.** 그렇습니다! 베드로는 재평가되어야 합니다. 하지만 베드로에 대한 자료는 태부족이며 작금의 교회와 신학계는 바울을 칭송하기에 바쁩니다.

마가복음 14장에서 예수님은 갸륵한 추종자의 향유 선물을 받으셨고 감동하셨습니다.(막 14:3-9) 다른 한편으로 자신을 모반할 제자를 지목하시기도 했습니다.(막 14:18-21) 이런 내용의 흐름에 있어서 수제자 베드로의 부인 예고(막 14:29-31)와 실제 부인 장면(막 14:66-72)은 추종자에 관한 부정적인 설명에 포함될 것입니다.

한편, 마가복음 14:33에서 언급한 것과 같이 다른 핵심 인물인 "야고보"와 "요한"은 왜 제외했을까요?(참고: 막 14:33) 그것은 **베드로가 야고보와 요한보다 서열상으로 앞서 있었기 때문입니다.** 베드로를 중점적으로 언급하고 희화화하고 비판했다는 것은 **그가 본문의 최종 형성 시기 직전까지 가장 유력한 교회 지도자였음을 방증**하는 것입니다. 예수님 생전에 주를 한 번도 만난 적이 없었던 자칭 사도, 무명의 바울이 베드로를 방문했을 때 교회의 대표자로서 베드로는 그를 받아주었습니다. 무명의 바울은 처음부터 대표자인 베드로를 만나려고 시도했고, 만났으며, 함께 했습니다.

> 또 나보다 먼저 사도 된 자들을 만나려고 예루살렘으로 가지 아니하고 아라비아로 갔다가 다시 다메섹으로 돌아갔노라 그 후 삼 년 만에 내가 게바(베드로)를 방문하려고 예루살렘에 올라가서 그와 함께 십오 일을 머무는 동안 주의 형제 야고보 외에 다른 사도들을 보지 못하였노라(갈 1:17-19)

이처럼 굴러온 돌 같은 바울을 대하는 베드로의 태도는 놀랍게도 상당히 호의적이었습니다. 이는 **베드로의 인품**을 엿보게 합니다. 누가 모르는 사람, 심지어 초기 기독교인을 박해했던 사람, 갑자기 새사람이 되었다는 사람을 이렇게 받아들여서 2주 넘게 대접을 할 수 있겠습니까?

베드로에게 역사하사 그를 할례자의 사도로 삼으신 이가 또한 내게 역사하사 나를 이방인의 사도로 삼으셨느니라 또 기둥같이 여기는 야고보와 게바(베드로)와 요한도 내게 주신 은혜를 알므로 나와 바나바에게 친교의 악수를 하였으니 우리는 이방인에게로, 그들은 할례자에게로 가게 하려 함이라(갈 2:8-9)

그러나 **바울에 의해 서로의 호의는 점차 적의로 바뀌게 됩니다.** 위의 갈라디아서 2:8-9에서 이미 그런 변화가 조금 나타나는데, 8절 첫머리에는 "베드로"를 먼저 언급하다가 9절에서는 "게바(베드로)"의 순서를 "야고보" 다음에 둡니다.

유력하다는 이들 중에(본래 어떤 이들이든지 내게 상관이 없으며 하나님은 사람을 외모로 취하지 아니하시나니) 저 유력한 이들은 내게 의무를 더하여 준 것이 없고(갈 2:6)

바울의 이 어투는 전형적으로 **야욕을 가진 도전자의 어투입니다.** 그러나 위에서 살펴본 바와 같이 최초로 바울을 지도자로 인정해 준 것은 다름 아닌 베드로입니다. 유대인의 피가 섞였으나 끝내 유대인 출신들을 위해 목회하지 못하고, 이방인 개종자 중심의 목회를 하게 된 바울의 세력이 팽창하면서 바울은 본격적으로 베드로를 경쟁자로 인식하고 집중적으로 공격하기 시작했으며 그에 따라 베드로에 관한 부정적인 내용이 많이 등장하게 된 것입니다. **나중에 가면 심지어 바울이 베드로를 꾸짖습니다!**

게바가 안디옥에 이르렀을 때에 책망받을 일이 있기로 내가 그를 대면하여 책망하였노라 야고보에게서 온 어떤 이들이 이르기 전에 게바가 이방인과 함께 먹다가 그들이 오매 그가 할례자들을 두려워하여 떠나 물러가매 남은 유대인들도 그와 같이 외식하므로 바나바도 그들의 외식에 유혹되었느니라 그러므로 나는 그들이 복음의 진리를 따라 바르게 행하지 아니함을 보고 모든 자 앞에서 게바에게 이르되 네가 유대인으로서 이방인을 따르고 유대인답게 살지

아니하면서 어찌하여 억지로 이방인을 유대인답게 살게 하려느냐 하였노라 (갈 2:11-15)

이는 바울의 위상이 상당히 높아졌음을 방증합니다. 바울은 베드로를 꾸짖으면서 함께 유대인 그리스도인들을 싸잡아 비판합니다. 이렇게 한때 예수님에게 "교회의 열쇠"를 받았다고 여겨지던 초기 교회의 주인공 베드로(참고: 유대인 그리스도인들에 의해 작성된 마태복음 16:17-19의 베드로에 관한 긍정적 내용)는 역사의 뒤안길로 물러나게 되었습니다. 그런 의미에서 나중에 중세 교회가 베드로의 위상을 지극히 높인 것은 저평가했던 훌륭한 인물에 대한 일종의 보상일지 모르겠습니다.

🐝 **야심가에 의해 밀려난 착한 목사님들을 생각합니다.** 인품도 훌륭하고 사심 없이 목회 잘하시는 담임목사님을 만나는 것은 신자에게 있어서 큰 복이 아닐 수 없습니다. 특히 손수 교회를 개척하여 신자 한 분 한 분을 성심껏 섬김으로 중형 이상의 교회 공동체를 만들었는데 은퇴할 때가 되어 자식에게 그 자리를 물려주지 **않고** 전혀 모르는 후임자에게 교회를 맡기고 유유히 떠나시는 목사님을 보면 놀라움과 존경스러운 마음이 생깁니다.

그에 비해서 야심으로 가득 찬 목사들도 있습니다. 이들은 교육전도사나 부목사 때부터 이미 큰 교회의 대표가 될 꿈을 꿉니다. 그런 꿈을 갖는 것이 아무것도 아닐 수 있지만, **교회와 신자를 자기 꿈을 성취하는 도구로 여기는 것은 문제입니다.**

제가 가장 우려하는 것은 위에서 말한 두 부류의 목회자가 함께 만나는 상황입니다. 마음이 빈 목사님은 야심가를 최대한 좋은 마음으로 대합니다. 그런데도 야심가의 마음은 조급합니다. 하루라도 빨리 교회의 담임 자리를 자기 것으로 만드는 것에 모든 정신을 집중하고 있습니다. 기존의 담임목사가 그런 부교역자의 마음을 감지하고 내보내는 것이 때로는 더 나쁜 상황으로 전개되는 것을 막는 행동일 수 있습니다. 어떤 담임목사는 나쁜 부교역자들이 있으므로 전체 부교역자들을 신뢰할 수 없다고 공공연히 말합니다.

위의 성서 본문에서 바울과 베드로의 관계는 꼭 야심가 부목사와 마음씨 좋은 담임목사와의 관계처럼 보입니다. 야심가는 교회와 담임에게 충성하는 것처럼 보이지만 늘 기회를 엿봅니다. 그의 충성은 그의 꿈을 이루어 줄 과정에 불과합니다. 그에게 충분한 인내심이 있어서 담임목사가 은퇴할 때까지 기다린다면 좋겠지만 때로 야심가의 조급한 마음이 큰일을 냅니다. 수단과 방법을 가리지 않고 선임 담임목사의 부정적 여론을 조성하여 몰아내거나 신자 중에서 자기편을 만들거나 가까운 거리에서 본 잘못된 부분을 공포하는 식으로 더 빨리 높은 자리를 차지하려고 시도합니다. 그러다가 잘 안 될 때는 최후의 경우에 신자들 다수를 데리고 나가 딴 교회를 차립니다. 정말 기존 담임목사가 부패하고 인격에 심각한 결함이 있다면 부목사의 '딴 살림 차리기'를 이해할 수도 있겠으나 어떤 경우는 담임목사의 자리에 욕망의 항아리와 같은 자가 앉게 되는 것입니다.

대형교회 중에서도 그런 예를 찾아볼 수 있지만, 중소형 교회에도 유사한 예가 많습니다. **어떤 선량한 담임목사님은 은퇴금도 받지 못하고 쫓겨나 전전긍긍하다가 중병에 걸려 사망하기도 합니다.** 제가 볼 때 그 병은 **화병**입니다. 야심가가 자리를 차지하는 것까지는 좋다고 해도 원로가 된 선임자를 어느 정도 대우해 주어야 하는데 장로들이나 신자들 핑계를 대고 간간이 지원하던 적은 지원금까지 끊어버리는 경우가 많습니다. 이럴 때 평생 목사로 살아온 노인 부부는 정부의 지원을 받는 기초생활보장 수급자가 될 수밖에 없는데 교회를 개척하고 건물을 건축하느라 명목상으로 어떤 부동산이나 동산이 있는 것으로 포착되면 그나마 복지의 혜택도 받지 못해서 폐휴지를 주우며 노년을 보내게 될 수도 있습니다. 쫓겨나오면서 야심가에 의해 덧씌워진 부정적인 의미가 존재하므로 키워 놓은 자녀들의 도움조차 없다면 정말 아무도 돌아보지 않는 불쌍한 노년으로 삶을 마치게 되는 것입니다.

저는 베드로를 생각할 때마다 가슴이 미어집니다. 세력 다툼으로 순순히 밀려난 목사님들을 생각할 때는 더욱 그렇습니다. 그러나 **한국 개신교의 구조가 완전히 쇄신되기 전에는 계속 같은 일이 벌어질 것입니다.** 전임 담임목사와 후임 목사의 아름답고 은혜로운 위임은 위임예식으로만 그치는 경우가 적지 않습니다. 심지어 서로 폭력배를 사주하여 주먹다짐이 오가기도 합니다. 참 안타까운 일입니다. 나는 자리를 너에게 주었는데 너는 왜 나를 대접하지 않느냐는 사람, 너는 늙었으니 당연히 물러나는 것이고 나는 젊고 유능하니 대신 자리를 차지하는 것이라는 사람, 여러 종류의 사람들이 권력과 재정적 이익을 가운데 두고 싸우는 꼴을 보는 것은 매우 슬픈 일입니다.

담임목사 중심의 개신교 교회의 구조, 교단 구조를 개혁해야 합니다. 권력이 한 사람, 혹은 소수에게 응집된 형태는 성서의 지지를 받지 못합니다. 만약 구조를 완전히 개선하지 못하겠으면 개신교도 일반 회사처럼 세금을 내고 목사를 위시한 교회 직원 중에 가난한 사람들이 정부의 보조라도 받을 수 있게 해야 합니다. 지금 이대로라면 자리를 차지한 사람은 좋겠지만 그 자리에서 여러 이유로 밀려난 분들은 추운 겨울에 갈 곳이 없습니다. 은퇴할 때 강남 아파트 한 채와 외제 자동차와 수억 원의 전별금(교회 발전에 공이 큰 담임목사가 교회를 사임하거나 은퇴할 때 주는 돈)을 받는 것은 소수의 목사뿐입니다. 그 외의 대다수 목사가 노년에 직면하는 것은 질병과 가난, 거주 불안과 생계 불안입니다. 이런 목사들이 많다는 것을 볼 때 이는 분명히 해결해야 할 한국 사회의 문제입니다. 宗

누가복음 1:1-4

우리 중에 이루어진 사실에 대하여 처음부터 목격자와 말씀의 일꾼 된 자들이 전하여 준 그대로 내력을 저술하려고 붓을 든 사람이 많은지라 그 모든 일을 근원부터 자세히 미루어 살핀 나도 데오빌로 각하에게 차례대로 써 보내는 것이 좋은 줄 알았노니 이는 각하가 알고 있는 바를 더 확실하게 하려 함이로라

성서는 사실의 책이 아니라 가치의 책입니다.

성서에서 사실을 찾으려는 사람은 대단히 실망할 것입니다. 그러나, 글을 '자세히 미루어 살피는' 사람은 그 안에 숨은 가치를 찾게 될 것입니다.

어떤 분은 사실이 아닌 것에서 어떻게 가치를 찾을 수 있느냐고 반박합니다. 일단, 성서 전체가 허구인 것은 아닙니다. 모두 거짓말이라고 말한다면 그 말도 맞지 않습니다. 그 안에는 분명히 사실이 자리 잡고 있습니다. 다만, **성서에서 사실과 저자의 주장이 섞이면서 단순한 사실을 적어 놓은 글과는 다른 독특한 특성을 갖게 되었습니다.** 그래서 저는 사실을 찾는 것을 목적으로 두고 성서를 읽다가 실망할 수 있으니 오히려 성서 전체 맥락에서 나타나는 의미와 가치를 찾아보라고 권하는 것입니다.

저의 이런 말을 듣고 흥분하고 분노하는 분들이 있을 것입니다. 그러면 제가 그런 분들에게 묻고 싶습니다. **"정말 당신은 성서에 적힌 모든 글이 사실이라고 생각합니까? 그러면 왜 같은 상황에 관한 다른 글들이 존재합니까? 그럴 때는 어떤 것이 사실입니까? 그래도 여전히 둘 다 사실입니까?"** 라고 말입니다.

누가복음 1장에는 예수님의 신비한 탄생 이야기가 들어있습니다. '신비한 탄생 이야기'는 '위대한 예수님'에게 딱 맞는 것입니다. 처녀가 예수님을 낳았다는 것 말입니다. 구약성서의 이야기 중에 '100세 남성의 첫아들 탄생 이야

기'(창 21:1-7), '불임 여성 라헬의 출산 이야기'(창 30:1-24), '마노아의 불임 아내의 출산 이야기'(삿 13:2-4) 등이 유명하지만, 누가복음의 이야기도 그것들 못지않게 신기하고 놀라운 이야기입니다. **이는 믿기 어려운 이야기이지만 글쓴이는 이 글을 통해서 예수님이 특별한 존재이며 그에게 신적 권위가 있음을 주장하고 있습니다.**

여러분은 예수님이 성령으로 처녀를 통해서 잉태되었다는 것을 믿습니까? **믿는다고 답한다고 해도 생각해 볼 문제는 여전히 남습니다.**
    예수님의 탄생이 근본적으로 '육신의 아버지'와 아무런 관계가 없다고 할 때 드러나는 문제가 있는데 그것은 예수님이 '다윗의 후손'이라는 주장입니다. 유대인은 상고 시대를 제외하고는 전통적으로 부계(父系)를 따르며 **아버지 요셉의 '생물학적인 기여'가 없이 탄생하신 예수님이 어떻게 '아버지계의 조상인 다윗의 후손'이 되느냐고 물을 수 있을 것입니다.** 하지만 부계 계보의 개념을 넘어서면 예수님의 어머니 마리아 역시, 요셉과 마찬가지로 이스라엘 민족의 한 지파인 유다 사람이므로, 예수님이 유다 지파의 조상인 다윗의 자손이라고는 할 수 있습니다.(롬 1:3 '다윗의 자손으로 나셨다') 물론 남자 위주로 사고하는 유대인의 족보 전통에 있어서 이는 대단히 어색한 일입니다.

> 야곱은 마리아의 남편 요셉을 낳았으니 **마리아에게서 그리스도라 칭하는 예수가 나시니라**(마 1:16)

그런데 여기 또 하나의 문제가 있습니다. 그것은 **세례 요한과 예수님이 정말로 친척("친족")이냐**는 것입니다.

> 보라 **네 친족** 엘리사벳도 늙어서 아들을 배었느니라 본래 임신하지 못한다고 알려진 이가 이미 여섯 달이 되었나니(눅 1:36)

누가복음 1:5에 따르면 세례 요한의 아버지 "사가랴"는 제사장이었고, 그의 아내 "엘리사벳" 역시 "아론의 자손", 즉 '레위 지파'였습니다.(참고: 레 21:14 "자기 백성 중에서 처녀를 취하여 아내를 삼아") 마리아는 유다 지파고, 엘리사벳은 레위 지파지만 모두 이스라엘 민족의 지파이므로 둘을 "친족"이라고 하는 것입니까? 성서 기록 외의 전승을 끌어들여서 마리아와 엘리사벳이 '먼 친척' 혹은 '4촌'이나 '6촌'이라고 말하는 사람도 있는 듯합니다.

누가복음 1:36에 쓰인 "친족"은 후기 그리스어 단어 쉬께니스(συγγενίς)입니다. 신약성서에서 이 단어를 사용한 경우는 극히 제한적인데, 사도행전 7장에서 "스데반"은 "우리 조상 아브라함" 이야기를 하면서 그가 "고향과 친척(쉬께네이아 συγγένεια)을 떠나 … (하나님이) 보일 땅으로" 갔다(행 7:2-3)고 한 적이 있습니다. "스데반"은 "요셉"의 이야기를 할 때도 "요셉(의 아버지) 야곱과 온 친족(쉬께네이아) 75"명을 거론하는데(행 7:15) **아브라함의 경우 가족을 떠난 것이 아니라, 오히려 가족과 함께 자신이 살던 지역을 벗어났으므로 그가 "친척을 떠"난 것은 실질적으로 '종족으로부터의 분리'를 의미**한다고 하겠습니다. 그리고 야곱의 경우 그는 아람 사람인 라반(창 25:20)의 딸과 결혼하여 자식들을 낳았으므로 그들의 무리를 근본적으로 혼혈족으로 보는 것이 합리적입니다. 그래도 부계 전통을 따른다면 이스라엘 민족의 조상이니까 야곱을 유대인의 조상으로 보는 데 문제가 없습니다. 아내가 아람 사람이라고 해서 큰 문제가 될 것이 없습니다. 그런데, 아브라함과 그의 아내 사라는 '외국'에서 결혼한 상태로 팔레스타인 지역으로 이주해왔습니다. **창세기는 마치 최초의 인간으로부터 유대 민족으로 계보가 연결된 것처럼 말하지만, 민족이 도대체 언제, 어디서부터 그 민족이라는 것인지 판단하기는 어렵습니다.** 특히, 순혈(純血)을 주장할 때 더 그렇습니다.

그렇다면, "스데반"은 무엇 때문에 아브라함, 야곱, 요셉과 함께 "친족" 개념을 사용했습니까? 스데반은 "대제사장"(행 7:1)과 대화하면서 아브라함을 "우리 조상"이라고 했습니다.(2절) 따라서 스데반은 하나의 '지파' 범위 안에서 논하는 것이 아니라, 이스라엘 족속 전체를 전제하고 자기주장을 펼치고 있는 것입니다. 다시 말해, 그의 논점은 '유다 지파', '레위 지파'에 국한한 것이 아니라 '전체 이스라엘 민족'에 관한 것입니다. 사도행전 7장의 전반적인 내용은 이스라엘 역사의 굵직굵직한 내용을 간추려 놓았습니다. 하나님은 "자식도 없는" 늙은 아브라함에게 자식을 주셨고(행 7:5) 그의 민족을 괴롭힌 나라를 심판했습니다.(행 7:7) 요셉을 인도하셔서 전체 민족이 기아로 죽지 않게 보호하셨고(행 7:19,17) 모세를 민족 갈등의 해결(행 7:26)과 억압으로부터의 구원을 이루는 데 사용하셨습니다. 스데반에게 있어서 하나님은(일차적으로) '민족의 하나님'입니다.(행 7:32 "아브라함과 이삭과 야곱의 하나님") 그런데도 동족인 청중이 분노하여 그를 죽인 것은(행 7:60) 그가 동족을 대상으로 '조상 때부터(악한) 살인자(들이)다'(행 7:52)라고 직언했고 그것이 그들을 심히 자극했기 때문입니다. 따라서, 사도행전 7장에서 스데반이 활용한 "친족" 개념은 작은 단위 개념이 아니라 실질적으로 민족 전체를 뜻하는 것입니다. 제가 생각할 때, 누가복음 1:36의 "친족"도 이와 비슷한 관점에서 이해할 수 있을 것입니다. 즉, 마리아와 엘리사벳이 가까운 '친척'이라는 개념보다는 '같은 유대 민족'이라는 차원에서 "친족"을 말한 것이라고 말입니다.

그렇다면 누가복음의 화자는 왜 마리아와 엘리사벳이 '같은 민족'이라는 것을 언급해야 했습니까? 누가복음의 일차 독자는 "데오빌로 각하(크라티스테 데오필레 κράτιστε Θεόφιλε)"로 되어 있는데(눅 1:3; 행 1:1) "각하(크라티스토스)"라는 표현은 아마도 "데오빌로"의 특별한 지위를 나타내는 것 같습니다.(행 23:26 "총독"; 행 24:3; 26:25 "각하") 그런데 어떻게 보면 "데오빌로"라는 이름을 '하나님의 사랑하는 자'로 해석할 수도 있으므로 이것이 실명이 아닐 가능성이 있습니다. 만약, 누가복음 1장의 화자가 '마리아와 엘리사벳은 같은 민족 사람입니다'라고 한 것이 맞는다면 이 "데오빌로"라는 사람은 최소한 '외국인'이거나 '외국인 중에 개종한 사람'이거나 '기독교 신앙에 관해 관심 있는 외국인'일 것입니다. 그리고 그는 지위가 상당히 높은 사람이었을 것입니다.

누가복음의 저자는 여러 자료를 수집하여 분석한 뒤(눅 1:2-3 "붓을 든 사람이 많은지라 … 모든 일을 … 자세히 미루어 살핀 …) 특정한 저자를 설정하고 글을 작성했습니다. 그 과정에서 그는 예수님과 그의 부모, 세례 요한의 부모 등, 중요 인물의 신분에 대한 정보를 짜임새 있게 맞추어 **글이 전반적으로 일관성 있게 보이도록 신경을 쓴 것 같습니다.** 그는 다른 복음서로부터 많은 내용을 수집했을 것이고, 그것을 단순히 나열하는 것에서 멈추지 않고, 자기 관점에 따라 일관적으로 구성했던 것입니다. 그의 글쓰기 수준이 상당했기 때문에, 마리아와 엘리사벳이 마치 가까운 가족처럼 느껴지고, 하나님의 섭리로 정교하게 계획된 루트(route)로 예수님이 탄생하셨다고 인식하게 됩니다.

그렇다면 **이것이 누가복음의 저자가 대상을 속인 것입니까?** 저는 그렇게 생각하지 않습니다. 글이 담고 있는 정황의 진위도 중요하지만, 어떤 **문예적 글들에서는 글 전체가 독자에게 전달하는 의미가 훨씬 중요합니다.** 우리는 시를 읽으면서 기본적으로 그 내용의 진위를 논리적으로 살피지만, 궁극적으로 시가 독자에게 전달하는 감상을 더 중시합니다. 누가복음의 저자 혹은 구성자가 일부러 거짓 정보를 수집하여 악한 목적을 이루려고 한 것은 아닙니다. 오히려 그는 불확정적인 정보들을 최대한 많이 수집하여 그것들을 서로 비교하면서 최선을 다해 논리적으로 '예수님의 진실'을 파악하려고 노력했습니다. 물론 그 과정에서 저자의 출중한 신앙심이 개입했습니다.

따라서, 우리가 누가복음을 읽을 때 취할 가장 지혜로운 태도는 바로 글 사이사이에 보이는 허점에 집중하여 긴 세월 동안 전해 내려온 문헌 자체의 가치를 부정하기보다는, 문헌이 진심으로 후대의 독자인 우리에게 전달하고 자 하는 메시지, 의미, 가치를 논하는 것입니다.

어떤 이는 '처녀가 어떻게 임신해?'라면서 성서 전체의 가치를 부정합니다. '마리아와 엘리사벳은 그렇게 가까운 친척도 아닌데 거짓말로 적었나?'라고 무시하기도 합니다. 그런 태도보다는 본문의 저술자, 구성자, 편집자들이 어 떤 의도에서 이와 같은 문헌을 구성하게 되었는지 알아보려는 태도가 더 좋 습니다. 누가복음 1장의 화자는 어떻게든 예수님이 '오래전부터 하나님께서 예비하신 여정을 통하여 이 땅에 강생(降生)하신 메시아'이심을 독자에게 어 필하려고 애를 쓰고 있습니다. 최소한 그의 글에 있어서, 예수님은 그냥저냥 대충 태어난 분이 아닙니다. 그에 의해서 예수님의 공생애 이전, 예수님보다 훨씬 큰 영향력을 미쳤던 세례 요한도 단순히 예수님의 길을 예비하기 위해서 태어난 사람으로 나타납니다.(눅 1:76)

성서를 읽을 때, 문장 너머에 숨어있는 저자의 의도를 파악하십시오. 저자 가 왜 이와 같은 문헌을 적어냈는지 고찰하십시오. 성서 본문을 앞뒤도 맞지 않는 그저 그런 글로 여기는 것보다는 겉으로 볼 때 '포장지가 엉성하고 꾸깃 꾸깃'해도 그 안에 숨은 '선물의 가치'를 반기는 태도가 더 낫습니다. 수천 년 동안 전해 내려온 성서의 글 안에는 우리 삶에 긴요한 가치가 들어있습니다. 솔직히 한국인인 우리에게 마리아와 엘리사벳이 서로 다른 지파 출신이라는 것, 예수님이 부계 전통으로는 '다윗의 자손'이 아니라고 할 수 있다는 것 등 이 뭐 그리 중요합니까? **우리에게 중요한 것은 화자가 왜 '예수님이 처녀를 통해서 탄생하셨다'라고 주장하는지를 파악하는 것입니다.** 그리고 왜 '세례 요한이라는 위대한 예언자를 단순히 조연으로 각색했는지도 말입니다. 그런 과정 중에 우리가 찾고 있는 어떤 것을 찾을 수 있습니다.

성서에서 사실을 찾으려는 사람은 실망할 것입니다. 그러나 누가복음의 저자가 그랬던 것처럼 성서 문헌에 숨은 가치를 찾고자 문헌을 '자세히 미루어 살피는' 사람은 성서에 숨은 가치를 발견할 것입니다.

🐝 단순히 성서의 낱문장을 암기하고 전문을 베껴 쓰는 것보다 중요한 것은 성서에 담긴 의미와 가치를 찾는 것입니다. 제가 처음 교회에 나가 성서를 배울 때 저를 가르치는 분은 '성경은 일점일획도 틀림이 없는 하나님의 책이다'라고 말씀하셨습니다. 저는 정말 순수한 동기에서 이렇게 질문했습니다. '한국어 성경에 대해서 말씀하시는 것은 아니시죠? 히브리어나 그리스어로 쓰인 맨 처음 성경을 뜻하시는 것이죠?' 제가 질문을 하자 이상하게도 그분은 아무 말도 하지 못했습니다. 제가 놀란 것은 그분이 한국어 성서같이 번역된 성서에 틀린 부분이 있을 수 있다는 생각 자체를 해 본 적이 없어 보였다는 것입니다. 히브리어나 그리스어 성서도 사실 마찬가지입니다. **원본이 있다면 조금 이야기가 달라질 텐데 원본은 존재하지 않고 모두 사본입니다.** 게다가 사본과 사본끼리도 점 하나 획 하나까지 같은 것이 아닙니다. 심지어 어떤 사본에는 존재하는 문단이 다른 사본에는 존재하지 않습니다. 어쨌든 '성경은 오류가 없다'라고 주장할 때 그 '성경'이 원본을 가리키는 것이라면 한국어 성경을 들고 '여기에는 오류가 없다'라고 할 수 없습니다. 따라서 **성경을 읽고 가르치는 사람은 성경의 틀린 부분에 대해서 어떻게 설명할지 대책을 마련해야 합니다. 무조건 믿고 받아들이라는 말은 너무 무책임합니다.** 저는 성경의 이런 허점들에 너무 집중하지 말고 **전반적인 내용 구조를 통해 우리에게 전달하려는 의미와 가치에 집중하라**고 말합니다. 이런 태도라면 성서가 사본과 사본을 넘나들면서 다소의 변동이 생겼다고 하더라도 전반적인 이해에는 큰 문제가 없을 것입니다.

그냥 무감각하게 '성경에는 오류가 없다'라고 말하는 것은 무용합니다. 이것을 뒷받침하기 위해서 성서 디모데후서 3:16-17과 같은 구절을 제시하지만, "모든 성경은 하나님의 감동으로 된 것으로 …"라고 할 때 여기서 **"모든 성경"이라는 것도 지금 우리가 아는 66권으로 구성된 성서가 아닙니다.** 디모 데후서에서 이 말을 할 시점은 신약성서가 다 편찬되지도 않았을 때이기 때 문에 이 "모든 성경"은 오로지 구약성서만을 의미하는 것입니다. 이 성경 구 절은 '성경에는 오류가 없다'라는 말을 뒷받침할 수 없습니다.

마태복음 5:18에서 "율법의 일점일획도 결코 없어지지 아니하고 다 이루 리라"라고 말하는데 이것도 '성경은 일점일획도 오류가 없다'라는 말과는 다 릅니다.

이렇게 '성경에는 오류가 없다'라는 말에 관한 근거를 쉽게 찾을 수 없습니 다. 개신교 역사에 있어서도 16세기의 종교개혁자들은 물론, 17세기 개신교 정통주의 신학자들도 '글자 하나하나가 하나님의 말씀이다'라는 문자 중심 의 이해를 **반대했습니다.** 개신교의 시작을 종교개혁이라고 볼 때, **도대체 이 런 허황한 사고가 언제부터 한국 개신교에 널리 퍼진 것인지 의아합니다. 그 것은 훨씬 늦은 19세기 말 ~ 20세기 초에 미국 중심으로 극보수주의 성향을 지닌 근본주의자들이 사회적인 변화에 큰 부담을 느끼면서 폐쇄적인 입장에 서 주장하기 시작한 것입니다.** 근본주의자들은 성경이 문자적으로 완벽하다 는 주장이 아주 오래된 주장이라고 거짓말을 하지만 사실 그 역사는 길지 않 습니다. 좀 생각해보십시오. **글 자체를 숭배하는 견해와 글의 내용을 되새기 는 것, 어떤 독서 방법이 옳은 방법입니까?** 개신교 근본주의자들이 변화하는 사회에 큰 걸림돌이 되는 것도 그들의 옹졸하고 편협한 성서관과 밀접한 연 관성을 가지고 있습니다. 아마 저의 이런 글도 근본주의자들은 '사탄의 전략' 쯤으로 이해할 것입니다. 그들은 툭하면 '악마', 툭하면 '세속적인 사상'이라 고 깎아내리면서 얼마나 교만을 떠는지 모릅니다. 그러나 사실 오히려 그들 이 사회로부터 도태되고 있습니다. 참 안타까운 일입니다.

성서를 읽으십시오. 그리고 그 안에 담겨 있는 가치를 찾으십시오. 그것이 단순히 낱문장을 암기하거나 비싼 '성경 필사 노트'를 사서 성서를 창세기부터 요한계시록까지 몇 년에 걸쳐 베껴 쓰는 것보다 훨씬 가치 있는 일입니다. **우리는 성서의 문자를 신성시하는 것보다는 성서가 우리에게 들려주고자 하는 이야기를 들어야 합니다.** 달을 가리키는 손가락에 집중하다가 정작 달 자체를 바라보지 못하는 어리석은 자가 되어서는 안 됩니다. 성서 문자보다 그 안에 담긴 의미와 가치가 중요하다는 것을 언제나 잊지 마십시오. 宗

그 부모가 보고 놀라며 그 모친은 가로되 아이야 어찌하여 우리에게 이렇게 하였느냐 보라 네 아버지와 내가 근심하여 너를 찾았노라 / 예수께서 가라사대 어찌하여 나를 찾으셨나이까 내가 내 아버지 집에 있어야 될 줄을 알지 못하셨나이까 하시니 / 양친이 그 하신 말씀을 깨닫지 못하더라

예수님 동상을 세우고 거기에 꽃목걸이를 거는 것보다 중요한 것이 있습니다.

누가복음 2:41-50을 보면, 유대 명절인 "유월절"에 예수님의 가족이 "예루살렘"에 갔을 때(눅 2:41) 12살 먹은 예수님(눅 2:42)이 거기 머물러 있는 것을 모르고 "하룻길"을 갔던 가족이(눅 2:44) 예수님이 사라진 것을 인지하고 "예루살렘"으로 "돌아"간 이야기가 나옵니다.(눅 2:45) 예루살렘에서 떠난 지 3일이나 지난 뒤에 가족은 예수님을 "성전에서 만"났는데 어린 예수님은 "선생들"과 "듣기도 하"고 "묻기도" 하고 계셨습니다.(눅 2:46) 이런 모습을 보고 "모친" 마리아는 이렇게 아들을 탓합니다.

  "아이야 어찌하여 우리에게 이렇게 하였느냐 보라 네 아버지와 내가 근심하여 너를 찾았노라"(눅 2:48)

누가복음 2:46-47을 쓴 사람은 **예수님이 어린 나이 때부터 종교 지도자들에게 밀리지 않는 실력으로 문답을 하고 계셨음을 부각합니다.** 그러나 엄마 마리아는 그런 놀라운 광경에 아랑곳하지 않고 잃어버렸던 아이를 보자 한편으로는 비로소 안심하며 한편으로는 원망이 나온 것입니다. 이 이야기 구성에서 **엄마는 주제에서 다소 벗어나 있습니다.** 그런데 **그것이 이야기에 현실적인 느낌을 더합니다.** 하지만 그다음 구절은 다시 예수님의 특별함을 나타냅

니다. "모친"이 어린 예수님을 책망했을 때 예수님은 오히려 아무렇지도 않은 듯이 반박합니다.

> "어찌하여 나를 찾으셨나이까 내가 내 아버지 집에 있어야 될 줄을 알지 못하셨나이까?"(눅 2:49)

이 말은 **예수님이 '하나님의 아들'이며 그가 '하나님의 성전'에 머무는 것이 아주 당연하다는 주장**인데, 이에 대하여 예수님의 부모는 그것이 무슨 뜻인지 전혀 이해하지 못한 것 같습니다.(눅 2:50 "양친이 그 하신 말씀을 깨닫지 못하더라") 이는 **그들이 예수님을 '하나님의 아들'이라고 인식하지 못했다는** 뜻입니다. 만약 아들이 신적 존재라는 것을 알고 있었다면 ―아이가 갑자기 없어진 것에 대해서는 놀라고 당황했겠으나― 예수님이 명확하게 자신이 누군지 밝히는 상황에 대해서는 **어느 정도 이해를 표했을 것**입니다.

어떤 분은 예수님이 자기 눈앞에 나타나면 예수님을 잘 믿을 수 있겠다고 하지만 이처럼 **예수님이 정말 눈앞에 나타나도 신앙심이 커지는 것은 절대 아닙니다.** 우리는 우리 곁에 중요한 가치가 이미 존재하는데도 두 눈을 크게 뜨고 그것을 인지하지 못하는 사람들입니다. 그런데 누가복음을 처음부터 읽어 내려온 독자가 느끼게 되는 이상한 점은 누가복음의 앞선 내용을 보면, 예수님의 부모는 예수님이 누구신지 잘 알 수밖에 없다는 것입니다. 명확한 수태 고지(受胎告知, 처녀가 아기를 잉태하리라는 알림)가 있었고(눅 1:30-33) 그것에 대하여 마리아는 순종하겠다고 했습니다.(눅 1:38) 예수님이 탄생하실 즈음에도, "허다한 천군"과 "천사"가 '목자들'에게 나타나(눅 2:13) 기쁜 소식을 전했고(눅 2:14) '목자들'이 예수님을 찾아가(눅 2:15) 그 소식을 전했을 때(눅 2:17) 마리아는 그것을 "마음에 지키어 생각"했다고 합니다.(눅 2:19) 그뿐만이 아닙니다. 예루살렘의 "경건"한 "시므온"(눅 2:25)과 "선지자" "안나"(눅 2:36)는 "아기 예수"님을 보고 "주의 구원"(눅 2:30)과

"구속"(눅 2:38), "이방을 비추는 빛"(눅 2:32)을 언급합니다. **이는 일찍부터 그들이 예수님을 메시아로 인식했다는 뜻입니다.**

이렇게 여러 번 예수님이 구원자이며 메시아라는 것이 드러났고, 어머니 마리아 자신도 그것을 인지한 것 같은데(눅 2:19) 이상하게도 **누가복음 2:41-50의 저자는 그런 일들이 있었다는 것을 전혀 모르는 것 같습니다.**

이렇게 보면, **예수님의 유년 시절 이야기(눅 2:41-52)와 탄생 이야기는 각각 다른 시기에 성서로 들어온 것입니다.**

그리고 유년 시절 이야기 자체도 여러 번 편집된 것 같은데, 누가복음의 전체적인 흐름을 볼 때, 예수님의 비범함을 드러내는 예루살렘의 에피소드가 먼저 있었고 나중에(아마도 누가에 의하여) 길을 잃은 예수님의 이야기가 추가된 것도 같습니다. 누가는 어린 예수님 이야기에 현실성을 더하기 위해서 이야기를 확장했을 것입니다. 일반적으로는 현실적인 이야기가 먼저 있고 거기에 신비로운 내용을 추가하는데 누가복음의 이 이야기에서는 그 순서가 바뀌었습니다.

누가복음 1장의 '특별한 아기의 탄생과 그에 관한 예언'은 원래 세례 요한을 주인공으로 했던 이야기였을 가능성이 있습니다. 예수님이 주목받으면서 상대적으로 세례 요한은 예수님의 길을 예비하는 열등한 위치로 이동하게 된 것입니다. 누가복음 1:77에서 세례 요한에 대하여 "주의 백성에게 그 죄 사함으로 말미암는 구원을 알게 하리니"라고 말한 것과 누가복음 1:80 "아이가 자라며 심령이 강하여지며 … **빈 들에 있으니라**"라는 설명을 보십시오. 이는 예수님에 대한 언급인 "온 백성에게 미칠 큰 기쁨의 좋은 소식을 너희에게 전하노라"(눅 2:10)와 "주의 백성 … 의 영광"(눅 2:32), 그리고 "지혜와 키가 자라가며 … 사랑스러워 가시더라"(눅 2:52) 그리고 **"광야"로 나갔다**(눅 4:1 이하)는 내용과 거의 같은 표현입니다.

우월한 예수님과 열등한 세례 요한에 관한 글의 형식을 비슷하게 맞출 필요가 있었을까요? 오히려 세례 요한이 원래 예수님 수준은 아니지만, 예수님 못지않게 높은 인기를 누리고 있었고 나중에 예수님이 더 부각하면서 원래 있었던 세례 요한에 관한 묘사의 틀을 그대로 사용하여 예수님을 묘사했다고 보는 것이 합리적입니다.

심지어 세례 요한의 등장 초기에는 그를 메시아 후보자로 인식하는 상황이 존재했을 것입니다. 예언자의 탄생치고는 대단한 표현이 주어집니다. "돋는 해가 위로부터 … 임"하여(눅 1:78) "어두움과 죽음의 그늘에 앉은 자에게 비"추입니다.(눅 1:79) 이런 표현은 어떻게 생각해도 과분한 것입니다. 하지만 나중에 이런 글 앞에 추가 문장들이 놓이면서 큰 변화가 생깁니다. 세례 요한이 어머니 배 속에 있을 때 모태 중에 있는 예수님을 감지하고 "기쁨으로 뛰놀았"다(눅 1:44)는 언급은 일종의 전설적인 이야기가 됩니다. 이처럼 **글은 최종적으로 세례 요한이 예수님보다 낮은 지위라는 것을 못 박습니다.** 본문을 저처럼 '자세히 살핀' 분은 예수님을 특별한 존재이며 신적인 존재로 묘사하는 일련의 편집이 이루어졌다는 것을 느끼실 것입니다. 이는 하나님의 아들이 아닌데 하나님의 아들로 만들었다는 이야기와는 다른 이야기입니다. 오히려 하나님의 아들을 하나님의 아들로 드러내기 위하여 편집했다는 것입니다. 이제 글이 **도대체 예수님께서 세례 요한보다 어떤 부분에서 월등하다고 주장하는지**를 조금 따져봅시다.

세례 요한의 사망(마 14:3-11; 막 6:17-29; 누가복음에는 언급이 없음)과 예수님의 십자가 위에서의 사망(마 27:50; 막 15:39; 눅 23:46)을 비교할 때, 단순히 후자가 예수님의 사망이기 때문에 더 존중받는 것인지, 아니면 또 다른 어떤 의미가 있는지 생각해 볼 필요가 있습니다. 그냥 '예수님이 당연히 세례 요한보다 높지'라고 하는 것도 어떤 면에서는 나쁘지 않지만 '처음부터 그랬을까?'라고 질문하는 것도 가치가 있습니다.

사실 두 사람의 핵심적인 행보와 메시지를 잘 비교해 보면 큰 차이가 없어 보이기도 합니다. 제 생각에는 세례 요한이 예수님보다 상대적으로 짧은 시간 동안 활동했기 때문에 더 많이 주목받지 못했을 것입니다. 세례 요한은 훨씬 일찍 살해되었고(막 6:19-28) 그의 추종자들은 고스란히 예수님의 추종자가 되었을 것입니다.

🐝 예수님을 믿는다면서 그의 교훈을 따라 살지 않는 것은 사실 예수님을 부인하는 것입니다. 이제 우리는 어떤 생각을 가지고 예수님을 대해야 합니까? 제가 위와 같은 말씀을 드리는 이유는 우리가 예수님을 '우상처럼 대해서는 안 된다'라고 주장하려는 것입니다. 이것이 무슨 말씀입니까? 예수님이 유년 시절에 길을 잃어 부모님에게 꾸지람을 들었든지 아니든지 우리가 성서를 마음에 새기고 가치를 수용하는 데에 아무런 영향이 없게 하자는 말입니다. 예수님의 존재만을 극히 추앙하는 사람 중에는 성서 본문의 편집 문제 같은 것에 봉착하게 되면 아예 예수님의 교훈까지 송두리째 부정할 수가 있습니다. 극단과 극단은 통하는 면이 있습니다. 한때 성서의 글자 하나까지 하나님의 신성한 계시라고 생각했던 사람이 하루아침에 성서의 가치 전체를 무시하는 일은 자주 일어납니다.

정말 우리는 무엇을 근거로 예수님이 메시아라는 것을 인정하는 것입니까? 성서 문자를 신성하게 여기는 견해를 포기하여도 문자 그대로가 아닌 어떤 근거에 의지하여 우리의 신앙을 유지할 수 있습니까? 이것은 아주 중요한 질문입니다. 근본주의 신앙을 추구하는 분 중에서 적지 않은 분들은 그 신앙의 불합리한 부분을 감지하면서도 그것을 포기한 뒤에 여전히 신앙을 소유할 수 있다는 것에 대한 확신이 부족하므로 근본주의를 포기하지 못합니다. 하지만 경험자로서 제가 여러분에게 확언할 수 있는 것은 문자주의를 포기해야 비로소 제대로 성서의 의미를 새기고 성서 전반이 우리에게 전달하는 교훈에 집중할 수 있게 된다는 것입니다.

제가 저의 세 자녀에게 잘 포장된 선물을 했을 때 셋 중 **아무도 포장지에 집중하지 않습니다.** 대부분 받는 즉시 포장지를 찢고 테이프를 풀어헤칩니다. 그들은 중요한 것이 포장지가 아니라 그 안에 있는 내용물이라는 것을 알고 있습니다. 그중 아무도 포장지를 망가트리면 안 된다고 생각하는 사람은 없습니다. 매우 빨리 찢어버립니다. 물론, 가끔 아주 예쁜 포장지를 보고 선물을 풀어헤치는 것을 망설일 수는 있을 것입니다. 그런데 문제는 **한국 개신교인 중에 자칭 보수주의자라고 하는 분들 대부분이 성서라는 선물을 열어 보지 않고 포장지 그대로 고이 모셔 놓는 것에서 희열을 느낀다**는 것입니다. 이것은 기이한 현상입니다. 누가에 따르면 성서는 모셔 놓는 것이 아니라 "근원부터 자세히 미루어 살"피는 것입니다.(눅 1:3) 이것이 '포장지'만 연구한다는 뜻입니까? '포장지'만 살펴서는 "확실"한 것을 "알" 수 없습니다.(눅 1:4) 진상을 알 수 없습니다. '내용물'이 무엇인지 확인할 수 없습니다.

성서 내용을 더 자세히 따져보고 깊이 이해하려고 하지 않고, **'예수님이니까 무조건 세례 요한보다 높지!'라거나 '예수님이 메시아인 것은 원래 그런 것이다'라고 하는 것은 무책임하고 한심한 태도입니다. 신앙을 자신의 영혼이 달린 일이라고 볼 때, 자기 영혼이 달린 일에 대해서 무감각한 태도로 일관하는 사람은 뭔가 중요한 것을 망각하고 있는 것입니다.** 기독교가 전통적으로 그렇게 믿어왔기 때문에 나도 예수님을 메시아라고 생각한다는 것도 안될 말입니다. 개신교에서는 신앙을 기본적으로 각 개인 단위로 이해합니다. 그러므로 '우리 부모님이 잘 믿으시니 나도 교회만 열심히 다니면 뭐든 잘 되겠지'라거나 '성경의 내용은 잘 모르지만 다 베껴 쓰거나 100번만 읽으면 좋겠지'라는 것은 심지어 **미신적인 행동**입니다.

저는 무엇인가 많은 것을 하라고 여러분에게 부담을 드리는 것이 아닙니다. 여러분이 가지고 있다고 자부하는 신앙의 기초에 관해서 묻고 있는 것입니다. 세례 요한도 "도끼가 나무뿌리에 놓였"다(눅 3:9)고 경고했습니다. "뿌리"가 튼튼해야 "열매"(눅 3:9)를 "맺"을 수 있습니다. 우리의 신앙이 건실하려면 그 기초가 튼튼해야 합니다. 나 자신이 무엇을 믿으며 무엇 때문에, 왜, 어떻게 믿는 것인지 확인해야만 합니다.(참고: 골 2:7, 현대인의 성경, "뿌리를 박고 … 여러분의 인생을 건설하여 … 믿음에 굳게 서서")

주일마다 교회에 나가면서도 아무런 개념도 생각도 없이 습관적으로 나가 앉아 있다가 오는 사람이 얼마나 많은지! 성서의 모든 내용을 다 깊이 공부하라는 이야기도 아닙니다. 저같이 전문적으로 성서를 전공하라는 이야기도 아닙니다. 오히려 저는 여러분 신앙의 기초와 바탕에 대한 우려를 피력하는 것입니다.

결론적으로, 예수님은 세례 요한이 그의 짧은 사역과 메시지를 통해서는 전달할 수 없었던 높은 가치와 교훈을 그의 풍부하고 다양한 메시지를 통해서 세상에 전파하셨습니다. 저는 그리스도인으로서 감히 그것이 다른 종교인들이 숭상하는 성현들의 그것 못지않은 가치와 교훈이라고 신앙합니다. 이것이 중요한데 사람들은 예수님이 못 박힌 십자가만 나무로 깎아 놓고 그것을 향해 기도하면서 쓸데없이 이해도 하지 못하는 성서를 몇 번이고 베껴 쓰는 신앙의 허울을 통해 자기 소원을 이루려고 합니다. 예수님의 조각상을 만들고 금칠을 한 뒤에 거기에 명품 옷을 입히고 꽃다발을 걸어드리는 것이 어떤 의미가 있습니까? **누군가 예수님이라는 우상을 허물어야 비로소 예수님이 영광을 받으신다고 했는데 저는 그 말에 동의합니다. 성서가 원래는 예수님 자체가 누구신가에 대해서조차 별로 관심이 없었다는 것을 기억하십시오! 성서가 일관적으로 주목하고 있는 것은 예수님 자체가 아니라 예수님의 메시지에 담긴 가치와 교훈입니다.** 비슷한 네 개의 복음서 중에서 가장 먼저 기록된 것으로 알려진 **마가복음에는 예수님의 탄생과 유년 생활에 대한 언급 자체가 없습니다.**(막 1장) 그리고 마가복음은 **"회당에 들어가 … 권위 있는 자와 같"**이 **"가르치시"**고 사람들이 **"그의 교훈에 놀"**랐다는 내용(막 1:21-22)을 예수님께서 성인이 되신 이후에 있었던 일로 서술합니다. 어려서 이미 종교 지도

자들과 문답을 나눴다고 말하는 누가복음보다 마가복음이 훨씬 합리적이라서 이해하기 쉽습니다. 물론, 마가복음도 어떤 부분에서는 예수님을 특별한 존재로 부각하고 있지만(막 1:7 "나(세례 요한)보다 능력 많으신 이"; 막 1:11 "하늘로부터 소리가 나기를 … 내 사랑하는 아들이라") 복음서가 점진적으로 완성되면서 예수님의 교훈에 관한 관심보다 예수님 신분에 관한 관심이 커졌습니다. 여러분은 인정하지 않으실지도 모르지만, **이는 예수님 자신도 바라지 않으시는 것입니다.** 예수님은 예수님의 가르침이 무슨 뜻인지 깊이 새기지도 않고 무턱대고 자신을 숭배하는 사람을 좋아하지 않으십니다. 예수님을 메시아로 믿느냐 믿지 않느냐 보다 예수님의 교훈을 수용하여 그 가치대로 일상적 삶을 사느냐 살지 않느냐가 훨씬 더 중요합니다. 아래 성서 구절을 보세요.

> 너희는 나를 불러 주여 주여 하면서도 어찌하여 내가 말하는 것을 행하지 아니하느냐(눅 6:46)

저에게는 예수님이 유년 시절에 비범했는지 평범했는지가 중요하지 않습니다. 저는 예수님을 숭상하는 것 이전에, 예수님의 교훈을 높이 받들기 때문입니다. 예수님을 경배하는 마음이 있다면 그것은 전적으로 **예수님의 교훈이 제 삶에 그 무엇과도 바꿀 수 없는 영향을 미치고 있기 때문입니다.** 그런 의미에서 예수님은 확실히 저의 구세주요. 메시아입니다.

모든 육체가 하나님의 구원하심을 보리라 함과 같으니라 / 요한이 세례받으러 나오는 무리에게 이르되 독사의 자식들아 누가 너희를 가르쳐 장차 올 진노를 피하라 하더냐?

믿기만 하면 구원받는 종교는 세상 어디에도 없습니다.

아래 구절을 읽어 보십시오. 제가 볼 때 두 구절이 나란히 붙어있는 것이 못내 어색합니다.

모든 육체가 하나님의 구원하심을 보리라 함과 같으니라(눅 3:6)

요한이 세례받으러 나오는 무리에게 이르되 독사의 자식들아 **누가 너희를 가르쳐 장차 올 진노를 피하라 하더냐?**(눅 3:7)

누가복음 3:6은 **"모든 육체가"** 하나도 **빠짐없이** **"하나님의 구원하심을 보리라"**라고 하지만, 7절은 특정한 부류에 대하여 "독사의 자식들"이라는 폄칭(貶稱)을 쓰면서 그들에게서 **"진노를 피"**할 수 있는 **참회의 기회가 원천적으로 박탈**된 것 같은 느낌을 줍니다.

누가복음 3:6은 이사야서 52:10을 인용한 것으로 알려져 있습니다.

여호와께서 열방의 목전에서 그의 거룩한 팔을 나타내셨으므로 땅끝까지도 모두 우리 하나님의 구원을 보았도다(사 52:10)

이는 유배지로부터 귀환하는 자들의 기쁨과 국가 재건의 소망, 민족중흥의 기대가 점철된 구절입니다. 물론 기쁨과 소망의 주체는 이스라엘 백성입니다. 그런데 이 구절을 누가복음에서는 세례 요한의 등장과 함께 제시하면서 재해석하고 있습니다. 그것은 **유대인이나 이방인을 구분하지 않는, 보편적인 구원**을 의미합니다. 저는 구원에 있어서 특정한 조건을 전제하는 것이 어떤 차원에서는 성서적이지만 어떤 측면에서는 성서의 진정한 의미에서 동떨어진 이해라고 생각합니다. **성서의 각 글을 세심하게 따로따로 구분하여 잘 해석해야 합니다.**

누가복음 3:7에서 비난과 배척을 받는 일군의 사람은 유대인(지도자)들입니다.(참고: 눅 3:8 "아브라함은 우리의 조상이다") 이들은 **사회 정의와 분배에 있어서 아무 실천도 하지 않고 있어서 질책받습니다.**(참고: 눅 3:11 "속옷을 두 벌 가진 사람은 … 나누어 주고 먹을 것을 가진 사람도 그렇게 하여라"; 눅 3:13 "정해 준 것보다 더 받지 말아라")

누가복음 3:6-7을 이어서 간단하게 말하자면 **'모든 사람이 구원을 받지만, 거기에서 제외되는 사람들도 있다'**라는 말입니다. 그런데 **이 문장은 논리적으로 성립하지 않습니다.** "모든"이라고 말하든지 "제외"도 있다고 하든지 둘 중 하나만 말해야 합니다. 저는 이 구절들이 제시하는 구원이 최종적으로 **조건 없는 구원이 아니라 조건적인 구원이라고 봅니다.** 그냥 아무나 구원받는다는 것이 아니라 어떤 조건을 충족할 때 구원이 된다는 것입니다. 그 이하 단락 구절들의 내용을 참고할 때, 그 **조건이란 철저히 사회적 정의와 분배를 실천하는 것**이라고 할 수 있겠습니다. 그럴 때 비로소 '모든 사람이 하나님의 구원을 보게 될 것'입니다.

이른바 **'값싼 구원'**이라는 말은 구원을 무조건 비상호반응적(非相互反應的)인 것으로 보고 실천을 무시하거나 이론과 실제를 양단하여 그 사이에 큰 괴리를 만들어 놓을 때 객관적으로 주어지는 평가라고 할 수 있습니다. '믿음으로만 구원을 받는다'라면서 실천을 언급하는 것 자체를 금지하고 사회적 불공정에 침묵하면서 어그러진 분배 문제에 아무런 관심이 없는 사람은 **원천적으로 주 앞으로 나올 자격 자체가 없는 사람**입니다. 예를 들어, 우리는 군사 정권의 시녀로서 무고한 양민을 고문하고 사망에 이르게 만든 이 모 씨가 목사가 된다는 것을 성서적으로 비판하고 반대할 수밖에 없습니다.

조건적이며 제한적인 '구원'을 말하고 있는 누가복음 3:7과 '모든 사람이 하나님의 구원을 본다'라는 누가복음 3:6을 누가 함께 붙여 놓았을까요?

편집 과정에 관해 논하지 않는다면 이 두 구절이 붙어있는 것을 이해하고 해석하기는 불가능합니다.

누가복음 3:7의 조건적이며 제한적인 '구원'이 먼저 형성된 것이라고 볼 때, 누가복음 3:6에서 이사야서의 유관 구절을 인용하여 '만민 구원설'을 논한 것은 유대교의 율법 요구에 부응할 수 없는 **이방인 구원을 염두에 둔 편집자에 의한 것**이라고 하겠습니다.

상대적으로 예수님의 말씀에 가까운 것은 **조건적이며 제한적인 구원론** 쪽일 것입니다. 사회적 정의 실현, 합리적인 분배 실천이 없이는 하나님의 구속 공동체의 일원이 될 수 없다는 것이죠. 우리가 현재 익숙하게 접하는 **이신칭의(以信稱義, 오로지 인식적 믿음으로만 구원이 성립한다) 교리라는 것은 믿음과 실천을 극단적으로 이분화해 놓았기 때문에 그에 따른 폐단도 많은 것이 사실입니다. 다른 사회 구성원에 대해서 폭압적인 태도를 보이거나 착취하면서도 예배당에 나와 헌금만 많이 하면 하나님의 인정받을 줄 착각하는 태도는 거기에서 나온 것입니다.** 이는 척결해야 하는 양상입니다.

🌿 사회 정의 실현과 합리적인 분배 실천도 없으면서 구원을 바라는 것은 몰염치한 행동입니다. 사람은 염치가 있어야 합니다. 그런데 '오직 믿음으로 구원받는다'라고 주장하는 개신교인 중에서 염치가 없는 사람이 많습

니다. 제가 그런 사람을 불쌍하게 생각하는 이유는 그들이 신앙의 뿌리부터 잘못된 사고에 사로잡혀서 좀처럼 제대로 된 실천을 할 수 없기 때문입니다.

저는 오래전 잠시 한 사회주의 국가 출신자들이 모인 교회에서 설교한 적이 있었습니다. 마침 저는 '믿기만 하면 구원을 받는다'라는 주제로 설교하고 있었습니다. 설교를 마치고 단에서 내려오니 한 초신자가 저에게 다가와 이런 말을 했습니다.

"하나님의 구원이 배급이네요. 공짜 배급!"

사회주의 국가에서 오신 분이 "공짜 배급"이라는 말을 하자 제 머리에 '싸구려', '별 볼 일이 없는'과 같은 표현이 떠올랐습니다. 당시 저는 장로교 교리에 근거해서 설교했을 뿐인데 어느 대목에서 말실수한 것은 아닌지 고민하기 시작했습니다. 그런데 아무리 생각해도 제가 헛소리를 한 것 같지는 않았습니다. 제대로 된 이신칭의 교리를 중심으로 하는 설교에 대해서 사회주의 사회에서 공짜 배급을 받아본 경험이 있는 초신자가 자기 나름대로 그것을 이해하고 말한 것이었습니다.

저는 교회에서 돌아와 심각한 고민에 빠졌습니다. **'거저 구원을 받는다'라는 개념이 양심이 살아있고 감사를 아는 사람에게는 감동적인 것이 될 수 있지만, 양심이 죽어 있고 주어진 것을 당연시하는 염치가 없는 사람은 이것을 단순히 '값싼 공짜 구원'으로 이해할 수도 있겠다는 생각이 들자 갑자기 식은 땀이 나기 시작했습니다.** 오랜 세월이 지났지만, 아직도 그때의 저를 생각하면 구원에 대해 너무 싼 티 나게 설명했다는 생각에 부끄럽습니다. **구원은 공짜가 아닙니다. 하나님의 아들이 자기 생명을 그 구원의 대가로 지급했기 때문입니다.** 만일 우리가 하나님 아들의 희생 덕을 보고 있다면 마땅히 감사하는 마음을 가져야 합니다. 그리고 **보이지 않는 하나님보다는 하나님이**

사랑하시는 사회의 약자를 향해, 불공정과 불합리의 피해자들을 위해, 그 감사를 표현해야 합니다. 그러나 적지 않은 분들은 그냥 '공짜로 구원받았으니 땡!'입니다. 구원받았다는 것에 대해서도 아무 감각이 없고, 구원 이후에도 어떤 실천으로 나가야 할지 개념도 없습니다. 어떤 분은 제가 '믿음만 있으면 구원받는다'라는 교리를 무조건 반대한다고 생각합니다. 사실 저는 이 간단한 교리의 부작용을 심각하게 우려하고 있을 뿐입니다. 재차 말하지만, **이 간단한 교리는 약이 될 수도 독이 될 수도 있습니다.**

하나님의 아들이 자발적으로 자기 생명을 버리면서 십자가에 못 박혀 구원의 문을 여셨습니다. 예수의 가치를 수용한 사람이라면 최소한 다른 이를 위하여 작게나마 무엇인가 희생해야겠다는 생각을 해야 하는데 우리가 속한 사회의 불의와 그 불의 때문에 피해를 보고 있는 이웃에 대해서 무감각한 채로 습관적으로 교회 예배에 참석하는 데만 열을 올리고 있습니다.

구원은 모든 이에게 열려 있는 문인 동시에 모든 이에게 열려 있는 것은 아닙니다. 이 모순된 말에는 이런 뜻이 들어있습니다.

염치를 알고 내가 감사한 것을 받았으니 나도 다른 사람을 위해서 예수님의 방식으로 자발적인 희생과 나눔을 해야겠다고 생각하는 사람은 **그가 받은 것이 하나님의 선물이 맞습니다.** 하지만 어차피 공짜로 구원을 받았으니 이제 엉망진창으로 살아도 된다고 생각하며 **사회적으로 아무런 기여도 하지 않고 오히려 더 받고 더 쌓기만을 바라는 사람은 그가 받았다고 착각한 하나님의 선물은 사실 결코 주어진 적이 없다는 것입니다.** 왜냐면 성서는 염치도 없고 사회적 실천도 없는 사람들에게 구원의 기회가 주어지지 않는다고 말하고 있기 때문입니다. **구원받으셨다고요? 제가 볼 때는 아닌 것 같습니다.** 당신에게 어떤 실천이 있습니까? 여전히 욕심만 부리고 있잖아요!

기억하십시오! 예수님은 사회적인 정의 실현과 합리적인 분배를 실천하지 않는 자들에게 지위고하를 무론 하고 신앙적인 구원을 얻는 데 필수 불가결한 회개의 **기회를 주지 않으신다**는 것을 말입니다! **주신 적이 없다**는 것을 말이죠! 아무것도 나누지 않으면서 공짜로 받는 것만 좋아하다니! 부끄러운 줄아세요! 家

예수께서 가까이 서서 열병을 꾸짖으신대 병이 떠나고 여자가 곧 일어나 저희에게 수종드니라

아프면 병원부터 가세요. 기도는 치료받으면서 하세요.

마태, 마가, 누가, 요한, 이렇게 네 복음서의 저자는 예수님을 자주 신비한 능력을 행하시는 분으로 묘사합니다. 누가복음 4:39에서도 "열병을 꾸짖으"시는 예수님의 모습을 보게 됩니다. 이것은 무슨 의미입니까? 열병을 어떻게 꾸짖습니까? 열병에 귀가 있어서 사람의 말을 들을 수 있나요? 열병은 어떤 인격적인 존재가 아닙니다. 그런데 **인격적 존재가 아닌 대상을 꾸짖는 예는 다른 성서 구절에도 있습니다.**

마태복음 8:26에서 예수님은 "바람과 바다를 꾸짖으"십니다. 마가복음 4:39, 누가복음 8:24("바람과 물결")도 이것과 비슷한 내용입니다. **꾸짖는 행위는 실질적으로 '심판을 내린다'라는 뜻입니다.**(참고: 유다서 9절) 많은 경우에 예수님은 귀신을 꾸짖으셨습니다. 이 말은 '귀신을 심판하셨다'라는 뜻입니다. 마태복음 17:18은 '꾸짖는' 행동 뒤에 "귀신"이 나갔다고 하며 병자의 병이 '나았다'라고 합니다.(참고: 눅 9:42) 이로 보아, 병을 꾸짖었다는 것이 실질적으로 "귀신"을 쫓았다는 의미와 같다는 것을 알 수 있습니다.(참고: 막 1:25) 또한 어떤 대상에 대하여 꾸짖었다고 하더라도 **꾸짖음은 꼭 그 대상이 아니라 다른 2차 대상을 상정한 것일 수 있습니다.**(참고: 막 8:33) 따라서 성서의 '질병을 꾸짖는다'라는 표현은 성립합니다.

이처럼, '꾸짖는다'(ἐπιτιμάω epitimáō)는 성서의 표현을 고찰함을 통해, 우리는 누가복음 4:39에서 예수님께서 '열병을 꾸짖으셨다'라는 표현이 실질적으로는 '귀신을 꾸짖으셨다'라는 것을 알 수 있습니다. 만약 정말로 그렇다

면, 이한 인식 속에서 '열병'에 걸리게 한 것은 '귀신'입니다. 그래서 어떤 사람들은 질병을 무조건 마귀의 역사나 심지어 마귀 자체로 여기고 꾸짖기도 합니다. 나가라고 말이죠.

이제 우리는 이 질문에 답해야 합니다. '**지금의 우리도 질병을 마귀의 소행이라고 보고 그것을 예수님의 이름으로 꾸짖어야 하는가?**' 저는 아니라고 생각합니다. 현대의 기준으로 보았을 때, 신약성서 당시 사회의 대다수 사람은 적절하고 수준 높은 의료의 혜택을 받을 수 **없었습니다**. 하지만 **예수님은 병든 사람들에게 실제적인 도움을 주기 원하셨고, 접근하셨기 때문에**, 그 과정에서 예수님의 치료 사역에 관한 서술이 나타나게 되었을 것입니다. 따라서, 현대인은 지척(咫尺)에 수준 높은 의료 기술과 훌륭한 의사를 보유한 병원들이 있는데도 여전히 질병을 마귀의 소행이라고 생각하고 그것을 쫓으려고만 하고 있어서는 안 될 것입니다.

🐝 우리가 싸울 것은 마귀가 아니라 터무니없이 높은 의료비 때문에 가난한 병자가 치료받지 못하는 사회적 상황입니다. 옛날과는 달리, 하나님은 우리 사회에 우수한 병원과 실력 좋은 의사들이 있게 하셨습니다. 참 감사한 일입니다. 그러니까 아프면, 기도는 나중에 하고 우선 병원에 가십시오. 이제 우리가 우려해야 할 문제는 의료 시설과 의사 자체가 존재하지 않는 것이 아니라, 병원과 의사는 있는데, 한 나라, 한 사회의 의료비가 너무 비싸서, 아픈데도 차마 병원에 못 가는 상황이 생기는 것입니다. **우리가 싸워야 할 것은 마귀가 아니라 도움이 필요한 사람이 도움을 받지 못하는 사회적 상황입니다.** 그리스도인을 포함한 현대인은 그런 사회적 상황을 개선하는 데 힘써야 합니다. 아픈데도 터무니없이 비싼 치료비 때문에 치료받지 못하는 사람이 없게 하는 것, 그것을 위해 국가 차원의 의료보험이 필요한 것입니다. 의료보험 체계를 민간의 손에 넘기자는 주장도 있는데 **이런 공적 제도나 체계**

는 정부가 도맡아서 운영하는 것이 안전합니다. 민간의 손에 넘어가면 이익을 위해서 의료비와 보험료를 무제한으로 올릴 가능성이 있습니다. 그러면서 말로는 더욱 질 좋은 서비스를 위해서라고 할 것입니다. 질이 좋아지는 것은 누구나 반기는 일입니다. 그러나 의료비가 수직으로 상승하게 되면 **아예 치료 자체를 받지 못할 텐데 질이고 뭐고 따질 여지가 있겠습니까?** 그래서 전기, 수도, 교통, 의료와 같은 사업은 사적 경영을 하지 않는 것이 낫습니다.

물론, 현대에도 어떤 나라, 어떤 지역에서는 아직도 주변에 병원이 없고 병원까지 이동할 방법도 마땅히 없어서 발만 동동 구르는 경우가 있습니다. 그런 곳에서는 정말로 할 수 있는 것이 기도밖에 없을 것입니다. 만일 여러분이 의사이며 세계 어떤 곳에 병원과 의사가 없다는 것이 눈에 들어오고 그곳에 가서 병든 사람들을 치료하고 싶은 강렬한 마음이 든다면 가서 사람들을 돕고 살리십시오. 긴 시간의 봉사가 아니라도 괜찮습니다. 1년이라도, 반년이라도 도와주십시오. **그 발걸음이 바로 예수님이 병자들에 대해서 가지셨던 마음과 똑같은 사랑의 마음입니다.**

사회에 의료 시스템도 잘 갖춰지어 있고, 지척에 병원이 많고, 의료보험 때문에 조금의 치료비만 내도 **치료받을 수 있는데도 병원에 가지 않고 병을 키우다가 사망한 사람이 간혹 있습니다.** 저는 그런 행동을 광신(狂信)이라고 할 수밖에 없습니다. 그것은 신앙이 좋은 것이 아니라 어리석은 것입니다. 그런 사망 기사를 듣거나 볼 때면 정말로 기가 막힙니다. 제가 다시 말씀드립니다! 예수님이 질병을 마귀로 보고 꾸짖고 내쫓으신 것은 성서 당시의 제한적인 상황을 배경으로 합니다. 성서를 문자적으로 현대인에게 그대로 적용하지 마십시오! 아프면 제발 병원부터 가세요. 그리고 치료받으면서 병상에서 간절히 기도하세요! 🔖

누가복음 10:7, 37

> 그 집에 유하며 주는 것을 먹고 마시라 일군이 그 삯을 얻는 것이 마땅하니라 이 집에서 저 집으로 옮기지 말라(10:7)
>
> 가로되 자비를 베푼 자니이다 예수께서 이르시되 가서 너도 이와 같이 하라 하시니라(10:37)

교회에서 하는 '제자훈련'의 제자는 도대체 누구의, 어떤 제자입니까?

저는 가끔 '이 시대의 진정한 예수님의 제자'가 누굴까 생각해 봅니다. 일부 목사님들이나 신자들이 자칭 예수님의 제자라고 하는데 어떤 근거로 그런 말을 하는지 무척 궁금합니다. 교회에서 새 신자들을 가르치는 프로그램을 돌리면서 '제자'라는 말을 애용합니다. 날마다 모여서 구체적으로 무엇을 하는지 도통 알 수 없는 '제자훈련'이라는 것도 지금까지 여러 교회에서 하고 있습니다만, 가만히 보면 **'예수님의 제자'보다는 특정 브랜드 교회나 그 교회의 담임목사를 추종하는 '인간의 제자'를 양성하는 프로그램인 것 같습니다.** 왜냐하면, 그 훈련을 수료한 사람들을 하나하나 만나보면 예수님에 대한 자부심보다는 **특정 교회와 그 교회 담임목사에 대한 자부심이 훨씬 큰 것을 느낄 수 있기 때문입니다.** 맨날 '우리 교회는 달라!', '우리 목사님 설교가 얼마나 좋은데!', '우리 교회 스타일은 다른 교회가 따라올 수 없어!' 이런 말 잔치가 대단합니다. 때로 제가 교회 카페에 앉아 지인을 기다리고 있으면 여기저기서 교회 자랑, 목사 자랑이 흘러넘칩니다. 그럴 때마다 저는 커피를 들고 제일 구석으로 이동하여 성서를 펼치고 모바일폰으로 자연의 소리, 물소리, 바람 소리가 무한정 반복되는 유튜브 채널을 틀어 이어폰으로 들으면서 예수님이 하신 말씀을 묵상하게 됩니다. 그것이 좀처럼 이해할 수 없는 자랑을 듣는 편보다 훨씬 낫습니다.

누가복음 10장은 크게 각각 다른 두 가지 '제자 파송'을 언급하고 있습니다. 이 '제자 파송'의 정황을 잘 살피면 제자가 누구이며, 예수님이 왜 그들을 제자로 세우셨는지 실마리를 잡을 수 있습니다.

누가복음 10:1은 예수님이 70명이나 되는 사람을 '임명하여' '각 지역'으로 보냈다고 말합니다. 둘씩 짝을 지어서 말이죠. 위기 상황을 전제하고 있어서 (눅 10:3 "어린 양을 이리 가운데로 보냄과 같도다") 이런 **파견이 박해나 고난의 상황에서 이루어졌다고 추정하게 됩니다.** 급박한 상황에서 제자들을 보내 특정한 임무를 완수하게 한 것이지요. 그런데 사람들이 그들을 환영하지 (눅 10:8) 않을 때에는(눅 10:10) "발에 묻은 먼지도 … 떨어버리"라고 합니다.(눅 10:11) 그리고 바로 **종말론 언급이 이어집니다.** "소돔"(눅 10:12)과 "고라신"(눅 10:13), "벳새다"(눅 10:13), "두로와 시돈"(눅 10:13, 14), "가버나움"(눅 10:15)과 같은 지명을 거론하면서 **범지역적 종말**을 말합니다. 이는 파견된 제자들을 환영하지 않는 자들에 대해서 종말적 심판이 주어질 것이라는 의미입니다. 반대로, 그들을 "영접"하는 자들에 대해서 파견자들은 "차려 놓은 것을 먹"고(눅 10:8) 그 보답으로 자신들을 환영한 자에게 '기적적 치료'를 베풀고(눅 10:9) "하나님의 나라"의 복도 빌어주는 것 같습니다.(눅 10:9) 파견자들은 환영자의 "집에 유하며 주는 것을 먹고 마"신다고 하는데(눅 10:7) 그것은 지금으로 말하자면 일종의 **목회**처럼 보이기도 합니다. 사례비를 받고 한곳에 머물면서 일을 하기 때문입니다.(눅 10:7 "일군이 그 삯을 얻는 것이 마땅하니라")

전체적으로 보았을 때, 신약성서 시대의 **어떤 시점에 종말론적 위기가 닥치자, 예수님을 추종하는 자들(초기 교회 신자들)은 더는 한 지역에 모여 있을 수 없게 되었던 것 같습니다.** 그들이 각 지역으로 흩어지자 그들을 환영하는 사람들이 있었고 그들의 집에서 생계를 해결하면서 사람들의 어려움을 목양적 측면에서 해결해 주며 공생하라는 초기 교회의 지침이 주어졌던 것 같습니다. 따라서 이렇게 특정 시대 상황에서 나온 글을 현대인이 그대로 따라 하게 되면 적지 않은 문제가 발생합니다.

그런데도 지역마다 교회를 세우고 담임목사가 거기에 상주하면서 교인들이 낸 헌금을 받아 생활하고 그들의 신앙적인 필요를 채우는 지금의 상황은 누가복음 10:1-11의 모형과 아주 유사하다고 하겠습니다. 그래서 현재 목사들이 자칭 '예수님의 제자'라고 하는지도 모르겠습니다. 심지어 그들은 "하나님의 나라"(참고: 눅 10:9)에 대해 설교하고 '종말'을 강조하니(참고: 눅 10:12-15) 완전히 판박이입니다. 그뿐 아닙니다. **자신에게 적대하는 자를 하나님을 적대하는 자로 여기는 것까지 똑같습니다.** 자기를 환영하지 않는 사람에게 저주하는 목사들이 간혹 있는데 그들이 머릿속에 떠올릴 만한 성경 구절이 누가복음의 이 구절일 것입니다.(눅 10:16 "너희를 저버리는 자는 곧 나를 저버리는 것이요 … 나 보내신 이를 저버리는 것이라")

이것이 누가복음 10장 전반에 나오는 파견자, 즉, '예수님 제자'의 전모(全貌)입니다. **이동하고 방문하여 사람들의 필요를 채워주고 생계를 이어가는 자들** 말입니다. 이들의 메시지는 단순합니다. 종말을 외치면서 두려워하는 자들에게 헌신을 요구합니다. 반대로 적대적인 사람들을 만나면 저주성 발언을 합니다. 저는 이들의 '사업'을 초기 기독교의 '종교 비즈니스'라고 명명하고 싶습니다.

그런데 누가복음 10장에는 또 하나의 '파송'이 있습니다.

… 가서 너도 이와 같이 하라 하시니라(눅 10:37)

이 '파송'은 호의적인 사람을 물색해서 그의 집에 머물고 생계를 해결하며 가끔 그들의 병이 낫도록 기도해주고 내세에 대해서 설교하면서 자신을 악의적으로 대하는 자들에게는 저주하며 살아가는 것과는 **판이합니다.**

이 두 번째 종류의 제자 지침(指針)은 비유와 함께 주어집니다. 이는 예수님께서 어떤 가르침을 주실 때의 전형적인 양상입니다. **앞에서 살펴본 살벌한 종말론적 명령과는 다릅니다.** 앞서 거론한 파견의 방식과 이 방식이 너무 달라서, 이 둘을 똑같은 사람이 썼을지 의심스럽습니다. 제가 생각할 때 상술한바, 아무 집에나 들어가 먹을 것을 먹고 머물라는 것은 예수님의 원래 가르침이라기보다는 **종말론적 위기에 봉착한 교회 공동체의 지침**이라고 하겠습니다. 예수님의 가르침이란 아래와 같은 것입니다.

> 예수께서 대답하여 가라사대 어떤 사람이 예루살렘에서 여리고로 내려가다가 강도를 만나매 강도들이 그 옷을 벗기고 때려 거반 죽은 것을 버리고 갔더라 마침 한 제사장이 그 길로 내려가다가 그를 보고 피하여 지나가고 또 이와 같이 한 레위인도 그곳에 이르러 그를 보고 피하여 지나가되 어떤 사마리아인은 여행하는 중 거기 이르러 그를 보고 불쌍히 여겨 가까이 가서 기름과 포도주를 그 상처에 붓고 싸매고 자기 짐승에 태워 주막으로 데리고 가서 돌보아 주고 이튿날에 데나리온 둘을 내어 주막 주인에게 주며 가로되 이 사람을 돌보아 주라 부비가 더 들면 내가 돌아올 때에 갚으리라 하였으니 네 의견에는 이 세 사람 중에 누가 강도 만난 자의 이웃이 되겠느냐 가로되 자비를 베푼 자니이다 예수께서 이르시되 가서 **너도 이와 같이 하라 하시니라**(눅 10:30-37)

이 비유를 읽을 때 청중은 자신을 "제사장"(눅 10:31)이나 "레위인"(눅 10:32) 혹은 "사마리아인"(눅 10:33)에 대입시키게 됩니다. "강도를 만"나 "거반 죽은 것"처럼 "버"려진 불쌍한 사람(눅 10:30)에 대하여 "제사장"과 "레위인"은 모두 "피하여 지나"갔습니다. 그 이유는 아마도 율법을 잘 아는 그들이 **시체와 접촉하는 것을 꺼렸기 때문**일 것입니다.(참고: 레 21:11 "어떤 시체에든지 가까이 말찌니 … 더러워지게 말며") **놀랍게도 종교적인 이유에서 죽어가는 사람을 피하고 외면한 것입니다.** 하지만, "여행"을 하고 있었던 "사마리아인"은 죽어가는 사람을 보고 "불쌍히 여겨"(눅 10:33) 응급처치를 했고 극진히 돌보았습니다. 그를 "자기 짐승에 태워 주막으로 데리고 가서 하루 꼬박(눅 10:35 "이튿날에") 돌보아 주"었으며(눅 10:34) 이튿날에는 주막 주인에게 돈(눅 10:35 "데나리온 둘")을 주어 계속 "돌보아 주"게 하였습니다.(눅 10:35)

예수님은 이 이야기를 들려주신 후에 추종자들에게 물었습니다. "이 세 사람 중에 누가 강도 만난 자의 이웃이 되겠느냐?"(눅 10:36) 이것은 다시 **말하면 '너는 이 사람 중에 어떤 사람이 되겠니?'**라고 물으신 것입니다. 가장 좋은 대답은 '저는 사마리아인이 되겠습니다'일 것입니다. '불쌍한 사람들의 "이웃"이 되겠습니다'라는 대답 말입니다.

결론적으로, **누가복음 10:37의 "가서 너도 이와 같이 하라"는 파견 명령에 부응하여 움직이고 실천하는 사람이 진정한 예수님의 제자라고 하겠습니다.** 여러분은 예수님의 제자입니까? 여러분을 반기는 신자의 집에 들어가 밥과 돈을 축내고(!) 기도해주고 복을 빌어 주고 성경 구절 몇 개 뽑아 들려주는 사람은 진정한 제자라고 할 수 없습니다. 사심을 가지고 "천국(하나님의 나라)"과 '세상의 종말'을 설교하는 목사들은 더욱 그렇습니다. 그런 이야기로 사람을 충동질하거나 겁을 주어 헌금 내게 하는 사람이 무슨 예수님의 제자입니까? **예수님의 제자는 다른 사람에게 지원을 요구하기보다는 어려움에 부닥친 사람들을 위해 지원을 아끼지 않는 "사마리아인" 같은 사람들이어야 합니다.** 제자훈련이라는 것이 정말로 존재할 필요가 있다면 그것은 어떤 것이 되어야 할까요? 내 편을 더 많이 만드는 방법을 알려주어야 합니까? 후원자를 모집하는 기술을 가르치고 더 많은 헌금을 걷는 방법을 알려주는 것입니까? 사람들을 종말의 메시지로 두렵게 하는 것입니까? 아닙니다. **사람들의 좋은 이웃**

이 되는 것입니다. 그것이 성서의 제자도(弟子道)입니다.

🐝 예수님의 제자는 남의 집에 함부로 방문하여 먹을 것을 먹고 바라지도 않은 기도를 해 주고 가 달라고 하면 화를 내는 사람이 아닙니다. 또한, 부자 신자의 집만 골라 심방하고 가난한 신자를 차별하는 사람도 아닙니다. 대부분 한 교회의 담임을 맡은 목사의 생계는 전적으로 그 교회의 재정적 지원에 달려 있습니다. 그래서 어떤 목사는 지혜롭게 교회 신자들과 신자들의 대표인 중직자들의 심기를 건드리지 않으려고 주의합니다. 설교도 달콤한 내용 일색이며 잘못이 있어도 잘못을 지적하지 않고 늘 잔잔한 아나운서의 음성으로 약 15분 내외로 간결하게 마치는 식입니다. 저의 이 말을 듣는 어떤 담임목사들은 너무 노골적인 설명이라고 분노하겠지만, 사실 사람들에게서 나오는 돈을 신경 쓸 수밖에 없는 것입니다. 부자 신자들의 가려운 부분만 잘 긁어주면 각종 명목의 돈이 건네질 것입니다. 비싼 외제 차 한 대쯤 사주는 것은 일도 아닙니다. 교회 밖의 누군가가 "목사님이 너무 비싼 차를 타시네요?"라고 부정적인 말을 하면 '그냥 내가 목회를 잘해서 어떤 신자가 감사의 마음으로 사 주었다'고 하면 될 것입니다.

개신교 교회는 정기적으로 대심방이라는 것을 합니다. 모든 신자의 집을 집집이 방문해서 그들의 어려움도 듣고 그것을 제목으로 삼아 간절히 기도도 해 줍니다. 감사한 신자들은 담임목사가 오기 전부터 맛있는 음식을 준비해 놓고 '심방 감사헌금'이라는 이름의 돈도 준비합니다. 이 '감사헌금'이 교회 전체 재정으로 들어가야 할 때 '이것은 담임목사님께 개인적으로 드리는 것이니 담임목사님이 쓰세요'라는 말과 함께 더 많은 돈을 따로 건네기도 합니다. 그런데 큰 교회에는 신자가 아주 많으므로 한 명의 담임목사가 모든 신자의 집을 방문할 수 없습니다. 그럴 때는 부교역자(부목사)들이 나누어 돌아다닙니다. 부교역자들이 방문하면 아무래도 담임목사 때보다 대접이 소홀하기 마련입니다. 심방을 받는 어떤 신도는 이런 생각을 합니다.

'내가 교회에서 중요한 역할을 하고 헌금도 많이 하는데 담임목사가 직접 오지 않고 부목사를 대신 보내다니! 이럴 수가 있어?'

왜 이런 일이 벌어지냐면 모든 집에 부교역자를 보내는 것이 아니기 때문입니다. 담임목사는 대개 많은 신자 중 제일 부자고 사회적 지위도 제일 높은 알짜배기 신자의 집만 골라 심방을 합니다. 그 알짜배기 신자의 대접은 일반적인 가정의 대접과는 비교할 수 없을 정도로 융숭합니다. 어떤 대형교회의 대심방이 끝나면 담임목사 개인이 거기서 받은 돈으로 작은 오피스텔을 구매할 수 있을 정도라고 합니다. 그런데 신자가 천 명만 넘어가도 담임목사는 신자의 이름조차 다 기억할 수 없습니다. 그래서 자신 밑에 부교역자를 두고 나누어 목회하는 것입니다. 대단히 짜임새 있는 구조입니다. 이런 교회에서 '제자'라고 하면 표면적으로는 '예수님의 제자'를 뜻할지는 몰라도 실질적으로는 담임목사라는 인간을 존경 내지는 추앙하는 분위기 때문에 그것이 최소한 어느 정도는 '인간의 제자'를 의미하게 될 수밖에 없습니다. 이러다가 점점 담임목사가 인간적인 흠이 없는 사람으로 인식됩니다. 그도 그럴 것이 **신자에게서 너무 멀리 떨어져 있으므로 담임목사의 흠을 아는 사람은 그의 측근밖에 없습니다.** 이런 상황이 계속 유지되면서 한국 개신교는 대형화되며 이렇게 대형화된 것을 유지하려고 합니다.

저는 위와 같은 한국 개신교의 상황이 **비성서적**이라고 생각합니다. 이것은 성서와는 아무 관계가 없습니다. **그냥 성서의 어휘를 빌어 인간의 비즈니스를 하는 것에 불과합니다.** 겉모습은 거창하지만, 담임목사가 신자에게 주는 것도 별로 없이 많은 재정을 취하는 전형적인 흑사회의 모델과 유사합니다. 조금 좋게 말하자면, 값싼 물건을 판매하고 다른 사람을 그 판매망에 끌어들여 큰 이익을 취하는 **피라미드 조직**이라고 하겠습니다. 담임목사는 수많은 신자 하나하나에 관심이 없습니다. 따라서 **이것을 목회나 목양이라고 하기 어렵습**

니다. 수백 명만 넘어도 누가 누군지 모르는데 이게 무슨 목회입니까? 그냥 조직을 통해서 재정을 응집하고 그 재정을 소수가 점유하고 사용하는 것일 뿐입니다. **여기 어디 아무런 대가 없이 사람들을 실질적으로 돕는 '선한 사마리아인의 모습'이 존재합니까?** 그러려면 목사의 주머니로부터 신자에게 어떤 기여가 있어야 하는데 그런 것은 보이지 않고 오히려 반대입니다. 제가 이런 말씀을 드리면 '목사가 돈이 어디 있어?'라고 반박하는데 누가 대단히 많은 돈으로 도우라고 했습니까? 설교 때마다 남을 돕는 삶을 살라고 하면서 스스로 모범이 안 되면 신자들이 그 말을 듣겠습니까? 주는 것이 받는 것보다 가치 있다는 것을 몸소 실천하지 않는다면 그런 사람은 목사가 될 자격이 없다고 생각합니다.

작은 교회 목사들도 마찬가지입니다. **받는 것을 당연하게 생각해서는 안 됩니다.** 심지어 어떤 목사는 신자들이 듣고 자극받으라고 대형교회 누구누구는 심방 때 얼마를 받았다고 설교 중에 말합니다. 자기도 더 잘 대우해 달라는 뜻입니다. 물론 소수의 양심적인 목사님이 계신다는 것을 저도 알고 있습니다. 하지만 전반적인 분위기가 그래서야 개신교와 개신교 목사가 사회의 칭송을 받기는 어려울 것입니다. **교회 안에서야 누구나 담임목사를 칭송하지만 중요한 것은 교회 밖에서 어떻게 보고 있는가 하는 것이죠.** 심지어 같은 교회에 있는 신자조차도 너무 자주 방문하거나 반대로 특정 재력가만 신경을 쓰고 자신을 차별하는 목사를 좋게 보지 않습니다.

이제부터는 부자 신자들을 통해 이익을 취하려고 하지 마시고 오히려 가난한 신자들을 아무런 대가 없이 도울 방법을 모색하십시오. 그게 힘들면 도움의 모범이라도 보이고 당신은 빠져 부자 신자들이 가난한 신자를 직접 돕게 하는 것도 괜찮습니다. 당신이 목사라면, 제자훈련을 가르치는 자칭 리더라면, 진정한 예수님의 제자라면 말입니다! 🏠

무릇 내게 오는 자가 자기 부모와 처자와 형제와 자매와 및 자기 목숨까지 미워하지 아니하면 능히 나의 제자가 되지 못하고 / 누구든지 자기 십자가를 지고 나를 좇지 않는 자도 능히 나의 제자가 되지 못하리라 / 너희 중에 누가 망대를 세우고자 할찐대 자기의 가진 것이 준공하기까지에 족할는지 먼저 앉아 그 비용을 예산하지 아니하겠느냐 / 그렇게 아니하여 그 기초만 쌓고 능히 이루지 못하면 보는 자가 다 비웃어 / 가로되 이 사람이 역사를 시작하고 능히 이루지 못하였다 하리라 / 또 어느 임금이 다른 임금과 싸우러 갈 때에 먼저 앉아 일만으로서 저 이만을 가지고 오는 자를 대적할 수 있을까 헤아리지 아니하겠느냐 / 만일 못할 터이면 저가 아직 멀리 있을 동안에 사신을 보내어 화친을 청할찌니라 / 이와 같이 너희 중에 누구든지 자기의 모든 소유를 버리지 아니하면 능히 내 제자가 되지 못하리라 / 소금이 좋은 것이나 소금도 만일 그 맛을 잃었으면 무엇으로 짜게 하리요 / 땅에도, 거름에도 쓸데없어 내어버리느니라 들을 귀가 있는 자는 들을찌어다 하시니라

가족을 팽개치고 세상의 멸망을 바라는 자는 예수님의 제자가 아니라 광인입니다.

누가복음 14:26은 이해하기 쉽지 않은 내용입니다. "자기 부모와 처자와 형제와 자매"를 '미워하지 않으면' 예수님의 "제자가" 될 수 없다고 말합니다. 그런데 조금만 세밀하게 살피면 이 구절이 특별한 상황에 주어진 것이라는 것을 쉽게 알게 됩니다. **이것은 결코 일상적인 상황에서 '부모와 아내와 형제자매'를 미워하라고 명령하는 것이 아닙니다.** 이 구절은 심지어 "자기 목숨까지 미워하"라고 합니다. 이는 **종말론적 위기**를 전제합니다. 친족 간의 고발과 배신이 있는 상황입니다.(막 13:12; 마 10:21 "형제가 형제를 아비가 자식을 죽는 데 내어주며 자식들이 부모를 대적하여 죽게 하리라) 이는 "(세상의) 끝"(막 13:7; 마 10:22 "나중")을 전제하는 것입니다. 이런 관점에서 볼 때, 누가복음 14:26의 바로 다음 구절인 27절의 '십자가를 지고 예수님을 따르라'라는 '제자 자격'의 언급도 똑같이 종말론적 위기 상황을 배경으로 이해

해야 합니다. 절대로 이 구절을 문자적으로만 새겨서 가족에게 함부로 대하거나 적대하는 것을 신앙적인 행동으로 오해하는 사람이 없어야 할 것입니다.

이런 글과는 달리, 다음 구절인 누가복음 14:28은 '망대를 세울 때의 비용 계산'을 말합니다. 누가복음 14:29-30은 '기초를 쌓은 다음 공사를 지속하여 완공한다'라는 이야기를 하고 있습니다. **계획을 세우고 단계적인 과정을 통해 그것을 이룬다는 것은 언제 세상의 끝이 올지 모르는 불안한 상황에서는 언급할 수 없는 것입니다.** 그러나 다시 누가복음 14:33을 보면, '자기의 모든 소유를 버리지 아니하면 … 제자가 되지 못'한다는 말이 나옵니다. 이것 **역시 종말론적 위기 상황을 전제**하는 것이라서 현재 우리가 그대로 따를 것은 아닙니다. 우리가 받아들일 수 있는 교훈은 누가복음 14:34와 같은 내용입니다. 이는 현대를 살아가는 우리에게도 귀한 교훈이 아닐 수 없습니다.

> 소금이 좋은 것이나 소금도 만일 그 맛을 잃었으면 무엇으로 짜게 하리요(눅 14:34)

이는 사회에 존재 가치가 없는 사람이 되지 말고, 세상에 꼭 필요한 사람이 되라는 말씀입니다. **가족을 외면하고 세상의 종말만 외치는 사람은 사회에 필요한 사람이 아닙니다. 오히려 사회에 해를 끼치는 사람입니다.** 어떤 이들은 곧 예수님이 재림하셔서 세상이 끝장난다고 생각하고 가족을 저버립니다. 이런 사람들은 차근차근 어떤 일을 이루는 데 관심이 없습니다. 또한, 어떤 이들은 무조건 모든 소유를 다 내팽개치는 것이 대단히 신앙적인 것으로 오해합니다. 하지만, 성서적인 제자란 이 세상 가운데, 사회 가운데 요긴한 "소금"과 같이 되는 것입니다. 예수님의 제자란 바로 사회의 "소금"입니다. 우리는 세상이 언제나 필요로 하는 '짭조름한 소금'이 되어야 합니다. 그런 우리가 세상이 빨리 멸망하기를 바라면서 가족을 내팽개치고 종교 그 자체에 매진해서는 안 될 것입니다. 당신이 모든 소유를 버리면 야심을 품은 종교 지도자가 그것을 갖습니다. 그러지 말고 돈을 잘 관리하시고 사회를 위해 그것을 선용(善用)하십시오! 가족을 극진히 돌보고 섬기십시오! **가족조차 돌보지 않는 당신을 보고 누가 당신의 신앙적 이야기에 관해서 관심이나 갖겠습니까?** 많은 종말론자와 광신자들은 이 세상을 악하고 곧 멸망할 것으로 여기기 때문에 일상적인 삶을 무시하고 뭔가 짜릿한 것을 찾아 헤매는 것 같습니다. 심지어 예수님이 빨리 오시지 않으면 오게 하여야 한다는 사람들도 있습니다. 이들은 사회 구성원들이 서로 어깨를 나란히 하고 좋은 영향을 주고받으며 살아가야 한다는 것과 사회에 신앙인이 이바지할 것이 무엇인지 찾아야 한다는 것은 전혀 염두에 두지 않습니다.

🐝 세상이라는 '요리'에 맛이 없다면 '소금'이 되어야 할 사람들이 사회에 스며들어 이바지하지 않기 때문입니다. 위에서 소금 이야기를 했으니까 음식을 만드는 요리 이야기를 좀 하겠습니다. 어떤 요리를 만들든지 소금이 들어가지 않는 요리는 거의 없습니다. 프라이팬에 스팸을 기름에 부쳐 먹을 때 소금을 뿌리지 않는다고 하지만 스팸에는 정제 소금이 이미 들어있습니다. 무염식이라고 해도 대개 재료 자체에 염분이 들어있습니다.

제가 총각 때 있었던 일입니다. 국을 끓이고 있었는데 소금을 찾았으나 아무 데도 보이지 않았습니다. 국에 소금이 없으면 어떻게 합니까? 큰일입니다. 끓이던 국의 불을 끄고 얼른 가까운 가게에 가서 사와야 했습니다. 소금을 적당히 넣으니 맹탕이던 국에 갑자기 맛이 났습니다. 소금을 넣기 전에는 잘 느낄 수 없던 원재료의 맛도 뚜렷하게 나기 시작했습니다. 하얀 **소금은 완전히 국에 녹아 들어갔습니다.** 그러면서 음식의 맛이 나는 것을 보니 소금이 아주 기특했습니다. 소금 봉지를 들고 거기에 살짝 입을 맞추니 가족 중에 한 사람이 저를 보고 그깟 소금에 입까지 맞추냐고 합니다. 하지만 소금은 아주 중요합니다. 녹아 스며들기 때문에 무시하면 안 됩니다. 소금은 인간의 신체에도 아주 중요합니다. 요즘은 저염식과 무염식을 하시는 분이 많아서 소금이라고 하면 백해무익한 것처럼 여기는 일도 있는데, 사실 사람이 소금을 섭취하지 않으면 상처가 잘 낫지 않을 것입니다. 피가 잘 멎지 않습니다. 몸이 철분을 흡수하지 못해서 적혈구를 만드는 데 문제가 생깁니다. 어지러워 쓰러지게 될 것입니다.

　그리스도인이 "소금"이 된다는 것은 여러모로 사회에 이바지하면서도 존재가 있는 듯 없는 듯 그 사회에 "스며드는" 역할을 한다는 것입니다. 사회에 대하여 중요한 일을 하고도 겸손히 뒤로 물러나는 것입니다. 그래서 혹자는 그리스도인이 사회에 불필요한 것이 아니냐고 생각하더라도 그들이 없으면 너무 아쉬운 존재, 그런 존재가 되는 것입니다. **성서가 "소금"이 되라고 하는데 엉뚱하게 사회와 동떨어져서 망하기를 기다리면 어떻게 합니까?** 만약 사회에 '맛이 나지 않는다'라면 그것은 "소금"이 되어야 할 사람들이 세상이 멸망하기만을 바라고 있기 때문입니다. **성서에 '가족을 버려라'라는 말과 '세상의 소금이 되어라'라는 말이 함께 있는데 왜 굳이 '가족을 버려라'라는 말만 하나님의 말씀이라고 생각하고 '세상의 소금이 되어라'라는 말은 무시합니까?** 어떤 바보 같은 해석자는 가족을 버리는 것이 소금이 되는 것이라고 말도 안 되는 엉터리 해석을 하는데 어이가 없어서 기가 막힙니다. 성서를 꼼꼼히 읽되 특별한 상황에서 쓰인 말씀을 문자 그대로 따라 행동하려고 하지 마십시오. 완전히 상반된 내용이 충돌하더라도 당황하지 말고 어떤 말씀이 진정으로 우리가 받아들일 말씀인지 생각하십시오. 가족을 돌보고, 하나님께서 당신에게 주신 모든 소유를 선용하여 사회에 나누며, 당신의 이웃이 볼 때, 있어도 그만 없어도 그만인 존재가 아니라 꼭 있어야 하는 "소금" 같은 사람이 되십시오! 🏠

한 부자가 있어 자색 옷과 고운 베옷을 입고 날마다 호화롭게 즐기더라 / 그런데 나사로라 이름하는 한 거지가 헌데 투성이로 그의 대문 앞에 버려진 채 / 그 부자의 상에서 떨어지는 것으로 배불리려 하매 심지어 개들이 와서 그 헌데를 핥더라 / 이에 그 거지가 죽어 천사들에게 받들려 아브라함의 품에 들어가고 부자도 죽어 장사되매 / 그가 음부에서 고통중에 눈을 들어 멀리 아브라함과 그의 품에 있는 나사로를 보고 / 불러 이르되 아버지 아브라함이여 나를 긍휼히 여기사 나사로를 보내어 그 손가락 끝에 물을 찍어 내 혀를 서늘하게 하소서 내가 이 불꽃 가운데서 괴로워하나이다 / 아브라함이 이르되 얘 너는 살았을 때에 좋은 것을 받았고 나사로는 고난을 받았으니 이것을 기억하라 이제 그는 여기서 위로를 받고 너는 괴로움을 받느니라 / 그뿐 아니라 너희와 우리 사이에 큰 구렁텅이가 놓여 있어 여기서 너희에게 건너가고자 하되 갈 수 없고 거기서 우리에게 건너올 수도 없게 하였느니라 / 이르되 그러면 아버지여 구하노니 나사로를 내 아버지의 집에 보내소서 / 내 형제 다섯이 있으니 그들에게 증언하게 하여 그들로 이 고통 받는 곳에 오지 않게 하소서 / 아브라함이 이르되 그들에게 모세와 선지자들이 있으니 그들에게 들을지니라 / 이르되 그렇지 아니하니이다 아버지 아브라함이여 만일 죽은 자에게서 그들에게 가는 자가 있으면 회개하리이다 / 이르되 모세와 선지자들에게 듣지 아니하면 비록 죽은 자 가운데서 살아나는 자가 있을지라도 권함을 받지 아니하리라 하였다 하시니라

부자들이 대부분 천국에 못 가는 이유

누가복음 16:19-31은 하나의 독립된 단락입니다. "부자"(눅 16:19)와 "거지"(눅 16:20)를 대비하면서 그들이 죽은 뒤에(눅 16:22) 펼쳐지는 신비로운 상황을 서술합니다. **이 이야기는 처음부터 "거지"를 옹호하려는 의도를 노골적으로 드러냅니다.** 부자에게는 이름도 주지 않아서 보편적인 부자를 지칭하는 것 같고, 거지에게만 "나사로"(눅 16:20)라는 이름이 있습니다. 죽은 후를 묘사하는 것도 두 사람이 차이를 보이는데 "거지"가 "천사들에게 받들려 아브라함의 품에 들어"갔다(눅 16:22)고 하는 데 반하여 "부자"는 "죽어 장사"된 후(눅 16:22) "음부에서 고통"을 받는다고 합니다.(눅 16:23) 그런데 그

들이 생전에 어떤 행실을 했는지는 더는 상세히 설명하지 않습니다. 단순히 "거지"가 "상에서 떨어지는 것으로 배를 불리려 하"였다는 것과 질병("헌데")이 있었으나 제대로 된 치료를 받지 못했다는 것(눅 16:21)을 미루어 **"부자"와 "거지"가 생전에 가까운 공간에서 생활했다**는 것을 알 수 있습니다. 사실 "부자"의 입장에서 '화려한 옷을 입고' "날마다 호화롭게 즐"긴 것(눅 16:19)이 큰 잘못 같지는 않습니다. 자본주의 사회에서 사는 우리가 볼 때, 부자가 별다른 악행도 하지 않고 부를 누리면서 살았다는 것이 무슨 큰 잘못입니까?

이 이야기에 대해서 "부자"가 "음부"에서 고통을 받았다고 하니 어떤 분은 그가 예수님을 안 믿었을 것이고 그래서 천국에 못 갔다고 섣불리 교리상으로 해석을 합니다. 해석의 오류는 이처럼 단순한 교리를 기준으로 성서의 아무 내용이나 들이댈 때 자주 나타납니다. 이 단락의 이야기는 교리에서 말하는 **지적 동의와 그 결과의 중요성에 대해서 말하는 것이 아닙니다.** 이 이야기는 실제적인 **삶의 형태**, 구체적으로는 **부의 분배 문제**에 대해서 논하고 있습니다. 부자가 부 대부분을 독식하는 것에 대해서 우리가 아무런 문제의식을 느끼지 못한다고 해도, 이 이야기를 쓴 사람은 그것을 아주 심각하게 보고 있습니다. 이것이 중요합니다. 그는 "아브라함"의 입을 빌려 단도직입적으로 이렇게 말합니다.

> … 너는 살았을 때에 좋은 것을 받았고 나사로는 고난을 받았으니 이것을 기억하라 이제 그는 여기서 위로를 받고 너는 괴로움을 받느니라(눅 16:25)

글쓴이는 부의 편중이 극심한 것을 심각한 문제로 보고 있습니다. 공산주의처럼 모든 부자를 숙청하자는 이야기가 아닙니다. 다만, **모든 이가 어느 정도 먹고 살 수 있도록 분배가 이루어져야 하며 누구도 고통("고난")을 느낄 정도로 가난해서는 안 된다**는 것입니다. 심지어 이 세상에서는 "위로"조차 받지 못해서 천국에 가서야 "위로"를 받는 것이 안타깝다는 것입니다. **이것**

은 이웃이 나보다 조금 비싼 옷을 입고, 내가 이웃보다 조금 싼 자동차를 탄다는 그런 이야기가 아닙니다. 가난한 이웃이 돈이 없고 먹을 것이 없어서 쓰레기통을 뒤지는데 바로 옆에서 저만 호의호식한다면 너무하지 않냐는 것입니다. 글쓴이는 다른 이의 가난과 고통에 대해서 무관심했다면 그 사람도 괴로움을 받아야 한다고 주장합니다. 비록 그 괴로움이 죽음 이후의 괴로움일지라도 말입니다.

사회적 부의 분배에 심각한 문제가 생겨서 극소수에게만 거의 모든 부가 쏠리는 것은 성서에 따른 관점에서 대단히 부정적입니다. 재차 말하지만, 성서는 자본주의 사회가 당연하게 여기는 부의 편중 현상을 근본적으로 부정하지는 않습니다. 다만 사람으로서 사람답게 사는 데 있어서 **기본적인 수준은 보장해야 한다**는 것입니다. 제가 생각할 때 누가복음 16장의 이 이야기는 **사회적 복지를 확보하라는 하나님의 교훈이자 명령**입니다.

먹을 것을 거의 못 먹고 병의 치료를 제대로 못 받는 이웃이 주변에 많다면 우리는 심각하게 이 문제를 해결하기 위해서 신경을 써야 합니다. 그런데도 무관심한 자는 성서의 관점으로 볼 때 지옥("음부")에 가야 할 정도로 악한 악인으로 평가받을 것입니다! 당신이 잘 먹고 잘살아서 영양 상태가 좋은 반질반질한 얼굴로 늘 웃고 있다고 해도 마찬가지입니다. 실제로 옆집 사람이 굶어 죽든지 말든지 서로 무심한 것이 우리들의 자화상입니다. 그러다가 뉴스에 기사가 나면 그제야 우리 동네 누구누구가 생활고 때문에 죽었다고 한두 마디 할 뿐입니다. 제가 누가복음 16장의 관점에서 말해 보겠습니다. 바로 옆집에 사는 청년이 갑자기 실직하고 가진 돈도 다 써버려 밥도 제대로 못 먹고 있는데 자기 가족들하고만 고기 파티를 해서 냄새를 풍기는 사람은 **악합니다.** 교회는 어떻습니까? 목사들 사이는 어떻습니까? 교인 중에 중병을 앓고 있으면서도 비싼 병원비가 없어 어쩔 줄 모르고 있는데 그에 대해 무관심으로 일관하면서 혼자만 사업이 승승장구하고 있는 자는 **악합니다.** 같은 교단의 목회자가 먹을 것이 없는데도 멀쩡한 교회를 허물고 재건축하고 증축하는 대형교회 목사들은 **악합니다.**

이 이야기에서 부자에게 "음부"의 형벌을 주자 부자가 자신에게 주어진 고통을 완화하려고 하는 태도가 흥미롭습니다. 특이하게 그는 족보를 내세우면서 무리한 것을 바라고 있습니다.

> … 아버지 아브라함이여 나를 긍휼히 여기사 나사로를 보내어 그 손가락 끝에 물을 찍어 내 혀를 서늘하게 하소서 내가 이 불꽃 가운데서 괴로워하나이다 (눅 16:24)

이 구절에서 부자는 "아브라함"을 "아버지"라고 부르면서 자신과 "아브라함"의 혈연관계를 내세웁니다. 그는 "아브라함"을 조상으로 여기는 유대인이 틀림없습니다. 그러나 **"아브라함"이 자기 조상이라는 것은 그에게 아무런 도움을 주지 못합니다.** 혈연관계는 그가 죽기 전의 삶에서는 유용했을지는 모르지만, 이제는 아무 소용이 없습니다. 그는 이 내용에서 천사들에게 받들려 천국에 간 나사로가 와서 자기의 혀에 물을 찍게 해달라고 요구합니다. 저는 이 부분이 아주 황당합니다. 조금만 따져 볼 능력이 있다면 이런 요구를 하지 않을 것입니다. 천국과 음부(지옥)를 자유롭게 왔다 갔다 할 수 있다면 애초에 둘로 나눌 필요도 없었을 것입니다. 따라서 글쓴이는 이에 대해 '불가능하다'라고 설명합니다.(눅 16:26) 부자가 다른 사람이 아닌 나사로로 하여금 음부에 오게 하라고 요청한 것에 뭔가 비열한 음모가 있는 것도 같습니다. 부자는 아마 '왜 나만 이곳에 있는 것인가?'라고 생각한 나머지 **거지 나사로도 끌어들이려고 하는 것 같습니다.** 천국에 있는 사람은 늘 '남 덕분'이라는 말을 하고 지옥에 있는 사람은 늘 '남 탓'이라는 말을 입에 달고 산다고 합니다. 죽어서 천국이나 지옥에 가 보고 다시 돌아온 사람은 없으니(자칭 그런 사람들이 있지만 대개 사기꾼이므로 무시하고) 이런 **천국 이야기와 지옥 이**

야기는 이 세상에서의 삶을 투영한 것이라고 이해하면 되겠습니다. 이 세상에서 항상 '남 덕분'이라는 사람은 천국 가기 전에 이미 그 마음이 천국을 사는 것입니다. 이승에서 맨날 '남 탓'만 하는 사람은 이미 지옥에서 사는 것으로 생각합니다. 우리의 삶이 천국이 되고 지옥이 되는 것은 전적으로 우리 태도에 달린 것입니다.

다시 이야기로 돌아와서, 부자가 거지(였던) 나사로를 "음부"에 끌어들이는(?) 것이 실패하자 이제는 그를 자기 집으로 보내(눅 16:27) 형제 5명(눅 16:28)이 "고통받는 곳에 오지 않게" 해달라고 부탁합니다. 부자는 "죽은 자(중에) … 그들에게 가는 자가 있으면(그들이) 회개"할 것으로 생각했습니다.(눅 16:30) 하지만, 이 역시 실현 불가능한 무리한 부탁입니다. **부자는 말도 안 되는 기적과 같은 일을 바라는 것입니다.** 이에 대하여 아브라함은 그들 곁에 이미 "모세와 선지자(에 준하는 자)들이 있"다면서 그들의 말을 "들"으라고 권고합니다.(눅 16:29) 이로 보아, **현대의 설교자들은 '부자에게 경고하여 부를 나누라'라고 해야 합니다. 그럴 때 설교하는 목사들이 비로소 "모세"나 "선지자"에 준하는 자들이 됩니다.** 하지만 실상은 전혀 나누지 않는 자들에게 더 많은 부를 축적하라고 복을 빌어주는 것이 현대의 목사들입니다. 그리고 그 대가로 헌금을 받고 그 일부를(목사에 따라서는 전부를) 챙깁니다. 사회에 심각한 분배의 문제가 있다면 목사들은 더욱 힘써 부자들에게 경고해야 합니다. 그 일을 못 한다면 목사들은 성서에 따른 직무를 유기하는 것입니다.

누가복음 16장의 이야기를 천국이라는 주제에서 보자면, 이 이야기에는 **'무엇이 인간으로 천국에 가게 하는가'**라는 질문에 대한 답변이 들어있습니다. 이야기의 "부자"가 잘못 알고 있는 방법까지 포함해서, 천국에 갈 수 있을 것으로 추정되는 방법은 이야기에 크게 세 가지가 나옵니다.

첫째, **혈연관계**입니다. 그러나, 본문의 논리를 따라 논하자면, 아브라함이 조상이라는 것이 아무 도움이 안 된 것처럼, 자기 아버지가 목사고 어머니가 권사라는 것이 자식에게 아무런 도움이 안 됩니다. **혈연관계는 당신을 지옥 으로부터 구원하는 방법이 아닙니다.**

둘째, **놀라운 기적**입니다. 이 이야기에서는 천국에 있는 사람이 음부로 내려온다든가 죽은 사람이 현실 사회를 방문한다든가 하는 요구가 제시되지만 그런 기적적인 왕래는 불가능합니다! 어떤 이는 오해를 합니다. 천국이나 지옥이나 죽은 이후의 세계니까 서로 왕래하는 것도 가능할 것이라고 말입니다. 그러나 이야기는 놀랍게도 천국과 지옥에 관하여 대단히 합리적이며 논리적으로 접근하고 있습니다. 어떤 교리주의자들은 천국에 가는 것 자체가 인간의 노력으로 가는 것이 아니고 전적으로 하나님의 능력으로 가게 되는 것이라고 하면서 매정한 부자로 살든, 경건한 거지로 살든 예수만 믿으면 모두 천국에 갈 수 있다고 이상한 소리를 합니다. 간단히 말해 이 땅에서 어떤 삶을 살든 무관하게 천국에 갈 수 있다는 것입니다. 왜냐하면, 천국에 가는 것은 언제나 하나님의 초월적인 기적이며 우리의 이성과 논리를 넘어서는 신비로운 일이기 때문입니다. 하지만 그런 생각을 하는 사람들에게 **누가복음 16장의 이 이야기는 어떤 의미가 있습니까? 천국에 가는 것이 기적적이며 탈 논리적이며 탈합리적이라면 이 이야기가 왜 성서에 들어가 있을까요?** 그것은 천국에 가는 것이 일상의 연장선에서 논리적이고 합리적으로 이해할 수 있는 성질의 것이기 때문입니다. 결코, 어떤 기적을 통한 것이 아닙니다. 다시 말해, 적어도 **누가복음 16장을 따르면 천국 가고 지옥 가는 것을 결정할 수 있 는 요소는 신적인 기적이 아니라는 것입니다.** 우리가 어떤 곳에 가고 싶으면 절차를 따르면 됩니다. 차표를 사고 정한 시간에 차를 타는 곳에 갑니다. 그리고 차에 오릅니다. 그러면 목적지에 도착합니다. **차표도 사지 않고 정한 시간도 무시하고 가만히 있으면 목적지에 갈 수 없습니다.** 어떤 분들은 예수님을 믿는 것이 차표를 사는 것이라고 하는데, 정말로 그렇다고 해도 차표만 들고 가만히 있으면서 목적지에 갈 것으로 생각할 수는 없습니다. 예수님을 믿는 것이 차표가 주어지고 아예 우리를 번쩍 들어 차에 태워주는 것까지라고 이야기한다면 저는 그런 분들에게 '진짜 손도 안 대고 코를 풀려고 한다'라고 손사래를 칠 것 같습니다. 누가복음 16:31은 **천국행과 지옥행을 결정하는 열쇠가 현세에 있다는 점을 분명히 합니다.**

> 이르되 모세와 선지자들에게 듣지 아니하면 비록 죽은 자 가운데서 살아나는 자가 있을지라도 권함을 받지 아니하리라 하였다 하시니라(눅 16:31)

이에 따르면 **천국은 현세에서 특정한 권고를 듣고 그것을 따라 행위를 교정할 때 갈 수 있습니다.** 그것이 아니고는 그 어떤 기적이 일어나도 천국행은 불가능하다는 것입니다. 죽은 사람이 살아나는 부활의 기적이 일어난다고 해도 불가능하다고 합니다. 누가복음의 이 이야기는 "권함을 받"는 것이 천국행의 열쇠라고 말하는데 **이는 인지적인 동의만을 의미하지 않습니다. 행동의 변화를 말합니다.** 구체적으로 어떤 행동의 변화를 의미합니까?

셋째, 사람으로 천국에 가게 하는 것은 **적절한 부의 분배**입니다. 이야기의 "부자"는 적절한 부의 분배, 나눔의 실천이 없어서 음부(지옥)에 떨어졌습니다. 그것은 **국가나 정부가 억지로 분배하는 것을 의미하지 않습니다.** "부자"가 자발적으로 실천해야 합니다. 이것이 신적인 기적은 분명히 아닙니다만 지옥 갈 사람이 이런 행동으로 천국에 갈 수 있습니다. 이것이 바로 누가복음 16장의 이야기에 담겨 있습니다.

적절한 부의 분배는 혈연관계나 기적 혹은 인지적 동의로 이룰 수 없는 것을 이루게 한다고 본 이야기는 주장하고 있습니다. "부자"가 자신이 소비하고 누리는 것의 일부를 나누어 "거지 나사로"로 쓰레기를 먹지 않게 하고 그의 고질병을 치료하게 했다면 "부자" 역시 천사에게 이끌려 아브라함의 품에 들어갔을 것입니다.

사실 "거지"가 천국에 가기 위해 한 것은 없습니다. 그는 단순히 고생했을 뿐입니다. 그가 특별히 착한 사람이었다는 말도 없습니다. 따라서 이 **이야기는 나사로에 대한 관심보다는 "부자"에게 초점이 맞추어져 있는 이야기입니다.** 성서의 세계에서는 확실히 **부자 쪽의 천국행이 더 어렵습니다.**(참고: 마 19:23-24) 깨끗한 부자(청부론) 운운할 필요도 없습니다. 스스로 깨끗하다고 아무리 주장을 해도 좋은 데 못 갑니다. 주위에 쓰레기통을 뒤지는 사람이 남아 있는 한 말이죠. 부의 적절한 분배가 없이는 그렇습니다. 성서에 따르면 "거지"는 제 먹을 것도 없어서 당연히 나눌 것도 없으니 아무 잘못도 없다는 것입니다. **의무와 부담은 "부자"에게 지워져 있습니다. "부자"는 아주 주의해야 합니다. 자발적이며 의식적으로 나눔을 실천해야 합니다.**

천국에 가려면 나누어야 한다고 성서는 말합니다. 오래전에 쓰인 성서 내용인데 이 이야기를 현실에 적용함에 무리는 없습니까? 왜 유독 "부자"에게만 짐을 지웁니까? 혹시 노블레스 오블리주(Noblesse Oblige, 권력을 가진 사람은 그에 상응하는 의무도 갖는다)라는 프랑스어 표현을 들어 본 적이 있습니까? 그 말을 들으면 짜증이 납니까? 내가 열심히 노력해서 부자가 되었는데 왜 게으르고 어리석어서 가난하게 된 사람을 신경 써야 합니까? 제 생각에는 **마땅히 신경을 써야 합니다.** 왜냐하면, 가난한 사람들이 어떤 이유로 가난하게 되었든지 상관없이 그들이 굶주리고 극빈한 삶을 살다가 사망하는 것은 **부유한 사람들의 행복 추구에도 대단히 큰 영향이 있기 때문**입니다. 우리는 모두 하나의 사회, 하나의 세계 안에 살고 있습니다. 지구를 떠나 우주로 나가 사는 시대가 온다고 해도 **우리가 하나의 사회망으로 묶여 있는 이상, 이웃의 가난과 고통은 바로 우리 모두의 문제가 되는 것입니다.** 놀랍게도 성서는 2,000년 전에 이 문제를 천국과 지옥 이야기로 풀어 놓았습니다.

제가 궁금한 것은 성서의 기준에 따라서 볼 때, 지금 우리 사회 안에 사는 부자들이 천국에 갈 수 있는 지입니다. 그들은 하나같이 땀을 흘려 정직하게 많은 돈을 벌었다고 주장합니다. 개중에 신앙인도 있어 하나님이 자신을 도와주셨다고 간증도 합니다. 그 모든 부자에게 성서가 묻는 것은 이것입니다.

얼마나 많은 부를 조건 없이 가난한 이웃을 위해 나누었습니까?

성서는 당신이 어떤 노력을 해서 돈을 벌었고 그 돈이 얼마나 되는지 묻지 않습니다. 오직 당신의 나눔을 위한 의식과 실천의 여부를 묻습니다. 사실, 그것이 당신의 실체이며 신앙인으로 말하자면 신앙 자체입니다.

천국은 어떻게 갑니까? 죽으면 구름이 자신을 감싸고 하늘에서부터 강한 빛이 쪼이면서 영혼이 위로 떠오르는 장면을 생각합니까? 분배에 대한 아무런 부담 없이 살아왔으나 예수를 머리로 믿는다고 생각하므로 갈 수 있는 천국이라! 감격의 눈물이 흐릅니까? 하지만 **나눔이 없었던 당신이 눈을 뜨는 순간 음부에 갇힌 자기 모습을 발견할 것입니다. 그때가 되어 당황해도 어쩔 수 없습니다.** 당신이 그동안 쌓아온 명성도 인간관계도 아무 도움이 안 됩니다. 오히려 당신은 음부에 갇혀서 그동안 무시하고 무관심하고 아무것도 주지 않고 내쳤던 "거지" 같은 사람들이 다시는 고통이 없고 배고픔이 없는 천국에 있는 것을 보게 될 것입니다. 사실, 그게 공평하지 않나요? 이 세상에서 누릴 만큼 누린 사람은 고통을 받고 아무리 일해도 "거지"로 살 수밖에 없었던 사람들에게 누릴 **기회**를 준다는 것 말입니다. 이런 성서의 세계관에는 모든 인간을 공평하게 대하는 **평등사상**이 깃들어 있습니다. 천국은 단순히 심적인 수용이나 기적을 통해 가는 곳이 아니라 당신이 가진 부를 자발적으로 분배할 때 비로소 주어지는 것입니다. 천국 가고 싶으세요? 그럼 오늘부터 좀 나누십시오! 욕심 좀 그만 부리시고 말입니다. 🏠

예수님은 겸손하게 세례 요한이 베푸는 세례를 받으셨습니다.

세례 요한이 자신에게 나아오는 사람들에게 세례를 베풀었다는 이야기는 요한복음뿐 아니라 다른 복음서에도 있습니다. 마가복음 1장에서 세례 요한이 세례를 베풀 때, 예수님도 그에게 나아와 세례를 받습니다.(막 1:9) 마태복음도 마가복음을 그대로 따라서 세례 요한의 세례를 똑같이 소개합니다.(마 3:6) 누가복음 역시 예수님의 탄생과 유년 시절에 관한 긴 설명을 추가한 이후에 요한이 세례를 베풀었다는 이야기를 적었습니다.(눅 3:3) 이 세 복음서의 내용은 **세례 요한의 등장과 사역이 대중적으로 얼마나 선풍적인 인기를 끌었는지를 알게 합니다.** 그런데 다른 복음서에 비해서 더 나중에 기록한 것으로 보이는 요한복음에서는 세례 요한에 앞서 **예수님이 "세례를 베푸"셨다**고 말합니다.(요 3:22) 아마도 요한복음의 화자는 세례 요한이 예수님에 앞서 등장한 것과 예수님까지 그에게 세례를 받았다는 것이 못마땅했던 것 같습니다. 그래서 세례 요한이 세례를 주었다는 문장 앞에 예수님이 세례를 주었다는 문장을 추가한 것 같습니다. 결과적으로 '예수님이 세례를 주었다'는 말이 앞에 나오고 그다음에 '요한도 세례를 주었다'는 말이 나오게 되었습니다. 하지만 **요한복음 3장 22절과 23절을 보면 두 문장이 다른 사람이 같은 행위를 하고 있다고 서술하는 점에서 한 사람이 이 두 절을 함께 쓴 것으로는 보이지 않습니다.** 실제로 23절 이후에는 예수님의 세례 이야기가 아니라 세례 요한의 이야기만 이어집니다. 물론 그 내용도 **'세례 요한보다 예수님이 뛰어나다'**라는 긴 설명입니다.(요 3:25-4:1) 세례로 유명했던 것은 당연히 요

한이었습니다. 그를 왜 세례 요한으로 부르겠습니까? 요한복음 4:2에는 '사실은 예수님이 세례를 준 것이 아니라 예수님의 제자가 준 것이었다'라는 내용이 나오는데 세례 요한이 세례를 주었다고 자꾸 말하면 예수님이 가려지기 때문에 예수님이 세례를 주셨다는 글을 썼다가 주변에서 '세례는 요한이 준 거 아니야?'라고 하니까 세례를 준 것이 사실은 예수님이 아니라 예수님의 제자라고 보충 설명을 하는 것입니다. 제가 볼 때 이것은 **글쓴이가 사실과 주장 사이에서 갈등한 흔적입니다.**

요한복음이 다 완성될 즈음에는 이미 세례 요한이라는 사람이 있었다는 것이 희미해지기 시작했을 것입니다. 하지만 세례 요한은 한 시기에 엄청난 영향을 끼친 사람이었습니다. 그래서 성서에서 그의 이야기가 명확하게 남아 있는 것입니다. 하지만 전반적으로, 예수님이 앞에 드러나야 했기 때문에 **세례 요한은 상대적으로 평가절하되었습니다. 그가 한 일은 가려지고 어떤 일은 예수님이 하신 일로 바뀌기까지 했습니다.**

한편, 박해와 같은 위험은 사라지지 않았고 어떤 시점에는 오히려 위험이 다시 증가했음에도 기독교는 꾸준히 성장하고 있었습니다. 어떤 이는 기독교의 영향이 확장하는 데 박해가 중요한 역할을 했다고 말합니다. **초기 기독교가 자리를 잡게 되면서 신약성서도 점진적으로 단순한 문서가 아닌 구약성서 못지않은 하나님의 말씀으로서의 면모와 권위를 갖추게 되었습니다.** 신자들은 구약성서뿐 아니라 신약성서도 신적 권위를 가진 문서로 존중하게 되었습니다. 원래 신앙적인 편지였던 글들이 구약성서와 같은 권위를 갖기까지 적지 않은 시간이 흘렀습니다. 구약성서가 하나님을 중심으로 작성된 것처럼 신약은 하나님의 아들 예수그리스도를 주인공으로 하고 있습니다. 주인공이 주목받으려면 조연들이 덜 드러나야 합니다. 우리는 이런 목적을 위해 쓰인 요한복음에서 세례 요한이 완전한 조연이 되어 뒤로 물러나고 주연인 예수님만 부각하는 것을 보게 됩니다. 이 과정 중에서 **예수님은 일상에서 우리가 만날 법한 소탈한 이미지보다는 초월적이고 신비로운 이미지로 묘사됩니다.** 물론 요한복음도 먼저 쓰인 다른 복음서의 자료를 참고했기 때문에 사이사이에 인간적인 예수님의 모습이 남아 있기는 합니다. 예를 들면 요한복음 10:40은 예수님이 곤경을 피하여 **도망치다가** "요한이 처음으로 세례 베풀었던 곳"에 도달하여 머물렀다고 말합니다.("… 요단강 저편 요한이 처음으로 세례 베풀던 곳에 가사 거기 거하시니") 요한복음 3:22의 경우에서는 예수님이 먼저 "제자들과 함께 유대 지방으로 가셔서 … 세례를 주셨"다고 하며 요한복음 3:23에서는 세례 요한이 "살렘 근처에 있는(물이 많은) 애논"에서 세례를 주었음을 밝힙니다. "애논(Eenon)"은 요단의 서쪽, 예루살렘 동북쪽에 있는 지역 같습니다. 마태복음과 비교해 볼까요? 마태복음에서는 세례 요한이 "유대 광야"(마 3:1)에서 "회개"(마 3:2)를 외치고 바로 "요단강"에서 세례를 주기 시작했으며 **"온 유대와 요단강 사방에서 다 그에게 나아와"** 세례를 받았다고 (마 3:5-6) 쓰였습니다. 예수님까지 "갈릴리로부터 요단강에 이르러 요한에게 세례를 받"습니다.(마 3:13) 아마도 당시 유대교 출신 기독교인들은 세례 요한이 준 강한 인상을 기억하고 있었고 그것을 글에 그대로 솔직하게 남긴 것 같습니다. 세례 요한이 얼마나 당시 사회에 충격과 영향을 주었는지 독자는 간접적으로나마 느낄 수 있습니다.

제일 먼저 쓰인 것으로 알려진 **마가복음 1장은 "요한이 세례를 주던 곳"을 "요단강 건너편 베다니"라고 말합니다.**(막 1:9) 이를 요한복음 10:40이 그대로 옮겨 적은 것을 볼 때, 요한복음의 초기 문헌도 상대적으로 적은 분량이지만(9~10% 내외) 다른 복음서의 전통을 그대로 받아들였다는 것을 알 수 있습니다. 다만, 요한복음은 내용이 많이 추가되고 각색되면서 최종적으로 세 복음서와는 상당히 다른 모습의 복음서가 되었습니다. 요한복음에는 특히 신비로운 내용이 많이 들어있는데 어떤 이는 이것을 **영지주의(靈智主義, gnosticism)의 영향**으로 봅니다. 영지주의는 당시 사회에 다양하고 복잡하게 퍼져있던 이원론적 사상이었습니다. 육체와 물질들은 더러우므로 거기서부터 영혼을 구분해야 한다는 것을 핵심으로 하는 사상입니다. 하지만 이는 아주 건전하지 않은 생각입니다. 또한, 전통적으로 육체와 영혼을 나누거나 하지 않고 하나로 이해하는 유대 사상과도 반대입니다. 이런 영지주의가 교회에 영향을 미치게 되면 **신자들은 '영적인 것'만 추구하고 일상적인 것은 무시하게 됩니다.** 왜냐하면, 이 사상의 관점에서 보면 일상적인 삶은 무가치하기 때문입니다.

어떤 교회와 개신교 단체에서는 처음 교회에 나온 사람들에게 요한복음부터 읽을 것을 권합니다. 저는 그것이 적절하지 않다고 봅니다. 성서를 전반적으로 살피기 전에 추상적인 것과 영적인 것을 먼저 받아들이는 것은 별로 좋지 않습니다. 자꾸 신앙이 100% 영적 세계에 관한 것이라고 오해하지만 **최소한 어느 정도라도 이성과 논리를 따라 성서를 읽지 않는다면 누가 그것을 이해하겠습니까? 초월적인 이야기도 최대한 합리적으로 적지 않으면 그것을 아무도 제대로 이해할 수 없다는 것입니다.** 마가복음과 같이 풋풋한 느낌보다는 딱딱한 명제처럼 보이는 것들이 요한복음에는 많이 등장합니다. 그런데 이런 명제들이 또 초월적인 내용을 담고 있어서 이해하기가 쉽지 않습니다. 마가복음처럼 읽기만 해도 쉽게 이해할 수 있는 짧은 이야기들이 아니라, 무슨 철학 교수님이 어떤 주제에 따라 계속 설명하는데 기본 지식이 없는 사람이 들으니 그게 무슨 말인지 이해하기가 어려운 것과 같습니다. 왜 초신자분들에게 난해한 성서를 먼저 읽히려고 합니까? 이미 오래 교회를 다니는 사람으로서는 영적 명제들이 좋아 보일 수도 있지만 아무런 기반 지식이 없는 상태에서는 명제, 그것도 영적 명제는 이해하기가 거의 불가능할 것입니다. 새로 신앙을 시작하는 분에게는 요한복음보다 마가복음을 읽도록 추천하십시오.

예수님은 세례 요한에 앞서 세례를 행하지 않았습니다. 세례 요한이 먼저 했고, 예수님도 그에게 세례를 받았습니다. 하지만 요한복음에서는 그런 사실들이 뒤틀려 있고 부분적으로 전달합니다. 물론, 요한복음 1:25을 근거로 요한복음에서도 세례 요한이 처음으로 세례를 베풀었다는 주장을 할 수 있습니다.("또(세례 요한에게) 물어 이르되 … 어찌하여 세례를 베푸느냐") 하지만, **요한복음 1:29에서 세례 요한에게 나아오신 예수님은 왠지 세례를 받지 않고 "성령이 비둘기같이 … 그의 위에 머물"기만 합니다.(요 1:32) 요한복음에서는 '물세례'를 하는 세례 요한과 예수님은 최소한 '세례를 주고받는 대상'으로는 만나지 않습니다.** 이는 요한복음의 편집자가 의식적으로 예수님이 세례 요한에게 세례를 받은 장면을 제거한 것으로 보입니다.

마치 철학자 여러 명의 글을 모아 놓은 것 같은 **요한복음에서, 예수님은** 그리스 로마 철학의 언어로 말하자면 **'로고스'이며**(요 1:1 "말씀") **자연법칙을 좌지우지하시는 분이며**(물을 포도주로 만드심, 요 2:1-12) **마음을 꿰뚫어 보시는 분입니다.**(요 2:23-25) **예수님은 유대인 '석학'보다 월등하시며**(요 3:1-21) **"하늘로부터 오"신 초월자**(요 3:31)입니다. 그러나 죄송하게도 저는 이렇게 '슈퍼맨'처럼 보이는 예수님에게서 친근함을 느끼지 못합니다. 오히려 거부감이 생깁니다.

요한복음 4장에서는 예수님이 "사마리아 여자"와 대화하시는 이야기가 나옵니다. 어떤 독자는 이 이야기에서 '다정하고 따뜻한 예수님'을 기대할지도 모르지만, 예수님은 그녀에게 "물을(좀) 달라"(요 4:9)고 하신 뒤에 여자의 남성 편력을 언급합니다.(요 4:16-18 "… 남편 다섯이 있었고 지금 있는 자도 네 남편이 아니니 …) 여기까지는 당시 유대인 남성의 일반적인 사고방식이라고 할 수 있습니다. 그런데 그리고 나서 뜬금없이 '어디서 예배를 드려야 옳은가'라는 주제의 '강의'가 시작됩니다.(요 4:20-26) 예수님을 "선지자"라고 부르는(요 4:19) 여인은 "동네"에 가서 "사람들"이 '기독론'에 대해서 논의하도록 불을 지폈고(요 4:29-30) 교회 다니는 사람들이 간절히 바라는 '신자의 폭발적인 증가'가 일어납니다.(요 4:39b,41) 유대인이 접촉하기를 꺼리는 사마리아 여인과 접촉하신 예수님, 심지어 그 지역을 싫어하지 않고 "이틀"을 숙박하신 예수님(요 4:40)을 보면 사람을 차별하지 않는 예수님 이야기인가보다 생각할 수도 있겠지만 지금 우리가 볼 때 오간 대화가 **서로를 존중하는 것 같지 않으며** 사마리아 여인과 사람들이 **순식간에** 완벽한 '구원관'과 '기독론'을 소유하게 된 것같이 쓴 이 글을 읽으면 요한복음의 저자가 목적하는 것이 무엇인지 알게 됩니다. **요한복음 저자가 바라는 것은 특정한 지식의 전달과 그것의 수용입니다. 그는 바로 이것이 신앙 세계에 존재하는 구원 자체라고 여기고 있습니다.** 사람들이 지식을 깨닫는다면 즉각적으로 그들에게 구원이 주어진다는 것입니다. 오래 공부해서 학식을 쌓을 필요 없습니다. 그냥 깨달으면 됩니다. 사마리아 여인을 보십시오! 이런 식으로라면 신자가 기하급수적으로 늘어날 수 있습니다. 가히 폭발적이 아닐 수 없습니다.

> 예수의 말씀으로 말미암아 믿는 자가 더욱 많아 그 여자에게 말하되 … 이는 우리가 친히 듣고 그가 참으로 세상의 구주신 줄 앎이라 하였더라(요 4:41-42)

영지주의, 즉, 그노스티시즘(Gnosticism)이라는 명칭은 고전 그리스어인 **코이네의 그노스티코스**(γnostikoς)에서 온 표현으로 **'앎'**을 뜻합니다. 그러니까 삶이 없어도 무엇인가 대단한 지식을 **알기만 하면** 놀라운 일이 일어난다는 것입니다. 이런 생각은 요한복음 전반에 걸쳐 나타납니다. 저는 요한복음의 가치를 깎아내리려는 의도에서 이런 말씀을 드리는 것이 아닙니다. **글에 어떤 편향적인 경향이 강하게 자리 잡게 되면 자연스러운 사고를 방해합니다.** 그것은 언어의 미려함이나 투박함과는 큰 상관이 없습니다. 사람들이 잘 썼다는 글 중에는 완전히 한쪽으로 치우친 글이 적지 않은데요. 얼핏 보면 간단한 명제적 문장에 심오한 의미가 있는 것처럼 보이지만 자세히 곱씹어 보면 도대체 무슨 소리를 하는 것인지 불명확합니다. 저는 요한복음을 읽을 때

갖는 모호한 느낌과 같은 느낌을 현대 교회 설교자들의 설교에서도 많이 느낍니다. 간단한 명제를 중심으로 설교를 하는데 대단히 심오한 것처럼 이야기합니다. 하지만 뭔가 확실한 것은 별로 없습니다. 마음에 와닿는 것도 적습니다. 예수님과 사마리아 여인과의 대화에서처럼, 매끄럽지 않고 이해가 가지 않는 부분이 분명히 있는데 어떤 사람은 그런 대화에 대단한 감동을 받고 교회에 충성스러운 일꾼이 됩니다. 저는 무엇에 홀린 것인지 어리둥절합니다. 그런데 또 그런 일이 순식간에 일어납니다. 현대 개신교가 최대한 빨리 청중을 어떤 명제적 지식을 중심으로 병 고침이나 방언 같이 신비로운 것을 함께 제시하는 방식으로 이렇게 급속하게 성장한 것은 부정할 수 없는 사실입니다. **도식적이며 정형화한 설명에 신비주의까지 추가되면 청중의 급속한 반응을 끌어냅니다.** 그런데 조금만 생각하면 자신이 이해한 것이 제대로 한 이해인지 헷갈리기 시작합니다. 이는 마치 인스턴트 음식을 섭취하는 것과 같습니다. 즉시 제공되고 바로 먹었는데 나중에 보면 뭔가 제대로 먹은 것 같지 않습니다. 그래서 어떤 분들은 아이들을 위해서 어쩔 수 없이 정크푸드(junk food, 쓰레기 음식) 파는 곳에 가기는 하지만 결국 집에 와서 또 밥을 먹어야 편안한 느낌을 받습니다. 누군가는 정크푸드가 음식이면서도 음식이 아니라고 합니다. 간단한 음식이 맞는 것 같은데 그게 정말 먹을 수 있는 음식인지 헷갈리는 사람도 있습니다. 물론 그것을 좋아하는 아이들에게는 전혀 해당하지 않는 말이겠지만요. 영지주의는 대단히 다양한 분파로 존재했는데, 마치 조리가 간단하고 다양한 브랜드로 존재하는 정크푸드를 연상하게 합니다. 음식이면서 그것만 먹으면 결코 건강할 수 없을 것 같은, 음식이 아닌 음식이 있듯이, 신앙이라고 하는데 그것을 수용하면 결코 건강한 일상을 살 수 없는, 간단하면서도 자극적이고 심오한 것 같기도 한데 알고 보면 아무것도 아닌 신앙도 있는 것입니다.

세월이 흘러도 적지 않은 사람은 여전히 간단하면서도 매력적인 이야기에 끌립니다. 하지만 **더 많은 사람이 점점 어떤 것이 진정으로 유익하고 어떤 것**

이 겉만 번지르르한 것인지 구분할 능력을 갖춥니다. 불과 10년 전까지만 해도 개신교 교회에는 그래도 사람이 넘쳤습니다. 젊은이도 많았고요. 그러나 이제는 많은 이가 교회와 목사와 그들의 설교에 등을 돌립니다. 이제는 아무도 편견을 가진 설교자의 설교에 감동하지 않습니다. 자기 시간을 내어 밖에 나가 전도하고 많은 이가 교회로 몰려오게 하지 않습니다. 놀라운 것은 교회에 사람이 줄어들고 목사가 되고 싶어 신학교를 지원하는 학생 수가 급감하는데도 교회 안에 있는 사람들이 스스로 자신이 특별한 지식을 소유했다고 생각하는 태도에 변화가 없습니다. 이것은 이른바 영적인 우월감입니다. 이런 태도는 영지주의자들에게서 발견할 수 있었던 것과 대단히 비슷한 현상입니다.

요한복음을 읽어서 차원 높은 영적 지식의 세계로 들어가게 될 것을 기대할 수 있습니까? 우리는 심오한 지식의 소유를 통해 초월적 위상에 이를 수 있습니까? 개신교는 영지주의를 이단 사상이라고 정죄합니다. 하지만 **개신교 교리가 말하고 있는 '마음속으로 믿기만 하면 구원을 받는다'라는 말과 영지주의는 매우 다릅니까? 일상의 중요성은 어디 있습니까?** 머리로 혹은 영혼으로(?) 깨닫기만 하면 삶이 살아집니까? 이처럼 **뭔가 깨닫는 것만으로 다 된다는 사고는 큰 문제가 있습니다.** 깨달으면 뭘 해요? 삶이 없는데 … 구원받았다고 인식하면 뭘 해요? 사실은 아무것도 받지 못한 것일 수 있는데 … 깨달아야 그것을 새겨서 살아간다고 하지만 예수님께는 삶 자체가 깨달음입니다.

저에게 예수님은 겸손히 세례 요한에게 머리를 조아리고 세례를 받으신 분입니다. 만약 예수님에게 영적인 우월감이 있었다면 영적 권위자가 영적으로 낮은 사람에게 세례와 같이 중요한 의미가 있는 종교적인 행위를 하게끔 방관하지만은 않았을 것입니다. 누가 누구에게 세례를 받는다는 것에는 권력 개념도 존재하므로 예수님이 세례 요한에게 세례를 받았다는 사건은 결코 작은 일이 아닙니다. 하지만 예수님은 주도적으로 종교 지식의 확산을 위해서 사람들을 모으려고 애쓰거나 글을 쓰거나 유명해지려고 노력하신 분이 아닙니다. 만약 성서에서 예수님이 그렇게 나타난다면 그것은 예수님을 추앙하는 사람들이 나중에 쓴 글 때문입니다. 저는 **예수님의 소탈하고 겸손한 모습이 사람들이 예수님을 따르게 하였고 예수님의 말씀을 수천 년이 지난 지금까지 전하며 그 교훈대로 살려는 사람들을 만들어내고 있다**고 생각합니다. 만약 누군가 뭔가 심오한 지식을 혼자만 소유한 것처럼 굴면서, 말재주와 학식을 동원하고, 성서 말씀을 교묘하게 자기 생각에 맞춰 끌어당기며 사람들을 지배하고 그들의 힘과 마음을 하나로 모으려고 한다면 그렇게 해서 이익을 얻는 것은 하나님이 아니라 바로 자신입니다. 그런 행위는 예수님이 행하신 방식이 아닙니다. 당신이 정말로 예수님을 흠모한다면 사람들에게 머리를 조아리고 겸손한 삶을 살아야 합니다. 세례 요한에게 세례를 받으려고 조아린 예수님처럼 말입니다. 그래야 조금이라도 예수님같이 사는 것이 됩니다. **얼핏 보면 대단히 명확하고 심오하게 보이는 글, 귀가 쏠리는 말재주, 그 뒤에 욕망을 숨긴 사람들이 많습니다.** 이 사람들이 유명하면 유명할수록 나중에 드러날 역겨움이 심할 것입니다. 사실 대부분 목사는 순식간에 사람들을 감화시켜 눈 깜빡할 사이에 사람이 미어지는 교회를 만들 상상을 합니다. 이런 생각이 처음부터 끝까지 대단히 이단적인 생각이라는 것을 알아야 합니다. **사람은 지적 동의만으로 변하는 것이 아니라 풋풋한 일상적 삶을 통해 조금씩 자라간다**는 것을 알아야 합니다. 그러기 위해서는 우리가 생각하는 것 이상으로 긴 시간이 필요합니다. 하지만 대개 사람들은 빨리 무엇인가 깨닫고 이루기를 바랍니다. 건강에 이로운 요리를 만들기까지 상당한 시간이 필요하다는 것을 이해하지 못합니다. 그들을 위해서는 인스턴트 음식만 주어질 것입니다.

어떤 분은 상당히 듣기 싫으시겠지만 불가피하게 목사와 설교 이야기를 또 하겠습니다. 교회에서 설교하는 목사들은 **한 번의 설교**로 청중에게 감동 (혹은 은혜)을 주려고 애를 씁니다. 이는 대단히 미신적입니다. 콩나물이 자랄 때도 5~6일을 기다려야 합니다. 그런데 하물며 인간이 하루아침에 바뀝니까? 저는 개신교 교회에서 누군가 **순식간에 거듭났다고 간증하는 것이 제일 의심스럽습니다.** 목사들은 최대한 빨리 자신의 영향을 끼치기 위해서 성서의 원래 의미를 차분히 살피려고 하기보다는 교리만 의지하고, 그 교리가 허락하는 한에서(교리를 의식하지 않으면 이단 소리를 듣기 때문에) 구절들을 이리저리 짜 맞추고 때로 거기에 최신 이슈 기사를 추가하여 사람들의 이목을 끄는 설교를 하려고 노력합니다. 하지만 이 과정 중에 성서의 가치는 실종되고 설교자가 추구하는 어떤 **지향점**만 드러나게 됩니다. 신자들이 영특하여 그것을 알아채면 그래도 다행인데 알아채지는 못하고 오히려 설교의 앞뒤가 딱딱 맞는다고 감탄하는 경우가 훨씬 더 많습니다. 적지 않은 이는 사실 설교가 무슨 소리를 하는 것인지 잘 모릅니다. 그냥 멍한 상태에서 설교를 들었다는 그 자체에 만족합니다. 이렇게 멍(청)한 신자들은 점점 목사가 의도하는 대로 빠져듭니다. 지갑을 열어 헌금하고 건물도 짓고 '우리 목사님'에게 외제차도 사주고 기꺼이 그 자녀들의 비싼 유학자금도 냅니다. 그러면서 막연하게 '내가 열심히 교회 생활을 하니까 하나님이 나에게 구원과 복을 주시겠지'라고 생각합니다. 여러분! **이것이 신비주의이며 이단입니다.** 어디서부터 잘못되었습니까? 바로 그 '영적'이라는 목사의 신비로운 설교 가운데 은밀하게 그의 사심과 욕심이 개입하는 것을 모르거나 알고도 속아 주는 사람들이 이렇게 만든 것입니다. 성서의 본의는 철저히 버려지고 인간의 욕망과 기대가 채워집니다.

제가 요한복음 읽기를 주의하는 것은 요한복음 자체에 대한 비판이 아닙니다. 그 구성과 사고방식이 현대 개신교의 설교 방식, 목회 방식과 대단히 비슷하므로 현실을 우려하는 것입니다. 다행히 점점 더 많은 신자가 알맹이도 없는 영적 권위라든지 영적 위계와 같은 것에 현혹되지 않습니다. 목사들이 아무리 영적인 설교를 한다고 해도 은총이 내린 능변으로 청중을 울렸다 웃겼다 해도 타인에게 겸손하게 머리를 조아린 예수님의 모범과는 비교할 수 없습니다.

요한복음의 글쓴이가 나쁜 뜻에서 예수님을 한껏 부각했다고는 생각하지 않습니다. 다만, 그의 의도 때문에 원래 예수님에게서 우리가 느낄 수 있는 소박하고 겸손하며 풋풋하고 어떻게 보면 평범하고 일상적인 모습은 가려졌습니다. 사실 권위는 부릴수록 낮아지고 낮출수록 올라갑니다. **"너희 중에 큰 자는 너희를 섬기는 자가 되어야 하리라"**와 같은 보석 같은 말씀은 마가복음 9:35, 10:43-44, 마태복음 20:26-27, 23:11, 누가복음 22:26-27에 다 나오지만, 요한복음에서는 찾아볼 수 없습니다. 오히려 요한복음의 예수님은 자신을 섬기라고 합니다.(요 12:26 "… 사람이 나를 섬기면 … 그를 귀히 여기시리라") 하지만 실제로 예수님은 당시 사람들에게 버림을 받았습니다.(참고: 사 53:5) 하지만 이제 모든 이가 그를 존중합니다. 예수님이 신적 권위를 가진 분인데도 겸손하셨기 때문입니다.(마 11:29 "겸손"과 '마음의 쉼')

🐝 영적 권위가 있다면 그것은 겸손함 그 자체입니다. 제가 세례 요한에게 세례를 받으신 예수님의 이야기를 하면 대부분 사람은 예수님이 겸손한 분이라는 것에 공감합니다. 그런데 금방 돌아서면 자기 능력, 재산, 학벌, 나이, 경험을 내세우는 것을 봅니다. **참다운 신앙이라는 것은 무엇인가를 덧붙이고 쌓아가는 것이 아닙니다. 오히려 뭔가를 계속 덜어내고 떨어내는 것입니다.** 성서 저자가 예수님에게 자꾸 무엇인가를 덧붙이고 수식하면 할수록 예수님의 본모습이 가려지는 것처럼 자신이 가진 것을 자꾸 내세우는 사람이 그것을 잃을 때, 예를 들어 높은 지위에 있던 사람이 그 지위를 잃을 때 갑자기 초라한 몰골이 드러나는 것을 보게 됩니다. 높은 지위에서 호령했던 사람

이면 사람일수록 그 정도가 심합니다. 그래서 자신이 손에 쥐고 있는 것을 죽는 순간까지 놓지 않으려고 하는 것 같습니다.

우리는 겸손히 세례를 받으신 예수님을 배워야 합니다. 다른 게 아니라 겸손이 최고로 영적입니다. 무슨 심오한 지식을 자신만 소유한 것처럼 모든 이를 꿇어 앉히고 그들의 머리에 안수를 하려는 이상한 사람이 있습니다. 마치 왕이 신하에게 하는 것과 같은 행동입니다. 제가 그런 행동을 지적하면 오히려 저에게 '대단히 무례하다'라고 소리치며 열을 냅니다. 그런데 '무례하다'라는 말은 왕의 말투입니다. 스스로 왕이라고 생각하는 것입니다. 어떤 목사는 자신을 '주의 종님'이라고 부르게 합니다. 그러면서 자기는 하나님의 종이지 인간의 종은 아니라고 합니다. 인간 중에 자신이 제일 높다고 합니다. 모두 **스스로 높아지려는 몸부림**에 불과합니다. 그런 자들 앞에 예수님의 조용한 겸손이 있습니다. 시끄럽게 목이 쉴 때까지 '영적 기도' 같은 것도 하지 마세요. '영적 설교'에 뭐 대단히 심오한 내용이라도 들어있기라도 합니까? 멍한 채 생활하는 신자들을 찾아다니며 '영적인' 기도를 해 주고 돈을 요구하는 자들이 있습니다. 그들이 아무리 울고불고 쇼해도 결국 **자기 이름을 내고 이익을 취하려는 수작**에 불과합니다. 그런 설교, 그런 목사, 그런 요란한 자리에서 발걸음을 돌려 겸손히 머리를 조아리는 예수님의 모범을 따르도록 일상의 자리로 돌아오세요. 🏠

너희 중에 누가 나를 죄로 책잡겠느냐 내가 진리를 말하는데도 어찌하여 나를
믿지 아니하느냐

뭘 몰라도 바르게 살면 그게 아는 것입니다.

특정한 주제에 대해서 논하기 시작하면 이야기의 정황을 무시하고 논제만
부각하는 경향이 강한 것이 요한복음입니다. 어떻게 그럴 수 있을까 하시겠
지만 요한복음 8장에서도 그것을 볼 수 있습니다.

요한복음 8:1-11에서 "간음하다가 현장에서 잡"힌 여자를 변호하시는 예
수님 이야기의 맥락과 정감까지, 그다음 구절에 이르면 순식간에 소멸하
고 예수님과 바리새파 유대인들 간의 긴 논쟁이 시작됩니다. 내용으로 미루
어 볼 때, 간음하다 잡힌 여자를 데려온 것은 '율법 학자들과 바리새파 사람
들'(요 8:3)이었으며, 거의 모든 이가 '죄 없는 자만 이 여자를 돌로 쳐라'(요
8:7)라는 예수님의 말씀에 "양심에 가책을 느껴 … 현장에서 떠났습니다.(요
8:9 "오직 예수와 … 여자만 남았더라") 따라서 요한복음 8:13의 **바리새인의
반박**("네 증언은 참되지 아니하도다")**은 간음한 여인의 이야기와 잘 이어지
지 않습니다.** 논쟁은 요한복음 8:13부터 시작해서 요 8:22("그가 자결하려는
가?")을 지나 요한복음 8:25의 질문("네가 누구냐?")과 삽입 내용인 많은 사
람의 **갑작스러운 결신**(요 8:30), 그리고 예수님을 믿는 혹은 믿기 시작한 유
대인들을 향한 말씀(요 8:31)을 거쳐 요한복음 8:48, 52의 적대적인 발언("귀
신이 들렸다")과 몰이해(요 8:57, "네가 아직 오십 세도 못 되었는데 아브라함
을 보았느냐?")를 지나서 요한복음 8:59에서 "(유대인들이) 돌을 들어 치려"
할 때까지 **길게 지속합니다.**

이 긴 단락 안에는 다양한 **신앙적 문답**이 수집되어 나열된 것으로 보이는

데, 그만큼 **상황적 개연성은 별로 없고**, 그냥 **독자에게 하나의 주제를 반복적으로 전달하려고 애를 쓰고 있습니다.** 이 문집은 분명히 **특정한 주제를 위해서 수집된 것**입니다.

요한복음 8장을 관통하고 있는 주제는 바로 **'신에게 속한 자만 신의 말(지식)을 알아듣는다'라는 인식론**입니다. 뒤집어 말하자면, 신의 지식을 깨닫지 못하는 자는 신에게 속한 자가 아니라 "마귀"(요 8:44)에게 속한 자라는 것입니다. 하나님과 마귀를 정반대의 대립적 위치에 둔 채 말입니다.(조금 다른 구도에 대해서는 욥기서의 하나님과 사탄의 관계를 참고할 것, 욥기 1장) 그만큼 **요한복음은 '언어'와 그 안에 들어있는 '지식'에 엄청난 무게를 둡니다.** 하지만, 어떻게 보면, 이는 적지 않은 사람에게 절망감을 줄 수 있는 내용입니다. 누군가 당신에게 '성경 내용을 깨닫지 못하면 넌 마귀의 자식'이라고 한다고 해보세요. 기분이 좋겠는지. 게다가 요즘은 매우 드문 일이지만 글을 모르는 분은 어떻게 합니까? 청각에 장애가 있으신 분은요? **성경을 읽지 못하고 설교를 듣지 못하면 무조건 "마귀"에게 속한 사람입니까? 말도 안 되는 이야기입니다.** 그런데 지식을 절대화하다 보니까 이런 말도 안 되는 억지 주장을 하게 됩니다.

요한복음 8장을 구성한 사람이 따뜻한 이야기에 왜 이런 수집록을 붙여 놓았는지 잘 모르겠지만, 어쨌든 그의 관심이 어디에 있는지 파악하기는 쉽습니다.

요한복음 8:13부터 단도직입적으로 '말'(증언)에 대해서 언급하는데, '증언'(요 8:13,14,17,18)은 즉각적으로 '존재적 인식'("너희는 나를 알지 못하고 내 아버지도 알지 못하는도다 나를 알았더라면 내 아버지도 알았으리라", 요 8:19)과 연결됩니다. 주어지는 '말'에 대해서 대부분 청중은 못 알아듣는데(요 8:22 "그가 자결하려는가?") 이는 **그들의 존재적 한계**와 관계가 있습니다.(요 3:23절, "너희는 이 세상에 속하였고 …) 더불어 **특정한 조건을 갖추**

고 지적으로 높은 위상에 이른 사람들만 깨닫는다는 영지주의적 느낌을 줍니다. 하지만 성서는 기본적으로 모든 이에게 구원이 주어진 것으로 봅니다.(참고: 사 56:7; 딤전 2:4) 만약 성서의 어떤 부분에서 소수에게만 '선물'이 제한되어 있다고 말한다면 이것은 그 성서 구절을 작성한 사람의 마음이 어떤 이유로 **편협해진 것**입니다. 물론 우리에게 해를 입히려고 하는 사람까지 하나님의 백성이라고 하기는 어렵습니다. 비록 하나님이 그들조차 사랑하신다고 해도 말입니다.(참고: 시 3:2; 벧후 2:12) 그래서 제가 볼 때 '특별한 사람만 진리를 안다'라는 주장 같은 것은 사람들 사이에 사랑이 식고 서로 공격하고 피해를 보는 **불안한 상황에서 나타납니다.**

　반복합니다만 요한복음 8장의 내용에서 '믿음'(요 8:24)이란 '신적 지식의 수용', 즉, '앎'과 다르지 않습니다. 한계를 가진 존재는 신적 존재를 인식하지도 못하지만(요 8:25 "네가 누구냐?") '말'을 수용할 때 비로소 그 신적 존재에 대한 믿음이 깃들게 됩니다.(요 8:25 "말하여 온 자"; 요 8:30 "많은 사람이 믿더라") 여기서 "제자"란 다름이 아니라 "말에 거하"는 자들(요 8:31)입니다. 그냥 '말'을 수용한 사람들입니다. **이 구절의 "말에 거하"는 자들을 '하나님의 말씀을 따라 사는 자'라고 확대해서 해석할 수는 없습니다.** 요한복음에서 '말에 거한다'라는 것은 단순히 '말'을 '인식하고 지적으로 수용하는 것'을 뜻하기 때문입니다. **'말의 수용'은 '지식의 소유'이며 그것은 바로 '존재를 규정하는 것' 자체라는 논리입니다.** 여기서는 심지어 "죄의 종"(요 8:34)이나 "(하나님의) 아들"(요 8:35, 36)도 '인식적 자유' 개념과 밀접한 연관이 있습니다.(요 8:36)

　물론, 요한복음 8:38-39에서 '들은 것을 행한다'와 '아브라함이 행한 일을 한다'라는 말이 신앙적 실천을 의미하는 것으로 보이기도 하지만, 다음 구절의 내용에 의하여 **결국 요한복음의 화자가 말하는 실천이라는 것이 단지 '하나님께 들은 진리를 말하는 것'(요 8:40)에 불과하다는 것**을 알게 됩니다. 이를 요즘 말로 하면 전도(말 전함)입니다. 요한복음을 제일 먼저 읽으라고 권하는 사람들은 **삶으로 성서를 살아내는 것보다는 단순히 성서의 내용을 말로 전하는 데 치중합니다.** 요한복음 8:41의 '행위'("행한 일들을 하는도다")도 요한복음 8:43의 '깨달음'과 실질적으로 동일 선상에 있음을 알 수 있습니다. 그런 의미에서 요한복음 8:44의 '욕심대로 행함'도 **윤리 도덕적인 손가락질이 아니라** '진리가 그 속에 없고 진리에 서지 못하고(서지 못해서) … 제 마음대로 말하는 것'(요 8:44)에 대한 비판으로 보입니다.

요한복음 8장에서도 다른 신약성서 내용과 비슷하게 박해가 감지됩니다.("나를 죽이려 하는도다", 요 8:40) 어쩌면 극심한 박해 상황에서 할 수 있는 일은 오직 말로 전하는 것밖에 없었는지도 모릅니다. 그러므로 **현대를 사는 개신교인들이 이를 그대로 따라 할 수는 없습니다.** 지금은 그때와 같은 박해 시대도 아니고, **말로만 전도한다고 그것을 들을 사람도 별로 없기 때문입니다.**

요한복음의 논리는 간단합니다. '말', 즉 '지식'을 수용해야 하고, 그것을 수용할 때 모든 것이 잘된다는 것입니다. 이는 어떻게 보면 지성적인 논리가 아니라 아주 신비로운 논리입니다. 하지만 **전도할 때 삶이 아닌 말로만 전하면 듣는 사람이 그것을 이해하고 수용하기 어렵습니다.** 그래서 그런지 요한복음 8:45-46의 화자는 '진리를 전달하는데 그것을 수용하지 않는 자들을 이해하기 어렵다'라고 투정을 부리고 있습니다.

> 내가 진리를 말하므로 너희가 나를 믿지 아니하는도다 너희 중에 누가 나를 죄로 책잡겠느냐 내가 진리를 말하는데도 어찌하여 나를 믿지 아니하느냐(요 8:45-46)

요한복음의 논리에 따르면 '영생'도 단순히 '말'을 수용하는 것으로 실현되

는 것입니다.(요 8:51-52) 자칭 '놀라운 지식'을 말하고 전하는 사람만이 참된 사람이고 영생을 얻는 사람이며 그 외의 자들은 "거짓말쟁이"(요 8:55)이며 이단입니다. 요한복음에서 언급한 '말'이 하나님이나 예수님을 의미한다고 이해할 수도 있습니다.(요 1:1-3) 그러나 전반적으로 보면 **하나님이나 예수님조차 '앎'이나 '지식'과 동일시**하고 있으며 실존보다 그 실존에 대한 지식만 습득하면 구원이든 영생이든 다 이루어진다고 생각하고 있음이 분명합니다. '안다'라는 뜻인 단어 오이다(οἶδα)는 신약성서에서 총 318회 쓰였는데 그중 **84회가 요한복음에 사용**되었습니다. 마태복음은 24회, 마가복음은 21회, 누가복음은 25회니까 요한복음에서 의식적으로 이 단어를 많이 사용했다는 것을 알 수 있습니다. '안다'라는 뜻을 가진 또 하나의 단어인 기노스코(γινώσκω)를 살펴보면 총 222회의 용례 중에서 마태복음 20회, 마가복음 12회, 누가복음 28회에 비해서 **요한복음만 57회로서 신약성서 중에서 해당 단어를 사용한 빈도가 제일 높습니다.** 이런 사실은 요한복음 저자의 의도를 추정할 때 중요한 근거가 될 수 있습니다.

우리 주변 사람 중에서도 어떤 지식에 대하여 무한한 자부심을 느끼고 사람들에게 그것을 알아야 한다고 목소리를 높이는 사람을 볼 수 있습니다. 대개 그런 사람은 지식을 수용하라고 강조하면서 그것을 받아들이지 않는 사람을 **비난**합니다. 그들도 실천의 중요성을 말하기는 하지만 **그들이 말하는 실천이라는 것은 사회 윤리적이거나 사회 공동체를 위한 기여적 실천이 아니라 단순히 특정한 지식을 새기고 그것을 다른 이에게 전달하는 그런 실천일 뿐입니다. 왜냐하면, 그들의 생각에는 특정한 지식에 대한 동의가 존재의 변화 자체이기 때문입니다.** 어떤 이는 말로 '오늘부터 예수님을 믿습니다'라고 하는 순간 인간 존재가 마귀의 종에서 하나님의 자녀로 변한다고 생각합니다. 그러나 **어떤 생명이든 생명에게 있어서 급작스러운 변화는 자연스럽지 않습니다.** 대개 긴 시간이 필요합니다. 하루아침에 개과천선하는 사람은 거의 없습니다. 못된 습관을 끊어버리려고 해도 대단한 결심과 여러 번의 시도, 긴 인내가 필요합니다. 하지만 **요한복음의 저자는 그 모든 것이 순간적으로 된다고 믿는 것 같습니다. '앎'을 소유할 때 변화가 즉각적으로 일어난다고 생각하고 있습니다.** 그에게 있어서는 '영생'조차 단순한 인식 변화에 따른 결과입니다.

하지만, 이것은 요한복음(8장)의 논리일 뿐, 전체 **성서에 들어있는 진실은 아닙니다. 저는 단순한 지적 동의로 이루어지는 것은 아무것도 없다고 생각합니다.** 지적 동의가 존재의 변화를 상징할 수는 있을 것입니다. 그러나 지적 동의만으로 존재가 바뀐다고 생각하는 것은 미신입니다. 요한복음에 매료된 사람들은 요한복음 8장의 주장과 똑같은 생각을 합니다. **교리를 배워서 그것을 아는 것이 신앙생활의 전모라고 오해합니다.** 그러나 삶은 그렇게 간단하지 않습니다. 신앙적 삶도 그렇습니다. 따라서 어떤 사람들에게서 엿보이는 특정 교리에 대한 자부심 같은 것은 아무짝에도 쓸모가 없습니다. 우리가 어떤 것을 완벽하게 이해한다고 한들, 그것만으로 그의 존재에 변화를 가져올 수 없기 때문입니다. 지식은 그저 성장에 필요한 하나의 요소입니다. 성장을 위해서는 지식뿐 아니라 실천과 같은 활동이 절실히 필요합니다. 오히려 지식보다 활동이 중요합니다. 저도 이것저것 많이 배웠지만, 말만 번지르르하고 실제로는 아무 가치도 없는 지식이 많습니다. 때로 큰 감동을 주는 것 같은데, 실제 삶을 살다 보니 거짓말인 경우도 있었습니다. **아무리 대단해 보이는 지식이라고 해도 삶에서 증명되지 않는 것은 빛 좋은 개살구에 불과합니다.**

나무에 열매가 없으면 우리는 그 나무가 어떤 나무인지 알기 어렵습니다. **오직 우리 삶의 면면들만이 우리의 구원과 영생을 확증합니다. 나무에 사과가 열리게 하려면 사과가 어떻게 열리는지를 아는 것만으로는 부족합니다. 최소한 나무를 심어야 하고 그 나무를 돌보아야 합니다.** 어떤 농부는 사과나무에 관해서 책으로는 아무것도 배우지 않았는데도 불구하고 나무를 잘 키워 탐스러운 사과를 많이 수확합니다.

요한복음은 말을 받아들이는 것 자체가 구원과 영생을 얻는 것이며, 존재를 바꾸는 것이라고 1장부터 지속해서 주장하지만(요 1:1 "말"; 2:5, 22; 3:7,11,26,28,32-33 "증언" …) 제가 볼 때, 말을 받아들여 앎을 소유하는 것만으로는 너무 부족합니다.

정말로 우리 안에 어떤 생명력이 있는 지식이나 가치가 들어왔다면 그것이 밖으로 뚫고 나오지 않을 수 없을 것입니다. **씨앗을 땅에 심으면 그 씨앗에 생명력이 있는 한, 곧 땅을 뚫고 나오게 됩니다. 만약 씨앗을 심었다고는 하는데 상황에 아무런 변화가 없다면 씨앗이 아닌데 씨앗이라고 착각을 하는 것이든지 그 씨앗이 썩어 이미 생명력을 잃은 것입니다. 여러분이 구원의 도리를 알고 영생을 소유했다고 아무리 믿고 안다고 하더라도 겉으로 아무 증거가 나타나지 않는다면 착각하고 있거나 스스로 속이고 있는 것입니다.** 제가 앎으로만 부족하다는 말의 뜻은 바로 이것입니다. **그 앎이 제대로 된 앎이라고 하는데 밖으로 아무런 실천이 나타나지 않는다면 저는 그 앎이 가짜 앎이거나 썩은 것이라고밖에는 다른 생각을 할 수 없습니다.** 당신 안에 어떤 중요한 변화가 있다는 것을 자신과 남이 확인할 수 있도록 뭔가 행동이 보여야 합니다!

여러분이 구원과 부활과 영생의 교리를 모두 배우고 잘 이해하고 있다고 합시다. 그것 자체가 여러분에게 구원과 부활과 영생을 가져다줄 줄로 아는 것은 착각입니다. 어떤 방식으로든지 여러분의 앎이 생명력 있는 앎이라면 그것이 밖으로 빛을 비추게 됩니다. **구원을 소유하고 있다면서 절실한 구원이 필요한 사람을 외면하거나 심지어 짓밟는다면 스스로 속이는 것입니다. 부활을 믿는다면서 절망에 빠져 도저히 재기할 수 없을 것 같은 사람이 다시 일어날 수 있도록 북돋아 주지 않는다면 당신은 부활을 아는 게 아닙니다. 영생을 소유했다면서 죽으면 다 끝날 것처럼 다른 사람을 함부로 대하고 각종 악**

행을 저지른다면 당신은 거짓말을 하는 것입니다. 실천이 없으면서 마음으로만 믿는다는 모든 것은 아무런 실질적인 능력이 없는 허울에 불과합니다. 단순히 지적으로 동의한다고 해서 뭐가 제대로 되는 것은 하나도 없습니다. 따라서 우리는 우리가 가진 지식이 진정으로 생명력이 있는 것인지 아닌지 민감하게 관찰해야 합니다. 만약 당신의 앎이 죽은 앎이라는 불안한 생각이 든다면 이렇게 하십시오. **부활이 잘 믿어지지 않으면 일상 속에서 부활(재기)이 필요한 사람들을 도와 보십시오. 구원의 확신이라는 것이 본인의 착각인지 아닌지 잘 모르겠으면 일단 구원이 필요한 이웃에게 손을 내밀어 봅시다. 영생이 정말 어떤 삶인지 모르겠거든 삶이 빨리 끝났으면 하는 사람에게 먹을 것과 입을 것과 쓸 것을 나누어 봅시다. 실천을 통해 여러분이 가지고 있던 신앙적 개념이 단순한 지식에서 살아있는 앎이 되는 것을 보게 될 것입니다.**

사실 저도 긴 세월 동안 머리로만 믿는다고 말하던 껍데기 신앙인이었습니다. 핑계를 좀 대자면 교회에 프로그램이 너무 많고 예배가 잦아 바쁜 나머지 제가 가진 신앙이 제대로 된 신앙인지 실제 삶에서 실천하면서 확인할 기회가 별로 없었습니다. 이것이 현재 개신교의 큰 문제입니다. 교회 활동을 몇 년 열심히 하다가 갑자기 사라지는 분들이 있지요? 자신이 안다고 생각하는 그 앎이 진짜 생명력 있는 앎인지 끝내 확신을 갖지 못하고 교회 일만 열심히 하다가 지쳐서 물러나는 것입니다. **교회 안에서 하는 일은 이상하게 아무리 많이 해도 신앙을 실천으로 점검하는 차원의 일이 안 됩니다. 신앙은 본질적으로 교회 밖 세상에서 검증할 수 있는 것입니다.**(마 5:13-14) 개신교 전체로 말하자면 **사회의 개신교에 대한 인식과 평가가 개신교 신앙의 실질이라는 것입니다.** 교회에서는 천사 같은 사람인데 교회만 나서면 악마처럼 살아가는 사람이 적지 않습니다. 그러면서도 그들은 자신이 구원과 부활과 영생의 교리를 알고 있으므로 결국 천국에 간다고 착각합니다. 아무리 극악무도한 범죄를 저질러도 그 알량한 앎으로 천국에 간다고 합니다. 하지만 생각을 좀 해보세요. 아무런 생기(生氣)도 없는 신앙이 정말로 당신을 천국에 보내 주겠어요? 사회가 조금이라도 천국처럼 되도록 이바지하기는커녕 지옥과 가까워지도록 범죄를 일삼은 당신이 천국에 간다고요? 천국은 현재 일상의 연장이라는 것을 모르셨나요? **당신이 그동안 지옥과 같은 삶을 조장하여 남에게 악한 영향을 끼쳤다면 그대로 그런 삶이 당신에게 영원히 이어지는 것이 합리적이지 않을까요?** 머리로 뭘 알고 믿는다고 하지 마십시오. 그것이 삶으로 드러나지 않는 이상, 그것은 죽은 것입니다.

> 내 형제들아 만일 사람이 믿음이 있노라 하고 행함이 없으면 무슨 유익이 있으리요 **그 믿음이 능히 자기를 구원하겠느냐** 만일 형제나 자매가 헐벗고 일용할 양식이 없는데 너희 중에 누구든지 그에게 이르되 평안히 가라, 덥게 하라, 배부르게 하라 하며 그 몸에 쓸 것을 주지 아니하면 무슨 유익이 있으리요 이와 같이 **행함이 없는 믿음은 그 자체가 죽은 것이라** 어떤 사람은 말하기를 너는 믿음이 있고 나는 행함이 있으니 행함이 없는 네 믿음을 내게 보이라 **나는 행함으로 내 믿음을 네게 보이리라** 하리라 네가 하나님은 한 분이신 줄을 믿느냐 잘하는도다 귀신들도 믿고 떠느니라(약 2:14-19)

제가 지금까지 제 생각을 말한 것으로 오해하신 분이 계신다고 해도 위의 야고보서의 주옥같은 말씀을 읽고 나서는 의견이 달라지실 것입니다. 그렇습니다. 신앙은 관념에서 멈추는 것이 아닙니다. 그 신앙 관념이 여러분에게 줄 것은 아무것도 없습니다! **요한복음의 '앎이 전부다'라는 주장을 그대로 받아들이면 관념이 모든 것이라고 오해할 수 있습니다.** 따라서 저는 요한복음을 읽을 때 주의해야 한다고 말씀드리는 것입니다. 아래 구절을 보십시오.

> 그 여자에게 말하되 이제 우리가 믿는 것은 네 말로 인함이 아니니 이는 우리가 친히 듣고 그가 참으로 세상의 구주신 줄 앎이라 하였더라(요 4:42)

저는 이 문장을 처음 읽으면서 상당히 큰 기대를 했습니다. 왜냐하면 '우리가 믿은 것은 네 말로 인함이 아니'라고 하기 때문입니다. 여기까지만 읽으면 단순히 말을 청취함으로 믿음이 생성된다는 주장에 대한 반론처럼 들립니다. 저의 추측으로는 당시에 정말로 이런 반론을 제기한 사람이 있었을 것 같습니다. 믿는 것, 신앙이라는 것은 단순히 말을 들어서 이루어지는 관념이 아닙니다. 다른 이가 신앙의 실체를 확인하고 그것을 수용할 수 있는 것은 신앙이 실천으로 나타날 때뿐입니다. 하지만 요한복음 이 구절을 끝까지 좀 보십시오. 뭐라고 하고 있습니까? "우리가 친히 듣고 … 앎이라" 이것이 요한복음의 한계입니다. 제가 기대한 것은 '당신의 말을 듣고 믿을 수 없었어요. 오히려 당신의 실천을 보고 신뢰하게 되었습니다'와 같은 내용입니다. 그런데 보십시오. 같은 이야기만 반복하고 있습니다. '내가 듣고 진정한 앎을 소유했다!' 이 세상에서 제일 무서운 사람이 바로 아무도 모르는 것을 혼자 깨달았다는 사람입니다. **성서의 진리는 이렇게 혼자 소유하는 그런 것이 아닙니다. 만천하에 드러나서 누구나 쉽게 접할 수 있는 성질의 것입니다.** 삶에 확실히 드러나서 누구도 쉽게 부정하기 어려운 것이 성서의 진리입니다. 그게 제대로 되지 않는다면 아마도 그런 사람은 성서를 아무리 많이 읽었다고 해도 아직 잘 모르는 것입니다. **누군가는 신앙이 100% 눈에 보이지 않는 영역에 있는 것이라고 하지만, 사실은 그렇지 않습니다. 최소한 신앙의 절반은 우리가 눈으로 볼 수 있는 모습으로 삶에 드러나게 마련입니다.** 듣고 아는 것으로 끝나는 것이 아닙니다. 듣고 알고, 사람들과 함께 살아가는 것, 바로 그것이 신앙입니다.

🐝 구원, 부활, 영생은 깨닫는 것이 아니라 살아가는 것입니다. 안타깝게도 **관념에 갇힌 신앙이 전부인 것처럼 잘못 가르쳐 왔기 때문에 개신교는 점점 쇠락하고 있습니다.** 생명력이 없는 존재는 결국 말라비틀어지는 것입니다. 머리로만 믿으면 된다고 착각한 결과입니다. 개신교의 초기, 삶으로 신

앙을 증명한 선배들을 대단한 위인으로 숭상하기는 하지만 그와 같은 방식으로 살아가는 것은 거절하고 있습니다. **나눔으로 사랑을 증명하고, 도움으로 구원을 입증하며, 실패한 사람을 격려함으로 부활을 행하고, 행복으로 영생을 드러내는 사람이 정말 너무나 적습니다.** 말쟁이, 욕심꾸러기, 위선자만 가득한 것이 안타까운 현실입니다. 그러면서도 듣고 마음으로 믿기만 하면 천국 간다는 소리를 반복합니다. 하지만 **피상적인 지적 동의로는 아무것도 이룰 수 없습니다.** 실천이 있어야 믿음을 검증할 수 있는데 신자들이 사회로 나가 실천할 기회를 교회와 목사가 빼앗고 있습니다. 믿음 좋은 신자란 아무것도 하지 않고 온종일 예배당에 앉아 설교를 듣는 사람이라고 가르치는 것입니다. 실천으로 신앙을 점검하지도 않은 채 빈번한 예배에 참석할 때마다 담임목사 얼굴을 바라보니까 점점 목사를 존경하고 숭배하는 분위기가 조성됩니다. 설교자는 자기 설교가 대단히 특별하다면서 다른 생각하지 말고 잘 듣기만 하면 만사형통이라고 말합니다. 그리고 신자 중 누군가 자기 말을 경청하지 않으면 호통을 치는 사람도 있습니다. 요한복음에도 '이렇게 간단하면서도 확실한 진리를 왜 안 믿지?'라고 한탄하면서 특정한 말을 받아들이지 않는 사람들을 '마귀'(참고: 요 8:44)라고 합니다.

하지만 현대인은 말만 듣고 믿는 바보가 아닙니다. 오히려 뻔드르르한 말만 늘어놓으면 의심이 생깁니다. 따라서 설교하시는 분들은 말을 어떻게 잘할까, 어떻게 말로 설득할까만을 고민하지 말고 더 많은 시간을 내서 삶의 터전으로 가서 실제로 이웃과 어깨를 나란히 하며 살아보시기를 바랍니다. 배추도 팔아보고 편의점에서 일도 해보고 공사장에서 시멘트도 좀 날라 보세요. 그리고 구원과 부활과 천국 같은 일상을 바라지만 여전히 어렵게 살아가는 이웃과 당신이 피땀 흘려 번 돈을 조금이라도 나누어 보시기 바랍니다. 그런 실천은 하지 않고 오로지 '지금 예수님을 영접합니다'라고 말하는 순간 하늘 문이 열리고 지옥 갈 존재가 천국 가게 된다고 환상적인 소리만 하고 있어서는 안 됩니다. 뚝딱 순식간에 만들어지는 생명이라는 것이 어디 있습니까? 눈 깜빡할 사이에 이루어지는 변화가 어디 있다는 것입니까? 한국 사람의 성격은 자타 공인 대단히 급합니다. 그래서 그런지 구원도 순식간에, 천국 가는 문제도 순식간에 끝장을 보려고 합니다. 하지만, 사과나무도 몇 년이 걸려야 열매를 맺는데 구원이니 영생이니 하는 것들이 1초 만에 주어진다는 것은 말이 안 됩니다. 그게 거짓말이 아니면 도대체 뭐겠어요? 宗

예수께서 가라사대 내가 심판하러 이 세상에 왔으니 보지 못하는 자들은 보게 하고 보는 자들은 소경 되게 하려 함이라 하시니 / 바리새인 중에 예수와 함께 있던 자들이 이 말씀을 듣고 가로되 우리도 소경인가 / 예수께서 가라사대 너희가 소경 되었더면 죄가 없으려니와 본다고 하니 너희 죄가 그저 있느니라

성서는 기적을 믿으라고 하지 않고 기적 이야기에 담긴 의미가 무엇이냐고 묻습니다.

요한복음 9장은 예수님이 "날 때부터 소경 된 사람을"(요 9:1) 고치는(요 9:11) 이야기입니다. 그런데 그런 예수님의 기적에 대해서 "바리새인 중" 일부("혹은")는 예수님이 "안식일(요 9:14)에 병자를 고친 '일'을 했다고 난리를 칩니다. 그런데 어떤 사람은 예수님을 옹호하는 차원에서, 그가 "죄인"이었다면 결코 병을 고치는 기적을 행할 수 없었을 것이라고 말합니다. 이처럼 **병을 고치신 예수님을 둘러싸고 사람들 사이에 논쟁이 일어났습니다.**

바리새인 중에 혹은 말하되 이 사람이 안식일을 지키지 아니하니 하나님께로서 온 자가 아니라 하며 혹은 말하되 죄인으로서 어떻게 이러한 표적을 행하겠느냐 하여 피차 쟁론이 되었더니(요 9:16)

눈을 뜨고 보게 된 사람은 예수님이 죄인인지 아닌지 관심이 없다면서 "아는 것은(자신이) 소경으로 있다가 … 보는 … 것"뿐이라고 합니다.(요 9:25) **이 사람은 자신을 고쳐 준 예수님이 특별한 분이라고 생각하고 있습니다.**(요 9:30 "이상하다 … 당신들이 그가 어디서 왔는지 알지 못하는도다"; 요 9:33 "… 하나님께로부터 오지 아니하였으면 아무 일도 할 수 없으리이다.") 그는 하나님이 "죄인"을 사용하지 않으시고 "경건"한 사람만을 쓰신다는 신앙적으

로 상식적인 논리를 표명합니다.(요9:31) 다시 말해, **예수님이 "죄인"이 아니니까 병을 고쳤다**는 것입니다. 그런데도 바리새파 유대인들은 병 나음을 받은 이 사람을 무시하며 쫓아버립니다.(요 9:34) 그러자 예수님은 그를 찾아가서 이런 질문을 합니다: "네가 인자를 믿느냐?"(요 9:35) 장애에서 해방된 사람은 아직도 예수님이 누군지 제대로 인식하지 못하고 있었습니다. 그래서 이런 말을 합니다. '그가 누굽니까? 그분을 믿고 싶습니다.'(요 9:36)

이 이야기를 읽는 독자들은 **이 사람이 기적을 체험했는데도 예수님이 누구인지조차 제대로 모르고 있다**는 점을 기억할 필요가 있습니다. 본문은 **기적과 신앙을 인과관계로 묶지 않습니다.** 그것은 어떤 면에서 **기적의 효과를 무시하**는 것입니다. 본문은 장애가 있던 사람이 실제로 치유되는 기적 자체에 집중하지 않습니다. 그것보다 치유의 의미를 교육하는 편을 택합니다.

> 예수께서 가라사대 내가 심판하러 이 세상에 왔으니 보지 못하는 자들은 보게 하고 보는 자들은 소경 되게 하려 함이라 하시니(요 9:39)

이제 요한복음 9장 이야기의 의도가 명확하게 드러납니다. **눈먼 소경이 보게 되었다는 소재를 사용하여 '눈을 뜨고 있지만, 사실은 마음의 눈이 먼 사람들'을 자극하려는 것이 이 본문의 참된 의도입니다.**

> 바리새인 중에 예수와 함께 있던 자들이 이 말씀을 듣고 가로되 우리도 소경인가 예수께서 가라사대 너희가 소경 되었더면 죄가 없으려니와 본다고 하니 너희 죄가 그저 있느니라(요 9:40-41)

요한복음 9장의 내용은 일관적입니다. "죄" 혹은 '죄인'이라는 용어가 처음부터 계속 나옵니다.(요 9:2,3,16,24,25,31,34,41) 글쓴이가 이 한 장의 본문을 완성하기 위해 끌어다 쓴 소재가 많았을 텐데 전체 본문 내용과 잘 어우러져서 연결한 이음새 같은 것도 보이지 않습니다. 이런 경우에는 글 전체, 한 장을 정리하여 대강(大綱)을 적어내기가 쉽습니다. 요한복음 9장은 아래와 같이 명확한 몇 개의 주제에 따라 작성한 것입니다.

첫째, 예수님이 기적을 행한다고 해도 그것을 보았거나 혹은 체험한 사람들이 무조건 명확한 신앙 개념을 획득하는 것은 아니다.(참고: 눅 16:31 "…비록 죽은 자 가운데서 살아나는 자가 있을지라도 권함을 받지 아니하리라…")

둘째, **진정한 "소경"은 육체적 장애가 있는 자가 아니라 '자신이 누구인지'를 모르는 자'**다.

셋째, **육체적 장애는 신앙적인 '죄 개념'과 하등 관련이 없다.** "죄" 개념은 '바른 인식의 부재(不在)'와 관계가 있다.

이를 볼 때, **성서는 초월적인 기적 이야기를 하면서 그것을 무조건 믿으라고 강요하는 책이 아닙니다.** 오히려 기적 이야기를 통해서 **더 중요한 교훈을 전달하려고 합니다.**

바로 시대를 초월하여 모든 사람이 수용할 만한 교훈을 전달한다는 점이 우리가 성서를 고등 종교의 경전인 성경(聖經)으로 존중하는 중요한 이유입니다. 성경에서 기적 이야기가 나오더라도 **그것은 기적 자체를 믿으라는 것이 아닙니다. 기적에 담긴 의미를 파악하라는 것입니다.** 요한복음에서 말하는 죄는 **인식의 부재**입니다. 이처럼 요한복음이 제일 중시하는 것은 어떤 중요한 지식을 아는 것입니다. 신앙생활에 있어서 더 중요한 것은 앎이 아니라 실천이기 때문에 요한복음을 읽을 때마다 아쉬운 느낌이 들지만, 어쩔 수 없습니다. 요한복음은 그런 책입니다.

인간이 어떤 존재인지도 잘 모르는데 하나님이 누구신지 어떻게 알겠습니까? 자신이 얼마나 유한한 존재인 줄 깨달아야 비로소 신의 무한하심에 대해서 조금씩 감지할 여지가 생길 수도 있을 것입니다. 자신의 한계를 인지하는 사람은 겸손합니다. 그런 사람만이 하나님에 대해서 조금이나마 알 수 있다고 하겠습니다. 반대로, 교만하고 다른 사람을 업신여기는 사람이 '하나님과 삼라만상의 모든 지식에 통달했다'라고 해도 그 사람은 아무것도 모르고 있을 가능성이 큽니다. 자신이 어떤 존재인지 모르는 사람이 하나님에 대해서 알 수 있다고 생각할 수 없습니다. 언제나 모르면서 아는 척하는 것이 문제입니다. 성서는 하나님을 모르는 것과 죄를 연결합니다.(참고: 살전 4:5 "하나님을 모르는 이방인"의 "색욕") 물론 제 생각에는 아무리 대단한 앎이라고 해도 앎 자체로는 많이 부족합니다. **'안다'라고 하면서도 악하게 사는 사람도 많기 때문입니다.**(참고: 롬 3:21-25 "하나님을 알되 … 감사하지도 아니하고 … 그 생각이 허망하여지며 … 스스로 지혜 있다 하나 어리석게 되어 … 더러움 … 욕되게 … 진리를 거짓 것으로 바꾸어 …") 모르면서 아는 체하는 것이 문제라면 그보다 더 큰 문제는 **알면서도 엉망으로 살아가는 것입니다.**

앞을 볼 수 없는 장애에서 치유를 받은 사람의 이야기로 다시 돌아옵시다. 이 이야기의 의미와 가치, 그리고 교훈은 무엇입니까? 글쓴이는 자기가 이미 눈을 떴다고 생각하고 사람들에게 '마음의 눈을 뜨라'라고 말하고 있는 듯합니다. 하지만 이 메시지는 다소 부족합니다. 마음의 눈을 뜨기만 하면 무엇을 합니까? 그 눈으로 무엇을 봐야 합니까? 그래서 저는 요한복음의 이야기를 빌어서 메시지를 조금 더 확대해 보려고 합니다. 먼저 '눈'을 뜨십시오! 그리고 진짜 중요한 것이 무엇인지 보십시오. **진정으로 중요한 것은 먼 데 있지 않습니다. 그것은 우리 가운데 있으며 우리 곁에 가깝게 존재합니다.** 우리는 가볍게 생각하고 무시하지만, 사실은 우리 삶과 신앙에서 가장 중요한 것이 그것입니다. 그것이 무엇입니까? 평범한 일상입니다. 소중한 우리의 삶입니다. 그리고 우리와 평범한 일상을 공유하는 사람들입니다. 부족하고 흠이 많지만, 우리의 삶 자체가 소중하다는 것을 깨달은 사람, 자기와 일상을 공유하는 사람들의 소중함을 아는 사람, 바로 그가 눈을 뜬 사람입니다.

🐝 **마음의 눈을 떠서 일상과 사람의 가치를 발견하기를 바랍니다.** 우리 삶에서 가장 중요한 것이 무엇인지 보지 못하고 깨닫지 못하는 사람이 진짜 "소경"입니다. 우리는 모두 눈으로 보고 생각해보고 가장 가치가 있는 것처럼 보이는 것을 추구하기 마련입니다. 인생을 소비하면서 땀을 흘리며 그것을 획득하기 위해 노력합니다. 그런데 말입니다. 혹시 덜 중요한 것과 더 중요한 것, 그리고 가장 중요한 것을 잘못 알고 있는 것은 아닙니까? 돈보다 부동산보다 더 중요한 것은 무엇입니까? 당신이 중시하는 것과는 다른 어떤 것이 사실은 제일 중요한 것이 아닐까요? 적지 않은 이는 인간의 생명보다 돈을 중시합니다. 어떤 사람은 가족을 돌보는 것보다 일신의 성공이 더 중요하다면서 무리하며 살아갑니다. **그러나 가족은 그를 영원히 기다려 주지 않습니다.** 성공하고 돌아간 집이 텅 비어 있는 경우가 많습니다. **성공을 향해 좀 늦게 나아가는 한이 있어도 가족과 함께하는 것이 가치 있습니다. 먼저 해야 할 것과 나중 해도 될 것을 분별하지 못해서 후회하는 사람이 너무 많습니다.**

어떤 이는 교만한 마음을 품고 사람들을 무시합니다. 하지만 **모든 사람은 하나님의 이미지를 따라 창조된 위대한 창조물입니다.** '눈'을 뜬 사람만 보고 이 중요한 사실을 압니다. 성서는 이런 사람들이 빨리 '눈'을 떠서 사람을 존중하라고 교훈합니다. 사실 위대한 가치는 평범한 일상 가운데 숨어있습니다. 사람의 가치입니다. 일상과 가족과 이웃의 소중함도 알지 못하면서 말로만 '하나님의 영광'이니 '하나님 나라'니 소란스럽게 하며 시간을 허비하는 사람들을 보면 안타까움을 금할 수 없습니다. 어서 빨리 그들도 '눈'을 떠서 가장 중요한 것이 무엇인지 보고 알기를 기도합니다.

   2012년 2월에 KBS 뉴스를 보고 있는데 미국 애틀랜타에 사는 한국인 목사 부부가 2살짜리 아이를 혼자 집에 내버려 둔 채 새벽기도를 갔다가 이웃에게 발각되어 경찰에 구속되는 일이 있었습니다. 이 목사 부부는 뭔가 대단한 착각을 하고 있었던 것 같습니다. 2살 아이, 친자식을 돌보는 일보다 새벽기도회가 더 중요하다고 생각했던 모양입니다. 아마 아이를 교회에 데려가면 울거나 시끄럽게 할 수 있다고 생각해서 놔두고 간 것 같기도 합니다. 구금되었던 부부는 문화 차이에 대한 이해 부족을 이유로 보석금 처분을 받고 풀려났고 이웃이 데리고 있었던 아이는 무사히 부모에게 인계되었다고 합니다. 이를 미국과 한국의 문화 차이를 이해하지 못해서 일어난 우발사건으로 생각해서는 안 됩니다. 아이를 돌보아야 하는 부모의 역할이 우선인데 교회에 가서 기도하는 것이 더 중요하다고 오판한 것입니다. 말로만 '하나님이 자녀를 주셨다'라고 할 뿐 그 자녀를 '하나님의 자녀'로 대우하지 않았습니다. 아이를 내버려 두는 것이 초래할 문제에 대해서도 깊이 생각하지 않았습니다. 꼭 교회에 가야 했다면 아이가 시끄럽게 울어도 아이를 데리고 갔어야 합니다. **2살짜리 아이가 우는 것을 이해하지 못하는 교회 예배는 문제가 있는 예배입니다.** 부득이한 경우에 아이를 데리고 직장에 출근하면 회사에 아이를 돌볼 장소가 마련되어 있거나, 없으면 업무를 좀 등한시하고 아이를 돌보는 데 치중하는 것을 이해해야 하는 것이 21세기 우리들의 시대입니다. 한국의 출산율이 1% 이하라는 것을 언급하기에 앞서, 그 무엇보다 사람을 존중하고 소중히 대하는 것이 선진 문명사회라는 것입니다. **기도회에 온 아이가 칭얼대거나 우는 것을 싫어하면서 '하나님께 드리는 예배'에 방해가 된다고 한다면 도대체 무엇을 위해 기도회를 하는 것인지 묻고 싶습니다.** 사람을 우선으로 고려하지 않는 예배는 할 필요가 없습니다.(참고: 마 5:23-24; 12:11-12) 아무런 가치도 없기 때문입니다.

신앙적으로 '눈을 떴다'라고 말하면서 일상과 가족과 이웃의 소중함을 모른다면 아무런 '눈'도 뜨지 못한 것입니다. 착각하고 있는 것이 분명합니다. 이제 진짜 '눈'을 뜨세요! 사람을 얕보고 무시하면서 무슨 신앙입니까? 그런 신앙은 거짓입니다. 교만한 인생이 '눈'을 뜨고 겸손한 삶을 살며 사람을 존중하게 되는 것이 육신의 눈을 뜨는 것보다 훨씬 놀라운 기적입니다. 이 진정한 기적이 여러분의 삶에 일어나기를 바랍니다. **참된 가치를 발견하는 '눈'을 소유하고 그 '눈'을 떠서 세상을 다시 바라보라는 것, 그것이 "소경"이 눈을 뜨는 이야기에 담긴 의미입니다. 교훈입니다.** 이것은 단순히 기적이 실제로 현실에 일어날 수 있느냐 없느냐를 따지는 것보다 훨씬 중요합니다. 다른 사람에게 기적을 믿느냐고 자신은 믿는다고 다그치지 마세요. 오히려 스스로 '눈'을 떴는지 돌아보아야 합니다. 자신은 '눈'을 뜨지 못한 채로 다른 사람에게 기적을 믿는 신앙자랑만 한다면 참 딱하고 부끄러운 일입니다. 🏠

그날에 너희가 내 이름으로 구할 것이요 내가 너희를 위하여 아버지께 구하겠다
하는 말이 아니니 / 이는 너희가 나를 사랑하고 또 내가 하나님께로부터 온 줄
믿었으므로 아버지께서 친히 너희를 사랑하심이라

조미료를 너무 많이 넣으면 요리를 망칩니다. 과하게 영적인 신앙도
삶을 망칩니다.

요한복음 16:26-27은 하나님이 "친히" 사람들을 "사랑하"신다고 말합니
다. 그러면서 예수님이 사람들을 대신하여 하나님께 기도하지 않겠다고 합니
다. 이상한 일입니다. 그냥 사람들에게 **직접 하나님께 "구"하**라고 합니다. 이
글을 읽으면 정말로 예수님을 통하지 않고 하나님이 직접 소통할 수 있을까
하는 생각이 듭니다. 교리상으로 보면 인간은 반드시 예수님을 통해서 하나
님과 소통하는 거 아닙니까? 이 글은 **의도적으로 중간자 예수님의 역할을 축
소**하는 것처럼 보입니다. "내(예수님의) 이름으로 구"하라는 말은 있지만, 전
체 내용을 보면 '하나님께 직접 기도하라'라는 것이 핵심입니다.

일반적으로 교리의 측면에서 우리는 **하나님과 인간 사이의 중간자요 매개
자로서의 예수님의 역할**을 중시합니다. 인간은 모두 죄인이며 스스로 하나
님의 거룩함에 도달할 수 없습니다. 하나님 쪽에서 구원의 손을 내밀지 않으
면 인간은 멸망할 수밖에 없습니다. 그러나 사랑의 하나님께서는 그의 외아
들 예수님을 보내셔서 인간과 하나님 사이의 교량이 되게 하셨습니다. 비로
소 인간에게 구원과 영생의 소망이 생긴 것입니다. 따라서 예수님이 사람들
을 "위하여(하나님) 아버지께 구하"지 않고 **사람들이 직접 하나님께 구하라는
것은 뭔가 이상한 느낌을 줍니다. 비록 '예수님의 이름으로' 간구한다고 해도
'예수님이 대신해' 주시는 것과는 차원이 다른 이야기입니다.** 같은 관점에서

하나님 "아버지"는 예수님을 통하지 않고도 직접 사람들("너희")을 "사랑하"
신다고 합니다. 이 모든 내용은 **예수님이 더는 이 땅에서 영향력을 끼칠 수
없는 가운데, 그에 대하여 어떤 대안을 마련하는 듯한 느낌을 줍니다.**

바로 전 구절인 요한복음 16:25을 보면 예수님이 사람들(제자들)에게 **다시
는 비유로 말씀하시지 않겠다고 합니다.** 이는 신적 메시지가 명확하게 드러났
으며 사람들이 그것을 '직접' 수용하고 완벽히 이해했음을 전제합니다. 이런
완벽한 신적 지식은 요한복음 16장의 논리를 따르자면 **'성령'**이 역사하심으로
주어지는 놀라운 지식입니다.(요 16:7,13-14)

요한복음은 어떤 '앎'에 이르는 완벽한 일치를 지향하고 있습니다.(요
16:15 "아버지께 있는 것은 다 내 것이라 … 그가 내 것을 가지고 너희에게
알리시리라") 예를 들자면, 남녀가 결합하여 하나가 되어야 비로소 서로에 대
한 깊은 앎에 이릅니다. 본문에서 예수님은 하나님과 자신의 일치를 언급하
는 동시에, 자신과 '성령'을 동일시하는 발언을 반복합니다.(요 16:16 "… 조
금 있으면 나(예수님)를 보지 못하겠고 또 조금 있으면 나(성령)를 보리라 …;
요 16:22 "내가 다시 너희를 보리니")

**예수님이 이 땅에 계실 때는 신경 쓸 필요가 없던 문제들이 우후죽순처럼
생겨났습니다.** 심지어 기도를 어떻게 할 것인지, 누가 나서서 대중을 위해 기
도할 것인지에 대해서 시끌시끌하기 시작했습니다. **아마 처음에는 '예수님의
이름으로 기도합니다'라는 말을 기도 끝에 붙이지 않았을 것입니다.** 기도의
체계가 갖춰지면서 나중에 추가되었을 것입니다. 왜냐하면, 그런 기도 형식
은 요한복음 16:26에서 예수님이 **처음으로** 가르치고 있기 때문입니다. 만일
이것이 예수님이 직접 하신 말이 아니라면 초기 교회 리더가 예수님을 내세워
기도의 형식을 **교육**한 것이 됩니다. 다시 또 말씀드립니다만, 바로 다음의 27

절을 보면 '하나님께서 사람을 친히 사랑하신다'라고 말하고 있습니다. 하나님과 사람이 밀접하고 직접적인 관계를 이루었다면 그전까지는 예수님이라는 매개체가 필요했는지 몰라도 이제부터는 하나님과 사람이 직접 소통하면 될 것입니다. 이런 이해에서 '예수님의 이름으로 기도합니다'라는 하나의 형식으로 남을 뿐입니다. 구원을 성취하신 예수님 덕분에 인간은 하나님과 직접 소통하게 된 것입니다. 만약 여러분이 기도할 때마다 '예수님의 이름'을 어떤 보안 시설에 들어갈 때마다 사용하는 액세스 카드(access card)나 아이디 카드(ID card)로 생각한다면 '예수님이 다 성취하셨다(요 19:30 "다 이루었다")'라는 말이 무색하지 않겠습니까? 오히려 '예수님은 매번 성취하신다'가 맞지 않을까요?

어쨌든 기도하는 데 큰 혼란이 생긴 것은 사실입니다. 누군가 나서서 기도의 형식을 고정하기 전까지 그 혼란은 계속될 것입니다. **이전에는 예수님이 사람들을 위해서 빌어 주셨지만, 앞으로는 사람들이 직접 하나님께 기도해야만 합니다.**(요 16:26)

기도에만 변화와 혼란이 일어난 것이 아닙니다. 설교, 즉 메시지 전달에도 변화가 생겼고 사람들은 혼란스러워했을 것입니다. 이는 늘 예수님이 나서서 메시지를 전달하시던 때는 느끼지 못했던 변화와 혼란입니다. 요한복음 16장은 '예수님을 통해 직접 전달되는 비유 형식의 메시지' 대신 어떤 특별한 이들을 통해 신적 지식이 전달되는 식으로 변화가 일어나고 있음을 알립니다. 또한, 지식을 수용하는 사람은 그것을 반드시 명확하게 자각(요 16:25,29)해야 합니다. 글쓴이는 그렇게 **자각한 사람들을 '하나님이 친히 사랑하는 사람들'**(요 16:26-27)로 추켜세웁니다. 글쓴이의 평가에 따르면, **그들이 이렇게 특별한 앎을 소유하게 된 것은**(예수님 대신 주어진) **"보혜사"**(요 16:7), 즉, **"성령"**(요 16:13)**의 역할 때문입니다.** 모든 변화는 예수님이 승천하셔서 더는 이 땅에서 일할 수 없게 되면서 나타난 것입니다. 글쓴이는 예수님의 일이 "**보혜사**(保惠師, 변호인, 협조자, 대변인, παράκλητος)"와 "**성령**(聖靈, 거룩한 영, 예수님의 영, πνεῦμα, Spiritus Sanctus)"에게 인계되었다고 주장합니다. 그러나 이런 인계가 즉각적으로 이루어진 것 같지는 않습니다. 긴 시간이 흘렀고 그 과정에서 '**하나님께 각자 직접 기도하세요**'와 같은 이야기가 나온 것입니다. 종교의식 체계에서 '마음대로 하세요' 혹은 '직접 하세요'라는 말은 대단히 무책임한 말입니다. 종교는 일정한 틀을 제공합니다. 만약 개신교 교회에 고정된 예배 순서가 없다고 생각해보십시오. 누구는 교회에 와서 헌금부터 내고, 누구는 성경부터 읽고, 교회에 왔던 사람이 귀가하려고 하는데 목사가 그제야 벌떡 일어나 설교하려고 한다면 아주 혼란스럽지 않겠습니까? 따라서 사람이 모인 모든 모임에는 반드시 **최소한의 규칙이나 규범**이 있어야 합니다. 그것이 너무 사람을 얽매니까 문제인 것이지 그게 아예 없으면 대단히 혼란스럽습니다. 그래서 종국에는 '**하나님께 직접 기도하세요**'라는 말에 '**예수님의 이름으로**'라는 **말이 붙어서 하나의 완벽한 기도 형식을 이루었습니다.** '누구누구의 이름으로'라는 어구가 초기 기독교인들로부터 생겨난 것으로 볼 수는 없습니다. 하지만 초기 기독교인들은 그것이 '권위자의 권위를 힘입는다'라는 의미가 있음에 착안하여서 '예수님의 이름으로 기도합니다'라는 말을 하나님을 향한 모든 기도 끝에 붙이도록 했을 것입니다.

성서는 "보혜사"와 "성령"을 모두 예수님과 같은 개념으로 여기는데(요 14:26 "보혜사 곧 … 성령") 이 역시 예수님의 부재에 따른 대책으로 생성된 개념이라는 것이 분명합니다.(요 16:7 "… 내가 떠나는 것이 … 유익이라 … 떠나지 아니하면 보혜사가 … 오시지 아니할 것이요 …") 그만큼 **초기 기독교인들은 예수님이 사라지신 이후에도 그분이 계실 때와 똑같은 신앙적 안정감을 느끼기를 바랐습니다.** 예수님은 안 계시지만 '하나님 아버지가 예수님의 이름으로 보내실 영'(요 14:26), '예수님이 직접 보내실 존재'(요 16:7)가 '영원히 함께한다'(요 14:16)는 서술이 나타난 것은 이 때문입니다. "**보혜사**"나 "**성**

령"을 보내는 분이 하나님인지 예수님인지 설명이 이랬다저랬다 하는 것은 이 개념이 점진적으로 발전했음을 알게 합니다.

세대주의(世代主義, Dispensationalism)라는 것이 있습니다. 19세기에 나타난 극단적인 성경 이해인데요. 한국의 대형교회 목사님들부터 작은 교회를 목회하시는 목사님들까지 큰 영향을 받았습니다. 누군가 시대를 무 자르듯이 잘라 구분하고 언제까지 예수님이 다시 오신다는 등의 설교를 한다면 세대주의의 영향을 받은 것이 거의 확실합니다. 이들은 구약 시대에 하나님의 사역이 끝났고, 신약으로 넘어와 예수님이 활동하시는 시대가 되었다고 생각합니다. 그리고 예수님 시대는 다시 성령의 시대로 넘어갔다고 믿습니다. 어떻게 보면 이런 이해가 대단히 그럴듯하므로 자칫하면 세대주의적 역사관에 의해 생각이 사로잡힐 수 있습니다. 그리고 특정한 사고에 사로잡힌 사람은 입을 열어 말하기 시작할 것입니다. 성부 하나님의 시대에서 성자 예수님의 시대로, 그리고 다시 성령의 시대로 바뀌었으며 지금 우리가 사는 이 시대가 성령의 시대라고 말입니다. 그런데 세대주의적 사고를 고수하면 고수할수록 **예수님의 역할이 퇴색하는 것을 보게 됩니다. 또한, 예수님의 주옥같은 교훈까지 함께 퇴색하므로 큰 문제입니다.** 사람들은 예수님의 메시지 안에 숨은 의미와 가치를 찾아 그것을 삶에 적용하려고 하기보다는 지금이 어떤 시대인지, 이 시대가 언제 끝나는지, 새로운 시대가 언제 시작하는지, 지구가 언제 멸망하는지에 관해서만 정신을 몰두하게 됩니다. 또한, 아주 자연스럽게, 종말의 시기를 아는 것이 이웃과 어깨를 나란히 하고 성실하고 바르게 사는 것보다 훨씬 중요하다는 분위기가 조성됩니다. 이것은 분명히 불건전한 경향입니다.

🐝 종말이 와도 성실하게 일상을 살고 있다면 걱정할 것이 하나도 없습니다. 시대를 마음대로 나누는 세대주의자 중에 어떤 이는 지금이 성령의 시대라면서 신비로운 일이 많이 일어난다고 헛소리를 합니다. 그리고 어떤

이는 신비로운 일이 많이 일어나는 것처럼 꾸미기도 합니다. 제가 2012년에 아주 유명한 교회의 6부 예배에서(6부 예배라는 것은 이 교회에 하루에 총 여섯 번의 예배가 있다는 뜻) 치과의사 겸 목사라는 분이 설교하면서 자기 치아의 아말감이 금으로 변하는 기적을 체험했다고 말하는 것을 들은 기억이 납니다. 아말감은 은 성분으로서 상한 치아 위에 덧씌우는 것입니다. 이것이 금으로 변했다니! 그것이 사실이라면 이 목사님은 금방 부자가 될 것입니다. 일단 이빨에 아말감을 덧씌우고 그것이 금으로 바뀌면 모두 빼서 팔면 될 것 같습니다. **이왕이면 하나님이 번잡하게 아말감을 치아에 씌우지 않아도 치아 자체를 금으로 바꿔 주시면 좋겠는데 아마 그런 기적은 나타나지 않는 모양입니다.** 대단히 아쉬운 일입니다. 전능하신 하나님의 기적에 이렇게 제한이 있다는 것 말입니다. 사실 지금이 무슨 성령의 시대입니까? 뭐가 예수님 시대의 종결입니까? 하나님의 시대가 끝난 뒤에 하나님은 어디론가 쉬러 가셨나요? 이처럼 **시대를 임의로 구분하는 것은 큰 의미가 없고 엉뚱한 행동을 하는 사람만 생기게 합니다.** 90년대 말, 세상의 종말이 온다고 사람들을 현혹하니까 사람들이 재산을 전부 교회에 바치고 살 곳이 없어 24시간 교회에 머물다가 정작 교주가 예언한(?) 시간에 종말이 오지 않자 반 실성한 사람처럼 광분하였습니다. 그들이 교주를 찾았는데 교주는 이미 거액을 들고 해외로 도망친 후였습니다. 언젠가 누가 2000년까지 지구 인구의 몇 퍼센트를 기독교인으로 만들자고 외치자 거기에 동조한 사람 중 몇이 여행 금지 지역으로 설정된 위험한 지역에 가서 무리하게 선교하다가 테러범들에게 붙잡혀 살해당하는 일이 벌어지기도 했습니다. 이 모두가 세대주의의 폐해입니다. 마음대로 시간을 나누고 사람들을 불안하게 한 결과입니다. **성령의 시대, 예수님의 시대가 따로 있다고 생각하지 마십시오. 어제나 오늘이나 같이 성실한 태도와 자세로 일상을 살아가는 사람들이라면 아무 문제도 없습니다.**

요한복음 16장에도 '위기 상황'에 대한 언급이 있습니다. 다만 이것은 상상으로 꾸며낸 이야기가 아니라 실제로 초기 교회가 직면한 어려움이었을 것입니다.

요한복음 16:2는 "너희를 죽이는 자"에 대해서 언급하며, 요한복음 16:8은 "심판"이 있으며 "세상을 책망"한다고 합니다. 요한복음 16:11도 "이 세상 임금이 심판을 받았다"라고 하면서 박해와 세계 종말에 대해서 말하고 있습니다. 이런 관점에서 볼 때, 요한복음 16:26의 "그날"도 일상적인 시간이 아닌 듯합니다.(참고: 욜 2:11,31 "여호와의 크고 두려운 날") 또한, 요한복음 16:30의 "지금에야"라는 표현을 볼 때 '범지구적 심판과 종말'의 시간이 임박했다는 느낌을 받습니다. 사람들은 "흩어"지고(요 16:32) "세상에서 … 환난을 당"하고 있습니다.(요 16:33)

이처럼, 박해 같은 큰 위기가 발생하면 신비로운 세계에 대한 사람들의 관심이 팽배합니다. 사람들이 생명의 위협을 느끼면 느낄수록 초월적인 세계에 관한 관심이 극대화됩니다. 전쟁이나 기근과 같이 범국가적이며 사회적인 혼란 상황에서 개신교 역사에 발생했던 대부흥과 같은 일이 더 쉽게 일어납니다. 교회로 사람들이 구름 떼와 같이 모여들게 해달라고 기도하는 목사들도 있지만, 사람들이 교회로 구름처럼 모여들면 대개 심각한 위기 상황이 펼쳐진 것입니다. 꼭 전장의 중심에 있지 않더라도 대대적인 사건이 일어나면 주변 국가, 심지어 먼 지역에 거주하는 사람들까지 적지 않은 영향을 받습니다. 그리고 불안과 공포가 삽시간에 퍼집니다. 대중매체는 미국에서 발생한 9·11과 같은 사건을 한국 각 가정의 안방에까지 실시간으로 전달합니다. 이런 생생한 불안감을 바탕으로, 세대주의자들과 같은 자들이 일어나서 종말의 시간을 함부로 정합니다. 그리고 지금이 성령의 시대라면서 사람들에게 신기한 것을 보여주고 뒤로는 경제적 이익을 취하는 사기꾼 종교인들이 판을 치게 됩니다. 이렇게 처음에는 단지 심적 불안감의 문제에 불과했던 것이 나중에는 가공할 핵폭탄과 같은 실제 위기를 빚어내고 우리 사회와 세계에 큰 불안을 가져옵니다.

물론 저는 요한복음을 쓴 사람들이 대대적인 위기 상황에 직면했기 때문에 성서 본문에 '초월적인 지식 지상주의'와 같은 것을 적극적으로 도입했을 가능성이 있다고 생각합니다. 어쩌면 그것은 당시 상황에 있어서 지극히 자연스러운 일일지도 모릅니다. 절박한 사람들에게 있어서, 또 다급한 사람들에게 있어서, 죽음의 위기를 느끼는 사람들에게 있어서는 뭔가 신비로운 깨달음만 있으면 그 어떤 위기도, 심지어 죽음까지도 극복할 수 있다는 말이 복음처럼 들릴 것입니다. 하지만, **상대적으로 평안한 상황을 누리고 있는 사람들까지 '세계 종말'이나 '심판'과 같은 개념에 집착하는 것은 너무 이상합니다. 아주 기괴합니다!** 대다수 사람은 일상을 살아가면서, 차근차근, 사람에 대하여, 그리고 하나님에 대하여 알아가면서, 서로 돕고 의지하며 연합하여 살아가야 합니다. 물론, 인간이 아무리 종말을 의식하지 않고 일상을 성실히 살아간다고 해도, 결국 개개인에게 있어서 종말의 시간은 찾아옵니다. 따라서 종말을 완전히 뿌리칠 수는 없습니다. 그것은 인생에 붙은 꼬리표처럼 따라다닙니다. 다만, **너무 극단적인 종말론은 안됩니다. 시한부 종말론은 일상에 악영향을 미치기 때문입니다.** 우리 인생에 언젠가 찾아올 종말까지 무시할 수는 없지만, 그것을 미리 일상에 끌어들여서 날마다 '끝날' '끝날' 하지는 마십시오. 그리고 '영적 지식', '영적 세계'에 과도하게 몰두하지 마십시오. **이상적인 신앙생활이라는 것은 현실과 일상에 대한 개념 위에 다소간의 초월적 개념을 더하는 정도로 하는 것입니다.** 일상이라는 '맛있는 요리' 위에 약간의 '양념'을 더하는 것입니다. 거꾸로 '신비주의를 추구하는 삶'을 살면서 '최소한의 이성'만 남기는 것은 **광신**입니다. 물론 안타깝게도 요한복음의 내용은 전자보다는 후자에 가깝습니다. 그나마 그것을 나름 이해할 수 있는 것은 요한복음의 시대가 박해의 시대였기 때문입니다. 우리는 성서를 읽을 때 본문의 역사 배경을 반드시 고려해야 합니다.

다시 말씀드립니다. 일상을 열심히 살아가십시오. 최선을 다해 살아가면서, 우리 모두에게 종말의 순간이 찾아온다는 사실을 기억하십시오.(참고:

전 11:9) 그러면 충분합니다. **일상을 포기하고 뛰쳐나가 종말을 모셔 오는 사람은 어리석은 사람입니다.** 누가 몇 월 며칠에 세상이 멸망한다고 해도 무시하십시오. 우리가 최선을 다해서 일상을 살아간다면 그 일상에 이어 우리는 저세상으로 옮겨가 살게 될 것입니다. 일상을 성실하고 정직하게 살아가는 사람들은 걱정할 것이 아무것도 없습니다. 🦋

이르되 갈릴리 사람들아 어찌하여 서서 하늘을 쳐다보느냐 너희 가운데서 하늘
로 올려지신 이 예수는 하늘로 가심을 본 그대로 오시리라 하였느니라 / 제자들
이 감람원이라 하는 산으로부터 예루살렘에 돌아오니 이 산은 예루살렘에서 가
까워 안식일에 가기 알맞은 길이라

주일 성수 안 하면 저주받는다고 협박하지 맙시다!

사람들이 자주 범하는 잘못 중의 하나는 사도행전이라는 책을 교회에 관
한 완벽한 지침서로 생각하고 그 내용을 여과 없이 그대로 따라 하는 것입니
다. 하지만 사도행전 역시 다른 성서 내용과 마찬가지로 작성 시기와 역사
배경을 잘 살피지 않고 바로 현대 상황에 적용하면 큰 문제가 생기게 됩니
다.

사도행전 1장은 예수님이 '승천'하신 뒤의 상황으로 보이는데(행 1:11 "어
찌하여 서서 하늘을 쳐다보느냐 … 예수는 하늘로 …") "감람원"에서 "예루살
렘에 돌"아온 "제자들"은 뜬금없이(감람원) **"산"이 "가까워"서 "안식일에 가
기 알맞은"** 장소라고 말합니다.(행 1:12) 이것은 보기에 따라 아주 이상한 말
이 될 수 있습니다. 이들은 기독교인 아닙니까? 주일(일요일)을 지켜야지 설
마 아직도 유대교의 전통을 따라 안식일(토요일)을 지키고 있었던 건가요? 아
니면 **이때까지도 주일이라는 개념이 없었던 것은 아닐까요?**

**예수님께서 사라지신 이후에 제자들이 '안식일에 이동하기 좋은 거리'를 언
급한 이유는 무엇입니까?** 안식일에 '일정 거리 이상을 이동해서는 안 된다'라
는 규율과 기독교는 어떤 상관이 있습니까? 이것이 그냥 '거리를 나타내는 표
현'으로서 '안식일에 가기 알맞은 길'이라고 말한 것일까요? 그것도 아니라면

'성령 강림' 이전의 제자들이기 때문에 이전에 해오던 대로 안식일을 지키고 있었던 것일까요? 성령으로 거듭나기 전이니까 용서가 되는 것입니까? 기독교에서는 주일의 기원을 예수님의 부활 시점으로 잡지 않나요? 도대체 이 본문 내용을 어떻게 이해해야 할까요?

어쨌든 사도행전에는 "안식일"에 활동하는 그리스도인들의 모습을 쉽게 찾아볼 수 있습니다. 성령 강림 사건 이후에도 말입니다. 사도행전 13:42, 44에서는 "안식일"마다 회당 모임에 나가 강론하는 "바울"의 모습을 볼 수 있습니다. "바울과 바나바"(행 13:46)가 토요 안식일에 전도 차원에서 유대인 회당에 나가 말씀을 전한 것일까요? 주일에는 기독교인들의 예배에 참석하고 말입니다. 아니면 **혹시 이들이 여전히 안식일을 지키고 있었던 것은 아니겠지요?** 안타깝게도 저는 후자가 맞다고 생각합니다. 특히 사도행전 13:14를 보면 단순히 전도 차원에서 안식일 회당 출석을 한 것 같지는 않습니다. 사도행전 16:13에서 바울은 "안식일에 … 기도할 곳"을 찾습니다. 주일이 아닙니다.

바울이 안식일에 유대인뿐 아니라 "헬라인(그리스도인)"까지 "권면"하는 목회 활동을 했다는 사도행전 18:4를 보면 지금의 개신교인들이 인식하는 주일 개념과 전통적인 "안식일" 개념이 **원래부터 명확하게 구분되어 있던 것 같지는 않습니다. 초기 교회의 그리스도인들은 처음에는 안식일을 주일과 구분할 필요성을 느끼지 못했을 것입니다.**

주일 개념은 상대적으로 후대에 만들어진 것입니다.(참고: 요계 1:10 "주의 날") 진정한 철학으로서의 그리스도 신앙을 주창했던 유스티누스(Justinus, 100~165년(?))에 따르면 2세기에는 이미 주일 예배가 광범위하게 이루어지고 있었습니다.(Chapter 67, Weekly worship of the Christians, First Apology of Justin Martyr) 초기 기독교가 유대교와의 실질적인 분리를 이루면서 외형적 표지로서 '주일 예배 = 기독교의 예배'로 굳어진 것 같습니다. 성서에 따른 최초의 근거로 예수님의 부활 시기("안식후 첫날" 막 16:2; 마 28:1; 눅 24:1; 요 20:1, 19)나 행 20:6-7("무교절 후에 … 이레 … 그 주간의 첫날에")을 주일 예배의 근거로 제시하기도 합니다만 **이런 근거들이 기독교 교회의 시작 시기에 이미 주일 예배가 있었다는 것을 증명하는 것은 아닙니다.**

🐝 **공동체와의 약속은 지키되 절대화하지는 마세요. 신앙 공동체가 절기와 특별한 날을 지키는 것은 교육적인 측면에서 유익합니다. 그러나 그런 날들에 절대적인 의미를 부여하는 것은 좋지 않습니다.** 예배학을 전공하신 분들이 예배당의 장식, 예복이나 장식물의 색채에 의미를 부여하는 것을 저는 좋게 생각합니다. 하지만 그것을 절대화하는 순간 성서적 가치에 쏠려있던 정신이 분산되고 그 절기 자체를 지키는 것을 통해서 어떤 좋은 일이 일어날 것이라고 믿는 미신적인 분위기가 형성됩니다. **처음에는 교육적인 측면에서 공동체가 함께 지키기로 한 날들이 나중에는 미신적이며 주술적인 개념을 갖게 되는 것이죠.**

'주일을 거룩하게 지키자'라는 주일 성수의 개념도 마찬가지입니다. **주일을 어기면 저주받는다거나 잘 안 풀린다든가 하는 이상한 소리를 해서는 안 됩니다.** 주일은 예수님의 자발적 희생과 부활의 의미를 기억하고 공동체 구성원들에게 교육하는 것 이상의 의미를 갖지 않습니다. **주일에 너무 배가 고파서 교회 근처 편의점에서 사발면을 사 먹는다고 해도 죄가 되는 것은 아닙니다. "안식일"이든 주일이든 "사람을 위하여 있는 것"입니다.**(막 2:27) 그것은 공동체적 연합과 교육적 의미 이상도 이하도 갖지 않습니다. 주일에 가족끼리 놀러 간 것에 대해서 너무 나무라지 마십시오. 원래 주일에 예배당에 나오라는 것은 공동체적 약속이기는 하지만 설교자가 강단에서 주일에 결석한 사람을 자꾸 저주하다 보니 '주일에 결석하면 저주받는다'라는 개념이 생겨나고 굳어졌습니다. 사도행전 본문에서 예수님이 사라지신 이후에 '안식일' 운운한 제자들이나 '안식일에 기도할 곳을 찾던 바울'이나 전혀 이상하게 볼 게 아닙니다.

토요일이면 어떻고, 일요일이면 어떻습니까? 제자들이 예수님의 가르침을 따라 모였다는 것이 중요하고, 토요일이지만 사람들에게 주님의 가치를 전했다는 것이 중요하지 않겠습니까? 아직도 얼마나 많은 그리스도인이 사정 때문에 주일에 교회에 나올 수 없는지 교회 목사들과 중직자들은 잘 모르는 것 같습니다. 그런 분들에 대하여 '주일 성수'를 강요하지 마세요. 그것은 폭력입니다. 종교 스트레스를 주는 나쁜 행동입니다. 물론 비즈니스 측면에서 교회 운영을 염려하거나 목사가 설교할 때 아무래도 사람이 많은 것이 좋으니까 주일 참석을 독려할 수도 있을 것입니다. 이는 쉽게 이해할 수 있습니다. 그럴 때 **'저주'나 '하나님의 분노' 운운하지 마시고 솔직하게 말하세요.** '설교하는데 사람이 별로 없으면 흥이 안 난다'라거나 '교회 운영이 어려우니 십시일반 도와주세요'라고 말입니다. 성경적 근거도 명확하지 않은 것을 가지고, 몇 구절 짜 맞추어 언급하면서 사람들을 힘들게 해서는 안 됩니다. 현대인은 그러면 짜증 나서 가끔 나오던 교회조차 안 나올 수가 있어요. 그렇게 사람들을 다 내쫓은 뒤에 뭔가 자신이 하나님 앞에서 의로운 일을 했다고 착각하지 마세요. 사람들의 마음을 살피지 않고 자기가 옳다고 생각하는 방향으로 밀고 나가는 것은 성서가 지향하는 목회가 아닙니다. 성서의 가르침은 불도저가 아니에요.

저는 안식일을 지키거나 주일을 지키거나 마음대로 하라고 말씀드리는 것이 아닙니다. **자신이 소속된 공동체의 약속을 지키는 것은 중요하고 의미가 있습니다. 건전하고 교육적입니다.** 다만, 성서가 명확하게 지지하고 중시하는 것이 아닌 절기에 대해서, 예배당에 거는 깃발의 색깔과 양초의 수, 가운의 색과 길이 등이 **절대적인 것으로 생각하지는 마십시오.** 시계가 없어 시간을 알 수 없는 무인도에 어떤 그리스도인이 표류한다고 할 때, 그가 주일이 언제인 줄 알고 주일을 지키며 어디 양초와 가운이 있어 다 갖추고 예배를 드리겠습니까? **장소와 시간을 무론 하고 변함이 없는 것이 진실입니다.** 그것만이 우리가 신봉할 가치입니다. 주일에 한 번도 빠지지 않고 출석하지만, 헌금만 헌금통에 넣고 성서의 가치에는 별로 관심이 없어서 계속 졸거나 다른 생각을 하는 사람보다 주일에 예배를 드리지는 못하지만, 그리스도인으로서 도움이 필요한 이웃을 늘 염려하고 도와주는 사람이 훨씬 낫습니다. 후자의 사람은 최소한 주님의 말씀을 실천하고 있기 때문입니다. 무의식적으로 혹은 미신적인 기대에서 주일에 교회 출석을 하는 사람보다 훨씬 건전합니다. 🏠

… 믿는 사람이 다 함께 있어 모든 물건을 서로 통용하고 / 또 재산과 소유를 팔아 각 사람의 필요를 따라 나눠 주며 / 날마다 마음을 같이 하여 성전에 모이기를 힘쓰고 집에서 떡을 떼며 기쁨과 순전한 마음으로 음식을 먹고 / 하나님을 찬미하며 또 온 백성에게 칭송을 받으니 주께서 구원받는 사람을 날마다 더하게 하시니라

지금까지 전 재산 기부는 시한부 종말론을 믿는 사람들이나 하는 행동이었습니다.

사도행전 2장은 예수님이 사라지신 뒤에 일어난 성령 강림(降臨) 이야기로 시작합니다.(행 2:1-4 "불의 혀처럼 갈라지는 것들이 … 임하여 있더니 … 성령의 충만함을 받고 성령의 말하게 하심을 따라 …") 본문의 화자(話者)는 한 장소(1절 "한곳"; 행 1:13 "다락방")에 모여 있던 사람들을 마치 세계 각국에서 모인 사람들인 것처럼 표현하고 있습니다.(행 2:8-11 "각 사람이 난 곳 방언"과 다양한 지역의 사람들) 사도행전 2:13은 이들에 대해서 '어떤 이들이 조롱했다'라고 하지만, 그들이 정말로 그렇게 많은 지역의 다양한 사람들이 모여 '언어의 하모니'(11절 "각 언어로 하나님의 큰일을 말함")를 이루었다면 쉽게 조롱하지는 못했을 것입니다. 적어도 본문 안에서 '성령의 임재를 경험한 사람들'은 소수가 아닙니다.(참고: 행 2:41 "삼천이나 더하더라") 물론 이는 **의식적으로 다소 과장한 것 같습니다.**

성령의 임재 사건으로 초기 교회의 신자 수가 순식간에 늘어났습니다. 그런데 그들의 모임에는 아주 중요한 특징이 있었는데, 그것은 바로 '모든 물자의 통용', '재산의 기부' 그리고 '공동 식사'였습니다.(참고: 행 4:32-37)

믿는 사람이 다 함께 있어 모든 물건을 서로 통용하고 또 재산과 소유를 팔아 각 사람의 필요를 따라 나눠 주며 날마다 마음을 같이 하여 성전에 모이기를

힘쓰고 집에서 떡을 떼며 기쁨과 순전한 마음으로 음식을 먹고 하나님을 찬
미하며 또 온 백성에게 칭송을 받으니 주께서 구원받는 사람을 날마다 더하게
하시니라(행 2:44-47)

이 단락 내용의 흐름을 따라 볼 때 물자의 통용, 재산 기부, 공동 식사가
신자들의 수를 폭발적으로 늘게 한 원인입니다. 이 중에서 가장 대단하고 이
해하기 어려운 것은 **재산의 기부**입니다. "소유를 팔"았다는 것은 현대에 있
어서 '부동산과 자동차까지 팔았다'는 뜻으로 읽힙니다. 현대 자본주의 사회
에서 사람들이 소유하고 있는 대표적인 것이 집과 차니까요. **사도행전은 사
람들이 이렇게 거의 모든 재산을 기부하게 된 이유가 성령의 임재 때문이라고
해설하는 것 같습니다.**

이 글을 읽고 어떤 이는 단순한 논리에서 이렇게 생각할 것입니다. '만약
현대에도 성령의 강력한 임재 같은 것이 일어난다면 사람들은 아무 대가를
바라지 않고 재산을 교회에 맡길 것이다'라고 말이죠. 하지만 **자본주의 사회
에서 사는 우리는 "소유"까지 팔았던 사도행전의 재산 기부를 쉽게 이해할 수
없고 그것을 실현하기가 사실상 불가능합니다.** 하지만 상대적 박탈감을 가진
사람들은 성서의 이 이야기에 매료되기 쉬울 것입니다.

마르크스는 일찍이 자본주의의 계급적 충돌과 모순은 소수 부르주아의
사적 재산 소유가 심화하는 가운데 야기되는 것으로 생각했습니다. 그는 이
런 충돌과 모순 때문에 자본주의 사회가 자연스럽게 극한 불안정으로 치닫
게 되고 결국 붕괴하게 된다고 주장했습니다. 그의 주장을 순수하게 받아들
인다면, 어떤 폭력적인 사회 전복이 없더라도 자본주의는 자연스럽게 무너
질 것입니다. 마르크스의 이런 사상이 지난 세기에 얼마나 많은 사람, 많은
나라에 영향을 미쳤는지 알 수 없습니다. 하지만 그것을 받아들인 몇몇 사람
은 '자본주의 사회의 자연스러운 붕괴'에서 '자연스러운' 보다는 '붕괴'에 방
점을 찍었습니다. 그들은 **이상적인 공산주의 사회를 최대한 빨리 이루기 위**

해 수많은 무고한 이들을 죽였습니다. 전쟁에 의한 막대한 희생을 뒤로하고 공산주의 사회의 실험은 완전한 실패의 상징이 되었습니다. 초기에 부르주아의 타도를 외친 자들은 반종교적 사상이 있었지만, '예수님은 민중과 함께한 사회주의자였다'라고 주장하는 크리스토프 블룸하르트(hristoph Friedrich Blumhardt, 1842~1919)와 같은 신학자가 등장했고, 프랑스의 개신교 신학자 자끄 엘륄(Jacques Ellul, 1912~1994)은 마르크스의 사상이 사회적 불의에 대한 반동으로 생성된 이론이라는 점에서 성서의 교훈과 일맥상통하는 면이 있다고 주장하기도 했습니다. 마르크스의 사상을 급진적으로 실천하려고 한 사람들은 비판을 받지만, 마르크스 자체는 다시 수용되는 분위기입니다. **자본주의의 문제를 느끼는 사람 중의 어떤 이들은 여전히 마르크스의 사상을 학습하려고 하며 그 안에서 대안을 찾으려고 합니다.** '자본주의적 모순'이라는 말에 공감하는 사람들이라면 사도행전 2장의 '무상 통용'에 대하여 관심을 기울이지 않을 수 없을 것입니다. 전 세계의 많은 이가 '재화 획득과 그것의 분배'에 대하여 지대한 관심이 있기 때문입니다. 그것이 마르크스주의와 같은 철학 사조를 형성할 정도니 말이죠. 그렇다면 성서를 연구하는 우리는 마르크스 사상의 원류가 성서에 있다고 보고, 성서를 연구해서 그 안에 들어있는 무상 분배와 같은 개념을 추출하고, 그것에 맞추어 사회가 변화하도록 애써야 합니까? 아니라면, 성서를 가르치는 목적을 단순히 '영적인 구원'으로 제한하고 사회적인 이슈에 대해서는 별도로 특정한 사상을 도입하여 적용해야 합니까? 사회적 변화를 위해서는 반드시 어떤 사상의 지원이 요구되는 법입니다. 우리가 우리 사회의 현 상황에 대하여 만족하지 못하고 그것의 진보를 바랄 때 성서에서 마땅한 사상적 근거를 찾는 것에 어떤 문제가 있습니까? 이에 대해서는 여러 차원의 다양한 논의가 필요합니다. 물론, 우리가 사는 지금의 사회에 대하여 여러분이 이미 100% 만족하고 있다면 아무것도 필요 없겠지만 말입니다.

사도행전 2장의 '무상 통용'은 일상적인 상황에서 이루어진 것이라고 볼 수 없습니다.

사도행전 2:16-21은 요엘서 2:28-32를 인용하면서 시한부 종말론의 개념을 강화합니다. "말세"(행 2:17), "피와 불과 연기"(행 2:19; 욜 2:30), "해가 변하여 어두워지고 달이 변하여 피가 되리라"(행 2:20; 욜 2:31) 등의 표현은 모두 "여호와의 크고 두려운 날"(욜 2:31; 행 2:20 "주의 크고 영화로운 날")에 대한 글에서 따온 것이며 시한부 종말론의 개념이라고 볼 수 있습니다.

사실 사도행전과 요엘서에서 "영을 부어주"는 대상으로 언급한 "자녀들", "젊은이들", "늙은이들", "남종", "여종들"(욜 2:28-29; 행 2:17-18)이 사도행전 2:1-13의 '성령 임재'의 대상자들과 **완전히 일치하는 것 같지는 않습니다. 요엘서는 '남녀노소'와 '주인의 상대 개념으로서의 종들'이라는 계층론에 따라 사람들을 분류하고 열거하고 있지만, 사도행전 2:1-13의** 성령 임재의 체험자들에 대해서는 **'지역별 구분'**(행 2:8 "각 사람이 난 곳", 행 2:10 "여러 지방")을 하고 있기 때문입니다. 그러나 사도행전 2:14 이하 내용의 편집자는 어설프게나마 이 사람들이 그 사람들이라는 식으로 둘을 엮어놓았습니다. 더 중요한 것은 '시한부 종말론적 정황'입니다. 사도행전의 편집자가 요엘서에서 따온 것은 어휘 표현이었는데 그것들이 편집자가 처하고 있었던 새로운 정황과 연결됩니다.

사도행전 2:44-45에서 "물건을 통용하고 ⋯ 재산과 소유를 팔아 각 사람의 필요를 따라 나눠" 준 사람들이 오직 '성령 임재'를 체험했기 때문에 그런 행동을 했다고 보기는 어렵습니다. 그들은 이 세상이 곧 끝날 것으로 믿었고, 그래서 더는 이 세상의 소유를 독점하고 있을 필요가 없다고 생각했으며, 그것을 무상으로 통용했을 것입니다. 수천 명씩 몰려오는 사람들은 분명히 '무상 분배'에 이끌렸을 것이며(행 2:47 "칭송") 결과적으로 초기 교회 신자가 폭발적으로 늘어나게 되었을 것입니다.

사람은 자기 것을 확보하고 그것을 독점하려는 본성을 가지고 있습니다. 하지만, 모든 사람이 끝없이 제 이익만 챙긴다면 사회는 불안정하고 어두운 상태가 될 것입니다. 그래서 그것이 사회적인 제도 장치이든 아니면 철학적인 계몽이든 우리는 우리 자신의 무한한 욕심을 제어할 무엇인가가 필요합니다. 나 혼자가 아니라 우리가 모두 함께 살 수 있는 길을 모색하는 차원에서 말입니다.

아쉽게도 사도행전 2장의 '무상 통용'은 정상적인 상황에서 실현할 수 없습니다. 성령을 세게(?) 받으면 기적이 일어날 수 있다고 생각하지 마세요. 그것은 사실 요행을 바라는 것 아닙니까? **성령을 받은 사람이 나눈 것이 아니라 세상이 곧 끝난다고 믿은 사람들이 사유 재산을 포기한 것입니다.** '함께 생산하고 공평하게 나눈다는 공산주의'가 인간의 욕망이 어떤 것인지 간과했다는 점을 역사는 증명하고 있습니다. **이유 없이 나누기는 참 어렵습니다.** 하지만, 우리가 사는 자본주의 사회에는 이미 '어느 정도의 대가 없는 나눔'이 필요하다는 공감대가 형성되어 있습니다. 모든 재산을 포기하는 것은 개인적이든 사회적이든 종말을 전제로 하지 않으면 불가능한 것이지만, 우리가 벌어들여 획득한 **재화 일부를 그렇게 할 수는 있을 것입니다.** 얼마나 나눌 것인가에 대해서, 일차적으로는 국가의 복지 정책이 기본적으로 무상 공유의 취지를 반영하고 있다고 볼 때, 그 외의 공유(共有)는 특히 그 분량에 있어서 **철저히 자발적인 것이 되어야 합니다.** 사도행전 2장을 문자적으로 따라 하는 차원에서 모든 재물을 포기할 수는 없겠지만, **어느 정도 남을 위해서 나의 것을 내놓으므로 함께 행복을 느끼는 사회가 되도록 이바지할 수는 있습니다.** 만일 성서에서 '무상 공유' 개념을 추출하여 조금이나마 그것을 실천하려고 한다면 사도행전 2장의 과격하고 극단적인 나눔보다는 아래 구절을 묵상하고 적당히 행동하는 것이 나을 것입니다.

그러나 자족하는 마음이 있으면 경건은 큰 이익이 되느니라 우리가 세상에 아무것도 가지고 온 것이 없으매 또한 아무것도 가지고 가지 못하리니 우리가 먹을 것과 입을 것이 있은즉 족한 줄로 알 것이니라(딤전 6:6-8)

🐝 **사회를 위해서 적당한 나눔부터 실천해 보세요.** 세상의 종말이 임박했다면서 전 재산을 포기하라고 강요하는 것은 사이비입니다. 그냥 **각자가 개인적으로 찾아올 자신의 종말을 생각하며 과한 욕심을 부리지 말고 조금이라도 나누며 살아가는 삶**이 좋겠습니다. 물론, 이 세상에서의 삶이 다 하는 그 순간 전 재산을 사회에 환원하도록 미리 유언장을 남기는 것도 멋진 일이겠죠? 괜히 재산을 남겨 잘 키운 자식들이 그것 때문에 서로 원수 되게 만드는 것보다는 말이죠. 교회에 헌납하는 것도 잘 생각해보셔야 할 일입니다. 제가 볼 때 한국 개신교 교회는 돈을 제대로 사용할 줄 모릅니다. 좋은 곳에 제대로 쓰인다면 마음껏 얼마든지 기부하겠지만 대개 소수 욕심꾸러기의 주머니로 들어가거나 쓸데없이 멀쩡한 건물을 허물고 다시 짓는 데 소비될 수도 있으니 교회든, 사회든 꼼꼼하게 알아보고 기부하기 바랍니다.

30년 전쯤, 통일되면 북한에 들어가 교회를 세우고 목회를 할 사람들을 양성하겠다는 취지에서 한 교회가 선교회와 신학원을 세웠습니다. 앞장서신 목사님이 한국 개신교계에 영향력 있는 대형교회의 담임목사님이고 그분 역시 한국전쟁 때 남하하신 실향민이었기 때문에 많은 신자가 이 일을 하는 데 필요한 돈을 헌금했습니다. 엄청나게 넓은 땅을 기부했고 건물을 세우는 데 필요한 돈도 모았습니다. 그런데 여러분도 아시는 대로 남북한의 통일은 아직도 요원한 상태입니다. 세월이 흐르면서 앞장서셨던 목사님이 은퇴하시자 재산을 둘러싸고 법정 공방이 오가게 되었습니다. 그 목사님의 자녀가 '돈이 엉뚱한 사람의 손에 흘러가는 것'을 못마땅하게 생각하고 반환소송을 건 것입니다. 그는 북한선교회를 맡긴 부목사 출신의 한 목사가 자기 아버지를 협박하여 선교회 관련 모든 재산을 그의 명의로 돌려놓았다고 주장했습니다. 원래 넓은 땅을 기부했던 권사님도 '북한 선교에 쓰일 줄 알고 기부했던 땅이 개인의 수중에 들어갔다'라면서 거액의 신문 광고비를 들여 반환을 촉구하기 시작했습니다. 하지만 **종교 기부금은 돌려받기가 아주 까다롭습니다.** 긴 세월이 흘렀는데 그동안 시끌시끌했지만 모든 재산은 선교회 대표인 그 부목사의 것이 되었습니다. 그는 신학원도 문을 닫고 실질적으로 북한 선교 활동을 전혀 하지 않으며(과격한 선교 활동을 반대하는 제가 볼 때 오히려 잘된 일이기는 하지만) 편안히 은퇴하여 모든 것을 목사인 아들에게 물려 주었습니다. 적어도 그의 재산은 수백억에서 수천억이 될 것이라고 사람들은 추정합니다. 저도 이런 상황을 가까이서 보았기 때문에 페이스북에 관련 글을 올렸었는데 신학원 대표 목사의 아들이 저에게 개인 메시지를 보냈습니다. '우리 아버지는 그런 분이 아닙니다'라는 내용이었지요. 참 효성스러운 아들을 두었다고 생각합니다. 탐욕스러운 것과는 별도로 말이죠.

　교회에 많은 재산을 맡기는 것보다는 사회에 필요한 곳을 잘 살펴서 여러분이 평생 피땀 흘려 모은 돈을 값지게 사용하도록 내놓는 것이 좋겠습니다. 기부금을 모으는 단체도 많은데 저 같은 경우는 만 원을 기부하더라도 꼭 그 단체의 건물을 방문해 보는 편입니다. 어떤 곳은 기부금을 귀하게 잘 사용하는데 어떤 곳은 제대로 사용하는지 아니면 모은 돈으로 부동산만 사들이는지 모르겠습니다. 쓰지 않고 모은 재산이 대단합니다. 직원의 월급과 보너스도 봉사자들에게 주는 액수치고는 상당히 고액이어서 알아보고 놀란 적이 있습니다. 선의에서 남과 나눈다는 것은 좋은 일이지만 나눌 때 지혜가 필요합니다. 아마 교인의 주머니에서 더 많은 헌금을 끄집어내려는 사람들은 사도행전 2장을 반복해서 설교하며 교회와 복음을 위해서 모든 것을 다 내놓으라고 할 것입니다. 하지만 **사도행전 2장의 이 내용은 우리가 무턱대고 따라 할 만한 내용은 아닙니다.** 대신, 적당히 자발적으로 무리가 가지 않게 사회를 위해 나누십시오. 그러면 하나님도 여러분의 실천을 기쁘게 보실 것으로 생각합니다.

지금까지 전 재산 기부는 시한부 종말론을 믿는 사람들이나 하는 행동이었습니다. 하지만 정상적인 사고를 하는 우리도 비슷한 일을 긍정적인 차원에서 할 수 있습니다. 기부 자체가 나쁜 행동은 아니니까요. 나라의 복지 제도가 있지만, 여전히 그늘에서 어렵게 사는 이웃이 적지 않습니다. 천국에 갈 때 돈을 가지고 갈 것도 아닌데 좋은 곳에 모두 나누고 간다면 좋겠습니다.

그러나 하나님이 모든 선지자의 입을 통하여 자기의 그리스도께서 고난 받으실 일을 미리 알게 하신 것을 이와 같이 이루셨느니라 / 그러므로 너희가 회개하고 돌이켜 너희 죄 없이 함을 받으라 이같이 하면 새롭게 되는 날이 주 앞으로부터 이를 것이요 / 또 주께서 너희를 위하여 예정하신 그리스도 곧 예수를 보내시리니 / 하나님이 영원 전부터 거룩한 선지자들의 입을 통하여 말씀하신바 만물을 회복하실 때까지는 하늘이 마땅히 그를 받아 두리라 / 모세가 말하되 주 하나님이 너희를 위하여 너희 형제 가운데서 나 같은 선지자 하나를 세울 것이니 너희가 무엇이든지 그의 모든 말을 들을 것이라 / 누구든지 그 선지자의 말을 듣지 아니하는 자는 백성 중에서 멸망 받으리라 하였고 / 또한 사무엘 때부터 이어 말한 모든 선지자도 이 때를 가리켜 말하였느니라 / 너희는 선지자들의 자손이요 또 하나님이 너희 조상과 더불어 세우신 언약의 자손이라 아브라함에게 이르시기를 땅 위의 모든 족속이 너의 씨로 말미암아 복을 받으리라 하셨으니 / 하나님이 그 종을 세워 복 주시려고 너희에게 먼저 보내사 너희로 하여금 돌이켜 각각 그 악함을 버리게 하셨느니라

성서를 쓴 사람들은 글에 각 시대의 정황을 반영했습니다.

사도행전 3장은 베드로가 "성전"에서 "구걸"하는 "나면서 못 걷게 된" 사람을 "나사렛 예수 그리스도의 이름으로" 걷게 한 기적 이야기(행 3:1-10)로 시작합니다. 그리고 그 뒤 사도행전 3:11-26은 '베드로의 설교'가 이어지는 구성입니다.

베드로의 설교는 '기적이 자신의 힘과 경건함 때문에 일어난 것이 아니라는 것'(행 3:12)과 **'예수님의 죽음에 대한 책임이 청중에게 있다'**라는 것(행 3:13-15a), 그리고 '예수님의 부활의 능력을 의지하는 자가 그의 이름을 믿음으로 기적적 치유가 일어나게 된다'라는 신앙적 논리(행 3:15b-16) 등을 포함하고 있습니다. 그런데 이어지는 사도행전 3:17-18에서는 **'예수님의 수난이 사실은 너희(청중)의 잘못이 아니라 하나님의 예정이었다'**라는 내용이 나오고, 19절의 '회개와 면죄 촉구'에 이어, 20-21절의 '예수님의 재림 예

고', 22절과 26절의 '모세와 같은 선지자'(행 3:22; 신 18:15), 즉, "그 종"(행 3:26)이라는 한 인물(예수님)을 언급하는 내용으로 이어집니다.

사도행전 3장의 19절과 26절 사이에 끼어있는 20-25절은 유대인들이 특별히 선택된 존재며(행 3:25) 메시아가 그들을 통해 오실 것이(행 3:20,22, 참고: 21절) 예언되었다고(행 3:24절) 설명하는 단락입니다. 그런데 이 가운데 **'예수님의 초림(初臨)'과 '재림(再臨)'의 내용이 뒤섞여 있어 독자들이 더 자세히 살펴보게 만듭니다.**

> 그러므로 너희가 회개하고 돌이켜 너희 죄 없이 함을 받으라 이같이 하면 새롭게 되는 날이 주 앞으로부터 이를 것이요(행 3:19)

> 또 주께서 너희를 위하여 예정하신 그리스도 곧 예수를 보내시리니(행 3:20)

사도행전 3:19는 회개를 촉구하고 있습니다. 이는 본문이 처음 작성될 때 이루어진 **'1차 청중에 대한 회개 촉구'**로 보이며, 여기에는 종말론적 긴장감이 크게 느껴지지 **않습니다.** 왜냐하면 "새롭게 되는 날"의 도래를 약속하고 있기 때문입니다. 한편, 20절은 **"그리스도 … 예수"가 아직 오지 않았다**고 말합니다. 이것을 예수님의 초림으로 보기는 어렵습니다. 이는 '다시 오실 예수님', 즉 **주님의 재림**을 의미합니다. 사도행전 3:19, 20을 이어서 이해하면 회개를 촉구하면서 예수님의 재림을 언급한 것이 됩니다만, 이 두 구절 사이에 **"새롭게 되는 날"**이라는 어구가 끼어있으므로 문제를 일으킵니다. **예수님의 재림은 세상의 종말을 의미하므로 '새로운 날'과 같은 희망을 함께 언급하기 어려울 것 같습니다.** 사도행전 3:19와 20은 따로 떼어서 다루는 것이 좋겠습니다.

사도행전 3:21의 "만물의 회복"과 예수님을 "선지자"에 비유한 22, 23a,

24절과 25, 26절의 극히 희망적인 분위기, 즉 "모든 족속이 … 복을 받으리라"와 "(종을 세워) 복주시려고 …"라는 표현은 어휘적으로나 내용상으로 완전히 호응하지는 않지만, 전반적으로 긍정적인 표현이라는 점에서는 하나로 묶을 수 있습니다.

이처럼 심하게 편집한 흔적이 있는 **사도행전 3:19-26에서 우리는 '예수님의 초림 이후의 상황을 전제하고 회개를 촉구'하는 내용과 '예수님의 재림을 전제하면서 세상의 종말을 예견하는 내용'을 구분할 필요가 있습니다.** 사도행전 3:19에 앞선 18절은 '미리 예언하신 대로 이루어졌다'라고 하는데, 이는 전자(초림)에 속하는 표현입니다. 이 구절에서도 "선지자의 입을 통"한 예견을 언급합니다. **원래 예수님을 둘러싼 '선지자의 예견'은 그의 재림 예견이 아니라 초림 예견**이라는 점을 잊어서는 안 됩니다. 그렇다면, 사도행전 3:19의 '회개하라 새날 온다', 22와 24절의 '한 선지자에 관한 예언'은 모두 예수님의 초림에 관한 표현으로 정리할 수 있을 것입니다. 25-26절에서도 종말론적 위기는 감지되지 않으므로 전자에 속하는 문장으로 분류하는 것이 좋겠습니다.

오직 사도행전 3:20, 21b의 '재림 예고'("… 예수를 보내시리니 … 까지는 하늘이 그를 받아 두리라")와 사도행전 3:23의 '멸망 예고'는 동일 편집자에 의해 나중에 삽입된 것으로서 원 본문의 맥락, 즉, '회개하면 새로운 날이 올 것이다'라는 희망적 메시지와는 다른, **재림의 예수님이 오시면(행 3:20,21b) 멸망시키신다'(참고: 행 3:23b)**라는 종말적 메시지를 추가한 것입니다.

문헌 초기층의 저자와 시간이 더 흐른 뒤에 구절들을 삽입한 편집자가 지향하는 바는 때로 완전히 다릅니다. 초기층의 저자는 회개가 새로운 날을 가져다줄 것으로 생각했으나, 박해가 주어지게 되면서, 세상의 종말을 지향하게 된 그리스도인 편집자는 예수님의 초림보다는 재림에 더 큰 의미를 두게 된 것입니다. 그래서 결국 '회개하지 않으면 새날을 보지 못한다'나 '악함을 버리면(행 3:26) 복을 받는다'(행 3:25)는 주장보다 훨씬 극단적인 메시지, 즉, '말을 듣지 않으면 멸망 받는다'(행 3:23)는 위협적 경고의 메시지가 나타난 것입니다.

본문의 고찰을 통해 우리는 시기 정황의 변화에 따라 본문의 내용에도 변화가 생긴다는 것을 알게 됩니다. 상대적으로 안정적인 시기에는 '복'과 '새로운 날'을 말하지만 불안한 위기의 시기에는 '멸망'을 말하게 됩니다. **본문의 메시지가 어떤 특정한 상황을 만든 것이 아니라, 각기 다른 상황이 다양한 메시지를 만든 것입니다.**

시대 정황에 대해 무관심하고 그에 대한 성서에 따른 방향을 제시하지 않는 설교자는 반복 재생하는 오래된 녹음기나 앵무새에 불과합니다. 제가 처음 설교를 하던 때를 기억합니다. 제가 섬기던(?) 담임목사님께서 저에게 설교를 어떻게 하는 것인지에 대해서 조언해 주셨습니다. 그것은 **설교할 때 절대로 부정적인 이야기를 하지 말고 '복 받으라'라고만 하면 된다**는 것입니다. 경험이 없었던 저는 시키는 대로 오직 '복'만 설교했습니다. 그러니 청중들이 크게 호응했습니다. 사례비(월급)가 올랐고, 제 설교를 들으면 은혜를 받는다는 사람도 많았습니다. 늘 웃는 낯으로 설교하고 부르는 찬양이 듣기 좋다고 칭찬이 자자했습니다. 하지만, 많은 시간이 지난 뒤에 돌아보니 **성서에서 "복"을 이야기하는 구절만 뽑아 설교한 것에 대해서 성서를 그대로 전했다고 할 수 있을지**가 의심스러워졌습니다. 하지만 이미 설교 방식이 굳어진 저는 심지어 '회개'를 촉구하는 구절이나 '멸망'을 논하는 구절을 가지고도 돌려서 얼마든지 '밝은 내용'의 설교를 할 수 있게 되었습니다. **청중을 기분 좋게 하는 것이 주된 목적**이었기 때문이었습니다. 저는 설교자라기보다는 어설픈 개그맨에 가까웠습니다.

아직도 적지 않은 설교자들은 사회에 큰 문제가 발생했는데도 강단에서 "복"과 "부유"만을 설교합니다. 그들은 **사람들을 기분 좋게 하는 것이 신자 수를 늘리는 것과 교회 부흥(?)에 도움을 준다**는 것을 잘 알고 있습니다. 세월호와 같은 참사가 일어났을 때도 사회나 정치에 대해서는 절대로 언급하지 않습니다. 그것이 아무런 도움도 주지 못한다고 배웠기 때문입니다. 하지만, 우리가 사는 시대 정황에 관해서 관심을 두게 되면, 그것이 편향적이든 아니든, 설교할 때 언급하게 됩니다. 오히려 그것을 원천적으로 막는 것은 설교를 무미건조하게 만듭니다. 그냥 맨날 하는 똑같은 소리만 하게 됩니다. '예배 참석 잘하세요', '기도 많이 하세요', '헌금하세요', '전도하세요', '교회 봉사하세요'와 같은 소리 말입니다. 교회에는 필요한 소리겠지만 ….

우리는 위에서 살펴본 사도행전 본문에서 각기 다른 시점과 정황에 따라 본문에 다소의 변화가 생긴 것을 볼 수 있었습니다. 본문의 형성 과정에 있어서, **여러 편집자는 전승된 본문을 최대한 유지하는 차원에서 자기의 시대 정황을 반영하려고 노력했습니다. 이 태도는 가치 있는 것입니다.** 제 말의 뜻은 정경(正經)으로 고정된 성서에 내용을 추가하라는 말이 아닙니다. 다만, 일정한 본문으로 설교할 때 설교 내용이 현시대 정황을 반영한 것이 되게 하라는 말입니다. 희망적인 내용의 설교도 좋고 '복 설교'도 좋지만 어떤 식으로든 **현대인의 삶과 밀접한 연관성이 있는 정치, 사회, 문화에 대해서 폭넓게 살펴보고 적극적으로 고민한 결과가 설교 내용에 반영되게 하십시오.** 시대는 바뀌고 새로운 정황이 주어졌는데도 백 년 전과 똑같은 내용의 교리만 설명한다면 설교자가 이렇게 많을 필요가 없습니다. 한 번 설교를 녹음했다가 예배 때 틀어주면 됩니다. 설교자는 이 시대가 절실히 필요로 하는 그런 설교를 해야 합니다. 그것이 **성서 편집자의 전통을 따르는 것입니다.** 미국과 남북한 정세에 대해서, 페미니즘에 대해서, 소수자의 인권에 대해서, 우리는 성서를 통해 어떤 관점과 가치를 제시할 수 있을지 고민해야 합니다. 그를 위해서 우리는 성서뿐 아니라 사회적 이념, 정서, 문화, 역사 등에 대한 일정 수준의 식견을 가져야 합니다. 늘 똑같은 내용의 설교를 한다면 필요 없지만, 편향적이지 않으면서도 논리적으로 설득하는 설교, 성서를 통해 이 시대를 조망하는 설교를 하기 위해서 설교자는 더 부지런해야 하며 열심히 그리고 끊임없이 배워야 합니다. **시대가 바뀐 줄도 모르고 구태의연한 내용의 설교를 하는 사람들이 얼마나 많습니까!** 예를 들어, 아무리 노력해도 안 되는 절망적인 사람들이 많은 현대에 여전히 기도하면 다 된다는 설교를 주로 하는 목사가 있습니다. 고학력 실업자들이 처한 상황을 고려한다면 그런 설교를 쉽게 할 수 없을 것입니다.

만고불변의 진리로서의 성서를 신봉한다고 하면서, 성서 자체가 시대에 따라서 다른 내용을 반영하면서 발전했다는 것은 알지 못하는 설교자가 있다면, 그는 게으르고 어리석은 사람입니다. 만일 사람들의 귀를 즐겁게 하려거든 개그맨처럼 개그를 하는 것이 교회가 커지는 데 도움을 줄 것입니다. 하지만, 만약 당신이 진정으로 성서의 의미와 가치를 최대한 고스란히 전달하고 싶다면, 성서가 그랬듯이 당신의 설교 내용에 시대의 정황을 반영하십시오! 家

사울이 예루살렘에 가서 제자들을 사귀고자 하나 다 두려워하여 그가 제자 됨을 믿지 아니하니

제가 그래도 자칭 사도인 바울을 인정하는 이유

대부분 설교자와 보수적인 견해에 있는 신학 연구자들은 사울이 바울로 변화한 것에 대하여 **하나님의 절대적인 사랑과 은혜**를 말합니다. 한때 그리스도인들을 박해하고 죽이는 일에 앞장섰던 사울이 단기간에 복음을 전하는 자가 되었다는 것이 매우 극적이기 때문에 본문을 자세히 살피지 않는 한, 사울 → 바울의 이야기를 감동적인 이야기로 여기고 반복적으로 회자하게 됩니다. 하지만, **사울이 개과천선(改過遷善)하여 바울이 된 것은 그렇게 간단히 감동만 받고 넘길 일은 아닙니다.**

첫째, 동료를 죽인 자가 자신의 공동체로 들어오는 것 자체가 극히 거북스러운데 심지어 그가 리더로 공동체를 지도하는 위치에 섰음에도 성서 본문은 매우 자연스럽게 마치 그것이 큰일이 아닌 양 넘기고 있습니다.

둘째, 바울이 자칭 사도라고 주장하는 것에 대하여 그가 예수님과 조우했다는 것은 지극히 개인적인 체험에 불과한데 성서는 그가 당연히 사도 중의 한 명이고 오히려 그것에 대하여 반론을 제기하는 것이 잘못인 것처럼 말하고 있습니다.

간단히 말해서 **이런 글은 바울 자신, 혹은 친(親) 바울적인 입장의 사람이 적었거나 편집하거나 가공한 것으로 추정할 수밖에 없습니다.** 만약 이 글이 오랜 시간을 거치면서 편집된 것이라면 글의 초기층을 형성한 시기와 마무리

한 시점 사이에는 상당히 큰 간극이 존재할 것입니다. 그렇게 보면, **이 글은 바울이 이미 하나의 부정할 수 없는 영웅, 위대한 사도로 자리매김한 후에 완성된 것입니다.** 본문의 화자는 바울의 입장과 신분 및 지위, 그 정당성을 최선을 다해 변호하고 있으며, 바울의 신학을 완전무결한 정론으로 이해하고 있습니다.

그런데도 **사도행전 9:26은 가공하거나 각색하기 이전 사울(바울)의 일면을 엿보게 합니다.** 사울은 이전에 그리스도인들에 대한 박해를 주도했기 때문에 그 이미지가 극히 부정적이었으며 그것은 쉽게 바뀔 수 없는 사실이었습니다. 어제의 살인자가 오늘 화해의 손을 내밀고 있습니다. 그 누구도 그를 쉽게 신뢰하여 받아들일 수 없었을 것입니다. 바나바는 대중에게 사울이 변화했음을 말하며 그를 변호합니다.

> 바나바가 데리고 사도들에게 가서 그가 길에서 어떻게 주를 보았는지와 주께서 그에게 말씀하신 일과 다메섹에서 그가 어떻게 예수의 이름으로 담대히 말하였는지를 전하니라(행 9:27)

그러나 이 구절이 전부입니다. 그 외에는 추가적인 갈등도 없고 문제도 없습니다. 실제로는 상당한 마찰이 있었을 터이지만 본문의 화자는 마치 사울(바울)이 순식간에 공동체에 의하여 받아들여진 것처럼 묘사하고 있습니다.

> 그리하여 온 유대와 갈릴리와 사마리아 교회가 평안하여 든든히 서가고 주를 경외함과 성령의 위로로 진행하여 수가 더 많아지니라(행 9:31)

화자(話者)는 모든 것이 이상적으로 흘러갔음을 말하고 싶은 것 같습니다. 하지만, 바울이 썼다고 알려진 다른 서신을 보면 **상당히 길고 지루하며 강한**

갈등이 있었음을 엿볼 수 있습니다.

> 예수 그리스도의 종 바울은 사도로 부르심을 받아 하나님의 복음을 위하여 택
> 정함을 입었으니 이 복음은 하나님이 선지자들을 통하여 그의 아들에 관하여
> 성경에 미리 약속하신 것이라(롬 1:1-2)

> 하나님의 뜻을 따라 그리스도 예수의 사도로 부르심을 받은 바울과 형제 소스
> 데네는(고전 1:1)

> 이를 위하여 내가 전파하는 자와 사도로 세움을 입은 것은 참말이요 거짓말이
> 아니니 믿음과 진리 안에서 내가 이방인의 스승이 되었노라(딤전 2:7)

일단 이러한 글의 반복은 바울 = 사도라는 것을 강력하게 주장합니다. **만
약 단기간에 사도로 인정받았다면 여러 번 같은 주장을 할 필요가 없었을 것
입니다.**

> 사람들에게서 난 것도 아니요 사람으로 말미암은 것도 아니요 오직 예수 그리
> 스도와 그를 죽은 자 가운데서 살리신 하나님 아버지로 말미암아 사도 된 바
> 울은(갈 1:1)

갈라디아서 1:1은 바울이 사도로 인정받는 과정에서 **기존 지도력이 그를
쉽게 인정하지 않았음을 추정하게 합니다.** 아마도 그는 거의 포기 직전에 이
른 것 같습니다. '하나님께만 인정받으면 된다'라는 말에서 그가 사도로 인정
받기까지 상당한 어려움이 있었음을 느끼게 됩니다. **솔직히 그는 '사도의 자
격 기준'에 부합하지 않는 사람입니다.**

> 항상 우리와 함께 다니던 사람 중에 하나를 세워 우리와 더불어 예수께서 부
> 활하심을 증언할 사람이 되게 하여야 하리라 하거늘(행 1:22)

사도 중 하나였던 유다가 자살로 인생을 마감하자 사도들은 빈자리를 채우려고 "항상 … 함께 다니던 사람 중에 하나"에서 새 사도를 정하려고 했습니다. 그들은 제비를 뽑습니다. 그것은 당시 선택을 위한 신적 의도를 묻는 하나의 관습이었을 것입니다. 본문은 분명히 선출된 "맛디아"가 "사도의 수에 들어"갔다.(행 1:26)라고 말합니다. **사울은 11명의 사도와 "함께 다니던 사람 중에 하나"가 아닙니다.** 그가 자칭 사도라고 주장했을 때 대중은 그에게 이와 비슷한 말로 비판했을지 모릅니다. "그런 사람들은 거짓 사도요 속이는 일꾼이니 자기를 그리스도의 사도로 가장하는 자들이니라"(고전 11:13)

만일 사울(바울)이 결국 그리스도인 공동체의 일원이자 리더로 받아들여졌다면 어떤 조건이 공동체가 그를 수용하게 했을지 의문이 생깁니다. 바울은 박해를 가하는 사람에서 박해받는 사람으로 **삶에 실질적인 변화를 보였습니다.**

> 그들이 그리스도의 일꾼이냐 정신없는 말을 하거니와 나는 더욱 그러하도다
> 내가 수고를 넘치도록 하고 옥에 갇히기도 더 많이 하고 매도 수없이 맞고 여
> 러 번 죽을 뻔하였으니 유대인들에게 사십에서 하나 감한 매를 다섯 번 맞았
> 으며 세 번 태장으로 맞고 한 번 돌로 맞고 세 번 파선하고 일 주야를 깊은 바
> 다에서 지냈으며 여러 번 여행하면서 강의 위험과 강도의 위험과 동족의 위험
> 과 이방인의 위험과 시내의 위험과 광야의 위험과 바다의 위험과 거짓 형제
> 중의 위험을 당하고 또 수고하며 애쓰고 여러 번 자지 못하고 주리며 목마르
> 고 여러 번 굶고 춥고 헐벗었노라(고후 11:23-27)

아마 교회 공동체는 그를 쉽게 용인하지 못했을 테지만 사람들은 그가 다른 이들과 똑같이 박해받는 모습을 보며 결국 그를 형제로, 그리고 마침내 그를 사도(급 지도자)로 받아들였을 것입니다. 이렇게 험난한 과정이 있었는데도 세월이 흐르자 그가 **마치 원래 사도로 예정된 존재였던 것처럼 미화**되었습니다. 물론 이 모든 과정은 그의 삶에 있어서 몸소 박해받는 실천이 없었다면 일어나지 않았을 일입니다. 그런데도 그가 그의 과거를 잘 아는 유대인들을 위하여 일할 수는 없었습니다. 그래서 **자신의 과거를 전혀 모르는 이방인에게로 발길을 돌릴 수밖에 없었을 것입니다.**

> 베드로에게 역사하사 그를 할례자의 사도로 삼으신 이가 또한 내게 역사하사 나를 이방인에게 사도로 삼으셨느니라(갈 2:8)

동료를 죽이는 데 앞장선 사람을 완전히 용서하기란 거의 불가능한 것입니다. 볼 때마다 죽은 동료 생각이 날 것입니다. 특정한 이유로 사역에서 분화가 일어났지만, 후대에 성서 본문을 마무리하는 사람이 볼 때는 '원래 바울은 이방인의 사도로 태어난 사람'인 것입니다. 사울(바울)이 사도(급 지도자)로 인정받기까지 상당히 난관이 있었을 것입니다. 하지만 그는 친히 박해를 마다하지 않고 그리스도인 공동체와 같이 그것에 참여함으로 **자신이 변했으며 교회를 위해 일할 자격이 있음을 증명했습니다.** 바나바와 같은 사람의 중재나 변호가 일정한 역할을 했겠지만, 핵심적인 조건은 아닙니다. 중간에서 결정적인 역할을 한 사람은 있었겠으나 **바울이 인정받은 배후에 그의 실천이 핵심적인 역할을 했다는 것을 알아야 합니다.** 교회를 위해, 주를 위해 일을 한다는 사람은 이처럼 실천으로 자신에게 자격이 있다는 것을 인정받을 수 있습니다. 교회가 아닌 사회에서도 마찬가지입니다. **실천이 없이 인정받기는 어렵습니다.**

🐝 인정받고 존경받고 싶다면 희생하고 실천하세요. 현대 개신교에 있어서 하나의 목사가 목사로 인정받는 것은 교단을 통해서입니다. 교단의 증명서가 결정적인 역할을 합니다. **많은 가짜가 존재하는 현대에서 그런 공적인 증빙 시스템은 필요합니다.** 하지만 모든 목사는 사울(바울)이 어떤 과정으로 받아들여졌고 인정받았는지 기억해야 합니다. 아무도 그의 말만 듣고는 그를 인정할 수 없었습니다. 그는 고통받는 공동체 구성원들과 같은 자리에 서서 똑같이 고통을 짊어짐으로 자신의 진실함을 실질적으로 증명했고 결국 사도로 인정받은 것입니다. **하지만 저는 아직도 그가 사도의 조건을 완전히 충족한 사람이라고는 보지 않습니다.** 어쩌면 그는 단지 '자칭 사도'였을지 모릅니다. 그런데도 우리가 그를 **쉽사리 '가짜 사도'라고 할 수 없는 이유가 있습니다.** 다시 말합니다. 그것은 **그의 희생적 참여와 실천**입니다. 우리는 말로 "내가 누구다!"라고 주장할 것이 아니라, 서류만 내밀면서 "이것을 좀 보세요"라고 하는 것에 머물지 말고, **어려움에 부닥친 사람들과 같은 자리에서 고통을 분담하고 함께 울고 웃는 삶으로 우리가 진짜라는 것을 증명합시다!** 바울이 그랬던 것처럼 비록 우리가 여러 측면에서 요구 조건을 충족하지 못하는 부족한 존재라고 할지라도, 심지어 우리가 명문 신학대학원을 졸업하지 못했다고 하여도, **우리의 삶이 그리스도께서 보이신 희생의 면면을 드러낸다면 누구도 우리에게 "저 사람이 무슨 목사야?"라고 쉽게 말하지 못할 것입니다.** 당신의 실천을 보고 나서야 결국 모든 사람이 당신을 인정하고 존경할 것입니다.

🔖

사도행전 13:46-49

바울과 바나바가 담대히 말하여 이르되 하나님의 말씀을 마땅히 먼저 너희에게 전할 것이로되 너희가 그것을 버리고 영생을 얻기에 합당하지 않은 자로 자처하기로 우리가 이방인에게로 향하노라 / 주께서 이같이 우리에게 명하시되 내가 너를 이방의 빛으로 삼아 너로 땅끝까지 구원하게 하리라 하셨느니라 하니 / 이방인들이 듣고 기뻐하여 하나님의 말씀을 찬송하며 영생을 주시기로 작정된 자는 다 믿더라 / 주의 말씀이 그 지방에 두루 퍼지니라

화가 나서 지옥 가라고 폭언한다고 다 지옥 가겠습니까?

사도행전 13:42은 바울과 바나바가 회당에서 복음을 전할 때 유대인으로부터 좋은 반응을 얻었음을 알게 합니다.

> 그들이 나갈새 사람들이 청하되 다음 안식일에도 이 말씀을 하라 하더라(행 13:42)

다음 구절인 사도행전 13:43은 "유대인과 유대교에 입교한 경건한 사람들이 많이 바울과 바나바를" 따르는 상황을 묘사합니다. 여기까지만 읽으면 바울과 바나바가 마치 유대인(개종자)을 위한 목회자라도 된 것 같습니다. 사도행전 13:44은 "안식일"에 모인 많은 이에게 "하나님의 말씀"을 전하는 장면입니다. 그런데 그다음 절인 **사도행전 13:45에서 이런 흐름이 갑자기 단절됩니다.** 참 이상한 일입니다.

> 유대인들이 그 무리를 보고 시기가 가득하여 바울이 말한 것을 반박하고 비방하거늘(행 13:45)

이 구절(행 13:45)의 "유대인들(οἱ Ἰουδαῖοι)"이라는 단어가 43절의 "유대

인과 유대교에 입교한 경건한 사람들"과 같은 사람일 리가 없는데도 그들이 '어떤 유대인들'인지는 수식어나 보충 설명이 없습니다. 그래서 얼핏 보면 자 칫 이 둘이 똑같은 사람들은 아닌가 하는 생각이 듭니다.

위 단락에서 바울과 바나바가 마치 유대인들의 '목회자'라도 된 것처럼 보 였다면 아래 단락에서는 그들과 유대인들의 사이가 매우 좋지 않아 보입니 다. 저는 바울이 유대인 공동체에 결정적인 영향력을 끼치는 지도자를 꿈꿨 을 것으로 생각합니다. 그리고 그것은 일정 수준으로는 성취를 이루었던 것 같습니다. 그러나 결국 바울은 특정한 이유에서 유대인들과 감정적 거리를 두게 되었습니다. **바울이 유대인 공동체를 위해 일정한 이바지를 했음에도 부 득이하게 유대인들과의 사이에 거리감을 두게 된 이유를 살펴봐야 합니다.**

이 단락에서는 두 가지 장면, 그러니까 바울이 유대인의 지도자 역할을 하 며 **유대인 공동체로부터 인정받는 이상적인** 장면과 상대적으로 더 실상처럼 보이는, 바울과 "유대인들" 사이에 **심한 갈등과 배척이 존재하는 장면**이 있 습니다.

갈등의 절정은 사도행전 13:46에서 바울이 "유대인들"에게 "말씀을 … 버 리고 … 영생을 얻기에 합당하지 않은 자로 자처하기로 …"라고 비난하는 말 에서 나타납니다. 이런 종류의 말은 바울이 "유대인들"을 교화하는 사도행 전 13:44 및 그 이전 단락과는 전혀 어울리지 않습니다. 만약 바울이 일부 배 척자들에게만 이런 말을 했다고 해도 마찬가지입니다. 또 바울 일행이 "우리 가 이방인에게로 향"한다, 즉, '오직 이방인들에게만 하나님의 말씀을 전할 것이다'라는 말만 했다면 아무 문제가 없겠지만 '이방인만 영생을 얻을 수 있 다'라는 말을 했다는 것은 바울의 메시지에 긍정적인 반응을 보였던 "유대인 들"이 듣기에도 매우 자극적인 말입니다. 이와 같은 이유로, 사도행전 13:45 이하 내용은 그 이전 내용과 비교할 때 형성 시기, 저자와 편집 의도가 모두 다른, 이질적인 것으로 보아야 합니다.

사도행전 13:47은 이사야 49:6b를 인용하면서 바울이 "유대인들"이 아닌 "이방인들"을 위해서 일하는 것이 **예정된 일**이라고 주장합니다.

> 주께서 이같이 우리에게 명하시되 내가 너를 이방의 빛으로 삼아 너로 땅끝까지 구원하게 하리라 하셨느니라 하니(행 13:47)

만약 이사야서의 "구원"의 "빛"이 메시아를 뜻한다면 사도행전의 그에 대한 이해는 **본래 의미에서 어긋난 것**입니다. 게다가 "유대인들"에게 공감을 얻다가(행 13:42-44) 곧 배척받았다(행 13:45,50)는 사도행전 13장 전체의 흐름에 비추어 볼 때 47절에서의 극찬 역시 급작스럽게 보입니다. 이것은 친바울적인 입장을 가진 편집자에 의해서 후대에 삽입된 구절이 분명합니다. 다음 구절인 48, 49절 역시 바울이 "이방인들"을 위해서 사역하는 것이 대단히 성공적이었다는 평가를 하고 있습니다.

> 이방인들이 듣고 기뻐하여 하나님의 말씀을 찬송하며 영생을 주시기로 작정된 자는 다 믿더라 주의 말씀이 그 지방에 두루 퍼지니라(행 13:48-49)

그러나 바울이 이방인 선교를 통해 성과를 얻기까지는 상당히 긴 시간이 필요했습니다. 한편, 배척하는 "유대인들"을 떠나 "발의 티끌을 떨어버리고 이고니온으로" 이동했다고 말하는 사도행전 13:51의 다음 절인 52절은 원래 43절이나 44절 아래 붙어있었을 것입니다.

> … 안식일에는 온 시민이 거의 다 하나님의 말씀을 듣고자 하여 모이니(행 13:44)
> + 제자들은 기쁨과 성령이 충만하니라(행 13:52)

> 회당의 모임이 끝난 후에 유대인과 유대교에 입교한 경건한 사람들이 많이 바
> 울과 바나바를 따르니 두 사도가 더불어 말하고 항상 하나님의 은혜 가운데
> 있으라 권하니라(행 13:43)
> + 제자들은 기쁨과 성령이 충만하니라(행 13:52)

유대인 출신 그리스도인들을 박해했던 바울이 그 공동체에 인정받기란 상
당히 어려운 일이었을 것입니다. 신앙적 측면에서 인정받았다고 해도 서로
감정적으로 기쁘게 받아주거나 심지어 참된 리더("사도")로 인정과 감사를 주
고받기는 거의 불가능했을 것입니다. 추정컨대, **바울은 그 때문에 결국 유대
인 공동체보다는 이방인을 향해서 복음을 전하는 일을 하게 되었습니다.** 물
론, 그렇다고 바울이 유대 그리스도인 공동체와 담을 쌓고 전혀 접촉하지 않
은 것은 아닙니다. 다만, 본문에서 묘사하는 것과 같이 "유대인들"에게 바울
이 '목회자'처럼 주도적인 역할을 했다는 것은 후대에 바울을 최고의 사도로
여기는 사람의 관점에서 나온 말입니다.

그렇게 보면, 오히려 **사도행전 13:46에서 '유대인은 영생을 얻을 수 없다!'
라고 바울이 선언한 것이 원래의 실상에 근접해 있습니다.** 이는 유대인 공동
체와 바울 사이에 존재하는 감정적 간극을 대변하는 것입니다. 또한, "유대인
들"에게 잠시 환영을 받다가 결국 배척받았다는 이야기 다음에 "(하나님께서)
영생을 주시기로 작정된" "이방인들" 모두가 믿었다는 바울의 대단한 성공담
을 급하게 **삽입**한 것 역시 바울이 "유대인들"과는 '잘 안됐다'라는 실상을 반
영합니다.

결론적으로 바울은 "유대인들"에게 끝내 인정받지 못했고, 그들을 위한
복음 사역도 잘 안 풀렸습니다. 그 과정 중에 바울에게 붙여진 "이방인을 위
한 사도"라는 별칭(참고: 롬 1:5; 11:13; 갈 2:8)만이 그에게 있어서 심적 탈
출구가 되었을 것입니다. 그리고 실제로 그는 남은 인생을 오직 "이방인"을

위하여 일하게 됩니다.

바울이 사도행전 13:46에서 특정 부류의 사람들에게 '영생을 얻을 수 없는 존재들'이라고 폭언한 것은 부당합니다. 이는 신학적인 메시지가 아닙니다. 조직신학적으로 아무런 정보를 갖지 않습니다. 따라서 이를 어떤 교리의 재료로 삼을 수 없습니다. 지금도 우리는 아무에게나 '너는 천국 갈 거야', '너는 지옥 갈 거야' 단정 지을 수 없습니다. 그것은 다만 상대에 대한 감정을 표현하는 감정의 언어입니다.

유대인들은 지옥, 기독교인들은 무조건 천국, 아니, 기독교인 중에서 장로교인만 천국, 감리교인은 지옥, 아니, 감리교인은 천국, 순복음은 지옥 … 이런 발상 자체가 아주 우스운 것입니다. 집단적 차원에서 천국 갈지 지옥 갈지 판단하는 것은 불가능합니다. 물론 개인적 차원에서도 인간에게는 판단 능력이 없습니다. 기독교는 전통적으로 구원에 관하여 개인적 차원에서 그 여부를 논하기는 합니다. 그런데도 궁극적인 판단의 권한과 능력은 오직 하나님 편에 있는 것이고 우리는 단지 남을 존중하며 열심히 일상을 살아갈 뿐입니다. 결국, 우리가 일상을 바르게 살아가는 그 자체가 사후 천국에 갈지를 추정하게 하는 가장 중요하고 확실한 근거가 됩니다. 신앙적으로는 하나님이 어떤 이를 구원하셨는지 모르지만, 삶에서 그것이 어느 정도 드러난다는 것입니다. 물론 이는 우리가 남을 함부로 판단해도 된다는 뜻이 아닙니다. 그러나 대다수 사람이 어떤 이의 삶을 보았을 때 비슷하게 생각하는 경향은 존재합니다. '저 사람은 천국 가겠구나!'(참고: 막 15:39 "이 사람은 진실로 … 하나님의 아들이었도다"; 눅 23:47 "이 사람은 정녕 의인이었도다"; 빌 2:11 "모든 입 … 시인하여")

언어폭력에 신앙의 명목까지 붙여서 사람을 공격하는 가공할 무기를 만드는 것은 큰 범죄입니다. 현대에 어떤 사람이 특정 개인이나 집단을 향해서 '지옥에 갈 존재'라고 말을 한다면 그것은 단순히 화가 나서 한 말로 볼 수밖에 없습니다. 이를 두고 정말로 하나님이 어떤 이나 집단을 영생을 얻지 못할 멸망할 존재로 여긴다고 신앙적인 측면에서 혹은 신학적인 측면에서 오해해서는 안 됩니다. **그것은 타인을 향한 언어폭력, 그 이상도 이하도 아니기 때문입니다.**

바울은 분명히 "유대인들"에게 불만이 있었습니다. 오래된 앙금은 사라지지 않았고, 나름대로 열심히 잘해보려고 했는데, '사도'로 인정받기가 어려워서 결국 포기한 것으로 보입니다.(참고: 갈 1:1 "사람들에게서 난 것도 아니요 사람으로 말미암은 것도 아니요 …; 갈 1:17) 그래서 그는 자신의 입지를 "이방인들"에게서 찾는 것으로 지향점을 전환했습니다.

아무리 그렇다고 '성난' 바울이 "유대인들"을 "영생을 얻기에 합당하지 않은 자(들)"로 단정한 것은 과한 행동입니다. 우리는 이런 바울을 반면교사(反面敎師)로 삼을 수 있을 뿐, **그의 행동을 배워서는 안 됩니다.** 바울은 자신이 한때 그리스도인 공동체의 박해자였다는 사실을 기억해야 했습니다. 자기 때문에 무고한 사람들이 죽었다는 것을 안다면, 자신을 배척하는 "유대인들"에 대해서 스스로 불만을 토로할 자격이 있는지 반성하게 될 것입니다.

함부로 "천국", "지옥", "영생", "예정"과 같은 어휘를 사용하여 남을 단죄하지 마십시오. 우리는 그 누구도 어떤 이가 "영생을 얻기에 합당한 자"인지 아닌지 알 수 없습니다. 한 신자가 죽을 때까지 그 신앙을 유지한다는 보장도 없고, 지금은 불신자지만 나중에 신앙을 받아들일 수도 있습니다. 또한, 우리가 보기에 교회를 열심히 다니는 사람 중에서도 천국에 갔을 때 만나지 못할 사람이 있을 것이며, 교회를 잘 나가지 않았던, 아니, 심지어는 전혀 나가지 않았던 사람 중 누군가는 하나님이 부여하신 오묘한 내면적 신앙의 힘에 이끌려 "영생"의 문에 들어서게 될지도 모르는 것입니다. 하나님의 무한한 능

력을 믿습니까? 성경 말씀을 들어 다른 이를 함부로 판단하고 단정 짓는 것만큼 볼썽사나운 일은 없습니다. 그저 우리는 다른 이를 최대한 이해하고 인정하는 사람으로 살 수 있을 뿐입니다. 신앙인 중에도 거친 사람이 많습니다. 거친 말과 행동에 신앙의 명목까지 덧붙여 가공할 무기를 만들어 사람을 공격해서는 안 됩니다. 그것은 큰 범죄입니다. 당신의 눈에 확실히 지옥 갈 것 같은 사람도 사회 전체가 그를 평가하도록 섣부른 판단은 하지 마십시오. 당신 혼자 감정에 치우쳐 욕을 한다고 천국 갈 사람이 지옥 가고, 지옥 갈 사람이 천국에 가는 것은 아닙니다. 더 많은 이의 눈을 통해서, 사회의 관점에서 선인과 악인을 인식하는 것이 훨씬 더 정확합니다. 🏠

이에 이고니온에서 두 사도가 함께 유대인의 회당에 들어가 말하니 유대와 헬라
의 허다한 무리가 믿더라 / 그러나 순종하지 아니하는 유대인들이 이방인들의
마음을 선동하여 형제들에게 악감을 품게 하거늘 / 두 사도가 오래 있어 주를 힘
입어 담대히 말하니 주께서 그들의 손으로 표적과 기사를 행하게 하여 주사 자
기 은혜의 말씀을 증언하시니 / 그 시내의 무리가 나뉘어 유대인을 따르는 자도
있고 두 사도를 따르는 자도 있는지라

신기한 것을 보여주며 부흥을 꾀했던 사람들

"이고니온"은 고대 프리기아(Φρυγία, Phrygia, B.C. 1200~700년경) 왕국
의 한 마을이었으나 나중에는 알렉산더 대왕에 의해 지배받게 된 곳입니다.
이곳은 역사적으로 신비주의로 유명한 곳입니다. 바울과 바나바는 안디옥에
서 그렇게 했던 것처럼(참고: 행 13:14 "비시디아 안디옥에 이르러 안식일에
회당에 들어가 …") "이고니온"에서도 전략적인 차원에서 성서 해설을 알아들
을 만한 사람들의 회집(會集) 장소인 회당을 찾았습니다.

사도행전 14:1에는 "두 사도"라고 번역되어 있지만 실제로는 '바울과 바
나바'를 지칭하는 것입니다. 오역이라고 하겠습니다. 그리스어 원문을 따라
"그들"(αὐτούς) 혹은 "두 사람"으로 번역하는 것이 좋을 것입니다.

사도행전 14:1은 바울과 바나바가 "이고니온('Ικόνιον")에 있는 "유대인의
회당(συναγωγή)"에서 메시지를 전했는데 대단히 반응이 좋았다고 평가합니
다.(행 14:1b "허다한 무리가 믿더라") 하지만 단락 전체를 살펴보면 **꼭 그렇
지만도 않았음**을 알게 됩니다. 물론 바울의 메시지에 대하여 "유대(인)"보다
는 이방인인 "헬라(인)"의 반응은 더 좋았던 것 같습니다. "유대인들"과 바울
의 관계가 좋지 않은 것은 과거 바울이 사울이라는 이름을 썼을 때부터 그런
것입니다. 복음은 유대인 개종자가 생기면서 퍼진 것인데, **사울은 원래 유대
인 그리스도인 공동체를 박해하는 자였고 사울 때문에 죽은 사람이 있었습니**

다. 그런 그가 하루아침에 환상으로 예수님을 만났다고 주장하고 한술 더 떠서 자기가 공동체의 리더라고 말하니 아무도 그를 쉽게 용인할 수 없었을 것입니다. 하나님의 사랑으로 받아준다고 해도 인간에게는 한계가 있는 법입니다. 그래서 결국 바울은 유대인들보다는 이방인들을 위해 일하게 되었을 것입니다. 아무리 스스로 '이방인의 사도' 운운하면서 이방인을 위해 일하게 된 것이 하나님의 계획이라고 수식할지라도(참고: 갈 2:8 "나를 이방인의 사도로 삼으셨느니라"; 롬 11:13; 딤전 2:7 "내가 이방인의 스승이 되었노라") 실제로는 **한 사람이 하나의 집단으로부터 반감을 사고 있는 상황**을 전제하는 것입니다. 바울은 유대인 혈통이면서도 유대인들과 잘 맞지 않았습니다. "순종하지 아니하는 유대인들이 이방인들의 마음을 선동하여" '악한 감정'을 품게 하였습니다.(행 14:2) 바울과 바나바가 주로 이방인들에게 호응을 얻었다는 것은 본문에 나타나는 구도를 재구성하면 쉽게 알 수 있습니다.

본문에서 우리는 바울과 바나바, 그리고 그들에게 동조하는 이방인 지지자들 사이에 "유대인들"이 존재하고 있어서 외부인인 두 사람을 비방하는 구도를 볼 수 있습니다. 바로 그때, **바울과 바나바는 "표적과 기사를 행"하여 "은혜의 말씀"을 위한 뒷받침으로 삼으려고 합니다.**(행 14:3) "기적"을 추구하는 것에 대해서는 일찍이 예수님께서 비판하신 바가 있습니다.(참고: 마 12:39; 16:4 "악하고 음란한 세대가 표적을 구하나") 그런데 이 **"기적"은 이방인(헬라인)보다 특히 유대인들이 좋아하는 것**이었습니다.(참고: 고전 1:22 "유대인은 표적을 구하고 헬라인은 지혜를 찾으나") 따라서 바울과 바나바의 대응은 **유대인들에게 일어난 적의를 잠재우고 그것을 호기심이나 호의로 바꾸려는 의도**가 있다고 하겠습니다. 하지만, 그들의 복음 사역은 이방인 회심자를 얻는 성과가 상대적으로 컸으며 순수한 유대인 개종자들은 적었던 것으로 보입니다. 바울은 아무래도 "이방인의(큰 호응을 받은) 사도"(참고: 롬 11:13)입니다.

이런 고찰로 미루어 볼 때, "(유대인과 이방인을 무론 하고) 허다한 무리가 믿더라"(행 14:1)라는 평가는 과한 것이며, 만약 그것이 사실이라면 "표적과 기사"(행 14:3)라는 부차적이며 추가적인 대응이 주어질 필요도 없었을 것입니다. 글은 많은 동조자가 생긴 것처럼 어지럽게 문장을 배치해 놓았으나 **"이고니온"에서 바울과 바나바의 활동은 실패로 돌아갔으며** 결국 그들은 군중의 박해(행 14:5 "이방인과 유대인과 그 관리들이 … 돌로 치려고 달려드니")를 피해(행 14:6 "도망하여") "루가오니아의 … 성 루스드라와 더베와 그 근방으로 가"게 됩니다.(행 14:6)

바울과 바나바가 그들의 활동에 있어서 "표적과 기사"를 행한 것은 대실패였습니다! 물론, 잠시, 그리고 일부, 그들을 "따르는 자"도 있었던 것 같습니다.(행 14:4b) 글은 두 가지 서로 다른 내용을 담고 있습니다. 신비한 일들을 하나님 말씀 전도와 병행하므로 그 효과가 증대될 것이라고 주장하는가 하면(행 14:3-4) 다른 한편으로는 그것이 아무런 성과가 없음을 말하고 있습니다.(행 14:5-7) 본문 단락을 한 사람이 구성한 것이 아닌 것은 문장들의 흐름을 보면 쉽게 알 수 있습니다. 물론 "표적과 기사를 행하"기 이전에 이미 "허다한 무리가 믿"었다는 서술(행 14:1)이 있기는 합니다. 아마도 최종적으로 본문 구성에 참여하여 전체 단락을 마무리한 사람은 바울과 바나바의 활동이 아주 성공적이었던 것처럼 보이게 하고 싶었겠지만, 현실에 가장 근접한 내용은 역시 그들의 '도주'(행 14:6)뿐 이라고 하겠습니다. **도망가는 결말로 끝나는 이야기는 성공 스토리가 아닙니다.**

다시 말합니다만, 본문 단락의 어떤 구절은 '그래도 일부 사람은 추종했다'라고 이야기하지만(행 14:4 "유대인을 따르는 자도 있고 두 사도(?)를 따르는 자도 있는지라") 다른 구절에서는 "이방인과 유대인과 그 관리들"까지 '모두' 바울과 바나바를 "모욕하며" 배척했다고 진실을 전합니다.(행 14:4)

결론적으로 볼 때, "이고니온"의 사역은 아무런 성과가 없는 활동이었습니다. 물론, "디모데"라는 제자와 "이고니온"은 일정한 관계를 맺습니다.(참고: 행 16:1-3) 그러나 바울의 자체적 평가에서도 "이고니온"에 대한 기억은 상당히 **부정적**입니다.

> 박해를 받음과 고난과 또한 안디옥과 이고니온과 루스드라에서 당한 일과 어떠한 박해를 받은 것을 네가 과연 보고 알았거니와 주께서 이 모든 것 가운데서 나를 건지셨느니라(딤후 3:11)

디모데후서 3:11에 따르면, 바울에게 "이고니온"은 한마디로 '피해 다니기 바빴던 곳'이었습니다.

🐝 말재주가 없어도 진실하게, 지식이 없어도 정직하게, 사람을 속이지 마세요. 현대 교회에서 어떤 목사들은 성서 말씀을 전하면서 "표적과 기사", 즉, 방언, 입신, 신유(병 고침)와 같은 신비한 일을 즐겨 행합니다. 일정한 '효과'가 있다고 생각하기 때문입니다. 그러나 최소한 사도행전 14장 단락에서 그것은 아무런 효과도 나타내지 못했습니다. 사도행전14:1-4, 5-7에는 바울과 바나바의 활동이 무조건 성공적이었다는 주장을 담은 문장이 뒤섞여 있으므로 세심하게 고찰하지 않으면 실제 상황을 파악하기가 어렵습니다. 바울과 바나바가 "이고니온"에서 신비한 일을 행하기까지 했음에도 "은혜의 말씀"은 넓은 호응을 끌어내지 못했습니다. "이고니온"은 철저한 법치 지역이었기 때문에 다른 지역에 비해 일행이 **오래 머물 수 있었음에도 상대적으로 빨리 배척을 당하고 다른 지역으로 이동했다**는 점에 주목하십시오. 말로는 "허다한 무리가 믿"었다고 했으나 그것은 대단히 과장된 기술이고 **실제로 "표적과 기사"는 아무런 기능을 하지 못했습니다.**

어떤 이들이 목회를 돋보이게 하며 교회 성장에 효과가 있다고 생각하는 방언, 입신, 신유는 자주 이처럼 아주 쓸 데가 없습니다. 그러니까 괜히 불을 끄고 시끄럽게 처량한 음악을 크게 틀고 '아다다다' 하는 알 수 없는 소리로 기도를 시키고 '천사를 봤다', '예수님이 빛을 쪼였다'와 같은 소리를 하지 마십시오. 대신, **조용히 청중을 이해시킬 말을 하며 그 내용에서 최대한 논리적인 궤적과 합리적인 실질을 찾으십시오.** 물론 성서의 시대에도 논리와 합리가 먹히지 않는 사람들이 존재했습니다. 그래도 최선을 다해서 설득하십시오. 그리고 가능하다면 여러분이 여러분의 메시지를 전하려고 하는 대상자들과 최대한 평화로운 분위기를 유지하십시오.(참고: 마 5:9) **여러 가지 신비한 일을 보여주며 현혹하는 것은 상대에 대한 예의가 아닙니다.** 그것은 상대의 인지 능력을 무시하는 속임수입니다.(참고: 잠 24:28 "속이지 말지니라"; 딤후 3:13 "속이는 자들은 … 속이기도 하고 속기도 하나니") 어떤 사이비 종교에서는 고린도후서 6:8 "우리는 속이는 자 같으나 참되고"라는 말을 인용하면서 남을 속이는 방식의 전도, 일명 '모략전도'를 정당화합니다. 그러나 이 구절은 그런 데 쓰라고 있는 것이 아닙니다. 어떤 이유에서라도 **사람의 이성을 교란하고 감성을 기만해서는 안 됩니다.** 자신의 지식이 부족하다고 이성적인 신자들에게 기적을 보여주며 지성을 마비시키려고 시도해서는 안 됩니다. 오히려 오늘부터 열심히 공부하기를 바랍니다. 공부하는 데 별로 재능이 없다면 진실하세요! 학식이 부족한 사람은 용서받을 수 있지만 정직하지 않은 사람은 사회에 발을 붙일 수 없습니다. 그 사회가 건강한 사회라면 말입니다. 만약 당신이 "표적과 기사"로 사람들을 현혹하여 신자로 만들고 큰 교회를 세웠다고 합시다. 하나님이 그것을 칭찬하실까요? 오히려 행동에 잘못이 있으면 욕먹고 수치를 당하며 쫓겨 다니는 것이 낫습니다. 뉘우치고 고칠 수 있으니까요. 더 바른 사람이 될 수 있으니까요. 宗

사도행전 15:7-11

많은 변론이 있은 후에 베드로가 일어나 말하되 형제들아 너희도 알거니와 하나님이 이방인들로 내 입에서 복음의 말씀을 들어 믿게 하시려고 오래 전부터 너희 가운데서 나를 택하시고 / 또 마음을 아시는 하나님이 우리에게와 같이 그들에게도 성령을 주어 증언하시고 / 믿음으로 그들의 마음을 깨끗이 하사 그들이나 우리나 차별하지 아니하셨느니라 / 그런데 지금 너희가 어찌하여 하나님을 시험하여 우리 조상과 우리도 능히 메지 못하던 멍에를 제자들의 목에 두려느냐 / 그러나 우리는 그들이 우리와 동일하게 주 예수의 은혜로 구원받는 줄을 믿노라 하리라

믿음으로 구원받는다는 이신칭의의 창안자는 원래 베드로

어떤 이들은 초기 교회로부터 이상적인 상(像)을 찾으려고 하지만 **사실 초기 교회 역시 현대 교회 못지않게 많은 문제가 있었습니다.** 그중에 제가 주목하는 가장 큰 문제는 주도권을 둘러싼 갈등이라고 하겠습니다. 교회 공동체 내부적으로 지도력을 쟁취하려는 권력적 긴장이 있었고(참고: 고전 1:12-13 "나는 바울에게 나는 아볼로에게 나는 게바에게 속한 자라 한다는 것이니 … 바울이 너희를 위하여 십자가에 못 박혔으며 … 바울의 이름으로 세례를 받았느냐?") **바울은 그런 상황을 만든 장본인 중의 하나였던 것 같습니다.**

혹자가 바울만이 '이방인들 위한 사도'(참고: 롬 11:13; 갈 2:8; 딤전 2:7)라고 단편적으로 생각하면서, 그 외의 사도들, 예루살렘 교회의 '담임 목회자'였던 베드로 같은 사도는 유대인만을 대상으로 활동했다고 오해한다면 사도행전 15:7을 최대한 정확히 이해하기 어려울 것입니다.

> 많은 변론이 있은 후에 베드로가 일어나 말하되 형제들아 너희도 알거니와 하나님이 이방인들로 내 입에서 복음의 말씀을 들어 믿게 하시려고 오래전부터 너희 가운데서 나를 택하시고(행 15:7)

이 구절에서 **베드로는 스스로 '나는 이방인의 사도다'라고 주장합니다.** 그러므로 **바울이 최초로 '이방인의 사도'라고 주장한 사람이 아닙니다.** 물론 바울이 그렇게 스스로 이미지 메이킹(Image making)한 것은 부득이한 것이었습니다. **하지만 그의 주장(갈 2:8; 딤전 2:7)대로 하나님이 그렇게 정해주신 것이라고는 볼 수 없습니다.** 원래 유대인 공동체를 박해하는 데 앞장섰던(행 22:4 "내가 이 도를 박해하여 사람을 죽이기까지 하고 남녀를 결박하여 옥에 넘겼노니") 바울은 유대인들의 완전한 인정을 받는 데 실패했습니다. 그래서 어쩔 수 없이 점진적으로, 유대인보다는 이방인 선교에 집중하게 된 것 같습니다.

사도행전 15장은 새로 믿은 자들을 포함하는 "형제들"이 '모세의 법을 지켜야만 구원을 얻을 수 있는가'라는 주제에 대하여 논쟁하는 이야기로 시작합니다.(행 15:1-2) 여기서 "바울과 바나바"는 큰 단체("교회")의 파송("전송" 행 15:3)을 받고 "베니게(페니키아)와 사마리아"(행 15:3) 등지를 다니며 활동하는 것으로 묘사됩니다. 일면 그들은 "교회와 사도들과 장로들에게 환영"을 받았고(행 15:4) 그들에게 모든 일을 "보고하였"습니다.(행 15:4) **이렇게 화기애애한 분위기는 사도행전 15장 전반에 흐르는 냉철한 논쟁의 분위기와 전혀 어울리지 않는 것입니다.**

당시에 여전히 "이방인에게 할례를 행하고 모세의 율법을 지키"게 해야 한다고 주장하는 일부 유대인 그리스도인들이 존재했습니다.("바리새파에 속하였다가 신도가 된 사람 몇", 행 15:5) 그러나 이것이 극소수의 주장은 아닌 것 같습니다. 장시간의 쟁의가 필요했기 때문입니다. 긴 시간의 논쟁("많은 변론" 행 15:7)을 한 뒤에 "베드로"는 "이방인들로 내 입에서 복음의 말씀을 들어 믿게 하시려고 오래전부터 너희 가운데서 나를 택하시고(행 15:7)"라고 하며 "그들(이방인들)에게도 성령을" 주셨다면서(행 15:8) 하나님이 유대인과 이방인을 "차별"하지 않으신다(행 15:9)라고 단언합니다. **결국, 이방인이 구원 받는 데 "할례"는 필요 없다고 못을 박은 것입니다.**(행 15:10-11) **이것이 바울의 말이 아니라 베드로의 말이라는 점을 주목할 필요가 있습니다.**

무리 중에 있던 **바울과 바나바의 선교 보고는 이러한 베드로의 발상에 아무 영향을 끼치지 못했던 것으로 보입니다.** 사도행전 15:3-4에서 그들이 분명히 "이방인들이 주께 돌아온 일"을 보고했고 심지어 "형제들을 다 크게 기쁘게 하더라" 또한 "영접(환영)을 받"았다는 서술이 있음에도, 여전히 이방인 신자들의 문제에 관한 강력한 반론을 제기하는 사람이 있었고(행 15:5) 긴 시간의 논쟁이 있었으며(행 15:6-7a) 논의 끝에 "일어나" '파격적인 방안'을 제시하는 "베드로"(행 15:7-11) 역시 바울과 바나바에 대해 아무런 언급을 하지 않았다는 점을 볼 때 그렇습니다.

단락이 바뀌면서 "무리"가 조용히 경청하는 중에("온 무리가 가만히 있어" 행 15:12a) 연설자인 베드로가 갑자기 연단에서 사라지고 바울과 바나바에게 발언권이 넘어갑니다.(행 15:12) 하지만 **그들이 무엇을 발언했는지는 전혀 소개되지 않고 발언권은 즉시 다시 "야고보"에게 넘어갑니다.**(행 15:13) 아마도 누가 일부러 이야기에 바울과 바나바를 등장시키려고 한 것 같습니다. 실제로 발언의 주도권을 쥔 사람은 베드로와 야고보였을 것입니다. 야고보는 아래와 같은 내용의 아모스 9:11-12를 인용하면서 "모든 이방인들로 주를 찾게 하려 함이라"라는 말로 베드로가 최초로 제기한 논점을 옹호합니다.

> 그날에 내가 다윗의 무너진 장막을 일으키고 그것들의 틈을 막으며 그 허물어진 것을 일으켜서 옛적과 같이 세우고 그들이 에돔의 남은 자와 내 이름으로 일컫는 만국을 기업으로 얻게 하리라 이 일을 행하시는 여호와의 말씀이니라 (암 9:11-12)

사도행전 15:16-17은 아모스 9:11-12과 전반적으로 같은 의미를 담고 있습니다. 그것은 **이방인에 대한 무차별적 수용과 평등**입니다. 배타적인 유대인이 이방인 포용 사상을 갖게 된 것은 국가 패망 이후 바벨론 제국 그리고 이어지는 페르시아 제국에서의 삶을 경험하면서입니다. 긴 시간과 과정을 걸쳐 빚어진 그들의 성찰에 의하면, **하나님은 유대 민족만을 다스리는 하나님이 아니라 전 민족을 차별 없이 대하시고 그들의 삶에 관심을 두고 개입하며 주관하는 분**입니다. 당시 세계의 중심이었던 로마 제국의 치하에서 박해받던 초기 교회 그리스도인 공동체가 이방인을 편협한 사고로 배척하지 않고 포용했을 때, 그것은 신앙적이면서도 매우 합리적인 요구를 수반했습니다. 비록 야고보가 사도행전 15:20에서 약간의 요구 사항을 추가했지만("우상의 더러운 것과 음행과 목매어 죽인 것과 피를 멀리하라 …) 이방인은 공동체의 요구를 대체로 수긍할 만한 것으로 여겼을 것입니다. 당시 주류 신앙 공동체가 과감하게 도출한 합의와 결단, 즉, 이방인에 대한 무차별적 포용은 이 시점 후 교회의 역사와 신학의 주된 하나의 흐름을 형성하게 됩니다.

사도행전 15:22는 "각 성에서 모세를 전하는 자"의 문제(행 15:21)를 처리하기 위해서 사람들을 파견하는데 "바울과 바나바"만 보낸 것이 아니라 "바사바라 하는 유다와 실라"라는 두 사람을 함께 보냅니다.(행 15:22) 여기서 초기 교회의 사안 처리 과정을 엿볼 수 있는데, 이는 교회가 정한 이방인 무차별 포용 사상에 반하는 상황에 대하여 **사람을 파견하여 조치**하게 하는 모습으로서, 현대 교회와 교단이 문제에 대응하는 방식과 유사한 모습을 보입니다. 그런데, 공동체가 **바울과 바나바 외에 두 사람을 붙여 보냈다**는 것은 어쩌면 **초기에 공동체 안에서 바울과 바나바의 입지가 견고하지 않았음을 방증**하는 것일 수 있습니다. 하지만 최종적으로 본문은 의식적으로 "유다와 실라"의 활동은 간단히 서술하고(행 15:33 "자기를 보내던 사람들에게로 돌아가되") "바울"에게는 리더의 역할을 부여합니다.(행 15:36 "바울이 바나바더러 말하되 … 방문하자 하고") 그러나 본문의 전반적인 내용을 잘 보면, "바울"을 "사도"로 인정하지 않고 있으며 "사도와 장로" 그룹 이외의 사람으로 인식하고 있습니다.(행 15:2,4,6,22,23) 이는 지금 우리에게는 익숙한 '바울 = 사도'라는 개념이 **점진적으로 형성한 것**임을 추정하게 합니다. 바울의 상황은 베드로가 처음부터 '교회의 실권("열쇠" 참고: 마 16:18-19)'을 쥐고 있던 것과는 판이합니다. 처음에 바울은 '박해자에서 신앙인으로 개과천선한 신자'의 이미지만을 가졌을 것입니다. 명확하게 나타나지 않지만, 본문은 은연 중에 바울이 원래 자질이 부족한 사람이었다는 것을 은근히 노출합니다.(행 15:36-41 "서로 심히 다투어 피차 갈라서니 …)

　사도행전 15:7-11의 내용으로 돌아와서 생각해 볼 때, **'오직 믿음으로만 구원받는다'라는 이신칭의는 베드로가 최초로 제시한 것**입니다. 그는 이방인 신자가 증가하는 상황에 대하여 가장 합리적인 선택을 했습니다. 즉, 이방인 신자에게 "할례"와 같은 "모세의 법"을 짐 지울 필요가 없다는 중요한 성찰과 결정을 도출한 것입니다. 그것은 비록 논의를 통한 결정이었지만 역시 베드로가 마지막으로 매듭지은 것입니다. **한편, 이방인을 위해서 할례 면제를 결정했을 때 그 순간부터 유대인 개종자들에게도 할례를 금했겠다고는 생각할 수 없습니다. 이는 교리의 범시대적이며 초월적 완벽성을 주장하는 교조주의자들은 미처 생각하지 못하는 것입니다.** 대개 민족적 전통은 해당 족속이 멸절되지 않는 이상 계속 이어집니다. 성서에도 예수님이 할례받은 이야기가, 유대 전통을 솔직하고 담담히 설명하는 차원에서 보존되어 있으며(눅 1:59; 2:21) '할례 = 불신앙'의 개념이 공고히 자리 잡기 전의 할례는 심지어 자랑스러운 전통으로 유대인 그리스도인 공동체 안에서도 무감각하게 용인되고 있었습니다.(행 7:8 "할례의 언약을 아브라함에게 주셨더니 그가 이삭을 낳아 여드레 만에 할례를 행하고 …) 나중에 이방인 개종자 문제가 대두되고 나서야 비로소 명확한 이신칭의 개념이 정리되며 그 개념을 명확히 하는 차원에서 바울에 의하여 할례가 대대적인 공격을 당하기 시작합니다. 재차 말하지만,

처음부터 모든 신앙인에게 동시에 '할례 금지' 규정이 부여된 것이 아닙니다. 이 본문에서도 그것은 이방인 개종자들을 위해서만 기능하고 있습니다.

베드로가 최초로 제기한 이신칭의는 실제 정황에 대한 **합리적인 대응 방식의 모색이라는 차원**에서 자연스럽고 적절합니다. **그러나 바울에게 와서 그것은 대상을 구분하지 않는 하나의 도그마(dogma)와 같은 양상을 띠게 됩니다.** 바울은 '할례'를, 그것을 전통으로 생각하든 아니든 지지하는 자를 맹렬히 비판하기 시작합니다. 그는 분명히 **과격한 교조주의자**같이 보입니다! 교리는 바울의 예에서와 같이 불변의 도그마로 바뀔 때도 있지만 베드로에게서와 같이 삶에 대한 실제적 대응 차원에서 제기되기도 합니다. 이에 우리는 특정한 교리를 맹종하기보다는 베드로가 보여준 것과 같은 세심하고 사려 깊은 태도로 새 시대의 새로운 상황을 자세히 고찰하고 그에 대하여 가장 합당한 대응 방식을 모색해야 합니다. 물론 이는 단순히 주어진 교리를 맹종하는 것보다 훨씬 수고스러운 일입니다. **하지만 오래된 교리로는 현재 우리가 당면한 복잡다단한 문제에 적절히 대응하기 어렵습니다.** 이 사실을 아는 사람은 쉬운 길보다 어렵더라도 실제적인 효과를 얻을 수 있는 길을 선택할 것입니다. 그것을 찾아내는 것이 힘들어도 말입니다. 예를 들어, 이신칭의라는 개념은 은혜로운 신앙 고백일 수는 있지만 **'정말로 선한 행실이 없이 믿기만 하면 구원받는가?'**라는 현대인의 질문에 대한 답이 되기에는 **너무 단출합니다.** 너무 단출한 나머지 답변자가 무책임하게 보이기까지 합니다. 야고보서의 경우 그것이 매우 현대적인 본문으로 보이는 것은 화자가 이신칭의의 단편적 이해를 우려하는 가운데 그에 대한 반론을 제기하고 있기 때문입니다.(약 2:17,26 "행함이 없는 믿음은 죽은 것이니라") '이신칭의가 맞다', '야고보서가 틀리다'라고 섣불리 말하지 말고 성서 심연의 가치를 중심으로 우리 시대에 맞는 가장 합리적이고 긍정할 만한 해답을 모색해야 합니다.

바울을 로마서와 갈라디아서의 저자라고 볼 때, 그는 베드로가 최초로 제기했던 '할례는 무용하고 오직 믿음으로만 구원받는다'라는 개념을 자신의 사상에 적극적으로 도입하면서 특정한 정황에 대응하는 방안이었던 그것을 **불변의 진리**처럼 만들어 버렸습니다. 그의 언변은 정답인 것 같으면서도 **자주 극단적이고**(참고: 갈 2:16 "율법의 행위로써는 의롭다 함을 얻을 육체가 없느니라") **무례합니다.**(참고: 갈 3:1 "어리석도다 … 사람들아 … 누가 너희를 꾀더냐") 그것은 자신의 메시지만이 진리라고 믿는 무모한 자부심에 근거합니다.(참고: 갈 1:8-9 "다른 복음을 전하면 저주를 받을지어다") 위에서 살펴본 바와 같이 바울이 주창하는 메시지의 골자는 그 자신이 창안한 것도 아닙니다. 바울은 자신이 베드로를 위시한 "사도 된 자들"에게 아무런 영향을 받지 않았다고 주장하지만(갈 1:17-20 "나보다 먼저 사도 된 자들을 만나려고 예루살렘으로 가지 아니하고 아라비아로 갔다가 다시 다메섹으로 돌아갔노라 … 다른 사도들을 보지 못하였노라 … 거짓말이 아니로다") 실제로는 사도들을 찾아가서 머물렀고 사도들은 따뜻하게 그를 맞아주었습니다.(참고: 갈 1:18 "머무는 동안") 그때 **바울이 사도들에게서 여러 영향을 받았을 것입니다.**

'선배' 사도들이 바울의 과거를 더 따지지 않고 포용했음에도 바울은 베드로를 중심으로 한 공동체 '세력'에 대한 도전적 태도를 보입니다. 우리는 성서에서 바울이 심지어 베드로를 강하게 훈계하는 예를 찾아볼 수 있습니다.

> 그러므로 나는 그들이 복음의 진리를 따라 바르게 행하지 아니함을 보고 모든 자 앞에서 게바에게 이르되 네가 유대인으로서 이방인을 따르고 유대인답게 살지 아니하면서 어찌하여 억지로 이방인을 유대인답게 살게 하려느냐 하였노라(갈 2:14)

이처럼, 바울은 의식적으로 베드로("게바")보다 자신이 월등하다는 것을 드러내려고 했습니다. 바울을 숭상하는 해석자들은 인정하기 어렵겠지만, 그는 사실 그에게 기꺼이 '발판'이 되어준 베드로와 같은 사도들을 밟고 우뚝 선 것입니다.

현대 목회 세계에서도 은혜를 베푼 선한 사람을 딛고 일어서는 목사들이 있습니다. 염치가 없고 인간의 도리를 망각한 자들입니다. 그들은 복음 사역의 중요성과 우수한 교리를 전 세계에 전파하는 사명을 논하면서 정작 사람은 눈에 두지 않습니다. **바울이 극단적인 자기 사상을 세계에 전해야 한다는 사명감에 불타오르는 동시에 동료 베드로를 까 내리고(참고: 갈 2:14) 제 마음에 들지 않는 사람을 저버리는 것을 보십시오!(행 15:39)** 당신이 만약 바울을 신앙적 모델로 삼고 있다면 한 번쯤은 그의 실체가 무엇인지 심각하게 고민해 볼 필요가 있습니다. 하나의 사변적 교리를 불변의 진리로 생각하고 그것을 세계 각지에 전하기 위해서 대량의 후원금을 모아 여행을 하는 한편, 다량의 편지를 써 보내 돈을 모으는 일을 반복했던 것이 **바울의 낯선 일면**입니다. 당연하게도, 바울의 추종자들은 바울과 똑같이 뭔가에 홀린 듯 열정적인 강연을 하고 후원금을 모으며 극단적인 교리를 전파하기 위해 세계 각지를 쏘다닙니다. 그런데도 사람은 중시하지 않고 조언도 잘 듣지 않는 데다가 무례하기 짝이 없습니다.

🐝 교리 수호, 세계 선교, 다 좋은데 기본적인 염치와 사람에 대한 예의는 잊지 마세요! 저는 여러 교회에서 전도사와 부목사로 일한 경험이 있습니다. 이력서에 다 적기에 경력이 너무 많아서 간혹 이력서를 제출할 때 추려서 몇 개만 적을 정도입니다. 정말 다양한 담임목사를 도와 일을 했습니다. 그런데 그중에 일보다도 사람을 중시하는 분은 정말 드물었습니다. 한 교회를 담임하는 것은 여러 측면에서 큰 스트레스를 받는 일입니다. 그래서 왜 그러는지 이해가 되다가도 사람을 무슨 기계 부속품처럼 여기는 것을 보면 제 안에서 분노가 일어나는 것을 느끼게 됩니다. 원래 전도사나 부목사는 이런

감정을 가지면 안 됩니다. 곧 그 교회를 떠나야 하기 때문입니다.

　외국의 어떤 한인교회에서 일할 때입니다. 휴일인데 담임목사가 저를 불렀습니다. 가족들과 시간을 보내다가 어렵게 찾아갔는데 앉혀 놓고 저와 함께 일하고 있는 부목사에 대해 험담합니다. 제 기억으로는 한 두 시간 내리 들었던 것 같습니다.

　외국에서 일하는 부목사들과 그의 가족은 여러 면에서 교회에 의존합니다. 일단 체류 문제, 또한 자녀들의 학교 문제, 거주 문제 등, 만약 부목사와 담임목사의 사이가 틀어지면 아무런 보장도 없는 상황에서 마치 절벽에서 떠밀려 떨어지는 것같이 됩니다. 저는 저의 '동료'가 그런 위기에 처하는 것을 가만히 볼 정도로 양심이 죽어 있지는 않습니다. 그래서 차분한 음성으로, 최대한 예의를 갖추어서 '동료'를 변호했습니다. 저는 어떤 교인이 모함했는지 모르나 그 사람은 그럴 사람이 아니라고 말했습니다. 그리고 혹시 잘못했다고 하더라도 담임목사의 넓은 아량으로 품어주면 좋을 것 같다고 했습니다. 하지만, 제 말을 전혀 듣지 않는 것 같았습니다. 오히려 저 역시 그 부목사 편이냐면서 그때부터 저까지 미워하기 시작했습니다. 순간 저와 우리 가족 역시 비자 문제, 교육 문제 등에 봉착하게 되리라는 것을 직감했습니다. 하지만 저는 부당한 문제와 얽힌 위기를 만나면 더 강해집니다. 그래서 그 즉시 제가 그 나라에서 홀로서기를 할 수 있도록 교회가 아닌 다른 일자리를 알아보기 시작했습니다. 예상대로 그 부목사는 사직하고 한국으로 돌아가게 되었습니다. 저는 아주 마음이 아팠습니다. 이제 공격이 저에게 집중됩니다. 견디다 못해 사임하게 되었습니다. 그러나 저와 우리 가족은 큰 집에서 작은 집으로 이사를 했을 뿐 귀국하지 않아도 괜찮았습니다. 제가 교회에서 받던 돈 이상의 돈을 벌기 시작했기 때문입니다. **모르는 사람은 교회에서 상당히 많은 돈을 월급으로 주는 줄 알지만, 담임목사만 많이 줄 뿐, 부목사, 전도사들이 받는 월급은 최저생계비 수준의 반도 안 되는 경우가 일반적입니다.**

저희가 귀국하지 않았을 뿐 아니라 교회에서 일할 때처럼 스트레스가 없는 맑고 밝은 얼굴로 생활하고 있는 것을 보고 그 교회의 중직자 중 성격이 괴팍하기로 유명한 장로가 깜짝 놀라며 "어? 얘 왜 아직 귀국하지 않았어?"라고 하던 모습이 생생합니다. 아무리 젊은 부목사라도 일반적으로 장로는 그렇게 반말로 낮추어 말하지는 않습니다. 담임목사가 얼마나 저를 깎아내렸는지 알 수 있는 순간이었습니다. 암튼 저와 가족은 이전보다 자유롭고 심적으로 편안하게 오래 잘 살다가 아이들을 한국 학교에 진학시키고 싶은 마음이 생겨 귀국하게 되었습니다. 그래도 꽤 오래 교회를 위해 일했는데 떠나는 날 공항에 나와 인사하는 사람은 거의 없었습니다. 원래 외국 한인교회에서 일하다가 귀국하면 교인들과 담임목사, 중직자들이 많이 나와 잘 가라고 인사하는 것이 일반적입니다. 저는 부당한 해고에 대해서 딱 한 번 반론을 제기했다는 '죄목'으로 대단한 죄인이 되었습니다. 저처럼 의리파인 목사님 한 분이 공항에 나오셨길래 걱정이 되었습니다. 그래서 얼른 들어가시라고 교회 교인이라도 보면 나쁘게 소문을 낼 것이라고 보내 드렸습니다. 의리파인 한 집사님 가정도 나와 인사를 하셨습니다. 역시 감사보다는 걱정이 앞섰습니다. 그 젊은 집사님 부부도 미움의 대상이 될 수 있습니다. 그런데도 이분들은 아랑곳하지 않고 저희가 공항 안으로 들어가는 순간까지 저희와 함께 해 주셨습니다. 귀국하는 비행기에서 이런 생각이 들었습니다. 전에 쫓겨 귀국한 목사나 나나 큰 잘못을 한 것 같지 않은데 왜 담임목사는 기본적인 사람대접하지 않았을까? 그것은 자신의 자리를 지키고 싶은 욕망, 그리고 편협한 마음 때문이라는 생각이 들었습니다. 그리고 내심 후련한 생각이 들어 껄껄 웃음이 나왔습니다. 나중에 안 사실은 그때 담임목사가 부목사들을 박대한 것은 누군가 담임목사에게 부목사가 담임목사를 몰아내고 새 교회를 차리려고 한다는 소리를 했기 때문이라고 합니다. 아내는 그때 그 이야기를 하면 저에게 "순진한 당신이?"라면서 지금도 크게 웃습니다.

물론 위에서 언급한 담임목사와는 천양지차(天壤之差)로 순수하고 착하고 세상 물정을 모르며 사람을 다루는 술수가 없어서 오히려 중직자나 야심을 가진 부목사들에 의해서 내몰리는 담임목사님도 있는 것을 저는 알고 있습니다. 제가 그런 분을 만나면 또 최선을 다해서 힘이 되어 드리곤 합니다. 그러다가 담임목사님과 제가 함께 물러서기도 합니다. 누군가는 그럴수록 맞서 싸워야 한다고 하지만 대개는 저희 쪽에서 손해를 보고 물러나게 됩니다. 세상 욕망의 척도로 보면 바보들입니다. 그러나 어느 정도 대항할 뿐, 그 이상으로 진흙탕에 빠져들어 가는 것은 신앙인의 품위에 맞지 않는 행동이라는 생각이 듭니다. 예수님이 조용히 십자가를 지셨던 모습을 떠올립니다. 앞으로 비슷한 일을 경험하면 끝까지 한번 싸워볼 생각도 있습니다. 하지만 아마도 또 똑같이 물러서지는 않을까 싶습니다. 악인은 결국 자신의 어두움에 잠식당하기 마련입니다. 그렇게 보면 저희가 대항을 하나 물러나나 결과가 비슷합니다. 빨리 결과가 주어지느냐 아니면 조금 늦게 주어지느냐의 차이인 것 같습니다.

저는 이런 다양한 경험을 했기 때문인지 성서에 나오는 베드로와 바울의 이야기가 전혀 낯설지 않습니다.

착하고 순한 사람을 몰아내는 야심가는 인기와 명성을 얻습니다. 이상한 일입니다. 그러나 내막을 아는 사람은 그런 사람을 칭찬하지 않습니다. 사람을 존중하지 않고 귀하게 여기지 않는 사람의 인기와 명성은 오래 청소하지 않은 더럽고 냄새나는 방 같아서 보기에 아주 거북스러운 것이 사실입니다. 같은 욕망을 가진 사람은 그것을 부러워하지만 순박한 마음 '밭'을 가진 사람은 그것에 큰 거부감을 느끼게 됩니다.

여러분은 바울의 폭언에도 불구하고 아무 말 없이 그에게 자리를 내어주고 그가 요구하는 것을 순순히 허락했던 베드로를 기억하십시오! 비록 그는 철통 같은 교리의 수호자라기보다는 절충주의자의 모습이었지만, 바울 같은 사람보다는 베드로 같은 사람이 좋습니다! 혹자는 베드로가 어부 출신이라 무식하고 바울이 월등한 학자라고 하지만, **저는 바울에게서 별로 매력을 느끼지 못합니다.** 그렇게 똑똑한 바울이 왜 베드로의 아이디어를 가져갔을까요? 하나님의 일을 하는 사람이라면 베드로처럼, 섬김의 자세만 갖추는 것이 아니라 진정으로 섬겨야 합니다. 겸손한 자세만 보이는 것이 아니라 진짜로 겸손하게 해야 할 일을 묵묵히 감당해야 합니다. 그리고 때가 되면 조용히 '무대' 저편으로 사라지는 것입니다. 아무도 알아주지 않는다고 해도 그것이 인생의 참된 멋입니다. 제가 너무 이상적인 이야기를 하나요? 구질구질하게 사는 것보다는 낫지 않을까요? 宗

성령이 아시아에서 말씀을 전하지 못하게 하시거늘 브루기아와 갈라디아 땅으로
다녀가 / 무시아 앞에 이르러 비두니아로 가고자 애쓰되 예수의 영이 허락지 아
니하시는지라

영적 전쟁이 아니라 사실은 치부(致富)의 전쟁

사도행전 16장은 사람들의 관심을 끌 만한 '신비한 일들'에 대해서 말하고
있습니다. "마게도냐 사람"의 환상(행 16:6-10), "점치는 귀신"을 내쫓은 이
야기(행 16:16-18), "찬송"으로 옥문을 연 이야기(행 16:25-26)가 이어집니
다.

사도행전 16장 첫머리에는 바울의 "제자" "디모데"에 대한 소개(행 16:1-
3)가 나오고, 그다음에는 "여러 성(도시)"을 다니며 "예루살렘에 있는 사도와
장로들이 작정한(정한) 규례(규정)"를 전하는 "바울"의 활동 소개가 나옵니
다.(행 16:4) 글의 최종 작성자는 의식적으로 바울의 활동이 성공적이었음을
부각합니다. 사도행전 16:5의 "이에 여러 교회가 믿음이 더 굳건해지고 수가
날마다 늘어가니라"라는 말은 마치 **최종 평가문** 같습니다. 이 문장의 작성자
는 서둘러 **'바울의 활동이 엄청난 영향력을 미쳤다'**라고 말하고 싶었습니다.
**사도행전 16:5의 어조가 '거침없는 부흥'을 말하고 있어서 갑자기 "비두니아
로 가고자 애쓰되" 막혔다는 다음 구절(행 16:6)의 내용은 다소 의외입니다.**
그래서 그런지 이 흐름의 단절에 대해서 작성자는 보기에 그럴듯한 이유를
붙였습니다.

"예수의 영이 허락하지 아니하시는지라(행 16:7b)"

"비두니아"는 아시아 및 갈라디아와 인접하고 있는 북쪽, 본도의 서쪽에

있는 지역으로서 베드로가 서신을 보낸 적이 있는 곳입니다.(벧전 1:1-2 "예수 그리스도의 사도 베드로는 본도, 갈라디아 … 비두니아에 … 편지하노니") 이 지역 서쪽에는 니케아라는 곳이 있는데 이곳이 바로 서기 325년 니케아공의회가 열려 신경(信經, 신앙 고백을 교리에 따라 정돈한 문서, 교회의 공적인 권위를 갖고 널리 쓰이게 됨)을 작성한 곳입니다. 바울은 훗날 일을 알 수 없었을 테지만 바울이 어떤 이유로 못 갔던 곳임에도 불구하고 그곳에 기독교는 널리 퍼졌습니다. **문제는 바울이 이곳에 가지 못한 이유로 말한 "예수의 영이 허락하지 아니"했다는 변명입니다.**

"영(πνεῦμα)"이라는 단어는 신약성서에 흔하게 쓰이는 단어지만(379회), "예수의 영"이라는 표현은 극히 드물어서 사도행전 16:7을 제외하면 오직 단 한 번 빌립보서 1:19("이것이 너희의 간구와 예수 그리스도의 성령의 도우심으로 나를 구원에 이르게 할 줄 아는 고로")에 쓰였습니다.

빌립보서 1:17-21을 보면, 화자는 "예수의 영"이 자신을 도와 "구원에 이르게" 한다고 말하고 있으며(빌 1:19) 자신의 "기대와 소망을 따라"(빌 1:20) "담대히"(빌 1:20), 즉, '죽음'까지 불사하게 만든 동력 역시 "예수의 영"으로부터 주어진다고 생각하고 있는 듯합니다. 이러한 죽음 불사의 자세는 모두 "그리스도를 전파하"기 위한 것입니다.(빌 1:17b-18)

비록 신약성서에 사도행전 16:7과 같이 "예수의 영"과 "허락하다(ἐάω)"라는 어휘가 연결된 구절은 더 찾아볼 수 없지만, 빌립보서의 유관 구절을 통해 추정해 본다면 **바울은 그의 선교 활동에 있어서 합리적인 판단보다는 신비로운 "영"의 이끌림에 의존했던 것 같습니다. 여기서 '바울이 어떻게 영의 뜻을 알았는가?'라는 질문을 하는 것은 큰 의미가 없습니다.** 바울은 그의 출신지인 다소에서 그리스 철학뿐 아니라 동방 신비주의의 영향도 받았는데, **신비주의의 역사는 우리가 생각하는 것보다 훨씬 오래되었고 주술적 신접의 방식은 매우 다양하고 복잡합니다. 따라서 우리가 논의해야 하는 화제는 특정**

장소에 가지 못하게 된 바울이 어떤 이유로 '예수의 영이 허락하지 않았다'라는 말로 변명했냐는 것입니다.

간단하게 말해서, 저는 **바울이 경제적인 이유에서 선회**한 것은 아닐까 합니다.

바울은 분명히 "비두니아"로 갈 계획을 세웠었습니다. 하지만 거의 다 와서 더는 북쪽으로 나아가지 않고 서쪽으로 방향을 바꿉니다. 혹자는 이미 비두니아를 지나쳐 온 시점에서 회고했다고 생각합니다.(참고: ICC, NT, Act 16:6) 바울은 모두 4차에 걸친 전도 여행을 했는데, 자주 들른 곳도 있고 그냥 거쳐 간 지역도 있습니다.

1차 전도 여행의 대략적인 경로와 바울이 경유한 지역은 아래와 같습니다.(참고: 행 13:1-14:28)

안디옥 → 실루기아 → 구브로   살라미 → 바보 → 버가 → 비시디아 안디옥 → 이고니온 → 루스드라 → 더베(반환점) → 루스드라 → 이고니온 → 비시디아 안디옥 → 비시디아 → 밤빌리아 → 버가 → 앗달리아 → 안디옥

2차 전도 여행의 대략적인 경로와 바울이 지나간 지역은 아래와 같습니다.(참고: 행 15:2-18:22)

안디옥 → 다소 → 더베 → 루스드라 → 비디시아 안디옥 → (비두니아 X)/드로아 → 네압볼리 →(마케도냐의) 빌립보 → 압비볼리 → 아볼로니아 → 데살로니가 → 뵈레아 → 아덴 → 고린도 → 겐그레아 → 에베소 → 로도 → 가이사랴

3차 전도 여행의 대략적인 경로와 바울이 경유한 지역은 아래와 같습니다.(참고: 행 18:23-21:26)

안디옥 → 다소 → 이고니온 → 에베소 → 앗소 → 드로아 → 빌립보 → 데살로니가 → 베뢰아 → 고린도 → 베뢰아 → 데살로니가 → 빌립보 → 드로아 → 앗소 → 미둘레네 → 밀레도 → 고스   로도   바다라 → 두로 → 가이사랴 → 예루살렘

로마까지의 4차 전도 여행의 대략적인 경로와 바울이 경유한 지역은 아래와 같습니다.(참고: 행 18:23-21:26)

예루살렘 → 시돈 → 무라 → 크레타(미항, 살모네) → 난파(難破) → 멜리데(몰타) → 수라구사(시칠리아) → 레기온 → 보디올 → 로마

경유 지역을 얼핏 살펴보아도 **여러 차례 반복적으로 나타나는 지명이 눈에 띕니다.** '루스드라'는 '안디옥'과 '이고니온'에서 따라온 유대인들의 선동이 있기 전에는 바울과 바나바가 "신"으로 추앙받기까지 했던 곳입니다.(행 14:8-15) 나중에 제자 디모데를 얻은 곳이기도 했기 때문에(행 16:1-2) 그곳에 큰 애착이 있었을 것입니다. 그래서 그런지 1차, 2차 여정 가운데 모두 등장합니다.

'다소'는 바울의 출신지이기 때문에(행 9:1; 22:3) 상대적으로 자주 경유했을 것이고, '에베소'는 주변 상황이 여의찮아 바울이 전진하지 못하고 오래(3년) 머문 곳입니다.(고전 16:8-9 "내가 오순절까지 에베소에 머물려 함은 내게 광대하고 유효한 문이 열렸으나 대적하는 자가 많음이라") 3차 여행 때는 이 지역의 "두란노 서원"에서 매일 강론했습니다. '드로아'의 경우, 해당 본문은 거기서 바울이 만날 사람을 못 만나고 바로 떠난 것처럼 말하지만(고

후 2:12-13) 그의 물건이 거기 남아있던 것으로 보아(딤후 4:13 "겉 옷과 가죽에 쓴 책") 부득이하게 거기에 일정 시간 동안 머물렀던 것 같습니다. 교통 요충지였던 '데살로니가' 역시 자주 지나다닌 곳으로 보일 뿐 바울이 특별히 높은 평가를 한 것 같지는 않습니다.(참고: 행 17:11 "베뢰아에 있는 사람들은 데살로니가에 있는 사람들보다 더 너그러워서 …") 아마도 '빌립보'와는 달리 바울에게 실질적인 이익을 제공하지 못한 지역이었기 때문인 듯합니다.(참고: 빌 4:16 "데살로니가에 있을 때도 너희가 한 번뿐 아니라 두 번이나 나의 쓸 것을 보내었도다") "고린도"에서는 1년 반 동안 머물렀는데 "아굴라"와 "브리스길라"라는 텐트업에 종사하는 사람들이 있었습니다. '로도 섬'의 경우는 2, 3차 여행을 하면서 다음 목적지를 향해 단순히 경유했던 곳으로 보입니다.(행 21:1) "가이사랴"에서 한 번, 2년간, "로마"에서 한 번, 역시 2년간 옥중 생활을 했던 바울은 1-3차 여행과는 달리 자유롭게 많은 지역을 다닐 수 **없게 됩니다.**

이렇게 바울이 경유한 지역을 두루 살펴보면 바울이 '빌립보'에 특별한 애정을 품고 있음을 느끼게 됩니다. **바울은 '빌립보 지역의 교회만 자신을 후원했다'라고 말했습니다.**

빌립보 사람들아 너희도 알거니와 복음의 시초에 내가 마게도냐를 떠날 때에 주고받는 내 일에 참여한 교회가 **너희 외에 아무도 없었느니라**(빌 4:14)

이 구절의 "주고받는 일"은 **경제적 후원**을 뜻하는 것이 틀림없습니다. 비록 바울은 "내가 궁핍하므로 말하는 것이 아니"다(빌 4:11), "내가 선물을 구함이 아니"(빌 4:17)라고 말했지만, 자신을 후원한 빌립보 공동체를 향해서 "내 괴로움에 함께 참여하였으니 잘하였도다"(빌 4:14)라며 찬사를 보냅니다. 그 이유는 빌리보서 4:14에서 밝힌 것과 같이 '오직 빌립보 사람들만 바울을 후원'했기 때문입니다.

옥중에 있었음에도 각별한 애정을 담은 편지로 보이는 빌립보서 전체 4장에 "기쁨(χαρά)"이라는 단어가 5회(빌 1:4,25; 2:2,29; 4:1)나 쓰였는데 빌립보 교인들을 위해 기도("간구")할 때 '기쁘고'(빌 1:4) 그들과 다시 만날("함께 거할") 날을 확신한다는 이야기와 "기쁨"이라는 어휘가 연결되어 있으며(빌 1:25), "나의 기쁨"(빌 2:2, 개역개정은 빌 2:4), "주 안에서의 모든 기쁨"(빌 2:29)이라는 표현, 그리고 직접 빌립보 사람들을 "나의 기쁨"(빌 4:1)이라고 언급한 구절도 있습니다. 이러한 정황은 고린도후서(전체 13장, "기쁨" 단 5회 사용)와 같은 옥중(獄中) 서신으로 여기는 골로새서(전체 4장, "기쁨" 1회: 골 1:11), 빌레몬서(전체 1장, 1회: 몬 1:7), 에베소서(전체 6장, "기쁨" 0회)와 차이가 있습니다.

고린도후서에는 "풍성한 연보(후원금)를 넘치도록 하게 하였느니라"(고후 8:2), "거액의 연보에 대하여 아무도 우리를 비방하지 못하게 하려 함이니"(고후 8:20), "약속한 연보를 미리 준비하게 … 권면하는 것이 필요"하다(고후 9:5), '너그러운 연보'(고후 9:11), "후한 연보"(고후 9:13)와 같은 표현이 등장하는데, 이를 고린도전서의 "연보에 관하여는 내가 갈라디아 교회들에게 명한 것같이 … 그렇게 하라"(고전 16:1), "매주 첫날에 각 사람이 수입에 따라 모아"두라(고전 16:2)와 같은 표현과 비교하면, 고린도 사람들의 많은 후원금은 자발적이었다기보다는 **바울의 강요에 의한 것**이라고 할 수 있습니다. 고린도에 머물 때 바울과 천막 수선이라는 "생업이 같"은(행 18:3) "아굴라" 및 그의 아내 "브리스길라"와 동행했는데 바울은 평일에는 그들과 함께 일을 하고(행 18:3) "안식일"에는 "회당에서 강론하고 유대인과 헬라인을 권면하"는 일을 했는데(행 18:4) 이는 **그때 특별히 많은 곳으로부터 후원금을 받지 못했다는 뜻**이 됩니다. "마게도냐와 아가야 사람들이 … 얼마를 연보하였"다는 로마서 15:26과 같이, **많은 금액을 기쁘게 제공한 후원자들의 예를 빌립보서 말고 다른 곳에서는 찾기 힘듭니다.** 바울이 아래와 같이 극단적으로 말한 것이 이해됩니다.

빌립보 사람들아 … 주고받는 내 일에 참여한 교회가 너희 외에 아무도 없었
느니라(빌 4:14)

바울이 2차 여행 중에 "비두니아"로 가고자 애썼지만 결국 드로아 → 네
압볼리 → 마게도냐의 첫 지역인 빌립보로 이동했다는 것을 보십시오.(행
16:7-12) 그는 빌립보에 도착한 뒤 "자색 옷감 장사 … 루디아"를 만나 그녀
를 감화시킵니다.("주께서 그 마음을 열어 바울의 말을 따르게 하신지라", 행
16:14) 바울은 그녀의 집에 머물렀고 편의를 받았습니다.(행 16:15) 본문은
바울이 루디아의 집에 여러 차례 방문했음을 알립니다.(행 16:40 "두 사람이
옥에서 나와 루디아의 집에 들어가서 …) 바울은 3차 여행 때도 **빌립보가 있
는 마게도냐를 경유하는 것을 잊지 않습니다.**(행 20:1 "소요가 그치매 바울은
… 마게도냐로 가니라"; 행 20:3 "마게도냐로 돌아가기로 작정하니")

이제 다시 **사도행전 16:6-7**로 돌아가 "성령이 아시아에서 말씀을 전하지
못하게 하시거늘 브루기아와 갈라디아 땅으로 다녀가 무시아 앞에 이르러 비
두니아로 가고자 애쓰되 예수의 영이 허락지 아니하시는지라"라는 표현을 '신
비한 영적인 인도'로 이해할 수 있는지를 살펴봅시다.

물론 신비주의를 마다하지 않았던 바울이 -그것이 무엇인지 특정할 수는
없지만- 영적인 계시(啓示)를 받아서 이동 경로를 구성했을 가능성을 완전히
배제할 수는 없습니다. 신앙의 세계에서 무엇이 불가능하겠습니까? 하지만,
바울의 1~4차 전도 여행의 경유지 결정에 큰 영향을 미친 것 중에 **자금 고갈,
즉, 경제적 필요**가 큰 작용을 했음을 부정할 수는 없습니다.

🌿 하나님 핑계를 대기보다는 그냥 돈이 더 필요하다고 말하는 것이
솔직합니다. 우리는 때로 모든 것을 '하나님의 역사', '거룩한 영과 악령의 싸
움' 등으로 해석하려고 합니다. 그것은 신앙적인 내러티브가 될 수 있고 청중

을 흥분시킬 수도 있습니다. 반대로, 솔직하게 긴 여정에 막대한 금전이 소요되며 그것을 지원해달라고 이야기하면 오히려 '믿음이 없는 것처럼' 보일 수 있습니다. 그래서 **적지 않은 목사들과 선교사들은 실제적인 필요를 그대로 노출하기보다는 '하나님의 사역', '영적인 전쟁' 등과 같은 말을 앞세웁니다. 하지만 많은 돈이 대부분 사람에게서 나와 사람의 필요를 채워주고 있음에도 모든 것에 하나님 이야기를 붙이는 것은 그렇게 아름답지 않습니다.**

요즘은 저의 장성한 세 아이에게 돈이 많이 들어가기 때문에 가진 것이 별로 없습니다. 하지만 과거에 강남의 유명한 학원에서 강사로 일을 할 때는 제 아이들도 어렸고 늘 넉넉했습니다. 그때 저는 신학대학원에 다니고 있었기 때문에 대학원에서 식사를 거르는 학우, 가난한 중국에서 유학을 온 학우 등을 보면 아낌없이 제가 가진 것 중 일부를 나누었습니다. **목사들의 세계에도 빈부의 차가 있습니다.** 신학대학교에서 공부하는 순간부터 그것을 여실히 느낍니다. 아버지가 대형교회 목사인 사람은 아버지 세단을 몰고 등교하기도 합니다. 한 번 기름을 넣는데 10만 원도 넘는 외제 세단 말입니다. 하지만 교회에서 주는 15만 원에서 30만 원의 월급으로 사는 전도사나 목사는 교과서도 사기 어려워합니다. 돈이 없으니 당연합니다. 저는 수업을 듣고 공부해야 하는데 교재가 없는 학우들을 보면 지나치지 않고 여러 권 사서 나누었습니다.

한번은 제 차를 몰고 귀가하고 있었습니다. 한참을 가는데 학교에서 꽤 많이 떨어진 도로변에 어떤 학우가 터벅터벅 걸어가고 있었습니다. 한눈에 저는 신학 공부를 하는 전도사님이자 같은 학교 학우라는 것을 알았습니다. 그래서 저는 차를 세워 어디까지 가시느냐고 태워다 드리겠다고 했습니다. 말씀인즉슨 안양까지 걸어가신다고 했습니다. 원래 서울에 있다가 경기도로 옮긴 학교에서부터 안양까지는 40km가 넘었습니다. 도저히 걸어서는 갈 수 없는 거리입니다. 그래서 왜 걸어가시느냐고 했더니 그분은 대뜸 '하나님의 훈련'이라고 했습니다. '하나님이 자기 육체와 영혼을 단련하셔서 나중에 위대한 목사로 사용하시려고' 그러는 것이라고 했습니다. **저는 속으로 '차비가 없구나'라는 생각이 들었습니다.** 차가 막혀 정체되었을 때 지갑에서 꽤 많은 돈을 꺼내 봉투에 넣어 건넸습니다. 힘내시고 이 돈으로 앞으로 걸어 다니지 마시고 고속버스라도 타고 다니시라고 말했습니다. 그리고 나를 보면 방향이 같으니 꼭 같이 타고 가자고 하시라고 했습니다. 그런데 그분은 돈을 받지 않았습니다. 혹시 액수가 적어 기분이 나쁘실까 하는 생각도 했지만, 그것은 아니었습니다. 그는 그냥 '이것은 하나님의 뜻입니다. 그뿐입니다'라는 말만 반복했습니다. 도대체 그게 무슨 뜻인지 저는 지금도 잘 모르겠습니다. 그 순간 그분의 배에서 꼬르륵 소리가 아주 크게 났습니다. 아마 점심 식사도 제대로 못 하신 것 같았습니다. 이제 곧 저녁을 먹을 때가 다 되었는데 말입니다. 그래서 저는 '하나님도 사람을 통해서 일하시지 않을까요'라고 하면서 봉투를 그분의 허름한 노트북 가방 안으로 넣었습니다. 그러자 그분은 조금 언짢아하시면서 봉투를 확 빼 운전석에 앉아 있는 제 손이 닿지 않는 안쪽 방석 밑에 넣어버렸습니다. 그리고 똑같은 소리만 반복했습니다. 저도 약간 속이 상했습니다. 도중에 휴게소에라도 차를 세우고 같이 밥을 먹으려는 마음이 조심스러워졌습니다. 학교에서 같이 공부하는 학생이 아주 많았고 저도 다른 사정으로 1년을 휴학하게 되어서 그분을 이후에 한 번도 만나지 못했습니다. 그러나 지금 생각해도 마른 고구마를 한꺼번에 몇 개 먹은 것처럼 답답합니다. **그냥 돈이 없다, 배가 고프다고 말을 하면 어떨까 아쉬운 마음이 듭니다.** 혹시 우리나라 문화가 솔직하게 자신의 필요를 말하는 것을 무례하게 여기기 때문은 아닐까 하는 생각이 들었습니다. 아니면, 교회의 문화가 솔직하게 자신의 필요를 말하는 것을 '믿음이 없는 행위'라고 부정적으로 평가하기 때문은 아닐까 하는 생각도 들었습니다. 저의 행동이 그분의 자존심을 상하게 한 부분은 없는지 아무리 생각해도 그런 점은 없는데 같은 학우끼리 도와준다고 한 것 자체가 문제였는지 저는 아주 오래 신경이 쓰였습니다. 물론 별로 어렵지도 않은데 도와 달라고 하는 사람도 문제겠지만, 정말로 대단히 힘든 상황인데 도움을 '하나님의 뜻'이나 '하나님의 훈련' 운운하면서 그런 식으로 마다하는 것도 좋지는 않다는 생각이 듭니다.

때로 '하나님이 시켜서'라고 말하는 것은 아주 비겁한 말이기도 합니다. **그냥 솔직하게 '돈을 주니까', '가고 싶어서', '나를 반기는 사람이 있어서'라고 말해보세요. 저는 그것이 불신앙이거나 부적절한 행동이라고 생각하지 않습니다.** 절박한 상황이 자기 잘못 때문에 주어진 것인지 외부에서 주어진 환난인지는 중요하지 않습니다. **절박하면 무조건 서로 도와야 합니다. 도움을 주고받아야 합니다.** 체면과 자존심 때문에 '하나님', '훈련' 핑계를 대는 것보다는 솔직한 것이 좋습니다! 물론 상대가 그것을 받아들일 때의 이야기이지만 말입니다. 저라면 언제나 솔직함을 택하겠습니다. 그게 여러모로 나을 것 같습니다. 이도 저도 싫으면 구차하게 교회 돈만 바라지 말고 직접 일해서 먹고 사시든지요. 바울도 후원금을 바라다가 안 주니까 텐트 기우는 아르바이트했습니다. 어떻게 보면 그게 제일 속 편합니다. 이제 목사 이외의 직업을 따로 갖는 이중직 목사들도 많아서 생각해보니 그게 제일 좋을 것 같네요. 宗

바울은 더 여러 날 머물다가 형제들과 작별하고 배 타고 수리아로 떠나갈새 브리스길라와 아굴라도 함께 하더라 바울이 일찍이 서원이 있었으므로 겐그레아에서 머리를 깎았더라

바울은 무엇을 위해서 이발을 했을까?

사도행전 18:18은 바울이 이발(理髮)을 했다고 합니다. 신약성서에는 '머리를 깎다', '머리를 밀다'라는 표현이 극히 적어서 이 구절의 분명한 의미를 알기 어렵습니다. '머리를 깎다'나 '털을 밀다'에 해당하는 케이라메노스(κειράμενος)는 예수님을 "털 깎는 자 앞에 있는 어린 양"에 비유할 때(행 8:32), 그리고 "머리를 가리지 않"는 "여자"에게(머리를) "깎거나 미는 것"을 권고하는 구절(고전 11:6)에 쓰였을 뿐입니다.

우리는 본 구절에서 "서원(유케, εὐχή)"과 '이발'이 의미상으로 연결된 것을 확인할 수 있습니다. "서원"은 사도행전 18:18 외에도 사도행전 21:23과 야고보서 5:15에 쓰였는데, 야고보서 5:15은 "믿음의 기도(헤 유케 테스 피스테오스, ἡ εὐχὴ τῆς πίστεως)"의 효응(效應)에 대해서 말하고 있으므로 사도행전 18:18과 비교할 대상이 아닌 듯하고, 단지 "우리에게 있"는 "서원한 네 사람"에 대해서 말하는 사도행전 21:23만을 주목할 수 있을 뿐입니다. 사도행전 21:23-24는 사도행전 18:18처럼 "머리 … 깎"는 일과 함께 "서원"을 같이 언급합니다.

우리가 말하는 이대로 하라 서원한 네 사람이 우리에게 있으니 그들을 데리고 함께 결례를 행하고 그들을 위하여 비용을 내어 머리를 깎게 하라 그러면 모든 사람이 그대에 대하여 들은 것이 사실이 아니고 그대도 율법을 지켜 행하는 줄로 알 것이라(행 21:23-24)

사도행전 21:23-24은 하나님 앞에 맹세("서원")한 사람들(아마도 이방인 개종자들, 참고: 행 21:28 "헬라인을 데리고 … 거룩한 곳을 더럽혔다")에게 "결례(정결 의식)"를 행하고 "머리를 깎게" 하라는 권고입니다. 사도행전 21:24b은 그 권고의 목적에 대해서 말하고 있습니다.

> 그러면 모든 사람이 그대에 대하여 들은 것이 사실이 아니고 그대도 율법을 지켜 행하는 줄로 알 것이라(행 21:24b)

이 말은 무슨 뜻입니까? **유대인처럼 예식을 행하고 머리를 깎으면 사람들의 오해가 풀어지며 당신이 율법을 지키며 살아가는 올바른 사람이라는 것을 알게 될 것이라는 뜻입니다.**

바울이 전도 여행을 마친 뒤 예루살렘에 도착했을 때 유대교에서 기독교로 개종했는데도 불구하고 여전히 "율법에 열성을 가진" 유대인 그리스도인들이 있어 그들의 도전을 받게 되었습니다.(행 21:20) 그 유대인 그리스도인들은 "이방(외국)"에 사는 "유대인들을 가르"쳐서 "모세를 배반하고" "할례를 행하지 말고" "관습을 지키지 말라"고 가르치는 자(들)에게 분노했습니다.(행 21:21) **'율법 폐기론'은 바울이 최초로 제기한 것은 아닌 것 같습니다.** 여기서 오히려 **바울은 매우 유연한 태도로 '율법 폐기론'에 대해 분노하는 유대(그리스도)인의 적대감에 대응하고 있습니다.** 이런 바울의 모습은 대다수 그리스도인에게 낯선 모습입니다.

바울은 "서원"한 사람들을 시켜 '정결 의식'을 행하며 이발을 하게 했습니다. 이는 **그리스도인이 되었지만, 여전히 민족적 전통을 따라 모세의 가르침과 할례 및 관습을 지켜야 한다고 생각한 유대계 그리스도인들의 분노를 누그러뜨리기 위한 것이었습니다.** 바울이 어떤 사람입니까? 유대교 전통 율법에 대해서 어떤 생각을 하는 사람입니까? '할례'에 대해서 얼마나 강경한 반대

견해를 제기했습니까? 하지만 그런 바울도 유대인 그리스도인 공동체 구성원들과의 갈등을 해소하기 위해 기꺼이 '정결 의식'이라는 율법 행위를 하도록 지도합니다. **안타깝게도 효과는 별로 없었습니다.**(행 21:30-31 "바울을 잡아 성전 밖으로 끌고 나가니" "그를 죽이려 할 때에", 행 21:36 "백성의 무리가 그를 없이 하자고 외치며 따라 감이러라")

앞선 **사도행전 18:18에서 바울은 유대 전통을 무시하지 않고 오히려 따르고 있습니다.** "서원"과 함께 "머리를 깎"은 바울을 소개하고 있습니다. **여기서 잠시 삭발의 구약 성서적 의미를 살펴보겠습니다.**

'털, 머리카락, 수염을 밀다'에 해당하는 단어 깔라(גָּלַח)는 구약성서에 모두 20회 쓰였습니다.(창 41:14; 레 13:33(2회); 14:8,9(2회); 민 6:9(2회),18,19; 신 21:12; 삿 16:19,22; 삼하 10:4; 14:26(3회); 사 7:20; 렘 41:5; 대상 19:4) 다만, 이는 단순히 해당 단어가 사용된 예를 센 것이 아닙니다. 부정형('밀지 않다'나 '밀지 말라')은 제외한 것입니다. 총 20회 중, **일상적인 '삭발'**의 예(5회, 창 41:14; 신 21:12; 삼하 14:26(3회)) 외에도, **패배자에 대한 승자의 모욕주기로서의 '삭발'**(3회, 삼하 10:4; 사 7:20; 대상 19:4)이 있으며, **위생의 목적에서의 '삭발'**(레 13:33(2회)), 그리고 **정결 규례로서의 '삭발'**(총 3회, 레 14:8,9(2회); 렘 41:5)과 더불어 **하나님께 자신을 바치기로 약속한 "나실인"**(민 6:2)이 시체 때문에 부정(不淨)하게 될 때 내리는 **'삭발' 명령**(민 6:9(2회),18,19)과 추가로 "나실인"(삿 16:17)인 "삼손"이 "들릴라"라는 여자의 꼬임에 넘어가 '머리털이 잘리는' 내용(삿 16:19,22) 등을 찾아볼 수 있습니다.

이 중에서 신약성서 사도행전의 내용과 연관 지어 생각해 볼 수 있는 예들은 먼저 정결 규례 항목으로서의 '(머리카락) 밀기'(레 14:8,9(2회); 렘 41:5)입니다. 그리고, 부차적으로 "나실인"에게 역시 정결을 목적으로 삭발을 명령한 구절들(민 6:9(2회),18,19; 삿 16:19,22)도 살펴볼 수 있을 것입니다.

> 정결함을 받는 자는 그의 옷을 빨고 모든 털을 밀고 물로 몸을 씻을 것이라 그리하면 정하리니 그 후에 진영에 들어올 것이나 자기 장막 밖에 이레를 머물 것이요 일곱째 날에 그는 모든 털을 밀되 머리털과 수염과 눈썹을 다 밀고 그의 옷을 빨고 몸을 물에 씻을 것이라 그리하면 정하리라(레 14:8-9)

> 그때에 사람 팔십 명이 자기들의 수염을 깎고 옷을 찢고 몸에 상처를 내고 손에 소제물과 유향을 가지고 세겜과 실로와 사마리아로부터 와서 여호와의 성전으로 나아가려 한지라(렘 41:5)

레위기와 예레미야서의 이 구절들에서 **위생 유지를 위해 삭발을 하라는 명령이 종교적인 규범으로 발전**하는 모습을 볼 수 있습니다. 위생을 위한 삭발에 종교적인 의미를 추가하니 '정결 의식'으로서의 삭발 명령이 되었습니다. 이는 부정한 자는 "여호와의 성전", 즉, '하나님 앞'에 나아올 수 없다는 의미를 내포하고 있습니다. 나실인은 '거룩하게 하나님께 바쳐진' 일종의 산 제물입니다. 그런 나실인이 부정한 시체와 접촉한다든지 하면 "머리를 밀"고 제사장의 인정을 받아야 했습니다.

> 누가 갑자기 그 곁에서 죽어서 스스로 구별한 자의 머리를 더럽히면 그의 몸을 정결하게 하는 날에 머리를 밀 것이니 곧 일곱째 날에 밀 것이며(민 6:9)

> 자기의 몸을 구별한 나실인은 회막 문에서 자기의 머리털을 밀고 그것을 화목제물 밑에 있는 불에 두며 자기의 몸을 구별한 나실인이 그의 머리털을 민 후에 제사장이 삶은 숫양의 어깨와 광주리 가운데 무교병 하나와 무교전병 하

나를 취하여 나실인의 두 손에 두고(민 6:18-19)

삼손의 이야기에서 "머리털"은 대단히 중요하게 개념화되어 있습니다. 민간 전설에서 발전한 것으로 보이는 이 이야기는 머리털의 유무를 하나님의 존재, 도움과 동일 선상에서 다룹니다.(삿 16:19-20) **머리털이 잘리자 하나님이 떠나고 도움이 멈추었다는 것입니다.** 물론 이야기에서 최후의 순간에 신적 역량은 삼손에게 다시 주어진 것 같지만 말입니다.

들릴라가 삼손에게 자기 무릎을 베고 자게 하고 사람을 불러 그의 머리털 일곱 가닥을 밀고 괴롭게 하여 본즉 그의 힘이 없어졌더라 들릴라가 이르되 삼손이여 블레셋 사람이 당신에게 들이닥쳤느니라 하니 삼손이 잠을 깨며 이르기를 내가 전과 같이 나가서 몸을 떨치리라 하였으나 **여호와께서 이미 자기를 떠나신 줄을 깨닫지 못하였더라**(삿 16:19-20)

간단히 정리하자면, **구약에서의 삭발은 정결 예식 및 신앙적 소명 의식과 연결되어 있습니다.** 바울은 이를 잘 알고 있었고 **그의 활동 초기에는 그것을 배척하지 않고 용인했습니다.** 그 역시 유대인 혈통으로서 민족 전통적이며 율법적인 행위에 대해서 호의적인 견해가 있었던 것입니다. 사도행전 21:23-24의 내용에서 바울이 놀랍게도 타협적인(conciliatory) 것은 지극히 당연합니다! 어떻게 보면 그가 '율법'과 '복음'의 개념을 상호 협의적인 개념으로 보고 있다는 생각이 들 정도입니다. 베드로에 의해서 최초로 제기된 '이방인에 대한 할례 요구 정지' 결정(행 15:5-11)에도 불구하고 **유대인 그리스도인들은 계속 민족 전통으로서 모세의 율법을 준수하며 살았습니다.** 그래서 초기 시점에 바울도 할례를 포함한 율법에 대하여 타협적인 태도를 보였던 것입니다.(참고: 고전 7:18-19 "할례자 … 무할례자가 되지 말며 … 할례받는 것도 아무것도 아니요 할례받지 아니하는 것도 아무것도 아니로되") 그는 타협적 태도로 유대(계 그리스도)인들의 분노를 잠재울 수 있다고 생각했던 것 같습니다. 갈라디아서 6:12에서 "… 너희에게 할례를 받게 함은 … 박해를 면하려 할 뿐이라"라는 말은 사도행전 18장에서 바울이 불필요한 충돌을 피하고자 "삭발"을 권한 취지와 일맥상통합니다. 하지만, 서신서의 많은 내용을 볼때, **율법 준수에 대한 바울의 의견은 결국 점진적으로 극단적이며 이분법적 양상을 띠게 됩니다.**

율법 중의 대표적인 것은 역시 "할례"입니다.

… 너희가 만일 할례를 받으면 그리스도께서 너희에게 아무 유익이 없으리라 (갈 5:2)

… 너희에게 할례를 받게 하려는 것은 그들이 너희의 육체로 자랑하려 함이라 (갈 6:13)

… 할례시냐 무할례시냐 할례시가 아니요 무할례시니라(롬 4:10)

… 무할례자로서 믿는 모든 자의 조상이 되어 …(롬 4:11)

… 육체를 신뢰하지 아니하는 우리가 곧 할례파라(빌 3:3)

불순종하고 헛된 말을 하며 속이는 자가 많은 중 할례파 가운데 특히 그러하니(딛 1:10)

이런 양상은 바울과 유대(계 그리스도)인들과의 관계가 도저히 미봉 불가의 단계로 갈라지면서 나타난 것으로 평가됩니다.

원래 바울은 하나님께(심적으로든 물리적으로든 나아가) "서원"하는 자로서 하나의 의식으로 머리카락을 잘랐습니다. '그냥 머리카락을 조금 자른 것 아니냐?' 할 수도 있으나 **그것은 결코 작은 일이 아니었습니다.** 특히 바울처럼 율법에 대해서 극단적으로 반대하는 사람의 이미지를 가진 경우는 더욱 그렇습니다. 하지만, 이런 **바울도 초기에는 유대 율법 전통을 존중했습니다.**

그는 소명 의식을 고양하는 동시에 자신의 소망을 하나님 앞에 아뢰는 의미로서 율법 예식, 즉, '정결 예식'을 행한 것입니다.(행 18:18 "바울이 일찍이 서원이 있었으므로 겐그레아에서 머리를 깎았더라") **심지어 그는 자신만 머리를 잘랐을 뿐 아니라, 유대 전통에 대한 호의를 표하면서 다른(이방)사람에게도 정결 의식으로서의 '머리털 자르기'를 권했습니다.**(행 21:23-24 "그들을 데리고 함께 … 머리를 깎게 하라 … 들은(악의적 소문) … 이 사실이 아니고 그대도 율법을 지켜 행하는 줄로 알 것이라) 이처럼 율법 준행을 불신앙적인 것으로 인식하기 전의 바울의 모습을 우리는 사도행전 18:18과 21:23-24에서 엿볼 수 있습니다. 비록 율법은 누가의 큰 관심사가 아니었기 때문에 추가 설명이 없지만(EBC Vol.2 Part 2 Act 18:18) 바울은 이처럼 **원래 친유대 공동체적인 사람이었습니다.** 원래 '율법을 폐지하려고 한다'라는 자신에 대한 '악의적 소문'에 민감하게 대응하면서 스스로 변호했던 바울은 점점 율법을 극단적으로 반대합니다. 그리고 결국 대부분 기독교인에게 익숙한 이미지의 타협을 모르는 바울의 모습이 됩니다. 아마도 그것은 그가 '이방인의 사도'라고 자칭하기 시작한 시점, 이방인 그리스도인 공동체 위주의 활동을 본격적으로 하게 된 시점에 일어난 변화로 추정됩니다.

어떤 이에게 바울이 친유대적인 행동을 했다는 것은 대단히 생소한 내용입니다. 하지만 그는 유대인으로서의 정체성도 강한 사람이었습니다.(고후 11:22) 성서 본문을 자세히 살피면 어렵지 않게 알 수 있습니다.(행 23:6 "나는 바리새인이요"; 행 26:5 "바리새인의 생활을 하였다") 하지만 그는 유대인 기독교인과 평화로운 공존을 이루지 못했습니다. 그 이유는 이방인 위주의 활동이 의도치 않게 유대인들을 자극했고 증오를 불러일으켰기 때문입니다. 설상가상으로 **유대인 그리스도인 공동체 중 적지 않은 사람은 아직도 그가 그리스도인을 박해했던 자 중 앞잡이였음을 기억하고 있었을 것입니다.** 결국, 그래서 본인도 할례자이며 유대 율법 전통이 몸에 배어있는 자였음에도 유대인에 대하여 타협적인 입장을 거두고 대치 국면을 맞게 된 것 같습니다. 사도행전 21장의 이야기에서, 유대인의 눈에 거슬리지 않으려고 외국인 개종자들에게 "삭발"까지 시켰지만 강력한 배척을 당했는데, 이 상황이 바울에게 큰 절망감을 주었을 것입니다. **이 이후로 바울은 명실상부, 유대 전통으로서의 율법과 믿음으로만 구원받는 복음을 극단적으로 이분화하는 신학을 추구하게 됩니다. 그때부터 행위와 믿음을 둘로 나누는 이분법적 양상이 전면에 나타나게 됩니다.** 저는 이것이 아주 안타까운 일이라고 생각합니다. **믿음과 행위, 육체와 영혼은 나눌 수도 없고 나누어서도 안 됩니다.** 만약 인간의 육체와 영혼을 분리할 수 있다면 사람은 바로 죽습니다. 생존할 수 없습니다. 그처럼 그리스도인의 삶 가운데 믿음과 행위를 칼로 자르듯이 둘로 나누면 정상적인 신앙과 생활을 유지할 수 없습니다. 만약 그렇게 나누는 것이 가능하다면 말입니다.

🐝 아무리 신앙적인 핑곗거리를 댄다 해도 욕심은 욕심, 싸움은 싸움입니다. 어떤 이는 우리나라 개신교에 교파와 교단이 왜 이렇게 많냐고 묻습니다. 크고 작은 교리 차이 때문이라고 둘러대지만 대개, 정치적인 문제, 경제적인 문제와 잘못들이 핵심을 차지하고 있고, 또 그것을 해결하지도, 서로 포용하지도 못해서 갈라선 것입니다. 이런 못난 군상을 한국 기독교 역사는 또렷하게 기억하고 있습니다. 일반인이 생각할 때, 장로교의 경우, 모두 칼빈주의를 주창하니 뚝딱 뭉쳐 하나의 공동체를 만들 수도 있을 것 같습니다. 하지만, 포기할 수 없을 정도로 큰 권력, 이권 때문에 사실상 하나가 되기는 어렵습니다. 성경을 누구보다 정확하게 알고 있다는 것, 구성원들이 유일한 하나의 정체성을 소유했다는 것을 늘 자랑하는 분들이 지독히도 자기중심적이라는 것은 정말 괴이합니다.

바울이 베드로처럼 유대인, 그리고 율법에 대하여 협의적인 입장을 끝까지

유지했으면 어땠을까 하는 생각을 합니다. 바울의 편협성을 보수성으로 해석하는 사람이 많습니다. 그리고 바울과 유대 출신 그리스도인의 분리가 역사의 필연이라고 말합니다. 하지만 바울이 유대인들과 그들의 율법에 대해서 적의를 갖게 된 것은 어쨌든 아쉬운 일입니다. 초기 기독교 공동체의 일부였던 유대인들 그리스도인들은 많은 박해를 받았으며 그들의 헌신적인 활동은 신약성서 형성에도 큰 영향을 미쳤습니다. 하지만 유대인과 이방인 공동체가 둘로 나뉜 뒤에는 예수님이 고난을 받으실 때 그를 불쌍히 여긴 자 중에 유대인이 있었음에도 주님으로 십자가에 못 박히게 한 집단을 "유대인들"로 정의합니다.(참고: 마 27:25 "(유대인) 백성이 다 대답하여 … 그 피를 우리와 우리 자손에게 돌릴지어다") 심지어 유대계 그리스도인들을 대상으로 쓴 글인 마태복음에 유대인 비판적인 구절이 들어가 있는 것은 아주 어색합니다. 초기 교회는 "구원의 말씀"이 유대인들("우리에게")에게 먼저 주어진 것으로 인식했지만(행 13:26) 나중에는 "유대인"을 싸잡아 비판하는 글이 나타납니다.(참고: 롬 2:17-29 "유대인이라 칭하는 네가 율법을 의지하며 … 하나님의 이름이 너로 인하여 이방인 중에서 모독을 받는도다 … 네 할례가 무할례가 되었느니라 … 표면적 유대인이 유대인이 아니요 … 오직 이면적 유대인이 유대인이며 …) 분쟁이 심화하고 갈등의 골이 깊어져서 결국 유대교와 기독교는 완전히 독립된 두 개 종교로 분리되었습니다. 그리고 기독교는 다시 크게 가톨릭과 개신교로, 그리고 개신교는 다시 수많은 교파와 교단으로 쪼개졌습니다. **인간들은 교파와 교단이 서로 완전히 다르다며 흥분하지만, 하나님이 보시면 이것들의 어디가 무엇이 다른지 갸우뚱하실 것 같습니다.** 제 말을 듣고 '다르다!'라며 분노하는 분이 많겠지만 말입니다. 제가 드리고 싶은 말씀은, 앞으로 더는 하나님을 믿는 사람들끼리 더 쪼개지고 나누지 말자는 것입니다.

모든 신자와 특히 목사님들! 이권을 위해 치사하게 교리를 내세워 분쟁의 씨앗을 만들지 마십시오. '율법으로 구원받는 것이 아니라 오직 믿음으로 구원받는다'라고 하면서 윤리적이고 도덕적으로 사는 사람들의 삶을 비판하거나 무시하지 마십시오. 본인의 삶이 추하면 추할수록 그런 말은 자기 회피적인 망언으로밖에 들리지 않습니다. **바울이 반율법적인 성향을 보이게 된 역사의 과정을 기억하십시오.** 믿음으로 구원받는 것이 맞는다고 해도 바르게 사는 노력도 무시할 수 없습니다. 교리의 문제가 아니라 우리가 서로를 포용하지 못하고 배척하는 것 자체가 문제입니다. 옹졸한 마음을 조금만 넓히고 나와 조금 달리 생각을 하는 사람을 인정한다면 천 갈래 만 갈래 찢어진 교파와 교단도 하나가 될 수 있고, 갈라져 봉합될 수 없을 것으로 생각하던 관계도 회복할 수 있을 것입니다. 싸워서 갈라진 관계라고 할지라도 때로는 아주 간단히 화평을 회복하기도 하는 것이 인간입니다. 성서 구절을 들이대면서 핑계 대지 마시고 그만 싸웁시다! 家

왕이여 정오가 되어 길에서 보니 하늘로부터 해보다 더 밝은 빛이 나와 내 동행들을 둘러 비추는지라 우리가 다 땅에 엎드러지매 내가 소리를 들으니 히브리 방언으로 이르되 사울아 사울아 네가 어찌하여 나를 핍박하느냐 가시채를 뒤발질하기가 네게 고생이니라 / 내가 대답하되 주여 뉘시니이까 주께서 가라사대 나는 네가 핍박하는 예수라 / 일어나 네 발로 서라 내가 네게 나타난 것은 곧 네가 나를 본 일과 장차 내가 네게 나타날 일에 너로 사환과 증인을 삼으려 함이니 / 이스라엘과 이방인들에게서 내가 너를 구원하여 저희에게 보내어 / 그 눈을 뜨게 하여 어두움에서 빛으로, 사단의 권세에서 하나님께로 돌아가게 하고 죄 사함과 나를 믿어 거룩케 된 무리 가운데서 기업을 얻게 하리라 하더이다

예수님을 만난 바울의 환상 체험이 저는 전혀 부럽지 않습니다.

사도행전 26:13-18은 바울이 "예수(님)"(행 26:15)을 대면하는 환상 이야기입니다. 예수님의 현현(顯現)은 바울에게 "사울(바울의 이전 이름)아! 사울아! 네가 어찌하여 나를 핍박하느냐!"라고 했습니다.(행 26:14) 그러면서 "가시채를 뒤발질하기가 네게 고생이니라"(행 26:14)라는 그리스식 우언(寓言)을 말합니다. 한국어 번역을 이해하기 어려울 수 있는데, "가시채"라는 생소한 단어 때문입니다. 이는 '가시'에 '파리채' 혹은 '(먼지 터는) 총채'와 같은 '채'가 붙어 만들어진 단어로, '가시가 달린 막대기', 혹은 '가축을 찌르는 장대'로 이해하면 됩니다. 그리스어 원문(σκληρόν σοι πρὸς κέντρα λακτίζειν)은 '가축이 주인의 뾰족한 막대기가 싫어서 뒷발질을 한다'라는 뜻이며, 결국, 이 문장의 취지는 '말을 듣지 않는 못된 가축'에 바울을 비유한 것입니다.(참고: 사 1:3 "소는 그 임자를 알고 나귀는 그 주인의 구유를 알건마는 이스라엘은 알지 못하고 나의 백성은 깨닫지 못하는도다 하셨도다") '바울아 말 좀 들어라! 왜 말을 안 듣니?'

본문은 과거 바울(사울)이 헛된 종교적 열심으로 그리스도인들을 핍박했으

며, 그것이 결국 예수님 자신을 박해한 행동이라고 설명합니다.(행 26:15) 그런데도 **예수님은 어떤 처벌도 내리지 않고, 도리어 바울에게 즉각적으로 큰 소명을 부여합니다.** 더 희한한 것은 바울이 그것을 아무런 망설임 없이 받아들인다는 것입니다. 저라면 죄송해서 그렇게 하지 못할 것 같습니다. 사람에게는 양심이 있습니다. **그러나 화자는 이 이야기를 통해 바울(사울)이 특별한 신적 부르심을 받았다는 것을 말하고 있습니다. 이런 의도에 따라, 바울이 과거에 저지른 잘못은 상대적으로 간략히 처리되고 그에게 부여된 사명만 크게 주목받습니다.** 이것은 바울이 이미 입지를 다진 이후(참고: 딤후 1:11 "내가 이 복음을 위하여 선포자와 사도와 교사로 세우심을 입었노라")에 형성된 친(親)바울적 본문입니다.

> 일어나 너의 발로 서라 내가 네게 나타난 것은 곧 네가 나를 본 일과 장차 내가 네게 나타날 일에 너로 종과 증인을 삼으려 함이니 이스라엘과 이방인들에게서 내가 너를 구원하여 그들에게 보내어 그 눈을 뜨게 하여 어둠에서 빛으로, 사탄의 권세에서 하나님께로 돌아오게 하고 죄 사함과 나를 믿어 거룩하게 된 무리 가운데서 기업을 얻게 하리라 하더이다(행 26:16-18)

환상 가운데 나타난 예수님은 바울(사울)로 "종과 증인을 삼"겠다고 하셨습니다.(행 26:16) 구체적으로, 사람들을 "어둠에서 빛으로, 사탄의 권세에서 하나님께로 돌아오게" 하는 일을 시키겠다는 것입니다.(행 26:18a) 이어지는 사도행전 26:18b는 위와 똑같은 내용을 다른 각도에서 재차 말하는데 "믿어 거룩하게 된 무리 가운데서 기업을 얻게" 한다는 것은 구약성서 이사야서 63:18의 상반절과 비슷한 내용입니다.

> 주의 거룩한 백성이 땅을 차지한 지 오래지 아니하여서 … (사 63:18a)

이 구절에서 "차지(하다)"에 해당하는 단어 아라쉬(ירש)는 '기업("땅")을 취한다', '장악한다'라는 뜻의 단어입니다. '거룩한 백성이 기업을 얻는다'라는 어구 구성은 사도행전 26:18b의 "거룩하게 된 무리 … 기업을 얻"는다는 구성과 매우 유사합니다. 이처럼, **환상 중에 나타나신 예수님조차 임의로 새로운 말씀을 하시는 것이 아니라, 이사야서 63:18을 인용하시고 있습니다.**

혹자는 바울(사울)의 체험이 너무 주관적이라고 비판할 것입니다. 신앙 체험이라는 것 자체가 주관적입니다. 그것의 진위를 구분하기가 사실상 불가능합니다. 적지 않은 신앙인 독자들은 바울(사울)의 말이라고 하니까, 성서에 기록된 내용이니까 무조건 신뢰하려고 합니다. 하지만 **객관적으로 보았을 때, 바울은 예수님의 환상을 보기 전에는 예수님과 한 번도 만난 적이 없습니다. 바울은 고작 이 한 번의 신비한 조우를 근거로 '나도 사도다'라고 주장했**고, 그 때문에 처음 대부분 사람은 그가 사도라는 것을 부정했으며 소수의 사람만 그를 인정했습니다.(고전 9:2 "다른 사람들에게는 내가 사도가 아닐지라도 너희에게는 사도이니 나의 사도 됨을 주 안에서 인친 것이 너희라") 바울이 왜 남보다 적극적인 활동(참고: 고전 15:10 "내가 모든 사도보다 더 많이 수고하였으나") 그리고 놀라운 신적 능력을 보여주어야 했는지(참고: 고후 12:12 "사도의 표가 된 것은 내가 너희 가운데서 … 표적과 기사와 능력을 행한 것이라") 그 이유를 여기에서 찾을 수 있을 것입니다.

"이스라엘과 이방인들에게서 내가 너를 구원하여 저들에게 보내어"라는 사도행전 26:17의 내용을 봅시다. 바울에 의하면, 주님은 바울(사울)을 유대인과 헬라인(이방인)들에게서 "구원하여" 다시 "저들"(이방인들)에게 '보냅니다'. **이 말을 한 사람은 이미 바울을 유대인들에게 등진 사람, 오직 이방인을 위해서 활동하는 사람으로 이해하고 있습니다.** 바울에 대한 이런 고정된 이해, 즉, '바울 = 이방인(만)의 사도'와 같은 이해는 상대적으로 후대에 형성된 것입니다. 바울은 초기 활동 때와는 달리 유대인의 전통적인 율법관과는 큰 괴리감을 느끼는 메시지만을 전했고 유대인들의 강한 핍박을 받게 되었습니다. "구원(엑싸이레오, ἐξαιρέω, 건져내다)"은 유대인들("백성")로부터 이루어지는 것이었는데, 후기 바울의 주장에 따르면, 그들은 '눈이 먼 자들'이고 "어둠"이며 "사탄의 권세(에 사로잡힌 자들)"이 되었습니다.(행 26:18) 그런데 사도행전 26:18의 아래 구절인 20절을 보면 "다메섹과 예루살렘에 있는 사람(들)", "유대 온 땅과 이방인에게까지 회개하고 하나님께 돌아와서"라는 표현이 나옵니다. 이는 **바울이 유대인들에 대하여 아직 친근한 느낌이 있었던 초기 시점을 반영**합니다. 처음에 유대인과 이방인 모두를 활동 대상으로 삼았던 바울은(행 26:20) 나중에는 유대인들을 박해자요 악의 세력으로 인식하게 된 것입니다.(행 26:17 "이스라엘(백성) … 에게서 … 구원")

초기에 바울은 유대인과 이방인 모두를 대상으로 활동했습니다. 원래 그는 유대인의 회심이 먼저고 이방인들의 회심이 그 뒤를 따를 것이라는 사고를 하고 있었습니다.(참고: 행 1:8 예루살렘과 온 유대와 사마리아와 땅끝; 롬 1:16 복음은 모든 믿는 자에게 구원을 주시는 하나님의 능력이 됨이라 먼저는 유대인에게요 그리고 헬라인에게로다") 그러나 사도행전의 화자는 바울에 대한 유대인들의 핍박이 거세졌다는 사실을 알고 있습니다. 그는 바울과 유대인(그리스도인) 세력 간의 마찰이 있었음을 글로 썼고, 바울의 편에서, 유대인들을 구원의 대상이 아닌 '악의 무리'로 표현하게 됩니다. 또한, 바울이 그들과 분리하는 것을 당연한 일로 여기게 됩니다.

사도행전 26장이 소개하는 바울의 회심 이야기와 그에게 부여된 복음의 사명은 사도행전 9장에 언급된, 비슷한 내용이지만 상대적으로 소박한 환상 이야기와 비교할 수 있습니다. 사도행전 9:3-7도 바울이 환상 중에 예수님을 만난 사건을 다루고 있습니다.

사울이 길을 가다가 다메섹에 가까이 이르더니 홀연히 하늘로부터 빛이 그를 둘러 비추는지라 땅에 엎드려져 들으매 소리가 있어 이르시되 사울아 사울아 네가 어찌하여 나를 박해하느냐 하시거늘 대답하되 주여 누구시니이까 이르시되 나는 네가 박해하는 예수라 너는 일어나 시내로 들어가라 네가 행할 것을 네게 이를 자가 있느니라 하시니 같이 가던 사람들은 소리만 듣고 아무도 보지 못하여 말을 못하고 서 있더라(행 9:3-7)

사도행전 9:3-7은 사도행전 26:13-18보다 짧으며 바울이 받은 큰 사명에 관해서는 서술하지 않습니다. 물론 몇 구절 떨어져 있는 사도행전 9:15에 "주께서 이르시되 가라 이 사람은 내 이름을 이방인과 임금들과 이스라엘 자손들에게 전하기 위하여 택한 나의 그릇이라"라는 언급이 있기는 하지만 이것조차 사도행전 26:17-18에 비하면 소박한 서술입니다. 사도행전 9:6에는 "시내로 들어가 … 내게 이를 자가 있느니라"라는 간략한 지시만 주어졌고, 사도행전 9:7은 "같이 가던 사람들"이 "소리"만 들었고 "(환상을) 보지 못"했다는 말로 사건을 담담하게 서술하면서 실질적으로 하나의 단락을 마무리합니다. 이와 달리, 사도행전 26:17-18은 "이스라엘과 이방인들에게서 내가 너를 구원하여 …보내어 그 눈을 뜨게 하여 어둠에서 빛으로, 사탄의 권세에서 하나님께로 돌아오게 하고 죄 사함과 나를 믿어 거룩하게 된 무리 가운데서 기업을 얻게 하리라 … 는 긴 문장으로 바울의 사명에 대해 자세하고 웅장하게 논하고 있습니다.

비슷하면서도 다른 두 내용을 비교하면, **바울(사울)의 환상 체험 이야기의 원래 골자가 사실은 비교적 소박하고 개인적**이라는 것을 알게 됩니다. 바울을 대단한 인물로 숭상하는 사도행전 26:13-18의 저자는 "해보다 더 밝은 빛"(행 26:13)이라는 수식적 표현, "가시채를 뒷발질"한다는 우언(행 26:14), 온 "무리"를 향한 복음의 사명(행 26:16b-18)과 같은 풍성한 요소를 덧붙였습니다.

한편, 사도행전 26장에서 바울의 말을 듣고 있는 청자는 "아그립바 왕"(행 26:2)입니다. 유대계인 아그립바 2세는 헤롯 아그립바 1세의 아들입니다. 그는 로마의 하수인으로서 본문의 시점에서 실권을 쥔 최고 권력자입니다. 편집자가 손을 대기 전, 아예 **바울이 이 "왕"을 설득하기 위해서 자신의 회심 이야기를 들려주되 최대한 많은 수식을 붙이고 의미를 부여하여 흥미진진하게 만들었을 가능성이 있습니다.** 바울은 이 왕을 어느 정도는 설득했습니다. 그래서 아그립바는 바울에게서 특별한 죄를 찾을 수 없다고 합니다.(행 26:32 "아그립바가 ⋯ 이 사람이 ⋯ 석방될 수 있을 뻔하였다")

사도행전 26:13-23에서 아그립바 2세 앞에 선 바울은 스스로 변호하기 위해 사도행전 9:3-7의 소박하고 짧은 회심 이야기를 최대한 확장했을 가능성이 있습니다. **자신을 변호할 때는 최대한 합리적이고 이해가 가는 이야기를 해야 합니다.** 그런 면에서 바울이 이런 변호 전략을 사용했다는 것은 조금 의심스럽습니다. 그러므로 아무래도 훗날 편집자가 뒤의 이야기(행 26장)를 근거로 하여 앞의 이야기(행 9장)를 줄여 썼을 것 같습니다. 그렇지 않다면, 바울에 의해서 생성된 원래 이야기를 뒤에서 확장한 것으로밖에 볼 수 없습니다. 결론적으로 제가 볼 때, 개인적인 신비 체험을 이방인을 위한 사명 부여 내러티브로 확장하기까지, 최소한 서로 다른 두 명 이상 저자(편집자)의 참여가 있었던 것 같습니다.

여전히 바울에게서 나온 원래 이야기가 후대까지 그대로 전래하였다고 보시는 분이 계실 것입니다. 편집 가능성을 인정하더라도 후대에 아주 조금 편집이 되었다고 생각하시는 분도 있습니다. 최대한 성서 문헌이 생성 시점부터 지금까지 고스란히 유지되었다고 '믿는 것'을 제가 무조건 반대하는 것은 아닙니다. 다만, 제기하는 질문에 대한 답을 찾아서 보는 것도 중요합니다. 제가 그런 분들에게 묻고 싶은 질문은 이것입니다.

바울이 아그립바 왕에게 자기가 부여받은 큰 사명, 즉, '복음을 이방인(혹은 모든 이)에게 전하고 그들을 기업으로 삼는다'라는 이야기를 무엇 때문에 했느냐는 것입니다. 바울의 대단한 사명 이야기는 듣는 이에 따라서는 **권력에 대한 도전으로 이해될 수 있습니다.**((참고: 동방 박사의 전언(傳言, 마 2:1-8) 때문에 야기되었다고 전해지는 헤롯의 전 "지경"의 남아 살해 이야기(마 2:13,16)) 유대계 아그립바는 대부분 유대인처럼 바울의 신비로운 이야기를 듣는 것을 즐겼을 테지만 "무리 가운데서 기업을 얻"는다.(행 26:18)와 같은 표현은 관점에 따라 '청중을 포섭한다'로 들리기 쉽습니다. 실제로 바울이 이런 이야기를 권력자 앞에서 했을 가능성이 없다면, 이는 **성서 본문이 발전하는 과정에서, 특정한 신학적 관점에 따라 추가된 것입니다.**

아그립바는 바울의 주장을 듣고 '미치광이의 헛소리'(행 26:24 "네가 미쳤도다")라고 평가하면서도 특별한 죄는 없다고 판단합니다. 그런데 그는 바울의 "학문(학식)"을 은연중에 칭찬하면서(행 26:24 "네 많은 학문") 그 박식함에 감탄한 것 같습니다. 최소한 바울이 말한 이야기 중에 하나님이 부여한 사명에 대한 내용은 왕을 설득하는 데 아무런 효과가 없었을 것입니다. **아그립바가 관심을 가진 것은 바울의 학식이지 신앙이 아니기 때문입니다.** 사도행전 9장의 해당 본문과의 비교를 통해서 볼 때, 사명 부여 이야기 역시 바울이 신적 사명을 받은 존재라는 것을 부각하려는 의도를 가진 화자에 의해 첨가된 것 같습니다. 그 대상이 누구든 신앙 영웅은 신앙 이야기만 합니다.

바울의 위상을 부각하려는 사람들이 있었다는 것은 긍정적인 면에서 보면 바울이 실천주의자였기 때문에 가능한 일이었다고 생각합니다. **사람들은 그의 말보다는 그의 실천에 감화되었습니다.**(참고: 고후 11:6 내가 비록 말에는 부족하나 … 이것을 우리가 모든 사람 가운데서 모든 일로 너희에게 나타내었노라) 원래 기독교인을 박해하던 그였기 때문에 아마도 끝까지 바울이 유대인 공동체에 완전히 수용되는 일은 없었을 것입니다. 하지만 그는 **완전한**

인정을 받지 못했음에도 인정받은 사람처럼 열심히 실천하며 살았습니다. 솔직히 주관적인 신비 체험만으로 그를 신자로, 사도로 인정할 사람은 없었을 것입니다. 하지만 그는 일반 사도 이상의 열심과 실천으로 자신이 진짜임을 증명하려고 했고 결국 '이방인의 사도 바울'로 자리매김하게 되었습니다.

🐝 바울은 실천으로 개인적 체험이 사실이라는 것을 증명했습니다. 지금도 많은 사람이 '하나님의 신비한 부르심', '신적 사명 부여'에 관해서 간증하는 것을 들을 수 있습니다. 하지만, **거의 모든 이야기가 개인적이며 주관적인 이야기라서 객관성을 담보할 수 없습니다.** 미국인이 꿈에서 천국을 가면 빌딩이 보입니다. 조선 시대 말기, 어떤 조선인 기독교인이 천국에 갔는데 초가집을 보았다고 합니다. 마치 바울이 혼자만 무슨 대단한 환상을 보고 복음 전파를 위한 엄청난 사명을 받았던 것같이 흥분한 것처럼, 오늘날 적지 않은 사람은 '나 홀로 부르심', '나 홀로 사명'에 흥분합니다. 그런데도 바울의 이야기를 잘 살피면 땀 냄새가 납니다. 그의 삶에는 그의 실천이 자리 잡고 있었습니다. 바울의 실천은 불투명한 체험 이야기에 비로소 무게감을 실어줍니다. 교회 공동체가 자신을 동료로 쉽사리 인정해주지 않는 상황에서도 바울은 의기소침하지 않고 열심히 일했습니다. **만약 그가 예수님의 환상과 부르심을 체험하는 데 그쳤고 거기에 부합하는 충분한 실천을 보이지 않았다면 그의 신비한 체험은 무가치한 것이 되었을 것입니다.** 자칭 사도였던 그가 결국 진짜 사도로 인정받은 이유를 생각해보십시오! 그가 사도보다 더 사도처럼 실천했기 때문입니다. 그래서 결국 모두가 인정하는 사도의 위상을 차지한 것입니다.

저는 개인적인 체험을 말하는 것을 즐기지 않습니다. 저에게는 이야기를 재미있게 하는 말재주가 없어서 바울처럼 누군가를 말로 설득하기가 힘듭니다. 하지만 얼마나 그럴듯하게 '부르심을 받은 목사'라는 것을 **설명**하느냐에 상관없이, 그리스도인으로, 목사로 인정받는 유일한 방법은 **실천입니다. 저는 저의 신앙적 체험담만으로 아무런 인정을 받을 수 없습니다. 이것이 제가 신비로운 경험 이야기나 대단한 사명 부여 순간에 관한 간증과 같은 것을 꺼리는 이유입니다.** 우리는 흥미진진한 영적 체험담이나 가슴 뛰게 하는 사명 부여의 순간에 불 체험을 했다는 이야기의 또 다른 면을 살펴야 합니다. 즉, 실제 삶의 면면을 살펴보아야 합니다. 저는 한때 간증을 주로 하는 어떤 분의 강연에 큰 감동을 받고 그 강연 테이프를 모두 모아 긴 시간을 내어 듣고 또 들어 내용을 거의 다 외울 정도까지 된 적이 있었습니다. 그러다가 그 강연자가 강의할 때마다 같은 간증 내용을 의도적으로 조금씩 고쳐 말한다는 것을 알게 되었습니다. 기억력의 문제일 수도 있지만, 그는 **청중의 반응, 강연의 효과 증진을 위해서 내용을 바꾸어 가면서 간증을 했던 것** 같습니다.

체험이란 본인 빼고는 아무도 그것의 진위를 확인할 수 없습니다. 그러니 작은 것이라도 당신이 하나님의 사람이며 하나님이 당신에게 특별한 사명을 주셨다는 것을 실천으로 증명하십시오! 제가 개인적인 영적 체험을 근본적으로 무시하는 것은 아닙니다. 각자는 신자, 목사나 선교사로 부름을 받으면서 경험했던 신앙적 체험을 소중히 할 수 있습니다. 그것은 어떤 면에서 유익합니다. 하지만 결국 자신에게만 유익할 뿐 나와 다른 상황, 다른 시대를 사는 다른 사람들에게는 별로 유익이 없습니다. **내 눈으로 직접 예수님을 보지 못했다고 하더라도 그 실천에서 조금이나마 예수님의 사랑과 인내와 섬김의 모습이 드러난다면 사람들은 예수님을 본 것이나 마찬가지입니다.** 왜냐하면, 어차피 우리가 행하는 모든 선(善)의 동력과 원천이 살아계신 예수님이기 때문입니다. 그러니 혼자만 신기한 체험을 하지 말고, 모두가 예수님을 체험하게 합시다. 혼자만 대단한 사명을 받았다고 자랑할 것이 아니라 **당신이 얼마나 중요한 사명을 받았는지 사람들이 알도록 욕심을 내려놓읍시다. 이 세상 물질의 욕망을 조금은 덜어내고 궂은일을 마다하지 않는 섬김의 실천을 해봅**

시다. 그것은 조금도 신비하지 않지만, 바울이 혼자만 경험한 영적 사건보다 훨씬 더 중요하고 가치 있는 일이 됩니다.

믿으실지 모르겠지만, 저는 바울이 환상 중에 예수님을 만난 체험이 전혀 부럽지 않습니다. 다만 바울의 삶을 통해 제가 큰 도전을 받는 것은, 비록 당시 유행했던 시한부 종말론에 동기된 측면이 있지만, 바울의 열정적 실천입니다. 바울의 모범은 실천보다는 말뿐인 저 자신을 돌아보게 합니다. 다른 것보다도 그가 실천가였다는 사실이 저에게 중요한 교훈과 도전을 줍니다.

예수 그리스도의 종 바울은 사도로 부르심을 받아 하나님의 복음을 위하여 택정함을 입었으니 / 이 복음은 하나님이 선지자들을 통하여 그의 아들에 관하여 성경에 미리 약속하신 것이라

신적 예정으로 목사가 되었다는 분을 향한 질문

로마서 1:1에서 바울은 "사도로 부르심을 받"았으며 "하나님의 복음을 위하여 택정함을 입"은 자로 자신을 소개합니다. 이런 소개 형식의 글은 바울보다 먼저 유력한 위상을 차지하고 있었던 **베드로의 발언을 모방**한 것처럼 보입니다.(참고: 벧전 1:1; 벧후 1:1 "예수그리스도의 종이며 사도인 … 베드로는")

짧지 않은 시간 동안 바울이 정말 그리스도인이며 사도인지에 대해서 큰 논란이 있었습니다.(참고: 딤전 2:7 "사도로 세움을 입은 것은 참말이요 거짓말이 아니니 … 내가 이방인의 스승이 되었노라") 그는 원래 그리스도인들을 박해하던 자였기 때문에 교회가 그를 형제로 용인하기 어려웠고(행 9:26 "사울이 … 제자들을 사귀고자 하나 다 두려워하여 그가 제자 됨을 믿지 아니하니") 또한, 예수님의 공생애를 함께 했던 기존 사도들과는 달리, 그는 예수님을 환상으로 만난 개인적 체험에 의존하면서(행 9:4; 22:7) 사도라고 주장했기 때문에 사람들은 여러모로 그를 인정하기 어려웠을 것입니다.

그런데도 바울은 자신이 "사도로 부르심을 받"은 것이 "택정"된(ἀφωρισμένος)것이라고 말했고(롬 1:1) 그와 더불어 "복음"이 "선지자들을 통하여 성경에 미리 약속하신 것"이라고 설명합니다.(롬 1:2) 이는 **자신이 "사도"인 것이 신적 예정으로 된 것이라는** 일종의 선언입니다. 여기서 그는 마치 사도의 대표자라도 된 것처럼 말하고 있습니다. 로마서 1:5에서 글쓴이

는 "사도(의) 직(분)"이 무엇인지 설명합니다. 로마서 1:2는 "복음"의 '신적 기원과 유래'를 말하는데 이는 자신의 직분도 하나님에 의한 것이라는 뜻입니다. 모두 "성경에 미리 약속하신 것"이라는 것입니다. 로마서 1:1, 2를 함께 읽으면, **하나님이 "미리" "복음"을 "약속"하셨고 그 "복음"을 전하게 하려고 "사도로" "바울"을 "택정"하여 "부르"신 것**이라는 내용이 선명하게 드러납니다. 바울은 "복음"과 더불어 자신의 "사도"됨, 혹은 사도권(使徒權) 역시 하나님의 계획 속에서 미리 정해진 것이라는 것입니다. 본문에서 "복음"과 "사도" 개념은 분리되지 않고 한 덩어리입니다.

> 그로 말미암아 우리가 은혜와 사도의 직분을 받아 그의 이름을 위하여 모든 이방인 중에서 믿어 순종하게 하나니(롬 1:5)

"사도"는 원래 예수님을 추종하던 유대인 중에서 뽑힌 자들이었습니다. 그런데 여기서 "사도"는 "이방인"으로 믿게 하는 일을 한다고 소개합니다. 그리고 바울은 더는 자신이 사도임을 애써서 증명하려고 하지 않습니다. 단지 '사도인 것이 자랑스럽다!'라고 말할 뿐입니다.

> 내가 … 사도인 만큼 내 직분을 영광스럽게 여기노니(롬 11:13)

이는 장황한 말로 자신이 사도임을 각인하려고 하는 듯한 글들과는 또 다른 내용입니다.(참고: 고전 9:2 "내가 … 사도이니"; 고후 11:5 "… 크다는 사도들보다 부족한 것이 조금도 없는 줄로 생각하노라"; 고후 12:11 "크다는 사도들보다 조금도 부족하지 아니하니라"; 고후 12:12 "사도의 표"; 딤전 2:7 "내가 … 사도로 세움을 입은 것은 참말이요 거짓말이 아니니 …") 이는 바울이 "사도"인 것이 '하나님의 복음을 위'한 "택정"이라고 주장했던 과거보다 그의 위상이 점점 더 공고해지고 있음을 알게 합니다.

"택정(하다)"에 해당하는 아포리조(ἀφορίζω)는 신약성서에서 10회 쓰였는데 "의인 중에서 악인을 갈라내"는 것(마 13:49), "양과 염소를 구분하는 것"(마 25:32), 그리고, '임명'(행 13:2; 19:9; 롬 1:1; 갈 1:15)의 의미로 쓰인 예들이 있어 주목하게 합니다. 이 용례를 볼 때, 바울이 사도가 된 "택정"은 '구별되어(사도로) 정해진 것', 혹은 '특별히(사도로) 임명받은 것'이라는 뜻입니다. 글쓴이는 **바울이 다른 사도보다 훨씬 특별하다고 생각하고 있는 듯합니다.**

로마서 1:5를 보면 "사도의 직분을 받"은 것이 "그(예수 그리스도)로 말미암아" "은혜(를 입어)" 비로소 "받"은 것처럼 말합니다. 그런데 이것은 로마서 1:1과는 어조가 다소 다릅니다. **"사도"가 된 것이 미리 정해진 것이라기보다는 순차적으로 이루어진 것처럼 말하고 있기 때문입니다.** 6, 7절도 5절과 같은 화자가 말한 것처럼 보입니다.

> 너희도 그들 중에서 예수 그리스도의 것으로 부르심을 받은 자니라 로마에서 하나님의 사랑하심을 받고 성도로 부르심을 받은 모든 자에게 하나님 우리 아버지와 주 예수 그리스도로부터 은혜와 평강이 있기를 원하노라(롬 1:6,7)

이 구절들도 "(성도로) 부르심을 받은 … 자"에 대해서 논하면서 "예수 그리스도의 것으로", 그리고 "하나님의 사랑하심을 받"아(비로소) "성도"가 되었다는 식으로 말합니다. **이는 "(미리 이루어진) 택정"이 아니라 '순차적으로 이루어진 상황적 발전'입니다.**

이상한 점은, 로마서 1:7에 와서야 인사말을 건네고 있다는 것입니다. 로마서 1:2-4는 '얼마나 오래전에 약속(롬 1:2)이 주어진 것인가'를 예수님의 "혈통" = 계보, 수난과 부활까지를 압축하여 설명하는 가운데 제시하고 있습니다. 로마서 1:5-6은 원래 1절 뒤에 붙었다면 더 자연스러운 구절입니

다.(단, 5a절의 "그로 말미암아"는 제외)

> 예수 그리스도의 종 바울은 사도로 부르심을 받아 하나님의 복음을 위하여 택
> 정함을 입었으니(롬 1:1) … 우리가 은혜와 사도의 직분을 받아 그의 이름을
> 위하여 모든 이방인 중에서 믿어 순종하게 하나니 너희도 그들 중에서 예수
> 그리스도의 것으로 부르심을 받은 자니라(롬 1:5-6)

로마서 1장의 2-4절이 없다면, 1절은 "택정함을 입"은 이야기의 간략한
실마리를 제공한 것이 되고, 5절은 "바울"이(다른 사도들처럼 "우리는") "은
혜"로 "사도의 직분을 받"았다는 본론이 됩니다. 6절에서는 "너희(성도들)"
= "예수 그리스도의 것으로 부르심을 받은 자"를 언급하므로, **로마서 1:1의
"택정함"은 '범역사적인 예정론'이라기보다는** "너희(성도들)"을 "부르"시기 위
해 **미리 그에게 "사도의 직분을" 내려주셨다는 '선행적 개념'이 됩니다.** 하지
만, 2-4절을 추가하면 1절의 "택정함"은 순식간에 범역사적 예정론이 되어
버립니다. 이 모든 고찰 결과를 토대로 로마서 1:1-6의 형성 과정을 추정하
면 다음과 같습니다.

1) 로마서 1장의 1, 5-6절이 제일 먼저 있었을 것입니다.(단, 5a절의 "그로 말
   미암아"는 제외) 이는 바울이 "사도"임을 소개하면서 "복음"을 위하여(1절)
   다른 신자들("너희" 6절)보다 먼저 "택정함"을 받았음을 말합니다.("사도의
   직분을 받아" 5절) 이에 따르면, 원래 **"택정함"이라는 표현은 복음을 받아
   들인 신자들보다 먼저 "사도의 직분"을 받았다는 뜻입니다.**

2) 2-4절이 추가되면서 **"택정함"(롬 1:1)의 의미가 대폭 확장**되었습니다. "택
   정함(롬 1:1절)"이란 "성경에 미리 약속하신 것"(롬 1:2)으로, 예수 그리스
   도("그의 아들" 롬 1:2)가 "다윗의 혈통"(롬 1:3)을 통해 오셨고 "죽은 자

들 가운데서 부활"하셔서 "하나님의 아들로 선포되"셨는데 "하나님"의 이른 "약속"이 그 모든 사건 이전에 주어졌다는 뜻입니다. 2-4절이 끼어들면서, 원래 로마서 1:1, 5-6의 앞에 배치되었어야 맞을 7절 이하의 인사말("로마에서 하나님의 사랑하심을 받고 성도로 부르심을 받은 모든 자에게 … 은혜와 평강이 있기를 원하노라 …)이 다소 뒤로 밀리게 된 것으로 보입니다. 이를 확실히 하기 위해서는 이 글과 바울의 다른 서신을 비교해 보아야 합니다. 신약성서 각 서신서의 인사말은 다음과 같습니다.

고린도에 있는 … 교회 … 모든 자들에게 … 은혜와 평강이 있기를 원하노라 **(고전 1:1-3)**

고린도에 있는 … 교회와 … 모든 성도들에게 … 은혜와 평강이 있기를 원하노라**(고후 1:1-2)**

모든 형제와 더불어 갈라디아 여러 교회들에게 … 은혜와 평강이 있기를 원하노라**(갈 1:1-3)**

에베소에 있는 성도들 … 은혜와 평강이 있을지어다**(엡 1:1-2)**

빌립보에 사는 모든 성도 … 편지하노니 … 은혜와 평강이 너희에게 있을지어다**(빌 1:1-2)**

골로새에 있는 성도들 … 은혜와 평강이 … 있을지어다**(골 1:1-2)**

데살로니가인의 교회에 편지하노니 은혜와 평강이 너희에게 있을지어다**(살전 1:1)**

이처럼 **로마서를 제외한 서신의 인사말은 모두 글의 첫머리에 자리 잡고 있습니다.** 이와 비교하면, 로마서 1:7에서야 "은혜와 평강이 있기를 원하노라"라는 안부 인사가 나왔다는 것이 누군가 안부보다 더 시급한 이야기를 글에 삽입했다는 것을 알게 됩니다. 그것은 "예정론"(롬 1:1 "택정" → 롬 1:2 "미리 약속하신")을 하나의 고정된 신학 개념으로 이해하는 어떤 이입니다. 실제로 롬 1:1-7 안에서 "은혜(로) … 직분을 받"았다(롬 1:5)는 말과 "부르심을 받"았다(롬 1:6), 그리고 다시 "부르심을 받은"(롬 1:7)과 같은 유사한 표현이 과도하게 많이 반복되고 있어서 편집의 흔적을 노출합니다. 어떤 중요한 개념을 강조하려고 하지 않는 한, 상당한 비용이 드는 서신의 편폭을 일부러 늘리면서 유사한 표현을 반복할 이유는 없습니다.

이상의 모든 내용을 살펴보면 **예정론이라는 것이 시대의 흐름을 따른, 특정 필자에 의한, 특정한 목적을 위해 조성된 이론**이라는 것을 알게 됩니다.

🎖 목사로 예정 받았다고는 하는데 빨리 목사를 그만두어야 하는 경우가 있습니다. 인간으로서는 불가해(不可解)한 예정론을 들먹이며 사람들을 못 살게 해서는 안 됩니다. 마치 그것을 빨리 수용하지 못하면 신앙이 없는 것처럼 매도해서는 안 됩니다. 택정이든 예정이든 하나님의 원대하심을 찬양하는 **신앙 고백의 차원에서만 나름의 가치를 갖습니다.** 그렇게 **공감각적이며 초월적인 개념을 본인의 정체성을 증명하는 객관적인 근거로 삼을 수는 없습니다.** 본문의 바울도 원래는 그런 의도로 예정하심을 사용하지는 않았을 것으로 생각합니다. 하지만 특정 교리가 힘을 얻으면서 그를 위한 본문 편집과 삽입이 발생했습니다.

어떤 사람이 천국 가기로 예정되었는지 우리는 알 수 없고, **또 어떤 이가 원래 목사가 되기로 작정되었는지도 알 수 없습니다.** 우리는 그냥 하루하루 주어진 것에 최선을 다하면 됩니다. 본문의 주인공처럼 안 그런 척 은근슬

쩍 자신이 원래 대단한 사람이라고 말하고 싶어서 '나는 특별한 존재로 정해진 사람이야'라고 한다고 하더라도 누군가 그의 삶을 보고 인정해주지 않으면 모두 도루묵일 뿐입니다. 그리고 원래부터 목사인 사람은 없습니다. 대개 어떤 과정을 통해서 그렇게 되는 것입니다. 그렇게 되고 나서 '나는 원래부터 이랬어'라고 말한다고 하더라도 진짜 원래부터 그랬던 것이 되는 것은 아닙니다. 그냥 하루하루 열심히 앞을 향해서 살아간다는 말이 좋습니다. 살아가다가 어떤 이는 목사가 될 것입니다. 그러나 더 많은 이는 다른 직업을 가질 것입니다. 예정론은 다른 직업을 가진 사람들에게 '원래 목사가 될 사람이었는데'라는 쓸데없는 소리를 하는 데 쓰여서는 안 됩니다. 또한, 이미 목사가 되었으나 전혀 목사다운 행동을 하지 않는 사람을 위로(?)하려고 '당신은 하나님이 목사로 예정하셨으니 계속 목사를 하세요'라고 말하는 데도 쓰일 수 없습니다. **그냥 자연스러운 일상의 과정을 따라 목사가 되었으면 제대로 목사의 기능을 하고 그것을 하기 어렵다면 목사를 그만두십시오.** 이러지도 저러지도 못하고 어정쩡한 입장에서 예정론이라는 추상적이면서도 모호한 개념 뒤에 숨어서는 안 될 것입니다. 목사로 예정되었는지 몰라도 목사 이상의 섬김과 목양을 하는 사람이 있습니다. 반대로, 목사로 예정을 받았다고 주장하지만, 전혀 목사 같은 행실도 나타나지 않고, 오히려 빨리 목사를 그만두어야 하는 사람도 있는 법입니다. 宗

복음에는 하나님의 의가 나타나서 믿음으로 믿음에 이르게 하나니 기록된바 오직 의인은 믿음으로 말미암아 살리라 함과 같으니라 / 하나님의 진노가 불의로 진리를 막는 사람들의 모든 경건하지 않음과 불의에 대하여 하늘로부터 나타나나니 / 이는 하나님을 알 만한 것이 그들 속에 보임이라 하나님께서 이를 그들에게 보이셨느니라 / 창세로부터 그의 보이지 아니하는 것들 곧 그의 영원하신 능력과 신성이 그가 만드신 만물에 분명히 보여 알려졌나니 그러므로 그들이 핑계하지 못할지니라

이순신 장군이 지옥 갔다고 말하는 입을 일단 막아 보세요.

로마서 1:17-20과 같은 내용은 이른바 '일반 계시'와 '특별 계시'에 관해서 설명할 때 자주 언급하는 것입니다. 로마서 1:19의 "하나님을 알 만한 것이 그들 속에 보임이라"와 로마서 1:20b의 "… 만물에 분명히 보여 알려졌나니 … 그들이 핑계치 못할지니라"라는 내용은 **사람이 예수님의 복음을 듣지 못했다고 해도 정죄와 심판에서 벗어날 수 없다**는 주장의 근거가 될 수 있습니다. 일반적인 장로교회 교리에 근거하여 따져보자면, 복음을 전혀 들을 수 없는 곳에 살아서 한 번도 복음을 듣지 못하고 죽으면 **지옥에 가게 되며** 사람은 이에 대해 아무런 항변을 할 수 없습니다. 하지만 **이는 누가 봐도 매우 불합리한 주장입니다.**

예수님의 이름도 들어보지 못한 사람이 죽어도 원죄 때문에 지옥에 간다고 주장하는 원죄론에 비춰볼 때, 우리나라에 복음이 들어오기 전에 돌아가신 위인들, 이순신 장군이나 신사임당 같은 분들도 당연히 지옥을 면하지 못합니다. 하지만, **교리를 맹신하는 신자들을 제외한다면, 이것을 누구도 쉽게 수긍하지 못합니다.**

간혹 이렇게 묻는 분이 계십니다.

"예수님도 믿지 않았는데 이순신 장군이 천국 갔다는 말인가?"

이는 예수 신앙 → 구원이라는 단순한 알고리즘을 기반으로 할 때 할 수 있는 질문입니다. 하지만 위의 로마서 1:17-20의 '일반 계시' 혹은 '자연 계시'를 조금 관대하게 적용하자면, 예수님의 이름이 전파되기 전에도 **사람들은 "하나님을 알 만" 했고(롬 1:19) "(하나님이) 만드신 만물에 분명히 보여 알려졌"기 때문에(롬 1:20) 이순신 장군도 신사임당에게도 진리를 깨달을 가능성이 열립니다.**

사실, 로마서 1:17-20은 '복음을 듣지 못한 사람들이라고 할지라도 심판받는다고 **원망할 수 없다**' 또는 '복음을 전해 듣지 못한 자라고 해도 **심판을 피할 수 없다**'라는 뜻으로 말한 것입니다. **'예수님을 전해 듣지 못했지만, 만물에 분명히 보여 충분히 알 수 있다'라고 말하려는 것이 아닙니다.** 원망을 막으려는 차원의 주장입니다. 만약 아니라면 성서의 사람들이 백방으로 다니면서 복음을 전하려고 하지 않았을 것입니다.(참고: 롬 1:15 "나는 할 수 있는 대로 로마에 있는 너희에게도 복음 전하기를 원하노라") 그런데도 결과적으로 **로마서 1:17-20은 '자연계시를 통한 진리 인식'의 가능성을 넓게 열었습니다.**

바울은 로마서 1:17에서 베드로가 최초로 제기했던 이신칭의(以信稱義, 참고: 행 15:7-11 "믿음으로 그들의 마음을 깨끗이 하사 … 주 예수의 은혜로 구원받는 줄을 믿노라")를 더욱 완전한 개념으로 활용하는데, 구약성서 하박국 2:4의 "의인은 그의 믿음으로 말미암아 살리라"를 덧붙이는 식으로(참고: 히 10:38의 동일 어구 인용) 글에 공을 들입니다. 그는 로마서 1:18 이하에서 명확하게 "진리를 막는 사람들"의 "경건하지 않음"과 "불의"를 거론하면서 상을 받을 자(바울이 전하는 복음을 수용한 자)와 벌을 받을 자(배척자)를 구분합니다. 실제로는 **선과 악, 의인과 악인을 명확히 구분하는 게 쉬운 일이 아니지만, 당시 글쓴이는 이것을 명확히 구분해야만 했습니다.** 여기에서 '오직 (내가 전하는 복음의 핵심인) 예수를 수용해야만 구원을 받는다'라는 신앙적 이념이 나타납니다. 그런데 '오직 예수'라는 중요한 신앙 이념도 **사실 베드로가 먼저 제시한 것이고, 바울은 그것을 모방한 것입니다.** 베드로는 일찍이 아래와 같은 설교를 한 적이 있습니다.

> 이 예수는 너희 건축자들의 버린 돌로서 집 모퉁이의 머릿돌이 되었느니라 다른 이로써는 구원을 받을 수 없나니 천하 사람 중에 구원을 받을 만한 다른 이름을 우리에게 주신 일이 없음이라 하였더라 그들이 베드로와 요한이 담대하게 말함을 보고 그들을 본래 학문 없는 범인으로 알았다가 이상히 여기며 또 전에 예수와 함께 있던 줄도 알고 또 병 나은 사람이 그들과 함께 서 있는 것을 보고 비난할 말이 없는지라(행 4:11-14)

여기서 베드로는 시편 118:22를 인용하면서 메시아, 구원자(=예수)에 대해서 말합니다. "건축자의 버린 돌이 모퉁이의 머릿돌이 되"었다는 우언(寓言)은 마가복음 12:10에서 예수님이 언급하시기도 했는데 **상황적 반전**을 나타냅니다. 베드로 역시 '십자가 형틀에서 사망한 예수님이 메시아'라는 반전의 메시지를 전하는 데 이 우언을 사용했습니다.

이어지는 사도행전 4:12에서는 '오직 예수(의 이름)만이 구원을 받을 방법이다'라는 주장을 하는데, 청중이 이 "예수"를 실제 십자가에서 돌아가신 예수님으로 인지했는지가 화자의 중요한 관심사입니다. 왜냐하면, 보기에 따라 "예수"는 예수님이 아닌 다른 사람을 지칭할 수도 있기 때문입니다.

신약성서에 917회 사용된 "예수(Ἰησοῦς)"는 대개 고유명사로서 실존하는 '예수님'을 지칭하지만 때로는 "여호수아"를 뜻하기도 합니다.(행 7:45; 히 4:8) "여호수아(יהושׁע)"는 '구원자'(정확하게는, 야훼가 구원합니다 Yahweh saves)의 의미가 있습니다. 이처럼, 원래 "예수"는 꼭 '예수님'만 지칭하는 것은 아니며 '하나님이 구원한다'라는 뜻을 가진 단어로 여러 이름으로 쓰였습니다. 심지어 '죄수 바라바'의 이름도 예수입니다.(참고: 마 27:16 "그때에 (예수) 바라바(Iēsoús Barabbás)라 하는 유명한 죄수가 있는데"; 눅 3:29 "그 위는 예수요 그 위는 엘리에서요 …; 행 13:6 "(거짓 마술사) 바 예수(Βαρ-ιησοῦ)"; 골 4:11 "유스도라 하는 예수") 물론, 이 모든 예가 유대인들이 기다리는 "장래에 오실 그분"을 의미하지는 않습니다. 예수님의 등장으로 그 단어는 특정한 한 분을 지칭하게 됩니다.

그런데도 사도행전 4장의 청중은 "예수"가 그 "예수"라는 사안보다는, 베드로라는 "학문 없는 범인(보통 사람)"이 "담대하게 말"하는 것(행 4:13)과 "병 나은 사람"(행 4:14)에 관한 기적에 더 집중하고 있습니다. **청중은 '예수님이 바로 그 구원자다'라는 것에 대하여 이상하리만치 무감각합니다.** 이들이 집중하고 있는 것은 오직 "모든 사람에게 알려"진 "부인할 수 없는" "표적"(행 4:16)입니다. **"예수"는 한참 뒤에야 거론되는데(행 4:18) 여기서도 사람들은 "예수의 이름"을 "표적"을 부르는 주술적 구호처럼 여기고 있는 것 같습니다.("예수의 이름으로 말하지도 말고 가르치지도 말라")** 이는 다분히 미신적인 태도입니다. 좋게 보면 "예수 … 이름"의 능력을 두려워하는 태도라고 볼 수 있습니다.

사도행전 4:11에서 베드로가 "이 예수"가 누군지 명확하게 지칭했음에도 ("이는(οὗτός)") 청중이 이를 일반적인 의미에서의 "구원자"로 여겼을 가능성은 여전히 남습니다. 비로소 청중이 이름 담론(談論)에 신경을 쓰지 않은 이유가 드러납니다. 사도행전 4:14는 청중이 딱히 "비난할 말이 없"었다고 말합니다. 이스라엘의 긴 역사 가운데 자주 들어 왔던 구원자 담론이나 메시아 담론을 베드로가 번복한 것으로 여겼을 가능성도 여기서 나타납니다. 이렇게 볼 때, 베드로 일행이 원래 내세운 것은 이름 담론보다는 표적을 통한 증명이었을 것입니다.(행 4:20 "우리는 보고 들은 것을 말하지 아니할 수 없다 하니") 이 "예수"가 바로 그 "예수"라는 것은 증거만 확실하다면 자연스럽게 수용될 것입니다. 물론 이는 단순한 명칭 설명이 아닙니다. 청중을 향해 어떤 정의를 제시하려는 것이 아니라 청중이 호응할 만한 관점에서 메시아의 조건을 충족하는 것이 누구냐고 묻는 것입니다. 청중은 신기한 일을 행하는 자를 메시아로 인지할 것입니다.(행 4:20 "손을 내밀어 병을 낫게 하시옵고 표적과 기사가 거룩한 종 예수의 이름으로 이루어지게 하옵소서") 아이러니하게도 현재 대부분의 보수주의적 신앙을 가진 개신교인들에게 익숙한 개념인 **예수의 "이름"만 받아들임으로 구원이 이루어진다는 개념은 이 글의 베드로에게서는 찾아볼 수 없습니다.**

전반적으로 볼 때, 초기에 글쓴이는 단지 "표적"을 통해 "예수"가 메시아라는 것을 증명하려고 했습니다. 사도행전 4:12 "구원을 받을 만한 다른 이름을 주신 일이 없"다고 했을 때, 이 "구원"이 "표적"의 개념과 연결되면서 청중은 메시아가 영혼의 구원이 아니라 구약 시대에 광야에서 굶주려 죽어가고 있던 이스라엘에게 만나와 메추라기 기적을 통해 그들의 조상을 "구원"하셨던 것(출 16장; 민 11장)을 연상했을 것입니다. 제 말은 **"구원"이 처음부터 영적인 구원의 의미를 지니지 않았다는 것입니다. 그것은 삶(생존)에 있어서의 구원이었습니다.** 그런 의미라면 신기한 일을 증거로 여기는 태도도 이해할 수 있습니다. 실제로 삶에 무언가 도움을 주지 않는 대상을 메시아로 여길 가능성은 매우 낮습니다. 만약 그렇다면 베드로가 "다른 이로써는 구원을 받을 수 없나니 천하 사람 중에 구원을 받을 만한 다른 이름을 우리에게 주신 일이 없음이라 "라고 말한 사도행전 4:12은 현대 보수 개신교인들이 신봉하는 **예수 이름 수용 = 영혼 구원의 개념과는 상당한 거리가 있다고 하겠습니다.**

위와 같은 본문 검토는 '누구든지 예수 이름을 부르는 자는 모두 구원을 받으리라(행 2:21)'라는 **지극히 단편화한 구원의 메커니즘에 대해서 다시 생**

각해보게 합니다.

'예수 이름'과 영혼의 구원을 연계하는 현상은 점차로 모호하고 초월적 양상을 띠게 됩니다.(참고: 요일 4:15 "누구든지 예수를 하나님의 아들이라 시인하면 하나님이 그의 안에 거하시고 그도 하나님 안에 거하느니라") 이런 종류의 구원에는 아무 증거가 필요 없습니다. 그냥 마음으로 믿는다고 하면 구원이 성립합니다. **이는 어떤 긴 과정을 거치지 않고 간단하게 구원받는 기제**입니다. 또한, 이는 **생명이 쉽게 사그라지는 박해의 정황에서는 매우 유용**한 것입니다. 아래 구절을 보시면 '주의 이름을 부르는' 자들은 박해받는 자들입니다.("결박")

> 여기서도 주의 이름을 부르는 모든 사람을 결박할 권한을 대제사장들에게서 받았나이다 하거늘(행 9:14)

나중에는 "주의 이름을 부르는"이라는 표현 안에 훨씬 다양하고 풍부한 의미가 추가되었지만, 원래 그것이 "표적" 개념과 연결되어 있었다는 것을 기억한다면 이것이 실제적인 도움, 현실적인 구원 요구라는 전제에서 많은 의미를 붙여 온 것이라는 것을 알 수 있습니다. 그런데도 최종적으로 구원의 방법이 극히 단순화한 것은 심한 박해라는 상황이 발생했기 때문입니다. 따라서 **'최대한 간단한 방식을 통한 구원'이나 '간편식'과도 같은 '영생 취득(!)'은 강한 박해를 받으면서 오늘 죽을지 내일 죽을지 모르는 사람들에게 특화한 것입니다.** 박해 상황은 신약성서에서 구원 방법이 왜 다양한 의미로 확대하다가 갑자기 간략화되었는지 이해하는 데 핵심적인 열쇠입니다.

이런 측면에서 보자면 로마서 1:17-20 저변에 깔린 "하나님을 알 만한 것이 그들 속에 보"인다는 개념은 다분히 탈기독교적입니다. **"예수"나 "예수의**

이름"에 대한 인식 혹은 수용 없이 '하나님을 안다'라는 가능성을 인정한 것과 차이가 없습니다. 여기의 "예수"가 특정 인물을 지칭하기도 하고 '신이 구원하신다'라는 상대적으로 보편주의적인 개념도 된다면 **예수님의 이름을 전혀 들어보지 못한 사람에게도 구원의 가능성이 있다**는 이야기가 됩니다.

비록 전도하는 사람을 만난 적도 없고 아무 이야기도 들어 본 적이 없는 어떤 사람이 **자기 능력의 한계를 통감하고 겸손한 마음에 신적 존재를 아는 지식이 깃들고 "만물"을 통해서 하나님의 "영원하신 능력과 신성"을 성찰하여 궁극적으로 구원이 자기 외부에서 주어지는 은혜라는 것을 깨달았다**고 할 때, 이것이 특정 교리에서 말하는 구원 과정과 **유사한지 아니면 완전히 다른지** 생각해 볼 필요가 있습니다. 일단, **이순신 장군이나 신사임당의 구원 가능성에 대해서 근본주의적 개신교는 절대 용인하지 않습니다.** 그것은 로마서 1:17-20과 같은 본문의 최종 형태를 볼 때, 오직(정형화한) 복음이 나타내는 바와 같이, **구원은 "(바로 그) 예수(님)"을 신앙하는 신앙 안에서만 가능하기 때문**입니다. 그러나 우리는 로마서 1:17-20 저변에 존재하는 인식, 혹자가 일반 계시라고 부르는 열린 인식에 대해서 **반드시 재고해 볼 필요가 있습니다.** 이는 하나님이 모든 인간에게 구원의 가능성과 기회를 같게 제공해주셨다는 **형평성의 차원**에서 그리고 상대적으로 협소한 기존 **신앙의 틀을 확장할 수 있다는,** 개혁적인 차원에서 유효합니다.

특정한 시각에서 보면, 로마서 1:17-20은 특별 계시라고 칭하는 복음을 배척하거나 아예 그것을 접하지 못한 사람들을 한목에 **심판의 대상으로 정죄하려는 의도**를 가지고 작성한 것입니다. 그리고 그 배후에는 **박해자에 대한 적의**가 도사리고 있다고 하겠습니다. 하지만, **이 본문을 최종적으로 완성한 시기와 다른 시대를 사는 우리**는 이것이 현대인 중에 **비종교인을 일괄적으로 매도하는 데 사용될 수 있는 위험성**이 있다는 것을 알아야 합니다. 또한, 우리는 성서를 중심으로 **신앙 정체성을 유지하면서도 그것을 새롭게, 폭넓게 해**

석할 부담을 짊어지고 있습니다.

간단하게 '이순신 장군도 구원받았다'라는 말을 할 수 있다 없다가 아니라, 먼저 '잘은 모르지만, 하나님이 같거나 유사한 방식으로 모든 이에게 공평한 기회를 주셨을 것이다' 정도의 열린 해답을 취하는 것이 좋겠습니다.

로마서 1:17-20을 성경에 대해서 전혀 들어보지 않은 사람이 멸망하는 것에 대해 당연시하고 비난하는 재료로 삼거나 아무런 선행을 행하지 않아도 구원받는다는 자신을 옹호하는 소재로 삼아서는 안 됩니다. 이어지는 로마서 1:21-25은 명확하게 **욕망 덩어리들**(롬 1:24,26,29 "정욕", "욕심", "탐욕")과 **교만한 인생들**(롬 1:30), '**인정머리 없는 자들**'(롬 1:30b "부모를 거역", "무정한 자요 무자비한 자라")을 언급하고 있는데 글쓴이의 시각에서 이들은 **반드시 죽어 없어져야 하는 자들**(롬 1:32 "사형에 해당한다고 …")입니다. 따라서 이들을 단죄하려고 쓴 글(롬 1:17-20)을 이순신 장군이나 신사임당, 그리고 교회에 한 번도 나가보지 않은 이웃집 박 씨 아저씨 등에게 일괄적으로 적용할 수 없습니다. 그들은 욕망 덩어리, 교만한 인생, 인정머리 없는 자, 무정한 자들이 아니기 때문입니다. 사람들을 박해한 사람들도 아닙니다. 이처럼 성서를 읽을 때 성서의 형성 배경을 고려하지 않으면 엉뚱한 소리를 하게 됩니다.

🐝 내가 아는 방식과 다르다고 타인에게 신적 인식과 구원의 가능성이 없다고 단정할 수는 없습니다. 저는 외지인이 한 번도 가보지 못한 무인도에 사는 원주민들에게도 어떤 방식으로든 구원의 기회가 주어진다고 생각합니다. 그들에게 신 인식은 물론, 심지어 신적 구원("예수")까지 존재하지 않는다고 **단정하는 것은 과한 처사**입니다. 물론 우리는 개신교적 이해 안에서 제한적으로 그들에게 접근할 수 있습니다. 그것을 **정체성 문제**로 보면 말입니다. 그러나 위와 같은 고찰을 통해 넓게 이해한 선교사라면 무조건 원주민을 자

신과 똑같은 문화, 사고방식, 풍습의 사람으로 만들려고 하지는 않을 것입니다. 현대에 있어 타문화에 대하여 존중하는 마음을 잃으면 비판받습니다. 그것은 제국주의적인 폭력입니다. 조금 다른 방식일 수도 있지만, 상대방에게도 신에 관한 인식이 존재할 수 있고 심지어 그들도 인간의 능력 밖으로 신적 도움이 있어야만 구원할 수 있다는 것에 관한 이해가 존재할 수 있습니다. 이렇게, **가능성을 인정하는 태도는 아주 긍정적입니다.** 과거, 식민주의의 앞잡이라는 오명을 가졌던 선교사가 지금 가져야 할 태도는 무조건 성경 구절을 암기시키고 찬송가를 부르게 하고 수백 년 전 다른 이가 전해 주었으나 오히려 그의 나라에서는 이미 실효성이 떨어진 교리를 학습시키는 것이 아니라 상대방의 실제적인 필요를 파악하여 돕고 채우는 것입니다.

때로 우리가 생각하는 것보다 많은 사람이 우리와 완전히 똑같지는 않지만 특정한 방식으로 신을 신앙하고 구원을 위한 믿음을 소유하고 있습니다. 우리는 그 **가능성을 부정할 수 없습니다. 그것은 제 말이 아니라 성서의 주장입니다.** 하지만 아직도 개신교의 어떤 이들은 가톨릭을 '이단'이라고 부릅니다. 이해의 폭을 넓힐 여지가 많다고 하겠습니다. 심지어 가톨릭의 수장을 '적그리스도'로 보는데, 이는 특정 개신교 교리에 입각한 관점일 뿐입니다. 그러나 그 교리를 아무런 수정도 없이 신봉하는 개신교 교인이 상당히 많습니다.

저는 앞으로도 개신교인으로 살아갈 것입니다. 하지만, **개신교가 신앙하는 것이 모두 완벽한 진리라고 생각지는 않습니다.** 저는 오늘의 개신교 공동체가 늘 성경적으로 개혁하고 인식의 틀을 넓혀야 한다고 믿습니다. 물론 '성경적'이라는 말 자체도 교파와 교리적 입장에 따라 매우 편협할 수도, 좀 더 포용적일 수도 있지만 말입니다. 어쨌든 **하나님은 당신, 그리고 당신이 속한 집단의 좁아터진 사고 체계에 갇혀 있을 분이 아닙니다!** 인류를 향한 하나님의 사랑은 우리의 생각보다 훨씬 깊고 넓은 것이라서 모든 것을 포용하고도 남음이 있습니다. 🏠

로마서 2:1

그러므로 남을 판단하는 사람아, 누구를 막론하고 네가 핑계하지 못할 것은 남을 판단하는 것으로 네가 너를 정죄함이니 판단하는 네가 같은 일을 행함이니라

비판하면 비판받는다면서 일제와 독재 앞에서 침묵했던 분들에게

로마서 2:1-5는 "남을 판단하는 사람"에게 경고합니다. 판단하지 말라는 것입니다. 그들이 "정죄"를 받는 이유는 자신이 비판해놓고 스스로 똑같이 하기 때문입니다.(롬 2:1,3 "이런 일을 행하는 자를 판단하고도 같은 일을 행하는 사람아") 또한 그는 "고집"스럽고 '뉘우치지 않습니다'(롬 2:5 "회개"를 안 함) 경고를 받는 자가 "남을 판단하는" 사람이라는 것을 볼 때, 그에게 일정한 지위가 있는 것 같기도 합니다. 하지만 로마서 2:6의 "각 사람"이라는 표현을 보면 불특정 다수를 지칭합니다. 불특정 다수를 대상으로 하는 교훈은 고전적인 지혜 문헌에서 익숙하게 볼 수 있는 것입니다.(참고: 잠 30:10 "너는 종을 그의 상전에게 비방하지 말라 … 너는 죄책을 당할까 두려우니라") 이는 원래 현명한 처세를 위한 교훈의 성격을 갖고 있었습니다. 그러나 역사의 흐름을 따라 점진적으로 그것에 신앙적 의미가 추가됩니다.(참고: "미리암과 아론"의 "모세" 비판, 민 12:8b-9 "너희가 어찌하여 … 모세 비방하기를 두려워하지 아니하느냐 … 여호와께서 그들을 향하여 진노하시고 …)

로마서 2:1의 "남을 판단하는 사람아"의 '판단하다(κρίνω)'라는 신약성서에서 114회 정도로 상당히 많이 쓰였는데, 이 가운데, 로마서 2:1-5처럼 '남을 판단하는' 것을 부정적으로 보는 구절들을 간추려 보면 아래와 같습니다.

비판을 받지 아니하려거든 비판하지 말라 너희가 비판하는 그 비판으로 너희가 비판을 받을 것이요 너희가 헤아리는 그 헤아림으로 너희가 헤아림을 받을

것이니라(마 7:1-2)

비판하지 말라 그리하면 너희가 비판을 받지 않을 것이요 정죄하지 말라 그리하면 너희가 정죄를 받지 않을 것이요 용서하라 그리하면 너희가 용서를 받을 것이요(눅 6:37)

너희는 육체를 따라 판단하나 나는 아무도 판단하지 아니하노라(요 8:15)

네가 어찌하여 네 형제를 비판하느냐 어찌하여 네 형제를 업신여기느냐 우리가 다 하나님의 심판대 앞에 서리라(롬 14:10)

그런즉 우리가 다시는 서로 비판하지 말고 도리어 부딪칠 것이나 거칠 것을 형제 앞에 두지 아니하도록 주의하라(롬 14:13)

그러므로 때가 이르기 전 곧 주께서 오시기까지 아무것도 판단하지 말라 그가 어둠에 감추인 것들을 드러내고 마음의 뜻을 나타내시리니 그때에 각 사람에게 하나님으로부터 칭찬이 있으리라(고전 4:5)

형제들아 서로 비방하지 말라 형제를 비방하는 자나 형제를 판단하는 자는 곧 율법을 비방하고 율법을 판단하는 것이라 네가 만일 율법을 판단하면 율법의 준행자가 아니요 재판관이로다 입법자와 재판관은 오직 한 분이시니 능히 구원하기도 하시며 멸하기도 하시느니라 너는 누구이기에 이웃을 판단하느냐(약 4:11-12)

이 구절들을 읽고 있으면 어디선가 '너나 잘해!'라는 말이 들려오는 것 같습니다. 다른 이가 아무리 잘못을 저질러도 뭐라고 하지 말고 자신을 돌아보며 조용히 있으라는 말 같습니다. **사실 한국 개신교인은 역사적으로 줄곧 그렇게 해 왔습니다.** 일제강점기에도 신사참배를 하면서 침묵했고, 군사정권의 전횡에도 오히려 저항하는 사람을 나무라며 말렸습니다. 그래서 그런지 우리는 '비판하지 말고 너나 잘해라!'라는 말을 금방 이해할 수 있을 것만 같습니다. 비판자들은 대개 형장의 이슬로 사라졌고 침묵한 사람들은 살아남았으니까 말입니다.

야고보서 4:11-12에도 잘 나와 있듯이 비판 금지는 고대 사회의 지혜 문학이 가르치는 처세술의 차원을 넘어, **'하나님이 궁극적인 통치자'라는 신정론**을 배경으로 합니다. 히브리서 10:30은 "원수 갚는 것이 내게 있으니 내가 갚으리라 하시고 또다시 주께서 그의 백성을 심판하리라(참고: 신 32:36)"라고 말하는데 이는 대인적인 비판을 '유일하신 재판관이신 하나님'의 권리를 침해하는 것으로 이해합니다. 하나님이 알아서 하시는데 왜 나서냐는 말입니다. 다만, 인간 정치 권력 앞에서 비굴하게 굴라는 뜻은 아니고, 어떤 측면에서는 그렇게도 보입니다만, 하나님이 실제적이며 역동적으로 통치하신다는 신정론적 관점에서 '비판을 금하라'라는 금언이 자리를 잡은 것입니다. 따라서 **저는 일본 제국주의나 군사정권에 대하여 침묵한 과거의 모습들이 성서가 말하는 비판 금지의 명령을 순종한 것인지 확신을 가질 수 없습니다.** 물론 누군가 나서서 '성서 말씀을 순종한 것이다'라고 말한다면 마땅히 반박하기는 어렵습니다.

그런데도 좀 더 심층적인 이해는 필요합니다. 성서에는 판단 금지만 있는 것이 아니라, 비록 작성 목적이 다소 다르지만, 아래와 같이 **'판단하라'라는 말씀도 있기 때문입니다.**(고전 5:12-13; 6:2-3; 11:13)

밖에 있는 사람들을 판단하는 것이야 내게 무슨 상관이 있으리요마는 교회 안에 있는 사람들이야 너희가 판단하지 아니하랴 밖에 있는 사람들은 하나님이 심판하시려니와 이 악한 사람은 너희 중에서 내쫓으라(고전 5:12-13)

성도가 세상을 판단할 것을 너희가 알지 못하느냐 세상도 너희에게 판단을 받겠거든 지극히 작은 일 판단하기를 감당하지 못하겠느냐 우리가 천사를 판단할 것을 너희가 알지 못하느냐 그러하거든 하물며 세상일이랴(고전 6:2-3)

너희는 스스로 판단하라 여자가 머리를 가리지 않고 하나님께 기도하는 것이 마땅하냐(고전 11:13)

이 구절 중에 고린도전서 11:13같이 시대 국한적이며 특정 문화 전통에 기초한 주장을 제외하면 나머지 용례는 모두 **세속적 판단과 신앙인, 또는 신앙 공동체 내부로부터의 자체적인 판단에** 대해서 말합니다. 설명하자면, 이것들은 교회 안과 밖을 이분법적으로 구분하면서 판단의 권한을 "하나님" 혹은 "성도(교회)"에게 두려고 하는 글들입니다. 다만 이를 직선적으로 이해하면, '교회는 치외법권이다' 혹은 '세속적인 재판은 필요 없다'라는 식의 오해를 불러옵니다. 실제 역사 배경을 고려할 때 **'비판(혹은 판단)하지 말라'는 아마도 어쩔 수 없는 권력 하에 있는 사람들이 어쩔 수 없이 하나님의 때를 기다리며 신앙적으로 성찰한 것을 적은 것 같습니다.** 이와는 달리 '비판(혹은 판단)하라'라는 말은 초기 교회가 **내부적인 회원 관리 차원에서** 신자들에게 세속 법보다 교회법이 우선임을 가르치기 위한 목적에서 쓴 것으로 보입니다. 단, 신정론적 입장에서 내린 '비판하지 말라'의 명령이 '비판하라'보다 그 형성 역사도 길고, 영향력도 컸기 때문에, 상대적으로 성서 본문에 자주 등장하였고 반대로 '비판하라'라는 말은 더 적은 구절에 제한적으로 나타났을 것입니다. **'여자는 머리를 가려라'라는 규칙에 대해서 현대 여성들이 어떻게 생각하는지 보면, 왜 어떤 내용이 청중의 긴 호응을 받지 못하고 짧은 시간 동안 존재하**

다가 사라지거나, **외면받는지 이해할 수 있습니다.** 문제는 어떤 내용이 **범시대적**이고 어떤 것이 **한시적인** 계명이냐는 것입니다.

위와 같은 고찰을 통해 명확히 드러나는 것이 있습니다. 간단히 말해, 비판하라는 말, 그리고 비판하지 말라는 명령, **모두 특정한 시대 배경에서 나온 말**이라는 것입니다. 이에 따라 생각해보자면, 만약 당신이 엄청난 힘을 가진 제국과 같은 권력에 대응하기가 사실상 불가능할 때, 비굴하게 보일지 모르지만, 침묵하고 비판을 안 할 수 있습니다. 당신은 생명을 보존하면서 인간의 모든 행위를 오직 하나님만 판단하신다고 **변명**할 수 있습니다. 어떻게 보면 이런 행동은 당신의 행위에 정당성을 부여하는 것입니다. 그러나 이런 태도는 일본 제국주의와 군사정권에 타협했던 사람들이 그랬던 것처럼 **손가락질받을 가능성**이 있습니다. 그리고 사람에 따라 자책(自責)하며 고통을 느낄 수도 있습니다.(참고: 롬 14:22 "네게 있는 믿음을 하나님 앞에서 스스로 가지고 있으라 자기가 옳다 하는 바로 자기를 정죄하지 아니하는 자는 복이 있도다")

🐝 **저항해야 할 때는 최대한 평화롭게 저항합시다!** 지금도 모든 종류의 저항을 꺼리는 사람들은 자주 '하나님만 비판할 권리가 있다'라고 말합니다. 이것은 비굴한 변명처럼 보일 수도 있지만 어떻게 보면, 생명을 보존하고자 하는 인간의 솔직한 대응입니다. 극복할 수 없는 강한 권력 앞에서 하나님을 내세우며 자신을 향한 비난을 불식하는 것입니다.

그런데도 당신은 목숨과 권리를 내놓고 과감하게 정당한 비판을 할 수 있습니다. 이는 어떻게 보면 인간의 본성을 거스르는 것입니다. 재산과 명성과 권한과 생명을 잃으면서 의로운 일을 위해 나서기는 참 어렵습니다. 하지만, 그것이 순간적인 감정이나 젊은이의 치기(稚氣)가 아니라면, **당신의 용감한 저항은 역사 대대로 많은 이의 칭송을 받을 것입니다.**

어떤 이는 비판과 저항에 대해서 성서가 소극적인 견해를 보인다면서 투덜댑니다. 과거 마카비 시대의 저항(B.C. 167~142)이 실패로 돌아간 이야기를 아는 성서의 저자 중에는 모든 종류의 비판과 저항을 쓸데없는 행위로 생각한 사람이 있었던 것 같습니다. 그들은 후손에게 침묵하며 기다리는 것이 현명한 행동이며, 유일한 심판자이신 하나님을 신앙하는 행동이라고 가르쳤을 것입니다. 하지만, **우리는 어떤 경우에라도 정당한 비판과 저항을 무가치한 것으로 생각해서는 안 됩니다.** 본인 혹은 본인의 조상이 비록 일본 제국주의에 대해 침묵했고 군사정권에 대해서도 침묵했다고 하더라도 저항의 가치까지 부정해서는 안 됩니다. **용감하게 항거하고 희생한 분들 때문에 우리나라도, 그리고 지금의 우리도 있는 것입니다.** 다만, 저는 예수님이 저항하신 방법을 선호합니다. 그것은 **비폭력적인 저항**입니다. 예수님은 힘에 대하여 힘으로 대항하지 않으셨습니다. 그래서 그 저항의 가치는 영속적인 빛을 발하게 되었습니다.

> 그는 근본 하나님의 본체시나 하나님과 동등됨을 취할 것으로 여기지 아니하시고 오히려 자기를 비워 종의 형체를 가지사 사람들과 같이 되셨고 사람의 모양으로 나타나사 자기를 낮추시고 죽기까지 복종하셨으니 곧 십자가에 죽으심이라 이러므로 하나님이 그를 지극히 높여 모든 이름 위에 뛰어난 이름을 주사 하늘에 있는 자들과 땅에 있는 자들과 땅 아래에 있는 자들로 모든 무릎을 예수의 이름에 꿇게 하시고 모든 입으로 예수 그리스도를 주라 시인하여 하나님 아버지께 영광을 돌리게 하셨느니라(빌 2:6-11)

비폭력적인 저항과 아예 뒤로 물러서서 침묵하며 동조하는 것은 다릅니다. 제가 생각할 때 예수님은 모든 선한 저항자의 모범입니다! 예수님이 희생을 통해 이루신 것은 온 인류의 구원이라는 위업입니다. **두렵다면 물러서십시오.** 괜찮습니다. 하지만 사회가 정도를 걷지 못할 때, **정당한 저항을 평화적**

으로 감행할 사람들이 필요합니다. 우리가 사는 사회가 하나님이 보실 때 더 공정하고 아름다운 곳이 되기를 바란다면 뒤로 물러나 입을 다물고만 있을 수는 없을 것입니다.

우리는 로마서 2:1의 **비판 금지의 역사적 배경**을 이제 충분히 이해할 수 있습니다. 하지만 때로는 결코 침묵할 수 없습니다. 잘못된 권력에 의해 피해를 보고 쓰러지는 이웃을 위해서 우리가 나서 예수님의 모범을 따라야 할 때가 있습니다! 바로 **평화로운 저항** 말입니다. 두려운 사람은 집에 돌아가 이불을 뒤집어쓰고 마음으로라도 응원해 주십시오. 다만 가능하다면 사회 정의와 아름다운 발전을 위해 작은 한 걸음이라도 함께 내딛기를 바랍니다. 사회와 지도자들이 마땅히 비판받아야 할 때 성서의 비판하지 말라는 말씀을 거론하지 맙시다. 그것은 그냥 맹목적으로 굴종하는 것처럼 보입니다. 해야 할 때는 나서 비판합시다. 다만 최대한 평화적인 방법과 태도로 그렇게 합시다. 그렇게 사회는 더 나은 미래를 향해 나아갑니다. 宗

또 그리스도께서 너희 안에 계시면 몸은 죄로 말미암아 죽은 것이나 영은 의로 말미암아 살아 있는 것이니라

성서는 금욕(禁慾)을 어떻게 봅니까?

로마서 8:10은 이해하기 어려운 구절 중의 하나입니다. 의식적으로 "몸"을 "죄로 말미암아 죽은 것"으로 명명하는 동시에 "영"을 "의로 말미암아 살아있는 것"이라고 하면서, 육체를 경시하고 영혼만 중시하는 느낌을 줍니다. **글쓴이는 확실히 인간의 육체를 부정적으로 보고 있습니다.**

금욕주의(禁慾主義, asceticism)는 오랜 역사가 있습니다. 육체를 제어하고, 심지어 억압하면, 영혼이 높은 경지에 이를 수 있다는 사고입니다. 그래서 육체를 괴롭히는 것 자체를 좋게 봅니다. 그리스 철학자 플라톤(Plato, Πλάτων B.C. 428~348)은 인간이 가진 육체적 욕망을 짐승의 그것으로 이해했습니다.("육체의 욕망에서 떠나 정신적 추구와 교류를 통해 영혼의 미(美)를 볼 수 있고, 지식의 미(美)도 볼 수 있게 된다", 『향연』) 스토아(στοά) 학파도 유혹에 흔들리지 않는 마음을 도덕적 목표로 여겼습니다. 그들의 주장을 근거로 말하자면, **육체를 제어하는 것, 금욕은 사람이 신의 경지에 이르게 합니다.**

유대인들은 육체와 영혼, 현실과 이상을 둘로 나누지 않습니다. 구약성서에 '영혼'이라는 표현이 나온다고 해도 그것은 단순히 '마음', '심정(心情)'과 같은 뜻으로 애매하게 쓰인 것입니다.(참고: 잠 20:27 "영혼"="깊은 속"; 왕하 2:2,4,6 "영혼이 살아있음을 두고 맹세"; 왕하 4:27 "영혼이 괴로워하지 마는") 아래 전도서의 구절을 보면 "영혼"이 현실적 소망과 의미상으로 연결된 것을 볼 수 있습니다.

어떤 사람은 그의 영혼이 바라는 모든 소원에 부족함이 없어 재물과 부요와 존귀를 하나님께 받았으나 하나님께서 그가 그것을 누리도록 허락하지 아니 하셨으므로 다른 사람이 누리나니 이것도 헛되어 악한 병이로다 사람이 비록 백 명의 자녀를 낳고 또 장수하여 사는 날이 많을지라도 그의 영혼은 그러한 행복으로 만족하지 못하고 … (전 6:2-3)

현실적 "행복"에도 불구하고 그의 "영혼(심령)"에 만족이 없다는 식으로 이 구절을 이해할 수도 있겠지만, 적어도 **전도서 6장의 "영혼"은, 로마서 8장의 주장과는 달리, 내세 지향적인 것은 아닙니다.** 성서에 영육분리설이 존재 한다면 그것은 상당히 후대에 추가한 것입니다.

로마서 8장은 과할 정도로 "육신"(롬 8:2,3,4,5-6,7,8,9 …)을 "연약"한 것으로 부정하고 있습니다. "영을 따르는" 것(롬 8:4-5), "영의 생각"(롬 8:6) 등, "영(πνεῦμα)"이라는 단어를 로마서 8:1-27에서 **21회**나 사용하면서(롬 8:2,16,23,26(2회),27 = "성령"; 롬 8:9 = "그리스도의 영"; 롬 8:9,14 = "하 나님의 영"; 롬 8:11(2회) = "예수를 죽은 자 가운데서 살리신 이의 영") "영" 의 이야기만 합니다.

로마서 8장에서 플라톤 철학의 느낌이 난다는 것을 부정하기는 어렵습니 다. 육체를 부정적으로 보고, 영혼만 강조하는 경향이 지극히 강합니다.

로마서 8:2의 "생명의 성령의 법" 뒤에는 "그리스도 예수 안에 있는(ἐν Χριστῷ Ἰησοῦ)"이라는 말이 붙어있는데, 여기에 다시 "성령(그 영)"을 붙여 놓아서 결과적으로 '그리스도 예수의 그 영'이 되었습니다. 원래 그리스어로 쓰인 글을 따르자면 "성령의 법"이 아니라 '그 영의 법'입니다. 교리적으로는 '성령'이나 '그리스도 예수의 그 영'이나 그게 그거라고 할 수도 있지만 말입 니다. **그런데도 '그 영의 법'을 "성령의 법"으로 번역한 것은 한국어 번역자의 선(先) 이해가 영향을 미친 것입니다.** 이어서, 로마서 8:4의 "그 영을 따라 행하는"이라는 말도 그리스어 본문 표현에서는 그냥 "영을 따라 행하는(κατὰ πνεῦμα)"입니다. 정관사가 없는 "영"을 "그 영" 혹은 "성령"으로 번역한 것에 대해서 이것이 옳은가 의구심이 듭니다. 글쓴이가 플라톤 철학(과 유사한 관점)을 끌어들이면서 이렇게 된 것 같습니다. 처음에는 성령 이야기를 하려던 것이 아니고 당시 유행하던 영의 이야기였는데 나중에 전체가 성령 이야기로 바뀐 것입니다. 좋게 보면 글쓴이가 **영의 이야기를 활용한 것**일 수 있습니다. 로마서 8:5-6는 일반론적인 입장에서 "육신"과 "영"을 비교하고 있어서 이런 생각이 단순한 가설이 아님을 알게 됩니다.

> 육신을 따르는 자는 육신의 일을, 영을 따르는 자는 영의 일을 생각하나니 **육신의 생각은 사망이요 영의 생각은 생명과 평안**이니라(롬 8:5-6)

"그리스도 예수 안에 있는 생명의 영의 법"과 "하나님(의 역사)"에 대해서 말하는 로마서 8:1-4가 없다면, 이어지는 **로마서 8:5-6은 완전히 플라톤이나 스토아 철학의 대표자인 제논의 주장처럼 보입니다.** 글은 "육신"을 "영"과 극명하게 대비하면서 "영의 생각"만이 "생명"이라고 합니다. 로마서 8:6의 "생명"을 다시 로마서 8:2의 "생명"과 비교해 보면, 로마서 8:2의 '생명의 영의 법'도 플라톤 철학의 개념과 비슷한 느낌을 줍니다. 글쓴이는 당시 유행하던 철학이 주장하는 금욕주의를 끌어들여 '하나님의 영'의 개념을 붙여 새롭게 하였습니다. 기독교 신학화를 한 것입니다.(참고: 롬 8:9 "너희 속에 하나님의 영이 거하시면 너희가 육신에 있지 아니하고 …) 저는 읽을 때마다 로마서가 플라톤 철학의 영향을 상당히 많이 받았다는 것을 느낍니다. 위에서 언급한 것과 똑같은 상황을 로마서 8:13에서도 볼 수 있습니다.

> 너희가 육신대로 살면 반드시 죽을 것이로되 영으로써 몸의 행실을 죽이면 살리니(롬 8:13)

이 구절 역시 '하나님', '성령'을 추가하지 않는다면 그냥 그리스 철학의 한 구절로 보일 것입니다. 금욕을 통하지 않고는 인간이 행복해질 수 없다는 주장입니다. 다행히 바로 다음 구절에 "하나님의 영으로 인도함을 받는 사람…(롬 8:14)이라는 설명이 붙어있습니다. 그런데도, 13절과 14절 사이에는 의미적 괴리가 남아 있습니다. 이 두 구절이 원래 같은 목적으로 작성된 것이 아닐 가능성은 여전히 남아 있습니다. 물론, 로마서 8:13이 "영"이라는 단어와 함께 인간의 주동적 행위("몸의 행실을 죽이면")를 강조하는 것과는 달리, 14절은 "하나님의 영"의 주도적인 "인도함"을 말하고 있습니다. 이러한 "성령"의 주도적 역사는 16절에서 훨씬 강하게 나타납니다.

> 성령(그 영, τὸ πνεῦμα)이 친히(αὐτὸ) 우리의 영과 더불어 우리가 하나님의 자녀인 것을 증언하시나니(롬 8:16)

여기에 "우리의 영과 더불어(τῷ πνεύματι ἡμῶν)"라는 어구가 붙어있어서 전체 글의 뜻을 파악하는 데 어려움을 줍니다. 글의 핵심이 "성령"과 "우리의 영"이 함께 "증언"하는 것에 있는지 아니면, '우리의 마음속에도 그런 확신이 있다'(참고: 공동번역, 롬 8:16)라는 이야기를 하려는 것인지 금방 파악할 수가 없습니다. 이해를 돕기 위해서 법정의 상황을 떠올리면 좋을 것입니다.

이 구절은 의지적으로 "성령(그 영)"의 주도권을 강조합니다. "증언"이라는 것이 필연적으로 '제삼자'를 전제하며 "우리의 영"은 피고인, "성령"은 변호인의 역할을 합니다. 결론적으로 이 문장은 "우리의 영과 더불어"로 번역하기보다는, "우리의 영을 위해서"로 고쳐 쓰는 것이 낫겠습니다.

당시 유행하고 있던 철학의 "영" 개념을 활용하여 "성령"의 주도적인 역사를 말하는 것으로 로마서 8장을 이해하는 것이 무난하겠습니다. 이 본문의 화자는 의식적으로 플라톤적 이분법, 즉, 영과 육을 극단적으로 나누는 개념을 도입하기는 했으나, 다시 그것에 인격적이며 주도적인 "성령"의 개입을 더하여 최종적인 신학적 본문을 만들었습니다.

현재를 사는 우리, 성서의 독자는 로마서 8장을 읽으면서 영육분리설을 그대로 받아들이면 안 됩니다. 영혼과 육체는 나누어서 생각할 수 없는 것이기 때문입니다. 그리고 육체에 의도적인 학대를 가함으로 더 순수한 영혼의 단계로 올라가려고 해서도 안 됩니다. 육체가 힘들면 영혼 또는 마음도 힘듭니다. 또한, 영혼이 괴로우면 육체도 타격을 받습니다. 따라서 영혼과 육체가 유기적으로 연결된 것으로 이해하는 편이 옳습니다.

저는 '신앙생활'이라는 단어를 좋아합니다. 신앙과 생활을 따로 분리해서 이해할 수 없습니다. 신앙은 생활이고 삶 자체가 신앙입니다. 이 둘을 분리해 이해하려고 할 때, 종일 성경만 보고 기도하며 앉아 있으면서 마치 자신이 대단한 신앙인이라도 된 것처럼 뿌듯해하는 사람이 나타나게 됩니다. 물론, 마음의 양식을 채우지 않고 24시간 바쁘게 생계를 위해 살아가는 것도 애석한 일입니다. 모든 노동자에게 최소한의 휴식이 주어지도록 사회를 개혁하고 상황을 개선해야 합니다. 우리는 모두 영혼과 육체에 있어서 균형을 추구함으로 성서가 궁극적으로 지향하는 신앙과 생활을 누릴 수 있습니다.

왜 로마서 8장은 이처럼 영혼과 육체를 극단적으로 분리하고 있습니까? 저자는 당시 유행하던 철학의 영향을 받은 사람들을 설득하려고 했던 것 같습니다. 그래서 그는 의식적으로 그리스 철학을 끌어들여 자신이 주장하고자 하는 바를 펼쳐내려고 했습니다. 그리스 철학의 영향은 신약성서를 작성하던 당시 세계의 주류 사상이었습니다. 따라서 로마서 8장의 저자가 그것을 끌어들여 독자층을 넓히려고 했던 것은 좋은 선택이었다고 생각합니다.

동시에, 로마서 8장에서 "육체"를 부정적으로 이해했던 중요한 또 하나의 이유가 있는데, 그것은 바로 박해입니다. 화자를 포함한 초기 기독교인들은 생명의 위협을 느끼고 있었고 그런 상황에서는 삶이 극히 위축되기 마련입니다. **'어떻게 살 것인가?' 보다는 '어떻게 죽을 것인가?'를 고민하게 됩니다. 이 생의 행복보다는 내세의 행복을 추구합니다.**

> 생각건대 현재의 고난은 장차 우리에게 나타날 영광과 비교할 수 없도다.(롬 8:18)

> 그 바라는 것은 피조물도 썩어짐의 종노릇 한 데서 해방되어 하나님의 자녀들의 영광의 자유에 이르는 것이니라(롬 8:21)

로마서 8:18의 "고난"은 단순히 '삶이 우리에게 주는 피곤함'이 아닙니다. 이는 그보다 훨씬 심각한 것으로서, 로마서 8:21의 화자는 '차라리 죽기를 바라고 있습니다'("해방" 그리고 "영광의 자유") 로마서 8장의 저자는 글을 통해 이렇게 자신의 심정을 표현합니다.

> 이와 같이 성령도 우리의 연약함을 도우시나니 우리는 마땅히 기도할 바를 알지 못하나 오직 성령이 말할 수 없는 탄식으로 우리를 위하여 친히 간구하시느니라(롬 8:26)

로마서 8:26 "성령"의 "탄식"은 화자가 직면한 위기의 실체를 드러냅니다. 하나님의 영마저 안타까워하는 박해에 따른 생명의 위협이 존재했던 것입니다. 화자는 적대자의 억압 가운데 있으며(롬 8:31 "… 만일 하나님이 우리를 위하시면 누가 우리를 대적하리요") "환난", "곤고", "박해", "기근", "적신(赤身)", "위험", "칼"에 노출되어 있습니다.(롬 8:35) 그 혹은 그들은 "죽임을 당하게 되며 도살당할 양 같이 여김을 받"고 있습니다.(롬 8:36; 시

44:22) 궁극적으로 화자는 "사망" 이후의 삶을 바라보고 있습니다.(롬 8:38) 죽음을 직감하는 가운데 절박한 심정으로 "하나님의 사랑"만을 신뢰합니다.(롬 8:39)

🐝 금욕주의자는 정상적인 생활이 어렵습니다. 신앙 + 생활 말입니다. 만약 현재를 사는 우리에게 위와 같이 절체절명의 위협이 주어진다면 이분법적 자세가 필요할지 모릅니다. 도저히 죽음을 피할 수 없는 상황에서 우리가 의존할 것은 단 하나, 영혼의 구원이기 때문입니다. 하지만, 그런 상황이 아니고, 상대적으로 긴 시간의 삶, 그리고 그 삶에 대한 책무까지 함께 주어졌다면, 우리는 로마서 8장에서 "그리스도 안에 있는 하나님의 사랑"(롬 8:39)에 대하여 읽고 감사하고 기뻐하며 살아갈 뿐, 무리하게 영과 육체를 구분하고, 육체를 부정적으로 이해함으로 영적 경지에 오르려고 할 필요가 없습니다. 만약 당신이 그렇게 한다면, 그 시점으로부터 당신의 신앙은 실제 삶과 분리됩니다!

사도 이후 가장 위대한 교회의 스승으로 추앙받는 오리게네스(Origenes, 185~254)는 18세에 이미 교리를 가르치는 학교의 수장이 된 천재였습니다. 하지만 그는 신앙을 위해 자신의 성기를 잘라 거세하고 고자가 되었습니다. 마태복음 19:12에는 "어머니의 태로부터 된 고자도 있고 사람이 만든 고자도 있고 천국을 위하여 **스스로 된 고자도 있도다 이 말을 받을 만한 자는 받을지어다**"라는 내용이 있습니다. 이런 구절을 문자적으로 따르면 오리게네스와 같은 어리석은 결과가 나올 수 있습니다. 오리게네스는 성서를 알레고리로 해석하는 해석 방법의 문을 열었습니다. 여러분! **절대로 성서를 문자적으로만 이해하면 안 됩니다. 글의 역사적인 형성 배경을 살펴서 글 저변에 숨겨져 있는 가치를 발견해야 합니다.**

육체를 못살게 굴지 마세요! 괴롭게 하지 마십시오! 올바른 성서의 가르침이란 삶을 등지고 산사(山寺)로 들어가는 것이 아닙니다. 오히려 열심히, 때로는 치열하게, 삶을 살아가면서 그 가운데 하나님이 우리에게 교훈하신 것, 그리스도 예수께서 몸소 보이신 희생을 실천하는 것입니다.

아무쪼록 로마서 8장의 독자인 여러분은 성서의 문자를 그대로 따라 살다가 이분법에 빠지고 삶을 등한시하는 일이 없기를 바랍니다. 삶으로부터 도피하지 마세요! **가장 영적인 것은 가장 현실적이며, 삶에서의 실천을 수반하지 않는 영적 수행 같은 것은 없습니다!** 삶이 다하는 그 순간까지, 우리의 영혼을 하나님께 의탁하는 그 순간까지 우리 모두 열심히 신앙 + 생활을 합시다! 家

로마서 12:1

그러므로 형제들아 내가 하나님의 모든 자비하심으로 너희를 권하노니 너희 몸을 하나님이 기뻐하시는 거룩한 산 제물로 드리라 이는 너희가 드릴 영적 예배니라

교회 밖에서 비로소 진정한 예배를 드릴 수 있다면?

종교적 의식은 그 안에 일정한 가치를 담고 있으며 그것을 보존합니다. 그러면서 외부적인 양식은 시대의 변화에 따라 변합니다.

로마서 12:1은 "제물"을 언급하고 있습니다. 여기서 언급하는 "제물"은 성전 안의 제단에서 바치는 그런 것은 아닌 것 같습니다. 그것은 "영적 예배"라는 새로운 어구와 연결하고 있는데 본 절에서 글쓴이는 유대의 의식 전통을 계승하면서 그것을 다시 기독교적인 개념으로 각색하고 있습니다.

로마서 12장을 살펴보기 전에 11장과 12장의 연결 부분을 먼저 살펴보려고 합니다. 롬 11장은 "그(주)에게 영광이 세세에 있을지어다 아멘!"이라는 종결구로 끝나는데, 이어지는 로마서 12:1이 다시 "그러므로 …로 시작하는 것이 못내 어색합니다. 그리스어 원문에 "그러므로(οὖν)"가 있는 것은 맞지만, 이 접속사는 11장과 12장의 내용을 이어서 이해하려는 독자에게 도움이 되기보다는 혼란을 줄 것 같습니다. 결론부터 말하자면, **11장과 12장 이하의 내용은 쓰인 시기가 서로 다른 것 같습니다.** 어쩌면 12장보다 11장이 더 나중에 쓰인 것 같기도 합니다. 이에 대하여 아래 자세히 살펴보겠습니다.

로마서 11장은 '하나님이 이스라엘 민족을 버리지 않으셨다'(롬 11:1 "하나님이 자기 백성을 버리셨느냐 그럴 수 없느니라"; 롬 11:2 "하나님이 그 미리 아신 자기 백성을 버리지 아니하셨나니")라는 말로 유대인 독자를 위로하

면서 시작합니다. 하지만 위로(롬 11:4 "7,000명을 남겨 두었다"; 롬 11:5 "남은 자가 있느니라")가 과했다고 느꼈는지, 바로 롬 11:7부터 비판으로 나갑니다.("남은 자들은 우둔하여졌느니라")

　로마서 11장은 전체적으로 볼 때, **유대인들을 어리석은 자**(롬 11:10 "눈은 흐려 보지 못하고 …"; 롬 11:25 "우둔"한 자), **실족한 자**(롬 11:11), **버려진 자**(롬 11:15 "그들을 버리는 것이 세상의 화목 …"), **'꺾인 가지'**(롬 11:17,19), **불신자**(롬 11:20 "믿지 아니하므로"), **'찍힘을 당한 나무가지'**(롬 11:24), **"조상들"**로부터는 **"사랑을 입"**었지만 결국 **"원수 된 자"**(롬 11:28), **순종하지 않은 자**(롬 11:30-32)라면서 맹비난하고 있습니다. 11장 말미의 찬송(롬 11:36 "만물이 주에게서 나오고 주로 말미암고 주에게로 돌아감이라 그에게 영광이 세세에 있을지어다!)조차 이스라엘 민족이 배제되고 그 대신 이방인으로 자리를 대신하게 한 것을 칭송하는 것입니다. 바로 앞장인 로마서 10장만 해도 **"유대인이나 헬라인이나 차별이 없음이라 … 주 … 모든 사람에게 부요하시도다 … 누구든지 주의 이름을 부르는 자는 구원을 받으리라"**(롬 10:12-13)라고 했는데 말입니다.

　로마서 11장과 12장의 연결을 다시 봅시다. "그러므로"로 연결하고 있지만, 롬 12장은 유대인에 대한 배제, 이방인을 위한 옹호적 발언이 더는 나오지 않고, "제물"의 진정한 가치에 관한 참신한 해석이 주어집니다. 로마서 11장과 연결해서 이해할 때, **이는 아무리 봐도 이방인을 향한 교훈처럼 보이지 않습니다.** "형제들"(롬 12:1a)이 누구를 지칭하는지도 모호합니다. "너희 몸을 하나님이 기뻐하시는 산 제물(θυσίαν ζῶσαν ἁγίαν)로 드리라"(롬 12:1)라는 표현이 이방인보다는 이스라엘 민족, 즉, 유대인에게 친숙한 표현(참고: 고전 10:18 "이스라엘을 보라 제물을 먹는 자들이 제단에 참여하는 자들이 아니냐"; 히 5:1; 8:3;)이라는 것에 주목하게 됩니다. 이런 고찰은 **로마서 11장**

과 12장의 저자, 저술 의도, 저술 시기 등이 모두 다르다는 결론에 이르게 합니다.

로마서 12:1-2는 "제물"에 관한 전통적인 개념에서 발전한 새로운 개념을 제시하고 있습니다.("산 제물") 화자가 전통적인 제의 개념을 근본적으로 부정하는 것은 아닙니다. 다만 그 의미를 새롭게 하려고 합니다.(참고: 히 11:4 "더 나은 제사") 로마서 본문 중에 율법 행위에 대하여 부정하는 내용이 아닌 본문도 있다니 의아한 독자가 적지 않을 것입니다. 하지만, 시대적으로 볼 때, 박해가 심하지 않거나, 형성 연대가 상대적으로 오래된 본문들에서는 율법에 대한 비판이 적게 나타납니다.

이제 신·구약성서에 나타난 제의 개념의 변천사를 간략하게 짚어보겠습니다.

종교 중심 사회인 이스라엘에서 제사는 원래 긍정적이며 범사회적인 활동이었습니다.(참고: 대하 7:4 "왕과 모든 백성이 여호와 앞에 제사를 드리니") 그러나 사회가 불안정하게 되면서 이런 기조에 변화가 생기게 됩니다.

사무엘이 이르되 여호와께서 번제와 다른 제사를 그의 목소리를 청종하는 것을 좋아하심같이 좋아하시겠나이까 순종이 제사보다 낫고 듣는 것이 숫양의 기름보다 나으니(삼상 15:22)

여호와께서 말씀하시되 너희의 무수한 제물이 내게 무엇이 유익하뇨 나는 숫양의 번제와 살진 짐승의 기름에 배불렀고 나는 수송아지나 어린 양이나 숫염소의 피를 기뻐하지 아니하노라(사 1:11)

나는 인애를 원하고 제사를 원하지 아니하며 번제보다 하나님을 아는 것을 원하노라(호 6:6)

주께서는 제사를 기뻐하지 아니하시나니 그렇지 아니하면 내가 드렸을 것이라 주는 번제를 기뻐하지 아니하시나이다(시 51:16)

위는 구약성서에 나타난 **제의 부정(否定)**이며 아래는 신약성서의 예입니다.

내가 긍휼을 원하고 제사를 원하지 아니하노라(마 9:13)

나는 자비를 원하고 제사를 원하지 아니하노라(마 12:7)

이웃을 자기 자신과 같이 사랑하는 것이 … 제물보다 나으니(마 12:33)

하나님이 제사와 예물을 원하지 아니하시고 … (히 10:5)

… 주께서는 제사와 예물과 번제와 속죄제는 원하지도 아니하고 기뻐하지도 아니하신다 하셨고(이는 다 율법을 따라 드리는 것이라)(히 10:8)

… 다시 속죄하는 제사가 없고(히 10:26)

구약성서와 신약성서를 무론 하고 사회가 불안정할 때마다 제사를 부정하는 문헌이 나타났습니다. 다시 말해, **종교 중심의 사회인 이스라엘에서 제의를 부정한다는 것은 사회의 불안정을 대변**하는 것입니다. 따라서 상술한 구절들은 특정 사회 배경을 기반으로 형성된 특별한 본문들입니다. **안정적인**

사회라면 절차가 복잡한 제의라도 그것을 수행하라고 권장할 것입니다.(참고: 시 20:3 "네 모든 소제를 기억하시며 네 번제를 받아 주시기를 원하노라") 하지만, **사회가 불안정하면 종교 행위가 아무 소용 없다는 주장이 전면에 나타납니다.**(참고: 전 9:2 "제사를 드리는 자와 제사를 드리지 아니하는 자에게 일어나는 일들이 모두 일반이니")

사도행전 7:42는 출애굽 이야기를 회고하면서 "광야에서 40년간 희생과 제물을 … (하나님에게) **드린**" 적이 없다고 말합니다. 출애굽 이야기에서 늘 실천한 것이 제사인데(출 8:27 "하나님 여호와께 제사를 드리되"; 민 15:25 "화제와 속죄제를 여호와께 드렸음이라") 그것을 완전히 부정하다니 쉽게 이해가 가지 않을 것입니다. 사도행전 7:42과 같은 근본적인 부정은 특별한 정황에서 형성된 본문으로서 **의식적으로 유대 전통을 부정하려는 경향**을 보입니다.

그런데도 어떤 본문에서는 구약성서 시대로부터 내려온 제의 전통에 대하여 새로운 양식을 제기하는 방식으로 그것의 고유한 가치를 계승하려고 했습니다. 신약성서에 나타나는 **아래와 같은 구절들은 모든 그리스도인이 제의를 근본적으로 무시하지는 않았다는 것을 알려줍니다.** 본래, 유대계 그리스도인에게 율법과 제의는 아주 익숙한 것이었습니다.

(그리스도는) 우리를 위하여 자신을 버리사 향기로운 제물과 희생제물로 하나님께 드리셨느니라(엡 5:2)

만일 너희 믿음의 제물과 섬김 위에 내가 나를 전제로 드릴지라도 나는 기뻐하고 너희 무리와 함께 기뻐하리니(빌 2:17)

… 에바브로디도 편에 너희가 준 것을 받으므로 내가 풍족하니 이는 받으실

만한 향기로운 제물이요 하나님을 기쁘시게 한 것이라(빌 4:18)

(대제사장이) … 하나님께 속한 일에 사람을 위하여 예물과 속죄하는 제사를 드리게 하나니(히 5:1)

… 이는 그(그리스도 예수)가 단번에 자기를 드려 이루셨음이라(히 7:27)

… 이런 것들보다 더 좋은 제물로 할지니라(히 9:23)

(그리스도가) … 자기를 단번에 제물로 드려 죄를 없이 하시려고 세상 끝에 나타나셨느니라(히 9:26)

… 늘 드리는 같은 제사로는 나아오는 자들을 언제나 온전하게 할 수 없느니라(히 10:1)

오직 그리스도는 죄를 위하여 한 영원한 제사를 드리시고 하나님 우편에 앉으사(히 10:12)

믿음으로 아벨은 가인보다 더 나은 제사를 하나님께 드림으로 의로운 자라 하시는 증거를 얻었으니 하나님이 그 예물에 대하여 증언하심이라 그가 죽었으나 그 믿음으로써 지금도 말하느니라(히 11:4)

그러므로 우리는 예수로 말미암아 항상 찬송의 제사를 하나님께 드리자 …(히 13:15)

오직 선을 행함과 서로 나누어 주기를 잊지 말라 하나님은 이같은 제사를 기

뻐하시느니라(히 13:16)

너희도 산 돌같이 신령한 집으로 세워지고 예수 그리스도로 말미암아 하나님
이 기쁘게 받으실 신령한 제사를 드릴 거룩한 제사장이 될지니라(벧전 2:5)

　이런 친유대전통적인 글들이 초기 기독교 공동체의 공적 문헌인 성서에 남
아 있어서 율법적 전통에 대한 당시 기독교의 보편적인 경향이 원래 긍정적이
었음을 추정하게 됩니다.
　로마서 11장이 유대인과 그들의 전통에 대한 철저한 배제와 함께 이방인
에 대한 전폭적인 옹호 발언이 점철된 것과는 달리, 로마서 12장은 화법에
녹아있는 율법 제의에 대한 호의적 인식 때문에, 친유대적인 문헌으로 보입
니다. **로마서 12장의 화자는 전통을 잘 이해하는 동시에 그것의 가치를 보존
하는 데서 더 나아가 그것을 발전시킵니다.**

　로마서 12장 전반을 살펴보면, 1절은 "거룩한 산 제물로 드리라"라는 제의
적 요구를 "예배" 개념과 연결하고 있고, 4절 이하에서 공동체 개념인 "지체"
개념을 설명하고 있으며, '형제 우애'(롬 12:10), "손(님) 대접"(롬 12:13), '모
든 사람과의 화목'(롬 12:18), '원수 보복 금지'(롬 12:19-20) 등과 같이 **상대
적으로 평화로운 시기에나 거론할 수 있는 내용**이 이어집니다. 비록 14절에서
"박해"에 대한 거론이 있으나, "박해하는 자를 축복하라 … 저주하지 말라"와
같은 말이 있어, **본격적으로 극심한 박해가 주어지기 전의 상황**에서 롬 12장
을 썼을 것입니다.

　앞선 로마서 11장에서와같이, 많은 유대계 그리스도인이 동족의 모함으로
죽임을 당하는(참고: 롬 11:3 "주의 선지자들을 죽였으며 … 나만 남았는데
내 목숨도 찾나이다 …) 상황보다는 훨씬 평화로운 것이 로마서 12장의 상황

이라고 하겠습니다. 로마서 11장은 많은 희생자가 있었음을 밝히는데(롬 11:5 "이와 같이 지금도 … 남은 자가 있느니라") 타협적인 태도를 보였던 유대인 그리스도인들조차 이런 위기 상황에 이르자 제의를 긍정적으로 이해하거나 활용하는 것에 관해서 더는 거론조차 할 수 없었을 것입니다. 그들은 이제 죽어 넘어져 가는 사람 가운데 '구원받는 사람의 수'(롬 11:25)를 세기 시작합니다. 유대계 그리스도인 무리 중에서 제일 많은 희생자가 생긴 것 같은데 이는 아마도 우상숭배 요구에 굴복하지 않고 절개를 지키는 과정 가운데 발생한 희생인 듯합니다.(롬 11:4 "바알에게 무릎을 꿇지 아니한")

로마서 11장과 같은 상황에서는 로마서 12:1과 같이 "산 제물" 이야기를 할 수 없습니다. 공동체 담론(롬 12:4-5)도 불가능합니다. 동족 중에 밀고자가 속출하는 상황에서 '형제 사랑'(롬 12:10)은 힘들고 '원수 사랑'도 어렵습니다.(롬 12:14,18,20) **구약성서의 제의 전통을 계승하여 새로운 개념으로 발전시킨 롬 12:1-2에서 "제사(의 새로운 개념)"로서의 "영적 예배"를 제안한 것은 매우 참신했습니다.** 전통을 버리지 않고 계승하면서 그것에 새로운 가치를 더했습니다. 그러나 정신을 못 차릴 정도로 극심한 박해를 직면하면서, 어떤 것도 지속할 수 없게 되었습니다.

정황상, 로마서 11장이 12장보다 나중에 완성된 본문 같습니다. 로마서 12:1-2는 11장과는 달리 유대 전통을 존중하면서 그것의 부족한 점을 한층 발전시키려고 합니다. 단순히 구태의연하게 '이전부터 해왔으니까 한다'라거나 '어떤 제의를 행하면 어떤 복을 받는다'라는 식으로 습관적이거나 주술적인 사고를 한 것이 아니라, **시대적 감각을 가지고, 제의의 가치를 새롭게 정립합니다.**("이(전) 세대를 본받지 말고 … 새롭게 함으로 변화를 받아 … 분별하도록 하라") 롬 12:1-2의 '새로운 제사'라는 것은 이러한 '(새로운) 실천' 명령(롬 12:6-18)과 연결되어 있습니다.

롬 12:1의 **"영적 예배"**란 "마음을 새롭게"하고 "변화"된 삶을 살며 "하나님의 선하시고 기뻐하시고 온전하신 뜻이 무엇인지 분별"하도록, 가치를 따라 (롬 12:2) 우리 모두 한 공동체의 구성원임을 인식하고(롬 12:4-5) 서로 "섬기고"(롬 12:7), "위로"하고(롬 12:8), "형제(자매를) 사랑"하고(롬 12:10), 도움이 필요한 사람들에게 "쓸 것을 공급하"고(롬 12:13), "우는 자들과 함께 울"고(롬 12:15), "화목하"고(롬 12:18), "선으로 악을 이기"는(롬 12:21) **실천을 하는 것입니다.**

🐝 교회 안에 머물러 있어서는 진정한 예배 실천이 불가능합니다. 설교자는 '믿기만 하면 아무것도 하지 않아도 된다'라는 설교만 하지 말고 좀 몸을 움직이고 실천하라는 설교를 해보십시오! 로마서 12장의 내용을 바르게 설교하고 무엇이 진정 "영적 예배"인지 말하십시오! 교회 안에서 예배만 잘 드리면 만사형통할 것이라고 말하지 말고, **진정한 "영적 예배"란 바른 가치와 실천을 위해 우리 자신을 "산 제물로 드리"는 것임을** 설교하십시오! 믿음과 실천에 있어 균형 잡힌 설교를 하십시오! **"영적 예배"는 예배당 안이 아니라, 사회 속에서 실천함으로 우리 자신을 "산 제물"로 드리는 바로 그것입니다!** 모든 신자가 얼마나 많은 시간을 예배당 안에서 보냅니까? 얼마나 많은 시간을 비슷비슷한 설교를 듣기 위해 소비합니까? 이제는 진정한 "영적 예배"를 드리기 위해서 교회 문을 벗어나야 할 필요가 있습니다.

로마서 12:1-2를 일반적으로 교회 안에서 드리는 예배와 결부시켜 생각해 오신 분들은 저의 설명을 이해하기가 어려울 것입니다. 혼란스러울 수도 있습니다. 그만큼 **우리는 실천이 아닌 지식에 치우쳐 있습니다.** 지식도 온전한 지식이 아니라 그냥 듣고 마는, 그런 지식에 불과한 경우가 많습니다. 전 세계에 코로나가 퍼지자 습관적으로 주일마다 교회에 출석하던 신자들이 상당히 긴 시간 동안 교회를 못 가게 되었습니다. **종교의식은 그런 것입니다. 시**

간과 공간의 제약을 받습니다. 진리가 아닙니다. 그에 비해서 가치는 모든 제약에서 벗어납니다. 코로나 때문에 이동이 자연스럽지 않을 때도 사람들은 SNS를 통해서 가치를 공유할 수 있었습니다. 물론 제가 위에서 말한 구태의연하고 단편적인 지식만 SNS로 주고받은 경우나 일방적으로 설교만 제공한 때도 적지 않았지만 말입니다. 시간과 공간의 제약 아래 놓이자, 오히려 그 제약을 비집고 자유의 가치가 드러났습니다. **성서의 핵심적인 가치는 무엇입니까?** 의식입니까? 아닙니다. 인류를 창조하시고 사랑하시는 하나님, 인류를 위해서 자발적인 희생을 하신 예수님, 그리고 늘 친구처럼 모든 이와 함께 하시는 성령의 가치입니다. 사람을 존중하고 사람을 사랑하는 가치 말입니다. 교회 안에서 너무 많은 시간을 소비하고, 매번 만나는 신자들만 보는데 어떻게 사회 가운데 존재하는 더 많은 사람의 필요와 도움을 알고 우리의 삶을 나눌 수 있겠습니까? '교회 밖의 예배', '진정한 의미의 예배'에 대해서 곰곰이 생각해보시기 바랍니다. 어떤 예배가 진짜 예배인지 말입니다. 家

로마서 13:1-4

각 사람은 위에 있는 권세들에게 복종하라 권세는 하나님으로부터 나지 않음이 없나니 모든 권세는 다 하나님께서 정하신 바라 / 그러므로 권세를 거스르는 자는 하나님의 명을 거스름이니 거스르는 자들은 심판을 자취하리라 / 다스리는 자들은 선한 일에 대하여 두려움이 되지 않고 악한 일에 대하여 되나니 네가 권세를 두려워하지 아니하려느냐 선을 행하라 그리하면 그에게 칭찬을 받으리라 / 그는 하나님의 사역자가 되어 네게 선을 베푸는 자니라 그러나 네가 악을 행하거든 두려워하라 그가 공연히 칼을 가지지 아니하였으니 곧 하나님의 사역자가 되어 악을 행하는 자에게 진노하심을 따라 보응하는 자니라

독재 권력도 하나님이 허락하셨을까요?

로마서 13장은 아주 유명한 성서 본문 중의 하나입니다. 우리나라 일제강점기와 긴 군사정권 치하의 개신교 지도자들은 강한 권력에 대한 타협과 굴복을 정당화하기 위해 이 본문을 사용한 전력이 있습니다. 예를 들자면 너무 많으므로 군사정권 때의 예만 조금 살펴보겠습니다.

1974년 11월 16일 자 경향신문은 미국인 성직자("교역자") 웨인 스라겔의 입을 빌려 "이 나라(한국)의 국권과 법에 어긋나는 시위를 주도하는 사례가 신문에 보고되고 있음은 매우 슬픈 일"이라면서 "각 사람은 나라 권세들에게 복종하라 … 권세는 하나님께로 나지 않은 것이 없으니 모든 권세는 다 하나님이 정하신 바라"라는 로마서 13:1을 인용하고 있습니다. 여기서 말한 "시위"는 민주화 운동을 말합니다.

1974년 우리나라에는 박정희 대통령의 긴급조치 1, 2호(1월), 4호(4월) 선포, 한국기독교교회협의회에 의한 인권위원회 발족(5월), 육영수 여사 저격 사건(8월 15일), 신민당 당수로 김영삼 의원 선출(8월 22일), 박정희 대통령의 긴급조치 1호, 4호 해제(8월 23일), 천주교 정의구현 전국사제단 결성(9월

23일), 민주회복 국민선언(11월 27일)등과 같은 많은 일이 있었습니다. 이 가운데 천주교 정의구현 전국사제단은 무고한 사람들을 불온 세력으로 규정하고 구속했던 민청학련 사건(1974년 4월, 2009년 9월 무죄 선고)을 계기로 결성되었는데, 결성 이후 민주화 운동에 앞장섰던 단체입니다. 1974년 11월 27일 서울 종로구 기독교회관에서는 종교인들과 여러 인사가 모여 "자유 민주주의의 쟁취"를 위한 6개 항의 선언문을 낭독했는데 이것이 바로 민주회복 국민선언입니다.

독재 정권의 탄압과 그에 저항하는 민주화 운동의 불꽃이 타오르던 시기가 바로 1974년이었습니다. 따라서 "시위"를 폄훼할 수는 없습니다. 독재 정권이 외국인의 입을 빌려 민주주의 시위에 관한 부정적인 기사를 작성하게 했던 것 같습니다. 성서까지 거론하고 있는데 여기서 거론한 구절이 바로 로마서 13장입니다.

1989년 4월 9일 자 한겨레 신문을 보면 "국법을 어"겨 "엄벌"을 받을 위기에 처한 문익환 목사의 말을 언급합니다. 로마서 13장에서 **"국가와 법을 말한 것은 로마 시대의 조건에서일 뿐 현대의 민주국가와 법 정신에는 적용될 수 없다는 것쯤은 상식 …"**이라면서 "법에 대한 배려와 책임을 국가에만 귀속시키려는 것은 법의 신학도 아니며 법의 윤리도 아"니라는 발언을 언급합니다. 이는 위에서 살펴본 1974년 11월 16일 자 경향신문의 성서 해석이 잘못되었음을 지적한 것입니다. 성서 문헌에 관한 역사적 배경을 무시하는 해석은 틀린 해석입니다.

로마서 13:1은 "모든 권세"가 "하나님께서 정하신" 것이라고 단정합니다. "권세"의 원어인 에크수씨아(ἐξουσία)는 신약성서에 100회 이상 사용되었는데, "권위"(마 7:29; 21:23,24,27 등), "권한"(막 13:34; 눅 4:6 등), "권리"(고전 8:9; 9:4-6; 고후 13:10 등), 초월적인 "권능"(마 9:6,8; 10:1; 28:18; 막 3:15; 6:7 등) 그리고 '정치 권력'(마 8:9; 눅 7:8; 20:20; 23:7; 요 19:10 등)

을 표현하는 데 쓰였습니다.

로마서에서는 "토기장이(하나님, 비유적 표현)"의 "권한"을 언급하는 로마서 9:21을 제외하면 3회의 예(롬 13:1,2,3)가 모두 로마서 13장에 쓰였으며 **"모든 권세"가 "하나님"이 "정하신" 것이며(롬 13:1) 따라서 그 "권세를 거스르"지 말고(롬 13:2) "두려워하"고 "칭찬"을 받게 하라**는 내용입니다.(롬 13:3)

로마서 13장의 어조와 비슷한 **권력 편향**을 느낄 수 있는 본문은 디도서 3:1입니다.("통치자들과 권세 잡은 자들에게 복종하며 순종하며 모든 선한 일 행하기를 준비하게 하며") 이외 **대부분의 신약성서 본문은 정치 권력에 대하여 일관적으로 부정적이고 비판적인 견해를 밝힙니다.**

에베소서 1:21은 "모든 통치와 권세와 능력과 주권"을 인간이 아닌 주님의 권력 하에 있는 것으로 인식하고 있으며 에베소서 2:2는 "불순종의 아들들 가운데서 역사하는 영"을 추종하는 것이라면서 **인간 정치 세력을 근본적으로 비판**합니다. 에베소서 6:12은 "통치자들과 권세들"을 "어둠의 세상 주관자" 및 "악의 영들"과 같은 개념으로 묶습니다. 골로새서 2:15는 "통치자들과 권세들"이 주님에 의해 "무력화"되고 "구경거리"가 된다고 말합니다. 베드로전서 3:22은 모든 "권세들"이 주님에게(만) 복종한다고 말합니다.

"권세"는 하나님이 그 위에서 다스린다는 신정론적 인식을 전제로 할 때 비로소 성서에서 긍정적인 의미가 있습니다. 구약에 쓰인 "권세"나 "힘"을 뜻하는 단어로 제로아(זְרוֹעַ)가 있는데 "여호와의 강한 손과 편 팔을 기억하라"(신 5:15; 26:8)와 같이 주로 '신적 권능'을 의미하는 데 쓰인 단어입니다.(참고: 겔 20:33) 또 다른 단어 깁보르(גִּבּוֹר)도 있는데, 이 단어는 에스라서에 쓰여 '인간 정치인'을 지칭합니다.(스 7:28 "권세 있는 모든 방백 the influential leaders", NET) 역대하 36:23과 에스라 1:2를 보면 "하늘의 하나님 여호와께서 세상 모든 나라를" "바사 왕 고레스"에게 "주셨"다고 말합니다. 이는 모든 통치자 위의 궁극적인 통치자이신 하나님께서 특정한 목적에 따라 제국의 왕에게 **"권세"를 양도**하신 것이라고 해석하게 합니다. "여호와"는 "바사의 고레스 왕의 마음을 감동시키"기도 하고(대하 36:22; 스 1:1) 성전을 재건하게도 합니다.(스 6:3) 어떤 문장은 심지어 **"고레스"를 하나님의 "목자"**라고 칭합니다.(사 44:28 "고레스에 대하여는 … 내 목자라 그가 나의 모든 기쁨을 성취하리라 …) **이방 제국의 왕에게 이와 같은 극찬을 한 이유는 성서 본문의 화자가 이미 그의 통치권 아래에 있었기 때문입니다.** 원래 이스라엘 민족은 다윗과 다윗 계열의 왕만이 하나님의 인정을 받는다고 생각했었는데 국권을 잃고 바벨론에 이어 페르시아("바사")의 통치를 받게 되니 하나님이 이스라엘뿐 아니라 만국을 통치하신다는 사고의 확장을 이루게 되었습니다. 그렇지 않으면 하나님과 제국의 왕은 아무 관계가 없거나 하나님이 오히려 제국의 지배를 받는 꼴이 됩니다. 마침, 페르시아("바사") 왕 고레스는 바벨론과는 달리 이스라엘 민족을 억압하는 정책이 아닌 관용을 펼쳤기 때문에 **상당히 긴 시간 동안 유대인들의 호응을 얻을 수 있었습니다.** 그는 유대인들의 귀환과 성전 재건을 허락하고(대하 36:22-23 "너희 중에 … 다 올라갈지어다") 적극적으로 지원했습니다.(스 5:13 "고레스 왕이 … 성전을 건축하게 하고") 이런 상황에서, 그를 하나님의 "목자"라고 칭한 것은 자연스러운 일입니다. 제국의 황제가 이스라엘 백성에게 선한 정치를 베풀었기 때문에 좋은 평가를 받을 수 있었다고 하겠습니다. 나라를 잃고 노예가 된 이스라엘 민족 처지에서 정복자 주인에게 찬사를 보내는 것 말고는 다른 수가 없기도 했겠지만 말입니다. 고레스가 만약 폭정을 저질렀다면 어떤 방식으로든 그에 대해 날 선 비판을 했을 것이고 그것이 고스란히 문헌에 남았을 것입니다. 성서를 신비롭게만 보는 자칭 보수주의자들은 하나님이 미리 고레스에 대해서 예언을 하셨고 고레스가 그에 따라 선정을 베풀었다고 생각하지만, 사실은 **고레**

스의 선정이 먼저 있었고 그에 대한 긍정적인 평가가 나중에 주어진 것이라고 보는 것이 타당합니다.

이처럼 **모든 "권세"를 하나님께 귀속하지 않고, 세속 권력이 일정한 "권세"를 소유한 것으로 이해**하는 본문은 최대한, 이스라엘 민족의 통일 국가 왕정 시대로부터, 최소한 국가 멸망 이후 제국주의 시대에 걸쳐 형성된 본문으로 볼 수 있습니다.

잠언 14:35는 "왕에게 은총을 입"은 "슬기"로운 "신하"와 "(왕의) 진노를 당하"는 "욕을 끼치는 신하"를 비교합니다.(참고: 롬 13:2 "권세를 거스르는 자는 … 심판을 자취하리라") **왕의 권력 앞에서 그를 모욕하기는 어렵습니다.** 그런데도 인간 왕은 하나님처럼 완벽하지 않습니다. 성서를 통해 우리는 인간 왕이 타인의 경고성 조언을 들어야 할 정도로 실정(失政)을 하는 등, 정치에 실패하는 것을 보게 됩니다.(참고: 사 39:5 히스기야 왕의 실책: "왕은 … 여호와의 말씀을 들으소서") 어떤 왕은 가차 없이 하나님께 버림을 받기도 합니다.(참고: 삼상 16:1 "내가 … 사울을 버려 …) 망했다는 얘기입니다. "요시아" 왕과 같이 극찬을 받은 왕은 극히 드물었던 것 같습니다.(왕하 23:25 "전에도 없었고 … 후에도 … 없었더라")

이런 관점에서 보자면 "권세"를 하나님에게 귀속시키지 않고 인간 왕에게 부여하는 본문은 왕정 시대보다는 훨씬 후대의 포로 전환기나 포로 후기쯤에 나타난 것 같습니다. 또한, "고레스"의 예를 들어보자면, 최소한 왕이 선한 정치를 베풀어야 그 정도로 좋은 평가가 주어질 수 있다고 하겠습니다.

신약성서의 "빌라도"의 경우, 스스로 '나는 모든 권한을 가지고 있다'(요 19:10)라고 거들먹거렸음에도 불구하고 예수님은 그가 가진 권한이 원천적으로 "(하늘) 위에서 주"어진 것임을 확인합니다.(요 19:11) 이는 신정론의 입장에서 **모든 세속 정치가 하나님의 다스리심 아래 있다**는 것을 말한 것입니다.(참고: 골 1:16 "권세들 … 다 그로 말미암고 …"; 골 2:10 "그는 모든 통치자와 권세의 머리시라") 예수님의 이 말씀이 바로 구약의 전 역사를 통해 형성된 **신정론적 정치관**이며 신앙인이 세속 정치에 대하여 가져야 할 기본적인 인식입니다. **선한 정치를 하든 악한 정치를 하든, 모든 정치인의 머리 위에 하나님이 계신다는 것** 말입니다. **그러나 주의할 점이 있습니다.**

세속 정치가 나름 선한 방향으로 나갈 때, 우리는 주 하나님의 이름으로 그에 대하여 응원과 찬사를 보낼 수 있을 것입니다. '하나님의 선한 도구'라고 말이죠. 그리고 우리는 제정한 법에 대해서 자발적으로 순응하고 편안한 삶을 살아갈 수 있습니다.(참고: 딛 3:1 "… 통치자들과 권세 잡은 자들에게 복종하며 순종하며 모든 선한 일 행하기를 준비하게 하며 …")

반면, 폭정에는 마땅히 저항해야 합니다. 위에서 살펴본 것처럼, 최고 왕이신 하나님께 한시적으로 권세와 권한을 부여받은 인간 지도자가 **국민을 못 살게 굴고 오직 저 자신의 이익만을 위해서 법을 제정하고 집행한다면 백성은 그에 대하여 순응할 수 없으며 오히려 분연히 일어나 항거하고 개선을 요구해야 할 것입니다.** 그런 인간 지도자는 하나님의 복은커녕 처벌 대상이 됩니다. 따라서, 선정이 아닌 폭정의 상황에서는 로마서 13:1의 **"복종하라"라는 명령이 유효하지 않습니다.**

로마서 13:1 이하의 내용을 대강 이해하고 어설프게 적용하면, 포악한 정권에 "복종"하고 그 지도자들을 조건 없이 "하나님께서 정하신" 존재로 호도하게 됩니다. 폭군이 내리는 "심판"도 하나님의 다스리심으로 오해하는 가운데(참고: 롬 13:2) "(바르지 않은) 권세를 두려워하"여 "칭찬을 받"으려고 하는(참고: 롬 13:3) 비굴한 태도를 보이게 됩니다. 폭군을 "하나님의 사역자"라고 말하면서 그의 "칼"을 두려워하는 상황이 연출됩니다.(참고: 롬 13:4) **사실 그런 "복종"은 겁이 나서 억지로 하는 것입니다.**(참고: 롬 13:5 "진노 때문에 …")

로마서 13:6에서 언급한 "조세(세금)"의 성실한 납부는 사회의 안정과 정치인의 선정(善政)을 전제할 때 가능한 것입니다. 국민이 낸 세금을 몽땅 갈취하는 도둑놈 같은 정치인이 많을수록 "조세를 바치고 … 관세를 바치고 …(롬 13:6-7)"라는 말을 긍정적으로 받아들이기 어렵습니다.

🐝 **위정자가 바른 정치를 할 때만 그를 존중하면 됩니다.** 성서는 **가능한 한,** 위정자들과 그들에 의해 제정된 법률에 순응할 것을 권고합니다. 하지만, 이것은 **조건적인 권고(conditional suggestion)**입니다. 하나님은 특정한 목적을 위해 바벨론에게 권세를 부여하셔서 그를 사용하기도 하고(참고: 단 5:18 "지극히 높으신 하나님이 왕의 부친 느부갓네살에게 나라와 큰 권세 …를 주셨고"; 스 5:12 "갈대아 사람 바벨론 왕 … 의 손에 넘기시매") **때가 되면 다시 그 권세를 몰수하고 제국을 멸망시키기도** 하시는 분입니다.(참고: 렘 51:29 "여호와께서 바벨론을 쳐서 그 땅으로 황폐하여 …") 따라서 성서적으로 보자면, 정치 지도자에게 순응한다는 것은 **상황 의존**적이지 무조건 특정한 정치 세력의 말에 순종하는 것은 없습니다. 국민은 가능한 한 위정자의 정치를 긍정하고 추종해야 좋겠습니다만, 도저히 따르기 어려운 폭압과 폭정까지 순종해야 하는 것은 아닙니다. 로마서 13장의 말씀을 포괄적으로 인정하는 자세로 폭정에 대하여 침묵으로 응대하는 것도 하나의 생존 전략일 수는 있겠습니다만, 사실 이 말씀은 **폭군 앞에서 두려워서 떠는 신앙인이 인용하기에 적합한 본문이 아닙니다.** 오히려 로마서 13장은 선한 정치를 베풀어 사회가 상대적으로 안정을 유지하는 가운데, 그런 **선정을 베푸는 정치인을 지지하고 안정이 지속하게 만들자는** 취지에서 인용하는 것이 좋겠습니다.

대부분의 선한 국민은 될 수 있는 대로 정치인을 "(하나님의) 사역자(일꾼)"(롬 13:4)로 여기며 "조세"를 성실하게 내고(롬 13:7) 사회 질서에 저촉하는 범죄를 저지르지 않고(롬 13:9 "간음", "살인", "도둑질") 좀 더 고상하고 격조 있는 삶을(롬 13:13 "단정히 행하고 방탕하거나 술에 취하지 말며", "음란하거나 호색하지 말며", "다투거나 시기하지 말고") 추구하려고 할 것입니다. 심지어, 위정자가 조금 부족하더라도 그에 대한 지지를 철회하지 않고 인내하는 식으로 존중(롬 13:7 "존경")할 정도의 품격을 갖추고 있는 사람들도 있습니다. 자기 마음에 안 든다고 너무 쉽게 대통령에게 욕지거리를 내뱉는 사람은 정상으로 보이지 않습니다. 어쨌든 국민이 선출한 지도자 아닙니까? 하지만, 때로는 정치 지도자의 행동을 도저히 눈 뜨고 볼 수 없는 때도 있습니다. 국민의 생명을 하찮게 여기고 자신의 욕망을 채우기 위해서 각 사람의 안녕과 권익은 땅에 내동댕이치는 자가 있는 것입니다. **그럴 때 로마서 13장 본문을 제시하면서 "권세들에게 복종하라"라고 말씀해서는 안 됩니다.** 그것은 말이 안 되는 것입니다. 오히려 하나님이 사랑하시는 사람들을 단순한 숫자로 여기는 위정자로부터 지휘봉을 빼앗아야 합니다. 이런 행동은 분명히 하나님의 역사로 평가될 것입니다. 지도자가 항상 선한 노력을 하고(참고: 롬 13:6 "항상 힘쓰느니라") 정직하고 성실하다면 모르겠지만 국민의 인권을 짓밟고 심지어 국민을 죽이는 독재자에게 "당신은 하나님의 일꾼입니다"라고 주절대는 것은 비굴하고 천박한 아부, 그 이상도 그 이하도 아닙니다. 家

또 내가 그리스도의 이름을 부르는 곳에는 복음을 전하지 않기를 힘썼노니 이는 남의 터 위에 건축하지 아니하려 함이라

교회를 세우지 않는 품격 높은 신앙

제가 사는 동네는 개신교 교회가 참 많습니다. 우리나라에는 교회가 없는 곳이 없습니다. 어떤 외국인은 남산 위에 올라가 서울의 야경을 내려다보았는데 네온 십자가가 너무 많아 마치 거대한 무덤처럼 보였다고 합니다. 심지어 한 상가 건물 층마다 다른 교회가 들어서 있는 일도 있습니다. 어떤 분은 술집보다 교회가 많은 게 낫다고 합니다만 한 지역에 신자 수는 정해져 있을 텐데 교회가 많아도 너무 많은 것 같습니다.

로마서 15:20을 보니 다른 사람이 교회를 세운 곳에는 더 세우지 않겠다고 합니다. 교회를 무조건 다다익선(多多益善) 개념으로 생각해서는 안 됩니다. 예를 들어 한 마을에 골목마다 병원만 꽉 차 있다면 어떻겠습니까? 강남에 성형외과 병원이 밀집해 있는 것처럼 시너지 효과가 납니까? 그러나 그런 경우는 아주 특수한 경우입니다. 일반적으로 한 지역에는 다양한 건물이 있습니다. 주택도 있고 학교도 있고 상점도 있는 환경이 일반적입니다. 교회에 나올 사람은 한정되어 있는데 교회가 너무 많다면, 그리고 어떤 교회에는 사람이 몰리는데 다른 어떤 교회에는 사람이 없다면 보기가 별로 좋지 않습니다. 만약 이것을 자본주의적인 관점에서의 승자독식이나 당연한 자연도태라고 한다고 해도 승자독식과 도태를 일으킨 자가 있다면, 그리고 그런 상황을 개선할 수 있는데 하지 않는다면 비난을 피할 수는 없습니다. 함께 사는 사회에서 소수만 잘 되는 것은 건전한 상황이 아닙니다. 공산주의처럼 모든 이의 상황을 인위적으로 획일화할 수는 없지만 그렇다고 적당히 비슷한 수준에서 함

께 살아갈 방법을 일부러 외면해서도 안 됩니다. 대형교회가 근처 소형 교회를 위해 신자들을 나누어 보내지도 못하면서 말입니다. 대형교회가 다른 지역에 지부를 세울 때는 메인 센터에서 지부로 신자가 이동하기도 하지만 이것은 문어발식 경영에 불과합니다. 그러니 교회가 있는 곳에는 더 세우지 않는 게 좋습니다. '너만 먹고사느냐? 나도 좀 먹고살자'라는 정신으로 이미 교회가 있는 곳에 또 교회를 세우는 사람이 있습니다. 그러다 보니 순식간에 교회가 우후죽순처럼 생깁니다. 이는 공급 과잉입니다. 함께 잘사는 데 도움이 되지 않습니다.

뻔히 교회가 있는 것을 보고도 근처에 교회를 세우는 사람이 너무 많습니다. 이미 몇 개가 있는데 가까운 곳에 또 하나를 세우는 행동은 장사하는 사람 중에서도 양심이 있는 사람은 하지 않는 행동입니다. 서로를 위해서 이런 행동은 좋지 않습니다. 내가 잘되고 남이 망하는 것이나 내가 망하고 남이 잘되는 것이나 모두 부정적입니다.

제가 외국의 어떤 한인교회에 다녔을 때의 이야기입니다. 교회 청년들을 담임목사님이 특히 아끼셨고 장학금도 지원해주셨습니다. 청년 중에 어떤 자매가 있었는데 지도력이 있고 당찬 성격이었습니다. 그 자매 역시 지원과 사랑을 받았음은 말할 것도 없습니다. 청년들은 그 교회에서 비빔밥 같은 소박하지만 맛있는 한국 음식으로 주린 배를 채웠고 외로운 마음에 위로를 얻었습니다. 세월이 흘러 그 자매가 서울의 유명한 교회의 나이가 좀 있는 목사와 결혼했다는 소식이 들려왔습니다. 그 부부는 '해외 선교'라는 이름으로 자매가 유학했던 그 나라에 나와 한인교회를 세웠습니다. 그런데 하필 자신이 청년 때 다녔던 교회와 매우 가까운 장소에 교회를 세웠습니다. 도대체 어떻게 된 것인지 저는 잘 모릅니다만, 남편 목사가 일했던 유명한 교회 이름으로 밀어붙이니까 신생 교회에 금방 사람이 몰렸습니다. 교세가 컸던 기존 교회에서 그 새 교회로 적지 않은 교인이 이동하는 일이 일어났습니다. 새 교회 때문에 기존 교회에 적지 않은 어려움이 있었다고 합니다.

사람은 받은 사랑과 은혜를 생각하면 하지 말아야 할 일이 어떤 것인지 알 수 있습니다. 적극적으로 감사를 표시하지는 못할망정 하지 말아야 할 행동을 해서는 안 됩니다. 이 교회도 하나님의 교회고 저 교회도 하나님의 교회니까 괜찮다고 한다면 못된 핑계를 대는 것입니다. **교회가 이미 있는 곳에 또 교회를 세우라고 누가 시켰습니까? 성서는 그것을 반대하고 있습니다!**

로마서 15:20의 "복음을 전하지 않기를 힘썼노니"라는 표현이 참신합니다. **무조건 복음만 전하면 다 되는 것이 아니라 복음을 전할 때도 여러 정황을 고려해야 합니다.** 개신교인 중에 열심이 있는 사람들이 자주 잊는 것이 이것입니다. 제가 청년 때 새로 산 기타를 기타 케이스에 넣어 자물쇠를 채워 교회에 두었는데 누군가 제가 없는 사이에 케이스를 부수고 기타를 꺼내어 사용하였습니다. 나중에 알고 보니 찬양을 인도하는 사람이 그랬던 것입니다. 속상한 제가 '저에게 열쇠를 달라고 하면 주었을 것을 왜 그랬냐'고 물었더니 미안하다는 말은커녕 오히려 저를 이상한 눈빛으로 보며 이렇게 말했습니다. "모두 하나님의 것 아닙니까!" 저는 도저히 대화할 수 없다고 생각하고 수리를 할 수 없을 정도로 부서진 케이스를 버리려고 자리를 떠났습니다. 아주 작은 예이지만, 이와 비슷한 일이 심심치 않게 벌어집니다. 어느 날은 지하철에서 전도하겠다고 시끄럽게 소리를 지르는 사람이 있었습니다. 그래서 바로 옆에 서 있던 제가 작은 소리로 그를 타일렀습니다. 그러자 그는 저를 바라보며 하나님의 일을 방해하면 지옥 간다고 저주를 퍼부었습니다. **개신교인 중에는 하나님의 이름으로, 복음을 빙자해서 제멋대로 행동하는 사람이 적지 않습니다.** 상가 교회 두 곳이 한 건물에 입주해 있었습니다. 두 목사가 건물 안에서 싸우길래 제가 지나가다가 왜 싸우시냐고 했더니 서로 상대 교회가 너무 시끄럽게 해서 못 살겠다는 것이었습니다. 싸움을 말린 뒤에 며칠이 지나 다시 근처를 지나게 되었습니다. 수요일 저녁 예배 시간이었는데 두 곳다 시끄럽게 창문을 열어 놓고 마이크에 대고 통성기도를 하는 바람에 행인들이 저마다 투덜거렸습니다. 제가 볼 때 교회가 함께 붙어있는 것 자체가 문제입니다.

로마서 15:20의 "–않기를 힘썼노니"라는 말은 '세심하게 살펴 의식적으로 하지 않았다'라는 뜻입니다. 여기에 쓰인 필로티메오마이(φιλοτιμέομαι)라는 단어는 디모데전서 4:11 "… 조용히 자기 일을 하고 너희 손으로 일하기를 힘쓰라"는 구절과 "… 우리는 몸으로 있든지 떠나든지 주를 기쁘시게 하는 자가 되기를 힘쓰노라"라는 고린도후서 5:9에 쓰였습니다. 신약성서에 단지 3번 쓰였습니다. 디모데전서 4:11을 풀어 적으면, '쓸데없이 다른 사람이 뭐하나 기웃거리거나 간섭하지 말고 조용히 지금 자신이 시급하게 처리할 일이 무엇인지 찾아서 해라! 스스로 손을 놀리고 땀을 흘려서 열심히 일하는 데 집중해라' 정도가 될 것입니다. 이는 성실 요구입니다. 한편, 고린도후서 5:9는 하나님에 대한 충성을 말하고 있습니다.

이런 용례들에 비추어 로마서 15:20을 다시 곱씹어 보면, '그리스도의 이름을 이미 부르는 곳에 복음을 전하지 않기', 즉, '남의 터 위에 교회를 세우지 않기'를 화자가 얼마나 중요하게 생각하고 있는지 감지할 수 있습니다. '–하지 않기'는 어쩌면 열심히 복음을 전하는 것만큼, 아니, 그 이상으로 중요합니다. '절제하여 복음을 전하지 않기'와 '남의 교회 옆에 교회를 세우지 않기' 등은 자기에게 있어서의 성실이며 하나님에 대한 충성인 것입니다. 이런 내용은 광적으로 전도하고 교회를 키우려고만 하는 사람들은 좀처럼 받아들이기 어려운 내용입니다.

기본적인 상도덕도 지키지 않는 교회에 갈 사람은 없습니다. 그래서는 안 될 일을 하지 마십시오! 그것이 복음 전도와 교회 성장에 도움이 되는 일이라고 할지라도 말입니다! 신앙이라는 것이 일반적인 개념과 상식을 저버리는 것이라고 오해하지 마십시오. 오래 한자리에 있는 교회 옆에 더 큰 교회를 짓는 것은 **나쁜 행동입니다!** 교단이 다르고 교파가 달라서 괜찮다는 것도 구차한 변명입니다. **성서는 자신에게 정직하고 양심적이며 하나님 앞에 충직한 사람이라면 이미 교회가 있는 지역에는 다시 교회를 세우지 않을 것이라고 교훈합니다.** 우리 교회가 더 나은 교회고 따라서 기존 교회 사람들의 자발적인 선택으로 새로 세운 교회에 나오면 좋은 게 아닌가 묻는 사람도 있을 것입니다. 그것은 전형적인 **자본주의적 자유 경쟁 개념**입니다. **성서는 교회 간의 인적, 물적 경쟁을 당연시하지 않습니다.** 그것은 그냥 각자가 욕심에 이끌려 저지르는 짓입니다. 우리 교회는 기존의 교회보다 찬양도 좋고 분위기도 좋고 유아 놀이방도 좋으니 그 교회 다니지 말고 우리 교회로 오라고 하는 것은 그 교회 교인을 빼앗는 행동이라는 것을 잊지 마십시오. 심지어 지역 밖에 멀리 있는 교회에서 주일마다 대형버스를 동원하여 그 지역의 교인을 휩쓸어 가는 것을 보십시오. 이것이 바른 일입니까? 이는 신앙의 격조를 급격히 하락시키는 작태입니다. 매주 많은 대형버스를 돌릴 돈과 사람들의 이목을 끌 만한 명성만 있으면 최고라는 저급한 메시지를 몸소 전하고 있는 것입니다. '비록 가난하고 힘이 없어도 신앙의 가치로 이겨나가자'라는 식의 성서에 따른 메시지가 아닙니다. 교회도 돈이 있어야 하고 크고 안락한 교회당이 있어야 하고 대형버스도 여러 대 있어야 한다는 세속적인 사고를 드러내는 것입니다. 교회가 제대로 된 메시지를 전해야 할 귀한 시간에 세속적인 신앙이 무엇인지를 몸소 보여주는 것입니다! 이는 시간 낭비이며 괜한 인간적 자랑일 뿐입니다. 당신이 어떤 상가 건물에 여러 개 교회가 밀집한 곳에서 또 교회를 운영하고 있다면 최대한 빨리 교회가 없는 곳으로 이사할 계획을 세우십시오! 만약 당신이 '돈이 부족하다', '갈 곳이 없다', '교회가 없는 곳은 없다'라는 생각이 든다면, **아예 교회를 안 세우는 것은 어떨까요?** 너무한 말이라고요? 오늘 로마서 말씀은 어떻게 교훈합니까? "복음을 전하지 않기를" 노력한다 … 고 하지 않나요? '교회를 세우지 않기를 노력하는 것'에 대해서 말씀하고 있지 않습니까? 이 말씀을 조금 심각하게 받아들일 필요가 있습니다. 교회가 너무 많이 밀집해 있는 지역에 사는 사람이라면 더욱 그렇습니다. **교회를 세우지 않기를 노력하십시오! 특히, 남의 교회가 있는 곳에 또 교회를 세우지 않기를 간절히 바랍니다!** 인간으로서의 기본적인 양심을 챙기십시오. 기본적인 상도덕도 지키지 않는다고 사회가 교회를 손가락질합니다. 돈 들여 교회당을 꾸민다고 해도 누가 그런 교회에 가겠습니까? 사심을 가진 사람 **빼고**는 말입니다.

형제들아 너희를 부르심을 보라 육체를 따라 지혜로운 자가 많지 아니하며 능한 자가 많지 아니하며 문벌 좋은 자가 많지 아니하도다 / 그러나 하나님께서 세상의 미련한 것들을 택하사 지혜 있는 자들을 부끄럽게 하려 하시고 세상의 약한 것들을 택하사 강한 것들을 부끄럽게 하려 하시며 / 하나님께서 세상의 천한 것들과 멸시받는 것들과 없는 것들을 택하사 있는 것들을 폐하려 하시나니 / 이는 아무 육체도 하나님 앞에서 자랑하지 못하게 하려 하심이라

설교 시간은 자랑하는 시간이 아닙니다.

바울은 자신을 변호하는 과정에서 부득이하게 자랑한 적이 있습니다. 사도행전 22:3을 보면 "나는 유대인으로 길리기아 다소에서 났고 … 가말리엘의 문하에서 … 율법의 엄한 교훈을 받았고 … "라고 말합니다. 이 경우를 제외한다면, 그는 대부분 의식적으로 세속적인 자랑거리를 언급하지 않으려고 노력했습니다.

아마도 **고린도전서 1:26-29은 자랑거리가 별로 없는 사람들을 위로하려고 한 말 같습니다.** 이 글의 독자는 "지혜"와 "능"력과 "문벌"이 없고 심지어 "미련"하고 "약"하며 "천"하여 "멸시"를 받으며 아무것도 "없는" 사람들 같습니다. 글쓴이는 이 사람들을 위로하면서 '자랑은 나쁘다!'(고전 1:29)라는 것입니다. 다시 말해, 같은 공동체의 구성원 중의 '자랑거리가 없는 사람들'을 의식하면서 '자랑하기'를 삼갔다고 하겠습니다. 반대로 그가 '잘난체하는 사람들'을 대상으로 연설을 하게 되면 어조에 변화가 나타납니다.(참고: 고전 1:31, 고후 10:17 '자랑을 하려거든 … ') 세속적인 자랑은 부정적이지만(참고: 고전 4:7; 고후 11:12; 엡 2:9) **어리석은 자랑을 하는 사람들 앞에서 때로는 부득이하게 자랑함으로 대응할 수도 있다는 것입니다.**(참고: 고후 11:16 "조금 자랑할 수 있도록"; 고후 11:30; 12:1, 5) 왜냐하면 끝없이 자랑하는 사

람들을 겸손하게 대한다고 해도 효과도 없고, 도리어 그들이 겸손한 사람을 비웃을 것입니다. 그렇게 보면 이들에게 이열치열 식으로 자랑거리를 내세우는 방식이 더 나을 것 같기도 합니다.

　신약성서에 따르면, 일반적으로 사람들은 "육체"를 자랑하고(갈 6:13; 고전 1:29; 고후 11:18), "사람"(고전 3:21)과 "외모"(고후 5:12)를 자랑합니다. **성서는 그런 경박한 자랑뿐 아니라 신앙적 헌신에 따른 자랑도 부정적으로 봅니다.**(참고: 고전 13:3 "구제하고 … 내 몸을(보란 듯이) 불사르게 내줄지라도 … 유익이 없느니라") 어쩔 수 없이 자랑해야 할 때가 있다고 해도 성서는 특히 주의하라고 합니다.(고후 10:13, 15 "분수"에 맞게) 그런데도 우리는 때로 자랑거리가 아닌 것을 자랑하거나(참고: 고후 11:30; 12:5,9 "약한 것을 자랑") 역설적인 자랑(참고: 약 1:9)을 하게 됩니다.

　목사는 때로 메시지의 힘(?)을 싣기 위해서 신비로운 체험 이야기를 섞어 간증합니다. 이것도 자랑입니다. 역시 아주 조심해야 합니다.(참고: 고후 12:1 "부득불 자랑하노니") 제대로 할 수 없다면 하지 않는 것이 낫습니다. "주 안에서 자랑하라"(고전 1:31; 고후 10:17)라는 말은 '세속적인 악취를 풍기는 자랑을 하지 말'라는 뜻으로 이해할 수 있습니다. **자신만을 드높이는 자랑은 다른 사람의 상황을 고려하지 않으므로 누군가에게 부담과 상처를 안겨 줄 수 있습니다.** 그래서 고린도전서 1:26-29의 화자는 아예 자랑하지 말라는 것입니다.(참고: 약 4:16 "그러한 자랑은 다 악한 것이라")
　사실, 어느 정도 분수에 맞는 자랑(고후 10:13, 15-16)이라면, 자랑하는 것 자체를 나쁘다고 할 사람은 없을 것입니다.(참고: 고후 7:14; 10:8; 고후 12:6) 또한, 다른 사람의 선행을 칭찬하는 자랑(고후 9:2)은 오히려 권장할 만합니다. 하지만 자랑하다 보면 도를 넘기가 쉬우므로 아예 하지 않는 것이 좋다는 이야기입니다.

요즘같이 **자신의 장점을 앞뒤 가리지 않고 내세워 홍보해야 생존하는 시대에 이런 교훈은 구시대적인 것처럼 들리기도 합니다.** 하지만, 이 시대에도, 너무 자기 자랑만 늘어놓으면 꼴불견입니다. 그래서 어떤 이는 자기 자랑을 하기 위해서 일단 남을 칭찬하는 전략을 쓰기도 합니다. 물론 순수하게 남의 장점을 칭찬하는 사람이 있다면 누구나 그를 좋게 볼 것입니다.

우리에게 있어서 고린도전서 1:26-29의 '자랑하지 말라'는 교훈은 어떤 의미가 있습니까? 이 글이 형성된 배경과 독자를 떠올리면 범시대적인 교훈이 그 안에 들어있음을 알게 됩니다. 그것은 문자적으로 '어떤 상황에서도 아무런 자랑도 하지 말라'는 뜻이라기보다는 **내가 가진 자랑거리를 갖지 못한 사람 앞에서는 아무것도 자랑하지 말라**'는 뜻으로 읽힙니다. 이것이 말이 됩니까? 나만 가진 것을 가지고 그것을 가지지 못한 사람 앞에서 하는 것이 자랑 아닙니까? 이 말은 '될 수 있으면 하지 말라'는 뜻으로 이해하면 되겠습니다. 상대방에게 '선생님은 키도 크시고 성격도 좋으시네요'라고 운을 띄운다고 해도 그다음 바로 해서는 안 될 말이 튀어나올 수도 있습니다. 그래서는 입을 막고 있는 것이 낫습니다.

위에서 살펴본 바와 같이, 바울도 때에 따라서는 적절히 자랑거리를 늘어놓았으며 심지어 심하게 자랑을 하는 사람들을 대응하는 차원에서 자랑한 적도 있었습니다. 따라서, 그가 고린도전서 1:26-29에서 아예 '자랑하지 말아라'라고 한 것은 특정한 정황, 대상을 전제하는 것입니다. 그런데, 고린도서의 화자는 한편으로는 '자랑하지 말라'고 주장하면서(고전 1:29; 5:6 "자랑하는 것이 옳지 아니하도다") 다른 한편으로는 '부득이한 자랑'을 하고 있습니다.(고후 11:16) 고린도전서와 후서의 저자, 작성 시기, 정황이 다르다고 보지 않는다면 -애석하게도 다른 것 같지만- 저자가 어떤 때는 '자랑하지 말라'고 교훈하고 어떤 때는 '자랑하겠다'라고 말한 것이 이상합니다. 당시 고린도 교회 구성원의 성격이 모두 같은 상황이 아니라면, 그 공동체의 일부는 대단히 잘난 척을 하며 자랑하기를 즐기는 사람들이었고, 그중 일부는 자랑쟁이들의 자랑을 들으며 한없이 위축되어 있었을 것입니다. 그런데 이런 상황을 머리에 그리며 고린도전서 1:26-29의 내용을 재차 곱씹어 보면, 자랑을 일삼는 자의 수가 극히 적어 영향력이 별로 없었던 것 같습니다. 화자가 "너희 … 지혜로운 자가 많지 아니하며 능한 자가 많지 아니하며 문벌 좋은 자가 많지 아니하도다"(고전 1:26)라고 한 이유가 있을 것입니다. 하지만, 늘 자랑하는 자들이 영향력도 없는 소수였다고 하더라도 시끄러운 그들 때문에 공동체는 전반적으로 '콧대 높은 사람들의 교회'처럼 보였던 것 같습니다. 그래서 화자는 마침내 그들의 '콧대'를 꺾기 위해서 극약 처방을 내린 것 같습니다.

🐝 **교묘하게 은근히 빙 돌려서 자랑하지도 마세요.** 콧대 높은 사람들, 자랑을 일삼는 사람들 사이에 사는 것은 피곤하고 때로는 역겨운 일입니다. 듣기 싫은 자랑을 계속 들어야 합니다. 때로는 짜증이 나서 '나는 뭐 자랑할 게 없는 줄 알아?'라고 대항하고 싶기도 합니다. 하지만 반대로, 아무것도 자랑할 것이 없다고 하는 분들이 모여 소박하게 예배드리는 교회에 가게 되면 마음이 가라앉고 특히 말과 행동을 조심하게 됩니다. 교회에 강사로 가서 설교할 때, 은연중에 끄집어내는 나의 자랑거리가 혹여 누군가의 마음을 다치게 할까 두렵습니다. 그래서 개인적인 일은 전혀 거론하지 않고 오로지 성서 내용만 해설하게 됩니다. **내가 얼마나 열악한 환경에 살았고 역경을 어떻게 극복했으며 결국 어떤 열매를 맺었는가는 나와 다른 환경에 처한 분들에게 별로 도움이 되지 않습니다.** 각자는 각자의 특별한 상황 속에서 그것을 헤쳐나갈 성서적 가치의 도움을 받을 뿐입니다. 고린도전서 1:26-29 '자랑하지 말라'라는 메시지는 듣는 이들 가운데 가진 것이 없거나 적은 분들을 고려한 메시지이며, 동시에 특정인의 성공담(成功談)과는 다른, 성서적 가치만을 전하라는 교훈입니다. 당신이 자랑하고 싶으면 당신과 같은 수준의 자랑거리를 가진 사람에게나 하십시오.

제가 보았던 목사 중에 자랑의 끝판왕이라고 할 만한 분이 있었습니다. 지금 생각하면 그에게는 상당한 열등감이 있었던 것으로 보이는데 설교를 하면 그 시간이 설교 시간인지 자기 자랑하는 시간인지 모를 정도였습니다. 그가 일하는 교회는 상당한 부촌 가운데에 있는 교회였는데 저는 아주 잠시 그 교회에서 전도사로 일했습니다. 설교하면 우선 그는 가족 자랑을 했습니다. 서로 사랑하고 화목하게 지낸다는 이야기가 아니라 큰아들이 대기업에 취직해서 연봉 얼마를 받고, 둘째가 무슨 상을 탔고 상금을 많이 받았다는 이야기, 장인이 소유한 부동산 가격이 이번에 얼마 올랐다는 이야기가 주된 내용이었습니다. 성서 구절 한 구절을 읽은 뒤에 설교의 결론이 거의 비슷했는데, 주로 '여러분도 예수 잘 믿으시면 제 가족처럼 복을 많이 받습니다!'라는 내용이었습니다. 간혹 '아멘!'이라고 하면서 호응하는 사람도 있었지만, 그 교회 신자들은 담임목사와는 비교할 수도 없을 정도로 부자들이었기 때문에 설교 내용은 잘 듣지도 않고 하품을 하거나 조는 사람이 더 많았습니다. 나중에 신자들이 모여 수군거리는 소리를 들으니 담임목사가 자랑하는 설교에도 불평하지 않는 이유가 있었습니다. 알고 보니 담임목사가 자랑하는 모든 내용의 배후에 신자들의 역할이 있었습니다. 큰아들의 취업은 모 장로가 힘을 쓴 것이고 둘째가 상을 받은 것은 모 권사가 대표로 있는 회사에서 주최한 대회이기 때문이었으며 장인의 부동산 가격이 오른 것은 어떤 안수집사가 짚어준 땅에 투자한 결과였습니다. 그러니까 그 담임목사는 설교 중에 일종의 광고를 한 셈이었습니다. '내 가족을 위해 아직 신경을 쓰지 않은 사람은 잘 되게 신경을 써다오'라는 뜻으로 말입니다. 가족 자랑이 끝나면 헌금 시간이 되지도 않았는데 신자들이 낸 헌금 봉투를 들고 이름을 부르며 그들이 얼마나 부자이며 지위를 가진 사람들인지 자랑하기 시작했습니다. 이번에도 자랑하되 대신 자랑을 하는 것입니다. 그러면 그 설교 아닌 설교를 듣고 있는 저를 포함한 평범하거나 가난한 사람들은 그냥 부러운 눈빛으로 앞만 바라볼 수밖에 없었습니다. 교회의 궂은일은 전혀 하지 않는 자랑쟁이들 이야기를 매 주일 설교 시간에 듣는 것은 여간 고역이 아니었습니다. 그래서 저는 1년을 못 채우고 그 교회를 떠날 수밖에 없었습니다. 부자들의 교회였지만 딱히 전도사들 월급을 많이 주는 것도 아니었습니다. 그래서 전혀 아쉽지 않았습니다. 그 교회를 떠나니까 무엇보다 성서를 해설하는 설교를 들을 수 있어서 좋았습니다. 지금 가만히 생각해보면 그 자랑쟁이들이 모인 그곳은 성서가 말하는 교회가 아닌 것 같습니다.

될 수 있으면 자랑하지 마십시오. 특히 설교할 때 학벌, 자식, 부동산 등을 언급하며 자랑하지 마십시오! 그리고 과거에 어려웠는데 하나님 잘 믿고 십일조 해서 부자 되었다는 소리도 그만하십시오. 교묘하게 빙빙 돌려서 자랑하지 마세요! 특히, 사정이 있어 학교 공부를 많이 못 한 분들, 노력했음에도 자식이 없는 분들, 땅 한 평 가져보지 못한 분들, 과거에도 어려웠고 지금도 똑같은 분들, 십일조는커녕 주일 헌금할 적은 돈도 없는 분들, 정의롭고 바르게 살려고 노력하다가 검은돈 마다하고 부자 되지 못한 분들 앞에서 쓸데없는 소리 하지 마십시오! 그렇게 하려면 그냥 조용히 성서 구절이나 여러 번 읽고 강단에서 내려오는 것이 낫습니다. 宗

고린도전서 10:1-5

형제들아 나는 너희가 알지 못하기를 원하지 아니하노니 우리 조상들이 다 구름 아래에 있고 바다 가운데로 지나며 / 모세에게 속하여 다 구름과 바다에서 세례를 받고 / 다 같은 신령한 음식을 먹으며 / 다 같은 신령한 음료를 마셨으니 이는 그들을 따르는 신령한 반석으로부터 마셨으매 그 반석은 곧 그리스도시라 / 그러나 그들의 다수를 하나님이 기뻐하지 아니하셨으므로 그들이 광야에서 멸망을 받았느니라

신앙만 좋으면 뭐 해요. 개념이 없는데

고린도전서는 신비한 일에 대해서 큰 관심을 보입니다. 심지어 그것을 부추기기까지 합니다. 더불어 그것에 대한 부정적 견해가 뒤엉켜있어 한 사람이 일관된 관점으로 적어낸 글로는 보이지 않습니다.

고린도전서 10장만 보아도 서로 다른 주장들이 얽혀 있습니다. 고린도전서 10:1은 "너희가 알지 못하기를 원하지 아니하노니"라고 하는데 문맥상 이것은 "신령한 음식"(고전 10:3)과 "신령한 음료"와 "신령한 반석"(고전 10:4)에 대해서 '알았으면 한다'라는 뜻입니다.(참고: 고전 12:1 "형제들아 신령한 것에 대하여 나는 너희가 알지 못하기를 원하지 아니하노니")

신약성서에 26회 사용된 단어인 '프뉴마티코스(πνευματικός, 신령함)'는 고린도전서에만 15회가 쓰였습니다. 이 단어에는 '바람', '호흡', '삶'이라는 의미 외에도 '영혼', '미래의 일을 아는 것(점, 占, Manticism)' 같은 신비로운 의미도 들어있습니다. 이렇게 다양한 뜻을 가진 단어를 해석할 때는 더욱 그 단어가 쓰인 성서의 문맥을 세심히 살펴야 합니다. 그런데도, 고린도전서의 '신령함'은 '신비로움'이라는 의미 외의 다른 뜻으로 이해할 수 없을 것 같습니다. 신비로움은 모든 이가 다 아는 것이 아니며 뭔가 감추어진 비밀 같은 개념입니다. 실제로 고전 10:3-4의 "신령한 음식", "신령한 음료", "신령한 반석"은 '신비한 음식, 음료와 반석' 혹은 '무엇인지 그 실체를 알 수 없는 음

식, 음료와 반석'으로 이해해도 무방합니다.

고린도전서 10:4b는 이런 "신령한" 것들을 "신령한" 그대로 두는 데 머물지 않고 "그리스도(예수)"라는 실재자(實在者)와 연결함으로 "신령한" 것들이 실제로 보이도록 노력합니다. 하지만 고전 10:5 이하 내용에 반전이 일어납니다. 고린도전서 10:1-4의 흐름을 완전히 부정하는 듯이 "그러나 … 하나님이 기뻐하지 아니하셨으므로 … 멸망을 받았느니라"라는 말을 합니다.

이렇게 보면, **고린도전서가 전반적으로는 "신령한 것"들을 지지하지만 이처럼 전혀 다른 흐름의 주장도 있음**을 알게 됩니다.

고린도전서 2:15는 "신령한 자가 모든 것을 판단하나 … 아무에게도 판단을 받지 아니하느니라"고 하면서 **"신령한 자"의 우월성**을 말합니다. 고린도전서 3:1도 "신령한 자들"이라는 표현을 "육신에 속한 자", "(부정적인 의미로서의) 어린아이들"의 반대 개념인 **긍정적 의미로 활용**합니다. 고린도전서 9:11 역시 "육적인 것"과 "신령한 것"을 대비하면서 **"육적인 것"을 비판하고 "신령한 것"을 긍정적으로 이해**합니다. 고린도전서 15:44, 46을 보면 "육의 몸"과 "육의 사람"은 저급한 것이며 "신령한 몸"과 "신령한 사람"은 고상한 것이라고 주장하면서 **"육"으로부터 "신령한" 경지로 나아가라고 합니다.** 이처럼 전반적으로 고린도전서는 "신령한" 것을 선호하면서 사람들을 부추기고 있습니다. 고린도전서 14:1도 "신령한 것들을 사모하"라고 합니다.

한편, "신령한" 것을 추앙하는 전반적인 분위기는 고린도전서 10:4과 같이 "그리스도"에 귀납되기도 하고, 5절 이하의 내용과 같이 완전히 부정되기도 합니다. 다시 말해, **고린도전서 10:4은 '신령한 것이 다른 것이 아니라, 그리스도 예수를 말하는 거야'라고 하며, 5절 이하의 내용은 '신령한 것을 추구해도 아무런 소용이 없다 … 오히려 악행을 즐기지 말고**(고전 10:6) … **(타인에게) 음란한 행위를 하지 말고**(고전 10:8) … 자신이 뭔가 **대단한 자라도 된 것처럼 거들먹거리지 말고**(참고: 고전 10:12 "선 줄로 생각하는 자") … 개인의 이익보다는 공적 참여를 중시하고(참고: 고전 10:17 "우리가 한 몸이니 이는 우리가 다 한 떡에 참여함이라") … **계명을 신경 쓰기보다는 양심적으로 살고**(참고: 고전 10:27-31) … **모든 사람의 유익을 구하라**(고전 10:33)'라고 교훈합니다. 이처럼, 고린도전서 10:5 이하의 내용은 **'뭔가 대단하고 신비한 일' 혹은 '종교적으로 신령한 경지'를 추구하는 것을 부정하면서 윤리적이고 도덕적이며 개념 있는 삶을 살라**고 합니다. 이는 고린도전서 전반을 볼 때, **이질적인 내용**입니다.

고린도전서 10:2-4는 과거 이집트를 탈출했던 이스라엘 민족의 조상을 회상하면서 "구름과 바다에서 세례를 받고 … 신령한 음식을 먹(고) … 신령한 음료를 마셨으(며) … 신령한 반석으로부터 마셨(다)"며 자랑스럽게 '우리는 신비로운 존재들이다'라고 말합니다. 이는 다분히 초월적인 내러티브이며, 혹자가 복음성가에서 노래했듯이 "나 남이 듣지 못한 음성 들었고 나 남이 보지 못한 것을 보았다"라는 것과 같은 신앙적 자랑입니다. 그러나 5절은 이런 몽롱한 흐름에 찬물을 끼얹었습니다.

> 그러나 그들의 다수를 하나님이 기뻐하지 아니하셨으므로 그들이 광야에서 멸망을 받았느니라(고전 10:5)

아무리 신령한 종교, 신령한 신앙, 신령한 능력을 소유했다고 하더라도 악행을 즐기고(참고: 고전 10:6) 성추행과 성폭행을 행하며(참고: 고전 10:8) 자신이 신령한 능력이 있다고 거들먹거리고(참고: 고전 10:12) 다수의 이익은 아랑곳하지 않고 자기 이익만 추구하고(참고: 고전 10:17) 양심과 인정을 따르지 않고(사람을 고려하지는) 차가운 교리를 따르며(참고: 고전 10:27-31) 욕심을 부리는 삶을 산다면(참고: 고전 10:33) 그런 자에게 주어질 것은 오직 "멸망"이라는 것입니다.(참고:고전 10:5)

고린도전서가 전반적으로 '신령한 것'을 추구하고 그것에 집착하도록 부추기고 있음에도 불구하고 **고린도전서 10:5 이하는 '신령한 것도 별 볼 일 없다'라는 식으로 완전히 다른 이야기를 하고 있습니다.**

이런 이질적 내용이 추가된 이유에 대해서 생각해보아야 합니다. 뭔가 신령하고 영적인 은사나 능력을 소유했다고 하는 사람들은 대개 놀라울 정도로 탐욕적이며 음란하고 거들먹거립니다. 다수의 이익은 고려하지 않습니다. 인정이 없으며 늘 차가운 특정 교조를 따릅니다. 성서가 쓰인 시대는 물론, 현대에서도 이런 사람들을 찾아볼 수 있습니다.

🐝 **신령한 사람이 되지 말고 올바른 사람이 됩시다.** 여러분은 종교적으로 신령한 사람이 되려고 하기보다는 합리적인 판단을 하며 윤리적이고 도덕적이면서도 교만하지 않은 사람이 되십시오. 모든 이가 행복하게 살 수 있는 길을 추구하고 그 길로 사람들을 인도하는 사람이 되십시오. 역설적으로 그런 사람이 오히려 진정한 의미의 신령한 사람에 가깝다고 하겠습니다.

코로나가 막 세상에 퍼질 때, 자칭 '대단히 신앙적이며 대단히 신령한 자들'에 의해서 확진자가 늘어났고 그중에 사망하는 사람들도 적지 않았습니다. 그들은 검사하는 분들에게 주먹다짐하며, 마스크를 착용하라는 분에게 욕지거리까지 하면서 종교의 자유를 외쳤습니다.

코로나가 한창 유행할 때의 일입니다. 저는 근처 교회에 출석하고 있는 아이들에게 당분간 교회에 가지 말고 집에서 예배를 드리자고 하였습니다. 교회에서 찬양을 인도하는 일을 하는 아이까지 제 말을 듣고 일요일에 교회에 가지 않았습니다. 제가 이런 결정을 했다고 하자 어떤 대형교회 목사가 저에게 메시지를 보내 맹비난을 했습니다. 아마 SNS에 올린 저의 글이 적지 않은 사람에게 영향을 끼칠 것이라는 우려에서 그렇게 했던 것 같습니다. 그 목사의 글은 대략 아래와 같은 내용입니다.

"하나님이 코로나를 제어하실 능력이 있음을 믿는다면, 주일에 교회 출석을 해야 합니다. 그것을 막는 것은 사탄의 전략입니다. 자녀들을 믿음으로 양육하고자 한다면 교회에 보내세요. 코로나를 이겨내야 할 분이 약한 모습을 보여서는 안 됩니다. 저는 대단히 실망했습니다. 목사가 교회 출석을 막다니! 저희는 이번 주일에도 예배를 강행할 것입니다. 정부에서 방역 요원을 보내 방해한다면 주님의 이름으로 그들을 저지할 것입니다. 하나님께 드리는 예배는 그 무엇보다 중요하기 때문입니다."

그래서 저는 차분하게 아래와 같이 답을 했습니다.

"주일에 신자들이 교회에 나오지 않으면 아마도 헌금이 줄어들 것입니다. 그러면 교회 재정에 큰 타격이 있겠지요. 그래서 불안한 마음을 갖는 것은 이해합니다. 하지만 **바이러스는 대상이 신앙인인지 아닌지 구별하지 않습니다.** 목사님은 코로나에 걸리지 않을지 모르지만 신자 중에 감염자가 생기고 혹시라도 사망하게 되면 어떻게 하시겠습니까? 그러니 당분간 대면 예배를 중단하세요. 제가 간곡하게 말씀드립니다."

제 말에 아랑곳하지 않고 그 목사의 교회는 대면 예배를 강행했습니다. 그리고 얼마 시간이 지나지 않았는데 뉴스를 보다가 저는 깜짝 놀랐습니다. 다른 사람도 아니고 그 교회 목사가 코로나에 감염되어 중환자실에 있다는 것이었습니다. 물론 그 교회 신자들은 그 목사를 코로나의 위협에도 굴하지 않고 예배를 드리다가 감염이라는 고난을 겪는 위인으로 여겼습니다. 하지만 제가 볼 때는 그냥 조심하지 않아서 코로나에 걸린 사람으로밖에 보이지 않았습니다. 다행히 그 목사는 아주 오래 앓다가 건강을 되찾았다고 하지만 뉴스의 다른 기사를 보니까 교회 교인과 심지어 목사 중에 제대로 방역을 하지 않고 예배를 드리다가 사망한 사람들이 있어서 아주 안타깝고 슬픈 마음이 들었습니다.

참 신령한 사람은 '온유한 마음'으로 '자신을 살피고' 탈이성적인 행동을 하는 사람을 '바로 잡는' 사람입니다.(갈 6:1 "형제들아 사람이 만일 무슨 범죄한 일이 드러나거든 신령한 너희는 온유한 심령으로 그러한 자를 바로잡고 너 자신을 살펴보아 너도 시험을 받을까 두려워하라") 신비한 체험을 못 했다고 '어린아이'라고 비웃는(참고: 고전 3:1) 자가 아니라 오히려 "갓난아이들 같이" '순수'함을 가진 사람들입니다.(참고: 벧전 2:2 "갓난아기들 같이 순전하고 신령한 젖을 사모하라") 순수한 것과 어리석은 것은 완전히 다른 이야기입니다. 코로나가 위험하다고 하면 방역을 철저히 하고 예배로 모이는 것이 위험하겠다 하면 모임을 중단해야 합니다. 순수하고 착한 어린이가 부모의 말을 듣는 것과 같습니다. 위험하다고 하는데도 신앙의 이름으로 고집을 부리고 교만하고 이기적이며 탐욕을 부린다면 아무리 자칭 '신령한 사람'이라고 해도 그들에게 주어지는 것은 '멸망'밖에 없을 것입니다. 바로 이것이 성서의 경고입니다. 이성을 잃고 제멋대로 행동하다가는 망한다는 것입니다. 宗

고린도전서 11:6-15

만일 여자가 머리를 가리지 않거든 깎을 것이요 만일 깎거나 미는 것이 여자에게 부끄러움이 되거든 가릴지니라 / 남자는 하나님의 형상과 영광이니 그 머리를 마땅히 가리지 않거니와 여자는 남자의 영광이니라 / 남자가 여자에게서 난 것이 아니요 여자가 남자에게서 났으며 / 또 남자가 여자를 위하여 지음을 받지 아니하고 여자가 남자를 위하여 지음을 받은 것이니 / 그러므로 여자는 천사들로 말미암아 권세 아래에 있는 표를 그 머리 위에 둘지니라 / 그러나 주 안에는 남자 없이 여자만 있지 않고 여자 없이 남자만 있지 아니하니라 / 이는 여자가 남자에게서 난 것같이 남자도 여자로 말미암아 났음이라 그리고 모든 것은 하나님에게서 났느니라 / 너희는 스스로 판단하라 여자가 머리를 가리지 않고 하나님께 기도하는 것이 마땅하냐 / 만일 남자에게 긴 머리가 있으면 자기에게 부끄러움이 되는 것을 본성이 너희에게 가르치지 아니하느냐 / 만일 여자가 긴 머리가 있으면 자기에게 영광이 되나니 긴 머리는 가리는 것을 대신하여 주셨기 때문이니라

여자 머리 스타일까지 신경 쓰는 하나님?

고린도전서 11:3-16을 보면 현대인은 쉽게 받아들이기 힘든 내용이 나옵니다. 간단히 말해서 **남녀 차별적**인 내용입니다. "여자의 머리는 남자"라고 하고(고전 11:3b) "남자는 하나님의 형상과 영광"이라면서 "여자"가 "머리를 … 가리지 않"거나(고전 11:7) "머리에 쓴 것을 벗"으면 "욕되게 하는 것"(고전 11:5)이라는 편파적인 발언을 합니다. 머리를 가리지 않으려거든 아예 '빡빡 밀어버려라'라고 합니다.(고전 11:6) 마치 '빡빡머리가 창피하면 가리든지 … '라고 비아냥거리는 것처럼 보입니다. 고전 11:8은 "여자가 남자에게서 났"다고 주장하며 고전 11:9도 "여자가 남자를 위해 지음을 받"았다고 합니다.

여자가 머리에 무엇인가 두르는 것이 하나님의 "권세" 아래 있다는 것을 표시하는 것입니까? 혹시 남자가 하나님을 빙자하여 그렇게 말한 것은 아닙

니까? 남자의 권위가 하나님의 권위와 맞먹습니까? 그런데 왜 남자가 하나님을 팔아 여자에게 명령합니까? 고전 11:10의 "여자는 … 권세 아래에 있는 표를 그 머리 위에 둘지니라"라는 말에서 "권세"란 '신적 권세'라기보다는 **남편의 권세' 혹은 '남자의 권위'**라고 이해할 수 있습니다.(참고: 공동번역 고전 11:10 "여자는 … 남편의 권위를 인정하는 표시로 머리를 가려야 합니다")

이러한 **성차별적인 발언**은 성서의 다른 곳에서도 볼 수 있습니다. 디모데전서 2:11은 "여자는 일체 순종함으로 조용히 배우라"라고 합니다. 이런 글은 구시대적인 사고방식에서 나온 말입니다. 즉, 남자는 밖에서 일하고(바깥양반) 여자는 집에서 가사를 전담한다는(집사람) 고정적인 사고방식에 근거합니다.(참고: 딤전 3:4 "자기 집을 잘 다스려 자녀들로 모든 공손함으로 복종하게 하는 자라야 할지며") 이러한 사고는 철저히 남성 위주의 사고입니다. 고전 7:36-40을 읽어보면 그것을 더 확실히 느낄 수 있습니다. 남성이 처녀("약혼녀")를 범했을 때 결혼할지 말지의 **결정권이 남성에게** 있으며(고전 7:38) 남편이 죽은 '과부'는 혼자 "지내는 것이 … 복"되다고 말하면서 신앙적인 이유에서 재혼을 금지합니다.(고전 7:40 "하나님의 영") 이는 모두 성서의 해당 본문이 특정 시대에 국한된 사고를 하고 있음을 드러냅니다. **현대인이 볼 때** 이것은 다분히 **봉건적이며 억압적이며 치졸한 주장**입니다.

당시 이스라엘 민족에게 있어서 여성이 베일로 자신을 가린다는 것은 상식적인 일이었습니다. 남편만 베일에 손을 댈 수 있었습니다. 이것은 당시 여성의 모든 것이 남성 의존적이었다는 의미입니다. 현대 여성의 지위는 그때와는 다릅니다. 여전히 적지 않은 차별이 존재하지만, 최소한 여성의 모든 것이 남성에게 종속된 상황은 아닙니다. 사회가 훨씬 진보한 것입니다. 그런데도 성서 내용을 내세우면서 여자를 압박하는 이유는 무엇입니까? 성서에 쓰인 그대로, 문자 그대로 따르려고 그러는 것입니까? **성서는 문자 그대로 따라 살라고 주신 책이 아니라 그 안에 담긴 범시대적 가치를 배우라고 주신 하나님**

의 말씀입니다. 그 표면이 아니라 심층에 진리가 담겨 있습니다.

고린도전서 11장의 상반부의 '긴 머리 여자가 좋다'(참고: 고전 11:15)는 말은 듣기에 따라 남성의 특정 취향을 반영한 것 같고, 심지어 변태스러운 말로 들리기도 합니다. **글쓴이는 확실히 여성의 위상에 대하여 곡해하고 있습니다.**

하반부인 고린도전서 11:17-25까지는 '성찬식'에 대해서 논합니다. 이 내용을 간단하게 정리하자면 '서로 당파를 나누어 싸우는 사람은 성찬식에 참여할 자격이 없다'라는 것입니다. 당시 성찬식을 할 때는 사람들이 먹을 것을 각자 가져와서 나누어 먹었나 봅니다.(고전 11:20-21) 그런데 개중에 빨리 먹어 치우는 사람이 있다 보니까(고전 11:21a) 아무것도 먹지 못해서 배가 고픈 사람들이 생겼습니다.(고전 11:21b) "빈궁한 자들을 부끄럽게 하"는 것에 대하여 화자가 질책하는 내용은 깊이 공감이 됩니다.(고전 11:22) 예수님의 희생을 "기념"하는 성찬식(고전 11:24-25)이든 식사 시간이든 하나의 공동체 안에서 일부만 잘 먹고 배를 두드리는 것은 이상적인 모습이 아닙니다. 이와 같은 내용에는 범시대적인 가치가 담겨 있습니다. 이는 '여자는 남자의 종속물이다'와 같은 시대 종속적 주장과는 다릅니다. 내용에 성찬식 이야기가 나오지만, 그것보다는 **'혼자만 먹지 말라'**라는 교훈이 오늘을 사는 우리의 마음에 크게 다가옵니다. 이런 범시대적인 가치를 담고 있는 말씀은 어떤 시대를 사는 누구나 얼마든지 받아들이고 되새길 수 있는 것입니다.

🐝 **하나님을 너무 좀스럽게 만들지 맙시다. 성경을 읽을 때 독자의 분별력이 필요합니다.** 내용과 그 배경을 잘 살펴야 합니다. 특정 시대에 국한한 개념을 진리로 오인하는 일은 없어야 합니다. 어떤 본문은 '남자로부터 여자가 생겨났다'라고 주장하지만(참고: 창 2:22 "여호와 하나님이 아담에게서 취하신 그 갈빗대로 여자를 만드시고 그를 아담에게로 이끌어 오시니") 또 다른 **본문은 '하나님이 여자와 남자를 함께 창조하셨다'**라고 말합니다.(참고: 창

1:27 "하나님이 자기 형상 곧 하나님의 형상대로 사람을 창조하시되 남자와 여자를 창조하시고") 고린도전서 11장의 본문을 읽을 때도 **글이 시대 국한적인 내용인지, 아니면 범시대적 가치의 본문인지 잘 분별해야 합니다.**

아직도 문자주의자들은 성경의 '여성 차별'을 그대로 따라 행동해야 한다고 주장합니다. 이는 정말 웃지 못할 일입니다. 근본주의자들과 문자주의자들이 현대 사회로부터 도태되는 이유가 있습니다. 그들은 성경을 많이 읽어도 아무것도 깨닫지 못합니다.(참고: 마 13:13 "보아도 보지 못하며 들어도 듣지 못하며 깨닫지 못함이니라") 아직도 어떤 개신교 교단에서는 여성에게 목사 자격을 주지 않습니다. 그러면서 '여자는 조용하라'라는 성서 말씀을 지키려고 그러는 것이라고 변명합니다. 이런 행동은 여자를 무시하고 여자의 머리에 무엇인가 씌워 속박하려는 것과 같은 무지몽매한 태도에서 나온 것입니다. 단발머리 여성에게 수치스럽다고 손가락질을 하는 식입니다. **하나님이 긴 머리 여자를 선호하시고 머리에 천을 뒤집어쓴 여성을 더 좋아하십니까? 그런 취향은 당신의 머릿속에 있을 뿐입니다.** 하나님은 모든 사람을 있는 그대로 받아들이는 분이십니다. 이제 성서 해석에 존재하는 성차별적 사고를 몰아냅시다. 과도하게 보수적인 교회 공동체도 문자주의를 넘어서서 분별력을 가지고 성서 본문의 심층적인 가치를 찾도록 합시다. 엉뚱하게 구시대적인 규정으로 사람을 힘들게 해서는 안 됩니다! 차별해서는 안 됩니다.

하나님을 시시콜콜 모든 것을 참견하고 지시하는 분으로 만드는 것은 편견과 오해를 가진 일부 성서 저자입니다. 그들은 여성에 대해서 그들이 가지고 있는 편견을 하나님의 뜻과 일치시켰습니다. 무엇이 자신의 바람인지 무엇이 영속적인 가치와 진리인지 구분하지 못했습니다. **우리 인간은 모두 '시대의 아이'입니다. 시대의 한계 안에서 보고 느끼고 생각할 뿐입니다.** 어쩌면 시대를 뛰어넘어 사고하는 것은 거의 불가능할지도 모릅니다. 그러므로 기도

합시다. **주께서 우리의 눈을 열어 한시적인 것을 진리로 오인하지 않고 영원한 가치를 부여잡고 살아가도록 말입니다.** 쓸데없는 것을 부여잡으면 그것과 함께 망합니다. 언제나 변하지 않는 것을 붙들어야 우리도 함께 잘 살아갈 수 있습니다. 제 생각에 인간이라는 주제만큼 중요한 것이 없습니다. 인간의 생명, 권리를 존중하는 것이야말로 어느 시대를 무론 하고 붙들어야 할 불변의 가치입니다. 하나님 사랑의 대상인 인간을 존중하고 사랑하는 것에 집중하십시오. 그 외의 것은 시대에 따라서 늘 변합니다. 여성으로 머리에 무엇을 뒤집어쓰라거나 머리카락을 길게 하라, 짧게 밀어라 등은 그냥 개인에게 맡기면 됩니다. 뭘 그런 것에까지 신적 권위를 담아 명령을 합니까? 그러다 보면 존중을 받아야 할 사람과 그의 자유로운 사고를 무시하게 됩니다. 이것은 하나님을 섬긴다는 허울만 있을 뿐 자신을 섬기는 것입니다. 자기 마음대로 하나님을 파는 행위입니다. 상대방으로 하나님을 오해하게 합니다. 하나님의 이미지를 아주 좀스럽고 고약하게 만듭니다. 하나님께 무슨 죄가 있습니까? 여성에게 무슨 죄가 있나요? **잘못된 생각으로 고집을 부리는 신자에게 문제가 있는 것입니다.** 家

고린도전서 14:36-40

하나님의 말씀이 너희로부터 난 것이냐 또는 너희에게만 임한 것이냐 / 만일 누구든지 자기를 선지자나 혹은 신령한 자로 생각하거든 내가 너희에게 편지하는 이 글이 주의 명령인 줄 알라 / 만일 누구든지 알지 못하면 그는 알지 못한 자니라 / 그런즉 내 형제들아 예언하기를 사모하며 방언 말하기를 금하지 말라 / 모든 것을 품위 있게 하고 질서 있게 하라

와해한 교회에서 품위를 꿈꾸다

고린도전서 13장 내용과 14장을 비교하면 매우 흥미로운 현상을 발견하게 됩니다. 고린도전서 13장은 '사랑장'으로 알려져 있는데 "사랑"이 그 무엇보다 중요하다고 설교합니다. 그러나 14장에 접어들면 첫머리부터 "신령한 은사"(고전 14:1 "특히 예언")를 강조하기 시작합니다. 그러면서 "방언"(고전 14:2)보다 "예언"(고전 14:3)이 더 좋다고 주장합니다.(고전 14:5) 심지어 고전 14:12은 "영적인 것(이) … 풍성하기를 구하라"라고 부추깁니다. 이러한 어조는 고전 14장 내내 지속됩니다. 간단히 말해서 그것은 **방언보다 예언이 좋으니 그것을 추구하라**'라는 것입니다.(고전 14:22-25)

고린도전서 14장이 말하는 "예언"의 뜻은 이렇습니다: "방언"이 "알아듣는 자가 없"고 "비밀"스러운 말(고전 14:2)인 데 반하여 **"예언"은 "사람"**을 대상으로 말하는 것이며(고전 14:3) **"교회(공동체)" 전체에 유익(고전 14:4,5b,12)** 것입니다. "예언"은 "가르치는 것"이며(고전 14:6) '들어서 이해가 잘 가는'(고전 14:7-11,19) 것입니다.

위와 같은 이유로, 어떤 이는 **"예언"을 지금 교회 안에서 들을 수 있는 '설교'와 같은 것**이라고 합니다. 고린도전서 14:22은 "예언"이 "믿지 아니하는 자들을 위하지 않고 믿는 자들을 위"한 것이라고 합니다. 그런데 고린도전서 14:24-25를 보면 "예언"이 마치 '대중 설교'나 '복음 설교' 같다는 생각이 듭

니다. "알지 못하는 자들"은 그것을 듣고 "엎드리어 하나님께 경배하며 하나님이 참으로 너희 가운데 계신다 전파하리라"라고 합니다. '복음 설교'가 지향하는 것도 하나님을 모르던 사람이 그것을 듣고 신앙을 고백하는 것입니다. **안 믿던 사람이 감동하여 신앙을 고백하는 것을 모든 개신교인은 간절히 바랍니다. 물론 교회 출석을 해야 합니다.**

"예언($\pi\rho o\phi\eta\tau\varepsilon\upsilon\omega$; $\pi\rho o\phi\eta\tau\eta\varsigma$)"은 신약성서에 28회가량 쓰였는데, 복음서에서는 단지 "선지자"의 행위(마 7:22; 11:13; 15:7; 26:68; 막 7:6; 14:65; 눅 1:67; 22:64; 눅 11:51)를 언급하는 데 쓰였지만,(복음서 외의 예로는 벧전 1:10; 유 14) 사도행전에 접어들면 '성령'의 충만함을 입은 사람들(참고: "자녀들" 행 2:17 "남종"과 "여종" 행 2:18; 행 19:6 등)과 연결됩니다. 그리고 특히 고린도전서에 "예언"에 관한 표현이 집중되어 있는데(28회 중 10회, 고전 11:4,5; 13:9; 14:1,3,4,5,24,31,39) 이는 특이하게 '선지자의 예언'도 아니고 '성령의 충만함을 입은 사람들의 예언'도 아니며 **교회에서 일상적으로 행하는 일종의 신앙 양식(참고: 고전 14:26 "너희가 모일 때")으로서의 예언**을 말하고 있습니다. 물론, 고린도전서의 "예언" 역시 '선지자의 예언', '성령 충만을 입은 사람들에 의한 종말론적 예언'의 연장선에 있기는 하지만 말입니다. 저는 고린도전서의 "예언"이 전승(傳承)을 수용하는 가운데 그것이 교회의 양식(樣式)으로 발전한 것으로 생각합니다.

"예언"이 사제나 목사와 같은 지도자급 인물만의 행동이 아니라는 점에서 (참고: 고전 11:4, 5 "남자 … 예언을 하는 자", "여자 … 예언을 하는 자") **이를 현대 '목사의 설교'와 같은 것으로 보는 것은 다소의 무리가 따릅니다.**(같은 의미에서 고전 14:26 "가르치는 말씀" 역시 고정된 특정인의 설교로는 보이지 않습니다) "예언"의 내용이 "책망"과 "판단"(고전 14:24), 온건하게는 '배움'과 "권면"과 연결되어 있습니다.(고전 14:31) 또한 **미래의 일을 말하므**

로 박해와 같은 어려움을 당하고 있는 신자들에게 위로를 주는 동시에, 그 박해를 가하는 자들에게는 **"책망"**을 예고하는 기능을 합니다. 이 공동체에는 지도자가 없습니다. 극심한 박해를 겪고 있는 신자들은 지도자도 없이 **서로를 "권면"하고 위로하는데 이 "예언"이라는 방식을 사용합니다.** 큰 타격을 입은 집단으로서의 신앙 공동체에 있어서 서로 북돋아 주고 세워주는 과정은 절실했을 것입니다. 다만 전통적으로 유대교 회당에서 이루어지는 방식과는 달리 절박한 청중에게 적합한 메시지로서 '예언'이라는 방식을 쓴 것 같습니다. 성서를 자세히 해설하는 것이 아니라 '조금만 견디면 박해가 끝날 것이다', '얼마 안 있으면 박해자들이 심판받을 것이다'와 같은 내용이 주를 이루었을 것입니다.

이로 볼 때, **고린도전서 14장은 초기 기독교 교회 형성사에 있어서 상대적으로 박해가 절정에 이르렀던 후기에 저술이 완료된 것으로 보입니다.** 또한, 13장과 비교했을 때도 저술 시기에 다소의 차이를 보인다고 하겠습니다. 고린도전서 13장은 "방언과 천사의 말"과 같은 신비한 행위에 대하여 비판 조로 시작하고 있으며(고전 13:1) "예언하는 능력"을 "사랑"과 비교하여 "아무것도 아"닌 것으로 평가절하하고 있습니다.(고전 13:2) **이는 박해가 소강상태에 접어든 이후에 그 어떤 것도 사람의 생명을 보존하는 데 소용이 없다는 경험에 근거한 것으로 보입니다.** 박해는 많은 신자에게 죽음을 가져왔으며 죽음 앞에서는 신비한 능력조차 무효한 것이었습니다. 이제 고전 13장은 지고한 가치로서의 "사랑"을 노래하고 있습니다.

사랑은 언제까지나 떨어지지 아니하되 예언도 폐하고 방언도 그치고 지식도 폐하리라 우리는 부분적으로 알고 부분적으로 예언하니 온전한 것이 올 때에는 부분적으로 하던 것이 폐하리라 내가 어렸을 때에는 말하는 것이 어린아이와 같고 깨닫는 것이 어린아이와 같고 생각하는 것이 어린아이와 같다가 장성

한 사람이 되어서는 어린아이의 일을 버렸노라 우리가 지금은 거울로 보는 것
같이 희미하나 그때에는 얼굴과 얼굴을 대하여 볼 것이요 지금은 내가 부분적
으로 아나 그때에는 주께서 나를 아신 것같이 내가 온전히 알리라 그런즉 믿
음, 소망, 사랑, 이 세 가지는 항상 있을 것인데 그중의 제일은 사랑이라(고전
13:8-13)

이러한 사랑의 시(詩)는 어쩌면 우리가 생각하는 것과는 달리, 매우 절망
적인 상황에서 작성한 것일지도 모릅니다. **고린도전서 13장의 내면에는 여전
히 종말론적 긴장감이 남아 있습니다.** 특히, 고린도전서 13:10과 12의 "온전
한 것이 올 때", "그때"라는 표현은 다분히 내세지향적인 표현입니다. 현실
적으로, 사람은 불가항력적인 어려움이 닥쳤을 때 그에 대하여 극한 분노와
광기로 대처하거나 아예 체념하게 됩니다. 고린도전서 13장은 오히려 "사랑"
을 통하여 심적으로나마 당면한 어려움을 초탈할 것을 교훈하고 있습니다.

위와 같은 분석에 따르면, 고린도전서 14장은 큰 박해의 시점에 작성된 것
입니다. 반대로 13장은 박해가 어느 정도 소강상태에 접어들었거나 교회가
상대적인 안정기에 접어들었을 때 최종 완성한 것으로 보입니다.

🌿 **어려울수록 이성을 찾고 품격을 지키는 신자가 됩시다.** 만약 이러
한 성서의 전통을 선택적으로 받아들인다면 우리는 '신비로운 능력'을 추구하
거나 아니면 '서로 권면하고 위로하는 행위'를 따라 할 수 있을 것입니다. 하
지만 제가 생각할 때, 자주 '영적인 교만'에 휩싸이게 하는(참고: 고전 14:37)
비이성적인 행위로서의 신비를 추구하는 것보다는 우리 각자에게 종말의 시
간이 있음을 알고 '궁극적인 사랑'의 도를 지향하면서 위로와 도움이 필요한
사람들에게 따뜻한 "다섯 마디 말"(고전 14:19)과 손길을 건네는 것이 더 좋
을 것 같습니다. 이것이 우리 사회와 공동체를 "화평"(고전 14:33)으로 이끄

는 것이며 우리가 "품위"를 잃지 않게 하는 것(고전 14:40)이 아닐까 합니다.

　현재 한국 개신교는 박해와 환란을 직면하고 있지 않습니다. 어떤 이는 개신교가 사회의 탄압을 받고 있다고 말하지만, 신앙을 버리지 않으면 죽이겠다고 억압하는 세력은 존재하지 않습니다. 누구나 자유롭게 교회에 갈 수 있고 예배드릴 수 있습니다. **현재 한국 개신교의 위기는 외부로부터 주어진 것이 아니라 오히려 내부로부터 생성된 것입니다.** 개신교는 어느 때보다 내부적으로 심하게 **부패한 상태**입니다. 목사직 세습, 성직자의 학위 표절과 위조, 공적 권력과 재정의 남용, 성폭행과 성추행 등의 상황이 인터넷을 통해 세상에 실시간으로 알려집니다. 어떤 목사는 이런 위기 상황을 극복하라고 영성을 강조하면서 더욱 뜨겁게 기도하고 예배드리라고 청중에게 소리칩니다. 그러나 청중은 앞에서 설교하는 목사의 행실을 알면서도 그가 이끄는 대로 따라 하기는 힘듭니다. 오히려 죄를 범한 목사가 빨리 법적 처벌을 받기만을 바랍니다. 그런데도 뻔뻔한 목사들은 여러 가지 변명을 대면서 목사직을 놓지 않고 계속 이어갑니다. 그를 옹호하고 변호하는 신자들이 있기 때문입니다. 그들에게 있어서 목사는 어떤 신적인 존재인 것 같습니다. 아무리 잘못을 저질러도 누구 하나 나서서 그것을 지적하는 사람이 없습니다. 계속 잘못을 저지르는데도 막아서거나 비판하는 사람이 없는 것, 이것이 박해보다 더 큰 위기입니다. **목사 중에서 신비주의자들을 주의하고 멀리하십시오. 겉으로는 뭔가 대단해 보여도 속 빈 강정과 같을 뿐입니다.** 그 요란한 몸짓과 화려한 언변 배후에는 더러운 인간의 욕망과 못난 죄악이 도사리고 있습니다. 목사가 목사답게 되고 신자가 신자답게 되는 것은 뭔가 신비로운 것을 보여주거나 느끼게 하는 것이 아닙니다. 인간에 대한 기본적인 예의, 존중, 그리고 어려움에도 흔들리지 않는 인내와 사랑, 나눔이 있을 때 목사나 신자 모두 일정한 격조를 갖추게 됩니다. 그렇지 않고 해괴한 행동, 방언, 천국 체험, 천사, 기적 등 이상한 것만 추구하는 자들은 저급한 자들입니다. 삶이 퍽퍽하고 어려움이 닥치면 그런 자들이 고개를 들고 활동합니다. 그럴수록 그런 자들에게 의존하지 말고 정신을 바짝 차리시기를 바랍니다. 신자의 품격은 위기 중에도 빛을 잃지 않는 가치를 붙들고 있을 때 나타납니다. 신자가 붙들어야 하는 가치란 사람을 존중하고 사랑하며 가진 것을 나누는 실천뿐입니다. 그 외에는 모두 사이비요 이단이며 사악한 종교라는 것을, 어려움에 부닥친 당신이라면 더욱더 잊지 마시기를 바랍니다! 宗

우리가 너희 믿음을 주관하려는 것이 아니요 오직 너희 기쁨을 돕는 자가 되려
함이니 이는 너희가 믿음에 섰음이라

왜 조폭 두목과 목사를 비교하는 사람이 있을까요?

고린도후서 1:24에는 "우리가 너희 믿음을 주관하려는 것이 아니"다라는
표현이 나옵니다. 이는 매우 독특한 표현으로서, '주관하다'에 해당하는 퀴리
에우오(κυριεύω)가 "믿음(πίστις)"과 함께 사용된 경우는 신약성서에서 이 구
절을 제외하면 더 찾아볼 수 없습니다. 신약성서에서 '주관하다(κυριεύω)'라
는 말은 인간의 정치적 지배를 표현하는 데 쓰였습니다.(눅 22:25 "임금들";
딤전 6:15 '주인들') 그 외 용례는 상술한 예들과는 달리 '인간의 다스림'을 표
현한 것이 아니라 "사망"(롬 6:9), "죄"(롬 6:14), "법"(롬 7:1; 14:9)의 지대한
영향을 말하는 것입니다. 이런 예는 모두 로마서에 쓰였습니다.

역사적으로 폭압적인 정치를 했던 자들은 겉으로 '나는 사람들을 주관하
려는 것이 아닙니다'라고 말하면서 그들의 실질적인 지배가 단지 행정적인
업무에 불과하다고 주장했습니다. 이 때문에 고린도후서 1:24의 "주관하려
는 것이 아니"라는 말, 즉 **'당신들을 지배하려는 의도가 없습니다'**라는 말조
차 금방 진실로 들리지 않습니다. 진짜 지배할 의도가 없다면 이런 말을 할
필요가 없습니다. 지배하려는 의도를 가진 자들만 '지배하는 게 아니에요'라
고 합니다.

이어서, 고린도후서 1:24의 또 다른 핵심 표현인 "너희 기쁨을 돕는 자가
되려" 한다는 표현을 보겠습니다.

"기쁨"과 '돕다'가 연결된 경우도 역시 고린도후서 1:24를 제외하면 신약
에서 같은 예를 찾아볼 수 없는 독특한 예입니다. '돕다'의 뜻을 가진 쉰네르

고스(συνεργός)는 '동료' 즉 "동역자"(롬 16:3,9,21; 고전 3:9; 고후 8:23; 빌 2:25; 4:3; 골 4:11; 몬 1,24; 요삼 8)를 표현하는 데 사용되었을 뿐, "기쁨을 돕는"다는 것과 같은 표현은 달리 찾아볼 수 없습니다. 다만, 관련 구절들을 자세히 살피면 '무엇을 어떻게 돕느냐'는 차원에서, "함께 수고하고 … 쓸 것을 돕는"다(빌 2:25), "복음에 … 함께 힘쓰던 … 여인들을 돕"는다.(빌 4:3), "하나님의 나라를 위하여 함께 역사"한다(골 4:11), "(믿음의 사람들을) 굳건하게 하고 … 믿음에 대하여 위로"한다(딤전 3:2), "진리를 위하여 함께 일"한다(요삼 8)와 같은 표현이 있음을 보게 됩니다. 이를 종합하면, **'도움'이라는 것은 '교회 공동체의 신앙과 생활을 돕는 것'**으로 고린도후서 1:24의 "기쁨을 돕는"다는 표현 역시 이와 유사하거나 같은 관점에서 이해하면 될 것입니다.

이로 미루어 볼 때, 고린도후서 1:24의 '믿음을 주관한다'와 '기쁨을 돕는다'라는 표현 중에서, 전자는 비록 "믿음"이라는 신앙적 어휘를 사용하긴 하지만 **정치적인 느낌**을 주고, 후자는, 그 의미를 금방 파악하기는 어렵지만, **신앙생활에 도움을 준다**는 뜻으로 이해할 수 있습니다.

간단히 다시 말하자면, 고린도후서 1:24는 **'우리는 믿음을 빙자하여 왕이나 지배자가 되려고 하는 것이 아니라 오로지 당신들이 즐겁게 신앙과 생활을 영위하도록 돕겠습니다'**라는 뜻입니다. 공동번역성서는 이 내용을 **"우리가 여러분의 신앙생활을 지배하려는 것은 아닙니다. 우리는 다만 여러분의 행복을 위해서 여러분과 함께 일할 따름입니다"**라고 번역하고 있고, 새번역성서도 마찬가지로 **"우리는 여러분의 믿음을 지배하려는 것이 아닙니다. 우리는 여러분이 기쁨을 누리게 하려고 함께 일하는 일꾼일 따름입니다"**라고 옮기고 있습니다.

애석한 일이지만, 고린도후서 1:24는 실제로 **'하나님의 이름으로 신자를**

지배하려는 지도자들'이 존재하고 있음을 방증합니다. 교회 지도자들은 믿음을 '심고', '물을 주는' 수고를 했다며 자신을 드러내기 쉽습니다.(참고: 고전 3:5-9) 하지만 그렇게 생색을 내는 배후에는 사실 정치적으로 자신의 권한을 확대하거나 금전적으로 보상을 얻으려고 하는 욕망이 숨어 있습니다.(살전 2:5 "탐심의 탈") 순수하게 도움을 주려고 하는 사람이라면 '권한'이 있어도 주저하다가 그것을 쓰지 않는 법입니다.(참고: 살전 2:7 "마땅히 권위를 주장할 수 있으나 … 유순한 자가 되어 …")

🐝 교회에 가서 어린이에게 물어보세요. 이 교회에서 최고 높은 사람이 누구냐고. 놀랍게도 **어떤 목사들은 마치 폭력 조직의 두목같이 거들먹거립니다.** 아무에게나 반말을 지껄이며 사람에 대한 기본적인 존중을 보이지 않습니다. 그런 자들의 마음속에는 자신이 신앙 조직의 수장이라는 의식이 자리 잡고 있습니다. 조직을 위해 자신의 모든 것을 바칠 기세로 달려들지만, 사실은 조직을 크게 만들어 명성을 드높여서 거기에 따라오는 이익을 얻으려는 심산입니다. "명령" 하기를 즐기는 자는 사실 하나님 자리에 앉아 하나님인 양 하는 자입니다.(참고: 고후 8:8 "내가 명령으로 하는 말이 아니요 …")

제가 교회를 출석한 지 얼마 안 되었을 때의 일입니다. 할머니를 모시고 출석했던 교회는 아주 작은 개척교회였습니다. 거기에는 아직 목사님은 계시지 않았고 전도사님 한 분이 교회를 이끌고 계셨습니다. 그분이 얼마나 겸손하신지 교회가 어떤 곳인지 잘 모르던 저도 그를 뵐 때마다 저절로 고개가 숙여졌습니다. 그분은 가진 것이 없는 사람, 병든 사람, 지위가 낮은 사람을 위로하는 좋은 설교를 했습니다. 저와 할머니는 그 설교를 들을 때마다 감동하여 눈물을 흘렸습니다. 세월이 흘러 교회에 신자들이 늘어났습니다. 그 전도사님도 목사가 되었습니다. 천막같이 초라하고 바람이 들어와 추웠던 교회 자리에는 큰 빌딩 같은 교회 건물을 세웠습니다. 그러자 목사님의 태도가 바꿰었습니다. 권위를 부리기 시작했습니다. 모든 신자에게 자신을 '목자'라고 부르라고 했습니다. 설교에도 예전과 같은 감동이 없었습니다. 헌금을 많이 바치라는 이야기가 주된 내용이었습니다. 한번은 할머니에게 연락하더니 가진 집 전세금을 헌금하라고 종용하였습니다. 할머니는 오래전부터 신뢰하던 목사님이 바치라고 하니까 순종하였습니다. 그런데 그게 우리 전 재산이었습니다. 당장 거리로 나갈 상황이 되었습니다. 어쩔 수 없이 저는 공터에 가건물을 지어 거기서 할머니와 생활할 수밖에 없었습니다. 비가 오면 물이 샜고 바람이 불면 가건물 틈으로 불어 들어왔습니다. 저희는 전세금을 되찾아 그 동네를 떠나기로 했고 결국 그렇게 했습니다. 당시, 목사와 교회에 대한 아쉬움 같은 것은 없었습니다. 지금도 많이 바뀐 그 사람을 떠올리면 무슨 기업체의 사장이나 조폭의 두목과 같은 이미지가 떠오릅니다. 적어도 목사라면 그런 이미지를 가져서는 안 됩니다. 처음에는 그렇지 않았는데 도대체 무엇이 그를 그렇게 변하게 했는지 모르겠습니다. 나중에 몇 사람을 거쳐 소식을 들으니 그 목사가 **교회 건물로 장사**를 한다고 했습니다. 땅값이 싼 지역에 들어가 신도를 모으고 교회 건물을 세운 뒤에 그것을 비싼 값에 팔아 돈을 챙기고 다시 다른 지역으로 이사한다고 합니다. 일반적으로 목사는 한 지역에 2~30년 이상 머물면서 지역을 위해 목회를 하고 도움이 필요한 사람을 살피고 돕습니다. 나중에 또 소식을 들으니 그가 이번에는 무슨 박물관 같은 것을 지어 돈벌이하고 있다고 합니다. 생각해보니 과거에도 설교 시간에 자신의 꿈이 박물관을 짓는 것이라고 한 적이 있었습니다. 박물관도 자신의 돈으로 세운 것이 아닙니다. 모두 신자들의 헌금으로 된 것이지요. **신자들이 "목자" 한 사람의 야망을 위해 움직입니다.** 저에게는 아직도 그 옛날 그가 겸손한 전도사였을 때 써 준 손편지가 있습니다. 거기에는 대략 이런 내용이 적혀 있습니다.

"봉운아. 지금 너의 형편은 어렵고 힘들지만, 주님을 믿는 믿음으로 끝까지 버티기를 바란다. 나는 작은 교회의 전도사일 뿐이지만 너와 연로하신 네 할머니를 위해서 날마다 간절히 기도한다. 여기 적지만 책을 사 볼 수 있도록 돈을 조금 넣었으니 네가 공부하고 지식을 쌓는 데 쓰기를 바란다. 많지 않아 미안하다. 주 안에서 교회를 섬기는 목자 OOO 씀"

저는 이 글을 읽을 때마다 한숨이 나옵니다. 과거 이 목사가 전도사였을 때는 자칭 "목자"라고 하는 것이 전혀 이상하지 않았습니다. 신자들을 하나하나 돌보고 섬겼기 때문에 양 떼를 돌보는 목자, 말 그대로였습니다. 그러나 나중에 그는 변했습니다. 아무리 신자들에게 자신을 "목자"라고 부르라고 해도 신자들은 마음속으로 그를 "두목"이나(나쁜 의미에서의) "사장"이라고 생각했습니다. 그는 "목자"는커녕 목사의 이미지와도 거리가 있습니다. 그는 그냥 두목입니다.

고린도후서 1:24는 정치적인 의도를 가지고 사람들을 자기 아래에 두려는 욕망을 부리지 **않는다**는 취지에서 '우리는 그렇게 하지 않습니다'라고 말합니다.

당신은 교회 지도자로서 두목과 같은 자입니까? 아니면 자신도 확실히 모르는 것을 가르치려고 노력하는 초보 교사와 같은 자입니까? 아니면 신자들이 즐겁고 행복하게 신앙의 가치를 익히고 삶에서 그것을 실천하는 것을 돕는 도우미와 같은 사람입니까? '내가 너희들을 위해서 얼마나 수고하는 줄 알아?'라면서 투덜거리는 사람입니까? 아니면 영광을 받는 자리에서 동료들과 하나님의 이름을 내세우고 자신은 뒤로 숨는 겸손한 사람입니까? **너무나 슬픈 일이지만 겸손한 목사는 적고 '두목'이 많습니다.** 때로는 우리가 어떤 지도자인지 거울을 바라보며 스스로 성찰할 필요가 있습니다. 사실, 지도자가 없어도 현대의 신자들은 스스로 성서를 해석하고 그 안에 숨은 가치를 이해하고 믿음과 생활에 있어서 바로 설 능력이 충분합니다.(고후 1:24b "이는 너희가(이미) 믿음에 섰음이라") 불건전한 방향으로 대중을 선동하고 모든 이익이 자신을 향하도록 잔머리를 쓰는 간사한 '두목'은 더는 필요 없습니다. 그들의 명성이 큰지 작은지와는 상관없이 말입니다.

> 우리가 너희 믿음을 주관하려는 것이 아니요 오직 너희 기쁨을 돕는 자가 되려 함이니 이는 너희가 믿음에 섰음이라(고후 1:24)

제가 자주 하는 말을 또 반복하겠습니다. 어떤 교회에 가시면 유년 주일학교 어린이에게 물어보십시오. 그 교회에서 제일 높은 사람이 누구냐고 말입니다. 그 사람이 바로 하나님과 예수님의 자리를 빼앗고 왕 노릇을 하는 사람입니다.

그런즉 사랑하는 자들아 이 약속을 가진 우리는 하나님을 두려워하는 가운데서
거룩함을 온전히 이루어 육과 영의 온갖 더러운 것에서 자신을 깨끗하게 하자 /
마음으로 우리를 영접하라 우리는 아무에게도 불의를 행하지 않고 아무에게도
해롭게 하지 않고 아무에게서도 속여 빼앗은 일이 없노라

영적 능력보다 중요한 것은 깨끗한 양심입니다.

많은 사람은 고린도후서가 상당히 '영적인' 책이라고 생각합니다. 실제로 얼핏 보면 고린도후서 7:1은 심오한 이야기를 하는 것 같습니다. "… 육과 영의 온갖 더러운 것에서 자신을 깨끗하게 하자." 하지만 이 말이 무슨 뜻인지 쉽게 알기는 어렵습니다. 몸("육")은 오물에 의해 더러워질 수 있는데, "영"이 '더러워진다'라는 것은 무슨 뜻입니까?

"영(πνεῦμα)"과 '더러워지다(μολυσμός)'가 함께 쓰인 예는 고린도후서 7:1 외에는 찾아볼 수 없습니다. 하지만 "양심"을 '깨끗하게 하다(καθαρίζω)'라는 말이 나오는 히브리서 9:14를 살펴볼 수는 있습니다.

> 하물며 영원하신 성령으로 말미암아 흠 없는 자기를 하나님께 드린 그리스도
> 의 피가 어찌 너희 양심을 죽은 행실에서 깨끗하게 하고 살아 계신 하나님을
> 섬기게 하지 못하겠느냐(히 9:14)

이 구절을 근거로, 고린도후서 7:1-2의 **"영의 … 더러운 것에서 … 깨끗하게"** 한다는 표현을 잘 보면 고린도후서 구절의 의미가 **"몸과 양심을 깨끗하게 하라"**는 말과 비슷한 뜻이라는 것을 알게 됩니다.

'깨끗하게 한다'라는 의미인 카따리조(καθαρίζω)는 신약성서에 31회 사용

되었는데 일차적으로는 육체적인(더러움에서의, 질병으로부터의) 깨끗함을 의미합니다.(마 8:2,3; 10:8; 11:5; 막 1:40,41,42; 눅 4:27; 5:12-13; 7:22; 17:17 등) 이를 제외하면, 윤리 도덕적인 차원의 부정(不淨)을 척결하는 의미로 사용되거나(마 23:35-26 "탐욕과 방탕"; 눅 11:39 "탐욕과 악독") '깨끗한 양심'의 중요성을 논하는 데 쓰입니다.(행 15:9; 약 4:8) 물론 성서에서는 이 '(양심의) 청결'이 종교적 양식(제사)과 연결되기도 하고(특히 히 9:22-23 "피로써 정결하게"; 히 10:2 "단번에 정결") 신앙적 차원에서 "말씀"(엡 5:26 "말씀으로 깨끗하게 하시고")이나 "자백"(요일 1:9 "우리가 우리 죄를 자백하면 … 우리를 모든 불의에서 깨끗하게 하실 것이요")과 연결되기도 하지만, 이런 다양한 활용(活用) 이전의 '깨끗함'이란 그저 **'몸의 깨끗함'** 그리고 **'양심의 깨끗함'**만을 의미하는 것이었다고 하겠습니다.

위와 같은 고찰을 통해서 저는 **고린도후서 7:1을 굳이 영적이며 심오한 뜻으로 이해할 필요가 없다고** 생각합니다. 바로 다음 구절인 2절은 저의 이런 생각이 틀리지 않았음을 뒷받침합니다.

> … 우리는 아무에게도 불의를 행하지 않고 아무에게도 해롭게 하지 않고 아무에게서도 속여 빼앗은 일이 없노라(고후 7:2b)

즉, 고린도후서 7:1-2는 양심이 깨끗한 사람, 하늘을 우러러 한 점 부끄러움이 없는 사람이 되어야 할 것을 교훈한다고 하겠습니다. 말로는 **스스로 영적인 사람이라고 하지만 남에게 해코지하고 사기 치는 사람이 얼마나 많은지 모릅니다.** 성서 본문은 그런 자들에게 "온갖 더러운 것(행동)에서 … 깨끗하게 하자"라고 교훈합니다.

고린도후서 7:1-2의 의미를 명확히 하고 난 뒤라야 '종교적인 깨끗함', '신앙적인 깨끗함'의 의미도 분명해집니다. "물로 씻어 말씀으로 깨끗하게" 한다는 에베소서 5:26의 의미가 분명해집니다. 우리가 종교적인 의식으로서 세례를 받는 것이나 매일 성경을 읽는 것은 모두 **우리의 양심이 살아나게 하는 중요한 행위라는 것**입니다. 그것이 아니라면 그런 행위를 하는 것에 특별한 가치가 없다는 것입니다. **추상적이고 영적인 의미에 집착하지 마십시오. 신앙이 행위로 나타나지 않는다면 그것은 공상에 불과합니다.**

디도서 2:14는 "우리를 깨끗하게 하사 선한 일을 열심히 하는 자기 백성이 되게 하려 하심이라"라고 말합니다. 이에 따라 말씀드리자면, **신앙생활의 궁극적인 목적은 교회의 빈자리를 채우는 것이 아니라 선행(善行)을 하는 것입니다.** 그리고 선을 실천하는 사람들이라야 비로소 자랑스러운 하나님의 "백성"입니다.

🐝 스스로 하나님의 자녀라고 생각한다고 해도 전혀 아닐 수 있습니다.

우리도 빛 가운데 행하면 우리가 서로 사귐이 있고 … 예수의 피가 우리를 모든 죄에서 깨끗하게 하실 것이요(요일 1:7)

이 구절은 교리 우선적인 사고로는 쉽게 해석할 수 없는 구절 중의 하나입니다. "빛 가운데 행하"는 것, "서로 사귐이 있"는 것이 "죄에서 깨끗하게" 되는 결과의 원인이자 실마리가 된다는 것을, 교리주의자들은 전혀 알지 못합니다. 도그마에 빠진 자들은 이를 '행위 구원론'이라고 단정하며 무시합니다. 분명히 성경에 나온 말씀인데 말입니다. **그들은 사실 성경을 존중하고 신앙하려고 하는 것이 아니라 인간이 오래전에 세워놓은 어설프고 허점 많은 논리를 부여잡고 있을 뿐입니다.**

위에서 고찰한 과정과 내용을 잘 이해한 분이라면, 요한1서 1:7이 어떤 뜻인지도 알 수 있을 것입니다. '예수의 피로 죄 사함을 받는다'라는 개념과 '빛 가운데 행하고 사람과 사람 사이에 서로(깊은) 사귐이 있는 것'은 서로 동떨어진 의미가 아닙니다. 다시 말해, 양심적으로 살아가고 다른 이를 존중함으로 서로 진실한 교제를 하는 삶, 바로 그것이 죄 사함을 받는, 혹은 이미 죄 사함을 받은 삶이라는 것입니다. **이는 단순히 여러분이 교인이냐 아니냐, 혹은 교회를 정규적으로 출석하고 있느냐 아니냐, 또는 세례를 받았느냐 아니냐를 묻는 것이 아닙니다. 심지어 여러분이 교회 문턱을 한 번도 넘어본 적이 없다고 하더라도 양심적으로 살고 다른 이를 존중한다면 여러분은 하나님의 사람으로 인정받을 것이라는 뜻입니다.**

유대인들은 그들이 어떤 삶을 산다고 해도 자신들이 하나님의 백성이라는 사실은 변하지 않는다는 안일함을 가지고 있었습니다. 하지만 삶의 양상과 관계없이 마음으로만, 영적으로만 어떤 느낌이 든다고 해서 무조건 하나님의 자녀가 되고 영원히 하나님 자녀의 신분을 유지하는 것은 없습니다. 그것은 성서에 따른 주장이 아닙니다.

유대인들의 생각과는 달리 이방인도 하나님의 자녀가 될 기회가 있음이 드러났습니다. 이제는 교회 안에 있는 사람들의 생각과는 달리, 교회 밖의 사람들도 얼마든지 하나님의 자녀가 될 수 있다는 이야기입니다. 하나님의 창조물인 인간을 존중하고 사랑하고 진실한 나눔과 사귐을 하는 사람은 말 그대로 하나님의 자녀입니다. **교회를 꾸준히 다닌다고, 뭔가 짜릿한 '영적' 체험을 했다고 하나님의 사람이 된 줄 착각하지 마십시오.** 최대한 빨리 여러분의 "손을 깨끗이" 하십시오!(약 4:8a) 수단과 방법을 가리지 않고 욕망과 천국이라는 두 마리 토끼를 잡으려는 추잡한 마음을 깨끗하게 하십시오!(약 4:8b "두 마음을 품은 자들아 마음을 성결하게 하라") 여러분의 이중적인 삶을 솔직히 "자백"하고 이제부터는 양심적인 삶을 살아야 합니다.

우리가 우리 죄를 자백하면 … 우리를 모든 불의에서 깨끗하게 하실 것이요
(요일 1:9)

'깨끗한 양심'에 관한 성서의 일관적 이해(성서 돋보기)

구약성서와 신약성서는 언어 체계가 다르므로 서로 비교하여 분석하는 것이 어려운 일 같으나 꼭 그렇지만도 않습니다. 왜냐하면, 사상의 흐름이 이어져 있고, 구약의 언어로 신약을, 신약의 언어로 구약을 번역해 놓은 번역본도 있기 때문입니다.

고린도후서 7:1-2 "정결하게 하다"라는 의미인 카따리조(καθαρίζω)와 그와 상응하는 히브리어 타헤르(טהר)를 비교해 봅시다. 제가 주목하는 것은 '육체의 깨끗함', '종교적인 정결함(죄 씻음)' 그리고 '양심의 깨끗함'인데, 구약성서에 '양심의 깨끗함'이 전혀 안 나올 것 같지만 잘 살펴보면 타헤르가 쓰인 98구절 중에 **잠언 20:9**과 같은 구절을 찾아낼 수 있습니다. 이 구절은 편집의 흔적이 보이는 구절로서 "마음(양심?)의 깨끗함"과 "죄 용서"의 개념이 연결된 특별한 구절입니다.

내가 내 마음을 정하게 하였다 내 죄를 깨끗하게 하였다 할 자가 누구냐(잠 20:9)

이 구절에서 "마음을 정하게 하였다"라는 말이 정말로 '청결한 양심'의 의미와 가까운 뜻인지 아닌지를 확인하기 위해서는 잠언 20장 전체를 자세히 살펴야 합니다. 그러다 보면 아래 구절을 찾게 됩니다!

한결같지 않은 저울추와 한결같지 않은 되는 다 여호와께서 미워하시느니라 비록 아이라도 **자기의 동작으로 자기 품행이 청결한 여부와 정직한 여부를 나타내느니라** 듣는 귀와 보는 눈은 다 여호와께서 지으신 것이니라(잠 20:10-11)

무슨 심령이니 영혼이니 하는 이야기는 잠시 접어둡시다. **성서는 역시 누구나 쉽게 읽고 이해할 수 있습니다. 괜히 어렵게 배배 꼬아서 뭔가 심오한 게 있는 것처럼 꾸미지 마세요.** 바른 품행과 정직한 삶은 신앙이 있든 없든 모든 이에게 필요합니다.

그런즉 사랑하는 자들아 이 약속을 가진 우리는 하나님을 두려워하는 가운데서 거룩함을 온전히 이루어 **육과 영의 온갖 더러운 것에서 자신을 깨끗하게 하자**(고후 7:1)

고린도후서 7:1의 "영의 온갖 더러운 것에서 자신을 깨끗하게 하자"는 말도 '양심적으로 모든 더러운 것에서 스스로 깨끗하게 하자'는 뜻으로 이해할 수 있겠습니다. 이것을 영적인 말로만 보지 마세요.

이처럼 구약성서와 신약성서의 유사 단어 및 구절의 비교를 통해서 '깨끗한 양심'이라는 개념이 인류 역사에 면면히 계승된 하나의 중요한 개념이라는 것을 알 수 있습니다. 종교적인 깨끗함, 심적 죄 사함만 강조하는 분위기에서는 깨끗한 양심의 중요성이 묻혀버릴 수 있습니다만 이것이 우리에게 훨씬 중요합니다. 21세기, 양심을 잃어버린 신자가 넘쳐나는 이때, 이 개념을 발굴하여 제시하고 강조할 필요가 있습니다. 성서는 말합니다. **"신자이기 이전에 양심적인 사람이 되십시오!"** 宋

무익하나마 내가 부득불 자랑하노니 주의 환상과 계시를 말하리라(12:1)

사도의 표가 된 것은 내가 너희 가운데서 모든 참음과 표적과 기사와 능력을 행한 것이라(12:12)

내가 너희에게 보낸 자 중에 누구로 너희의 이득을 취하더냐(12:17)

사도와 기적과 돈(Apostle, Miracle and Money)

고린도후서를 읽다 보면 이 편지를 쓰는 사람(발신자)과 편지를 받아 읽는 사람(수신자)들의 **관계가 특이하고 복잡하다**는 생각이 듭니다. 좋은 관계인지 애증의 관계인지 갈등의 관계인지 금방 파악이 안 됩니다. 서로 "걱정"하면서 "눈물"까지 흘리는 관계처럼 보이기도 하고(고후 2:4) "신뢰"하는 관계 같기도 합니다.(고후 7:16 "범사에 … 신뢰") 한편, 심한 욕을 하기도 하고(고후 5:13 "우리가 … 미쳤어도 …") 서로 무시합니다.(참고: 고후 12:11 "나는 너희에게 칭찬을 받아야 마땅하도다") 심지어 "용서하지" 않겠다고 경고하다가(고후 13:2 "내가 다시 가면 용서하지 아니하리라") 인사말이긴 하겠지만 갑자기 "평강"을 빌면서 글을 마무리합니다.(고후 13:11)

고린도후서 12장은 글쓴이의 '어쩔 수 없는 자랑'으로 시작합니다. 화자는 "주의 환상과 계시를 말하"는 것을 꺼리면서 "부득불" 말한다고 합니다. 그는 '사람이 몸 안에 있었는지 몸 밖에 있었는지 모르는 유체이탈과 같은 것을 통하여 하늘에 올라갔었다'(고후 12:2)라는 기묘한 이야기를 합니다. 그렇다면 여기서 질문이 하나 생깁니다. **왜 꺼리는 이야기를 하는 것인가?**

화자가 신기한 이야기를 끄집어내면서 '부득이한 자랑'을 하는 것은 **자신에 대한 평가와 관계가 있습니다.** 이는 고린도후서 12:6-7을 보면 쉽게 알 수 있습니다. 화자는 청자가 "누가 나를 보는 바와 내게 듣는 바에" 대하여 "지나치게 생각할까 두려워하"고 있습니다.(고후 12:6) **자신의 평판에 대해 걱정하는 것입니다.** 그리고 고린도후서 12:7의 "자만"이라는 말은 '사람들의 과대평가에 따른 우쭐거림'이라는 뜻인데, 화자가 그런 높은 평가를 받았다는 이야기가 아니라 오히려 그 반대일 것입니다. 진짜로 사람들이 자기를 높이 평가한다면 이런 글을 쓸 필요가 없습니다. 화자는 청자들이 자신을 어떻게 생각하는지 매우 신경을 쓰고 있습니다. 그렇다면 화자는 왜 이처럼 사람들의 평판을 신경 쓰고 있습니까?

고린도후서 12:11-12를 보면, 화자는 자신이 "사도"라는 것을 강력하게 주장합니다. 화자는 자신이 "지극히 크다는 사도들보다 조금도 부족하지" 않다고 말하면서 "표적과 기사"와 같은 신기한 일을 행하는 자신의 "능력"이 "사도"라는 것을 나타내는 증거("표")라고 주장합니다. 이 본문에서 "기적"은 "사도"임을 증명하는 증거입니다.

지금 우리에게 있어서 목사라는 것을 증명하는 "표"는 공인된 신학대학교의 졸업장 정도일 것입니다. 공부했다고 바로 목사의 자격을 주는 것은 아니고, 교단과 교파에 따라 차이는 있지만, 일정 기간 실제로 목회를 한 경험이 있어야 합니다. 이와 같은 목사 양성 기관이 존재하지 않으면 어떤 사람에게 자격이 있는지 판단하기가 쉽지 않을 것입니다.

고린도후서 12장의 화자는 자신이 "사도"라는 것을 증명하기 위해서 '신비한 체험과 능력'을 내세우고 있습니다. 울며 겨자 먹기로 꺼리는 방식을 쓰고 있는 것은 **그가 아주 절박하다는 것을 나타냅니다.** 자신이 사도로 인정받을 수만 있다면 수단과 방법을 안 가리는 것입니다. 본문의 화자는 분명히 이러한 방식을 사용하는 것을 꺼리고 있으며 "부득불 자랑"한다(고후 12:1)고 합니다. 그런데도 이와 같은 방식을 사용한 것은, **화자가 자신을 증명할 다른 방법이 없다는 뜻입니다.** 화자는 그의 신분을 의심하는 청자들에게 둘러싸여 궁지에 몰려 있습니다.

한편, 화자는 전도(선교)와 가난한 신자들을 돕기 위한 막대한 활동 자금이 필요했습니다. 고린도후서에는 화자의 모금 활동에 관한 언급이 있습니다. 화자가 청자들에게서 "위로"를 받았다(고후 7:7,13)고 하는데 바로 이어서 "풍성한 연보"(고후 8:2)를 언급합니다. 하지만, 바라는 대로 돈이 건네진 것 같지는 않습니다. 화자는 "극심한 가난"에도 경제적 지원을 한 사람들의 선례(고후 8:2-5)를 언급하는데 후원 계획이 있었음에도(고후 8:10 "너희가 … 원하기도 하였은 즉") 시간만 흐르고 있을 뿐 돈이 주어지지 않았습니다.(고후 8:10 "일 년 전에") 화자는 조급해졌고 결국 그들에게 돈을 달라고 재촉합니다.(고후 8:11 "마음에 원하던 것과 같이 완성하되 …) **그는 헌금을 촉구하기 위해서 그 돈을 하나님이 받으신다고 말합니다.**(고후 8:12 "… 있는 대로 받으실 터이요") 또한 '지금 나누면 어려울 때 채움을 받게 될 것이다'라고 설교합니다.(고후 8:14; 고후 9:9-10 하나님이 "풍성하게 하시고") 하지만 화자가 요구한 거액의 헌금(고후 8:20 "거액의 연보")을 선뜻 마련해 주는 사람은 없고 오히려 "비방하"는 사람만 있었습니다.(고후 8:20) 화자가 돈을 "미리 준비"하라고까지 했음에도(고후 9:5) 모금이 이루어지지 않았고 돈을 받으러 간 사람이 당도했는데도 아무것도 주지 않았기 때문에 화자의 마음이 많이 상했던 것 같습니다.

화자는 모금이 어려워지자 다른 루트를 모색하게 됩니다.(참고: 고후 11:9 "마게도냐에서 온 형제들이 나의 부족한 것을 보충하였음이라") 헌금하지 않는 사람들에게는 '너희들에게 아무것도 받은 것이 없다'(고후 12:17-18 "너희의 이득을 취하더냐")라고 일갈하는데 심지어 서신의 마지막 부분에서는 거친 말로 비판합니다.(고후 12:20-21 "다툼과 시기와 분냄과 당 짓는 것과 비방과 수군거림과 거만함과 혼란 … 더러움과 음란함과 호색함") 또한 **'(너희들을) 용서하지 아니하리라'(고후 13:2b)라며 적의(敵意)를 드러냅니다. 모두 돈을 주지 않아서 일어난 일입니다.** 화자는 청자들에게 "버림받은 자"(고후 13:5, 6)라는 심한 표현을 하기에 주저하지 않습니다.

모금이 이루어지지 않은 것은 청자들의 공동체에 큰 혼란이 있었기 때문인 것도 같습니다. 그러나 화자는 상황을 세심하게 이해하기보다는 노골적으로 분노를 드러냈습니다. 모금을 위해서 화자가 얼마나 큰 노력을 기울였습니까? **돈을 하나님이 받는다는 무리한 신앙 논리**를 제시했고, 꺼리는 이야기까지 들먹였습니다. 모금에 참여하는 것이 하나님께 영광을 돌리는 것이라고 한 것(고후 9:13 "후한 연보로 말미암아 하나님께 영광을 돌리고")은 청자들이 적극적으로 동참하게 하려는 의도에서 한 말입니다. 그러나 모금은 실패했습니다. **요즘도 어떤 이들은 모금을 위해서 별말을 다 합니다. 하나님을 들먹거립니다. 하나님께 바치는 돈이라고 합니다. 그러나 돈은 결국 사람의 필요 때문에 사람이 거두어들이는 것입니다. 하나님께 돈이 필요할 리가 없습니다.**

위와 같은 모든 내용을 고찰한 결과를 종합해 보면, 고린도후서 12장의 화자가 모금 문제에 관하여 총체적 난국에 처해있다는 것을 알게 됩니다. 청자들은 화자를 인정하지 않으며, 화자가 꺼내기 힘든 이야기를 했음에도 불구하고 상황을 개선하지 않았습니다. 돈도 내지 않으면서 비방만 합니다. 모금과 하나님을 결부시킨 노력도 물거품이 되어 버렸습니다. 결국, 화자는 청중들에게 욕을 합니다. 저주를 퍼붓습니다. 이런 관계를 끝장난 관계라고 합니다.

성서에서 이런 끔찍한 상황을 만나는 것은 절대 유쾌하지 않은 일입니다. 하지만 우리가 이런 상황을 반면교사(反面教師)로 삼는다면 똑같은 우를 범하는 것을 면할 수 있습니다. 본문 고찰을 마치면서 우리가 글을 통해 얻을 수 있는 교훈 몇 가지를 적어 보았습니다.

첫째, 자신을 인정하지 않는 대중에게 어필하기 위해서 무리한 이야기를 끌어다 대면 안 됩니다. 은연중에 거짓말을 하게 됩니다. 그러느니 조용히 발길을 돌리는 편이 낫습니다.

둘째, 그 목적이 무엇이든 경제적인 이익을 위해 '하나님께 영광이 된다'든지 '하나님이 이 헌금을 받으신다'든지 하는 것은 사기입니다. 하나님은 돈이 필요 없습니다. 돈은 인간의 필요입니다.

셋째, 인정받으려고 하거나 경제적인 이익을 얻어내려고 무리하다 보면 관계가 깨질 수 있다는 것을 명심하십시오. 좋았던 관계가 서로 저주하는 관계로 되는 것은 사람과 사람 사이에 어떤 사심 어린 목적이 있기 때문입니다.

🐝 하나님의 이름으로 다른 이에게 부담을 주지 마십시오. 원래 사도 중의 한 사람이 **아니었던** 바울은 사도로 인정받고자 무리를 했습니다. 내키지 않았지만 신비로운 체험담을 끌어왔습니다. 자신을 제대로 인정하지도 않는 공동체로부터 무리하게 모금하려고 했습니다. 결국, 아무것도 얻지 못한 채 사람들에게 저주를 쏟아붓고 있습니다. 안타깝게도 우리 주위에서 이런 목사들과 선교사들을 심심치 않게 볼 수 있습니다.

제가 강남에서 학원 강사로 일하고 있을 때였습니다. 나름 이름을 날리고 돈을 많이 번다는 소문이 퍼졌습니다. 어느 날 제가 모르는 중국 선교사에게 전화 연락이 왔습니다. 그리고 대뜸 헌금하라고 했습니다. 자신이 기도하는데 갑자기 눈앞에 저의 이름과 전화번호가 나타났다면서 제가 많은 돈을 번 것은 다 자신을 후원하라는 하나님의 뜻이라고 했습니다. 저는 황당하기도 하고 기분이 나쁘기도 했지만, 최대한 예의를 갖추어서 미안하지만 후원할 수 없다고 했습니다. 그러자 그는 갑자기 저에게 저주를 쏟기 시작했습니다. 자신에게 헌금하지 않았기 때문에 곧 큰 사고가 일어날 것이라고 했습니다. 더는 그 말을 듣고 있기 힘들어서 전화를 끊고 그 번호를 차단했습니

다. 그날 집에 귀가했는데 유치원에 다니는 딸이 교통사고를 당해서 병원에
입원하는 일이 발생했습니다. 저도 연약한 인간인지라 사랑스러운 딸이 다치
니 혹시 그 선교사에게 헌금하지 않아서 불행이 찾아온 것은 아닌가 하는 미
신 같은 생각이 머리를 스쳤습니다. 나중에 알고 보니 그 선교사라는 사람에
게 저의 지인이 기도를 부탁한다면서 개인정보를 전달했고 그가 그것을 보고
저에게 전화했던 것이었습니다. 과거에는 지금처럼 개인정보에 대한 경각심
이 크지 않아서 그랬는지 여러 사람의 기도 제목과 연락처를 한 장의 종이에
프린트하여 나눠주고 그 내용을 따라 각자가 집에서 기도하는 문화가 있었습
니다. 그 이상한 사람에게 그 프린트물이 건네진 것이 화근이었습니다. 그의
저주 어린 폭언과는 상관없이, 딸은 며칠 후 아무 이상 없이 일상생활을 할
수 있었습니다. 아직도 이처럼 인간의 연약한 부분, 심약한 순간을 파고들어
자신의 이익을 취하려는 자들이 있습니다. 이는 하나님의 이름으로 사람들을
속이고 으르고 돈을 취합니다. 이렇게 나쁜 의도를 가지고 행동을 하는 경우
가 아니더라도 무리해서 어떤 목적을 이루려고 하는 것은 좋지 않습니다. 그
것이 종교적인 목적이나 선한 목적이 있더라도 마찬가지입니다. **무리해서 하
려는 일들은 모두 하나님이 시킨 일이 아닙니다. 인간의 욕심입니다. 특정한
목적이 이끄는 삶을 살아야 한다는 강박은 자주 인간관계를 파괴합니다!** 그
리고 다른 사람에게 무리한 요구를 하고 그것이 이루어지지 않으면 분노하
는데, 이런 사람에게서는 하나님의 사랑을 느낄 수 없습니다. 자신도 모르는
사이에 하나님의 일이 아닌 자기 일을 고집스럽게 이루려고 다른 이에게 부
담을 주는 것입니다. 다른 사람이 싫어하는 일은 하지 마세요! 싫어하고 반
대하는데도 하나님의 일이라며 관철하려고 하지 마십시오! 그리고 잘 생각해
보세요. 그게 정말 하나님이 시킨 일인지 아니면 당신이 바라는 일인지 말입
니다! 宗

사람들에게서 난 것도 아니요 사람으로 말미암은 것도 아니요 오직 예수 그리스
도와 그를 죽은 자 가운데서 살리신 하나님 아버지로 말미암아 사도 된 바울은
(1:1)

형제들아 내가 너희에게 알게 하노니 내가 전한 복음은 사람의 뜻을 따라 된 것
이 아니니라 / 이는 내가 사람에게서 받은 것도 아니요 배운 것도 아니요 오직
예수 그리스도의 계시로 말미암은 것이라(1:11-12)

배움 없이 혼자 진리를 깨달았다는 사람은 못 믿을 사람

성서를 읽을 때 특정한 내용을 당연시하면 오히려 더 중요한 내용을 지나
치게 됩니다. 우리가 교회에서 듣거나 배운 내용을 전제하고 성서를 읽으면
성서 내면에 숨은 메시지를 포착하는 데 장애가 생길 때가 있습니다. **선입견
이 독서를 방해하는 것입니다.** 갈라디아서를 로마서와 함께 **복음의 정수**라고
하는 이가 있습니다. 하지만 텍스트 자체를 숭상하는 자세를 가지면 진정한
정수를 파악하기 어렵습니다. 어떤 이들은 갈라디아서와 로마서가 제일 중
요한 성경이라고 하면서 신자가 된 사람들에게 이것을 먼저 가르쳐야 한다고
주장합니다. 하지만 갈라디아서에도 다른 성서와 마찬가지로 여러 가지 고려
해야 할 문제들이 있습니다. 무턱대고 '대단히 중요하니 배워라'라고 말하기
에는 적지 않은 걸림돌이 있다는 것입니다.

갈라디아서는 시작부터 확실한 **근거가 없는** 주장을 합니다.

사람들에게서 난 것도 아니요 사람으로 말미암은 것도 아니요 오직 예수 그리
스도와 그를 죽은 자 가운데서 살리신 하나님 아버지로 말미암아 사도 된 바
울은(갈 1:1)

화자인 "바울"은 자신이 사도라고 주장하고 있습니다. 그런데 **그의 주장에는 객관적인 증거가 하나도 없습니다.** 그는 '사람들이 시켜서 … 된 것도 아니'고 '사람이 맡겨서 … 된 것도 아니'라면서 오직 '예수 그리스도 … 하나님 … 께서 임명하셨다'라고 합니다. **이런 말은 '내가 사도라는 증거는 아무것도 없다'라고 말하는 것이나 마찬가지입니다.**

현대에 어떤 목사가 '나는 신학대학교를 다녀서 목사가 된 것이 아니고 교단에서 안수를 받아서 된 것도 아니며 단지 예수님과 하나님이 나를 임명하신 것이다. 그래도 나는 목사다'라고 주장한다면 어떻겠습니까? 아무도 그를 인정하지 않을 것입니다.

이처럼, 그의 신분이 미심쩍은 것과 같이, 그가 논하는 "복음"에도 같은 문제가 존재합니다. 그는 자신의 "복음"과 그 외의 모든 "다른 복음"(갈 1:6-9)을 대비하면서 "다른 복음"을 **무조건 깎아내립니다.** 그는 "다른 복음"을 따르는 것은 "이상"한 일이며(갈 1:6) '참 복음을 왜곡하는 일'이라면서(갈 1:7 "변하게") "저주를 받을" 일이라고 연거푸 말합니다.(갈 1:8,9) 그는 "(바른) 복음"에 대해서 설명하면서(갈 1:11ff) 같은 말을 계속합니다.

> 형제들아 내가 너희에게 알게 하노니 내가 전한 복음은 사람의 뜻을 따라 된 것이 아니니라 이는 내가 사람에게서 받은 것도 아니요 배운 것도 아니요 오직 예수 그리스도의 계시로 말미암은 것이라(갈 1:11-12)

화자("바울")는 이 본문을 통해, 신분의 문제와 더불어, 그의 메시지("복음")에도 **객관적인 근거가 결여되어 있다는 것을 자인하고 있습니다.**

구약 전승을 제외하고 신약만 따로 떼어 이해하는 것은 옳지 않습니다. 구약성서와 신약성서는 합하여 전체를 이룹니다. 그런데 화자는 마치 자신의 **"복음"이 그 어떤 전승의 영향도 없이 위로부터 직통으로 주어진 것처럼 말하**

고 있습니다. 유대인인 그는 과거 그가 따르던 **"유대교"가 자신의 "복음"에
아무런 영향을 미치지 않았다고 우깁니다.**(갈 1:13ff) 그는 **혈육이나 다른 사
도에게도 아무런 영향을 받지 않았다고 주장합니다.**(갈 1:16-19) **이런 주장
은 신빙성이 없습니다.** 우리는 모든 면에서 주변 사람과 기존 지식의 지대한
영향을 받습니다. 이런 황당한 주장을 하면서 "게바(베드로)"를 만났다는 말
(갈 1:18 "그와 함께 15일을 머무는 동안")이나 "야고보"를 만났다(갈 1:19)는
말은 왜 했는지 모르겠습니다. 갈라디아서 1:20에서도 화자("바울")는 '내 말
은 결코 거짓말이 아닙니다!'라고 힘주어 말하는데, 오히려 이 말을 한 것이
신빙성을 더 떨어뜨립니다. 객관적인 근거가 부족한 주장을 하는 사람이 자
주 자기 말이 사실이라고 강조하는 법입니다.

　화자("바울")가 스스로 사도라고 하는 것은 정말 수긍하기 어렵습니다. 왜
냐하면 '사람에 의한 것이 아니라 오직 하나님으로부터 자격이 주어졌다'라
고 말하기 때문입니다. 더불어, 그렇게도 확신 있게 내세우는 그의 "복음"
도 인정하기 어렵습니다. 이 "복음"이 어떤 과정을 거쳐 형성된 것인지 이해
할 만한 근거가 아무것도 없기 때문입니다. **근거가 없다는 것을 화자 자신도
알고 있는 것 같습니다. 다만, 독자를 설득하기 원한다면 글을 이렇게 써서는
안 됩니다.**

　궤변과 우격다짐처럼 보이는 내용이 들어있는 갈라디아서 1장을 새로 신
자가 된 이들에게 설명 없이 읽으라는 것에는 상당히 큰 문제가 있습니다. 호
의를 가지고 접한다고 해도 본문을 이해하기에는 상당한 난도(難度)가 있습
니다. 처음 이 본문을 읽은 사람 중에 적지 않은 사람은 아마도 이 성서 본문
이 독자들의 이해를 바라는 것이 아니라 **맹신을 강요하는 것으로 느끼고 불
쾌감을 가질 수 있습니다.** '아! 난 몰라! 어쨌든 나는 사도야! 아! 몰라! 몰라!
내 복음만 정상이고 나머지는 다 엉터리야!' 본문은 분명히 이런 느낌을 주고
있습니다. 초기 교회가 상당히 많이 성장한 뒤에, 바울을 숭상하는 분위기가

자리를 잡고 나서 이런 글이 나타난 것 같습니다.

놀랍게도 갈라디아서 2:2는 화자("바울?")가 '지도자급 인사들("유력한 자들')'에게 "복음을 … 제시하되" 이해하도록 자세히 설명했다고 합니다.("사사로이 한 것은") 또한, 갈라디아서 2:3은 바울이 다른 본문에서는 냉혹하게 비판하고 배척했던 "할례"에 대해서(참고: 갈 6:12-13) 상대적으로 온건한 태도를 보입니다.("억지로 할례를 받게 하지 아니하였으니" 참고: 롬 2:25 "할례가 유익하나 …; 고전 7:18 "할례자로서 부르심을 받은 자 … 무할례자가 되지 말며 …) 실제로 **과거 바울은 유대인 그리스도인들의 심기를 불편하게 하지 않으려고 이방인 개종자들에게도 율법을 따르게 한 적이 있습니다.**(참고: 행 21:23-24)

그런데도 갈라디아서 2:1-3과 같이 온건한 태도는 갈라디아서 전체에서 드물게 나타납니다. 대부분의 어조는 **청자를 고려하지 않는 일방적인 주장입니다.** 화자는 일찍부터 자신을 예루살렘 교회의 우두머리였던 베드로와 동급으로 여기고 있는데(갈 2:6-8 "베드로에게 역사하사 그를 … 사도로 삼으신 … 나를 … 사도로 삼으셨느니라") 이 역시 딱히 객관적인 근거는 없습니다. 솔직히 바울이 사도라는 것도 환상 중에 예수님을 만났다는 체험(행 9:3ff; 26:14-18) 외에는 딱히 분명한 뭐가 없습니다. 그런데도 자신을 높이기 위해 베드로를 깎아내리는 데 주저함이 없습니다.(갈 2:11-14 "내가 그(베드로)를 … 책망하였노라 … 네가 어찌하여 … 하려느냐 하였노라") 그 유명한 이신칭의(以信稱義. 갈 2:16 "사람이 의롭게 되는 것은 율법의 행위로 말미암음이 아니요 오직 예수 그리스도를 믿음으로 말미암는 줄 알므로 …)는 **원래 베드로가 최초로 제시한 개념입니다.**(행 15:7-11) 그런데 바울은 이를 베드로를 깎아내리는 맥락에서 사용합니다. **저는 베드로의 인품이 바울과는 비교할 수 없을 정도로 훌륭하다고 생각합니다.** 객관적인 근거도 없이 사도라고 우기면서 심지어 자신을 깎아내리는 자를 동료로 인정한 것이 바로 베드로입니다.

그렇습니다! '믿음으로 구원받는다'라는 이신칭의 교리는 바울이 창안한 것이 아닙니다. 국가가 패망하자 이스라엘 백성들의 마음속에는 정치가들은 물론 그 누구도 패망을 막지 못했다는 절망감이 자리를 잡았습니다. 동시에 절대적인 신적 구원을 고대하는 흐름이 형성되었습니다.(참고: 합 2:3-4 " 종말이 속히 이르겠고 … 의인은 그의 믿음으로 말미암아 살리라") 신약성서의 시대에 와서 베드로가 이 사상 전통을 계승합니다.(행 15:7-11) 그러나 화자("바울")는 이 **'구원의 복음'이 베드로와 같은 다른 사도가 아닌, 오직 자신에 의한 것인 양** 주장합니다. 화자는 그 누구에게도 그 무엇으로부터도 아무것도 승계받은 것이 없다고 주장하고 있습니다.(갈 1:12 "사람에게서 받은 것도 아니요 배운 것도 아니요 …)

듣는 사람은 아랑곳하지 않고 객관적인 근거가 희박한 주장을 이렇게 계속하면 안 됩니다. 자신의 위상을 드높이기 위해서 높은 지위에 있는 사람을 깎아내리는 것도 좋게 보이지 않습니다. 보통 사람이라면 이런 사람을 모범이나 표상으로 삼지 않을 것입니다. 하물며, 인격적 부족함이 고스란히 드러나는 글을, 단지 그 안에 매우 중요한 교리가 들어있다는 이유로, 신자의 입문서로 삼는 것도 권장할 만한 일은 아닙니다.

객관적으로 볼 때, 바울이 홀연히 나타나신 예수님을 만나서 사도로 임명받았다(행 9:3ff; 26:14-18)는 것은 **주관적인 체험에 불과합니다. 신앙은 근본적으로 주관적이라고는 하지만 남에게 신앙적 가치를 설명할 때는 최대한 논리적이며 객관적인 근거를 제공해야만 합니다.** 그렇지 않고는 초심자(初心者)들이 그 어떤 것도 받아들이기 어려울 것입니다. 받아들인다고 하여도 또 하나의 맹목적인 신앙인을 만들게 될 것입니다. "복음"이 대중적인 호응을 얻기 위해서는 논리적 흐름 가운데 최대한 객관적인 단서를 함께 제시해야 합니다. 그를 위해서 구약과 신약을 아우르는 역사 전승을 십분 고찰할 필요가 있습니다. **어느 날 갑자기 하늘에 뚝 떨어진 진리란 없습니다.** 사교 집단의 교주가 아닌 바에야 감히 아무것도 참고하지 않고 신의 계시를 받아서 독보적인 계시를 전한다고 할 수는 없는 법입니다. 하지만 갈라디아서의 화자는 그런 식으로 말합니다.(참고: 갈 1:12 "계시") 그러면서 자신의 주장 외의 모든 메시지를 일괄적으로 비판합니다. 우리는 이런 **탈논리적인 독단주의를 지양해야** 합니다.

🐝 옛것을 배우고 시대를 읽어 상대방이 이해할 수 있는 말과 자세로 **전달하세요.** 당신이 믿고 알고 있는 것을 다른 이에게 전하려고 한다면 최소한 아래의 두 가지를 명심하십시오.

첫째, 그것이 어떻게 해서 그런 것인지 최대한 듣는 사람이 이해하도록, 논리적이고 객관적인 근거를 제시하십시오. **신앙에 관하여 모든 것을 다 이성적이고 과학적으로 설명할 수는 없는 법입니다. 그래도 최대한 이해가 가도록 설명해야 합니다.** 무책임하게 '믿으면 다 알아'라거나 '이해가 안 가는 것이 신앙이다'라는 식으로 말하지 마십시오. 비평학이 적지 않은 도움을 줄 것입니다. 성서 본문이 원래 어떤 역사 배경에서 형성된 것이라는 것만 살펴보아도 듣는 이들은 **성서가 실제 사실에 대한 신앙적 내러티브**라는 것을 쉽게 감지할 것입니다.

둘째, 자신의 주장을 돋보이려고 기존의 주장을 도매금으로 깎아내리지 마십시오. 천박해 보입니다. 개신교인들이 불교나 이슬람교에 대해서 잘 모르면서 한마디로 무시하는 것은 무례합니다. 한때는 구약의 계명을 존중하고 이방인 신자들에게까지 그것을 따르게 했던(참고: 행 21:23-24) 과거를 잊고 유대인 그리스도인 공동체와의 갈등이 심해지자 나중에는 율법을 행하는 그리스도인을 심하게 비난했던(갈 5:4 "그리스도에서 끊어지고 은혜에서 떨어진 자로다"; 갈 5:12 "너희를 어지럽게 하는 자들은 스스로 베어버리기를 원하노라") 바울을 보면 딱한 생각이 듭니다. **교리적 견해 차이로 싸울 때, 조금만 뒤집어 보면 사실 다 이해득실 때문에 그러는 것입니다.** 바울도 그랬습니다. 그는 유대인 공동체로부터 배척받게 되면서(참고: 행 23:12 "바울을 죽이기 전에는 먹지도 아니하고 …; 행 23:28-29 "유대인들이 무슨 일로 그를 고발하는지 알고자 하여 … 고발하는 것이 … 율법 문제에 관한 것뿐이요 …) 유대교 율법에 대해서 완전히 비판적인 입장으로 돌아섰습니다. 그렇다고 **자신의 주장이 유대교의 전승과 일정 부분 맞닿아있는 것까지 부정할 수는 없습니다.** 개신교인 중에도 개신교가 유대교, 가톨릭과 일정한 연계성이 있는 것을 아예 부정하는 사람이 있습니다. 하지만 하늘 아래 모든 사상 중에 무(無)에서 생겨난 것은 없습니다. **우리는 바울의 태도를 모범으로 삼아서는 안 됩니다.** 다른 사람의 종교와 사상을 최대한 존중해야 합니다. **존중을 혼합주의와 혼동해서도 안 됩니다.** 나의 정체성을 잘 지키면서 개신교인으로서 타종교인과 대화할 수 있어야 합니다. 대화 중에 오해가 풀어집니다. 무조건 깎아내리고 비난하는 태도를 바꿉시다. 사람을 존중합시다!

갈라디아서를 문자 그대로 따라 하려는 사람들이 있습니까? 독단적이고 탈논리적이며 우격다짐을 남발하는 태도를 답습하려는 것입니까? 듣는 이는 아랑곳하지 않고 근거도 없고 자상한 설명도 없는 주장을 하면서 이신칭의와 같은 짧은 교리만 반복하겠습니까? 그러면서 '나는 전했으니 믿든 말든 네 몫'이라고 할 것입니까? 예의가 실종된 무례한 개신교인이 참 많습니다. **이제는 그런 식으로 전도하면 아무도 교회에 오지 않을 것입니다. 오히려 교회 안에 있는 사람들까지 교회를 등지고 떠날 것입니다.**

성서에 나와 있는 인간의 부족한 모습까지 따라 할 필요는 없습니다. 성서의 가치를 전하려면 그에 상응하는 예의와 품격을 갖추십시오. 자기 눈에 거슬리는 모든 이를 무조건 비난한다고 자기 위상이 자동으로 올라가는 것이 아닙니다. 오히려 겸손히 과거로부터의 전승을 배우고 새 시대를 자세히 살펴서 궁극적으로 우리 삶에 필요한 해석과 실천으로 빚어내야 합니다. 이러한 온고지신(溫故知新)의 학습 태도가 필요합니다. 모든 이를 부드럽고 공손하게 대하면서 말입니다.

> … 너희 속에 있는 소망에 관한 이유를 묻는 자에게는 대답할 것을 … 준비하되 온유와 두려움으로 하고(벧전 3:15) 宗

갈라디아서 3:6-9

아브라함이 하나님을 믿으매 그것을 그에게 의로 정하셨다 함과 같으니라 / 그런즉 믿음으로 말미암은 자들은 아브라함의 자손인 줄 알지어다 / 또 하나님이 이방을 믿음으로 말미암아 의로 정하실 것을 성경이 미리 알고 먼저 아브라함에게 복음을 전하되 모든 이방인이 너로 말미암아 복을 받으리라 하였느니라 / 그러므로 믿음으로 말미암은 자는 믿음이 있는 아브라함과 함께 복을 받느니라

성서 이야기는 이스라엘 민족만의 이야기가 아닙니다.

제가 처음 교회 문을 들어섰을 때의 광경이 아직도 눈에 선합니다. 저는 솔직히 유교적인 문화 배경을 가지고 있는 사람이었기 때문에 기독교를 서양 종교라고만 생각했습니다. 유대인이 신봉하는 종교에서 나온 기독교가 저와 무슨 관계가 있겠냐는 생각이었습니다. 설교자는 말끝마다 '아브라함과 이삭과 야곱의 하나님' 운운했습니다. 그 역시 저에게 이질감을 주는 말이었습니다. 아브라함, 이삭, 야곱보다는 단군이 우리 시조라고 하는 편이 낫다고 생각했습니다.

나중에 성서를 비평적으로 읽기 시작하면서 발견하게 된 사실 중의 하나는 유대인의 시조라고 일컫는 아브라함이 사실은 티그리스·유프라테스강 유역의 우르 출신이라는 것이었습니다. 그의 선조는 바벨탑 이야기(참고: 창 11:9)의 원형인 지구라트(Ziggurat)를 세운 수메르 문명을 일군 사람들입니다. 저는 그전까지 아브라함이 유대인의 시조라고만 생각했지, 어리석게도, 그가 이방 출신이라는 생각은 한 번도 해보지 못했습니다.

갈라디아서 3:7은 '믿음에서 난 사람들이야말로 아브라함의 자손'이라고 합니다. 이 말을 해석하자면 '외국인이라고 할지라도 믿음, 즉, 성서의 중요한 가치를 수용하면 그와 똑같은 신분이 된다'라는 뜻입니다. 제가 처음 이런 해석을 들었을 때, 유대교니 기독교니 한정 짓기보다는 성서에 면면히 흐르고 있는 초시대적 가치를 수용하는 사람은 누구든지 공평하게 똑같은 신분이

된다는 것이 마음에 들었습니다. 그리고 저는 새로운 관점으로 성서를 읽기 시작했습니다. 유대 민족 국한적인 관점을 성서의 배경을 이해하는 데 활용할 뿐 무비평적으로 수용하지 않고, 대신 텍스트 저변에 숨어있는 탈민족적, 범시대적 가치를 파악하려고 노력하기 시작했습니다. 그러자 이전에 좁았던 시야가 넓어지면서 성서에 누구나 배울 만한 가치가 담겨 있다는 사실을 알게 되었습니다.

갈라디아서 3:8에는 이른바 '예정론'이라고 하는, "미리 알고 먼저 … 했다는 식의 서술이 나옵니다. "하나님이 이방을 믿음으로 말미암아 의로 정하실 것을 성경이 미리 알고 먼저 아브라함에게 복음을 전하되 …라는 내용 말입니다. 그러면서 "성경"이 **"미리 알"았다는 아리송한 이야기를 합니다. "성경"은 역사적 사건이 먼저 발생하고 그것을 신앙적인 내러티브로 적어낸 책입니다. 역사가 먼저고 기술이 나중입니다. 하지만 글을 적는 사람은 하나님이 모든 것을 미리 알고 그 뜻대로 이루셨다고 설명합니다.** 모든 일이 이미 발생한 뒤에 과거를 회고하면서 이런 식의 설명을 하는 것은 아주 틀린 것은 아닙니다. 다만 '예정'은 이처럼 작가의 관점과 기술의 시점과 밀접한 연관이 있으며, 이를 무시하고 주장하는 '예정'은 미신적이고 주술적인 추정과 별로 차이가 없습니다. 특히 **'예정'은 문자 기록("성경")을 떠나서는 아무런 의미를 갖지 않습니다.** "성경"이 반복적으로 '기록된 대로 이루어졌다'(참고: 눅 21:22; 행 13:29; 롬 2:24; 15:21 등)라고 말하는 이유는 '문자 기록'이 '예언' 종속적이며 동시에 '예언'도 '문자 기록'에 종속적이라는 것을 나타냅니다. 따라서 성서 내용 이외에 자기 마음대로 '예언'하는 일은 있을 수 없습니다. **인간은 미래를 추측할 수 있을 뿐 꿰뚫어 알 수 없습니다.** 따라서 우리는 갈라디아서 3:8의 '미리 알'았다는 말을 신앙 고백으로 이해할 수밖에 없습니다. 역사적인 사건을 경험하고 난 뒤에 회고의 차원에서 기술한 것입니다. 심지어 **요한 계시록과 같은 '미래 예언'도 사실은 경험한 현실을 반영한 것이거나 현실에**

대한 암시적 기술인 것이지 진짜로 그 문장대로 미래에 어떤 일이 일어날 것을 확언한 것이라고 볼 수는 없습니다.

이런 이해를 하고 갈라디아서 3:8을 다시 읽으면 글쓴이가 '외국인이었던 아브라함이 신앙적 가치를 받아들여 복된 사람이 된 것을 보니 모든 이가 똑같이 하나님의 복을 받을 것입니다'라는 사고를 하고 있다는 것을 알게 됩니다. 이렇게 해석해야 '성경이 미리 알았다'라는 기묘한 표현을 이해할 수 있습니다. 아브라함이 이른바 '믿음의 조상'이 된 것은 성경에 쓰여 있는 대로 무차별적이며 범시대적 가치를 수용했기 때문이라고 글쓴이는 이해하고 있습니다. **지난 역사, 아니, 더 확실히 말해서, 지난 역사에서 얻은 교훈은 문서가 되면서 고정됩니다.** 외형적으로는 전설적인 이야기의 모습을 하고 있지만, 그 내면에는 모든 세대가 받아들일 만한 가치를 담고 있습니다. 따라서 성서의 외형만 보고 '거짓'이라고 깎아내려서는 안 됩니다. **사실과 동떨어진 것처럼 보이는 이야기를 잘 새기면 그 안에 국적, 신분, 나이, 시대를 무론 하고 모든 이가 배울 만한 교훈이 들어있습니다.** 허황한 이야기를 하는 것 같으나 이야기를 그렇게 구성한 이유가 있는 것입니다. 따라서 성서를 읽을 때는 그 이야기 자체가 아닌 이야기의 배후를 살피는 것이 더 중요합니다. **문자주의자들은 배후를 살피는 일과 이야기 자체를 살피는 일을 따로 합니다. 그것은 '이야기의 상황'을 파악하는 것이 아니라 '이야기' 자체를 불변의 진리로 믿는 믿음을 기반으로 하고 부차적으로 '상황'을 살피는 것입니다.** 이 과정 중에서 '상황'의 파악은 제대로 되지 않고 그들이 숭배하는 '이야기'의 틀 안에서 소용되는 것으로 판단되는 제한적인 '상황'이 마치 퍼즐의 일부 조각처럼 남게 됩니다. '상황'에 비추어 '이야기'를 파악해야 하는데 '이야기'의 틀에 맞춰 '상황'을 재단하는 것입니다. 이래서는 제대로 된 성서 읽기가 되지 않습니다. 신앙 내러티브로부터 단순히 '하나님은 모든 것을 다 알고 있다'라는 식의 예정론 교리만을 뽑아내는 것은 사실은 예정론 교리의 틀에 맞추어 성서 본문에서 '하나님은 모든 것을 다 알고 있다'라는 내용을 재단하는 것입니다. 성서를 100번, 1,000번 읽었다고 해도 늘 이런 식으로 틀에 맞추어 재단하기 때문에 성서에 담긴 가치의 파편도 파악하기가 어렵습니다. 참 안타까운 일입니다. 본문에 대한 세심한 파악은 시작도 해보지 못한 상태에서 간단한 교리만 반복하는 꼴입니다.

한편, 갈라디아서 3:18을 보면 '예정론'과는 좀 다른 각도에서 아브라함 이야기를 써내고 있습니다. "하나님이 약속으로 말미암아 아브라함에게 주신 것(유업)이라." 이는 사건의 발생을 이해하기 쉽게 순차적으로 적은 것입니다. 이것은 '하나님이 미리 알고 아브라함에게 복음을 전했다'(참고: 갈 3:8)라는 말과는 다릅니다. 하지만, 이 두 가지 다른 표현은 모두 하나의 회고적 사실을 지향합니다. **'아브라함은 복을 받았는데 그것은 하나님의 계획이었다'**.

현재 독자인 우리에게 '외국인 아브라함의 성서적 가치 수용의 예'만큼이나 중요한 것은 **우리가 모두** "아브라함같이 복을 받"을 수 있다는 사실입니다. 제가 생각할 때 이것은 돈을 많이 벌거나 건강하게 120세를 장수한다거나 하는 차원을 뛰어넘는 것입니다. "복"을 받은 아브라함도 이미 죽었고 그의 재산을 지금 우리가 확인할 길이 없으니 **그런 복을 말하는 것은 아무 의미가 없습니다.** "복"은 분명히 성서의 가치를 수용하고 그 가치에 따라 살아가는 삶 자체를 뜻하는 것입니다.

아브라함은 **생명 존중의 가치**를 배워야 했습니다. 창세기 22:12는 아들까지 제물로 바치는 고대 근동 문화를 정면에서 반대합니다. 아들을 죽여 신에게 바치려는 아브라함에게 하나님의 음성이 들립니다. "그 아이에게 네 손을 대지 말라 그에게 아무 일도 하지 말라!" 비록 창 22:12 하반절에 '하나님 경외 사상'이 추가되었지만, 이 역시 신앙과 인간 존중을 분리한 개념이 아니라 둘을 합하여 하나의 신앙적 가치로 인식합니다. 원래 그는 자신의 목숨을 보전하기 위해서 자신의 아내를 누나라고 속였던 비굴한 인격자였으나(참고: 창 20:1ff) 한편, 많은 삶의 굴곡을 거치면서 "(그로) 말미암아" "땅의 모든 족속이" "복을 얻"는 소위 '복의 통로'가 될 것을 명 받게 됩니다.(창 12:1-3; 17:4-5) 사람은 연약하므로 가치를 안다고 해도 그것이 지향하는 바대로 사는 것은 어려운 법입니다. 아브라함도 여러 가지 단점을 노출하지만 그래서 더 인간적으로 느껴지는 캐릭터입니다. 우리는 **현재 '아브라함 계열의 종교인'이 전체 인구의 절반을 넘는다**는 사실을 알고 깜짝 놀라지 않을 수 없습니다. 그는 위험에 빠진 사람을 보면 구하러 달려가는 사람이었고(참고: 창 14:12, 16) 멸망이 예고된 도시 사람들의 변호를 자처한 자, 이를 위해 신에게 항변했던 사람이었습니다.(참고: 창 18:23-32 "세상을 심판하시는 이가 정의를 행하실 것이 아니니이까") 무감각하게 아브라함을 '믿음의 조상'이라고 하지만 자세히 살펴보면 **그가 어떤 생각을 가지고 삶을 살아왔는지** 알 수 있습니다. **그의 마음에 어떤 믿음이 있었느냐 하는 것보다는 그가 얼마나 훌륭한 가치를 따라 살았느냐가 더 중요합니다.** 전자는 초월적 인식이며 후자는 실제적 실천의 전제입니다. 인정 많고 생명을 귀하게 여겼던 아브라함은 그의 성서적 가치를 드러내는 삶을 통하여 세상의 많은 종교인에게 지대한 영향력을 미치는 사람이 되었습니다. **우리가 만약 스스로 '나도 아브라함의 후손이다'라고 한다면 그와 같은 성서적 가치를 공유한다는 뜻입니다.**

갈라디아서 3장의 아래 단락에서 화자는 예수 그리스도를 소개하는데 "그리스도께서 … 나무에 달린 자", "저주 아래에 있는 자"라고 말합니다.(갈 3:13) 여기서 "복"은 우리가 생각하는 재산과 건강의 복이 아니라는 것이 명확합니다. 갈라디아서 3:14는 이 "복"이 '다른 사람(이방인)을 위해 **이바지하는**("미치게 하고") 성질의 복'이라고 말합니다. 이 논리를 따르면 예수님의(자발적) 희생은 '값진 희생'이 되고 '복의 통로가 되는 희생'이 됩니다. **예수님의**

추종자라면 자신을 희생해서 남에게 이익을 주는 행동을 실천할 것입니다. 이렇게 자발적으로 자신을 희생하는 사람이 늘어가는 곳을 우리는 천국이라고 부릅니다. 믿음의 가치가 지향하는 "복"이란 나 자신만을 위한 것이 아니라 모든 이를 위한 것입니다. 독점하고 있는 것이 아니라 나누는 것입니다. 갈라디아서 3:26은 '누구나 성서의 가치로 말미암아 하나님의 자녀가 될 수 있다'라고 말합니다. 그리고 그 가치가 널리 전파되면 "유대인이나 헬라인이나 종이나 자유인이나 남자나 여자나 다 그리스도 안에서 하나"가 될 수 있다고 합니다. 성서의 가치 안에서 힘이 있고 지위가 높은 자도 교만할 수 없습니다. 가진 것이 적고 지위가 낮다고 비굴할 수 없습니다. 다양한 상황에 있는 사람들 모두가 평등하게 존중과 사랑을 나누고 삶을 영위하는 세상으로 나아갑니다.

🐝 성서 연구는 모두를 위한 차별 없는 보편적 가치에 관한 연구입니다. 우리가 성서를 읽으면서 발견할 수 있는 가치는 **시대와 민족의 제약을 훨씬 뛰어넘는 어떤 것**입니다. 어떤 이는 성서를 읽다가 유대인과 유대 문화에 매료되어 반쯤 유대교인이 됩니다. 하지만 실제로 접해보면 유대인 공동체는 매우 배타적이어서 한국인인 우리를 수용하지 않습니다. 하지만 그들이 자의 반 타의 반 전래한 **성서는 유대교의 한계에 대한 비판까지 담고 있어서 놀라움을 금할 수 없습니다.** 어떤 종교의 경전이 그 경전을 소유한 민족에 대해 이처럼 극단적으로 부정적인 견해를 담기는 어렵습니다. 그런 측면에서 성서는 대단한 책입니다. 성서는 외형적으로 유대인에 의해 쓰였고 유대인을 옹호하는 것 같으면서도 **내부적으로는 인류 모두가 보편적으로 수용할 만한 가치를 담고 있습니다.** 성서 연구는 바로 이 보편적인 가치에 관한 연구입니다. 우리는 한국인이지만 외국인 아브라함이 그랬듯이 초시대적인 가치를 발견하고 그것을 우리의 삶에 수용해야 합니다. 모든 이가 하나님 앞에서 평등하다는 평등사상과 모든 이를 희생하신 예수님의 사랑의 본을 따라 사랑하자

는 박애주의(博愛主義) 말입니다. 편협한 종교에 함몰된 자칭 '하나님의 백성들'이 저지르는 참혹하고 잔인한 일들을 보면, 그들이 성서를 읽고 배우되 진정한 배움에 이르지는 못했다는 것(참고: 딤후 3:7 "항상 배우나 끝내 진리의 지식에 이를 수 없느니라")을 알게 됩니다.

저는 성서를 사랑합니다. 아마도 성서는 제가 이 세상에서 사라진 이후에도 면면히 남아 후대 사람들을 교훈할 것입니다. 그것은 **성서가 초시대적이며 범공간적 가치를 담고 있기 때문입니다.** 분명한 것은 현재를 사는 우리가 성서의 평등, 박애, 자발적 희생의 가치를 수용한다면 그 삶은 말할 수 없이 복된 삶이 되리라는 것입니다! 우리의 사회는 천국과 같은 사회가 될 수 있다는 것입니다. 성서의 교훈을 따라 사람을 존중하고 나눔을 실천하는 삶은 아름다운 삶이며 신조차 복을 내릴 수밖에 없는 그런 삶입니다. 복된 사람들이 더불어 사는 곳이 아름다운 사회입니다. 家

갈라디아서 5:2, 4, 6

보라 나 바울은 너희에게 말하노니 너희가 만일 할례를 받으면 그리스도께서 너희에게 아무 유익이 없으리라(5:2)

율법 안에서 의롭다 함을 얻으려 하는 너희는 그리스도에게서 끊어지고 은혜에서 떨어진 자로다(5:4)

그리스도 예수 안에서는 할례나 무할례나 효력이 없으되 사랑으로써 역사하는 믿음뿐이니라(5:6)

타협을 버리고 극단을 택하는 안타까운 상황

성서를 읽다가 한 본문 안에 상반된 내용이 같이 붙어있으면 당혹스러움을 느낄 것입니다. 어떤 해석자들은 이를 인간의 변덕스러운 의식의 흐름을 따라 적은 것이라고 말하지만 제가 볼 때 신경증이 있는 사람이 아닌 이상, **같은 사람이 그런 상반된 내용을 일부러 적었다고 볼 수는 없습니다.** 오랜 세월이 흐르면서 본문이 많은 사본을 낳았고 한 단락, 한 장의 내용에도 적지 않은 편집의 흔적이 남게 되었습니다. **필사자들은 경전에 대한 경외심으로 새로운 내용을 추가할 때 기존에 있던 내용을 삭제하지 않고 그대로 유지했는데 이 과정에서 앞뒤가 안 맞는 글이 생기게 되었을 것입니다.**

갈라디아서 5장에도 갈피를 잃고 논점이 흔들리는 부분이 있으므로 독자들이 당황할 가능성이 있습니다.

갈라디아서 5:2-4에서 화자는 유대인의 표로서 남자 성기 끝 표피를 자르는 "할례"가 필요 없다고 열변을 토합니다. 화자는 유대교와 유대인의 모든 습속을 부정하려고 합니다. 이른바 '할례의 표'는 유대인이 스스로 특별한 민족임을 자랑스럽게 드러내는 상징이기 때문에 이를 부정하는 것은 그들 전체를 무시하는 것과 같습니다. 이 본문 단락에서 화자는 '할례를 받으면 그리스도와 너희는 아무런 관계가 없다'(참고: 갈 5:2 "그리스도께서 너희에게 아무 유익이 없으리라")라거나 '할례를 받는 사람은 그리스도와의 관계가 단절되고 은혜에서 떨어져 나간 사람'이라고 맹비난합니다.(갈 5:4) 그런데 **갈라디아서 5:6에 오면 이런 공격적 태도가 갑자기 누그러집니다.**

갈라디아서 5:6은 "할례나 무할례나 효력이 없"다고 합니다. 그러면서 "사랑"과 "믿음"에 대해서 말합니다. 이를 다시 적어 보면 '할례를 받거나 안 받거나 문제가 없다'라는 뜻입니다.(참고: 새번역 갈 5:6) '가장 중요한 것은 따로 있으니 거기로 눈길을 돌리세요' 정도가 되겠습니다. 이처럼 **2-4절의 어조와 6절의 어조는 상당히 큰 차이를 보입니다.** 10절은 "심판을 받으리라"와 같은 분노어린 말을 합니다. 이에 반해 6절은 삽입구입니다. 이 삽입구를 추가한 사람은 갈라디아서 5장의 화자가 너무 극단적인 비판을 하는 것에 대해서 반대하는 그리스도인 중의 하나였을 것입니다. 그런데도 **유대인들이 '거룩한 백성의 상징'으로 여기는 할례를 "음행", "더러운 것", "호색(好色)"(갈 5:19), 심지어 "우상숭배"와 "이단"(갈 5:20)과 연결한 것은 상당히 과한 행동입니다.** 화자는 "하나님의 나라를 유업으로 받지 못할" "이러한 자들"의 범주에, 할례를 받은 자, 즉, 모든 유대인을 포함하고 있습니다. 이는 매우 극단적인 처우입니다.

'믿는 형제간의 도리'를 말하면서 시작하는(갈 6:1-2) 갈라디아서 6:15는 갈라디아서 5:6과 비슷하게 다시 "할례나 무할례가 아무것도 아니로되"라는 상대적으로 포용적인 태도를 보입니다. 그러나 전반적으로 갈라디아서의 화자는 우려 어린 분노를 그대로 표출하면서 율법의 추종자와 율법을 따르지 않는 무리를 극단적으로 나누고 있습니다. 그러나 성서를 자세히 읽으신 분은 이미 알겠지만, 놀랍게도 **바울은 원래 할례를 이렇게까지 부정적으로 보는 사람은 아니었습니다.**

할례자도 믿음으로 말미암아 또한 무할례자도 믿음으로 말미암아 의롭다 하실 하나님은 한 분이시니라(롬 3:30)

이 구절을 따르면, **할례자도 하나님께 인정받을 수 있습니다!** 초기 기독교 공동체에서 할례는 대역죄는커녕 유대계 그리스도인들의 민족적 전통이었습니다. 다만, 이방인 개종자들에게만큼은 굳이 할례를 요구할 필요가 없다고 생각했습니다.(참고: 행 15:10 "어찌하여 우리 조상과 우리도 능히 메지 못하던 멍에(할례)를 제자들의 목에 두려느냐") 이는 전통과 신앙 영역을 잘 구분하여 사고한 결과입니다. 유대인 그리스도인들은 여전히 전통을 지켰고 유대 민족 혈통으로서의 흔적을 몸에 지녔습니다. 그러나 갈라디아서 5장의 화자는 이상하리만치 할례 자체를 집중적으로 비판하는 데 온 힘을 쏟고 있습니다. 아마도 **화자와 유대인(그리스도인) 사이의 관계가 호의적인 관계에서 적대적인 관계로 악화하였기 때문에 이런 현상이 일어난 것 같습니다.**(참고: 행 23:12,14,21 '바울을 죽이기 전에는 먹지도 않고 마시지도 않기로 맹세한 자들') 극단적인 주장이 오가게 되면서 원래는 **'할례자로서 기독교인이 된 사람은 일부러 할례의 표를 없앨 필요가 없고, 할례라는 문화와 동떨어진 이방인은 굳이 할례를 받을 필요가 없다'**(고전 7:18)라는 온건한 주장은 점차 힘을 잃고 마침내 할례 = 불신앙과 같이 단편적인 논리가 힘을 얻게 되었을 것입니다. 이런 분위기에서는 '나도 할례를 받았습니다'(참고: 빌 3:5)와 같은 자랑은 할 수 없습니다. 또한 '할례를 받은 사람이나 할례를 받지 않은 사람이나 똑같은 사람입니다'(참고: 골 3:11)와 같은 말도 **할 수 없습니다.**

놀랍게도 화자는 '할례를 반대했기 때문에 내가 박해받았다'라면서(갈 5:11) 자신이 박해받은 이유가 할례에 있음을 밝힙니다. 원래 화자 자신도 할례받은 사람이었을 테지만 할례라는 화제를 둘러싸고 배척받게 되면서 할례라는 말조차 하기 싫어진 것 같습니다. 이제 그에게 있어서 **할례를 받는 것은**

우상을 숭배하는 것(참고: 갈 5:20)과 똑같이 가증스러운 일입니다. 멸망하여 지옥에 떨어져야 마땅한 일이 되었습니다.(참고: 갈 5:21 "하나님의 나라를 유업으로 받지 못할 것이요")

이렇게 할례에 대해서 살벌한 분위기를 연출하고 있는 전반적인 흐름 가운데 '사실 할례 받아도 큰 문제는 없어요'라는 작은 음성이 사이사이에(갈 5:6; 6:15) 끼워져 있다는 것이 놀랍습니다.

🐝 제사상을 뒤엎는 것보다 남을 존중하고 공존하기가 훨씬 어렵습니다. 예전에 어떤 가정이 있었습니다. 그 가운데 며느리 하나가 교회에 나가 예수님을 믿게 되었습니다. 그 집은 명절 때마다 제사를 지냈기 때문에 며느리가 앞장서서 제사 음식을 마련하고 상을 차려야 했습니다. 교회를 나간 이후로 그녀는 제사 음식을 계속 차려도 되는지 갈등하기 시작했습니다. 그래서 그 교회 목사님에게 어떻게 해야 옳은지 물었습니다. 목사님은 목숨을 걸고라도 제사 음식을 차려서는 안 된다고 가르쳤습니다. 며느리는 그 이후로 시어머니와 가족 친지들이 뭐라고 해도 절대 제사 음식을 차리지 않았습니다. 자연히 그녀는 명절 때는 물론 다른 때도 친척들의 모임에 참여할 수 없었고 그러다가 결국 분가를 했습니다. 다행스럽게도 남편은 아내를 이해했습니다. 하지만 분가해서 사는 동안 시어머니와 시아버지가 돌아가셨습니다. 어르신이 돌아가시자 자연스럽게 아무도 제사를 지내지 않게 되었습니다. 분가해서 이사하고 난 뒤에 며느리는 가까운 곳에 있는 새로운 교회를 다니기 시작했습니다. 그런데 그 교회는 시댁에 살 때 다니던 교회와 조금 달랐습니다. 그 교회 목사님은 제사 음식을 차려도 된다고 가르쳤습니다. 다만 지방(紙榜)을 붙이거나 향은 안 피워도 되고 가족끼리 둥글게 모여 음식을 나누어 먹으며 돌아가신 분을 기억하고 옛이야기를 하면 된다고 했습니다. 이것이 **전통을 존중하는 최소한의 예의**라고 말했습니다. 그때, 며느리는 돌아가신 시어머니와 시아버지 생각이 났습니다. 제사에 대하여 세심하게 고려하지

못하고 어른들을 등지고 찾지 않았던 시간을 뉘우치게 되었습니다. 한편으로는 **단편적이고 극단적인 대응을 하게 한 처음 교회 목사님에게 야속한 마음이 들었습니다.** 며느리는 어떻게 하면 좋을지 목사에게만 아니라 분가를 허락하셨던 너그러우신 시어머니와 시아버지와도 상의했어야 했습니다. 전통을 최대한 존중하면서 어르신들과 사이좋게 지낼 수 있었던 시간은 흘러갔습니다. 좀 더 사려 깊게 처신했다면 '예수쟁이들은 자기네밖에 몰라'라는 사람들의 뒷담화도 들을 필요가 없었을 것입니다.

할례를 받은 사람을 존중하면서 새로 믿는 이방인에게는 할례의 의무를 면제했던 **지혜롭고 사려 깊은 대처를** 안타깝게도 갈라디아서 본문에서는 찾아볼 수 없습니다. 이제는 할례를 받으면 지옥 갈 사람, 할례를 부정해야 천국 백성이 된다는 **단편적이며 날 선 논리만 남았습니다.** 이래서야 무서워서 누구도 성서를 읽으려고 하지 않을 것입니다. 이런 **극단적인 경향을 지양하고 새로운 자세로 성서를 읽는다면 성서가 바라는 바가 다툼이 아니라 평화와 공존이고 사랑과 신뢰라는 것을 알게 될 것입니다.**

갈라디아서에서 '박해'(갈 1:13,23; 4:29; 5:11; 6:12)라는 위기에 처한 사람들이 가해자로서의 할례-지지자에 대해 민감하고 극단적인 대응을 하면서 서로 간의 온건함이 사라진 것 같습니다. 하지만 간간이 "사랑으로 역사하는 믿음"(갈 5:6)과 "새로 지으심"(갈 6:15)과 같은 화제가 할례 문제보다 훨씬 중요하다는 것을 말하고 있어서 독자의 이목을 당기고 있습니다. 사실이 그렇습니다. 박해나 전쟁같이 사람을 극단적으로 몰아붙이는 상황이 아니라면 흑백논리로 우리 편 네 편을 갈라 싸우려고 달려들 필요가 없습니다. **중요한 것은 계율을 지키느냐 안 지키느냐가 아니라 우리가 얼마나 새로운 마음으로 (참고: 갈 6:15) 사랑과 신뢰를 주고받을 수 있느냐(참고: 갈 5:6)입니다.** '오늘 목에 칼이 들어와도 예수를 부인하지 않겠습니까?'라는 무섭고 극단적인 질문을 하는 목사가 간혹 있습니다만 참된 신앙의 확신은 그런 극단적인 상황보다는 평온한 일상에서 나타나는 것입니다. **예수의 이름을 내세우면서 제사상을 뒤집어엎기는 쉽습니다. 하지만 예수님을 믿지 않는 분들과 어떻게 서로 존중하면서 살아갈 수 있을지, 그 길을 모색하는 것은 보통의 지혜와 노력으로는 되지 않는 대단히 어려운 일입니다.** 당신은 신앙인으로서 어떻게 신앙을 갖지 않은 분들을 존중하고 그들과 함께 살며 신뢰와 사랑을 나눌 수 있겠습니까? 이것이 바로 성서가 우리에게 도전하는 핵심 과제입니다. 할례가 뭐 그리 중요합니까? 성서는 우리에게 남을 존중하며 그들과 평화롭게 공존하는 신뢰와 사랑의 메신저가 되라고 요구하고 있습니다. 宗

에베소서 2:11-14

그러므로 생각하라 너희는 그때에 육체로는 이방인이요 손으로 육체에 행한 할례를 받은 무리라 칭하는 자들로부터 할례를 받지 않은 무리라 칭함을 받는 자들이라 / 그때에 너희는 그리스도 밖에 있었고 이스라엘 나라 밖의 사람이라 약속의 언약들에 대하여는 외인이요 세상에서 소망이 없고 하나님도 없는 자이더니 / 이제는 전에 멀리 있던 너희가 그리스도 예수 안에서 그리스도의 피로 가까워졌느니라 / 그는 우리의 화평이신지라 둘로 하나를 만드사 원수 된 것 곧 중간에 막힌 담을 자기 육체로 허시고

개신교에는 왜 370개가 넘는 교파가 있는 걸까요?

에베소서에는 초기 기독교 공동체, 즉, 교회에 관한 중요한 교훈이 들어 있습니다. 그것은 '하나되라'라는 명령인데 놀랍게도 **유대교 출신과 이방인들의 조화와 연합을 요구**하고 있습니다. 다만 후대에 삽입된 것으로 보이는 몇몇 구절에는 노골적인 배척과 비방이 들어있어 전체 내용에 있어서 이질감을 자아냅니다.

하나의 집체(集體)가 응집력을 갖는 방법은 여러 가지가 있지만, 그중에서도 **외부 세력과의 비교, 갈등, 대립을 확인하거나 확대하는 방법**의 효과가 큽니다. 내부적인 갈등은 대외적인 분노나 적개심, 심지어는 전쟁과 같은 계기를 통해 해소됩니다. 에베소서 2:11에서 글쓴이는 "이방인"들이 유대인들에 의하여 "할례를 받지 않은 무리라 칭함을 받는 자들"이라고 불린다면서 **이방인을 옹호**하기 시작합니다. 이는 "이방인"들의 진영 반대편에 유대인들('할례를 받은 무리')을 배치함으로 양자의 긴장을 유도하는 서술 방식입니다. 그러나 바로 다음 구절인 에베소서 2:12-13은 또 다른 관점을 드러냅니다.

에베소서 2:12는 유대인의 특권에 대해서 말합니다. "이방인"은 "이스라엘 나라 밖의 사람"이며 "약속의 언약들에 대하여는 외인이요" "소망이 없고

하나님도 없는 자"라고 정의합니다. 이는 "약속의 언약들", "(구원의) 소망"
이 유대 민족에게(먼저) 주어졌음을 뜻하는 것으로서 "그리스도"로 말미암은
구원 역시 원래 유대인들이 독점하고 있던 것처럼 주장합니다. 그런데, 에베
소서 2:13은 "멀리 있던 너희(이방인)가 그리스도 예수 안에서 그리스도의 피
로 가까워졌느니라"라고 합니다. 에베소서 2:11-12의 유대인과 그 반대 개
념으로서 "이방인"을 설정하고 있는 내용을 전제할 때, 에베소서 2:13은 그
두 내용을 종합하면서 구원의 "소망"을 먼저 소유하고 있던 유대인과 같이,
이방인 신앙인들도 "약속의 언약"을 공유하는 자들이 된다며 이방인을 적극
적으로 지원합니다. 사실 이러한 **포용적인 입장이 에베소서 전반에 흐르는
기조**입니다. "이방인"들과 "그리스도"의 연계는 "이방인"과 "유대인" 사이의
교류와 밀접한 연계성을 갖고 있습니다.

> 그는 우리의 화평이신지라 둘로 하나를 만드사 원수 된 것 곧 중간에 막힌 담
> 을 자기 육체로 허시고(엡 2:14)

하지만 **에베소서 2:15a는 14절과 어울리지 않고 오히려 그다음 구절인
15b절 이하의 내용이 13절과 의미상으로 더 잘 연결됩니다.**

> 법조문으로 된 계명의 율법을 폐하셨으니 … (엡 2:15a)

> …이 둘로 자기 안에서 한 새 사람을 지어 화평하게 하시고 또 십자가로 이
> 둘을 한 몸으로 하나님과 화목하게 하려 하심이라 원수 된 것을 십자가로 소
> 멸하시고 또 오셔서 먼 데 있는 너희에게 평안을 전하시고 가까운 데 있는 자
> 들에게 평안을 전하셨으니 이는 그로 말미암아 우리 둘이 한 성령 안에서 아
> 버지께 나아감을 얻게 하려 하심이라(엡 2:15b-18)

사실 에베소서 2:15b-16은 실질적으로 14절과 똑같은 이야기를 한 것입니다. "그는 … 화평이신지라 … 중간에 막힌 담을 자기 육체로 허시고", "… 이 둘로 자기 안에서 한 새 사람을 지어 화평하게 하시고 … 십자가로 이 둘을 한 몸으로 … 화목하게 하려 하심이라 … 14절과 15b 이하 구절들 사이에 15a절이 삽입되었는데 이는 "할례를 받은 무리라 칭하는 자들"이라는 말로 유대계 사람들을 그리스도 공동체로부터 분리하려고 하는 11절의 편집자와 같은 사람이거나 그와 유사한 관점을 가진 사람에 의해 추가된 것 같습니다. 다만 11절이 유대인에 대한 반감을 조금 뒤틀어서 표현한 정도라면 15a절은 **"율법"이 아예 '폐지되었다'라고 도발합니다.** 이는 유대 **전통에 대한 노골적인 모욕**입니다.

> 법조문으로 된 계명의 율법을 폐하셨으니(엡 2:15a)

이런 **율법 폐기론(Antinomianism)은** 사실 기독교 공동체의 발흥 시점에서는 나타날 수 없는 것입니다. 베드로를 위시한 유대인이 주류였던 초기 기독교 공동체는 율법의 연장 선상에서 복음을 이해했습니다. 에베소서 2:11-13에서 이러한 기독교의 원초적 사상을 엿볼 수 있습니다. 초기 기독교 공동체는 이런 기본 입장에서 이방인 개종자를 수용하면서 구약 전통의 연장 선상에서 그들이 그리스도의 구원에 진입하는 것으로 이해했습니다. 율법에 대한 초기적 입장에 관해서는 마태복음 5장 17절에서 예수님이 하신 말씀을 참고할 수 있습니다.

> 내가 율법이나 선지자를 폐하러 온 줄로 생각하지 말라 폐하러 온 것이 아니요 완전하게 하려 함이라(마 5:17)

마태복음 15:22와 24절도 그렇습니다. "이스라엘 집의 잃어버린 양 외에는 다른 데로 보내심을 받지" 않았다고 말씀하신 예수님의 말씀과 그에 대해 "개들(이방인)도 … 상에서 떨어지는 부스러기를 먹나이다"라며 겸손하게 반박하면서 '이방인 구원'의 가능성을 논한 "가나안 여자"의 말은 구원관이 유대인 중심의 초기 기독교 사상으로부터 점진적으로 이방인을 적극적으로 포용하는 양상으로 나아갔음을 알게 합니다.

  이처럼, 유대인들이 전통적으로 고수해 온 율법이 처음부터 기독교 공동체 안에서 부정된 것은 아닙니다. 다만 시간이 흐르면서 유대인보다는 율법을 전혀 모르는 이방인들이 기독교의 중심 세력이 되었고, 결국 율법 폐기론이 대두되었을 것입니다.

  내가 하나님의 은혜를 폐하지 아니하노니 만일 의롭게 되는 것이 율법으로 말미암으면 그리스도께서 헛되이 죽으셨느니라(갈 2:2)

  법조문으로 된 계명의 율법을 폐하셨으니 … (엡 2:15a)

  에베소서를 전반적으로 볼 때, 복음의 기반을 다진 유대계 그리스도인 집단의 관점에서 이방인들의 유입을 바라보며 그리스도 안에서 유대인과 이방인의 대통합이 이루어졌음을 기뻐하는 내용이 글의 핵심입니다. 이방인들은 율법과 무관한 삶을 살아왔기 때문에 "진노의 자녀(엡 2:3)", "할례를 받지 않은 무리라 칭함을 받는 자들(엡 2:11)", "외인(엡 2:12)", "소망이 없고 하나님도 없는 자(엡 2:12)"라는 이름이 그들에게 따라다녔습니다. 그러나 이제는 이방인들도 구원받고 신앙생활을 할 가능성의 문이 활짝 열렸습니다.

  시간이 더 흐르자, 유대 전통을 기반으로 하면서도 이방인의 수용을 용인하는 에베소서 가운데 에베소서 2:9("행위에서 난 것이 아니니 이는 누구든지 자랑하지 못하게 함이라")이나 에베소서 2:15a("법조문으로 된 계명의 율법을 폐하셨으니 ")와 같은 구절이 삽입되면서 **글의 맥락에 교란이 발생했습니다.** 에베소서 2:20도 "너희는 사도들과 선지자들의 터 위에서 세우심을 입은 자라 그리스도 예수께서 친히 모퉁잇돌이 되셨느니라"라고 말하는데, 이는 에베소서를 구성하면서 한 편으로는 구약적 전통을 존중하면서 다른 한 편으로 새롭게 유입된 이방인과 "예수(그리스도)"의 관계를 그 전통의 조명 아래 수립하려는 움직임으로 평가할 수 있습니다.

이런 호의적이고 화평한 분위기의 글에 유대 전통으로서의 "율법"이 '쓸데없다'라는 말과 같은 것을 삽입하는 것은 뜬금없습니다. 그러나 결과적으로 이방인이 주도권을 잡은 기독교 공동체에 있어서 율법은 재고의 여지 없이 폐기되어도 좋을, 아니 폐기되어야만 하는 것이 되었습니다. 그 과정 중에 행위의 중요성이 퇴색하고 '전적인 신적 은혜'가 주목받았습니다. 사실 '은혜로 받는 구원'이라는 개념은 이방인이 교회의 주축이 된 이후에 그 공동체로부터 기원한 것은 아닙니다. 거슬러 올라가 보면 이스라엘이라는 국가가 패망할 즈음부터 이미 '불가항력적인 심판과 구원'이라는 초보적 '은혜-구원론'이 형성되기 시작했습니다.(참고: 렘 31:2 "칼에서 벗어난 백성이 광야에서 은혜를 입었나니 곧 내가 이스라엘로 안식을 얻게 하러 갈 때에라") 따라서 이방인 기독교 공동체가 아무리 구약적 전통을 제거하려고 해도 그 기반 위에서 구원을 논하는 한, 그 뿌리까지 제거할 수는 없습니다.

"율법(νόμος)"이라는 단어는 에베소서 전체에서 매우 생소한 단어입니다. 에베소서 2:15를 제외하면 에베소서 안에서 "율법"을 전혀 찾아볼 수 없습니다. 에베소서는 "율법"이 한 번도 안 쓰인 신약성서들(마가복음, 고린도후서, 골로새서-데살로니가후서, 베드로전서-요한계시록)을 제외하면 해당 용례가 가장 적은 성서입니다.(그다음 디모데전서는 2회) 로마서는 자그마치 74회, 갈라디아서는 32회나 "율법"이 쓰였습니다. 로마서에도 "율법"에 대한 상대적으로 긍정적인 평가가 없지는 않으나(참고: 롬 3:31 "… 도리어 율법을 굳게 세우느니라"; 롬 7:7 "율법이 죄냐 그럴 수 없느니라" 등) **대부분 "율법"을 부정적으로 이해하고 있습니다.**(참고: 롬 7:5 "율법으로 말미암는 죄의 정욕" 등) 이와는 달리, 에베소서에는 구약 전통에 대한 배척이나 적의가 명확하게 전면에 드러나지 않습니다. 따라서 **전반적으로 볼 때, 에베소서는 구약 전통을 중심으로 예수 그리스도 안에서의 유대인과 이방인의 통합을 말하는 성서라고 할 수 있습니다.** 이는 "율법" 친화적인 성서이면서도 "율법"의 효용성을 전면에 내세우지 않음으로, 새로 유입된 이방인에 대한 포용적인 입장을 드러내고 있습니다.

🐝 **한국 교회는 하나가 될 수 있을까요?** 지금에서야 유대교와 기독교를 분명하게 구분하지만, **기독교가 시작하는 시점에서는 오히려 유대 전통의 연장 선상에서 기독교를 이해하는 경향이 주류였다는 것을 기억할 필요가 있습니다.** 이를 잊고 마치 처음부터 기독교가 유대교와 별개로 형성된 것으로 생각하는 사람들이 있습니다. 지금도 우리가 **기독교를 제대로 이해하려면 구약과 율법 전통을 몰라서는 안 됩니다.**

기독교가 유대교로부터 하나의 종교로 완전히 떨어져 나오는 과정에서 의식적으로 전통을 무시했다는 것은 충분히 이해가 갑니다. 더불어, 에베소서에 일부 추가된 구절들이 실제로 그런 일이 있었음을 입증합니다. 그런데도 에베소서는 전반적으로 **유대인과 이방인의 조화로운 연합**을 말하고 있습니다.

"교회의 머리"(엡 1:22; 5:23)이신 그리스도를 중심으로 하나님을 믿는 공동체는 연합해야 합니다. 그러나 실제로 개신교는 가톨릭을 공공연하게 이단이라고 배척하는 것은 물론, 그 자체도 수많은 교파와 교단(약 370여 개)으로 사분오열되어 있습니다. 이는 안타까운 일입니다. 에베소서의 교훈을 말로만 하나님의 말씀이라고 하면서 노골적으로 무시하는 참담한 상황이라고 하겠습니다. 가톨릭은 어쩔 수 없다고 치더라도 개신교의 분열은 참 기가 막힌 일입니다. 하나의 교단에서 범죄를 저지른 목사가 제명되어도 금방 다른 교단으로 옮겨가거나 아예 자신이 새 교단을 하나 차려 활동하는 때도 있습니다. 그래서 그런지 개신교가 천 갈래, 만 갈래 분열된 것이 좋다는 이상한 사람도 있습니다. 이방인 교회가 의식적으로 유대 전통을 배척했던 시대 정신을 따르자는 것인지 유대인이나 이방인이나 하나 되어 연합하자고 외쳤던 에베소서의 목소리를 듣는 자는 없습니다. 사실, 말이야 바른말이지, 교파와 교단이 나뉘는 것은 성경에 대한 특별한 이해 차이보다는 정치적인 이해와 경제적인 이득 때문이 아닙니까? 모두 높은 자리 차지하고 싶은 욕망에 동기된 것은 아닌가요? 개신교 안에 이렇게 많은 교파와 교단이 왜 필요합니까? 그리스도 안에서 하나인데 합치면 안 될까요? 어렵겠지요?

그는 우리의 화평이신지라 둘로 하나를 만드사 원수 된 것 곧 중간에 막힌 담을 자기 육체로 허시고(엡 2:14)

또 십자가로 이 둘을 한 몸으로 하나님과 화목하게 하려 하심이라 원수 된 것을 십자가로 소멸하시고(엡 2:16)

그로 말미암아 우리 둘이 한 성령 안에서 아버지께 나아감을 얻게 하려 하심이라 그러므로 이제부터 너희는 외인도 아니요 나그네도 아니요 오직 성도들과 동일한 시민이요 하나님의 권속이라(엡 2:18-19)

평안의 매는 줄로 성령이 하나 되게 하신 것을 힘써 지키라(엡 4:3)

몸이 하나요 성령도 한 분이시니 이와 같이 너희가 부르심의 한 소망 안에서 부르심을 받았느니라(엡 4:4)

주도 한 분이시요 믿음도 하나요 세례도 하나요(엡 4:5)

우리가 다 하나님의 아들을 믿는 것과 아는 일에 하나가 되어 온전한 사람을 이루어 그리스도의 장성한 분량이 충만한 데까지 이르리니(엡 4:13)

그런즉 거짓을 버리고 각각 그 이웃과 더불어 참된 것을 말하라 이는 우리가 서로 지체가 됨이라(엡 4:25)

우리는 그 몸의 지체임이라(엡 5:30)

이 말씀들은 추상적인 교훈이 아닙니다. 사분오열된 교회들을 하나로 합치라는 실제적이고 엄중한 명령입니다. 대다수 목사와 교회들은 여전히 이를 무시하고 연합하려고 하지 않겠지만 말입니다. 아무리 신자들에게 사랑하고 하나가 되라고 해도 교회들이 이렇게 갈라져 있는 한, 연합하라는 말은 공허한 울림에 불과합니다. 宗

술 이야기라기보다는 최대한 맑은 정신으로 살라는 이야기

에베소서는 유대교 출신자들과 이방인의 조화로운 공존과 연합을 권고하면서, 다른 한편으로는 **올바른 삶에 대해서 교훈**합니다. 그중 에베소서 5:18의 "술 취하지 말라"는 교훈은 아주 유명합니다. 신자 중에 어떤 이들은 이에 대해서 '술을 입에도 대면 안 된다'라고 극히 보수적으로 이해하고, 또 어떤 이들은 '술 취하지 말라고 했지 언제 술 먹지 말라고 했냐?'라고 절충적인 의견을 냅니다.

예수님은 "먹기를 탐하고 포도주를 즐기는 사람"이라는 비난을 받은 적이 있는데(마 11:19) 음주 문화를 옹호하는 사람들은 이 구절을 언급하면서 '예수님도 먹보에 술꾼이었다'라고 주장합니다. 예수님이 그러셨으니 우리도 술을 즐기고 취해도 된다는 것이죠. 이쯤 되면 '적당히 마시면 된다'가 아니라 '많이 마셔도 된다'라는 말이 나오게 됩니다. 한편, 성서에 나오는 "포도주"의 의미가 우리나라의 소주, 맥주, 막걸리와 같은 술의 개념과 다르다고 하는 사람도 있습니다. 그 술이 그 술인 것 같은데 말이죠. 어쨌든, **일반적으로 한국에서 목사가 술을 먹거나 즐기게 되면 보수적인 한국 개신교 교인들은 용납하지 않습니다.** 자신도 마시면서 목사가 술을 마시면 금방 '목사님이 무슨 술?'이라고 하는 것이 한국 개신교 신자들입니다.

에베소서 5:18에서 "술"은 "방탕"이라는 단어와 동가(同價)적으로 연결되어 있습니다. 즉, 술에 취하는 것이 방탕하다는 것입니다. 신약성서에서 "방탕(ἀσωτία)"이라는 말은 에베소서 5:18 외에 디도서 1:6과 베드로전서 4:4에만 쓰였는데, 디도서 1:6의 경우 **"방탕"**하면 **"비난" 받는다**고 합니다. 여기서 "비난"이 '사회적 지탄'의 의미라면 "방탕"은 '사회적 규범과 상식에 저촉되는 행동을 하는 것'을 의미합니다. 베드로전서 4:4도 **무리에 휩쓸려**("그들과 함께") **"극한 방탕"**에 **빠진** 자들과 **"비방"**이 의미상으로 연결되어 있습니다.

이런 용례를 보면 에베소서 5:18의 '술에 취하는 것'은 **조용히 혼자 음주하는 것을 의미하는 게 아니라, 사회적으로 무리가 되는 작태(作態)를 보이는 것입니다.**

구약성서에는 신약의 "방탕(ἀσωτία)"에 상응하는 단어로 싸라르(הֹרֹס)가 있습니다.(참고: TDNT Vol.10:353~358) 이는 **고집 센 자녀가 부모의 교훈을 따르지 않고 제멋대로 행동하는 것**을 의미합니다.(참고: 신 21:18 "완악하고 패역한 아들"; 습 7:11 "듣기 싫어하여 등을 돌리며 … 귀를 막으며"; 시 68:6 :거역하는 자들") 신명기 21:20을 보면 "완악하고 패역"한 "자식"이 "방탕하여 술에 잠"겼다고 합니다. 고대의 사회 규범은 원래 가정에서 부모가 교육하는 것이었습니다.(참고: 사 30:1 "패역한 자식들") 따라서 이 경우 역시 "방탕"을 사회적으로 무리가 되거나 남에게 해를 끼치는 행위로 이해할 수 있습니다. 시간이 흐르면서 '방탕'은 가정이라는 범위를 넘어서서 전체 사회에 대한 불의(不義)로서의 방탕의 의미로 발전합니다.(참고: 사 1:23 "고관들은 패역하여 … 뇌물을 사랑하며 … 고아를 위하여 신원하지 아니하며 …") '방탕'은 **집단으로서의 "백성들"의 잘못을 지적**하는 데도 사용됩니다.(참고: 사 65:2 "옳지 않은 일을 걸어가는 패역한 백성들"; 렘 5:23 "배반하여 반역하는 마음이 있"는 "백성들"; 호 4:16 "완강한 암소처럼")

구약 전통의 연장선상에서, 신약의 "방탕"은 구약의 '완악함', 즉, **고집스러우며 부모와 기성 사회의 교훈을 거절하는 태도**를 의미합니다.(참고: 느 9:29 "고집하는 어깨 … 목을 굳게 하여 듣지 아니하였나이다") 또한, **이 사람 저 사람 찾아다니며 악한 영향을 끼치고 사회적 물의를 일으키는 것**을 의미합니다.(참고: 잠 7:11 "완악하며 … 발이 집에 머물지 아니하여")

위와 같은 고찰 결과에 따라, 에베소서 5:18의 "술 취하지 말라"는 명령을 해설하자면, **'술을 마시고 다른 사람에게 불편함을 주고 해코지하거나 사회적인 물의를 일으키지 말라'**는 뜻이 되겠습니다. "방탕"하게, 즉, 이기적인 동기에서 고집스럽게, 사회 규범(명문법이든 불문율이든)에 저촉되는 행위를 해서는 안 된다는 것입니다. 이렇게 본다면 **식사와 함께 반주로 한 잔씩 드시는 분이나 스테이크를 먹으면서 와인 한 잔 마시는 것은 이 성서 말씀의 경고 대상이 아니라고 하겠습니다.**

물론 술을 절제하지 못하고 중독 증세가 있거나, 마셨다 하면 폭력을 가하는(참고: 눅 12:45 "때리며 … 마시고 취하게 되면") 사람은 **아예 술을 입에 대지 않는 것이 좋습니다.** 또 술에 취했다는 핑계를 대면서 성추행과 같은 추잡한 행동을 하는 사람도 있으므로(참고: 요계 17:2 "음행의 포도주", 물론 술 자체가 사람의 제어 능력을 해제시켜 음란한 행위로 이끈다고 이 구절을 이해할 수도 있겠지만) **아무에게나 '술은 마셔도 됩니다' '마음껏 마시세요'라고 권장하는 것에는 위험성이 따릅니다.**

성서 시대에 술은 일상적인 음료이기도 했으나(참고: 눅 10:34; 요 2:9; 딤전 5:23) 의식적으로 독한 술을 피했다는 이야기도 있고(참고: 눅 1:15) 술을 마실 수 있으나 특정한 목적을 위해서나 다른 이를 위해서, **입에 대지도 않는 것이 아름답다고 하는 구절도 있으므로**(참고: 롬 14:21) 과음 때문에 고통을 받거나(참고: 딛 3:8 "많은 술의 종") 중독 되지(참고: 딤전 3:8 "술에 인박히지") 않았다고 하더라도, 덕스럽지 않다면 최소한 다른 사람 앞에서 술을 먹지 않는 것이 좋을 것 같습니다.(롬 14:21)

우리가 주의해야 할 것은 **술을 입에 안 대는 것이 무슨 신앙적으로 대단히**

훌륭한 일이거나 사람을 거룩하게 만드는 행동은 아니라는 것입니다. 또한, 적당히, **조용히 음주하는 신자를 무슨 죄인 보듯이 정죄해서는 안 될 것입니다.** 중요한 것은 술의 성질을 알고, 자신이 그것을 적당히 마실 수 있는지를 정직하게 인식하고, 마실지 그렇지 않을지를 결정하는 것입니다. 자기 절제 능력이 떨어지는 사람이 "방종"하게 되면 타인 혹은 사회에 의한 제약이 가해질 것입니다.

누가복음 1:15와 에베소서 5:18은 "독한 술", '취할 정도의 술'을 마시는 것과 "성령의 충만함"을 대비하고 있습니다. **과음하는 사람들은 술 외에는 심적, 물리적 압박을 해소할 방법이 없다고 오해하는 경향이 있습니다.** 이에 대하여 "성령의 충만함"이라는 신앙적 대안이 얼마나 적확한 것인가에 대해서는 논란의 여지가 있을 테지만, '과음하느니 교회에 가서 예배에 참여하는 것이 낫다'라거나 뭔가 '영적인 의미'를 과하게 부여하여 '가슴이 찌릿하게 극한 희열을 느낄 정도가 되면 술 생각이 안 난다'라고 하는 것에도 석연치 않은 점이 있습니다. 저는 **"성령의 충만함"을 광적인 기도나 예배에 따른 어떤 현상이라고 생각하지 않습니다.**

로마서 15:13은 "성령의 능력"을 "소망", "기쁨과 평강", "믿음" 등의 어휘와 연계하고 있는데 바로 다음 구절인 14절은 **"가득"한 "선함"**을 함께 제시하고 있습니다. 이런 의미 구조를 갈라디아서 5:22-23에서도 발견할 수 있는데 "성령의 열매"를 "사랑과 희락과 화평과 오래 참음과 자비와 양선과 충성 … 온유와 절제" 등과 같은 **일상적인 덕**과 묶고 있습니다. 물론, 종말론적인 긴박감이 주어지면 "성령"의 충만, 능력과 같은 것은 여지없이 신비주의적 해석과 얽히게 됩니다.(참고: 눅 1:67 "성령의 충만함 … 예언"; 행 2:4 "성령의 충만함을 받고 … 다른 언어들로 말하기를 시작하니라"; 행 7:55 "스데반이 성령 충만하여 … 예수께서 하나님 우편에 서신 것을 보고") 하지만 **"성령**

의 충만"은 신자가 사회적인 인정과 "칭찬"을 받는 상황과 연결되어 있어서 (참고: 행 6:3 "성령과 지혜가 충만하여 칭찬받는 사람") 역시 일상적인 덕이라는 의미 범주에서 이해하는 것이 바릅니다. 이런 해석 방법이 오늘을 사는 우리에게 훨씬 유익할 것입니다.

에베소서 5:18 역시 "방탕"의 반대 개념으로서의 "성령 … 충만"을 제시하고 있는데 이 내용을 '술에 홀리는 대신 성령에 홀려라'와 같이 탈이성적 권유로 이해해서는 안 될 것입니다. 에베소서 5:18을 오히려 '술에 취해 정신을 잃는 것'의 반대 개념으로 **'정신을 똑바로 차리고 사람답게 살아가는 것이 성령의 충만함이다'**라고 말하는 것으로 이해하는 것이 낫습니다. **성령 충만은 "어리석은 자가 되지 말고 … 주의 뜻을(명확한 정신으로) 이해하"는 것을 의미합니다.**(엡 5:17) 당신이 진정으로 성령 충만하다면 어느 때보다 맑은 정신으로 상황을 정확히 분별할 것입니다. 이는 '술에 취해 해롱대는 모습'과 정반대의 모습입니다. 궁극적으로 **에베소서 5:18은 신자가 언제나 분별력을 잃지 말고 맑은 정신으로 살아갈 것을 교훈합니다.** 그래야 사회에 이바지하는 삶을 살 수 있고 조금이나마 남에게 도움이 되는 일을 할 수 있을 것입니다.

🐝 절제할 수 있는 분만 술을 마시세요. 신앙에도 너무 취하지 마세요. **우리는 남을 도우러 가면서 술에 취할 수 없습니다.** 운전하면서 음주를 하는 사람은 정신이 어떻게 된 사람입니다. 성서는 나도 죽이고 남도 죽이는 **몽롱한 정신을 경고합니다.** 그래서 마약에 취하는 것은 성서의 가르침과 정반대로 행동하는 것입니다. 동시에 이성적 판단 능력을 내려놓고 종교가 주는 환각에 매료되어 멍한 상태로 찬송을 부르며 일상을 열심히 살지 않고 온종일 예배당에 앉아 있는 것도 지지하지 않습니다. 그것이 술이든 아니면 광신이라는 '마약'이든 분별력을 잃을 정도로 취해서 멍하니 있으면 안 됩니다. 우리는 성령으로 충만해야 합니다! 다시 말해, **분별력을 갖고 어떤 것이 올바른**

것인지 분별하며 살아야 합니다.

저는 여러분에게 술을 마셔도 된다, 혹은 안 된다는 단편적이고 유치한 답을 드리려고 하는 것이 아닙니다. **자신을 절제하고 일상을 바르게 살아갈 자신이 있다면 원하는 만큼 마시도록 하십시오.** 하지만 삶이든 신앙이든 제정신으로 살아낼 수 없다면 한 잔도 입에 대지 말아야 합니다. 솔직히 저는 술취한 사람과 이야기하기를 꺼립니다. 실컷 많은 이야기를 했는데 그다음 날 아무것도 기억하지 못하는 것을 보면 귀한 시간을 허비했다는 생각이 듭니다. 신앙 문제가 아니더라도 우리는 모두 최대한 맑은 정신으로 살아가야 합니다! 바로 그것이 성서 에베소서 5:18이 우리에게 권하는 삶의 자세입니다.

빌립보서 1:3-6

내가 너희를 생각할 때마다 나의 하나님께 감사하며 / 간구할 때마다 너희 무리를 위하여 기쁨으로 항상 간구함은 / 너희가 첫날부터 이제까지 복음을 위한 일에 참여하고 있기 때문이라 / 너희 안에서 착한 일을 시작하신 이가 그리스도 예수의 날까지 이루실 줄을 우리는 확신하노라

"기쁨" 설교를 하는 목사님은 많은 헌금을 의식하고 있다.

제 기억으로 그동안 교회를 다니면서 빌립보서의 "기쁨"에 대한 설교를 적어도 20번 이상은 들었습니다. 지금도 인터넷에서 '빌립보서의 기쁨'이라는 키워드로 검색하면 '그리스도인의 참 기쁨', ' 주 안에서 기뻐하라', '그리스도로 가득 찬 사랑과 기쁨의 편지', '기쁨의 비결' 등과 같은 제목의 설교와 해석이 쏟아집니다. 그중 몇 개를 눌러 보니 다음과 같은 내용입니다.

"우리가 진정으로 기쁨에 찬 생활을 하려면 어떤 환경이나 경험 속에서도 기뻐하는 방법을 배워야 합니다. 기쁨은 항상 있지만, 그것을 누리는 방법을 깨닫지 못했을 뿐입니다. 저는 먼저 행복이라는 단어와 기쁨이란 단어를 구분하고 싶습니다. 행복이란 단어는 happy입니다. 이 말은 '우연히 일어남'이란 뜻을 가진 happenstance에서 나온 말입니다. 이 말에서 circumstance, 환경이라는 단어가 나왔습니다. 다시 말씀드리면 행복은 환경에 좌우됩니다."

(출처: https://michigankoreans.com/archives/8273 접속일: 2023년 1월 2일)

"빌립보서: 주 안에서 기뻐하라 … 기쁨은 환경에서 나오는 게 아니기 때문이지요. 바울은 비록 감옥에 있지만, 그 영은 늘 자유했습니다. 이 땅에 살지만, 이 땅의 영향을 받지 않고 항상 하늘의 기쁨을 유지한 사람입니다. 바로 그런 기쁨으로 살라는 게 빌립보서의 내용입니다. … (중략) … 빌립보서

는 이 기쁨에 대해 여러 가지로 말합니다. 우리가 은혜의 보좌 앞에서 형제들을 위해 기도할 때 기쁩니다.(빌 1:4) 그리스도의 심장으로 형제들을 사모하기 때문입니다. 그리스도인들은 슬픔이나 우울함이나 어두운 얼굴이 아니라 어떤 삶과 환경에서든지 빛나는 기쁨의 얼굴로 살아가야 합니다"

(출처: 갓피플, 내 심령을 꿰뚫는 OO 말씀학교, *** 목사의 명쾌한 성경개요)

첫 번째 해석은 영어 선생님이 쓴 글 같습니다. 영어 단어에 얽힌 이야기를 소개하는데 미안하게도 별로 재미가 없습니다. 제한된 지면을 활용하여 성서 본문을 치밀하게 파고들어 도출한 결과만 설명해도 할 이야기가 많을 텐데 안타깝기 이루 말할 수 없습니다.

둘째 해석은 빌립보서가 옥중에서 쓴 글이라는 것에 착안하여 이야기를 풀어가고 있습니다. 옥중에서도 기뻐했으니까 어떤 환경에서도 기뻐하라고 설교합니다. 상황과 상관없이 기뻐하는 것을 "하늘의 기쁨"이라고 해설합니다. 하지만 빌립보서의 저자가 기뻐한 것은 아주 현실적인 이유 때문입니다. 뭔가 그럴듯한 이야기 같은데 성서 본문의 상황과는 동떨어져서 자신이 하고 싶은 이야기를 합니다. 제가 볼 때 성서 본문이 어떤 상황에서 쓰였고 무슨 이야기를 하는지 파악하지 않을 상태에서 헛다리를 짚고 있는 것 같습니다. **빌립보서 본문을 읽지 않은 사람도 '어떤 환경에도 기뻐하세요' 정도의 이야기는 할 수 있습니다.** 개신교계에서는 유명한 분인데도 성서 해석이 이 정도입니다. 성서 본문 분석을 깊이 하지 않고도 글을 풀어갈 수 있다는 것을 보며 그 재주가 놀랍다는 말이 절로 나옵니다.

대부분 이런 내용입니다. 설교자는 바울이 옥중에서 이 편지를 썼다면서 어려운 중에도 그가 기뻐했다는 것에 집중합니다. 하지만 빌립보서의 내용은 화자가 옥중에 있든지 밖에 있든지 관계없이 돈을 '주고받는 일'에 대해서 이야기합니다. 돈을 **'주고받는 일'**이 없이 빌립보서의 "기쁨"은 없었을 것입니다. "기쁨은 환경에서 나오는 게 아니"라고 말하지만, 이 성서의 "기쁨" 뒤에는 특정한 조건이 있습니다. **이것을 파악하지 못하고 하는 설교나 해석은 그 냥 성경 구절을 읽어 놓고 자신이 하고 싶은 말을 하는 것에 불과합니다.** 기 쁨은 언제나 좋은 것이라는 생각에서 말입니다.

저는 일찍이 사도행전 16:6-7을 고찰하면서 빌립보서의 화자가 "빌립보서 에 사는 모든 성도와 감독들과 집사들"을 기뻐한 이유를 파헤쳐 본 적이 있습 니다. **그들이 기뻐한 데에는 재정 지원이 가장 큰 역할을 했을 것이라고 저는** 생각합니다. 바울은 모두 4차에 걸친 전도 여행을 했습니다. 그가 자주 방문 한 지역 가운데 빌립보가 있는 것은 다른 지역의 사람들보다 이 지역 사람들 이 그에게 **충분하고 지속적인 재정 지원을 했기 때문**입니다.

> 빌립보 사람들아 너희도 알거니와 복음의 시초에 내가 마게도냐를 떠날 때에
> **주고받는 내 일에 참여한 교회가 너희 외에 아무도 없었느니라**(빌 4:14)

빌립보서의 화자는 "내가 궁핍하므로 말하는 것이 아니"다(빌 4:11) 또는 "내가 선물을 구함이 아니"다(빌 4:17)라고 합니다. 화자는 염치없이 받아먹 기만 하는 사람처럼 보이기 싫었던 것 같습니다. 하지만 그는 금방, 많은 후 원을 한 빌립보 교회에 대해서 "내 괴로움에 함께 참여하였으니 잘하였도 다"(빌 4:14)와 같이 기쁨을 숨기지 않습니다.

빌립보서 전체(총 4장)에는 "기쁨"이라는 단어가 5회나 쓰였습니다.(빌 1:4,25; 2:2,29; 4:1) 바울은 다른 교회에 '헌금하라'라고 은근히 강요한 적이 있는데(고전 16:1,2; 고후 9:5,11,13) 빌립보 교회에는 불필요한 말이었습니 다. 왜냐하면, 그들은 자발적으로 기뻐하며 후원했기 때문입니다. 바울은 특 정한 지역으로 이동할 때 '하나님의 인도' 운운했으나(참고: 행 16:6-7 "성령 이 아시아에서 말씀을 전하지 못하게 하시거늘 … 예수의 영이 허락지 아니

하시는지라") 다른 관점으로 보면 자신의 판단에 따라서 이동 경로를 정한 것으로 보입니다.(참고: 행 20:1,3 "마게도냐로 가니라 … 돌아가기로 작정하니 …) 그의 이동 목적 중에 제일 중요한 것은 모금이었습니다. 사실 그는 재정지원을 잘하는 곳을 편애했습니다. 인지상정이지만 말입니다.

> 내가 너희를 생각할 때마다 나의 하나님께 감사하며 간구할 때마다 너희 무리를 위하여 기쁨으로 항상 간구함은 너희가 첫날부터 이제까지 복음을 위한 일에 참여하고 있기 때문이라(빌 1:3-5)

빌립보서 1:3-5 역시 빌립보 사람들이 모금에 잘 "참여하고 있"는 것에 대해 화자가 크게 기뻐한다고 말합니다. 하지만 **여기의 이 "기쁨"은 화자가 감옥에 있는데도 기쁜, 그런 상황초월적인 기쁨이 아닙니다. 돈은 어떤 상황에 있는 누구에게나 기쁨을 줍니다.** 옥중에 있는 자를 위해 돈을 썼는데 옥중에 있는 사람이 기쁘지 않을 이유가 없습니다. 한편, 바로 다음 절인 빌립보서 1:6의 내용이 독자의 이목을 끌어당깁니다.

> 너희 안에서 착한 일을 시작하신 이가 그리스도 예수의 날까지 이루실 줄을 우리는 확신하노라(빌 1:6)

이 구절은 재정 후원을 말하면서 "그리스도 예수의 날"이라는 시점에 대해서 논하고 있습니다. **이를 두고 '그리스도 안에서의 기쁨'과 같은 설교 제목을 뽑아내는 것은 부정확하고 부적절한 행동입니다.** 오히려 이는 화자가 모금하는 궁극적인 목적을 노출합니다. 그는 세상이 곧 종말에 이르겠다고 생각하고 있습니다. 그래서 모든 이가 세상이 끝나면 어차피 아무 쓸모도 없을 돈을 전도사역에 투자해야 한다고 생각합니다. 그러면서 그 요구에 대해 만족스러운 반응을 보인 자들에게만 대단한 애착을 표시합니다.(빌 1:7 "나의 …

복음을 변명함 … 너희가 다 나와 함께 … 참여 …; 빌 1:8 "내가 … 너희 무리를 얼마나 사모하는지 …)

극단적인 종말론에 빠지면 재정에 대한 사고에 큰 변화가 일어납니다. 돈을 규모 있고 합리적이고 적절하게 사용하는 데는 관심이 없고 오로지 신앙적인 일을 위해서만 모두 쏟아붓습니다. 어떤 이들은 그런 행위가 자신이 말세에 구원받는 데 일정한 도움이 될 것으로 생각했을 것입니다. 하나님께서 자신에게 맡기신 것을 잘 지키고 바르게 활용하겠다는 청지기(참고: 눅 16:2 "청지기의 직무")의 개념은 사라지고 모든 "재산과 소유를 팔아 … 흩으면서 한시바삐 "구원받는 사람"을 늘리는데 몰입하게 됩니다.(참고: 행 2:44-47) 일상의 소중함을 망각하고 교세가 팽창하는 것(참고: 행 2:41 "신도의 수가 삼천이나 더하더라")만으로 흥분하고 즐거워합니다. 제가 거듭 말씀드리지만 이런 경향은 건전하지 못합니다. 이는 21세기를 살아가는 우리가 따를 만한 신앙적 모범이 아닙니다.

교회의 재정을 늘리는 데 종말론적 긴장감만큼 좋은 수단이 또 없습니다. 역사적으로 많은 이가 종말론적 위기감을 통해 폭발적인 교회의 성장, 목사들의 위상 상승, 교회의 역량 증대 등을 이루었습니다. **전쟁과 극한 가난이 주는 위기감은 우리나라 교회에 폭발적인 성장을 가져왔습니다.** 그 시절 메시지 내용에는 당연히 종말론이 들어있습니다. 평양 부흥 운동의 핵심 인물인 길선주 목사의 설교 대부분이 말세와 재림에 관한 것입니다.(참고: 강석현, 「길선주 연구: 그의 생애와 설교, 종말사상, 부흥 운동을 중심으로」, 고신대학교, 2004년) 위기 상황이 생기면 종말론 설교를 하기 좋고 그에 따른 신도들의 열성적인 반응이 있을 것이며 교회에는 재정 증가와 같은 여러 가지 이익이 생깁니다.

물론, 빌립보서의 화자(바울?)가 단지 재정 증대만을 위해서 종말론적 위기감을 이용했다고 보기는 어렵습니다. 그러나 결과적으로 그는 세상이 곧 망한다는 이해를 하고 있었고, 따라서 자신의 모든 것을 다 바쳐 최대한 빨리 더 넓은 지역에 복음을 전파하려고 애썼습니다. 그 과정 중에 최대한 많은 재정을 확충하려고 무리를 합니다. 혹자는 이것이 뭐가 나쁜지 물을 것입니다. 하지만, **아무리 동기와 목적이 선한 것이라고 할지라도 과정이 극단적인 양상을 띠게 되면 그것을 건전한 일이라고 하기 어렵습니다.** 신약의 시대 배경은 심히 불안한 위기 상황이었고 그에 따라 신자들의 생각도 균형을 잃고 치우쳤던 것입니다. 이는 **삶의 균형을 추구하는 현재의 우리가 그대로 모방하여 살아가기에는 별로 도움이 안 되는 모습입니다.**

우리는 세상이 곧 끝날 것으로 생각하지 않습니다. 따라서 가진 것을 다 팔아 최대한 빨리 세상 끝까지 복음을 전파하려고 하지 않습니다. 돈을 머뭇거리며 선뜻 내놓지 않았던 고린도 교회 사람들과 같은 사람들을 비난하지도 않습니다. 오히려 차분하게 하루하루 자신에게 주어진 일상을 살아가면서 그 가운데 하나님의 뜻, 즉, 성서의 가치를 드러내고 실천하려고 할 뿐입니다. **신앙인 중에 이런 단출한 삶의 중요성을 깨닫고 살아가는 사람은 놀랍게도 그렇게 많지 않습니다.**

빌립보서 1:6은 "그리스도 예수의 날"을 고대하고 있습니다. 빌립보서 1:10도 다시 한번 "그리스도의 날"을 언급합니다. 원래 "그리스도 예수의 날"은 '그리스도가 부활한 날'을 지칭하던 것이었습니다.(참고: 눅 24:46 "제삼일에 죽은 자 가운데서 살아날 것") 그런데 심한 박해를 받게 된 예수님의 추종자들은 자연스럽게 죽음 이후 그들도 예수님처럼 부활할 것인가라는 질문을 하게 되었습니다. 고린도전서 1:8에서 "주 예수 그리스도의 날"은 "끝"의 개념과 연결되며 '심판의 날', 궁극적으로 '영원한 날'과도 연결됩니다.(참고: 빌 2:16 "그리스도의 날에 … 자랑할 것이 있게 하려 함이라"; 벧후 3:18 "우리 주 … 그리스도의 은혜와 … 지식에서 자라 가라 … 이제와 영원한 날까지 그에게 있을지어다") 신약 시대의 화자들은 "그리스도 예수의 날"을 언급하면서 동시에 구약의 '여호와의 날'을 떠올렸습니다.

구약성서에서 '여호와의 날'은 "애곡(슬픔의 울음)"과 "멸망"의 날이며(사 13:6; 욜 1:15) "땅"이 "황폐"하게 되고 "죄인들을 멸하"는 날(사 13:9)입니다. 거의 모든 "사람"들(참고: 욜 3:14)과 "나라들"이 이 혼란스러운 정황에 휘말립니다.(겔 30:3; 옵 15) 지금도 자주 신의 저주라고 경솔히 해석되는 천재지변이 일어나고(욜 2:31) 하늘이 갑자기 어두워집니다.(암 5:18,20) 아무도 이 멸망을 저지할 수 없습니다.(욜 2:11) 놀랍게도 성서의 여러 구절은 이 시기가 아주 가깝다고 주장합니다.(습 1:7,14 "여호와의 날이 가까웠으므로" "가깝고도 빠르도다") 불행하게도 이처럼 과도한 종말론적 긴장감을 느끼게 되면 일상을 사는 데 나쁜 영향을 끼치게 됩니다. 심지어, **극단적 종말론에 빠진 신자들은 아예 일상을 내팽개칩니다.** 하지만, 곧 오신다고 하신 예수님(히 10:37 "잠시 잠깐 후면 오실 이가 오시리니 지체하지 아니하시리라"; 살전 5:2 "주의 날이 밤에 도둑같이 이를 줄을 …)은 2천 년이 더 넘었는데도 재림을 유보하고 계십니다. 저는 성서의 진술을 무시하는 것이 아닙니다. **극단적 종말론이 우리가 성서를 통해 먼저 배워야 하는 중요한 무엇이 아니라고 말씀드리는 것입니다.** 물론 종말론은 개인적인 끝(죽음)을 직면한 분에게는 너무나도 중요한 개념이 아닐 수 없습니다. 그런 분에게 마땅한 상속자가 없어서 전 재산을 교회에 희사한다고 해도 개인의 선택이니 누구도 그 행동에 대해 뭐라고 할 수 없습니다. 하지만 일반적인 사람들은 종말론적인 사고에 휩싸여 행동을 극단적으로 행하지 않습니다. **내일 예수님이 다시 오셔서 세상을 심판하고 멸망시킨다고 하더라도, 잠잠히 꽃밭에 물을 주고, 읽던 책을 마저 읽고, 쓰러진 사람을 부축하고, 거친 땅을 먹이는 것과 같은 일들을 중단해서는 안 됩니다.** 제가 말씀드리고 싶은 것이 바로 이것입니다.

빌립보서의 화자는 예수님의 재림으로 끝날 세상 모든 사람에게 하루라도 빨리 복음을 전하기를 바라고 있습니다. 그것을 위해 신속히 재정을 지원한 사람들 때문에 화자는 큰 기쁨을 느낍니다. 그런데 **이 기쁨의 깊이가 그렇게 깊어 보이지 않는다는 데 문제가 있습니다.** 화자는 재정 지원을 하지 않는 사람들에게 헌금을 강제하는데(참고: 고전 16:1-2 "너희도 그렇게 하라 … 수입에 따라 모아 두어서 …") 이는 종말론적 긴박감을 제외한다면 조금도 이해가 가지 않는 **부덕한 행위**입니다.

화자의 메시지에는 심각하게 일상이 빠져 있습니다. 그는 심지어 '결혼도 할 필요가 없다'라고 주장합니다.(참고: 고전 7:32-33 "장가가지 않은 자는 주의 일을 염려하여 … 장가 간 자는 세상일을 염려하여 어찌하여야 아내를 기쁘게 할까 하여"; 고전 7:38 "결혼하지 아니하는 자는 더 잘하는 것이니라") 현대의 비혼주의를 말하는 것이 아니라 전도를 위해서 결혼하지 않아도 좋다는 것입니다. 너무 과한 내용입니다. 일상 없이는 신앙도 의미가 없습니다.

🐝 얄팍한 기쁨은 금방 사라집니다. 소박한 일상의 기쁨을 찾는 것이 낫습니다. 빌립보서를 쓴 사람은 사람들 자체를 즐거워하고 기뻐하는 것이라기보다는 '극단적인 종말론에 동기된 전도 사업이 충분한 재정 지원을 통해 원활히 진행되고 있는 것'을 기뻐하는 것입니다. 당신의 빌립보서 설교가 후자의 기쁨을 논하는 것이라면 성서 그대로 설교하는 것입니다. 다만, 이것은 **성서의 표면에 드러난 내용만 그대로 전하는 것**입니다. 바른 설교자는 성서에 존재하는 불건전한 내용에 대하여 **그러지 말라고 가르쳐야 합니다.** 사람의 실제적인 삶을 고려하지 않고 종교적 목적에 치중하도록 유도하는 것은 좋지 않습니다.

최근에 중국에서 선교하다가 추방된 선교사와 연락이 닿았습니다. 그는 침통한 메시지를 저에게 보냈습니다. '평생을 중국 선교를 위해 살아왔는데 이제 앞으로 어떻게 살아야 할지 모르겠다'라는 것이었습니다. 제가 볼 때 그의 생계는 치명적인 위기에 봉착했습니다. 중국 선교를 못 하니 후원받을 명분이 없어지고 넉넉하게 쓰던 생활비와 비싼 자녀의 학비를 충당할 길이 묘연합니다. 그는 저에게 '몽골이나 필리핀으로 갈 계획'이라고 말했습니다. 중국어는 어느 정도 하지만 몽골어나 타갈로그어 혹은 영어도 잘하지 못하는 그가 이제 새로운 지역에 가서 어떤 선교를 얼마나 할지 저는 잘 모르겠습니다. 원래 그는 늘 기쁨에 사로잡혀 있던 사람이었습니다. 한국 교회에서 후원한 외제 자동차, 넓은 집, 가정부의 가사 서비스를 누리면서 기뻐했습니다. 후원하는 교회와 그 교회들의 담임목사의 이름은 늘 이 선교사의 기도 노트의 첫째 줄을 차지했습니다. 그런데 이제 그는 전혀 기뻐 보이지 않습니다. 이전에 그가 설교할 때 박력 있게 자주 외쳤던 '중국에서 중동까지 선교하여 주님의 재림을 앞당깁시다'라는 말에 대해서 요즘은 사람들이 별로 호응하지 않습니다. **풍성한 후원금을 자랑하며 기뻐하던 예전 그의 모습이 제 눈에 선합니다.** 어설픈 중국어를 하며 이곳저곳을 다니던 그는 이제 마땅히 할 일이 없습니다. 그의 삶에 심각하게 빠졌던 일상의 중요성이 이제 크게 부각하고 있습니다. 그는 일상을 살 줄 모릅니다. 여기저기 쏘다니며 선교라는 것을 하지 않으면 일종의 금단 증세를 보입니다. 요즘 그는 미국 어느 대학에서 공부하고 있는 아들의 비싼 학비 충당을 위해 간절히 기도하고 있으며 이틀에 한 번 써 보내는 후원 편지는 스팸처럼 이곳저곳으로 날아다니고 있습니다. 그가 모금한 돈 중에 많은 돈은 선교 자체를 위해서가 아니라 사실 경영학을 공부하는 그 아들의 유학자금으로 쓰인다고 하겠습니다. 언제나 밝던 그들의 얼굴은 이전과는 달리 아주 어둡습니다. 과연 그들의 '기쁨'은 왜, 언제, 어디로 사라진 것일까요?

빌립보서를 '기쁨의 편지'라고 무감각하게 말하는 것을 보면 저는 고개를 갸우뚱하게 됩니다. 후원금이 많을 때는 기뻐하고 후원금이 빨리 주어지지 않을 때는 인상을 찌푸리는 것이 빌립보서 저자의 모습입니다. **빌립보서의 '기쁨'은 고상한 기쁨과는 상당한 거리가 있습니다.** 이런 종류의 기쁨은 없지만, 여러분이 소박하게 하루하루 열심히 땀을 흘린 노동의 대가로 먹고사는 것을 기뻐하는 것이 어떤지 묻고 싶습니다. 예수님은 언제 오실지 모릅니다. 하지만 내일 오신다고 하더라도 일상의 소중함을 저버리고 헌금을 걷어 선교지나 돌아다니려고 한다면 재림하신 예수님에게 칭찬받을 리가 없습니다! 저는 소박한 하루하루의 삶으로부터 얻는 작은 기쁨이 좋습니다! 큰 교회를 세우고 선교지에, 마치 철 지난 제국주의자처럼, 자신의 종교 영역을 넓혀가는 것에서 기쁨을 얻으려고 하지 맙시다! 차라리 물이 잘 빠지도록 밑에 구멍이 난 검은 통 하나를 구해서 나도 먹고 남도 조금 나눠줄 만한 콩나물을 키웁시다. 매일 물을 주면서 시루에 콩나물이 많이 자란 것을 보고 함박웃음을 지으면서 말입니다. 저는 이런 종류의 기쁨이 빌립보서에서 말하는 '기쁨'보다는 훨씬 더 가치 있다고 생각합니다. 일상을 저버린 종교적 "기쁨"은 광신입니다. 🏠

내가 이미 얻었다 함도 아니요 온전히 이루었다 함도 아니라 오직 내가 그리스도 예수께 잡힌 바 된 그것을 잡으려고 달려가노라

예정론(預定論) 다시 생각해보기

예정(豫定)에 대해서 말하는 성서 구절을 얼핏 보면 이른바 예정론이나 예정 교리만큼 은혜롭고 성서에 따른 주장이 없다는 생각이 듭니다.(참고: 엡 1:5 "우리를 예정하사 … 아들들이 되게 하셨으니"; 엡 1:9 "그리스도 안에서 때가 찬 경륜을 위하여 예정하신 것이니 …; 엡 1:11 "모든 일을 그의 뜻의 결정대로 일하시는 이의 계획을 따라 … 우리가 예정을 입어 …"; 엡 3:11 "곧 영원부터 우리 주 그리스도 예수 안에서 예정하신 뜻대로 하신 것이라"; 행 3:20 "예정하신 그리스도"; 행 4:28 "하나님의 권능과 뜻대로 이루려고 예정하신 …) 아마도 사람들은 성서의 예정을 **'하나님이 모든 것을 미리 정해놓았으며 만사가 필연적으로 그 궤적을 따른다'**는 것으로 이해할 것입니다. 이런 사고에 따르면 구원받기로 예정된 사람은 "(하나님이) 창세 전에 … 택하(엡 1:4)"신 존재입니다.

칼빈주의는 이중예정론을 말합니다. 칼빈도 위와 같은 성서 구절에 근거하여 예정론을 주장한 것입니다. 그는 특정한 인간들의 구원을 위한 불변의 예정을 말하면서, 동시에, 하나님이 그 외 인간은 심판에 이르기까지 방치하신다고 주장합니다. 하지만, 사실 이는 칼빈주의를 지지하는 사람들조차도 쉽게 이해하지 못해서 '그냥 믿는다'라고 하는 경우가 적지 않은 주장입니다. 어떤 이는 이것이 **아주 불합리하고 기분 나쁜 주장**이라고 하면서 **하나님이 천국 갈 사람과 지옥 갈 사람을 미리 나누고 어딘가에 숨어서 그들을 바라보며 조소하는 것이냐**고 합니다. 구원받을 사람과 멸망 받을 사람이 미리 정해져 있다면 전도를 할 필요가 없는 것 아닐까요? 어떤 이는 예정론이 무리

한 전도를 억제하는 효과가 있다는 소리를 합니다. 전도하다가 받아들이지 않으면 지옥 갈 사람으로 여기고 단념하면 된다는 것입니다. 받아들이지 않으면 억지로 전도하려고 하지 않는다는 것입니다. 그런데 **이 말을 들으면 사람들의 기분이 더 나빠질 것 같습니다.** 잘 알려지지는 않았지만, 빌립보서에는 **예정 사상과 정반대의 주장도 있습니다.**

> 그러므로 나의 사랑하는 자들아 너희가 나 있을 때뿐 아니라 더욱 지금 나 없을 때에도 항상 복종하여 두렵고 떨림으로 너희 구원을 이루라(빌 2:12)

예정되어 있다면 "두렵고 떨림으로 … 구원을 이"룰 필요가 없습니다. 빌립보서 2장의 이 말은 "하나님의 본체시나 하나님과 동등 됨을 취할 것으로 여기지 아니하시고 … 종의 형체를 가지사 … 죽기까지 복종하"신 "그리스도 예수"의 겸손과 희생을 언급하는 내용(빌 2:5–8) 다음에 나옵니다. 그러니까 화자는 독자들이 예수님처럼 겸손하고 희생적인 삶을 살아야 한다는 것이며 **그런 행위의 결과로써 "구원"이 주어지는 것이므로 항상 경각심을 갖고(빌 2:12 "두렵고 떨림으로")** 살라는 것입니다.

그렇다면 **빌립보서의 화자는 예정론을 부정하는 것입니까?** 딱히 그런 것 같지는 않습니다. 빌립보서에도 **하나님의 전적 의지**(빌 1:6 "… 시작하신 이가 … 이루실 줄을 …; 빌 1:19 "성령의 도우심으로 … 구원에 이르게")를 말하거나 **"(인간의) 열심"을 부정적으로 다루는** 아래와 같은 구절이 있습니다.

> … 나도 육체를 신뢰할 만하며 만일 누구든지 다른 이가 육체를 신뢰할 것이 있는 줄로 생각하면 나는 더욱 그러하리니(빌 3:4)

> (나는) 열심으로는 교회를 박해하고 율법의 의로는 흠이 없는 자라(빌 3:6)

… 내가 가진 의는 율법에서 난 것이 아니요 오직 그리스도를 믿음으로 말미암은 것이니 곧 믿음으로 하나님께로부터 난 의라(빌 3:9)

그럼에도 빌립보서는 전반적으로 "복음에 합당한 생활"(빌 1:27)을 교훈하고 있으며, 그리스도의 낮아지심(빌 2:5-8)이라든지 "행하라"(빌 4:9)는 명령같이 인간의 자세와 노력을 교훈합니다. 화자는 독자들에게 모범을 보이려고 합니다.(빌 3:17 "너희는 … 나를 본받으라"; 빌 4:9 내게 배우고 받고 듣고 본 바를 행하라") 물론 그는 이에 앞서 자신이 그리스도를 본받는다고 합니다.(빌 3:10 "내가 그리스도 … 본받아") 전체적으로 구체적인 행동 모범과 그를 따라 살라는 교훈이 빌립보서의 주축을 이루고 있으므로 "시작하신 이(하나님)"(빌 1:6)나 "성령의 도우심"에 의한 "구원"(빌 1:19)과 같은 신적 의지를 말하는 내용이 있음에도 **잘 드러나 보이지 않습니다.** 어떤 것이 더 중요한 메시지일까요? 예정? 적극적인 행위? 예정을 믿으며 적극적으로 살라는 이야기일까요? 아무것도 하지 않고 게으름을 피우는데 예정론을 쓸 위험이 있지는 않을까요?

예정론 이야기를 좀 더 해봅시다. 보수주의적 입장에 선 사람들은 **'이미 그러나 아직(Already, Not Yet)'**이라는 알쏭달쏭한 말을 합니다. 그러면서 완전히 상반된 내용의 본문들을 뭉뚱그려 대충 예정론에 귀속시키려고 합니다. 하지만 **'이미 다 된 것인데 아직 안 된 것이다'** 이것이 말이 됩니까? 실제로 예정론을 굳게 신앙하는 공동체에 들어가서 보면, 인간의 노력이나 열심을 언급하는 것 자체에 거부감을 표시합니다. 하지만 빌립보서의 아래 구절을 보면 아무것도 미리 정해진 것은 없습니다. 따라서 우리는 그냥 '열심히 살아가야 합니다'.

내가 이미 얻었다 함도 아니요 온전히 이루었다 함도 아니라 오직 내가 그리

스도 예수께 잡힌 바 된 그것을 잡으려고 달려가노라(빌 3:12)

정해진 것은 없고, 인간의 노력과 선택 여부에 따라 미래가 이루어진다는 말이 예정론보다 훨씬 **합리적**입니다. 그런 면에서, 빌립보서는 에베소서와 같이 예정론을 논하고 있는 성서보다 **이해가 훨씬 잘 됩니다.** 솔직하게 말해서, **말하는 사람도 잘 이해하지 못하고, 설명도 못 하고, 무조건 믿으라는 말을 쉽게 받아들일 사람은 없습니다.** 21세기가 되었는데도 '누가 구원받을지 아닐지 **어떻게 단언할 수 있는가**'라고 물으면 한국 개신교 사람들은 금방 대답하지 못합니다. '**그것을 확언할 수 없으므로 믿는다**'라면서 슬쩍 넘어가려고 해도 문제가 해소되는 것이 아닙니다. 질문을 한 사람은 금방 '그것을 지금 말이라고 하십니까?'라며 기가 막힌다는 반응을 보일 것입니다.

'잘 모르는 것은 이야기하지 말자'라는 것이 저의 기본 입장입니다. 특히 성서를 논할 때 미사여구나 말장난을 섞는 것도 저는 별로 좋아하지 않습니다. 인간이 확언할 수 없는 예정론을 모호한 표현을 동원하여 하나의 교리로 삼는 것까지는 막을 수 없다고 해도, 그것을 받아들이는 것을 의무로 삼는 것은 지양해야 할 것 같습니다. 누구도 확실히 설명할 수 없는 것을 신앙의 전제로 삼는 것은 이해하기 어려운 태도입니다. 예를 들어 기도 중에 자신이 배운 적이 없는 외국어를 구사하는, 방언을 구원의 조건이자 전제로 삼는 교단과 목사가 있었습니다. 기묘한 언어를 하지 못하는 사람은 구원받지 못했다고 단언하는 것입니다. 이와 비슷한 방식으로, 예정론을 믿지 않으면 신자가 아니라는 목사도 있습니다. 그런 목사에게 제가 묻고 싶습니다. 당신은 그것이 무엇인지 확실히 아느냐고 말입니다. 확실히 안다면 설명해 보라고 말이죠. 설명하지 못하는 것은 모르는 것입니다.

🐝 인생의 끝자락에서 뒤를 돌아보며 하나님이 예정하셨음을 감사하는 것은 괜찮습니다. 예정론에는 분명히 일정한 기능이 있습니다. 그것은 아름다운 신앙적 고백이 될 수 있습니다. **인생을 열심히 살아온 사람이 그동안 걸어온 삶의 여정을 바라보며 '아! 모든 것이 하나님의 예정이었구나!'라고 말하는 것은 괜찮습니다.** 그러니까 예정론을 믿는 것을 신앙의 전제로 삼지 말고, 오히려 열심히 하루하루 땀을 흘리며 착실하게 살아가는 것을 기본으로 하며, 삶의 여정 끝자락에 하나님께 감사하는 차원에서 하나님의 예정을 논하는 것이 좋겠습니다.

삶을 시작하지도 않은 시점에서 '하나님이 모든 것을 다 예정하셨다'라고 말하는 것은 여러 가지 심각한 문제를 야기할 수 있습니다. 아무것도 안 해도 하나님이 정하신 대로 다 이루어진다고 말하면서 게으름을 피우는 것은 꼴불견입니다. 하나님이 지옥 갈 사람을 정하고 그가 멸망에 빠지는 것을 방관하거나 혹은 조장하고 있다고 오해하는 사람이 생길 수도 있습니다. 그러니까 일단 우리의 손을 놀려 열심히 일하고 선행을 베풀고 나누며 살아야 합니다. 그러다가 만년(晩年)에 이르러 '하나님이 나의 인생의 모든 것을 예정하셨구나'라고 신앙을 고백하면 좋을 것입니다. 그냥 자신도 이해를 잘하지 못하는 것이 교리에 들어있다고 새 신자에게 빨리 받아들이라고 다그쳐서는 안 됩니다.

'하나님의 전적 의지로서의 예정과 구원'을 '인간의 행위와 노력'과 대비하는 것 자체도 문제입니다. 사람은 최선을 다해 바른 삶을 살면 그만입니다. 그리고 인생 여정의 끝자락에서 비로소 하나님의 인도하심을 찬양하면 됩니다. 일과를 마치고도 하나님의 예정을 찬미할 수 있습니다. 하루의 삶을 마치고 조용히 방의 한구석에 앉아 머리를 조아리고 이렇게 기도해 보십시오.

'하나님! 오늘 저는 저에게 주어진 시간을 선용하며 부지런하게, 과욕하지 않고 최선을 다해 살았습니다. 순간순간 어려운 일도 있었지만 잘 극복하고 헤쳐나왔습니다. **이제 돌아보니 모든 것이 하나님의 은혜입니다. 모든 것이 선한 하나님께서 저를 위해 배려하신 것이며 예정하신 것입니다.** 어려움조차도 이제 와서 보니 제가 좀 더 성숙하고 좀 더 바른 사람이 되게 하시고자 배려하신 것임을 알고 조용히 주님을 찬양합니다. 감사합니다! 예수님의 이름으로 기도합니다. 아멘.'

일상의 삶을 최선을 다해 살아가고 있는 사람에게 대뜸 '네가 하지 않아도 하나님이 하신다'라는 말로 **기운을 빼는** 일이 없었으면 합니다. 그 말은 욕심을 부리는 사람에게나 적합한 말입니다. 최선을 다해 살지 않으면서 남의 삶을 휘젓는 행동을 해서는 안 됩니다.

빌립보서는 '성숙한 사람'에 대해서 말하는 한편(빌 3:15 "온전히 이룬 자") '사람들 사이에 존재하는 차이'를 이해합니다.(빌 3:16 "어디까지 이르렀든지") 그러면서 삶의 표준으로서의 자신의 삶을 제시합니다.(빌 3:17 "나를 본받으라") 이렇게 대담한 행동은 자신감이 없는 사람은 할 수 없는 것입니다. 대개 '저는 부족합니다만 … '과 같은 말로 시작하는 법입니다. 화자가 이렇게 한 것은 스스로 모범을 보이는 방법을 제외하고는 다른 방법이 없기 때문입니다. **우리 각자가 바르게 살아내지 않는 한, 다시 말해, 우리가 먼저 성숙한 사람, 성숙한 신자가 되지 않는 한, 사람들은 바라보고 따라갈 푯대를 찾지 못할 것입니다.** 그냥 '예수님만 바라보세요'라는 말은 대단히 무책임한 말입니다. 지금 우리가 볼 수 있는 것은 예수님이 아니라 예수님을 믿고 있으며 예정론을 가르치고 있는 당신입니다. 그런 **당신이 아무런 모범을 보이지 않고 가만히 앉아서 '모든 것은 하나님의 뜻대로 될 거야'라는 말만 반복하고 있다면 사람들은 과연 누구를 보고 신앙인으로서의 삶을 살아간다는 말입니까?**

　　현재를 사는 우리는 **하나님이 미래의 청사진을 어떻게 그려놓으셨는지 알 수 없습니다. 그저 우리는 하루하루 매시간 매분 매초를 열심히 살아갈 수밖에 없습니다.** 미래는 우리가 살아가는 삶의 편린들이 모이고 또 모여 이루어지는 것입니다. 삶의 길을 어느 정도 걸어간 뒤에야 하나님의 뜻이 무엇이었는지 조금 가늠해 볼 수 있습니다. 뒤를 돌아보며 하나님이 나와 우리를 어떻게 이끌어 오셨는지 대략 확인할 수 있습니다. 그제야 우리는 '미리 정하심'에 대해 조용히 마음에서 우러나는 찬양을 드릴 것입니다.

위의 것을 생각하고 땅의 것을 생각하지 말라 이는 너희가 죽었고 너희 생명이
그리스도와 함께 하나님 안에 감추어졌음이라

최대한 명확하고 이해가 가게 신앙을 설명하려고 하는 것은 좋은
태도입니다.

어떤 이는 전도할 때 전도 대상자에게 이런 질문을 합니다. "만약 당신이
오늘 죽는다면 천국에 갈 확신이 있습니까?" **이런 질문은 상당히 극단적입**
니다. 이렇게 자극적인 질문은 최대한 빠르고 명확한 반응을 기대하며 던지
는 것입니다. 동시에 이런 질문은 **이 세상에서의 일상적인 삶은 미뤄두고 저**
세상에서의 구원에 치중한다는 느낌을 줍니다. 한국 개신교 초기에 활동했던
최봉석(崔鳳奭, 1869~1944) 목사는 최권능 목사라는 이름으로 더 잘 알려져
있는데, 그가 전도할 때 외쳤던 말이 "예수 천당 불신 지옥"이었습니다. 사실
극단적이며 자극적인 질문은 종말론적 긴장감을 전제로 나타나는 것입니다.
신약성서의 배경이 그렇고 최권능 목사가 처했던 시대를 살던 민중들의 마음
이 그렇습니다. 모두 아주 불안했던 것이죠. 이런 전도 방식이 대단히 효과
적이라고 확신하는 사람들은 현대에도 늘 같은 방식으로 전도합니다. 몇 년
전에 타계한 전도폭발의 창시자 제임스 케네디 박사는 '천국의 확신'에 대해
위와 같이 '오늘 밤 죽는다면 … '이라는 도전적 질문으로 시작하는 전도 방
식을 통해 17명의 교인을 12년 만에 2천 명으로 늘렸습니다. 현재 전도폭발
운동은 세계에 200개가 넘는 지부를 가지고 있습니다. 하지만 전도할 때 건
네는 질문 자체가 도발적이고 극단적이기 때문에 그에 따라 부정적인 반응이
나타납니다. 실제로 어떤 사람들은 이 말은 듣고 "빨리 죽으라는 거예요?"라
고 반문합니다.

골로새서에서 최소한 상반부는, 진리를 명확하게 설명하려고 노력합니다. "비밀"에 대해서 언급하는데(골 1:26-27; 2:2; 4:3,4) 이는 신비롭고 심오한 어떤 것을 뜻하는 것이라기보다는 세상의 구세주임에도 많은 이가 그 사실을 모르는 "그리스도"를 암시하는 단어입니다. 물론 그에 대하여 논리적이고 설득력 있는 설명이 따라옵니다. 다시 말해, 골로새서 1:26-27에서 "만세와 만대로부터 감추어졌던" "비밀"은 "그리스도"입니다. "비밀"이 공개된 것입니다. "(확실히) 나타났"기 때문에 '공개된 비밀'이라고 하겠습니다. '공개된 것'은 모호하지 않고 분명합니다. 골로새서 4:3-4의 "비밀"도 "그리스도" 혹은 "그리스도의 비밀"을 말하는 것으로, 전도의 내용인 복음을 뜻합니다. 이 역시 골로새서 1:26-27과 기본적으로 일치하는 정보입니다. 이처럼 **골로새서에는 앞뒤 내용을 일관적으로 맞추려고 노력한 흔적이 있습니다.**

물론 이 "비밀"이 공개되었는데도 불구하고 모두가 다 아는 것은 아닌 듯합니다.(참고: 골 1:27 "하나님이 그들로 하여금 이 비밀 … 알게 하려 하심이라 … ; 골 4:4 "내가 … 말로써 이 비밀을 나타내리라") 여전히 그것을 알지 못하는 자들이 있음을 암시합니다.(참고: 엡 3:3-4 "… 내게 비밀을 알게 하신 것은 … 그것을 읽으면 … 그리스도의 비밀을 … 알 수 있으리라") 하지만 이는 "비밀"이 여전히 "비밀"로 남아 있어서 일어나는 일은 아닙니다. 오히려 **'공개된 비밀'에 대한 사람들의 무관심이나 무지가 문제입니다.** 누차 말하지만, 이 "비밀"은 이제 은폐된 상태가 아닙니다. 그것이 무엇인지 확실히 알 방법까지 제공되었습니다. **마치 보물상자가 있는데 그 위치와 열쇠까지 주어진 꼴입니다.**(참고: 골 2:3 "그 안에는 지혜와 지식의 모든 보화가 감추어져 있느니라") 이는 모든 이를 위한 것입니다. 소수의 특정한 사람만을 위한다면 공개하지 않았을 것입니다.

골로새서는 최대한 명확한 논리를 동원하여 간명하게 메시지를 전달하려고 노력합니다. 화자는 자신 있게 '내 말을 들으면 감언이설과 같은 것에 속지 않을 것이다'라고 주장합니다.(참고: 골 2:4 "내가 이것을 말함은 … 교묘한 말로 … 속이지 못하게 하려 함이니") 이는 골로새서가 이해할 만한 내용, 파악이 쉬운 구성을 갖추고 있음을 대변합니다. 위에서 살펴본 것과 같이 "비밀"조차도 딱히 은폐된 것 같지 않고 공개된 것으로 보입니다. 이는 **골로새서의 화자가 모든 것을 다 열어놓고 확실하게 설명하려는 기본 견해가 있기 때문입니다.**

그런데도 골로새서에는 불투명성(opacity)이 존재합니다. 이는 골로새서의 전반적인 취지에 어긋납니다. 골로새서는 심지어 "그리스도"의 "신성"(골 2:8-9)마저도 그것이(가시적인) "육체"에 "거하"신다(골 2:9)라고 할 정도의 글입니다. 하지만, 2장 끝부분에 "세상의 초등학문"을 언급하면서부터는 점진적으로 "세상", 즉, 가시적이고 형이하학적인 분야에 대하여 부정적인 견해를 표출하기 시작합니다.(골 2:20) 골로새서 3장 첫머리에 이르러 이런 양상은 분수령에 이릅니다.

> 그러므로 너희가 그리스도와 함께 다시 살리심을 받았으면 위의 것을 찾으라 거기는 그리스도께서 하나님 우편에 앉아 계시느니라 위의 것을 생각하고 땅의 것을 생각하지 말라 이는 너희가 죽었고 너희 생명이 그리스도와 함께 하나님 안에 감추어졌음이라(골 3:1-3)

이는 합리적이고 이해가 쉬운 설명이 아닌, **초월적이고 형이상학적인 서술**입니다. **"위의 것을 찾으라"**(골 3:1)라고 하는데 이것이 과연 무슨 뜻인지 쉽게 알기 어렵습니다. 일단, "위의 것"이 "세상의 초등학문"(골 2:20)과 대비되는 개념인 것은 확실합니다. 신비한 일에 많은 관심을 두고 있는 요한복음에서는 예수님이 다음과 같은 말씀을 하신 것으로 되어 있습니다.

예수께서 이르시되 너희는 아래에서 났고 나는 위에서 났으며 너희는 이 세상에 속하였고 나는 이 세상에 속하지 아니하였느니라(요 8:23)

이처럼 이생과 저세상을 절연하는 입장은 대개 **종말론적인 위기를 전제합니다**. 박해가 심해서 생명에 위협을 느끼게 되면 이 세상에서 어떻게 바르고 선하게 살 것인가에 관한 관심은 급격히 줄어들고 죽음 이후에 관한 관심과 기대가 극대화됩니다. 빌립보서 3:14에서 "위에서 부르신 부름의 상"이라는 것도 결국 '종말론적인 보상'으로 해석됩니다. 이에 따르면 **신자는 이 세상에서 아무런 보상을 받지 못하고 사망한 이후에 천국에서 상을 받습니다.** 같은 관점에서 골로새서 3:1-2를 본다면, 이 역시 이생이 아닌 '내세를 추구하라'라는 것으로 이해할 수 있을 것입니다. **이는 이생의 모든 소망이 절망으로 바뀌는 상황을 바탕으로 합니다.** 그래서 바로 다음 절인 4절은 "생명이신 그리스도께서 나타나실 그때"의 소망을 말합니다. 그다음인 5절은 "땅에 있는 지체를 죽이라"라고 하면서 "음란과 부정과 사욕과 악한 정욕과 탐심"을 부리지 말라고 교훈합니다. 이는 이 세상을 살아가면서 도덕적인 삶을 살라는 교훈이 아니라 저세상의 "영광"(골 3:4b), 즉 더 나은 영광(참고: 히 11:35 "더 좋은 부활")을 얻기 위한 강령입니다.

이러한 골로새서 본문의 흐름과 변화, 그 배후에 **그리스 철학의 영향**이 짙게 드리워져 있습니다. 플라톤은 육체라는 감옥에 갇힌 영혼의 신성이 훼손되었다고 생각했습니다. 그의 이런 생각에는 육체가 영혼과 극한 대립을 이루고 있습니다. 영혼만 중요하고 육체는 한낱 방해물과 같습니다. 또한, **영혼이 육체로부터 해방되어 천국에 귀속되는 것만이 인생의 목적**입니다. 이생보다는 내세를 중시하는 이러한 경향은 위에서 살펴본 바와 같이 초기 기독교에 있어 하나의 중요한 흐름이며 성서 서술을 문자 그대로 답습하는 현대 교회에서도 같은 양상입니다.

"위의 것을 생각하고 땅의 것을 생각하지 말라"는 골로새서 3:2는 종말론적 압박감에서 나온 서술입니다. 같은 구절에 '죽음'("너희가 죽었고")과 "생명"이 언급되고 있습니다. 이런 형이상학적 추구의 목적이 어디에 있는지 명확합니다. 그것은 **내세를 바라봄으로 죽음의 공포를 극복하자는 것**입니다. 그러나 **이처럼 과도하게 영적인 경향은 상대적으로 평온한 현실을 살아가는 지금의 우리에게 별로 도움이 안 됩니다.** 물론 개인적인 종말을 마주하고 계신 분들에게는 이생보다는 저세상의 이야기가 절실할 것입니다. 그것까지 나쁘다고 할 수는 없습니다.

🐝 **하늘만 바라보다가 함정에 빠지는 일이 없어야 합니다. 어떤 상황에서 본문이 형성되었는지 고려하지 않고 무조건 쓰여 있는 대로 받아들이겠다는 태도에는 큰 문제가 있습니다.** 잘못된 이해는 열심히 일상을 살아야 하는 사람으로 현실을 등한시하고 천국 갈 생각만 하며 주저앉아 있게 할 것입니다. 또는 어떤 이는 할 일은 하지 않고 이리저리 돌아다니며 사람들에게 '믿고 천국 가라'고 채근할 것입니다.

지금의 우리는 골로새서 3:2를 뒤집어서 생각해보아야 합니다. 지금 우리가 처한 상황은 최소한 이 구절의 상황과 큰 차이가 있기 때문입니다. 아예 우리는 "위의 것을 생각하고 땅의 것을 생각하지 말라 이는 너희가 죽었고 … 라는 구절을 '위의 것을 생각하지 말고 땅의 것을 생각하라 이는 너희가(아직) 살았고 … '로 고쳐 읽을 수도 있습니다. 상황이 달라졌기 때문입니다.

어떤 분은 '위의 것을 찾으라'라는 말을 너무 감상적으로 이해합니다. 마치 알퐁스 도데(Alphonse Daudet, 1840~1897)의 『별』 이야기에서처럼 목동이 날마다 바라보던 별천지와 신앙 세계를 비슷한 개념으로 여깁니다. 하지만 『별』에서 목동이 날마다 별만 바라본 것은 그의 삶이 원래 **타인과 접촉하지 않는 격리된 삶**이었기 때문입니다. 그리고 이야기 말미의 "별"은 목동의 어깨에 기대어 잠든 아가씨라는 대상을 비유합니다. 작가는 이에 대해 묘사하기를 '밤하늘의 가장 밝은 별 하나가 길을 잃고 내려와 목동의 어깨에 기대어 잠들었다'라고 적었습니다. 따라서 **신앙이란 결국 현실과의 접점이 없이는 아름다울 수 없습니다.** 하늘을 떠도는 별똥별이 결국 목동 옆으로 떨어져 그와 함께하기 전까지 특별한 의미가 없었다는 것을 기억하십시오.

탈레스(Thales of Miletus, B.C. 640~624)가 하늘을 바라보다가 우물에 빠져 사람들의 웃음거리가 되었다는 일화는 유명합니다. 이 에피소드를 학자의 학문적 몰입과 연결하여 긍정적으로 보기도 하지만, 제가 볼 때는 하늘만 바라보다가 우물에 빠졌다니, 죽지 않은 것이 천만다행입니다. 신앙인이라고 늘 '위의 것'을 찾다가는 자칫 빨리 천국에 갈 수도 있습니다. 천국에 가고 싶다고 노래 부르던 사람도 정작 큰 사고를 당하면 '살려주세요!'라고 하는 법입니다.

이제 우리는 현실을 통해서 "하나님 안에 감추"어진 "생명"이 무엇인지 최대한 논리적이며 가시적이며 설득력 있게 나타내야 합니다. 이는 골로새서 전반이 추구하는 명확성에 잘 부합합니다. 재차 **언급하지만, 골로새서는 "(확실히) 나타"난 사실("그리스도")에 대해서 논합니다.**(골 1:26)

저는 신앙적인 내러티브라 하더라도 추상적이고 붕 뜬 이야기보다는 최대한 명확하고 이해가 가는 메시지가 좋습니다. **과도하게 영적인 이야기는 자주 사람들을 현혹하여**(참고: 골 2:4 "속이지 못하게") **건전하고 바른 삶의 궤도에서 벗어나게 합니다.** "비밀"조차도 딱히 은폐하지 않는 골로새서를 기억하십시오. 골로새서를 쓴 이는 모든 것을 열어놓고 확실하게 설명하려고 합니다. 이런 태도를 모든 성서의 해석자, 그리고 신자들은 배워야 합니다. 宗

유스도라 하는 예수도 너희에게 문안하느니라 그들은 할례파이나 이들만은 하나님의 나라를 위하여 함께 역사하는 자들이니 이런 사람들이 나의 위로가 되었느니라

신앙이 없는 친구를 사귀면 큰일 납니까?

바울은 원래 유대인 공동체인 예루살렘 교회 소속이었습니다. 초기 기독교는 예수 그리스도의 복음(福音, 복된 메시지)을 유대교의 율법을 새로 해석하는 차원에서 이해했습니다. 이는 **처음에 유대교와 기독교의 구분이 사실상 모호했다는 것을 의미합니다.** 지금까지도 기독교를 유대교의 파생 종교라고 이해하는 사람이 적지 않습니다. 바울도 처음에는 친율법적인 입장을 가졌으며 율법을 최대한 존중하는 가운데 자신에게 맡겨진 사역을 감당하려고 했습니다.(참고: 행 21:23-24; 이에 대한 자세한 내용은 이 책의 행 18:18의 해석을 참조하라) 그러다가 다수의 이방인이 교회에 유입되면서 베드로가 그랬던 것처럼(행 15:7 '이방인의 사도 베드로') 바울도 따라서 '이방인의 사도'라고 자칭하기 시작합니다.(갈 2:8 "베드로에게 역사하사 … 할례자의 사도로 삼으신 이가 … 나를 이방인의 사도로 삼으셨느니라") 그래서 유대인들과의 갈등의 골이 깊어졌습니다. 나중에 그는 할례를 위시한 **모든 율법이 무용**하다고 주장하면서(롬 4:10 "… 할례시냐 무할례시냐 할례시가 아니요 무할례시니라"; 갈 5:2 "… 너희가 만일 할례를 받으면 그리스도께서 너희에게 아무 유익이 없으리라") 유대교 출신자들을 심하게 자극했습니다.(참고: 행 25:2-3 "대제사장들과 유대인 중 높은 사람들이 바울을 고소할새 … 매복하였다가 그를 죽이고자 함이더라") 그러나 **율법 전통에 대해서 무지한 이방인들에게 "할례"가 무용하다는 말은 진실이었습니다.** 이방인들은 율법의 유래와 전통적 가치에 대해서 알 필요가 없었습니다.

위와 같은 상황을 알고 읽는다면, 골로새서 4:11이 상당히 이상한 내용으로 보일 것입니다.

유스도라 하는 예수도 너희에게 문안하느니라 그들은 할례파이나 이들만은 하나님의 나라를 위하여 함께 역사하는 자들이니 이런 사람들이 나의 위로가 되었느니라(골 4:11)

"유스도"라는 사람을 소개하면서 "할례파"이긴 하지만 "… 함께 역사하는 자들(동료)"이라고 말하며 심지어 "나의 위로가 되었"다고 옹호합니다. 이는 "할례파"를 배척하는 상황에서 선별적으로 일부 "할례파"를 옹호하는 것입니다. **"할례파"를 전적으로 배척하는 것도 아니고 일부만 수용하는 이런 모호한 태도는 성서 전반에 나타난 바울의 성향에 비춰 볼 때 상당히 어색한 것입니다.** 과연 이 말을 바울이 했을까 하는 의구심마저 일어납니다.

"유스도(Ἰοῦστος)"가 사도행전 1:23에서 가룟 유다를 대신하여 사도 후보가 된 적이 있던 요셉 바사바와 같은 사람인지는 알 수 없습니다. 고린도에서 유대인에게 핍박받던 바울에게 은신처를 제공했던 디도 유스도(행 18:7) 같지도 않습니다. 본문은 그가 "예수"라고도 불렸다고 합니다. 어쨌든 "유스도"는 유대계이며 "할례파"였습니다.(οἱ ὄντες ἐκ περιτομῆς)

할례는 유대 전통에 따르면 선택 사항이 아니라 필수 요건입니다.(창 17:14 "할례를 받지 아니한 남자 … 백성 중에서 끊어지리니 … 내 언약을 배반하였음이니라") 구약성서는 이방인일지라도 할례를 받아야 공동체 진입이 가능하다고 가르칩니다.(창 34:22 "할례를 받아야 … 한 민족 되기를 허락할 것이라"; 출 12:48 "타국인이 … 모든 남자는 할례를 받은 후에야 … 본토인과 같이 될 것이나 할례받지 못한 자는 먹지 못할 것이니라) 이런 전통에 대하여 예루살렘 교회에서 열린 종교 회의에 참석한 사람들은 심층적인 논의를 거쳤을 것입니다.(행 15:9 "차별하지 아니하셨느니라"; 행 15:10 "조상 … 멍에"; 행 15:19 "이방인 중에서 하나님께로 돌아오는 자들") 물론 **구약성서에도, 본문의 형성 시점은 다르지만, 이방인에 대한 무차별적 수용을 말하는 본문이 있습니다.** 이는 집단 체제가 붕괴하면서 더는 민족 정체성을 유지할 수 없는 시점에 작성한 것입니다.(참고: 렘 9:25 "여호와의 말씀이니라 … 할례받은 자와 할례받지 못한 자를 … 다 벌하리니"; 겔 28:10 "네가 이방인의 손에서 죽기를 할례받지 않은 자의 죽음같이 하리니 …) 그런데도 비록 독립은 못 했지만, **상대적으로 안정기에 이르면 유대 민족은 어김없이 율법과 할례를 중시하게 마련입니다.** 어쩔 수 없이 유대인과 이방인이 섞여 사는 정황인데도 말입니다.(참고: 겔 44:9 "이스라엘 족속 중에 있는 이방인 중에서 … 할례를 받지 아니한 이방인은 내 성소에 들어오지 못 하리라")

바울은 자신이 "8일 만에 할례를 받"았다고(부득이하게) 자랑했는데(빌 3:5) 이러한 태도는 이른바 "할례자들"의 강한 반대에 직면했던 초기에 기독교가 스스로 변호하는 상황을 연상하게 합니다. 사도행전 11:2-4를 보면 베드로가 "무할례자(이방인)"와 식사를 하는 것에 대하여 "할례자들"의 강한 "비난"을 받았는데 이에 대해 그는 "차례로(차근차근) 설명하"려고 합니다. 하지만, 점진적으로 **할례의 무용**함을 말하게 되었고(참고: 고전 7:19 "할례받는 것도 아무것도 아니요"; 갈 5:6; 6:15) 최후에는 **유대교 출신자들과의 궁극적인 분리**로 나아갔습니다.(참고: 갈 5:2 "너희가 할례를 받으면 그리스도께서 너희에게 아무 유익이 없으리라") 이는 "할례자들"에 의한 박해가 주어진 이후의 일로 보입니다.(갈 5:11 "내가 … 할례를 전한다면 어찌하여 … 박해를 받으리요"; 갈 6:12 "억지로 너희에게 할례를 받게 함은 그들이 … 박해를 면하려 함뿐이라") 이러한 본문들은 "할례자"들을 복음 전파의 주체이자 대상으로 온건하게 이해했던 시점과는 다른 시점을 반영합니다.(참고: 갈 2:9 "우리를 이방인에게로 그들은 할례자에게로 가게 하려 함이라")

"유스도"가 "할례파"임에도 불구하고 그를 칭찬하고 있는데 이것은 위에서 살펴본 내용에 근거할 때 **"할례파"에 대한 배제와 선택적인 용납이 공존한다**는 점에서 매우 독특합니다. 이는 지금 우리 시대와 비교한다면, 다른 종교를 가진 사람, 즉, **지향점이 완전히 다른 사람을 수용하고 칭찬하는 상황**입니다. "유스도"가 "할례"에 대한 지지를 철회했다는 이야기는 어디에도 없습니다. 그는 여전히 "할례파"입니다.

🐝 목사님이 신부님, 스님들과 함께 운동하고 봉사하는 것은 자유주의도 혼합주의도 아닙니다. 물론, 사회적인 비난을 받아야 마땅한 사교(邪敎)까지 인정하고 수용하기는 어려울 것입니다. 하지만, 성서적으로 볼 때, 큰 문제가 없는데도 툭하면 이단이니 사이비니 하는 사람들이 있습니다. 사악한 종교는 이러한 경향을 간교하게 이용합니다. '어차피 이단이라는 말은 개신교인들이 아무렇게나 하는 말이다'라고 말입니다.

어떤 개신교 목사는 가톨릭을 '사탄 숭배교'라고 주장합니다. 그러나 개신교가 생기기 전의 기독교는 가톨릭 하나뿐이었습니다. 최근 상황을 보면, 과거 유대교에서 파생한 가톨릭이 예수그리스도를 십자가에 못 박은 종교라며 유대교를 맹비난한 것과 유사한 증오가 개신교 일부 세력에게 보입니다. 개신교 탄생의 실마리를 제공한 **종교개혁자 마르틴 루터는 유대인에게서 생존권을 박탈하자고 했습니다. 심지어 유대인 학교를 불사르고 경전을 압수하여 땅에 묻어버려야 한다고 했습니다.**(참고:Martin Luther, 『On Jews And Their Lies』, 1543) 유대인 말살 정책을 시행한 히틀러는 유대인에 대한 이러한 증오를 그대로 물려받았습니다. 실제로 그는 루터를 존경했습니다.(참고: Adolf Hitler, 『Mein Kampf』, 1925)

현재 예수님을 구세주로 신앙하는 이른바 메시아닉 유대인(Messianic Jews)들은 유대 전통을 그대로 유지하려고 합니다. 이들은 전통을 고수하면서 개신교 신앙을 수용한 사람들입니다. 이런 양상은 **초기 기독교 시대에 유**

대인과 이방인이 평화롭게 하나의 공동체를 형성했던 과거를 떠올리게 합니다. 현대의 개신교 교회, 특히 한국 개신교 교회는 가톨릭과 유대 율법 전통을 유지하고 있는 메시아닉 유대인은 물론 심지어 같은 개신교 안의 다른 교파와 교단까지 배척합니다.

자신의 종교와 신앙 양식을 유지하고 그 정체성을 견지하는 것이 잘못은 아닙니다. 하지만 타자를 타자로서 존중하는 태도는 필요합니다. 최소한 모든 사람을 사람으로 존중한다는 것을 상대가 알게 해야 합니다. 무조건 배척하는 태도는 성서의 취지에 반하는 것입니다. 골로새서 4:11을 이해하기 쉽게 해석하자면 이는 '나와 다른 종교 및 신앙을 추구하지만, 그는 좋은 사람이다'라고 말하고 있는 것입니다. 이런 자체와 태도가 한국 개신교에게는 왜 이렇게 어려운지 저는 참으로 이해하기 어렵습니다. 증오는 증오를 낳고 서로에게 씻을 수 없는 상처를 남깁니다. 인류는 히틀러가 어리석은 선택을 했음을 영원히 기억할 것입니다. 그와 비슷하거나 그에 필적하는 어리석음이 우리에게 있어서는 안 됩니다. 일부 개신교인들이 불교 법당에 들어가서 불상을 훼손하면 사회법에 따라서 처벌받아야 합니다. 이는 타자에 대한 기본적인 예의가 없는 짓입니다. 특정한 시대에 특별한 상황에서 형성된 본문을 문자 그대로 따르고자 하는 어리석음입니다. '우상 파괴'가 성서에 나온다고 해서 그것을 현대에 그대로 적용할 수는 없습니다.

한국 개신교인 중 어떤 이들은 타종교인에 대한 예의는 고사하고 같은 기독교라고 해도 자신과 조금만 다르면 배척하는 자세를 취합니다. 그런 이들은 골로새서 4:11의 교훈을 마음에 깊이 새겨야 할 것입니다. 받아들이기 어려웠지만 "할례파"도 수용하여 서로 "위로"를 주고받는 관계를 형성하고 있는 모습은 지금 우리에게 본보기가 됩니다. 심지어 골로새서 4:11의 화자는 "할례파"인 그를 어떤 특정한 목적을 위한 '동료'로 여기고 있습니다.

유스도라는 예수도 문안합니다. 할례받은 사람들로서는 이들만이 하나님의 나라를 위하여 일하는 나의 동역자들이요, 나에게 위로가 되어 준 사람들입니다.(새번역, 골 4:11)

방송에서 목사님과 신부님, 스님까지 축구팀을 결성하여 함께 공을 차는 모습을 보았습니다. 참 정겨운 모습입니다. 서로 강요하지 않아도, 내가 추구하는 신앙을 제삼자의 관점에서 바라볼 좋은 기회가 은연중에 주어집니다. 내가 믿는 것에 대해서 확신이 있다면 사람과 사람으로 만나서 친구가 되지 못할 이유가 없습니다. 함께 만나 봉사 활동을 할 수도 있고 즐겁게 친교를 나눌 수도 있습니다. 성탄절에 성당과 교회를 찾아가 축하하는 스님들의 모습과 같이 포용력 있는 모습을 개신교 목사 중에서도 많이 보게 되기를 바랍니다. 개신교 내부적으로도 각 교파와 교단이 헐뜯고 싸우거나 아예 무관심한 것보다는 연합하는 모습이 아름답습니다. 어떤 목사님이 저에게 이런 말씀을 하셨습니다. "제가 친하게 지내는 신부님, 스님이 몇 분 계시는데 참 좋은 분들입니다. 인간적으로 많이 배웁니다." 저는 이 목사님을 혼합주의자, 자유주의자, 사탄의 졸개라고 생각하지 않습니다. 평화를 이루고 유지하는 이런 모습을 모든 개신교 목사와 신자들은 배워야 합니다. 宗

하나님이 우리를 세우심은 노하심에 이르게 하심이 아니요 오직 우리 주 예수
그리스도로 말미암아 구원을 받게 하심이라

종말만 기다리고 앉아 있는 사람에게 심판이 임합니다.

데살로니가전서가 언제 기록된 것인지 추정하려면 본문 내용을 자세히 살펴보는 것부터 시작해야 합니다. 혹자는 데살로니가 교회가 **바울이 2차 전도 여행을 할 때 세워졌으며**(참고: 행 17:1-4) 나중에 그가 고린도에 머물면서 디모데를 보내(살전 3:2) 소식을 청취한 뒤에 데살로니가서를 작성했으리라고 추정하면서 주후(서기) 50~51년쯤에 글이 쓰였을 것이라고 합니다. 그런데 그 시기는 상대적으로 평화로운 시기였습니다. **그 시기에 작성했다면 왜 데살로니가서에 이처럼 명확한 종말론이 나타나고 있는지 설명할 길이 없습니다.**(참고: 살전 4:13-18; 5:2-4) 물론, 바울 일행을 추격했던 유대인들(행 17:13)의 괴롭힘을 극심한 박해로 이해하는 데는 문제가 있습니다. 따라서 본문이 우리가 생각하는 것보다 긴 시간 동안 추가, 각색, 확장했을 여지를 배제한다면 본문 형성 연대 문제를 해결할 수 없습니다.

데살로니가전서는 다섯 장의 비교적 짧은 편폭(篇幅)의 글이지만 이 안에도 기본층, 추가 내용과 삽입구 등을 찾아볼 수 있습니다. 4장과 5장을 비교하면서 살펴보겠습니다.

데살로니가전서 4:13-17은 예수님의 재림을 대단히 생동감 있게 묘사하므로 당장이라도 그 일이 일어날 것 같은 느낌을 줍니다. 그에 비해 "도둑같이 이를(도래할)" "주의 날"(살전 5:2)에 대해서 말하고 있는 **5장 전반부는 종말의 긴장감이 상대적으로 덜합니다.** 5장의 전반부와 더불어 "주(의) … 호령, 천사장의 소리, 하나님의 나팔 소리"와 함께 이루어질 예수님의 "강림(재

림)"을 언급하는 **데살로니가전서 4:13-17을 비교**해 보십시오.

"서로" 간의 "위로"를 말하면서 끝나는 18절은 데살로니가전서 4:14-17이 추가되기 전에는 13절과 연결되어 소단락을 이루고 있었을 것입니다. 또한, 이는 데살로니가전서 2:11("우리가 … 아버지가 자기 자녀에게 하듯 권면하고 위로하고 경계하노니"), 데살로니가전서 3:2("너희 믿음에 대하여 위로함으로"), 데살로니가전서 3:7("너희에게 위로를 받았노라")과 잘 연결됩니다. 데살로니가전서의 "위로"는 저자와 독자 사이에 주고받는 것입니다. 신적인 개입(종말이나 심판과 같은)을 의식하지만, 그것을 적극적으로 도입하여 본문의 중심에 놓지는 않습니다. **강한 경고가 아니라 일반적인 교훈**에 가깝습니다.

"끝으로"라는 말로 시작하는 4장은 12절까지 '일상적인 삶'에 대해서 교훈하는데(살전 4:11 "조용히 자기 일을 하고 너희 손으로 일하기를 힘쓰라") 사실상 이 단락(살전 4:1-12)이 **데살로니가전서 초기 문헌의 결론**이었을 것입니다. 이러한 교훈은 5장 하반부와도 연결됩니다. 이로 볼 때, 데살로니가전서 5:1-3 + 6-8(조금 가라앉은 느낌의 종말 경고 **'주의 날이 도둑같이 이른다'**), 5:4-5(삽입구, 살전 5:1-3 + 6-8에 대한 반론 **'도둑같이 임하지 못한다'**)은 **각각 다른 편집자에 의해 작성된 것** 같습니다. 데살로니가전서 5:9-10은 종말론적 긴장감이 줄어든 후대에 이르러 데살로니가전서가 원래 지향하고 있던 올바른 생활을 위한 권면이라는 흐름을 복구하고자 덧붙여진 것으로 보이는데 화자는 **'하나님의 분노(심판)는 없다'**라고 단언합니다.

하나님이 우리를 세우심은 노하심에 이르게 하심이 아니요 오직 우리 주 예수 그리스도로 말미암아 구원을 받게 하심이라(살전 5:9)

4장의 극단적 종말론(살전 4:13-18, 구체적으로는 4:14-17)과 **완화된 어조의 종말론**(살전 5:1-3, 그리고 그것의 반론인 6-8절까지)에 이어 아예 **종말을 더는 언급하지 않는다는 점에서 데살로니가전서 5:9-10은 특별합니다. 이는 간단하게 말해서 '이제 종말을 신경 쓰지 말고 일상을 열심히 살아라'라는 교훈입니다.** 아래 제가 정리한 것을 보십시오.

- 데살로니가전서 4:1-12: "끝으로(1절)" 초기층의 결론, 권고.
- 데살로니가전서 4:13-18(특히 살전 4:13과 4:18("위로") 사이에 삽입된 4:14-17): 극단적 종말론, 주의 강림(降臨)
- 데살로니가전서 5:1-3 + 6-8: 완화된 종말 경고 '도둑같이 임할 것이다'(참고: 극단적 종말론과 완화된 종말 경고를 함께 보여주는 것은 살전 1:10 "하늘로부터(의) 강림", "장래의 노하심")
- 데살로니가전서 5:4-5: 5:1-3 + 6-8에 대한 반론: '도둑같이 임하지 못한다'
- 데살로니가전서 5:9-10: 종말 기대의 잠정적인(혹은 최종적인) 포기
- 데살로니가전서 5:11-28: 살전 4:1-12과 같은 흐름의 권고("너희에게 구하노니"(5:12), 단, 살전 5:23b "주 예수 그리스도(의) … 강림하실 때"는 살전 5:1-3 + 6-8의 편집자가 추가한 것으로 보임)

데살로니가전서 4:1-12과 5:11-28은 원래 한 단락이었거나 하나를 다른 하나가 모방한 것 같습니다. 어쨌든 1~3장의 선교 보고와 함께 주어진 화자의 변호를 제외하면, **믿는 자의 바른 삶을 위한 교훈**이 원래 데살로니가전서의 중심 내용이라고 하겠습니다. 이러한 교훈은 급진적 종말론이나 종말론적 경고와는 잘 어울리지 않습니다. 위에서 언급한 바와 같이 극단적 종말론이 추가되고 다시 완화한 종말 경고가 덧붙여진 뒤에 주의 재림이 더 늦어지자 마지막으로 종말 기대의 잠정적인 혹은 최종적인 중단을 말한 것입니다.

추가로 언급하자면, 4장에 추가된 '웅장한 재림'을 묘사하는 글(살전 4:13-18)은 사망자("자는 자")들을 위로("슬퍼하지 않게", 살전 4:13) 하려고 작성한 것 같습니다. 앞선 데살로니가전서 1장과 3장에도 각각 "하늘로부터 강림"하실 하나님 "아들"인 "예수"를 언급하며(살전 1:10) "주 예수께서 … 모든 성도와 함께 강림하"신다고 말합니다.(살전 3:13) 하지만 **주의 재림에 대한 각 서술을 비교하면 미묘한 차이를 발견**하게 되며 그 본문들이 형성된 시점과 정황에 격차가 있음을 감지하게 됩니다. 이는 반복되는 '예수님의 죽음'(살전 2:15; 4:14(+부활); 5:10)의 표현 간에 존재하는 어감 차이와 밀접한 연관이 있습니다. 이런 차이는 어휘 간 의미에 차이가 있다는 것이 아니라 각 화자 혹은 편집자가 문장을 구성할 때 드러난 서술 의도에 따른 차이입니다.

위와 같은 고찰을 통해서 알 수 있는 것은 데살로니가전서가 전반적으로 **신자의 죽음이 아니라 삶을 위해 주어진 교훈**이라는 것입니다. 우리는 당장, 혹은 조만간 예수님이 재림할 것처럼 여겨서는 안 됩니다. 신자는 "하나님을 기쁘시게 할 수 있는" 바를 배워야 합니다.(살전 4:1) "하나님의 뜻"이란 다른 것이 아니라 "음란을 버리고"(살전 4:3) "거룩함과 존귀함으로 … 아내 대할 줄을 알고"(살전 4:4) "색욕을 따르지 말고(살전 4:5) "분수를 넘어서 형제를 해하지 말"고(살전 4:6) "형제 사랑"(살전 4:9)을 실천하며 게으르지 않게 "손으로 일하기를 힘"쓰는 것입니다.(살전 4:11) "피차 권면하고 서로 덕을 세"워야 하며(살전 5:11) "사랑 안에서 … 귀히 여기며 … 화목"해야 합니다.(살전 5:13) "게으른 자들을 권계하며 마음이 약한 자들을 격려하고 힘이 없는 자들을 붙들어 주며 모든 사람에게 오래 참"아야 합니다.(살전 5:14) "누구에게든지 악으로 악을 갚지 말고 … 항상 선을 따"라야 합니다.(살전 5:15) 유명한 구절인 "항상 기뻐하라 쉬지 말고 기도하라 범사에 감사하라"(살전 5:16-18)라는 말도 **신앙적인 교훈인 동시에 올바른 삶을 위한 권고**입니다. 신앙은 올바른 삶을 통해 비로소 그 의미와 가치를 드러냅니다. 따라서 우리는 모두 선

을 선택하고(살전 5:21) "악"을 멀리해야 합니다.(살전 5:22)

🐝 예수님이 오실 때까지 아무것도 하지 않고 기다리겠다는 사람은 어리석은 사람입니다. 여러분은 데살로니가전서에서 종말론적 긴장감을 느끼기보다는 올바른 삶에 관한 교훈을 얻으십시오. 종말이 올 때 그 종말을 기다리면서 아무것도 하지 않는 사람에게 오히려 심판이 주어질 것입니다. 종말을 의식하지 않고 열심히 바르게 살려고 노력하는 사람이 그 종말과 상관없이 칭찬받을 것입니다.

제가 아는 지인이 저에게 들려준 이야기입니다. 지인은 집이 서울인데 지방 출장이 잦았습니다. 그에게는 유치원에 다니는 어린 외동딸이 있었는데 아빠가 너무 자주 집을 비우니까 딸은 아빠가 대문 쪽으로 가기만 해도 '아빠 어디 가?' 또는 '아빠 빨리 와'라는 말을 하였습니다. 아빠도 될 수 있으면 매일 딸을 보고 싶었지만, 회사 일이 마음 먹은 대로 돌아가지 않았습니다. 어느 날 지인이 해외 출장을 다녀오게 되었습니다. 자그마치 한 달 동안 말입니다. 딸을 무릎에 앉혀 놓고 '아빠가 금방 올 테니까 아빠 생각 조금만 하고 공부 열심히 하고 밥도 잘 먹으면서 있어라'라고 신신당부를 했습니다. 그런데 '금방' 온다는 이야기가 화근이었습니다. 딸은 아빠가 일주일이 넘었는데도 귀가하지 않자 공부는커녕 밥도 먹지 않았습니다. 그리고 날마다 대문 쪽만 바라보면서 아빠를 기다렸습니다. 엄마가 딸이 잘 알아듣게끔 설명했습니다. 아빠는 금방 돌아올 수 없는 나라에 갔고 정확히 몇 주 뒤에 돌아올 것이니 걱정하지 말고 밥을 먹으라고 말입니다. 그런데 딸은 고집을 부렸습니다. **아빠가 '금방' 올 거라고 했다는 것입니다.** 그래서 아빠가 올 때까지 밥도 안 먹고 아무것도 안 하겠다고 했습니다. 이번에는 할머니가 나서 아빠가 말한 '금방'은 딸이 걱정할까 봐 한 말이고 아빠는 훨씬 후에 올 것이라고 설명했습니다. 그런데도 어린 딸은 그 말도 듣지 않았습니다. 엄마가 억지로 밥을 떠먹여도 먹지 않고 뱉었습니다. 결국, 어린 딸은 쓰러지고 말았습니다. 병원에 입원하여 팔에 영양주사를 놓자 가까스로 기력을 되찾았습니다. 그러던 와중에 한 달이 지나고 아빠가 돌아왔습니다. 딸은 너무 반가워서 아빠를 크게 불렀습니다. 그런데 아빠는 조금 화가 난 것 같았습니다. 때가 되면 아빠가 돌아올 텐데 왜 한 달 동안 엄마 속, 할머니 속을 썩이고 밥도 안 먹었냐면서 꾸짖었습니다. 의사 선생님은 그동안 아이의 몸이 많이 쇠약해졌다고 했습니다. 아빠는 너무 속상했습니다. 아빠가 바라는 것은 비록 아빠가 출장을 떠나서 서로 보지 못하지만 나중에 건강한 모습으로 딸과 만나는 것이었습니다. 너무 어려서 그런지 딸은 아빠의 말을 깊이 이해하지 못했습니다. **'금방' 온다고 했다는 말에 집착했습니다.** 의사 선생님은 하마터면 큰일 날 뻔했다고 했습니다. 딸에게 큰일이 생길 뻔했다는 말을 듣고 아빠와 엄마의 두 눈에서는 주르륵 눈물이 흘렀습니다. 오직 딸만 핼쑥한 얼굴로 방실방실 웃고 있었습니다. 아빠가 돌아왔기 때문입니다.

저는 날마다 예수님이 이 땅에 다시 오실 날만 기다리는 사람이 없기를 바랍니다. **예수님이 이 세상에 다시 오셨을 때 칭찬받으려면 오히려 예수님을 기다리는 일을 멈추어야 합니다.** 그리고 열심히 일상을 살아야 합니다. 정말 예수님이 이 세상에 다시 오신다면 자신을 기다리느라고 아무것도 하지 않고 멍하니 앉아 있던 사람을 책망하실 것입니다. '너에게 주어진 시간을 왜 허비하였느냐?'라고 말입니다.

예수님을 기다리면서 아무것도 하지 않는 사람에게 심판이 주어질 것이라는 제 말을 기억하십시오. 언제 예수님이 재림하시든, 즉, 이 세상이 언제 멸망하든, 우리는 하루하루 최선을 다해 살아가야 합니다. 바로 그것이 예수님의 다시 오심을 기다리는 사람에게 마땅한 일입니다. 宗

너희는 지금 그로 하여금 그의 때에 나타나게 하려 하여 막는 것이 있는 것을 아나니 / 불법의 비밀이 이미 활동하였으나 지금은 그것을 막는 자가 있어 그중에서 옮겨질 때까지 하리라 / 그때에 불법한 자가 나타나리니 주 예수께서 그 입의 기운으로 그를 죽이시고 강림하여 나타나심으로 폐하시리라

악마 같은 사람이 나타납니다만 영원히 날뛰는 것은 아닙니다.

악마는 영적인 존재라고 알려져 있습니다. 그리고 그것은 인간을 통해 일한다고 합니다. 따라서 **인간 실체를 통해서가 아니면 악마든 사탄이든 우리가 인지할 방법이 없습니다.** 악마나 귀신이 인간에게 깃들었다고 해도 행동하는 것은 정신줄을 놓은 인간 자체입니다. **눈에 보이는 영적인 존재 같은 것은 없습니다.**

데살로니가후서는 "사탄"이 아닌 "사탄의 활동"(살후 2:9)에 대해서 언급합니다. 이는 2장 단락에 나오는데 이상하게도 같은 내용을 반복하는 느낌을 줍니다. 데살로니가후서 2:6, 8은 '불법한 자의 출현(나타남)'에 대한 예고(豫告)를 반복합니다. '억제를 당하고 있던("막는 것이 있는") "그"(살후 2:6)가 곧 활동할 것처럼 보이다가(참고: 살후 2:7) 다시 8절에 오면 "그때에 불법한 자가 나타"날 것이다 … 라고 하니까 **아직 조금 시간이 남아 있는 것도 같습니다.** 아마도 많은 이가 '불법한 자의 출현'에 대해 지대한 관심을 두고 있었을 것입니다. 그중 적지 않은 이가 글에 가필(加筆) 했을 것입니다.

데살로니가후서 2:7a의 "불법의 비밀이 이미 활동하였"다는 말과 2:9의 "악한 자의 나타남은 …이라는 내용은 서로 잘 이어집니다. 중간에 삽입된 것으로 보이는 2:7b("지금은 그것을 막는 자가 있어 그중에서 옮겨질 때까지

하리라")은 2:6b("막는 것이 있는 것을 아나니")의 중복입니다. **새로운 내용을 추가할 때에 때로는 불필요하게 보이는 중복이 나타납니다.** 그렇다면 가필한 사람의 의도는 무엇입니까? 그것은 "대적하는 자라 신이라고 불리는 모든 것과 숭배함을 받는 것에 대항하여 그 위에 자기를 높이고 하나님의 성전에 앉아 자기를 하나님이라고 내세우"는(살후 2:4) "불법의 사람 곧 멸망의 아들"(살후 2:3)의 출현이 **비록 늦어질지라도 결국 반드시 이루어진다**는 것을 강조하려는 것입니다. 또한, 그것이 출현한 후에는 예수님의 재림("강림")으로 인하여 "죽"을 것이라는 것(살후 2:8)을 말합니다.

이러한 내용은 강력한 위협과 공포를 주는 "불법의 사람"이라는 존재가 있음을 독자로 알게 합니다. 그리고 그 존재가 등장과 소멸을 반복한다는 것도 알립니다. 그런데 아이러니하게도 화자의 논리 안에서 메시아의 재림이 "불법의 사람"의 등장과 맞물려 있기 때문에(살후 2:8) 메시아가 재림하지 않는 이상 "불법의 사람"도 등장할 수 없습니다. **"불법의 사람"은 이런 의미에서 메시아에 종속적입니다.** 각 시대를 되짚어보면 "불법의 사람"에 준하는 존재들이 등장했었던 것 같습니다. 다행히도 이런 존재는 인류 전 역사에 걸쳐 등장했다가 반드시 사라집니다.

데살로니가후서 2장을 쓴 사람은 셀레우코스 제국의 8대 왕인 안티오쿠스 4세 에피파네스(Ἀντίοχος ὁ Ἐπιφανής, B.C. 215경~164)를 알고 있는 것 같습니다. 데살로니가후서 2:4에서 '하나님을 대항하여' "성전에 앉아 자기를 하나님이라고 내세우"는 자는 안티오쿠스 4세의 이미지를 그대로 표방합니다. 에베소 공동체가 이것을 '적그리스도'의 개념으로 발전시킨 것인지는 알 수 없지만(참고: ICC-NT) 데살로니가후서 2장이 언급하고 있는 "불법의 사람"의 이미지는 분명히 안티오쿠스 4세로부터 온 것이며 나중에 그것이 요한 1서(2:18,22,4:3)와 요한2서(7)에까지 이어지는 것은 사실입니다. 역사적으

로 안티오쿠스 4세는 공공연히 자신을 "신의 현신(現身)"으로 칭했으며 유대
인을 강력하게 박해했습니다. 사람들을 학살하고 성전의 기물을 약탈했고(마
카베오상 1:21-22) 약탈하는 마당에 욕지거리를 했습니다.(마카베오상 1:24)
무엇보다 심각한 것은 그가 제단 위에 "(자신의) 우상을 세웠"다는 것입니
다.(마카베오상 1:54) 그의 목적은 유대교와 유대 문화를 말살하고 헬라화하
는 것이었습니다. 그런데 그 방법이 너무 폭력적이었습니다. 아이에게 할례
받게 한 유대 여자가 있으면 그녀와 아기는 물론, 일가족 모두를 죽여버렸습
니다.(마카베오상 1:60-61) 바로 이러한 유대교 말살 정책은 다니엘서의 종
말 사상에 지대한 영향을 미쳤고 신약 시대에 와서도 그와 비슷한 존재를 묘
사하는 데 활용되었습니다. 로마 시대에 들어와서도 바울을 죽인 것으로 알
려진 네로(Nero, 37~68)나 도미티아누스(Domitianus, 51~96)와 같은 황제의
박해가 있었습니다. 이처럼 극심한 박해와 더불어 자기 우상화를 하는 자들
이 등장하게 되면 모두 같은 이미지와 결부되었습니다. 그것이 바로 우리가
익히 알고 있는 '적그리스도'의 이미지입니다.

데살로니가후서 2장에서 '(적그리스도의 출현) 시간의 지연(遲延)'을 다시
언급하는 것은 당연합니다. **궁극적인 악마가 존재한다면 출현과 소멸을 반복
하지 않을 것입니다.** 대신, 인간 중에 악마에 따르는 존재가 나타났다가 사라
지는 일이 반복됩니다. **실체는 유동적이지만 특정한 개념은 변하지 않고 남습
니다.** '적그리스도'에 준하는 인간들은 이미 사라졌지만, 그 개념은 지금까지
성서와 개신교 교리 안에 존재합니다. 안티오쿠스 4세부터 로마의 각 황제,
히틀러, 그리고 각국의 독재자들에 이르기까지 '적그리스도'가 지칭하는 실체
는 계속 바뀝니다.

🐝 영적 문제도 결국 인간의 문제, 삶의 문제일 뿐입니다. 제가 위에서
말씀드린 것과 같이, 악마는 인간을 통해서 나타납니다. **우리는 실체가 아닌**

이미지, 그 개념까지 두려워할 필요는 없습니다. 우리가 중시하고 해결해야 하는 문제는 오직 인간의 문제입니다. '영적 전쟁'이라고 하면서 흥분하는 것보다 **차분하게 인간의 문제들을 해결하려는 태도가 필요합니다.** 오히려 그럴 때 문제가 잘 해결되는 것을 봅니다.

위에서 언급한 대로 인간이지만 악마 같은 행동을 하는 자들이 분명히 존재합니다. 이들은 사회와 사람들에게 불필요한 위해를 가하며 억압하고 심지어 생명을 빼앗습니다. 유명한 디트리히 본회퍼(Dietrich Bonhoeffer, 1906~1945) 목사님이 히틀러 암살 계획에 가담했다가 돌아가신 것은 데살로니가후서로 말하자면 '불법한 자'(살후 2:8)의 최대한 빠른 소멸을 위한 것이었습니다. 그것은 실로 "사탄의 활동"(살후 2:9)을 저지하려는 행동이었습니다. 2차 세계대전을 통해 사탄은 '불법한 자' 혹은 그에 준하는 자의 모습으로 너무나 많은 무고한 이의 목숨을 빼앗았습니다. 물론, 본회퍼 목사님의 경우처럼, 폭력에 대하여 폭력으로 대응하는 것에 대해 반론이 있을 것입니다. 하지만, 사탄을 영적인 존재로만 보지 않고 그것의 실체로서 악마에 준하는 행위를 하는 인간을 인식했다는 것은 본회퍼 목사님의 신학과 성서 이해가 상당한 심도를 가지고 있었음을 알게 합니다. 어떤 이는 영적 전쟁이라고 말하면서 기도만 하고 아무런 행동, 참여를 하지 않습니다. 얼핏 보면 대단히 신앙적인 모습처럼 보이지만 사실은 **영적 전쟁이라는 말 뒤에 숨어서 실천하기를 거절하는 안타까운 모습**입니다. 총에 대응하여 부득이하게 총을 들 수밖에 없는 시대도 있고, 촛불을 들고 비폭력적인 대항을 해야 할 때가 있습니다. 확실한 것은 실천이 배제된 저항은 없다는 것입니다.

우리는 '영적 전쟁' '사탄과의 싸움' 운운하면서 아무것도 하지 않고 가만히 있어서는 안 됩니다. 정말로 존재한다면 그것은 실물을 통해서 나타나기 때문에 처음부터 끝까지 영적인 방법으로 해결하려고 하는 것은 어리석은 자세입니다. 따라서 기도만 할 것이 아니라 우리가 어떤 면에서 참여와 활동을 할 수 있을지 고민해야 합니다. 크게는 전체 사회에서부터 작게는 각 가정에서 어떻게 실천할지 생각해보세요. 예를 들어 어떤 가정의 한 아이에게 우울증세가 있다고 합시다. 따져보니 부모가 그에게 너무 과중한 학업 스트레스를 준 것이 그 원인이었습니다. 온종일 밥도 먹지 않고 제 방에서 누워있는 아이를 위해 '영적 전쟁'을 선포하는 부모가 있습니다. 열심히 기도하고 찬송합니다. 하지만 그 문제는 부모가 그에게 부여한 과중한 학업 스트레스를 줄이는 것으로 해결되는 것입니다. **부모의 욕망을 줄이는 것으로만 '아이에게 역사하는 악마'가 자취를 감춥니다! 기도하기에 앞서 행동을 개선하십시오! 영적인 문제라고 하는 것의 대부분은 인간의 문제입니다.** 보이지 않는 '적그리스도'와 싸우기 전에 우리 삶 가운데 '하나님을 부정하고 대항하는 아집, 고집, 자만심과 그로 말미암은 어리석은 행위'(참고: 살후 2:4)가 무엇인지 따져보고 그것을 제거함으로 악마가 할 법한 행위들이 '막히도록'(참고: 살후 2:6-7) 합시다! **적그리스도는 인간의 어리석은 행위가 없다면 나타나지 않을 것입니다.** "그것을 막는 자가 있어 그중에서 옮겨질 때까지" 말입니다.(살후 2:7) 이것저것 골치 아프니까 기도한다고 핑계 대지 말고 기도와 참여 활동을 병행합시다. '영적 전쟁'이라는 말도 자주 하지 맙시다. 결국, 인간의 문제, 심리적인 문제, 관계의 문제 아닙니까? 우스갯소리지만, 우리가 스스로 풀어야 할 문제들까지 모두 하나님 어깨에 올려놓으면 하나님도 기가 막히지 않으실까요? 시끄럽게 '영적 전쟁 선포식' 같은 것을 하지 말고 조용히 기도하는 마음으로 차분히 우리 앞에 놓인 문제들, 폭력의 문제, 관계 단절의 문제, 억압의 문제를 풀어가도록 합시다. 宗

여자는 일체 순종함으로 조용히 배우라 / 여자가 가르치는 것과 남자를 주관하는 것을 허락하지 아니하노니 오직 조용할지니라 / 이는 아담이 먼저 지음을 받고 하와가 그 후며 / 아담이 속은 것이 아니고 여자가 속아 죄에 빠졌음이라 / 그러나 여자들이 만일 정숙함으로써 믿음과 사랑과 거룩함에 거하면 그의 해산함으로 구원을 얻으리라

여자는 조용히 하라고 설교했던 목사 집에서 쫓겨나

디모데전서는 목회서신으로 알려진 책 중 하나입니다. 그 안에는 목양과 교회 생활에 관한 다양한 내용이 담겨 있습니다. 생활 주체로서의 인간에 대한 이해도 들어있는데 거기에 큰 문제가 있습니다. **편견**이 나타나기 때문입니다.

디모데전서 2:11의 "일체 순종함으로 조용히 배우라"는 명령은 "여자"에게 주어진 것입니다. 즉각적으로 유교적 권위 문화에 찌든 과거 한국 남성들이 자주 하던 말이 떠오릅니다. '여자가 뭘 안다고 그래? 조용히 있어!' 아직 갈 길이 멀게 보이지만, 이제 우리 사회는 성차별에 대하여 무감각한 사회가 아닙니다. 지금 여성에게 위와 같은 말을 하면 비판받습니다. 이처럼, **성서에도 과거 시대에 국한해서 겨우 이해할 수 있는 발언이 적지 않습니다. 이를 문자적으로 받아들여 그대로 따르게 되면 시대착오적인 행동을 하게 됩니다.**

디모데전서 2:12는 "여자가 가르치는 것과 남자를 주관하는 것을 허락하지 아니"한다고 말합니다. 실제로 개신교 교회에서 여신도들이 얼마나 많고 큰 역할을 감당하고 있는지 안다면 감히 이런 말을 할 수 없을 것입니다. 현대 개신교 교회에서 이 말을 긍정하는 사람이 있다면 그는 성서에 담긴 가치와 정신을 존중하는 것이 아니라 구시대적인 봉건적 사고 전통을 답습하는

것으로 평가될 것입니다.

　디모데전서 2:13은 창세기에 나오는 인간 창조에 대한 화자(話者)의 제한적 이해를 드러내고 있습니다. 그는 "아담이 먼저 지음을 받고 하와가 그 후"라고 말합니다. 이는 '남자가 여자보다 먼저 창조되었다'라는 뜻입니다. 이런 주장은 근거가 불명확하고 우격다짐 식이라 쉽게 이해할 수 없습니다. 고린도전서 11:8을 보십시오. "남자가 여자에게서 난 것이 아니요 여자가 남자에게서 났으며"라고 합니다. 이런 주장은 간단히 말해 '남자가 여자보다 우월하다'라는 뜻입니다. 창세기 2:18을 보면 남자(아담)를 창조한 후에(참고: 창 2:7 "흙으로 … 지으시고") "아담이 돕는 배필이 없으므로"(창 2:20) 그를 잠들게 하신 뒤에 그의 몸에서 "갈빗대" 하나를 빼 "여자를 만드"셨다(창 2:21-23)라고 합니다. 이런 성서 본문에는 **과거 유대인들의 남존여비 사상**이 깔려 있습니다. 따라서 우리는 이를 **비평적으로 해석해야 합니다.**

　한편, 창세기 2:7-8뿐 아니라 창세기 1장에도 인간 창조에 관한 언급이 있습니다. 거기에는 "남자와 여자를(함께) 창조하"셨다(창 1:27)라고 쓰여있으며 그 단락에서만큼은 남자의 갈비뼈로 여자를 창조하셨다는 이야기가 없습니다. 게다가 남자와 여자의 갈비뼈 수가 12쌍, 24개로 똑같다는 것을 기억한다면 '갈비뼈 신화'가 남성 우월주의를 기반으로 나타난 이야기라는 것이 더 명확해집니다. 따라서 **'남성이 여성보다 무조건 월등하다', 혹은 '여자만 온전한 인간이고 남자는 다 동물이다'와 같은 주장을 해서는 안 됩니다.**

　디모데전서 2:14는 집요하게 "아담이 속은 것이 아니고 여자가 속아 죄에 빠졌"다고 주장합니다. 창세기 3장을 근거로 하는 이 내용 역시 철저히 남성 중심의 사고에서 빚어진 이야기입니다. 여자가 '선악을 알게 하는 동산 중앙에 있는 나무 열매'(창 3:3,5)를 먹은 대가로 "임신하는 고통"(창 3:16)에 신음하게 되었고 '남편의 지배'(창 3:16)를 받게 되었다는 말에서도 남성의 지배를 정당화하려는 야심이 드러납니다. 디모데전서 2:15에서 "여자들이 …

정숙함으로써 믿음과 사랑과 거룩함에 거하면 그의 해산함으로 구원을 얻으리라"고 하는 말도 성립하기 어렵습니다. 현대를 사는 우리에게 있어, 산통, 즉, 산모의 통증은 제왕절개술로 줄일 수 있습니다. 물론, 제왕절개도 절개 부위가 몹시 아플 수 있으나 산통 자체는 아닙니다.

　위에서 살펴본 것과 같이, 디모데전서 2:11-15는 화자가 가지고 있는 시대와 사고의 한계를 여실히 드러냅니다. 디모데전서 6:1-2를 보면 "종"과 "상전들"의 관계에 대한 언급이 나오는데 이 역시 **현대 사회와는 동떨어진 이야기입니다.** 지금은 "종"도 없고 "상전"도 없는, 기본적인 평등권을 제공하는 사회이기 때문입니다. 만약 이것을 '영적으로 해석'해서 '돈의 종', '자본의 노예'를 뜻하는 것으로 억지로 풀어낸다고 해도 디모데전서 6:1은 "상전들을 … 공경"하라고 명령하고 있으므로 '돈이 많은 자를 공경하라(?)'와 같은 해석이 성립하지 않습니다.

　🐝 **남자, 여자를 말하지 말고 그냥 사람 이야기를 합시다.** 저는 성서 해석이 있어서 **최대한 합리적인 해석을 추구합니다.** 가끔 디모데전서의 여성 비하 구절들을 가지고 설교할 때가 있습니다. 다만 쓰여 있는 그대로 '여자는 남자 말을 들어라'라는 식으로 하지는 않습니다. 비평적으로, 어떤 본문이 시대적으로 사상적으로 어떤 한계를 가졌는지를 설명합니다. 그래야 성서를 읽는 독자들이 비로소 성경을 더 잘 이해하고 시대착오적인 내용이 나와도 실소하는 사람이 없습니다.

　제가 아는 어떤 목사는 대단히 권위적이고 여전한 남성우월주의에 사로잡혀 있습니다. 시대가 변했는데도 상관없이 디모데전서 2:11-15를 들이대며 여자는 교회에서 조용해야 한다고 외칩니다. 그런데 제가 아는 한, 집에서 그는 아내에게 꽉 잡혀 찍소리도 못하고 삽니다. 밖에서 보면 집에서 큰소리칠 것 같은데 아내가 만 원 한 장 주지 않는다고 투덜대니 경제권을 아내가 쥐고 있는 것이 확실합니다. 그래서 늘 제가 커피값을 냅니다. 한번은 그가 설교하면서 '여자는 잠잠하라!'라고 큰소리로 외치고 있는데 그의 아내가 예배당 안으로 들어왔습니다. 불쌍하게도 그 크던 목소리가 반의반도 안 되게 줄어들었습니다.

여러분 **성서를 읽을 때 지금이 어느 시대인지 망각하지 마십시오.** 실제 삶에서는 대강 시대에 맞춰 살면서, 성서를 들고 쓰인 그대로 따라야 한다고 설교하지 마십시오. **설교는 이렇게 하고 삶은 저렇게 하면 어떤 분열증이 있는 것으로 오해를 받을 수 있습니다.** 성서 저변에 존재하는 가치 기준에 따르면 유대인들의 편협하고 왜곡된 사상과는 달리 남성과 여성을 평등하게 존중하고 있습니다.(참고: 삼하 6:18-19; 대상 16:3) 신명기 7:14는 "생육", 즉 아기를 낳는 것이 여자만의 일이라고 말하지 않습니다. "남녀"의 일이라고 말합니다.

> 당신들은 그 어느 백성보다도 더 복을 받을 것이며, 당신들 가운데 아이를 낳지 못하는 남녀가 없고, 또 당신들 짐승 가운데도 새끼를 낳지 못하는 암수가 없을 것입니다.(신 7:14, 새번역)

심지어 성차별적인 문장이 잔뜩 들어있는 고린도전서 11장에도 이런 문장이 덧붙어 있습니다.

> … 주 안에는 남자 없이 여자만 있지 않고 여자 없이 남자만 있지 아니하니라 이는 여자가 남자에게서 난 것같이 남자도 여자로 말미암아 났음이라 그리고 모든 것은 하나님에게서 났느니라(고전 11:11-12)

아마도 고린도전서를 필사하면서 내용을 읽고 불만을 느낀 편집자가 위의 내용을 덧붙인 것 같습니다. 저도 '주 안에 여자 없이 남자만 있지 않다'라는 말이 참 좋습니다! 올바른 신앙 안에 남자가 어디 있고 여자가 어디 있습니까? 성차별적인 문화를 개신교 내부로부터 몰아내고 모두가 평등하게 존중받는 공동체를 만들어야 합니다! 家

디모데후서 1:15; 4:10, 4:16

아시아에 있는 모든 사람이 나를 버린 이 일을 네가 아나니 그중에는 부겔로와 허모게네도 있느니라(1:15)

데마는 이 세상을 사랑하여 나를 버리고 데살로니가로 갔고 그레스게는 갈라디아로, 디도는 달마디아로 갔고(4:10)

내가 처음 변명할 때에 나와 함께 한 자가 하나도 없고 다 나를 버렸으나 그들에게 허물을 돌리지 않기를 원하노라(4:16)

왜 바울에게 더는 찾아오는 사람이 없을까요?

바울의 성격에 문제가 있다는 것은 잘 알려져 있습니다. 그는 너무 단호하며 말이 거칠고(참고: 갈 1:8-9; 고전 16:22 "저주를 받을지어다") 다른 사람의 입장을 고려하지 않는 **목적 중심의 사람**입니다.(참고: 갈 1:10 "내가 사람들에게 좋게 하랴 … 내가 지금까지 사람들의 기쁨을 구하였다면 그리스도의 종이 아니니라") 극단적인 성격이고(참고: 롬 9:4 "내 자신이 저주를 받아 … 끊어질지라도 원하는 바로라") 타협이 없으므로 인간관계에 분열이 생기는 것이 오히려 자연스럽습니다.

바나바는 바울과 2차 전도 여행을 떠나면서 1차 여행의 중도에 포기했던 마가 요한(바나바의 조카?)이 같이 가도 되는지 물었습니다. 하지만 바울은 단호하게 거절합니다.

수일 후에 바울이 바나바더러 말하되 우리가 주의 말씀을 전한 각 성으로 다시 가서 형제들이 어떠한가 방문하자 하니 바나바는 마가라 하는 요한도 데리고 가고자 하나 바울은 밤빌리아에서 자기들을 떠나 한가지로 일하러 가지 아니한 자를 데리고 가는 것이 옳지 않다 하여 서로 심히 다투어 피차 갈라서니 바나바는 마가를 데리고 배 타고 구브로로 가고 바울은 실라를 택한 후에 형제들에게 주의 은혜에 부탁함을 받고 떠나(행 15:36-40)

이 일로 **바나바와 바울은 심하게 싸웠고 갈라져 각자의 길을 걷게 되었습니다.** 바나바는 원래 '착한 사람'이며 친화력이 있는 사람이었습니다.(참고: 행 11:24 "착한 사람이요 … 큰 무리가 주께 더하더라") 이런 사람과 싸울 정도라면 바울이 어떤 위인인지 쉽게 가늠할 수 있습니다. 바울이 말년에 기록한 것으로 보이는 디모데후서에는 '바나바'에 대한 언급이 전혀 없으며, 대신 '마가'를 한번 언급합니다.(딤후 4:11)이 '마가'가 위 싸움의 원인이 된 마가 요한을 뜻하는 것이라면 바울은 과거의 싸움에 대해서 조금은 후회한 것이 됩니다. 물론 이마저도 그냥 보자는 것이 아니라 사적 목적("나의 일에 유익하니라") 때문에 오라는 것이긴 합니다.

　… 네가 올 때 마가를 데리고 오라 저가 나의 일에 유익하니라(딤후 4:11)

바울은 디모데후서에서 '모두 나를 버렸다'라고 원망합니다.(딤후 1:15; 4:10,16) "아시아에 있는 모든 사람"이 자신을 버렸다고 하면서 구체적으로 이름까지 거론합니다.(딤후 1:15 "부겔로", "허모게네") 이는 **바울이 그들을 대단히 야속하게 생각하고 있음을 알게 합니다.**

바울은 '모두가 나를 버렸어'라며 원망하지만 사실 이는 **동의하기 어려운 말입니다.** 많은 이가 그에게 등을 돌렸다면 그것은 **다른 사람의 문제가 아니라 바울 자신의 문제입니다.** 그런데도 바울은 "데마"와 "그레스게"와 "디도"가 자신을 버리고 갔다고 원망하는 것입니다.(딤후 4:10) '이젠 아무도 없다'라고 원망하다가 너무 심했다는 생각이 들었는지 "그들에게 허물을 돌리지 않기를 원하노라"라는 한마디 말을 덧붙입니다.(딤후 4:16)

디모데후서 1:15의 '버리다'의 원어인 아포스트레포(ἀποστρέφω)에는 배신(背信, 참고: 딛 1:14; 히 12:25)이라는 뜻도 있습니다. 이는 바울이 거론한 모든 이를 '배신자'라고 생각한다는 뜻이 됩니다. 한편, 디모데후서 4:10, 16의 '버리다'의 원어인 에그카타레이포(ἐγκαταλείπω)는 예수님이 십자가 위에서 "하나님 어찌하여 나를 버리셨나이까"라고 하셨을 때 썼던 단어인데(막 15:34; 마 27:46) 하나님의 유기(遺棄, 버림)를 표현할 때 씁니다.(행 2:27,31; 히 13:5) 또한 박해가 극단에 이르게 되면서 야기된 절망(참고: 고후 4:9)을 표현할 때도 쓰입니다. 바울이 이러한 단어를 사용했다는 것은 **그가 느낀 슬픔이 얼마나 강렬한 것인지를 알게 합니다. 대단히 실망한 그는 지금 죽을 것처럼 외로운 상태**입니다. 이것이 바로 복음을 위해 일생을 바쳤다고 자화자찬하는 바울의 모습입니다.

🌿 외롭게 말년을 보내지 않으려면 일보다 사람을 중하게 여기세요. 목회자와 선교사라고 자칭하는 사람 중에 바울을 흠모하며 따라 살려고 하는 사람이 있습니다. 그들은 공격적인 전도, 극단적인 선교를 추구합니다. 어떤 이들은 이른바 '주의 일'을 위해 사람을 불쏘시개처럼 사용하는 것이 당연하다고 말합니다. 그러나 어떤 이유에서라도 **다른 이를 사람이 아닌 도구로 생각하는 것은 옳지 않습니다.** 다른 사람을 그렇게 생각하는 것도 문제지만 **자기 자신을 장작처럼 불태운다고 해도 마찬가지입니다.** 사람은 사회적인 존재로, 혼자 살아갈 수 있는 사람은 없습니다. '내가 그러고 싶어서 그러는데 누가 뭐라고 하냐!'라고 해도 **한 사람이 극단적인 성향으로 내달리게 되면 주변 사람들이 땅에 이는 먼지라도 마시게 되는 법입니다.** 누구보다 그의 가족이 필연적으로 큰 상처를 받을 수 있습니다. 자신이 생각하는 극단적인 방식으로 전도하지 않고 신앙생활을 하지 않으면 소리를 지르고 심지어 욕까지 하는 사람도 있습니다. 주변 사람이 할 수 있는 일이란 조용히 그를 떠나는 것입니다. 마치 바나바와 마가가 바울을 떠난 것처럼 말입니다. 사람이 다 떠난

뒤에 '외롭다' 한들 그를 누가 안쓰럽게 생각이나 하겠습니까!

저는 거친 성격을 가지고 목적 달성을 위해 수단과 방법을 가리지 않고 돌진하는 사람을 선교 현장에서 많이 보았습니다. 대개 그런 이들은 자기중심적이고 욕심꾸러기이며 사람을 무시하고 지배하려고 합니다.

각 교단 교파에는 선교회가 있습니다. A 선교사는 거의 30년 이상, 한 지역에서 선교 활동을 했고 선교 현장은 물론 선교회 전체에도 큰 영향력을 끼치는 베테랑 선교사였습니다. 제가 그를 우연히 처음 만났을 때 저를 머리부터 발끝까지 훑어보는 눈빛이 거북스럽게 느껴졌습니다. 그리고 제가 그보다 나이가 어리기는 했지만 처음 보는 사람인데 반말을 했습니다. 저를 앉혀 놓고 자기 자랑을 하기 시작했는데 시계를 보니 거의 두 시간이 지나갔습니다. 자랑하는 주요 내용은 '누구든지 새로 이 선교지에 오게 되면 자신의 '명령'을 따라야 한다', '안 그러면 큰 문제가 발생한다', '같은 교단뿐 아니라 다른 교파, 교단의 선교사들도 동일하다', '어떤 선교사는 이 지역에 들어와서 나의 영향력을 모르고 까불다가 석 달을 못 채우고 짐을 싸서 귀국했다', '선교 헌금을 많이 걷어 와서 교회 세우고 학교 세워도 아무 소용없다', '자신은 이 지역의 정치인과도 줄이 닿아 있기 때문에 말 한마디면 10년 노력이 물거품이 될 것이다'와 같은 내용이었습니다. 직접 언질을 주지는 않았지만, 그의 말을 듣고 보니 선교 활동보다는 그를 잘 섬기고 그에게 돈을 주면 뭐든지 잘될 것 같은 생각이 들었습니다. 하지만 저는 뒤로 돈을 주거나 아부하는 것을 천성적으로 못하는 성격입니다. 일찍 대학에 자리를 하나 얻어 편안히 먹고 살 수 있었으나, 관례라는 이름으로 저에게 돈을 요구했기 때문에 자리를 박차고 뛰어나와 목사가 된 것이 저입니다. 그런데 개신교에 와 보니 똑같은 상황이 있는 것입니다. 돈을 요구하고 뒤를 봐주겠다는 사람이 제 앞에 있는 것입니다. 그래서 면전에서 싫은 소리를 못 하는 성격인 제가 그에게 몇 마디 듣기 싫은 소리를 했습니다. 지금은 기억이 잘 나지 않지만 '선교사님은 선교가 아

니라 장사하는 것 같아요'와 비슷한 이야기였습니다. 그러자 그는 극히 분노
했습니다. 얼굴이 달아오르고 붉어져서 저를 째려보는데 마치 염라대왕이 죄
인을 노려보는 것 같았습니다. 저는 직감적으로 거기 더 머물 수 없다는 것을
느꼈고 멀리 떨어진 다른 곳으로 이동할 수밖에 없습니다. 나중에 들으니 그
는 그 지역에 자신의 왕국 비슷한 것을 세웠다고 합니다. 또 시간이 더 지나
모 개신교 신문을 보니 그를 '평생 선교에 헌신한 위대한 선교사'라고 칭송하
고 있었습니다. 자기 말을 듣지 않고 자신에게 손을 비비지 않는 사람은 내쫓
고 자기 사람만으로 만든 사상누각이 무너지는 것은 순식간입니다. 예전에는
뒤를 봐 달라고 그를 찾아가는 사람이 꽤 많았던 것 같은데 이제는 파리만 날
린다고 합니다. 본인은 아주 외롭고 쓸쓸해서 사람들에게 전화도 돌리는 것
같지만 받는 사람은 없는 것 같습니다. 제가 그를 만났을 때 붉어졌던 그 얼
굴이 아직도 눈앞에 선합니다. 예수님을 섬긴 것인지 자신의 성질을 섬긴 것
인지 모를 사람입니다. 솔직히 이제 저는 이런 이들이 아주 불쌍해 보입니다.

　작은 일을 하더라도 우리는 주변 사람들을 고려해야 합니다. **사람 귀중한
줄 모르고 독단적으로 행동하는 사람은 결국 바울과 같은 말년을 맞이하게
될 것입니다.** 바울은 사람을 얻는 일에서만큼은 완전히 실패했습니다. 그리
고 외로운 처지가 되었습니다. 하지만 저는 그것이 조금도 측은하지 않습니
다. **우습게도 이 사람은 아직도 자신의 인생이 상을 받을 만한 삶이었다고 자
부하고 있습니다.**(참고: 딤후 4:7-8 "나를 위하여 … 면류관 …") 하지만 본문
어디에도 자신이 상처를 입혔을 많은 사람에 대한 충분한 미안함이나 사과는
찾아볼 수 없습니다. 사람의 인생에 절실한 것은 돈이나 상(償)이 아니라 정
(情)입니다. 보십시오! 외로운 이 사람이 누군가에게 빨리 와서 말동무가 되
어달라고 에둘러 애원하는 모습을!

　　너는 어서 속히 내게로 오라(딤후 4:9) 🏠

불순종하고 헛된 말을 하며 속이는 자가 많은 중 할례파 가운데 특히 그러하니 / 그들의 입을 막을 것이라 이런 자들이 더러운 이득을 취하려고 마땅하지 아니한 것을 가르쳐 가정들을 온통 무너뜨리는도다 / 그레데인 중의 어떤 선지자가 말하되 그레데인들은 항상 거짓말쟁이며 악한 짐승이며 배만 위하는 게으름뱅이라 하니 / 이 증언이 참되도다 그러므로 네가 그들을 엄히 꾸짖으라 이는 그들로 하여금 믿음을 온전하게 하고 / 유대인의 허탄한 이야기와 진리를 배반하는 사람들의 명령을 따르지 않게 하려 함이라(1:10-14)

훔치지 말고 오히려 모든 참된 신실성을 나타내게 하라 이는 범사에 우리 구주 하나님의 교훈을 빛나게 하려 함이라(2:10)

우리를 양육하시되 경건하지 않은 것과 이 세상 정욕을 다 버리고 신중함과 의로움과 경건함으로 이 세상에 살고(2:12)

모범적인 삶이 없는데 누가 당신의 전도지를 읽겠습니까?

디도서에는 본문의 점진적 형성이나 편집을 고려하지 않으면 해석하기가 어려운 부분이 몇 있습니다. 특히 디도서 1:10-14 단락의 해석은 간단하지 않습니다.

디도서 1:10은 "할례파"에 대한 비난으로 시작합니다. "할례파"는 디도서 1:14의 "유대인"을 의미하는 것 같습니다. 디도서 1:10의 "불순종하고 헛된 말을 하며 속이는 자"와 디도서 1:14의 "허탄한 이야기와 진리를 배반하는 사람들"이라는 표현은 모두 "할례"를 추구하는 "유대" 출신자들을 대상으로 한 말로 보입니다. 화자는 "할례파"를 도매금으로 넘기고 있습니다. **"유대인(들)"에 대한 부정적 인상을 종합하면 유대인들은 '주둥이만 살아있는 사기꾼들'입니다.**

디도서 전반의 내용을 파악하고 있는 사람이라면 이에 대해 반론을 제기할 것입니다. 디도서 전체에 초기 지혜 문학에서나 볼 수 있는 권고가 들어 있으며 이는 유대 민족 전통과 맞닿아있기 때문입니다. 따라서 **유대 민족 전체를 부정하는 듯한 이 단락의 흐름은 뭔가 석연치 않습니다.**

한편, "유대인"을 맹비난하는 디도서 1:10과 1:14 사이에 "그레데인(크레타 사람)"들에 대한 비난이 끼워져 있습니다. 얼핏 들으면 "유대인(들)"을 비난하는 목소리와 "그레데인"을 비판하는 목소리는 서로 다른 목소리로 들립니다.

> 그레데인 중의 어떤 선지자가 말하되 그레데인들은 항상 거짓말쟁이며 악한 짐승이며 배만 위하는 게으름뱅이라 하니(딛 1:12)

"유대인(들)"을 비난하는 단락에 "그레데인"에 대한 부정적 평가가 들어있는 것에 대해 두 가지 종류의 해석이 가능합니다.

첫째, 이 단락 본문을 초기 기독교 역사에서의 분열, 즉, **유대계와 이방인 출신자들의 분열이 점진적으로 심화하는 과정을 거치면서 형성된 것으로** 보는 것입니다. 이 본문에 손을 댄 편집자 중 하나가 "유대인(들)"이 심한 비판을 받는 것에 거부감을 느꼈으며 원래 있던 본문을 감히 삭제하지 못하고, 그것을 필사하는 과정에서 "그레데인"에 대한 이야기를 끼워 넣었을 가능성이 있습니다. 만약 그것이 사실이라면 그는 이런 방식으로 "유대인(들)"에 대한 비판의 강도를 다소 상쇄하고 싶었을 것입니다.

둘째, 디도서의 화자는 "유대인(들)"을 맹비난하면서 하나의 예로서 "거짓말쟁이"며 "게으름뱅이"인 "그레데인"(딛 1:12)을 끌어온 것 같기도 합니다.

이 단락의 화자를 한 명으로 보고, 그가 일관적인 서술을 했다고 볼 때, 첫째보다 둘째의 해석이 낫습니다. 하지만 그래도 해결되지 않는 문제는 위에서 언급한 바와 같이, "그레데인"의 이야기(딛 1:12-13)를 포함하는 디도서 1:10-16의 단락이 "유대인"을 맹비난하고 있는데, 이것이 **디도서 전반의 내용과 어울리지 않는다**는 것입니다. 제가 볼 때 디도서 1:10-16은 디도서의 초기층이 형성되고 난 후 어느 정도 시간이 지난 뒤, 구체적으로는 **유대계와 이방인 신자 그룹이 완전히 갈라서고 난 이후에 추가된 단락입니다.** 디도서는 원래 친유대적인 본문이었을 터이지만 이방인을 주축으로 하는 교회 공동체에 널리 읽히면서 유대인에 대한 극단적인 비난을 추가하게 되었을 것입니다.

디도서는 "전도"하고자 하는 의지를 불태우고 있습니다. 디도서 1:3은 "전도"의 필연성에 대해서 말합니다. 그러나 디도서 1~3장 전반의 내용을 볼 때, "전도"는 단순히 말로만 복음을 전달하는 것이 아니라 "관용하며 범사에 온유함을 모든 사람에게 나타"내는(딛 3:2) 식으로 **삶을 통해 선한 영향력을 끼치는 것**을 뜻합니다. 디도서는 사회적으로 지탄을 받지 않을 수 있을 정도의 **도덕적이며 윤리적인 삶을 강조**하고 있습니다.

디도서 1:5 이하의 내용을 따르자면 "장로들"은 "책망할 것이 없고 한 아내의 남편이며 방탕하다는 비난을 받거나 불순종하는 일이 없는 믿는 자녀를 둔 자라야" 합니다.(딛 1:5b-6) 이 교훈은 초기 지혜 전통에서 말하는 가족관(참고: 잠 18:22; 19:14; 31:10-11)을 계승하는 동시에 그것을 기독교 교인의 생활에 맞게 활용한 것입니다.

디도서 1:7-9도 같은 취지에서 "감독"의 자격에 대해 말하고 있으며, "늙은 남자"와 "늙은 여자"의 처신(딛 2:2-3; 참고: 잠 20:29), "젊은 여자들"(딛 2:4-5)과 "젊은 남자"(딛 2:6-8; 참고: 잠 7:7; 20:29), "종들"의 본분(딛 2:9-10; 참고: 잠 17:2 "슬기로운 종")에 대해서도 권고합니다. 이는 명실상

부, 남녀노소, 모든 이를 대상으로 한 권고라고 하겠습니다.

디도서의 화자는 "통치자들과 권세 잡은 자들에게 복종하며 순종하"라고
도 말하는데(딛 3:1) 이는 **권력자에 의하여 극한 박해가 주어지기 이전 상황**
에서 본문의 초기층이 형성된 것임을 알게 합니다. 박해 이전에 글이 쓰였다
는 것은 디도서가 잠언과 같은 지혜 전승의 처세술을 표방하고 있으며, 박해
를 경험한 이후에나 볼 수 있는 극단적이고 간단한 구원론과 신앙 메커니즘
을 전면에 내세우지 않는다는 것을 볼 때 확언할 수 있습니다. **이는 종말론이
나 시급한 전도를 언급할 필요를 느끼지 못하던 시기의 본문입니다.** 물론 디
도서 3:5에는 "우리가 행한 바 의로운 행위로 말미암지 아니하고 …라는 언급
도 있지만, 이는 박해 이후 시점에 **삽입**된 것으로 평가해야 합니다. 바로 아
래인 디도서 3:8을 보면 다시 원래대로 "선한 일을 힘쓰"라며 '의로운 행위'를
권하고 있는 것을 볼 수 있습니다. 재차 말하지만, 디도서의 "전도"(딛 1:3)는
'믿으면 바로 구원'이라는 인스턴트식 복음을 전하라는 것이 아니라 **"절제"하
고 "신중"하고 "인내"하는 바른 "행실(실천)"을 하며** 모든 권력자와 그들이 구
축한 **사회 질서에 순응하는 '올바른 생활'을 하는 것을 주된 골자로** 합니다.
다시 말하지만, 디도서 3:1의 "통치자들과 권세 잡은 자들에게 복종"하고 "순
종"하라는 말은 이런 입장에서만 이해할 수 있습니다. **이를 부당한 권력자에
게 무조건 굴종하라는 뜻으로 이해하는 것은 그릅니다.** 평안한 삶을 유지할
수 있다면 큰 문제가 없는 이상 일상의 흐름에 순응하라는 뜻입니다.

디도서의 화자는 신자들이 모범적인 사회인으로 살아갈 때 비로소 "구원
을 주시는 하나님의 은혜가" "모든 사람에게" "나타"난다고 이해하고 있습니
다.(참고: 딛 2:11) 그는 신자들이 "신실"함을 "나타"낼 때 "우리 구주 하나님
의 교훈"이 "빛나게" 될 것으로 전망합니다.(딛 2:10) **이것이 디도서가 이해
하는 "전도"의 전모입니다.** 화자는 결코 '이 부패한 세상을 떠나자'라고 말하

지 않습니다. 그는 오히려 "경건하지 않은 것과 … 정욕을 … 버리고 신중함과 의로움과 경건함으로 **이 세상에 살**"자(딛 2:12)고 합니다. **디도서의 화자는 종말을 말하지 않습니다. 대신 일상을 말하고 있습니다.** "하나님을 믿는 자들"에게 "조심하여 선한 일을 힘"써야 한다고 권고하면서 그러한 삶이 "아름다우며 사람들에게 유익하"다고 주장합니다.(딛 3:8)

　화자는 **신자 집단 이외의 사회를 절망적으로 보지 않습니다.** 신자들이 '건전하고 합리적인 가르침'(참고: 딛 2:1)을 전하는 한편 "모든 사람에게" "관용"과 "온유함"을 나타내는 선한 영향력을 끼친다면(딛 3:2) 사회 전체는 그들로 인하여 큰 "유익"을 얻을 것이라고 주장합니다.(참고: 딛 3:8) 화자는 이를 위해 '도둑질 금지'와 같이 아주 상세한 부분까지 언급합니다.(딛 2:10 "훔치지 말고") **사회 구성원으로서 다른 이들에게 그 어떤 종류의 해를 끼쳐서도 안 된다**는 것입니다.

　위와 같은 고찰 결과를 볼 때, 상대적으로 나중에 추가된 "유대인(들)"에 대한 비난은 일상적인 삶에 집중하지 못하게 하는 종교주의자들을 비난하는 것으로 해석할 수 있습니다.

　글쓴이에 의해서 맹비난을 받는 "유대인(들)"은 바른 실천을 하지 않고 수다를 떨면서(참고: 딛 1:11a "그들의 입을 막을 것이라") "(사적) 이득"을 위해서 하고 싶은 대로(성경)공부(?)를 하는데(참고: 딛 1:11b "마땅하지 아니한 것을 가르쳐") 결국 이들 때문에 '가정 파괴'가 일어납니다.(참고: 딛 1:11b "가정들을 온통 무너뜨리는도다") 이를 볼 때, **이들이 가정이나 일상보다는 종교에 광적으로 치우치면서 남도 그렇게 만드는** 모양입니다. 그들은 '하지 않아도 될 쓸데없는 말'을 주절대며(참고: 딛 1:14 "유대인의 허탄한 이야기") '진실이 무엇인지 관심이 없고 오히려 그것에 위배되는 행동을 하는' 자들입니다.(참고: 딛 1:14 "진리를 배반하는 사람들")

🐝 이제는 전도하려고 하지 않는 것이 전도입니다. 극단적인 종말적 위기(박해)가 주어지기 전까지 초기 기독교인들은 사회의 구성원으로서 최대한 도덕적이며 윤리적인 삶을 살아야 한다는 것을 알고 실천하려고 했던 것 같습니다. **"전도"는 바른 삶을 기초해야 한다는 것을 상식처럼 강조하는 것이 바로 디도서입니다.** 칭찬받는 삶을 살지 않고는 전도할 수 없다는 것입니다. 모범적인 삶이란 결국 사회 구성원들의 유익을 위해 노력하며 그들에게 선한 영향력을 끼치는 것이므로 좀 뒤틀어서 말하자면 **"전도"하기 위해 전통적인 "전도"를 포기해야 한다**는 것입니다. 이웃에게 이익이 되는 활동을 하다 보면 말로 전도할 시간이 줄어들 수밖에 없습니다. 사영리(四靈理: 대학생선교회 CCC의 전통적인 전도 책자)를 들고 돌아다니며 전도하고 주소와 연락처를 받아낼 시간에 동네 구석구석을 다니며 담배꽁초를 줍는 일을 해야 할 수도 있습니다. 어떤 신자는 입을 열어 말로 하지 않으면 "전도"가 아니라고 생각합니다. 하지만 디도서 화자의 의견은 다릅니다. 수고스럽지만 손과 발을 놀려 '진실함'을 나타내고 '신뢰'를 얻음으로 '하나님의 교훈을 빛나게 하는 것'이야말로 진정한 의미의 "전도"입니다.(참고: 딛 2:10) 이제는 말로만 이러쿵저러쿵 떠드는 **보험회사 외판원 같은 전도**를 멈추고 진정한 전도의 의미가 무엇인지 디도서의 교훈을 살펴보시기를 바랍니다! **미국에서 전래한 전도 방식은 미국 외판원의 판촉 방식과 매우 유사합니다.** 무엇인가 팔려는 태도로 성서의 가치를 전달하기는 어렵습니다.

어떤 교회에서 전도를 많이 한 사람에게, 구체적으로는 많은 사람을 교회에 오게 하고, 신자로 등록하게 만든 사람에게 상금과 상품을 주는 것을 본 적이 있습니다. 대형교회는 돈이 많은 지 1등에게 승용차를 주기도 하고 해외(선교?) 여행을 할 수 있도록 비행기 표와 호텔 숙박권을 주기도 했습니다. 청소년부에서도 비슷한 방식으로 전도를 촉진했습니다. 많은 친구를 교회에 데려온 사람에게 100만 원짜리 자전거, 50만 원어치 문화상품권, 핸드폰 등을 주는 것을 본 적이 있습니다.

요즘은 볼 수 없지만, 과거에는 교회마다 '이웃 초청 대잔치' 같은 것을 자주 했습니다. 돈을 들여 유명한 강사를 부르고 경품을 많이 준비해서 주변 이웃을 교회에 데려오게 했습니다. 데려올 사람이 없는 경우 먼 데 사는 친척에게 특별히 그날만 와 달라고 요청하거나 심지어는 다른 교회에 다니고 있는 사람에게 한 주만 출석해달라고 부탁하기도 했습니다. 그쪽 교회가 같은 행사를 하면 자신도 '품앗이'를 해 주겠다면서 말입니다. 옛날에는 그래도 개신교 교회의 이미지가 좋아서 그런 식으로 뭔가를 주고 시끌벅적하게 행사를 하면 교회에 등록하는 사람이 적지 않았습니다. 가난한 사람이 지금보다 많았던 시절, 가정 형편이 넉넉하지 않았던 사람들은 그래도 교회에 나와서 몇 시간 앉아 있다가 구두 티켓이라도 받아 가는 것에 만족했습니다. 살림이 점점 나아진 것인지, 우리나라의 경제가 발전한 것인지, 아니면 개신교의 이미지가 추락했기 때문인지, 사람들은 행사를 하고 경품을 주어도 좀처럼 교회 안으로 들어오지 않습니다. 언젠가는 개신교인 연예인을 초청하여 많은 돈을 주고 신앙 강연을 하게 했는데 한동안 호기심에 사람들이 나왔습니다. 하지만 교회를 돌아다니며 강연을 했던 연예인이 여러 가지 사고에 연루되어 뉴스에 오르내리다 보니까 연예인 자신도 교회의 요청에 응하지 않고 교회도 그런 행사를 그만하게 된 것 같습니다.

'촌스럽게' 상품을 걸고 전도하게 시킨다고 요즘 누가 전도할까 싶습니다. 가끔 대형교회에서 사람들이 몰려나와 사탕, 껌, 건빵, 물티슈가 붙어있는 전도지를 건네기도 하지만 대부분 사람은 '교회도 안 나갈 거 이런 거 받는 게 좀 그렇다'라는 마음으로, 혹은 뭔가 파는 것처럼 건네는 것에 대한 거부감 때문에 잘 받지도 않습니다. 저도 한때는 거리에서 전도지를 나눠준 경험이 있어서 전도하는 분들이 나눠주는 것을 다 받습니다만 이런 식의 전도가 언제까지 지속할지는 모르겠습니다.

전도는 이제 삶으로 해야 합니다. 비즈니스 하는 것처럼 해서는 안 됩니다. 부자들이 모여 사는 어떤 동네에 있는 한 대형교회에서는 '맞춤 전도'라

는 것을 해서 재미를 보았고 그것을 주관한 목사님이 담임목사 자리를 물려
받아 아직도 그런 식으로 전도하는 것 같습니다. 그게 또 뭐냐면, 전도가 잘
안 되다 보니까 새로운 방법을 창안한 것입니다. 법률가, 의사, 교사 등등 …
같은 부류의 사람들을 초청하여 모아놓고 각 직업군에 맞는 메시지를 전할
유명한 강사를 모시거나 목사가 그들이 즐겨 들을 만한 메시지를 전합니다.
동시에 맛있는 음식을 대접하고 좋은 분위기를 연출합니다. 그 교회에서는
교회를 다니지 않는 아버지, 어머니를 위한 '학교'를 열어 그들에게 맞는 메
시지와 활동을 통해 개신교에 대해 호감을 느끼도록 합니다. 그런데 **아무리
이런 방식 저런 방식으로 전도한다고 해도 개신교 전체의 이미지를 회복하기
전에는 그 효과를 장담할 수 없습니다.** 제가 그 교회에서 주관한 어머니만을
위한, 전도 집회 같지 않은 전도 집회에 참석하려고 했다가 사실을 알고 취
소한 분과 대화한 적이 있습니다. 그분 말이 이렇습니다. '전도하려면 정직하
게 전도하겠다고 하고 사람의 의사를 물어야지. 겉으로는 무슨 사회 공익 활
동처럼 포장해 놓고 신청하게 하는 것은 **거짓된 행동** 아닐까요?'

　이렇게 저렇게 방법을 바꾸어 가면서 전도를 한다고 해도 우리의 삶을 먼
저 바꾸고 그에 따라 개신교의 이미지를 쇄신하지 않고는 아무리 참신한 방
법을 생각해 낸다고 해도 결국은 잘 안 될 것입니다. 디도서의 가르침을 깊
이 생각해보십시오. 사람들을 교인으로 만드는 데 집중하지 말고, 전도의 목
적이 없어도 사람들을 돕고 가진 것을 나눌 수 있는지 스스로 물어보십시오.
전도가 너무 장사 같습니다. 세련되게 포장한다고 해도 결국 장사입니다. 거
창하게 보이지 않아도 작게 주변 사람들의 유익을 위해서 행동한다면 이심전
심, 주변 이웃들은 당신의 진심을 알아줄 것입니다. 종교적 목적을 내려놓고
순수한 마음으로 남을 돕는 사람이야말로 하나님의 빛을 온 세상에 비추는
진정한 전도자입니다! 이제는 전도에 대한 당신의 패러다임을 완전히 바꾸어
야 합니다. 家

이러므로 내가 그리스도 안에서 아주 담대하게 네게 마땅한 일로 명할 수도 있으나 / 도리어 사랑으로써 간구하노라 나이가 많은 나 바울은 지금 또 예수 그리스도를 위하여 갇힌 자 되어 / 갇힌 중에서 낳은 아들 오네시모를 위하여 네게 간구하노라 / 그가 전에는 네게 무익하였으나 이제는 나와 네게 유익하므로 / 네게 그를 돌려보내노니 그는 내 심복이라 / 그를 내게 머물러 있게 하여 내 복음을 위하여 갇힌 중에서 네 대신 나를 섬기게 하고자 하나 / 다만 네 승낙이 없이는 내가 아무것도 하기를 원하지 아니하노니 이는 너의 선한 일이 억지 같이 되지 아니하고 자의로 되게 하려 함이라

신앙으로 나쁜 사람이 착하게 변할 수 있을까요?

빌레몬서는 옥중서신 중 한 권입니다. 바울이 로마 감옥에 갇혀 있을 때 쓴 개인 편지라고 알려진 글입니다. 이야기는 빌레몬이라는 사람의 노예였던 오네시모가 주인 빌레몬의 물건을 훔쳐 도망치면서 시작합니다.(참고: 몬 18절) 오네시모는 이리저리 떠돌다가 바울을 만나 회심했는데(몬 1:11절) 바울은 이 편지를 그의 주인인 빌레몬에게 보내 오네시모를 용서해 달라고 합니다.(몬 1:17 "그를 영접하기를 …) 바울은 빌레몬이 손해 본 것을 자신이 배상하겠다고 합니다.(몬 18 "나 바울이 … 내가 갚으려니와") 혹자(Oltramare)는 바울에게 배상할 돈이 한 푼도 없었을 것이라고 하지만 제 생각은 다릅니다. 옥중에 있는 그의 수중에 돈이 없을지라도 그에게는 대단한 모금 능력이 있으므로 사람을 동원하여 순식간에 빚을 갚을 수도 있었을 것입니다. 하지만 **바울은 갚으려는 마음이 없었던 것 같습니다.** 빌레몬에게 이른바 '영적 스승'으로서 바울은 '네가 나에게 빚진 것이 있다는 것을 굳이 말하지 않으마'(참고: 몬 1:19b)라고 했는데, 이는 오네시모가 손해를 끼친 것을 **없었던 일로 해달라는 말입니다.** 권위자 바울이 이 정도로 요청했다면 빌레몬으로서는 그것을 거절하기가 어려웠을 것입니다.

당시 사회의 배경을 고려한다면 주인의 손해를 끼친 종(노예)은 심한 벌을 받아야 했습니다. 노예의 모든 권리는 주인에게 있고 그에 대해 아무도 반론을 제기할 수 없었습니다. 그런데도 위와 같은 요청을 하고 있다는 것은 **바울의 지위가 우리가 상상하는 것보다 훨씬 높았다**는 것을 말합니다. 하지만 바울도 주종 관계가 어떤 것인지 사회적 통념을 잘 알고 있었기 때문에 아래와 같이 부드러운 말투로 했습니다.

> 이러므로 내가 그리스도 안에서 아주 담대하게 네게 마땅한 일로 명할 수도 있으나 도리어 사랑으로써 간구하노라 … (몬 1:8-9a)

"사랑으로써 간구하노라"라는 문장을 요즘 말로 다시 적으면 '우리 관계를 봐서 그를 용서해라' 정도가 될 것입니다. 바울은 "용서해라!"라고 명령할 수도 있지만 그렇게 하지 않는다고 합니다. 심지어 그는 빌레몬의 "허락"을 구합니다.

> 다만 네 승낙이 없이는 내가 아무것도 하기를 원하지 아니하노니 이는 너의 선한 일이 억지 같이 되지 아니하고 자의로 되게 하려 함이라(몬 1:14)

이를 요즘 말로 다시 적으면 '내가 시켜서 하지는 말고 … 자발적으로 해라!'라고 말하는 것입니다. **권위자가 이렇게 말하는 것은 상당한 압박**입니다. 죄를 지은 종을 벌하는 것은 상식적인 일이었기 때문에 주인 빌레몬은 바울의 요청에 대하여 상당한 부담을 느꼈을 것입니다.

사회 정서상 수용하기 어려운 일을 요청했다고는 하지만 그 대단한 바울이 이처럼 부드러운 어투를 사용했다는 것은 아주 특별한 일입니다. **쓰는 글마다 첫머리에 자신을 "사도"라고 내세우던 바울이 이번에는 언급도 하지 않습니다.**(몬 1:1; 참고:롬 1:1; 고전 1:1; 고후 1:1; 갈 1:1; 엡 1:1; 골 1:1; 딤전 1:1; 딤후 1:1; 딛 1:1) 이는 바울의 청원이 대단히 개인적인 차원에서 이루어진 것이라는 의미입니다. 한편, 몬 1:8-9a과 같이 '-할 수도 있으나 -하겠다'라는 표현을 다른 성서 본문에서도 찾아볼 수 있습니다.

> 우리는 그리스도의 사도로서 마땅히 권위를 주장할 수 있으나 도리어 너희 가운데서 유순한 자가 되어 유모가 자기 자녀를 기름과 같이 하였으니(살전 2:7)

이쯤 되면 이런 어구가 아랫사람에 대하여 권위자가 부드럽게 청할 때 자주 쓰는 것이 아닌가 싶습니다. 즉, '하라!'는 명령을 이렇게 돌려 말한 것이라는 말입니다. 그런데도 대단한 성격을 가진 바울이 이 정도로 부드럽게 청했다는 것은 여전히 놀랍습니다. 바나바가 아닌 바울이 말입니다! 바울의 눈에 노예 오네시모가 얼마나 마음에 들었으면 그랬을까 신기합니다.

빌레몬서는 권위자라고 할지라도 상대적으로 낮은 지위의 사람들을 어떻게 대해야 하는지 모범을 보여줍니다. 또한, 사람이 개과천선할 수 있다는 희망을 전합니다. 오네시모는 '도둑질을 한 노예'에서 '사랑받는 형제'(몬 1:16)가 되었습니다. 바울은 오네시모를 심지어 "아들"이라고 칭합니다.(몬 1:10) 오네시모는 신앙 이전과 이후가 명확히 다른, 새사람입니다.

🐝 사람은 좀처럼 변하지 않습니다. 단, 드물지만 기적이 일어나기도 합니다. 개신교인이 되면서 어두웠던 과거를 청산하고 '거듭났다'라고 하는 사람이 심심치 않게 나타납니다. 군사독재 시절 일명 "고문 기술자"라고 불렸던 범죄자 이근한은 2008년 목사가 되었습니다. 그는 과거에 살벌한 고문 기술로 김근태 의원 같은 민주화 인사들을 잔인하게 고문했습니다. 강한 전류를 사람의 몸에 흘려 절규하게 했습니다. 그에게 고문을 당한 사람들은 하나

같이 "핏줄을 뒤틀고 신경을 팽팽히 잡아당겨 결국 마디마디 끊어버리는" 느낌을 받았습니다.(참고: 1987년 '김근태의 이근안에 대한 기억') 그에게 고문을 당해 본 사람은 트라우마로 평생 잠을 설친다고 합니다. 그랬던 그가 통신으로 신학을 공부한 뒤 대한예수교 장로회에서 목사 안수를 받았습니다. 김근태 의원은 자신에게 이근한이 울면서 용서를 빌길래 의아하게 생각했는데 설교할 때 고문할 때 상황을 회상하면서 즐거운 듯 히죽거리는 것을 보고 용서를 빈 것이 거짓임을 알았다고 했습니다. 그는 목사가 된 이후에 자신을 "고문 기술자가 아니라 애국자"라고 칭했습니다. 극동방송은 이런 그를 '거듭난 신앙인'으로 소개하며 용서하자고 했습니다.

새사람이 되었다면 그에 합당한 증거가 있어야 합니다. 사람은 좀처럼 변하지 않습니다. **정말로 변했다면 주변 사람이 그것을 보고 알 수 있을 정도여야 합니다.** 조직폭력배가 예수를 믿고 전도사나 목사가 된 경우가 있지만, 그 모든 이가 오네시모와 같이 새사람이 된 것은 아닙니다. 물론『하느님 빵 좀 팔아주세요』로 유명한 성모울타리공동체의 하용수 원장과 같은 사례도 있습니다. 소매치기, 폭력, 도박, 마약 등 나쁜 짓이란 나쁜 짓은 모두 저질렀던 그는 깡패 생활을 하던 동생들을 모두 성당으로 이끌어 그 가운데 수도자까지 나왔습니다. 1990년 경남 양산에 성모울타리공동체를 세웠고 지금까지 맛있는 밀빵을 만드는 사업으로 수익을 얻어 출소자들의 자활을 돕고 있습니다. 사람들은 하용수 원장을 볼 때 이구동성으로 '빛의 자녀로 거듭났다'라고 말합니다.

빌레몬서를 읽으면 우선 바울의 부드러운 말투에 놀라고 그다음으로 오네시모의 변화가 어느 정도였을지 궁금해집니다. **기적이 없다고 하지만 어떤 사람이 변하는 것을 보면 기적은 있는 것 같습니다.** 악인이 선한 사람으로 변하는 것을 통해서 사회가 더욱 밝아지기 때문에 새사람을 만드는 신앙의 힘이라는 것을 무시할 수 없다고 생각합니다. 만약 어떤 이가 '거듭났다'라면 그에게 오네시모에 준하는 변화가 있는지 살펴봅시다. 사실 **종교에 있어서 사람의 변화라는 것은 그 종교의 생명력과 밀접하게 연계하고 있습니다.** 지금도 개신교를 통해서 악인이 선인으로 바뀌는 일이 일어나고 있습니까? 과거에 그런 일이 있었다고 우려먹는 것이 아니라 아직도 그런 일이 많이 일어납니까? 만약 그렇지 않다면 개신교는 스스로 생명력이 있는지 점검해야 합니다. 성서의 가르침대로 바르게 믿고 있는지 돌아보아야 합니다.

저는 위에서 사람은 좀처럼 변하지 않는다고 말씀드렸습니다. 만약 나쁜 사람이 정말로 좋은 사람이 되었다면 그것은 분명히 기적입니다. 종교에 그 정도의 놀라운 일이 일어나지 않는다면 누가 그 종교를 믿겠습니까? 가벼운 마술 같은 기적이 아니라 사람이 근본적으로 변하는 기적 말입니다. 하나님이 전능한 능력을 갖추고 계신다면 저도 당신도 그리고 우리 모두 변화할 수 있을 것입니다.

제가 아주 어려서 저의 조모께서는 저에게 늘 '사람이 돼라! 사람이 되어야 한다!'라고 입버릇처럼 말씀하셨습니다. 저는 그 말을 듣고 '벌써 사람인데요?'라고 반문하며 그 말씀의 뜻을 이해하지 못했습니다. 나이를 먹으면서 '사람이 되는 것'이 쉽지 않다는 것을 깨닫게 되었습니다. '사람 같지 않은 사람들'도 많이 존재하는 사회에서 '사람다운 사람'이 되는 것은 어렵습니다. 모두가 거짓을 행하고 불법을 저지르는 가운데 홀로 손가락질받지 않는 사람이 되기는 참으로 어렵습니다. 이제는 그런 사람들이 없을 것이라고 믿습니다만 십여 년 전만 해도 뒷돈을 주고 직장을 얻거나 심지어 대학의 교수 자리를 얻기도 했습니다. 공정한 경쟁이라는 것은 좀처럼 볼 수 없던 한국이었습니다. 저도 비슷한 일로 충격을 받아 세속을 떠나 목사가 되기로 하였습니다. 그런데 교회와 신학교에 가보니 세상과 다른 점이 없고 똑같았습니다. 사람의 욕망은 어디나 넘실거리고 그 가운데 올바르게 살아가려는 사람은 여러 난관에 부딪힙니다. 그때마다 돌아가신 조모님의 말씀이 제 귓가에 울립니다. '사람이 되어라! 사람이 되어야 한다!'

   신앙을 가진 이전과 이후에 아무 변화가 없다면 아무도 그 사람을 통해서 하나님이 존재하신다는 것을 알지 못할 것입니다. 저 자신에 대해서도 제가 온전한 사람이 되었는지 확신은 없지만 그래도 분명히 변화는 있어야 합니다. 나타나야 합니다. 그런 기적이 일어나지 않는 신앙은 무기력한 신앙입니다. 그런데도 믿기 전과 후를 비교했을 때 똑같이 악행을 저지르거나 오히려 악행을 더 많이 저지르는 사람도 있습니다. 이전보다 악을 감추는 기술이 발전한 것을 보면 기가 막힙니다. 새사람이 된 오네시모 이야기를 하나의 이야기로 흘려보내지 마시고 남이 보고 놀랄 정도로 우리 각자가 새사람이 되었는지 바라봅시다. 그렇지 않다면 그런 변화를 막고 있는 것은 무엇입니까? 한번 곰곰이 생각해봅시다. 그리고 어제보다 조금은 나은 사람이 될 수 있도록 합시다. 🈁

히브리서 2:16-18

이는 확실히 천사들을 붙들어 주려 하심이 아니요 오직 아브라함의 자손을 붙들어 주려 하심이라 / 그러므로 그가 범사에 형제들과 같이 되심이 마땅하도다 이는 하나님의 일에 자비하고 신실한 대제사장이 되어 백성의 죄를 속량하려 하심이라 / 그가 시험을 받아 고난을 당하셨은즉 시험받는 자들을 능히 도우실 수 있느니라

인간 매개자가 초월적 천사의 개념으로 발전했습니다.

히브리서에는 요한계시록만큼은 아니지만 천사에 관한 언급이 상당히 많은 편입니다. "천사(ἄγγελος)"가 신약성서에 쓰인 것은 총 175회인데, 그중 67회가 요한계시록에 쓰였고, 25회가 누가복음, 21회가 사도행전, 20회가 마태복음에 쓰였고, 마가복음(6회), 고린도전서(4회), 요한복음, 갈라디아서(각 3회씩), 고린도후서, 디모데전서, 베드로전·후서(각각 2회씩), 로마서, 골로새서, 데살로니가후서, 야고보서, 유다서(각 1회씩)에도 조금씩 쓰였습니다. 히브리서에 쓰인 "천사"는 13회에 이릅니다.

히브리서는 첫머리에 "천사"를 "아들(그리스도)"보다 열등(劣等)한 존재로 소개합니다.(히 1:4-6,13; 참고: 히 2:16) 그렇지만 성서에 따르면 "천사"는 긴 시간 동안 상당히 높은 지위에 있는 존재였습니다. 심지어 그 이미지가 하나님의 이미지와 중첩되기도 합니다.(참고: 창 32:24-28; 삿 13:18) 그래서 사람 중에는 천사를 "숭배"하는 자들도 있었던 것입니다.(참고: 골 2:18)

아래는 성서에 나오는 "천사"에 담겨 있는 의미의 형성, 변화 및 발전의 과정을 설명한 것입니다. 신구약성서에 걸친 "천사"의 형성사를 이해하고 히브리서를 보면 히브리서가 왜 이처럼 천사의 지위 문제에 대해서 민감한지 훨씬 잘 이해할 수 있을 것입니다.

구약이 말하는 천사의 개념은 대개 지위가 낮은 인간과 높으신 하나님 사이에 일정한 괴리를 둔 **중간자**의 개념입니다. 한국어 구약성서에 쓰인 '여호와의 사자'(창 16:7; 출 3:2; 민 22:22; 삿 2:1; 삼하 24:16; 왕하 1:3; 사 37:36 등) 혹은 '천사'(창 19:1; 민 20:16; 슥 1:9; 시 34:7; 35:5,6; 78:49; 욥 1:14; 대상 21:12 등)의 원어는 말락(מַלְאָךְ)으로서 구약성서에 213회나 사용되었습니다. 이렇게 높은 빈도는 이스라엘 민족이 천사를 얼마나 중요하게 생각했는지 알게 합니다.('율법(토라)'의 경우 220회) 그런데 **구약의 천사의 개념은 원래부터 하나의 개념으로만 존재한 것이 아니라 시간의 흐름에 따라 변화했습니다.**

구약성서의 "천사", "여호와의 사자"는 그것이 초월적 존재인지 아니면 인간인지 구분이 모호한 경우가 많습니다.(참고: 학 1:13 "여호와의 사자 학개") 어떤 때는 천사를 만나는데 사람을 만나는 느낌을 줍니다. 천사를 만나는 사람이 전혀 놀라지 않습니다.(참고: 창 16:7 "여호와의 사자가 광야의 샘물 곧 술 길 샘 곁에서 그를 만나"; 창 32:1 "야곱이 길을 가는데 하나님의 사자들이 그를 만난지라") 그것은 '말락'이라는 단어가 신약성서의 '앙겔로스'처럼 무조건 초월적인 존재를 의미하는 데 쓰인 것이 아니라 '심부름꾼', '사환'의 뜻도 가지고 있기 때문입니다.(참고: 창 32:3 "야곱이 … 사자들을 보내며 … 사자들이 야곱에게 돌아와 이르되"; 삼상 16:19; 19:11,14-16,20-21; 23:27; 25:14,42 "전령들"; 열왕기서의 "(인간) 사자")

창세기 19장에는 "두 천사가 소돔에" 이르러 "롯"의 집에 머물게 되었을 때 "소돔 백성들이 … 그 집을 에워싸고" 롯을 부르며 "오늘 밤에 네게 온" "사람이 어디 있느냐 이끌어 내라 우리가 그들을 상관하리라"(창 19:1-5; 참고: 삿 19:24 "이 사람에게는 이런 망령된 일을 행하지 말라 …)라면서 위협하는 장면이 등장합니다. 여기까지만 보면 "두 천사"는 초월적 존재가 아니라 인간입니다.(창 19:8 "이 사람들에게는 아무 일도 저지르지 말라") 하지만 사람으로 보이던 그들이 신기한 일을 행합니다. 그들이 "문밖의 무리 … 눈을 어둡게 하니 … (사람들이) … 문을 찾느라고 헤매"게 되었습니다.(창 19:11) **시대가 흐르면서 '말락(천사)'에 신비로움과 초월성이 점진적으로 강화되었습니다.** 아이를 점지해주거나(창 16:11 "네가 임신하여 아들을 낳으리니 …; 삿 13:3 "임신하여 아들을 낳으리니" 참고: 눅 1:31 "네가 잉태하여 아들을 낳으리니") 인간이 볼 수 없고 "나귀"만 볼 수 있는 신비로운 존재로 묘사되기도 합니다.(민 22:25 "나귀가 여호와의 사자를 보고 …) 혹은 인간이 알아차리지 못하는 가운데 갑자기 사라집니다.(삿 13:20-21) 신과 인간의 매개자라는 의미가 강해지면서 신의 영역과 인간의 영역을 왕래한다는 서술이 나타났고, 신이 천상의 존재이기 때문에 자연스럽게 천사에게도 초월적인 능력을 부여합니다.(창 21:17; 22:11,15 "… 하나님의 사자가 하늘에서부터 … 불러 이르시되"; 창 28:12 "… 사닥다리가 … 그 꼭대기가 하늘에 닿았고 … 하나님의 사자들이 그 위에서 오르락내리락하고)

천사의 권위가 하나님의 그것과 같은 것으로 여겨지는 경우(창 32:24-28 야곱과 씨름을 한 "어떤 사람"은 "하나님"; 삿 13:18 "여호와의 사자가 그에게 이르되 어찌하여 내 이름을 묻느냐 내 이름은 기묘자라 하니라")를 보면서, 천사 개념이 메시아(예수 그리스도)로 발전한 것으로 볼 수는 없지만(참고: 사 9:6 "한 아기가 우리에게 났고 그의 이름은 기묘자라") **특별한 존재를 초월적 존재로 묘사하는 경향이 점차 강해졌다**고 볼 수는 있을 것입니다. 인간은 하나님에게 범접할 수 없으므로(출 3:5-6 "하나님이 이르시되 이리로 가까이 오지 말라 … 모세가 하나님 뵈옵기를 두려워하여"; 삿 13:22 "우리가 하나님을 보았으니 반드시 죽으리로다") 하나님과 교통하기 위해서는 반드시 매개자가 필요했습니다. 사실 이스라엘을 포함한 고대 근동 민족의 문화에서 **매개자의 개념 자체는 상고시대부터 있었을 것입니다.** 하지만 포로 후기 이후에 본격적으로 성서가 기록되면서 원래 있었던 매개자의 개념에 여러 다른 개념이 추가되었고 점진적으로 초월적이고 이른바 영적인 존재로서의 "여호와의 사자", 즉, 천사의 개념으로 나아갔을 것입니다. 이런 과정 중에서, 메시아의 개념이 형성하는 데 일정한 영향을 미쳤을 것입니다. 그래서 **메시아의 이미지에는 매개자, 권위자, 초월자 등 다양한 의미가 혼재되어 있습니다.**

한때 혹자는 인간이 천사와 같은 매개자 없이 신과 직접 대면한다는 개념을 제기하기도 했지만(참고: 창 32:30 "하나님과 대면하여 보았으나 … 생명이 보전되었다 …) 최종적으로 인간과 천사, 하나님의 구분은 서로 범접할 수 없을 정도로 격차가 생기고 말았습니다. 성서를 보면서 각 본문에 신적 존재와 인간에게 격차가 있는 것을 살피는 것도 유익하고 재미있습니다.

거슬러 올라가 보면, 인간으로서의 매개자를 요구하는 흐름이 최초로 형성된 것은 족장 사회가 일정한 형식을 갖추면서 권력-지향적인 사회로 발전한 것과 그 궤를 같이합니다.(참고: 출 24:2 "너 모세만 여호와께 가까이 나아오고 그들은 가까이 나아오지 말며 …; 레 16:1 "아론의 두 아들이 여호와 앞에 나아가다가 죽은 후에 …) 점진적으로 신의 택함을 받은 사람만 제한적으로 여호와와 인간(대중)의 매개자가 될 수 있다는 인식이 형성되었고 그것은 곧 하나의 전형이 되었습니다.(참고: 민 16:5 "여호와께서 자기에게 속한 자가 누구인지 거룩한 자가 누구인지 보이시고 그 사람을 자기에게 가까이 나아오게 하시되 …; 삿 6:22 "기드온이 … 내가 여호와의 사자를 대면하여 보았나이다") 하지만 국가가 멸망한 이후에는 점진적으로 인간 매개자에 대한 회의론이 제기됩니다.

대제사장 여호수아는 여호와의 천사 앞에 섰고 사탄은 그의 오른쪽에 서서 그를 대적하는 것을 여호와께서 내게 보이시니라(슥 3:1)

스가랴서 3:1은 사제인 "대제사장"과 "여호와의 천사"가 같은 장면에 함께 등장하는데 "사탄"이 직접 대적하는 대상이 "여호와의 천사"인지 "대제사장"인지 모호해 보이기도 하지만, 자세히 보면 "여호수아"가 "천사 앞에 섰"기 때문에 "사탄"이 대적하고 있는 존재는 역시 "여호수아"일 것입니다. 이 구절에서는 아직 "천사"의 역할이 명확하게 부각하지는 않습니다. 심지어 스가랴 3:2에서 "사탄"에게 말씀하시는 존재는 "천사"가 아니라 "여호와" 자신입니다. "천사"의 의미와 역할 범위는 이후에 계속 확장됩니다.(슥 3:6 "여호와의 천사가 여호수아에게 증언하여 이르되", 그리고 슥 3:9-10에서의 화자는 다시 "여호와")

> 우리가 여호와께 부르짖었더니 우리 소리를 들으시고 천사를 보내사 우리를 애굽에서 인도하여 내셨나이다 이제 우리가 당신의 변방 모퉁이 한 성읍 가데스에 있사오니(민 20:16)

민수기 20:16은 이스라엘 백성을 "애굽에서 인도"한 모세 대신에 **"천사"가 백성을 "애굽에서 인도하여" 냈다**고 말합니다. 이 "천사"가 모세를 비유한 것으로 보기는 어렵습니다. 유사 용례가 전혀 없는 데다가 신약성서 사도행전 7:35에도 '하나님이 천사의 손을 의탁하여 모세를 보냈'라는 표현만 있을 뿐입니다. 어쨌든 민수기의 예에서 "천사"는 일차적으로 '모세'와 같은 인간으로 보입니다. 그러면서도 글쓴이는 '모세'와 같은 인간 지도자의 회의와 실망감을 나타냅니다. 결국, 인간 매개자의 개념 대신 영적인 매개자로서의 "천사"가 남게 됩니다.

역대상 21:30에는 "다윗이 여호와의 천사의 칼을 두려워하여 … 앞에 가서 하나님께 묻지 못하더라"라는 표현이 나오는데 **최소한 국가멸망 이후, 포로기-귀환기에 인간, 천사, 신 사이에 명확한 관계 설정이 이루어진 것으로 보**

입니다.(참고: 삼하 24:16 "천사가 예루살렘을 향하여 그의 손을 들어 멸하려하더니"; 사 37:36 "여호와의 사자가 … 앗수르 진중에서 18만 5천 인을 쳤으므로 …")

왕이든 사제든 예언자든(참고: 대하 36:16 "하나님의 사신 … 그의 선지자") '사람을 의존할 수 없다'라는 성찰이 이루어진 시기는 국가 패망-포로기 이후입니다.(참고: 사 42:19 "누가 여호와의 종 같이 맹인이겠느냐") 비탄에 빠진 이스라엘 백성들은 인간의 힘으로는 국가의 멸망을 막을 수 없다는 깨달음에 이르렀습니다. 그 후로도 국가 재건의 꿈이 연거푸 수포로 돌아가면서 결국 신과 인간의 매개자라는 개념이 한편으로는 시공을 초월하는 존재로서의 천사의 개념이 되었고, 다른 한편으로는 초월적 메시아사상으로 발전하게 되었습니다. 신약성서에는 "가브리엘"과 같이 시공을 초월하는 신비로운 천사가 등장하는데(참고: 눅 1:19,26 "천사가 대답하여 이르되 나는 하나님 앞에 서 있는 가브리엘이라 … 하나님의 보내심을 받아 나사렛이란 동네에 가서") "가브리엘"은 원래 구약성서 역사의 끝자락에 있는 다니엘서에서는 "사람"이라고 부르던 존재입니다.(참고: 단 8:16; 9:21 "사람의 목소리가 있어 외쳐 이르되 가브리엘아 … 그 사람(שׁיִא) 가브리엘(לאֵיִרְבַּג)이 빨리 날아서 … ") 이는 구약성서의 천사에 관한 이해가 어떤 과정을 거쳐서 발전했는지 보게 합니다. 평범한 인간의 성정을 가진 '여호와의 사자'는 위기 상황(참고: 다니엘서)을 거치면서 완전히 신비롭고 초월적인 능력을 갖춘 존재로 변화했습니다.

그런데도 신약성서의 세계에서는 천사에게 타고난 한계, 즉, 하나님과 동등한 지위를 누리지 못하는 존재라는 의미적 한계를 설정합니다. 메시아나 심지어 "성령"과 같은 신적 개념보다 열등한 존재로 자리매김합니다.(참고: 마 1:20 "잉태"가 "천사"를 통한 것이 아닌 "성령"으로; 눅 1:35 "천사"가 소개하는 "성령"의 임재) 물론 위에서 살펴본 것과 같이, 양자의 발전사에는 중첩하는 부분이 있으므로 성향상으로 천사, 여호와의 사자, 메시아, 성령 등의 개념 사이에 적지 않은 유사점이 나타납니다. 신약 시대에 와서 **신과 인간의 궁극적인 매개자인 예수님**을 중심으로 최종적인 위계가 재편되고 고정된 이후의 시점에 이르면 성서 본문에 있어서 과거와 같이 대단한 천사 개념은 더는 전면에 부각하지 않습니다. 대박해와 같은 절체절명의 위기 상황이 오면 신비로운 존재인 천사에 관한 관심이 증폭되지만(마 13:39 "세상 끝 … 추수꾼은 천사들"; 요계 8:5 "천사가 향로를 가지고 제단의 불을 담아다가 땅에 쏟으매 우레와 음성과 번개와 지진이 나더라") 그럴 때도 궁극적인 매개자로서 전면에 나서지는 않고 철저한 조연의 입장과 자세를 취합니다.(히 1:4-6, 13 '열등한 천사')

히브리서의 화자는 위와 같은 **"천사"의 발전사**를 감지하고 있었을 것입니다. "천사"를 대단한 존재로 여기는 것은 갑자기 등장한 것이 아니라 유대인들에게 있어서 보편적인 상식 같은 것이었습니다. 물론 히브리서가 형성될 시점에는 종말론적 위기가 증대되면서 다니엘서(참고: 단 3:28; 6:22 천사를 보냄)나 요한계시록에서와 같이 천사에 대한 관심이 폭발적으로 증가한 것 같기도 합니다. 어쨌든, **화자는 예수 그리스도를 "천사"보다 월등한 존재로 부각할 필요를 느꼈습니다.** 유대인 독자를 대상으로 하는(히 1:1 "우리 조상들에게 말씀하신 하나님") 히브리서는 천사에 대한 전통적 인식을 무시하지 **않으면서 '천사보다 월등한 주 그리스도'를 부각하고 있습니다.**

히브리서 1:4는 "아들"이 "더욱 아름다운 이름을 기업으로 얻"었다고 하는데 이는 "천사" 역시 하나님으로부터 일정한 "이름"이나 "기업"이 있음을 긍정하는 것입니다. 이는 **천사에 대한 유대인의 인식을 의식하면서 새로운 관점을 추가한 것입니다.** 5절은 "천사"의 지위가 "아들"보다 낮음을 간결한 말로 웅변하고 있습니다.("하나님께서 어느 때에 천사 중 누구에게 너는 내 아들이라 오늘 내가 너를 낳았다 하셨으며 또다시 나는 그에게 아버지가 되고 그는 내게 아들이 되리라 하셨느냐") 13절도 비슷한 어감의 주장입니다.("천사 중 누구에게 …")

히브리서 1:6에 따르면 "천사"는 '아들'에게 경배해야 하는 존재입니다. "천사"는 '부림을 당하는 존재'입니다.(히 1:7) "아들"만이 통치자입니다.(히 1:8) 14절도 "모든 천사는 섬기는 영"이라면서 "섬기라고 보내"셨다고 존재의 신분과 임무를 명확하게 합니다.

히브리서 2장은 1장과는 달리 "천사"에 대한 **전통적인 관점**을 더 명확하게 노출합니다. 히브리서 2:2는 "천사들을 통하여 하신 말씀"이라는 언급을 통해 **"말씀"**이 '아들(예수 그리스도)'로부터 주어지는 것이 아닌 **"천사들을 통하여"** 주어진 것이라고 말합니다. 이는 최종적인 메시아관이 명확히 자리 잡기 전에 천사가 독점하고 있던 임무를 떠올리게 합니다.(참고: 창 16:7-11; 단 8:16-17; 9:21) 심지어 **복음서의 초두에도 신적 메시지를 전달하는 것은 천사의 임무입니다.**(참고: 눅 1:19,26) 히브리서 2:7은 대단히 특별한 설명입니다.

그(인자, 아들, 주)를 잠시 동안 **천사보다 못하게 하시며** 영광과 존귀로 관을 씌우시며(히 2:7)

이 구절은 "인자"를 "천사"와 비교하고 있습니다. 이는 "천사"가 일반 인간보다 월등하다는 인식을 은연중에 드러냅니다. "인자"는 잠시 비하되었다가 다시 "영광과 존귀로" 나아가는데 "인자"의 비하는 인간을 비교 대상으로 한 것이 아니라 "천사"를 대상으로 합니다. 극악무도한 죄인의 형틀인 십자가에서 돌아가신 **예수 그리스도를 '인간보다 못한 자리에 이르렀다'라고 하지 않고**(참고: 히 2:9b "모든 사람을 위하여 죽음을 …") **"잠시 동안 천사보다 못"한 것으로 묘사한 것은 위에서 고찰한 천사론과 메시아관이 연계되어 있다는**

점을 전제하지 않고는 쉽게 설명할 수 없습니다. 실제로는 "모든 사람" 대신 비하하신 것이지만(참고: 히 2:9b) 글은 "인자"가 '애초부터 천사에 비할 만한 신비한 존재였으며 천사보다 잠시 낮아지셨다가 나중에는 천사보다 월등히 높은 위상에 이르렀다'라고 주장하는 것입니다.

한편, 히브리서 2:9a는 "우리가" "천사들보다 잠시 못하게 하심을 입은 … 예수를" 본다고 말합니다. 이는 신자들("우리")이 예수님과 같은 원리로 "죽음의 고난"을 거쳐 "영광과 존귀"로 나가는 길을 따라야 한다고 교훈한 것입니다. **이는 신자들이 과거 예수님처럼 "죽음의 고난"을 직면하고 있는 위기 상황에나 나타날 수 있는 글입니다.** 히브리서 2:7 이하의 핵심 내용은 9절에서 재차 언급되고 위와 같은 특정한 교훈의 목적을 위해 전개되었으며 이를 다시 16절에서 확장하고 있습니다.

> 그를 잠시 동안 천사보다 못하게 하시며 영광과 존귀로 관을 씌우시며(히 2:7)

> 오직 우리가 **천사들보다 잠시 동안 못하게 하심을 입은 자** 곧 죽음의 고난 받으심으로 말미암아 영광과 존귀로 관을 쓰신 예수를 보니 이를 행하심은 하나님의 은혜로 말미암아 모든 사람을 위하여 죽음을 맛보려 하심이라(히 2:9)

> 이는 확실히 천사들을 붙들어 주려 하심이 아니요 오직 아브라함의 자손을 붙들어 주려 하심이라(히 2:16)

히브리서 2:16은 "아브라함의 자손", 즉, 유대인들이 예수님의 방식과 똑같은 방식으로 죽음을 거쳐 영광과 존귀(히 2:7,9)에 이를 수 있다면서 글을 매듭짓고 있습니다. 여기까지 읽으면 천사를 인자와 비교하는 내용을 "우리"에게 학습하게 했던 이유가 드러납니다. 당시 이 글의 독자들은 "죽음"을 직면하고 있으며(참고: 히 2:14 "죽음을 통하여 죽음의 세력을 잡은 자 ⋯ 마귀를 멸하시며"; 히 2:18 "시험받는 자들을 능히 도우실 수 있느니라") 그들을 위해 화자가 하나님이 "구원의 창시자를 고난을 통하여 온전하게 하"셨다는 (히 2:10) 이야기, 즉, **고난과 영광의 원리**를 제시한 것입니다.

히브리서에서 위에서 언급한 구절들 외에 "천사"를 언급한 구절들은 "하늘의 예루살렘"과 함께 거론한 히브리서 12:22("천만 천사")이 있으며, 손님을 대접하다가 "천사들을 대접"할 수도 있다는 이야기(히 13:2)가 있습니다. 다만, 이 용례들은 위에서 고찰한 용례보다 단편적이어서 **천사가 천상에 위치한다는 간단한 정보만을 전달**하고 있습니다. 또한, 후자의 경우는 손님 대접을 교육하기 위한 단어 활용에 불과합니다.("천사" = 생각지 못한 귀인?)

🐝 **도움이 필요한 사람에게 당신이 천사가 되십시오.** 유명한 미국 개신교인 가수 중에 에이미 그랜트(Amy Grant)가 1984년 발표한 노래 가운데 '천사들(Angels)'이라는 노래가 있습니다. 그 가사 중에 이런 내용이 있습니다.

천사들이 나를 돌보고 있어요
Angels watching over me!
천사들이 나를 돌보고 있어요. 내가 걷는 걸음마다⋯
Angels watching over me, every step I take ⋯
그의 천사들이 나를 돌보게 해요. 내가 하는 일마다⋯
⋯ Got his angels watching over me, every move I make ⋯

비록 나를 집으로 인도하는 손들을 인간의 눈으로 볼 수 없지만
나는 그들이 날마다 그리고 밤새도록 제 주위에 있다는 것을 알아요.

Though I never see with human eyes the hands that lead me home.

But I know they're all around me all day and through the night …

만약 당신이 나에게 나를 보호하는 것이 무엇이냐고 묻는다면 제가 이렇게 말하는 걸 듣게 될 거예요. 그의 천사들로 나를 돌보게 해요. 내가 하는 일마다 천사들이 나를 돌보고 있어요!

If you're asking what's protecting me then you're gonna hear me say:

Got his angels watching over me, every move I make, Angels watching over me!

이 노래가 발표되었을 때 어떤 목사는 분개하면서 인간을 인도하는 존재를 주님이나 성령이라고 하지 않고 왜 천사라고 했느냐고 비판했습니다. 하지만 **주님이나 성령이 우리를 보호하신다는 개념은 원래 천사의 기능과 역할로부터 나온 것입니다.** 저는 개인적으로 이 노래를 자주 듣는데 참 잘 만든 노래라는 생각이 듭니다. 이제는 누구나 **천사가 하나님보다 높거나 동등한 존재가 아니라고 생각합니다.** 따라서 이 노래를 듣고 천사를 흠모하거나 숭배하는 신자는 없을 테니 괜히 염려할 필요가 없습니다!

인간은 자주 두려움에 사로잡히고 무엇인가 선하고 초월적인 존재가 자신을 보호하기를 간절히 원하고 있습니다. 저는 그것이 지극히 당연한 일이라고 생각합니다. 그 존재가 하나님이든(참고: 시 121:4 "이스라엘을 지키는 이는 졸지도 아니하시고 주무시지도 아니하시리로다") 아니면 하나님이나 예수님보다 낮은 천사든지(히 1:4-6,14) 큰 상관이 없습니다. 모두가 성서에 나오는 성서에 따른 개념이기 때문입니다. 누군가 '천사의 도움을 언급하면 가톨릭적'이라는 말을 해도 괜히 타종교의 흠집을 내려고 하는 짓으로 여기면 됩니다. 당신이 "성령"의 도우심(참고: 행 9:31 "성령의 위로"; 롬 8:26 "성령도 우리의 연약함을 도우시나니 …)을 느끼며 살아가든지 "천사"가 나를 보호한다고 믿으며 안심하든지 **우리 모두에게 필요한 것이 무엇인지는 변하지 않습니다. 그러니 이것저것 너무 따지지 마시고 두려움에 떠는 사람을 위로하는 데 집중하십시오! 두려움에 사로잡혀 있는 사람들에게 위로와 안정을 선사한다면 그 사람이 바로 천사입니다.** 또 그것이 천사에 관한 최초의 의미입니다. **인간 "천사"로부터 지금 우리가 아는 초월적 "천사"의 의미가 나왔습니다.** 그리고 그것은 메시아와 성령의 이미지에 적지 않은 영향을 미쳤습니다. 사람들은 눈에 보이지 않는 천사와 성령의 위로를 기다립니다만 사실 성서적으로 거슬러 올라가 보면 **'인간 천사'들이 있었기 때문에 눈에 보이지 않는 천사들의 개념도 비로소 생긴 것입니다.** 그러니까 바로 오늘, 지금, 위로와 도움이 필요한 사람에게 바로 천사가 되어주십시오. 남모르는 선행을 베푸십시오! 절실히 도움이 필요한 사람에게 도움의 손길을 내밀어야 합니다. 그 도움과 위로를 받는 사람은 아마 이렇게 말할 것입니다. "천사가 정말로 있었어!" 혹은 "성령이 나를 도우셨어!" 혹은 "예수님이 오늘 나를 찾아오셨어!"

> 만일 누가 말하려면 하나님의 말씀을 하는 것같이 하고 누가 봉사하려면 하나님이 공급하시는 힘으로 하는 것같이 하라 이는 범사에 예수 그리스도로 말미암아 하나님이 영광을 받으시게 하려 함이니 그에게 영광과 권능이 세세에 무궁하도록 있느니라 아멘(벧전 4:11) 家

그가 아들이시면서도 받으신 고난으로 순종함을 배워서 온전하게 되셨은즉 자기에게 순종하는 모든 자에게 영원한 구원의 근원이 되시고 하나님께 멜기세덱의 반차를 따른 대제사장이라 칭하심을 받으셨느니라 / 멜기세덱에 관하여는 우리가 할 말이 많으나 너희가 듣는 것이 둔하므로 설명하기 어려우니라

가상의 인물 멜기세덱의 이미지가 예수 그리스도를 묘사하는 데 쓰이다.

히브리서 5:10에 나오는 멜기세덱은 원래 구약성서 창세기 14:18과 시편 110:4 등에서 찾아볼 수 있는 인명(人名)입니다. 이는 왕(말키)과 의(체덱, 義)의 합성어로서 '의의 왕', '의로운 왕', '왕의 의로움' 등으로 해석할 수 있는 단어입니다. 그런데 이 합성어 "세덱(체덱)"이 **사독 계열의 제사장**을 의미한다고도 볼 수 있습니다. 멜기세덱을 왕 + 제사장, 즉, '왕이 없는 상황에서 왕의 역할을 하는 제사장'의 뜻으로 푸는 것입니다. 우리는 이 하나의 단어에서 과거 이스라엘 민족 혹은 제사장 집단이 품었던 소망을 읽을 수 있습니다. 그것은 **종교 지도자가 종교 이념을 따라 정치하는 나라**입니다. 간단히 말해, 신정국가의 건설 혹은 재건을 꿈꾼 것입니다.

창세기 14장에서 족장 아브람은 "멜기세덱"이라는 사람에게 전리품의 십분의 일(십일조)를 줍니다.(창 14:20; 참고: 민 18:28; 느 10:38) 그러나 **십일조는 원래 사회 취약 계층을 위해 고안된 일종의 복지 자금으로서 사독 계열이 아닌 일반 "레위인"과 연관되어 있었습니다.**(참고: 신 14:22-27 "십일조를 드릴 것이며 … 너와 네 권속이 함께 먹고 즐거워할 것이며 … **레위인 … 또한 저버리지 말지니라**"; 신 26:12 "십일조 … 그것을 레위인과 객과 고아와 과부에게 주어 … 먹고 배부르게 하라") **십일조는 나중에 국세가 되었으며**(참

고: 삼상 8:15 "십일조를 거두어 … 관리와 신하에게 줄 것이며") 국가 패망
후, 귀환기 이후에는 그것을 사독 계열 제사장들이 거두어 재건한 성전에 쌓
았습니다.(참고: 민 18:28 "제사장 아론에게 돌리되"; 대하 31:6 "쌓아 더미
를 이루었는데"; 느 10:38 "하나님의 전 곳간"; 13:12 "곳간")

아마도 창세기 14장의 이야기는 고대 사회에서 족장과 족장이 평화로운
관계를 위해 재화를 주고받는 모습에서 유래했을 것입니다. 하지만 여기에
"세덱(사독)"이라는 이름을 추가한 것은 사독 계열 제사장 그룹의 의도에 의
한 것입니다. 이야기에서 멜기세덱은 어디서 온 사람인지 알 수 없고, 돌발적
으로 출현했다가 사라집니다. 사독 계열 제사장은 레위 계열 제사장들과 역
사적으로 지속적인 긴장 관계를 연출하는데(왕상 2:26-27 사독 계열에 의한
레위계의 대표자이며 솔로몬을 지지하지 않았던 아비아달의 파면) 레위 계열
로 시작한 제사장 전통(참고: 민 3:5-13)은 나중에 사독이 최상위 계급이 되
는 것으로 끝납니다.(참고: 왕상 1:39; 2:35) 시편 110편도 최소한 귀환기 이
후에 최종 편집된 것으로서 그 시기에 성서 본문에 손을 댄 사독 계열이 "멜
기세덱"이라는 가공의 인물을 정설화한 것 같습니다. 이런 방식으로 "멜기세
덱"은 모든 제사장의 조상이 되었고 **왕과 같은 권력의 최정상에 우뚝 선 "세
덱(사독)"이 된 것입니다.**

히브리서 5:1-2는 "대제사장마다 사람 가운데서 택한 자"라고 말합니다.
그래서 그들 역시 "연약에 휩싸여 있"다고 지적합니다. 한편, 히브리서 7:1-3
은 멜기세덱에 대해서 "아버지도 없고 어머니도 없고 족보도 없고 시작한 날
도 없고 생명의 끝도 없어 하나님의 아들과 닮아서 항상 제사장으로 있느니
라"(히 7:1-3)라고 설명합니다. 그래서 **성서를 표면적으로만 읽는 사람들은
이 신비한 내용을 예수님을 뜻하는 것으로 해석합니다.** 히브리서의 화자는 멜
기세덱이 원래 어떤 왕이거나 혹은 족장이며 그것에 **신비로운 각색이 덧입혀**

졌음을 은연중에 시인합니다. 그런데도 일단 신앙적 인물의 이미지가 형성된 이후에는 **거짓으로 여겨 폐기하지 않고 오히려 그것을 활용하여 완벽한 제사장으로서의 예수 그리스도를 묘사합니다. 이는 성서비평을 하는 모든 이가 본받아야 할 자세입니다.** 성서를 비평적으로 고찰한 뒤에 경솔하게 '거짓이다!'라면서 포기할 것이 아니라 수천 년을 내려오면서 성서 안에 형성된 의미와 가치를 포착하여 우리 삶에 긴요한 교훈으로 삼아야 할 것입니다.

히브리서는 첫머리부터 예수님과 "대제사장"의 이미지를 오버랩하려고 애를 씁니다. 히브리서 2:17은 "자비하고 신실한 대제사장"이 "백성의 죄를 속량"한다고 선전하고 히브리서 3:1은 "대제사장이신 예수를 깊이 생각하라"라고 권고합니다. 히브리서 4:14-15는 "승천하신 이 … (그런데도) 똑같이 시험을 받으신 이 … (하지만) 죄는 없"는 대제사장을 소개하며 히브리서 5:5는 이 완벽한 "대제사장"이 "(하나님의) 아들"임을 설명합니다. 히브리서 6:20은 제사장의 시조 "멜기세덱"과 "대제사장"인 예수님을 오버랩하고 있으며 히브리서 7:26-27은 "날마다 제사 … 할 필요가 없"고 "단번에 자기를 드려 이루"신 대제사장 예수의 완전함과 초월성("하늘보다 높이 되신 이")을 선전합니다. 히브리서 8:3과 9:7은 제사에 필수적인 '제물'과 "피"를, 히브리서 9:11은 "온전한 장막"을 언급합니다. 이는 **예수님의 자발적 희생을 통한 완벽한 속량**에 관해서 설명하는 것입니다.(히 7:27; 9:25) 박해 때문에 생명이 언제 소멸할지 모르는 유대계 신자들에게 있어서 '완벽한 대제사장 예수'는 큰 의지가 되었을 것입니다. 히브리서 13:11-15는 "대제사장(예수)"를 언급하면서 이 땅에 속한 것이 아닌 "장차 올" "영구한 도성"을 향한 소망을 부채질합니다.

히브리서 화자의 위와 같은 방식이 탁월한 것은 아래와 같은 이유 때문입니다.

첫째, 화자는 "멜기세덱"이 무명의 족장에 왕과 제사장의 의미가 덧씌워진 가공(加工)의 명칭임을 **알고 있었습니다.** 그리고 그것이 사독 제사장 계급에 의해 각색된 것도 눈치채고 있었던 것 같습니다. 그런데도 역사적인 사실을 확인하는 데 머물지 않고 그것을 재료로 예수 그리스도의 이미지를 풍성하게 만들고 독자들에게 화자가 바라는 바를 감지하도록 정교하게 글을 쓰고 있습니다. 이는 **성서를 비평적으로 고찰하면서도 세련된 설교문을 적어내고자 하는 모든 이에게 좋은 모델이 될 것입니다.**

둘째, 화자는 당시 독자의 상황을 잘 이해하고 있습니다. 제사는 전통적으로 까다로운 절차를 수반하는 것입니다. 그러나 **화자는 생명의 위협을 느끼고 있는 당시 독자들을 위해 모든 것이 '단번에' 이루어진다, 혹은 이루어졌다는 사실을 의식적으로 강조합니다.** 예수님을 "대제사장"이라고 소개하면서도 그 영적인 제사, 즉, 예수 그리스도의 피를 통한 속죄 제사가 더 이상의 추가 희생을 요구하지 않는다는 점을 누누이 확인합니다.("단번에(ἐφάπαξ, 에파팍스)" 히 7:27; 9:12,26,28; 10:2,10; 참고: 롬 6:10 "죄에 대하여 단번에 죽으심이요") 개인적 종말을 앞둔 신자에게 이런 메시지는 대단히 유효(有效)한 것입니다. **이는 앞으로 긴 시간을 살아갈 것을 예상하는 사람들을 대상으로 한 메시지가 아닙니다.** 순교의 찰나, 신자는 더는 아무것도 바라지 않습니다. 오로지 빈손과 맨몸으로 하나님이 거저 주시는 선물을 받아 천국과 영생에 들어가기만을 바랍니다. 그와 같은 상황이 아니라면 사람들에게는 해야 할 많은 일이 남아 있습니다.

언젠가 저는 말기 암 환자인 어떤 대학생을 위로하려고 방문한 적이 있었습니다. 그의 병이 얼마나 심각한지 모르는 그의 친구가 나중에 당도했는데 그는 병상에 누워있는 그 대학생을 보더니 대뜸 "야! 너 기말 보고서 언제 쓸 거야! 너 때문에 같은 조의 조원인 나만 힘들잖아! 어서 일어나!"라고 말했습니다. 그 병실에 앉아 있던 사람들은 아무 말도 안 했지만 서로 바라보며 마음속에 황당함과 깊은 슬픔을 느꼈습니다. **삶을 정리하는 단계에 이른 사람에게 기말 보고서는 중요하지 않습니다.** 그것을 무시해도 됩니다. 누구도 병상에 누워있는 그에게 보고서를 완성하라고 강요하지 못할 것입니다. 그런 과제는 살아남은 우리가 해야 할 것입니다. 물론 그렇다고 곧 죽으니까 남은 시간 동안 방종하겠다는 생각도 바르지 않습니다. 오히려 유종의 미(참고: 히 13:7 "행실의 결말")를 거두어야 할 것입니다. 마지막까지 아름다운 마무리를 하는 것이 좋습니다.

죽음이라는 무거운 주제에 대해서는 나중에 더 생각해보기로 하고, 이제 히브리서 5:11-14 이하에서 "멜기세덱"에 대해 "설명하기 어려우니라"라는 뜬금없는 문장을 적어 놓은 이유를 살펴봅시다.

"멜기세덱"은 가공되고 각색된 인물로서 그에 대해서 무엇을 정확히 설명하기란 불가능합니다. 따라서 히브리서 5:11의 '설명하기 어렵다'라는 말을 쉽게 이해할 수 있습니다. 그런데 **왜 독자들을 탓했습니까?** 화자는 '너희가 선생님이 되었을 때가 지났는데 초보적인 말씀도 모르고 어린아이들 같구나! 단단한 음식도 먹지 못하고 선악을 분별하지도 못한다'라고 말합니다. 그 이유는 무엇입니까? 이런 부정적인 말은 히브리서 6장까지 이어집니다. 화자는 독자들이 "초보를 버리고 … 완전한 데로 나아"가야 한다고 웅변합니다.(히 6:1-2) 그러면서 대뜸 청자들이 "하나님의 선한 말씀과 내세의 능력을 맛보고도 … 타락한 자들"이라는 말로 비난하고 예수님을 '욕되게 했다'라고도 말합니다.(히 6:4-6)

내막을 알 수 없으나 일련의 사람들이 해석하기 모호한 구약성서 내용에 대하여 구태의연한 "초보"적인 해석을 했고 성서 해석의 문제가 불거지면서 결국 공동체로부터 이탈한 것 같습니다. 제가 볼 때, "타락"이라는 것은 신앙 공동체에 큰 어려움을 주고 등을 돌린 것을 말하는 것입니다. 그렇지 않고는 화자가 갑자기 이렇게 분노에 찬 말을 쏟아낼 이유가 없습니다.

성서 해석의 차이 때문에 싸우고 갈라설 수 있다고 말하면 신앙이 없는 분은 금방 이해하지 못합니다. 그러나 보십시오. 성서 해석의 차이 때문에 전쟁도 일어납니다. 많은 이가 죽었고 죽고 있습니다. 1562년부터 1598년의 위그노 전쟁에 이어 1618년부터 1648년까지 지속한 30년 전쟁은 유럽에서 가톨릭을 지지하는 나라들과 개신교를 지지하는 나라 사이에 일어난 전쟁입니다. 근래에도 1960년대에 시작하여 1998년까지 이어진 북아일랜드 분쟁 같은 예가 있습니다. 이는 개신교 왕당파와 가톨릭 공화파 간에 일어난 분쟁으로 3,500명이 사망했고 5만 명을 상회하는 사상자가 발생했습니다. 이런 분쟁의 뿌리를 우리는 성서에서 찾아볼 수 있는 것입니다.

현재 대한민국에서는 장로교의 교리와 성경 이해가 대다수를 차지하고 있는데 이는 외국에서는 찾아볼 수 없는 현상입니다. 아마도 한국에 왔던 외국 선교사 중에 주요 지역을 선점한 것이 장로교 출신이었기 때문에 이런 결과가 되었을 것입니다. 외국에서의 장로교 교세는 크지 않습니다. 어쨌든 한국에서의 상황이 이래서 심지어 타 교파까지 장로교 교리를 학습하고 일부 수용하는 것을 볼 수 있습니다. 고 조용기 목사를 필두로 발전한 순복음 교단을 보면 핵심 교리에 있어서 장로교 교리와 큰 차이를 느낄 수 없을 정도입니다. **한국 장로교는 기본적으로 성경을 문자적으로 이해합니다.** 문자에 쓰인 그대로를 진리로 믿어야 인정받을 수 있습니다. 이런 상황에서 비평적인 방식으로 성서를 본다면 대단한 압력과 비판을 받게 됩니다. 예를 들어 노아의 방주 이야기가 고대 근동 이야기의 영향을 받았으며 그것을 과학적으로 이해하기보다는 이야기가 우리에게 주는 의미와 가치가 더 중요하다고 주장하면 금방 이단이니 사탄이니 욕을 먹게 됩니다. 개신교 교단에서 성서 해석의 차이를 두고 극히 분노하고 사람들을 몰아내는 것을 보십시오. 분쟁은 하나의 안타까운 전통입니다.

🐝 비평적 성서 해석을 하려면 단단히 각오해야 합니다. 지금도 그렇지만 **비평적 성서 해석을 할 때 가장 큰 걸림돌이 되는 것은 처음 성서를 접하는 분들이 아닙니다.** 초기 교회를 계승한다는 근거 없는 자부심으로 뭉친 근본주의자들, 문자주의자들, 교리주의자들, 보수적인 성경학자들이 막무가내로 비판합니다. 사실 그들이 신봉하는 교리나 근본주의, 문자주의의 역사는 그렇게 길지 않습니다. 고작 19세기 말에 급속히 진보하고 변화하는 사회에 위기감을 느낀 나머지 주장하기 시작한 것입니다. 그들은 '믿어오던 그대로 믿기'를 원하지 변화를 원하지 않습니다. 성서에서 말하는 "초보"적인 해석이 무엇인지 확언할 수 없지만, 성서를 해석할 때, 예수 그리스도가 활동하시기 이전에 널리 알려져 있던 율법에 비추어 해석하는 것이 아닐까 합니다. 예를 들면, 대제사장의 시조쯤 되는 "세덱"에 "멜렉"(왕)의 개념을 조합하여 예수 그리스도를 설명하는 **창의적인 접근을 거절**하는 것입니다. 물론 새로운 해석에는 상당한 부담이 따릅니다. 하지만 구태의연한 자세로 싫증 난 해석을 반복해서는 결코 발전할 수 없습니다. 시대는 계속 바뀌고 있는데 6-70년대 성서 해석만 가지고는 제대로 대응할 수 없습니다. 근본주의자들은 자신들도 제대로 이해하지 못하면서 '성경은 성경이 해석하게 해야 한다'라는 말을 주문처럼 되뇌고 있습니다. 그냥 **같은 단어가 포함된 구절들을 모아 놓고 줄줄 읽는 것으로 어떤 신비로운 역사가 일어날 줄 압니다. 사실 그들이 바로 대단한 신비주의자들입니다.** 그러다가 뜬금없이 원어 단어 한두 개를 언급하기도 합니다. '구원이 헬라어로 쏘떼리아입니다'라는 식입니다. 이는 단편적인 지식을 반복하면 무식해 보이기 때문에 알량한 지식을 자랑하는 행동입니다. 하지만 성서를 제대로 해석하는 사람이라면 그렇게 수박 겉핥기식으로 성서를 대해서는 안 됩니다. **늘 새로운 시대가 요구하는 새로운 관점으로 성서를 조명하고 해석하여 제시해야 합니다.** 그런 일은 하지 않고 담임목사입네 하면서 집마다 돌아다니며 신자들이 차려주는 음식으로 배를 불리고 헌금으로 지갑을 채우고 있으니 한심하기 짝이 없습니다. 히브리서 화자를 보십시오. "멜

기세덱"의 역사적인 발전사를 꿰고 있으면서, 그것의 현실적인 적용도 멋지게 해내고 있습니다. 목사나 신학자라면 이 시대를 위해서 이 정도 해석은 해내야 합니다.

다만 히브리서 5장 말미에서 화자는 너무 답답하고 화가 나서 자상하게 설명하는 것을 포기한 듯합니다.(히 5:11) **비평적으로 성서를 설명하는 것은 상당한 인내가 필요합니다.** 일반 신자들은 이미 특정한 해석에 익숙한 상황이기 때문에 새로운 해석을 듣게 되면 편안함보다는 생소함이나 이질감을 느끼게 됩니다. 저의 경험에 따르면 성서를 더 정확히 해석하고 설명하려고 했을 뿐인데 대뜸 '당신에게 예수님은 구주입니까', '오늘 죽는다면 천국에 갈 확신이 있습니까'라는 식의 "초보"적인 질문을 던지는 사람이 나타납니다. 사실 목사에게 그런 질문을 하는 것은 상당히 무례한 행동입니다. 듣기 편한 소리를 들을 때는 설교나 강의 중에 그런 식으로 반문하는 사람이 없습니다. 어떤 때는 황당함에 설교나 강의를 중단하고 싶은 마음이 들기도 합니다. **비평적 해석을 하는 사람 중에는 단지 '멜기세덱이 각색한 인물 같습니다'와 같은 말 한마디를 했기 때문에 신학교 강단에서 쫓겨나거나 목사직을 박탈당한 일도 있습니다. 예수님을 부인해서가 아니라 판에 박힌 성경 해석에 동조하지 않고 그대로 가르치지 않았다고 피해를 보는 것입니다.** 어떤 이는 오경을 모세가 쓴 것 같지 않다고 주장했기 때문에 말로 다 할 수 없는 비난과 고통을 받았습니다. **이런 압박이 아직도 실제로 존재하므로** 들을 귀가 없는 이들로 인하여 화가 나고 그들을 맹비난하고 싶은 마음이 들 수 있습니다. 그러나 아무리 이야기해도 사람들은 좀처럼 깨닫지 못합니다. 그럴 때는 그냥 그 자리를 피하는 것이 상책입니다. **성서의 종, 하나님의 종들은 끝까지 더 나은 성서 해석, 우리의 삶과 사회에 빛이 되는 성서 해석을 연구해야 하고 그것을 발표해야 합니다.** 긴 시간 동안 성서를 읽고 배웠다고 하는 사람들이 여전히 "젖을 먹는 자"들(히 5:12-13)과 같다고 해도 언젠가 그들도 "장성한 자"(히 5:14)

가 될 것이라는 소망을 품고 우리는 계속 해석자의 소임을 다해야 합니다. 그래야 성서를 문자적으로만 이해하면서 삶을 성서의 가르침과 분리하여 이중적으로 탐욕을 부리며 살아가는 사람들이라고 해도 어느 날인가는 뉘우칠 것입니다. 삶이 변화되면서 전체 사회의 면모를 바꾸는 데 선한 영향을 끼칠 것입니다. 그렇지 않고는 신자가 많아지거나 말거나 사회에 아무런 영향도 미치지 못합니다. 오히려 개신교 집단은 사회 공동체에 부담을 가중하는 집단으로 남을 것입니다. 볼 눈도 없고 들을 귀도 없이 길가에 던져진 돌멩이처럼 말입니다. 성서를 바르게 해석하고 현대에 제대로 적용하는 다이아몬드 같은 사람들이 될 수도 있었을 사람들이 말입니다. 이 얼마나 안타까운 일입니까!

잠시 잠깐 후면 오실 이가 오시리니 지체하지 아니하시리라 / 나의 의인은 믿음으로 말미암아 살리라 또한 뒤로 물러가면 내 마음이 그를 기뻐하지 아니하리라 하셨느니라 / 우리는 뒤로 물러가 멸망할 자가 아니요 오직 영혼을 구원함에 이르는 믿음을 가진 자니라

예수님이 늦으신다고 가만히 있지 말고 할 일은 좀 합시다.

히브리서 10:37은 예수님의 임박한 재림을 말합니다. 하지만 실제 역사가 증명하는 바대로, **예수님은 2,000년이 넘은 현재까지 재림을 유보하고 계십니다.** 따라서 **"잠시 잠깐 후면 오실 이가 오시리니 지체하지 아니하시리라"라는 말은 당시 화자가 특정한 사람들을 격려하기 위해 한 것으로 이해할 수밖에 없습니다.**

이 본문의 청자들은 "고난의 큰 싸움"(히 10:32)을 통과했는데 여전히 "비방과 환난으로써 사람에게 구경거리가 되고" 있습니다.(히 10:33) 심지어 모든 재산을 빼앗기고(히 10:34) 삶의 근간을 잃었음을 알 수 있습니다. 이들이 바라는 것은 오직 하나님이 주실 "큰 상"(히 10:35), 즉, 하나님이 "약속하신 것을 받"는 것(히 10:36) 뿐입니다.

아마도 본문의 독자들은 극한 박해를 받는 것 같습니다. 삶을 영위할 수 없게 된 것은 물론, 죽음의 어두운 그림자까지 드리운 상황입니다. '조금만 참으면 예수님이 오셔서 나쁜 놈들을 벌하실 거야!'(히 10:30a "원수 갚는 것")라고 말하는 것은 그들에게 큰 위로가 될 것입니다.

"원수"들, 즉 박해하는 자 중에는 어제까지는 동료였으나 배반한 배신자도 있는 것 같습니다.(참고: 히 10:30b "주의 백성을 심판하리라") 어쨌든, 독자

들에게 남은 시간이 별로 없습니다. 예수님이 오시려면 최대한 빨리 오셔야 할 것입니다. 히브리서 10:37은 예수님이 "잠시 잠깐 후"에 오실 것이라고 위로하면서 구약을 인용합니다.

> 나의 의인은 믿음으로 말미암아 살리라 또한 뒤로 물러가면 내 마음이 그를 기뻐하지 아니하리라(히 10:38; 참고: 롬 1:17; 갈 3:11)

적지 않은 해석자는 이 구절이 하박국 2:4의 인용이라고 주장합니다. 하지만 히브리서 10:38과 하박국 2:4는 완전히 일치하지 않습니다.

> 보라 그의 마음은 교만하며 그 속에서 정직하지 못하나 의인은 그의 믿음으로 말미암아 살리라(합 2:4)

히브리서 10:38b의 "뒤로 물러가면 … 또 "그를 기뻐하지 아니하리라"라는 부분은 하박국 해당 구절에서는 찾을 수 없습니다. '뒤로 물러간다'라는 표현은 히브리서 화자가 추가한 것으로 보입니다.(히 10:39 "우리를 뒤로 물러가 멸망할 자가 아니요 … 구원함에 이르는 믿음을 가진 자니라") 하박국의 여러 사본 중에 "뒤로 물러가면"이 있는 사본이 있었고 그것을 채택했을 가능성도 있습니다. 물론 실물 자료가 없는 한 확언할 수는 없습니다. 이에 우리는 성서에 쓰인 '뒤로 물러간다'의 전모(全貌)를 살펴보아야 합니다.

일단 신약성서에서 '뒤로 물러간다(후포스텔로, ὑποστέλλω)'라는 표현은 4회 정도 찾아볼 수 있는데 히브리서 10:38의 용례를 제외하면 "거리낌이 없이"(행 20:20) "꺼리지 않고"(행 20:27) "떠나 물러가"다(갈 2:12)라는 표현으로 쓰였습니다. 이는 초기 기독교의 일종의 금언과 같은 말로서 어떤 문제와 갈등이 있어도 물러서지 말고 진취적으로 메시지를 전하라는 권고라고 하겠습니다.(갈 2:12의 "할례자들을 두려워하여 떠나 물러가매"는 정반대 의미에서) 신약에서 이 단어는 **불굴의 신앙적 이미지**를 창출합니다. 이는 히브리서의 화자가 히브리서 11장에서 위대한 신앙인들을 열거한 것과 맥을 같이합니다. 그리고 글의 궁극적인 목적은 독자로 **이 세상이 아닌 천국을 대망하게 하는 것**에 있었습니다.

> 그들이 나온바 본향을 생각하였더라면 돌아갈 기회가 있었으려니와 그들이 이제는 더 나은 본향을 사모하니 곧 하늘에 있는 것이라 이러므로 하나님이 그들의 하나님이라 일컬음 받으심을 부끄러워하지 아니하시고 그들을 위하여 한 성을 예비하셨느니라(히 11:15-16)

이는 당시 독자들에게 살 소망이 사라져 간다는 방증이기도 합니다. 따라서 **이 구절을 앞으로 긴 시간을 살아야 하는 신자에게 적용할 수는 없습니다.** 지금의 우리는 생각보다 훨씬 늦게 오시는 예수님만 기다리면서 하늘만 바라볼 수 없습니다. 삶을 살아야 합니다.

신약에 이어 **구약의 관련 용례**를 살펴보도록 하겠습니다. '뒤로 물러가다'에 해당하는 구약성서의 단어로 수그(אוג)를 들 수 있습니다. 구약성서에 24회 사용된 이 어휘 중에서 히브리서 10:38과 비교해 볼 수 있는 구절은 우선, 이사야 42:17, 시편 70:2; 129:5 정도인데 이 용례들에서는 '뒤로 물러감'을 '수치스러움'과 연결하고 있습니다. 또한, 이사야 59:13, 스바냐 1:6, 시편 53:3; 78:57은 '뒤로 물러감'을 하나님에 대한 "배반", 즉, 믿음을 저버리는 행동으로 이해하고 있습니다. 히브리서 10:38과 가장 비슷한 분위기를 연출하는 구절들은 이사야 50:5, 시편 44:18, 그리고 시편 80:18입니다.

> 주 여호와께서 나의 귀를 여셨으므로 내가 거역하지도 아니하며 뒤로 물러가

지도 아니하며(사 50:5)

우리의 마음은 위축되지 아니하고 우리 걸음도 주의 길을 떠나지 아니하였으나(시 44:18)

그리하시면 우리가 주에게서 물러가지 아니하오리니 우리를 소생하게 하소서 우리가 주의 이름을 부르리이다(시 80:18)

이사야서 50:5는 바로 다음 절부터(사 50:6ff) "나를 때리는 자들"과 "나의 수염을 뽑는 자들"에게 "나의 뺨을 맡기며 모욕과 침 뱉음을 당"한다는 박해의 정황을 드러냅니다. 또한 "나와 다툴 자", "나의 대적"(사 50:8), "나를 정죄할 자"(사 50:9)에 대한 언급이 이어집니다. 따라서 이사야 50:5의 "주 여호와"에게 "거역하지도 아니하며 뒤로 물러가지도 아니"한다는 표현은 **박해받는 화자의 굳은 신앙**을 나타내는 것입니다.

시편 44:18도 그 앞에 "우리 원수들"과 "우리를 미워하는 자"(시 44:7)에 대한 언급이 있고, "욕을 당"함과 전쟁("군대")에서의 패배(시 44:9), "대적들"과 "우리를 미워하는 자"를 연거푸 언급합니다.(시 44:10) 시편 44:11은 "잡아먹힐 양처럼" 화자가 "넘겨"졌다고 말하며, 이어서 "주의 백성"이 "헐값으로" 팔렸음을 증언합니다.(시 44:12) "욕"과 "조소"와 "조롱"을 당했고(시 44:13) "능욕이 종일 … 앞에 있으며 수치가 … 얼굴을 덮었"다고 말합니다.(시 44:15) "비방하고 욕하는 소리"를 계속 언급합니다.(시 44:16) 이런 박해 정황에도 불구하고 화자는 "마음"이 "위축되지 아니"했고 "주의 길을 떠나지 아니하였"다고 자신의 굳건한 신앙을 확인합니다.(시 44:18) '마음이 위축되지 않았다'라는 말에 '뒤로 물러서다'라는 해당 단어가 쓰였고 그와 함께 "주의 길을 떠나지 아니하였"다(발걸음을 돌리지 … 않았다)는 표현이 있으므로 이를 **히브리서 10:38과 유사한 용례**로 이해할 수 있을 것입니다.

"주에게서 물러가지 아니하오리니"라고 말하는 시편 80:18 역시 "눈물의 양식"(시 80:5), "우리 이웃"의 "다툼거리가 되"고 "우리 원수들이 … 비웃"는 다는 표현이 먼저 나오며(시 80:6) 화자가 하나님에게 "구원"을 요청하고 있는 형국입니다.(시 80:7) "불타고 베임을 당하"는 "멸망"(시 80:16)을 언급하는 것은 시편 80편의 화자 역시 대단한 위기 상황에 부닥쳐있음을 알게 합니다.

이처럼 구약성서의 '뒤로 물러서다'라는 표현은 **신앙을 버리는 수치스러운 배신행위**를 의미하며, 반대로 '뒤로 물러서지 않는다'라는 표현은 **큰 위기 상황에도 불구하고 굳건히 신앙을 지키는 것**을 의미한다고 정리할 수 있겠습니다.

'뒤로 물러가면 내 마음이 … 기뻐하지 아니하리라'(히 10:38)에서 '하나님이 기뻐하지 않는다'라는 개념은 **잘못된 제사 제물과 관련된 표현**(레 7:18; 19:7; 22:23,25), **하나님이 악행을 기뻐하지 않는다**는 표현(렘 14:10), 그리고 **아무리 제물을 바쳐도 악행을 저지르면 하나님이 기뻐하지 않는다**는 표현(호 8:13, 암 5:22, 말 1:10, 시 51:16) 등에 쓰였습니다.

'하나님이 기뻐하지 않는다'라는 말은 하나님의 유기와 연관되는데(시 77:7) 인간의 의지나 노력 여하에 상관없이(시 147:10 "말의 힘 … 사람의(억센) 다리 … 기뻐하지 아니하시고") 하나님만 기뻐하시면 오직 주의 전적인 능력으로 구원이 이루어진다는 주장입니다. 이런 사고를 시편 44:3에서 명확히 찾아볼 수 있습니다.

그들이 자기 칼로 땅을 얻어 차지함이 아니요 그들의 팔이 그들을 구원함도 아니라 오직 주의 오른손과 주의 팔과 주의 얼굴의 빛으로 하셨으니 주께서 그들을 기뻐하신 까닭이니이다(시 44:3)

이 모든 고찰 결과를 종합하면 히브리서 10:38의 화자는 박해에도 불구하고, 믿음을 지키지 못하고, 뒤로 물러서면, 즉, 배신하면 안 된다 … 구원은 인간적인 어떤 조건에 따라 이루어지는 것이 아니라 전적으로 하나님의 능력과 의지로 되는 것이다 … 하나님이 기뻐하시면 구원하실 것이라고 주장하는 것입니다.

> 나의 의인은 믿음으로 말미암아 살리라 또한 뒤로 물러가면 내 마음이 그를 기뻐하지 아니하리라(히 10:38)

다시 말해 히브리서 10:38은 단순히 하박국 2:4를 인용한 것에서 그치는 것이 아니라 믿음과 구원의 관계에 대한 **구약성서 전반에 흐르는 신앙 정신을 압축**했다고 하겠습니다. 히브리서 화자는 당시 독자에게 이런 말을 하고 있습니다.

"구원은 담담히 하나님이 기뻐하시는 시기를 기다리는 것에 지나지 않습니다. 인간은 이제 어떤 행위도 노력도 할 수 없습니다. 오로지 전적으로 하나님의 의지에 따라 되고 안 되고가 결정될 것입니다. 끝까지 주의 구원을 믿는 굳은 믿음을 가지고 **이 세상에 멋진 작별을 고합시다!**"

이런 말을 누군가 당신에게 똑같이 한다고 생각해 봅시다. 소름이 끼칠 것입니다. 종말적 상황에 특화된 성서의 글을 평안한 일상을 살아가야 할 우리가 그대로 따를 수는 없습니다.

🐝 잦은 예배 참여와 긴 기도로 하나님을 좌우하려는 것도 교만입니다. 재차 말하지만, 위에서 살펴본 메시지와 **신앙 양상은 극한 박해를 직면하고 있는 신자들을 위해 특화된 것입니다.** 물론, 당신이 개인적인 종말을 앞두

고 있다면 히브리서 화자의 조언을 그대로 들어야 할지도 모릅니다. 하지만 지금은 누가 우리의 머리에 총부리를 겨누고 예수님을 믿으면 죽인다고 으르고 있는 상황이 아닙니다. 따라서 일 년 365일 교회나 기도원에 장기 거주하면서 기도하는 데 대부분 시간을 보내기보다는 **우리의 활동과 기여가 필요한 삶의 터전으로 돌아가서 거기서 더 많은 시간을 보내야 합니다.** 우리가 일상으로 돌아가지 않고 교회에 너무 오래 머물러 있으면 하나님은 기뻐하지 않으실 것입니다. 이런 이해가 **히브리서 해당 구절에 대한 현대적이며 바른 이해입니다.**

아이러니하게도, **일상을 살지 않고 긴 기간 동안 기도만 하는 것과 같은 신앙 행위가 자기 노력과 힘으로 하나님을 좌지우지하려는 교만한 행동이 될 수 있습니다.** 예수님은 좀 많이 늦으십니다. 벌써 2천 년이 넘었어요. 그러니 굳은 믿음으로 사시되 그 믿음을 교회가 아닌 실제 삶 속에서 구현하시는 것이 좋겠습니다. 새벽 기도, 수요 예배, 금요 기도회, 주일 오전 예배, 주일 찬양 예배 … 은퇴하신 분들, 시간이 많은 분은 참여해도 됩니다. 하지만 **모두가 모든 예배에 빠짐없이 참석하는 것은 제가 볼 때 매우 우려스럽습니다.** '우리의 힘을 의존하는 것이 아니라 하나님의 능력과 의지를 기다리는 것'을 믿음이라고 할 때, 교회에서 예배와 봉사라는 중노동을 하는 것, 그리고 그 열심으로 담임목사의 인정을 받고 장로가 되고 권사가 되는 것, 그것이 과연 진정으로 성서에 따른 믿음인지 묻고 싶습니다. 당신은 무엇을 바라고 무엇을 하고 있습니까?

땀은 우리의 일터에서 흘려야 합니다. 그 이후에 휴식을 누리는 일상 속에서 하나님 구원의 참 의미가 무엇인지 묵상하는 것이 더 아름답습니다. 사람들이 모두 일상으로 돌아가면 교회는 어떻게 하냐고요? 글쎄요. **너무 크고 너무 많으면 줄이는 것도 방법이 아닐까요?** 많은 종교 기관을 운영하기 위해서 많은 신자의 시간과 재화를 무한정 흡수하는 것은 한번 심각하게 돌아보아야 할 일입니다.

교회에 앉아 언제 주님이 오시나 기다릴 때보다 **험난한 일상을 열심히 살아갈 때 진정으로 강한 믿음이 필요**합니다. 성서 본문은 위기 상황에서 비로소 굳은 믿음이 요구되는 법이라고 합니다. 당신이 절체절명의 위기 상황에 부닥친 것이 아니라면 이제 기도하려고 감은 눈을 뜨고 일어나 열심히 살아갑시다! **종교 자체보다 삶을 어떻게 펼쳐나갈 것인가가 더 중요한 시대입니다!** 평생 예수님 오실 때만 기다리다가 삶을 잃어버리는 사람은 저의 이 글을 읽는 분 중에는 한 사람도 없기를 바랍니다! 🏠

> 내 형제들아 영광의 주 곧 우리 주 예수 그리스도에 대한 믿음을 너희가 가졌으니 사람을 차별하여 대하지 말라 / 만일 너희 회당에 금가락지를 끼고 아름다운 옷을 입은 사람이 들어오고 또 남루한 옷을 입은 가난한 사람이 들어올 때에 / 너희가 아름다운 옷을 입은 자를 눈여겨보고 말하되 여기 좋은 자리에 앉으소서 하고 또 가난한 자에게 말하되 너는 거기 서 있든지 내 발등상 아래에 앉으라 하면 / 너희끼리 서로 차별하며 악한 생각으로 판단하는 자가 되는 것이 아니냐

교회에서 돈 없다고 차별당해 보셨어요?

종교개혁자 마르틴 루터는 야고보서를 깎아내렸지만("지푸라기 서신, the letter of straw") 야고보서만큼 믿음의 실체와 전모를 잘 드러내는 성서도 드뭅니다. 간단하게 말해서, **믿음은 실천으로 드러나지 않는 한 아무런 가치도 없다**는 것입니다. 물론 야고보서의 화자도 로마서나 히브리서 11장의 화자 못지않게 "믿음"을 중시합니다.(약 1:6 "믿음으로 구하고 조금도 의심하지 말라") 하지만 동시에 "믿음"만 말하지는 않습니다. 야고보서 2:1은 "믿음을 … 가졌으니 사람을 차별하여 대하지 말라"라고 말하는데 이는 **믿음에 따른 자연스러운 실천**을 언급한 것입니다. 다시 말해 '믿음이 있다면 사람을 차별할 수 없을 것이다'라고 말하는 것입니다.

"믿음"과 '인간 차별 금지'를 연결한 것은 대단히 놀라운 것입니다. 하나는 얼핏 보기에도 추상적이고 형이상학적인 개념이고, 다른 하나는 현실적인 실천 덕목입니다. 이 둘을 연결한 것은 마치 쇠와 나무를 연결한 것과 같고 물과 불이 어우러지는 것과 같습니다. **전기가 통하는 물질과 통하지 않는 물질이 한 데 붙어 전자기기의 핵심 부품인 반도체가 되는 것처럼 이 두 개념이 신앙인 가운데 함께 할 때 비로소 놀라운 능력이 나타납니다.** 믿음을 개념으로만 아는 것이 아니라 삶으로 드러냄으로 모호한 믿음이 무엇인지 모두가 포착

할 수 있게 하기 때문입니다.

문서에 쓰인 교리만 신봉하는 교리주의자들은 너무 경솔하게 '야고보서는 율법주의적이다'라고 말합니다. 그러나 이는 대단히 **잘못된 이해**입니다. 구약으로부터 전해진 가르침을 따르자면, **믿는 것과 행하는 것을 나눌 수 없습니다.** 육체와 영혼을 갈라놓을 수 없다는 말입니다.(참고: 약 2:26 "영혼" + "몸") 하지만 제가 저의 다른 글에서 누차 밝힌 바와 같이, **종말론적 위기, 박해와 같은 상황으로 인해서 삶의 실천을 상대적으로 무시하는 경향이 나타났습니다. 그리고 그것이 간략한 신조에 반영되었습니다.** 목숨이 왔다 갔다 하는 상황에서 살날도 얼마 없는데 '바르게 사세요'라고 설교하기는 어렵습니다. 죽음을 앞둔 사람은 대개 진실한 자세를 취합니다. 평생 거짓된 인생을 살았다고 하더라도 죽음이 얼마 남지 않았을 때는 진실을 말하는 법입니다. 임종 직전의 사람이 하는 신앙 고백의 무게감은 평온한 상황에서 머리에 물을 찍어 바르는 방식으로 세례받는 사람이 행하는 고백과는 차원이 다릅니다. 같은 이유에서, 신약성서 본문이 처음 기록될 **당시에는 입으로만 고백해도 바로 영혼의 구원을 받은 것으로 간주했을 것입니다.**(참고: 롬 10:9-10)

야고보서 2:2 이하는 진정한 믿음이 있다면 사람이 가진 조건, 돈의 많고 적음, 입은 옷의 화려함과 초라함 등에 따라 사람을 차별하지 않을 것이라고 말합니다. "금가락지를 끼고 아름다운 옷을 입은 사람"(약 2:2a)을 "좋은 자리"로 안내하고(약 2:3a) "남루한 옷을 입은 가난한 사람"(약 2:2b)은 '거기 서 있든지 내 발치(발등상)에 앉든지 알아서 하라'(약 2:3b)고 말한다면 이는 "(사람을) 서로 차별하며 … 판단하는" "악한" 행동이라는 것입니다.(약 2:4)

야고보서의 화자는 조금의 주저함도 없이 "부자"에 대해서 가난한 자들을 "억압하며 법정으로 끌고 가"는 존재들이라고 매도합니다.(약 2:6) 이렇게 **특정 부류 사람에 관해서 고정된 이미지를 설정하는 것은 그 부류 사람들이 볼**

때 아주 거슬리는 일입니다. 또한, 화자는 "하나님이 … 가난한 자를 택하"셨다고 하면서 그들을 "사랑"하시고 "약속하신 나라를 상속으로 받게 하"셨다고 말합니다.(약 2:5) 이 역시 어떻게 보면 대단한 편견처럼 보입니다. 하지만 야고보서뿐 아니라 성서 전반에 이러한 경향이 나타납니다. 사실 **"부자"를 부정적으로 보는 관점은 상당히 오래된 것입니다.** "부자"는 "간절한 말로 구하"는 "가난한 자"에 대해서 냉정하게도 "엄한 말로 대답하"는 자들이며(잠 18:23) 자신에게 "빚"진 "가난한 자를 지배하고("주관") 노예("종")로 삼습니다.(잠 22:7) 이런 사고는 지혜 전승이 발전하는 과정에서의 사회상을 그대로 반영한 것이라고 하겠습니다. **글을 쓴 사람들이 부자가 사회에 별로 도움이 안 된다고 생각했던 것입니다.** 물론 더 시간을 거슬러 올라가면 "부자"에 대해서 좋게 생각하는 사회 분위기도 있었습니다. 사회가 상대적으로 안정한 상황에서는 "부자"가 "재물"을 모으는 것을 부정적으로 보지 않습니다. "가난한 자의 궁핍"에 대해서도 무조건 긍정적으로 생각하지 않고 오히려 비판합니다.(참고: 잠 10:15, "악인의 소득"에 대해 언급하는 다음 구절인 16절을 후대에 추가된 것으로 볼 때) 하지만 **어떤 이유로 사회가 불안정하게 되고 소득과 분배의 균형이 틀어지게 되면, 이스라엘 민족이 그랬던 것처럼 국가멸망의 위기에 봉착하게 되면, 책임을 묻는 차원에서 위정자와 부유한 자들에 대한 강력한 비난이 주어집니다.** 성서의 어떤 본문은 심지어 "부자 되기에 애쓰지 말"라(잠 23:4a)고 교훈하는데 "부자"를 "허무한 것에 주목"하는 자들로 이해하며 그들의 "재물"이 결국 "독수리처럼 날아"갈 것이라고 경고합니다.(잠 23:5) 이는 사회의 불안정이 심화할 때 가난한 사람뿐 아니라 부유층에게도 그 피해가 돌아간다는 실제 경험에서 나온 성찰입니다.(참고: 약 5:1-6 "들으라 부한 자들아 … 통곡하라 … 말세에 재물을 쌓았도다 … 살육의 날") 이는 간단히 말해서 '나라 없이 부자 없다'라는 말이 되겠습니다. 종국적으로 "부자"를 부정적인 차원에서 "지혜"와 연결하는 경향이 전면에 나타나는데(참고: 잠 23:4 "부자 되기에 애쓰지 말고 … 사사로운 지혜를 버릴지어다"; 잠 28:11 "부자는 자기를 지혜롭게 여기나 가난해도 명철한 자는 자기를 살펴 아느니라") 이는 사회의 불안을 전제하는 가운데 가난한 자뿐 아니라 "부자"도 재해를 피할 수 없다는 인식입니다. **고대 지혜 전통에서라면 성실하게 일해서 부를 쌓는 것에 대해 부정적인 태도를 보일 이유가 없습니다.**

신약성서에서는 "부자가 천국에 들어가기가 … 낙타가 바늘귀로 들어가는 것"보다 '어렵다'라고 합니다.(막 10:25; 마 19:23-24) 이는 사회적으로 부의 분배에 심각한 문제가 있음을 전제합니다. **당시 실제 사회상을 전제하지 않고는 이 본문들을 제대로 해석할 수 없습니다.**(참고: 눅 1:53; 16:19-31; 18:23-25) 또한 이런 본문들을 그런 역사 배경에 대한 고려 없이 경솔하게 현재 현실에 적용해서는 안 됩니다. 그렇지만 야고보서가 다루고 있는 빈부의 문제와 같은 사회 문제와 신앙의 문제를 함께 묶는 방식은 어느 시대에나 시사하는 점이 있습니다. 빈부에 대한 전방위적이며 다각적인 이해를 제공하는 야고보서의 주장은 어떤 편견으로 치우친 태도로 보이지 않습니다. 야고보서 2:2-4는 현대에도 존재하는 가난한 자에 대한 차별을 지적하면서 야고보서 2:1, 5를 통해 앞뒤로 작은 에피소드들을 묶어 "믿음"의 차원에서 사안을 재조명하고 있습니다. 야고보서 2:6-7과 이어지는 2:8-14는 '가난한 자에 대한 부자의 과도한 소송'과 "비방"의 예를 먼저 언급하고 그것을 "율법"과 "심판" 담론(약 2:9-13)으로 확장합니다. 그리고 놀랍게도 화자는 그 흐름을 다시 올바른 "믿음"의 이야기와 연결합니다.(약 2:14-17, 18-26) 야고보서 2:14-17과 2:18-26은 같은 주제에 대한 반복임에도 거기에 적당히 변화를 추가해서 지루함이나 식상함이 없습니다. 글의 요지는 아래와 같습니다.

말로만 떠드는 믿음은 죽은 것이다.(약 2:14-17)
희생의 용기가 있어야 산 믿음이다.(약 2:18-26)

야고보서 화자는 "형제와 자매가 헐벗고 일용할 양식이 없는데"(약 2:15) 말로만 "덥게 하라 배부르게 하라"고 하면서 "쓸 것을 주지 아니하면" 아무 쓸 데가 없다는 점을 말합니다.(약 2:16) **"죽은 믿음"이라는 것은 빈궁한 이웃을 위한 실천이 결핍된 믿음입니다. 실효성이 전혀 없는 무가치한 믿음입니다.**(약 2:17)

화자는 "믿음"이 있다면 **뿌리를 땅에 감춘 나무에 탐스러운 열매가 맺히는 것처럼 가시적으로 무엇이 보일 것**이라고 말합니다.(약 2:18) 솔직히 **아무것도 보이지 않는데 무엇을 보고 신자 안에 믿음이 있는 줄 안단 말입니까?** 화자는 '마음속으로만 믿는 것'은 "귀신들도 믿고 떠드"는 수준(약 2:19)이라고 조소하면서 아브라함과 같은 자발적 희생(약 2:21)과 라합이 담대하게 이스라엘 정탐꾼들을 숨겨주었던 것 같은 용기와 결단(약 2:25)을 수반해야 진정한 믿음이 된다고 권고합니다. 화자는 쓸데없는 믿음, 즉, 죽은 믿음에 대해서 여러 번 경고합니다.(약 2:17,26) 영혼과 육체를 분리할 수 없는 것처럼, 믿음과 실천은 따로 나누어 생각할 수 없다는 것입니다.(약 2:26 "영혼 없는 몸") 분리되면 죽습니다.

다른 성경 본문은 문자 그대로 설교하지만 이렇게 훌륭한 글인 야고보서를 문자 그대로 설교하는 자는 보이지 않습니다. 야고보서와 같은 주장을 하면 '율법주의', '행위주의'라고 매도하는 사람은 많습니다. 그들은 마르틴 루터를 따라 야고보서의 가치를 무시합니다. 그러나 현대에는 말로만 떠드는 '말잔치'보다는 실천하는 신앙이 절실히 필요합니다.

🐝 **실천하지 않는 믿음은 죽어 있는 것입니다.** 우리가 당장 순교할 위기에 처해있거나 곧 죽을 절박한 상황이 아니라면 자신에게 머물러 있던 눈을 다른 이에게 돌려 봅시다. 말로만 '누구를 돕겠다', '도움이 필요한 곳에 손길을 내밀겠다'라고 말만 하지 말고 **작게라도 실제로 도움을 주십시오!** 목사인 당신은 부자 교인만 신경 쓰면서 한 달에 만 원도 헌금하지 못하며 냄

새나는 옷을 입고 교회에 오는 사람을 무시하지 않습니까? 어떤 이는 교회에서 장로가 되기 위해 교회와 담임목사에게 수천만 원을 뿌립니다. 어떤 담임목사는 권사 후보자에게 각각 수백만 원을 요구합니다. 그래서 어떤 이는 양심에 저촉을 받아 장로나 권사가 되기를 거절합니다. 돈이 없으면 믿음도 좋고 인품이 좋은 신앙인도 권사 명단에서 제외합니다. 야고보서의 화자와 같은 관점에서 말하자면 '그런 인간이 무슨 목사요 신자인가!'라고 비판할 수 있습니다.

종교 비즈니스를 포함한 모든 종류의 비즈니스에는 많은 자본이 필요합니다. 그래서 돈이 많은 사람을 위한 서비스로서의 예배와 행사를 진행하는 것이 합리적입니다. 하지만, **누가 당신에게 종교 비즈니스맨이 되라고 했습니까?** 하나님입니까? 예수님입니까? 성서입니까? 도대체 누구입니까? 이제는 종교 장사를 그만두고 당신의 마음속에 숨어있는 믿음을 아름다운 실천을 통해 증명하시기를 바랍니다! 증명하기 위해서는 자신이 가진 것을 가리지 않고 마구 나눠주어야 할지 모릅니다. 손해 보는 장사를 해야만 할 것입니다. 당신이 계속 '그래도 반드시 성공해야 한다', '그래도 부자가 가난한 것보다 낫다'라는 생각에 사로잡혀서 교회를 기업처럼 운영한다면 당신은 성서에 의해 악한 자로 정죄를 받을 것입니다.(참고: 약 2:4)

당신에게 **믿음은 있는데 실천이 없다면 곰곰이 생각해보십시오.** 당신이 진짜로 믿는 사람인지 말입니다. **이 세상 어디에 영혼은 있는데 몸이 없는 사람이 있습니까?** '나는 믿음은 큰데 실천이 없어'라는 말을 하는 사람은 스스로 속이는 것입니다. 그런 종류의 큰 믿음이란 어디에도 존재하지 않습니다. 믿음이 있다고 하면서 다른 사람에게 도움을 주기는커녕 오히려 해하는 사람도 있습니다. 입으로 아무리 신앙적인 이야기를 떠들어도 성서에 따른 관점에서 볼 때 그들은 신앙인은커녕 불신자보다 더 악한 자입니다.(참고: 딤전 5:8 "… 돌보지 아니하면 믿음을 배반한 자요 불신자보다 더 악한 자니라") 그렇게 보면, 자칭 목사 중에서도 지옥에 가야 마땅한 악인이 있고 자칭 장로나 권사 중에서도 사실은 하나님과 아무 관계도 없는 사람이 있을 것입니다.

야고보서는 교회를 위해 얼마나 봉사했느냐 헌금을 얼마 했느냐 묻고 있지 않습니다! 그 노력과 돈이 제대로 쓰였으면 좋았겠지만 **대부분 교회 공동체의 주도권을 장악한 소수 목사와 그 가족을 위해 쓰이고 있음을** 우리는 다 잘 알고 있습니다. 그리고 도움이 필요한 가난한 자들은 여전히 그대로 있습니다. 표면적인 신자들은 사회의 그늘에 가려있는 사람들에게 아무런 도움이 안 됩니다. 교회에서 선한 얼굴을 하고 너그럽게 굴던 사람들이 교회를 나오면 악인이 되기도 합니다. 그들이 **악행을 저지른다고 해도 너무 실망하지 마시고 아예 믿는 자라고 생각하지 마십시오.** 전도를 많이 하고 선교에 헌신했다고 해도 뒤로 돈을 챙길 뿐 자신의 호주머니에 있는 돈을 꺼내 가난하고 헐벗은 사람들에게 나누지 않는 자들! 그들은 "지옥 자식"에 불과합니다.(참고: 마 23:15 "화 있을진저 외식하는 서기관들과 바리새인들이여 너희는 교인 한 사람을 얻기 위하여 바다와 육지를 두루 다니다가 생기면 너희보다 배나 더 지옥 자식이 되게 하는도다") '가짜 신자'나 '가짜 목사' 때문에 짜증 내지 맙시다. 욕하면서 자꾸 눈길을 주면 괜히 우쭐거립니다. 두려운 것은 우리가 은연중에 그들의 영향을 받는 것입니다. 그들처럼 우리의 믿음과 생활도 분리될 수 있습니다. 사실 신자들이 어떻게 믿고 어떻게 살아야 하는지 잘 모르는 이유가 있습니다. 제대로 보고 배운 적이 없기 때문입니다. 혹시 우리도 가짜가 아닌가 스스로 돌아봅시다.(참고: 고전 10:12) "알곡은 모아 곳간에 들이고 쭉정이는 꺼지지 않는 불에 태우시리라"(마 3:12)라고 하신 두려운 말씀을 기억하고 우리 모두 '알곡'이 되도록 실천하며 살아갑시다! 宗

자랑하지 마세요. 나눠줄 것도 아니면서.

야고보서 4:16은 "자랑이 다 악한 것이라"라면서 대단히 부정적인 어투로 단언합니다. 어떤 이들은 이 구절만 보고 '자기 홍보가 상식이 된 시대에 장점을 내세우는 것이 왜 악한 것이냐'고 반문합니다. 그러면서 이 구절 앞에 "그러한"이라는 제한적 의미의 단어가 붙어있는 것을 세심하게 보지 않습니다. 다소 고양된 말투라서 그렇지 야고보서 4:16의 "그러한 자랑은 다 악한 것이라"라는 말은 전체 부정이 아니라 부분 부정입니다. **"자랑"을 부정하고 있지만, 성서가 권장하는 "자랑"도 있습니다.**

성서가 말하는 "자랑"에는 어떤 것들이 있을까요?

야고보서 4:16의 "자랑(καυχάομαι)"이라는 단어는 신약성서에 37회가량 쓰였는데 먼저 "자랑"을 **부정적인 뜻으로 사용한 경우**를 살펴보면, 지키지도 않는 "율법"을 자랑(롬 2:23), "주께서 주신 권세"를 지나치게 자랑(고후 10:8), "하나님 앞에서" "육체"를 자랑(고전 1:29; 고후 5:12 "외모로"; 고후 11:18; 갈 6:13, 참고: 고전 13:3 '몸을 불사르게 줌'), "사람을 자랑"(고전 3:21, 참고: 고후 7:14), '오래전에 받았는데 조금 전에 받은 것처럼 자랑(고전 4:7), "인정"받으려고 자랑(고후 11:12)하는 경우가 있습니다.

"자랑"을 긍정적인 의미로 쓴 예를 보면, "하나님"을 자랑(롬 2:17; 참고: 롬 5:2 하나님의 "영광"; 롬 5:11 "하나님 안에서"; 고전 1:31, 고후 10:17 "주 안에서"), "예수로" 자랑(빌 3:3), '옳은 목적을 위해서 당하는 환난'을 자랑(롬 5:3 "즐거워")하는 경우와 신자들의 선교를 위한 "준비"를 자랑(고후

9:2)하는 경우 등이 있습니다.

성서에는 위와 같이 "자랑"을 긍정적으로 활용한 때도 있어 무조건 부정적으로 볼 수만은 없습니다. 단지, **"자랑"을 둘러싸고 꽤 다양한 언급이 있으므로 "자랑"하거나 "자랑"을 논할 때 꼭 참고해야 합니다.**

성서는 자랑할 때 **어느 정도** 자랑하라(고후 10:13,15 "분수", "범위의 한계를 따라"; 고후 11:16 "조금 자랑")고 교훈합니다. **아무리 자기 홍보 시대라고 하더라도 과한 자랑은 오히려 역효과를 낼 수 있음을 생각한다면 충분히 이해가 가는 말입니다.**

고린도후서 11:30; 12:1은 **"부득불"** 자랑한다고 말합니다. 자랑하기 싫은데 어쩔 수 없이 자랑한다는 뜻입니다. 그래서 우리는 이 말을 '될 수 있으면 침묵하라'라는 교훈으로 새기는 것이 좋겠습니다. **기본자세가 자랑이 아니라 침묵과 겸손이라는 것입니다.** 어떤 사람을 볼 때 '저 사람은 늘 자랑하는 사람이야'라는 생각이 들면 기분이 좋지 않습니다. 오히려 누가 자랑해도 '저 사람은 웬만하면 자신을 드러내지 않는 사람인데 어떤 이유가 있겠구나'라는 생각이 들게 하는 편이 낫습니다.

고린도후서 11:30; 12:5,9에는 "약한 것을 자랑"한다는 말도 나옵니다. 이는 역설인데 화자는 "자랑"의 역효과를 잘 인식하는 가운데 오히려 부족한 점을 내세우는 편이 낫다고 말합니다. 고린도후서 12:6에는 **자랑하고 싶어도 부정적 효과를 생각해서 그만둔다**는 취지의 언급이 있습니다.("… 참말을 함이라 그러나 누가 나를 보는 바와 내게 듣는 바에 지나치게 생각할까 두려워하여 그만두노라")

이 모든 성서의 가르침을 고려할 때 우리는 **"자랑"**할 수 있지만, 특히 주의

해서 해야겠다는 생각에 이릅니다. 마구 자랑하다가 자랑할 수 없는 악행까지 자랑하는 때도 있습니다.

차마 자랑해서는 안 되는 부끄러운 일을 습관적으로 자랑했던 한 인물이 떠오릅니다. 그는 늘 교회의 크기와 교인 수를 자랑하던 목사였습니다. 그 목사는 만날 때마다 교회를 증축했다거나 교회 외에 별도로 교육관 건물을 매입했다거나 지방 넓은 땅에 기도원을 지을 거라는 식으로 자랑을 일삼았습니다. 주변 사람 중에는 놀라워하거나 부러워하는 사람도 있었지만 만날 때마다 오로지 자랑만 늘어놓는 그 목사를 부담스러워하는 사람이 더 많았습니다. 어느 날 그 목사는 저에게 이런 소리를 했습니다.

> "생육하고 번성하라 땅을 정복하라!(참고: 창 9:7) 할렐루야! … 내가 이번에 선교지(부동산)를 확장하라는 하나님의 뜻(?)을 받들어 … 작은 교회를 하나 인수했어요. 아니 합병했지요."

처음에 저는 깜짝 놀랐습니다. 가만히 들으니 그 목사가 인수했다는 교회는 저도 아는 작은 개척교회였습니다. 비록 교인도 별로 없고 작지만 나름대로 주변에 선한 영향력을 미치고 있는 교회였습니다. 저도 몇 번 그 교회에 찾아가 독거노인들에게 무료로 점심을 대접하는 봉사에 참여한 기억이 났습니다. 그런데 지금 이 목사가 그 교회를 없애고 잡아먹었다고 제 앞에서 자랑하고 있는 것입니다! 저는 그 작은 교회를 모르는 척 대뜸 이렇게 물었습니다.

> "그 … 그래서 그 교회 신도들과 목사님은 어디로 가셨대요?"

> "신도들이야 다 우리 교회로 오면 되는 것이고 … 목사님 … 사모님은 좀 딱한데 그렇다고 많은 돈을 드릴 수는 없어서 말이야 … 다 하나님이 그 길을 인

도하시리라 믿어야지 별수 있나? 할렐루야!"

저는 말끝마다 "할렐루야!(하나님을 찬양하라)"라는 말을 붙이는 그 주둥이가 꼴 보기 싫었습니다. 심한 말을 그 목사에게 하고 싶은 충동이 일었지만, 가까스로 참았습니다. 제가 20년만 더 젊어 혈기가 충만했다면 주먹 하나를 날렸을지도 모릅니다. 나중에 알고 보니 이 목사가 떠나는 목사님 부부에게 땅과 건물 비용으로 준 돈은 정말 언급하기도 부끄러운 금액이었습니다. 저는 한편으로는 가난한 목사님 부부가 왜 얼마 안 되는 돈에 그 교회와 부지를 선뜻 넘겼는지 이해가 되지 않았지만, 과거 방문했을 때 공부하는 고등학생 자녀가 있었고 음악을 전공할 계획이라는 말을 들었기 때문에 어쩌면 자녀의 학원비를 충당하기가 너무 어려워 제안을 뿌리치지 못한 것은 아닌가 싶었습니다. 나중에 이사를 나간 목사님을 패스트푸드점에서 만나 담소를 나눌 기회가 있었는데 아니나 다를까 저의 예상이 맞았습니다. 대학 입시를 위해서 좀 좋은 학원을 보내야 했는데 한 달 학원비가 수백만 원을 넘었던 것이었습니다. 마침 마수가 미쳤고 안타깝게도 작지만 아름다웠던 교회가 자취를 감추게 되었습니다. 쓸쓸히 웃으며 상황을 설명하던 그 목사님은 마지막으로 이런 말씀을 남겼습니다.

"그래도 저에게 자랑할 것이 남아 있는 것이 감사합니다."

저는 그 목사님께서 무엇을 자랑하셨는지는 기억하지 못합니다. 하지만 훨씬 더 열악해진 상황 가운데서도 자랑거리를 찾는 그 모습에 큰 충격과 놀라움을 느꼈습니다.

고린도후서 10:16을 읽으면 한 지역에 먼저 세워진 교회 옆에 대형교회를 세워 결국 기존에 있던 교회의 교인을 모두 빼앗는 현대의 종교 비즈니스맨들을 쉽게 연상할 수 있습니다. 이 구절의 화자는 자신이 그런 종교 비즈니스맨이 되지 않기 위해 **다른 지역으로 옮기겠다고 말합니다.**

> 이는 남의 규범으로 이루어 놓은 것으로 자랑하지 아니하고 너희 지역을 넘어
> 복음을 전하려 함이라(고후 10:16)

이 본문은 "그리스도의 복음"을 전하는 일 자체를 부정하는 것이 아닙니다.(고후 10:14) 그것에 순기능도 있다는 인식을 표명합니다. **하지만 "남의 수고를 가지고"(고후 10:15) 생색을 내는 것("분수 이상의 자랑", 고후 10:15)은 나쁘다는 것입니다.** "너희 지역을 넘어 복음을 전하려" 한다는 말은 **다른 사람이 이미 목회하고 있는 지역을 침해하지 않고 교회가 없는 다른 곳에 가서 목회하겠다**는 이야기입니다.

장사하는 사람도 기본 상도덕이 있는 법인데 교회를 확장하는 것에 혈안이 된 자들은 그런 것에 아랑곳하지 않습니다. 모든 것을 독식하는 대형마트가 골목 가게 상권을 해치는 것을 지탄하는 의식 있는 국민이 늘어가는 요즘, 개신교 교회는 전혀 개의치 않고 '하나님의 이름으로' 욕심을 채우는 데만 급급합니다. 교회의 몰골이 제 잇속만 채우는 비둔하고 병든 몸뚱아리(病身)로 보입니다.

🐝 **나누기 싫으면 자랑도 하지 마세요.** 믿는 이는 '우리 주 예수 그리스도의 십자가 외에 딱히 자랑할 것은 없다'(참고: 갈 6:14)라고 말하는 사람이어야 합니다. '하나님께 받은 것을 마치 내가 노력으로 획득한 것처럼 자랑할 수 없다'라고 고백해야 합니다.(참고: 엡 2:9) 왜 신앙인이라는 자가 다른 사람에게 해를 끼치면서까지 성공하려고 하는 것입니까? 그리고 일말의 부끄러움도 없이 그 성공을 자랑합니까? 오히려 **그리스도인은 자랑할 것이 적은 것이 낫습니다.** 그래야 우리의 약함을 통해 "그리스도의 능력"이 드러날 테니까 말입니다.(참고: 고후 12:9) 객관적으로 볼 때 행복할 수 없고 만족할 수 없는

삶에 행복과 기쁨이 있다는 것을 보고 세속적인 자랑에 찌든 자들이 충격을 받는 게 맞습니다. 가진 것이 적지만 그것을 나누고 즐겁게 사는 모습! 그것은 자기만 아는 비둔한 '돼지'들은 누릴 수 없는 온전한 인간만의 특권입니다!

우리가 온전한 사람, 온전한 신앙인이 되고자 한다면, 이제 야고보서의 말에 귀를 기울입시다. 야고보서 1:9-10은 "낮은 형제는 자기의 높음을 자랑하고 부한 자는 자기의 낮아짐을 자랑할지니 … 그가 풀의 꽃과 같이 지나감이라"라고 교훈합니다. 야고보서 전체를 한 사람이 쓴 것이라면, "자랑하라"라고 했던 그가 왜 4:16b에서는 "자랑은 악한 것이라"라고 했을까요? 정확히는 "허탄한 자랑"(약 4:16a)이 악하다는 것입니다. 우리가 미루어 알 수 있는 대로, "허탄한 자랑"은 분명히 약 1:9-10의 "낮은 형제"와 "부한 자" 사이의 역학 관계 및 빈부 담론과 밀접한 관계가 있을 것입니다. 간단히 말해 '허탄한 자랑'은 쓸데없는 자랑이며 괜한 '우쭐거림'이고 허영심에 사로잡힌 자랑이라는 것입니다.(참고: 새 번역 약 4:16 "우쭐대면서"; 공동번역 약 4:16 "허영에 들떠서") 이런 자랑은 전혀 선하지 않고 악합니다. 이런 자랑을 하는 자는 자신보다 가진 것이 적고 능력이 부족한 사람에게 상처를 주기 쉽습니다. **자랑도 좋지만, 자랑을 하기 전에 다른 사람을 살피는 우리가 되어야 합니다.** 또한, 자랑거리가 있다면 자랑한 그것을 가지지 못한 사람과 나누어야 합니다. 그런 선행(善行)이 없이는(약 4:17 "사람이 선을 행할 줄 알고도 행하지 아니하면 죄니라") "자랑"은 **단순히 혼자만 좋아라고 우쭐거리는 허망한 짓에** 지나지 않을 것입니다. 콧대가 하늘을 찌를 것 같은 자가 자랑질을 하며 깔깔대면 나쁜 느낌을 줍니다. 조금도 겸손할 수 없다면(참고: 약 4:10 "주 앞에서 낮추라") 웃는 것보다 우는 것이 낫습니다.(참고: 약 4:9 "울지어다 … 즐거움을 근심으로 바꿀지어다") **교만에서 우러나는 웃음은 다름 아닌 가난한 자와 헐벗은 자를 깔보고 욕하는 것이나 마찬가지입니다.**(참고: 약 4:11 "형제를 판단하는 자") 투자한 증권이 몇 배가 되었다느니 재산이 몇십억으로 불어났다느니 말을 하지만 그 모든 것이 종잇장처럼 한순간에 날아갈 수 있다는 것을 명심하십시오! 까불다가 "자랑"하던 모든 것이 안개처럼 사라질 수 있습니다.(참고: 4:13-14 "어떤 도시에 가서 … 일 년을 머물며 장사하여 이익을 보리라 … 내일 일을 너희가 알지 못하는도다 … 잠깐 보이다가 없어지는 안개니라") 말로는 대단한 신앙을 가진 것처럼 떠벌이면서 돈 많이 벌어 큰 교회도 짓고 크게 선교도 한다고 하지만(참고: 약 4:15 "주의 뜻이면 우리가 … 이것이나 저것을 하리라") **불쌍한 사람들 상처받는 것은 모르고 자랑질을 계속한다면 당신은 좋은 신자도 좋은 사람도 아닙니다.**(약 4:16-7 "악인", "죄인")

자랑하는 것 자체는 나쁜 일이 아닙니다. 하지만 무절제한 자랑질은 나쁩니다. **남에게 조금도 나누지 않는 자랑은 시끄럽습니다.** 100억을 버셨습니까? 좋습니다! 자랑을 다 들어주겠습니다! 대신 당신이 볼 때 별로 자랑할 것이 없는 사람들에게 조금이라도 떼어 나누십시오. 나누어야 모두가 당신이 하는 자랑을 즐겁게 들어줄 것입니다. 그렇지 않고 계속 나불대기만 한다면 누가 당신 곁에 끝까지 남아 당신의 자랑을 들어 주겠습니까? 그러느니 조-용-히 하세요! 입을 굳게 다무십시오. 합!!! 宗

그리스도께서도 단번에 죄를 위하여 죽으사 의인으로서 불의한 자를 대신하셨으니 이는 우리를 하나님 앞으로 인도하려 하심이라 육체로는 죽임을 당하시고 영으로는 살리심을 받으셨으니 / 그가 또한 영으로 가서 옥에 있는 영들에게 선포하시니라

성경에 예수님이 지옥까지 내려가서 전도하셨다고 쓰여 있어요.

베드로전서 3:18-19를 보면 예수님이 "영으로" "옥에 있는 영들에게 선포하"셨다고 합니다. 이 내용을 보면 '이미 지옥 간 사람들에게까지 예수님이 전도하셨다'라는 뜻으로 해석할 여지가 있습니다. 이를 간단하게 '예수님의 지옥 하강 전도(地獄 下降 傳道)'라고 할 수 있겠습니다. "옥에 있는 영들에게"에 해당하는 그리스어 원문 '또이스 엔 퓔라케이 프뉘마씬'(τοῖς ἐν φυλακῇ πνεύμασιν)의 '옥'(獄, 퓔라케, φυλακή)은 연옥(煉獄, 가톨릭)이나 지옥을 의미하며, 특히, "영(혼)들"이라고 했으므로 지상의 감옥이 아니라 내세의 장소를 뜻하는 것이 확실합니다. 베드로전서 3:18은 "그리스도"는 돌아가신 뒤에, 즉 "육체로 … 죽임을 당하"신 뒤에 "영으로 … 가서 … 영들에게 … (복음을) 선포하"셨다고 하면서 '예수님의 지옥 하강 전도'를 말합니다. '옥(퓔라케)'이 쓰인 다른 구절들인 요한계시록 18:2와 20:7을 봅시다.

힘찬 음성으로 외쳐 이르되 무너졌도다 무너졌도다 큰 성 바벨론이여 귀신의 처소와 각종 더러운 영이 모이는 곳(옥, 퓔라케)과 각종 더럽고 가증한 새들이 모이는 곳(옥, 퓔라케)이 되었도다(계 18:2)

천 년이 차매 사탄이 그 옥(퓔라케)에서 놓여(계 20:7)

가톨릭과는 달리, 사람이 사망한 뒤 정화(淨化, purgatotium)를 거치는 곳이라고 알려진 연옥(煉獄, 가톨릭 교리서 210, 1030~1031항)을 교리적으로 인정할 수 없는 개신교는 **베드로전서 3:19의 단어를 '지옥'으로 번역할 수가 없어 "옥"이라고 해 놓았습니다.** 이를 보면 개신교에서 이 구절을 얼마나 부담스러워하고 있는지 알 수 있습니다. 개신교 교리의 관점에서 "단번에 죄를 위하여 죽으사 의인으로서 불의한 자를 대신하셨으니 이는 우리를 하나님 앞으로 인도하려 하심이라 육체로는 죽임을 당하시고 영으로는 살리심을 받으셨으니"라는 베드로전서 3:18은 수용하지만 "그가 또한 영으로 가서 (지)옥에 있는 영들에게 선포하시니라"라는 3:19는 암묵적으로 무시하고 이 본문으로 설교하지도 않습니다. 하지만 18절의 "육체로는 죽임을 당하시고 영으로(만?) 살리심을 받"았다는 표현에도 **문제는 있습니다.** 교리에 따르면, 이는 마치 예수님의 육체적 부활을 부인하는 소리처럼 들립니다.(참고: 벧전 3:22 "그는 하늘에 오르사 하나님 우편에 계시니 …) 현재 개신교가 신봉하는 교리에서는 예수님의 육체적 부활을 부정하면 안 됩니다.(행 2:31 "그리스도의 부활하심 … 음부에 버림이 되지 않고 육신이 썩음을 당하지 아니하시리라 …) **'예수님의 지옥 하강 전도' 본문을 교리의 차원에서 접근하면 성서 본문 내용을 부정하게 됩니다.** 어떤 이는 자신이 신봉하는 교리에 어긋난다고 베드로전서를 로마서나 갈라디아서보다 열등한 본문으로 여깁니다. **성서 전체를 문자 그대로 믿자고 외치는 자들이 성서의 어떤 내용을 무시하고 부정하는 것은 참 기이합니다. 말로만 '성경은 하나님의 권위 있는 말씀이다'라고 주장하면 다입니까? 왜 전체 성서 본문을 똑같이 존중하지 않습니까?** 그들이 선호하는 로마서나 갈라디아서 못지않게 베드로전서 역시 엄연한 정경 중의 한 권입니다.

옥(獄, 필라케, φυλακή)은 신약성서에서 총 42회('특정한 시각'으로 해석하는 마 14:25; 24:43; 막 6:48; 눅 2:8; 12:38을 포함하면 47회) 사용되었습니다.(마 5:25; 14:3,10; 18:30; 25:36,39,43,44; 막 6:17,27; 눅 2:8; 3:20; 12:38,58; 21:12; 22:33; 23:19; 23:25; 요 3:24; 행 5:19,22,25; 8:3; 12:4,5,6,10,17; 16:23,24,27,37,40; 22:4; 26:10; 고후 6:5; 11:23; 히 11:36; 벧전 3:19; 계 2:10; 18:2; 20:7) 마태복음(총 8회)과 사도행전(총 16회)에 가장 많이 쓰였는데 그 의미는 대개 '연옥'이나 '지옥'이 아니라 현실에 존재하는 '감옥'의 의미입니다. 근본주의자가 이 사실을 알면 '그것 봐! 예수님은 지옥에 가신 게 아니라 감옥에 가신 것이다'라고 신나서 외칩니다. 하지만 **같은 의미의 용례가 많다고 모든 용례가 하나도 빠짐없이 똑같은 뜻으로 쓰였다고 할 수는 없습니다.** 언어학에서 언어 현상을 연구할 때 말뭉치(코퍼스, corpus)를 모아 컴퓨터로 같은 단어의 다양한 용례를 분석하는데 그런 방식의 연구에서 놓치기 쉬운 것이 바로 단어의 특별한 쓰임입니다. 따라서 **성서의 어휘를 고찰할 때는 전후 맥락을 고려하면서 특정 단어가 쓰인 모든 구절을 하나하나 낱낱이 살펴야 합니다.** 성서를 연구하는 사람은 수학을 하는 사람이 아니며 통계학자도 아닙니다. 같은 의미로 많이 쓰였다고 모든 구절의 모든 용례가 하나의 뜻이라고 확언할 수 없습니다.

> 너를 고발하는 자와 함께 길에 있을 때에 급히 사화하라 그 고발하는 자가 너를 재판관에게 내어 주고 재판관이 옥리에게 내어 주어 옥에 가둘까 염려하라 (마 5:25)

이 '감옥'의 개념이 점진적으로 '박해'의 개념과 연계하는 것을 보십시오.

> 전에 헤롯이 자기가 동생 빌립의 아내 헤로디아에게 장가든 고로 이 여자를 위하여 사람을 보내어 요한을 잡아 옥에 가두었으니(막 6:17; 참고 눅 3:20)

> 사울이 교회를 잔멸할새 각 집에 들어가 남녀를 끌어다가 옥에 넘기니라(행

8:3)

> … 이 도를 박해하여 사람을 죽이기까지 하고 남녀를 결박하여 옥에 넘겼노니
> (행 22:4)

사도행전 26:10은 "많은 성도"가 "옥에" 갇혀 "죽"임을 당했다고 밝힙니다.(참고: 고후 11:23 "여러 번 죽을 뻔")

"옥"의 의미는 기본적으로 아래와 같은 통시적인 변화를 겪었습니다.

1. **죄인이 갇히는 감옥**(마 5:25; 눅 23:19 등)
2. **박해받는 신앙인이 갇혀 생명의 위협을 받는 장소인 감옥**(막 6:27 "목 베어"; 눅 22:33 "옥에도 죽는 데에도 … 각오"; 행 22:4; 26:10 "옥에 가두며 죽일 때에"; 고후 11:23 "갇히기도 … 하고 … 여러 번 죽을 뻔")

그리고 이런 문헌적 변화의 과정의 끝에 요한계시록 2:10과 같은 구절이 작성되었다고 보는 것이 타당합니다.

> 너는 장차 받을 고난을 두려워하지 말라 볼지어다 마귀가 장차 너희 가운데에서 몇 사람을 옥에 던져 시험을 받게 하리니 너희가 십 일 동안 환난을 받으리라 네가 죽도록 충성하라 그리하면 내가 생명의 관을 네게 주리라(계 2:10)

묵시적인 표현은 분명히 **박해받는 신앙인을 응원하는** 차원에서 쓴 것입니다. "십 일"이라는 대략의 수(개수, 槪數)는 **정확한 날 수를 의미하는 것이 아니라 일정한 시간이 지나면 순교에 대하여 보상이 주어질 것이라고 말하는 것입니다.**

요한계시록 18:2에서 "곳(옥)"은 극히 부정적으로 개념화되어 악의 집단적 표상인 "바벨론"과 혐오 대상인 "귀신", "더러운(영)"과 연결됩니다. 글쓴이는 **죄인을 구속하여 사회적 정의를 창달한다는 의미가 있는 '감옥'에 새로운 의미를 부여하면서 동시에 정의 창달의 주체인 사회를 부정합니다.** 이는 원래 '감옥'의 운영자여야 할 사회가 제 역할을 하지 못하고 있음을 방증합니다. 세상은 분명히 혼돈에 사로잡혀 있습니다. 그 와중에 신앙인은 어그러진 사회 전체에 의해 박해받고 있는데, 그곳은 "가증한 곳"(계 18:2b)이며 궁극적으로 "사탄"의 터전입니다.(계 20:7)

이와 같은 고찰 결과를 종합하면 신자들이 극히 절박한 상황에 있다는 것을 알게 됩니다. 이제 그들은 곧 죽게 될 것입니다. 그래서 **"죽도록" 신앙을 지키라고 응원하는 것입니다.** 동시에 요한계시록 2:10 같은 구절은 박해로 감옥에 간힌 사람 중에 고통을 못 이겨 종교를 배반하는 사람이 나타났음을 암시합니다. 순교를 앞두고 신자들에게 감옥은 그들의 신앙을 최종적으로 "시험"하는 시험장이 되었습니다. '죽을지라도 배교하지 말라'는 권고를 하면서 죽을 때까지 견디면 보상("생명의 관")이 주어질 것이라고도 말합니다. 베드로전서 3:17ff의 문맥을 보면, 저자는 "고난(박해) 받는 것"이 "(신자가 감내해야 할) 하나님의 뜻"이라고 소개하며, 18절의 "그리스도"를 박해를 받는 자의 모범으로 이해합니다.("그리스도께서도 … 죽으사 …") 20절은 "노아(의) … 방주"를 예로 들면서 "구원을 얻은 자가(겨우) 몇 명뿐"이라고 말하고 있습니다. 이는 박해의 정도가 가중하면서 많은 이가 살해당하고 그 와중에 두려워서 배도하는 사람이 나타나고 있음을 알게 합니다. 제일 안타까운 것은 배교를 했음에도 죽임을 당하는 경우입니다. 그리고 **애매한 죽음도 있었을 것입니다.** 죽는 순간에 신앙 고백을 하지 않고 죽은 경우입니다. 이렇게 다양한 상황에 대하여 성서의 화자들은 대안을 제시합니다. "옥"의 의미의 통시적인 변화는 최종적으로 아래 단계에 이릅니다.

3. 확실한 신앙 고백이 없이 갈등 중에 사망한 자를 위하여 예수님의 영이 최
   후의 기회를 주신다.(벧후 3:19)

지금이야 천국론, 지옥론이 일정한 개념으로 정립되어 있지만, 초기 기독
교의 양상은 달랐을 것입니다. **한번 지옥에 떨어졌는데 기회가 주어진다는 것
은 현대 개신교인들, 특히 장로교인들로서는 이해하기 어렵습니다.** 하지만 이
스라엘 민족에게 있어서 지옥의 개념 자체가 상당히 모호했고 가톨릭 교리에
있는 정화의 과정으로서의 연옥의 개념 같은 것이 아직도 존재하는 것을 보
면 개신교인이 신봉하는 **천국, 지옥의 개념도 하늘에서 뚝 떨어진 것이 아니
라 점진적으로 정립했다**는 것을 알 수 있습니다.

　초기 기독교인 중에 명확한 신앙 고백이 없이 박해받아 사망한 사람들을
위해 '예수님의 지옥 강하 전도' 이야기가 쓰였을 것입니다. **분명한 악인, 혹
은 종교를 배반한 자를 위해서 이런 보완책을 고안했을 것으로는 생각할 수
없습니다.** '예수님의 지옥 강하 전도' 이야기가 순수하게 애매한 죽음을 맞은
사람에 대한 보완책으로 등장한 것이라면 그것이 실제로 가능하냐, 교리적인
문제는 없냐고 따지는 것은 의미가 없습니다.

　글쓴이는 예수님께서 "(영적으로) 가증한 곳"에 친히 가셔서 전도하신다
는 이야기에 교리적이거나 논리적인 허점이 있다는 것을 생각하지 못합니
다. **'옥'의 개념은 '죄인이 갇히는 감옥'의 의미에서, '박해받는 신앙인이 갇혀
생명의 위협을 받는 장소'로, 그리고 결국에 종교적으로 "가증한 곳", '사탄
의 감옥'으로 개념화하였습니다.** "가증한 곳"에 "사탄"과 함께 가증한 사람들
이 있다고 볼 때, 예수님이 가증한 사람들에게 다시 한번 기회를 준다는 것
은 예수님이 "사탄"에게 용서해 준다는 이야기만큼이나 기이합니다. 이 때문
에 교리 신봉자들은 성서에 분명한 언급이 있는데도 '예수님의 지옥 하강 전
도'를 부정하는 것입니다. 하지만 **글을 쓰던 당시 글쓴이의 마음은 혹시 애매
하게 멸망에 빠진 사람이 있지는 않을까 염려하는 마음이었을 것입니다.** 저는

교리와 논리 문제를 떠나서 **사람에 대한 이런 따뜻한 마음이 가장 중요하다**고 생각합니다. 그래서 그런지 글쓴이는 예수님이 '마음으로(영으로) 찾아가시고' 그 방문을 받는 사람도 '마음으로(영으로) 받는다'라고 서술합니다. 그는 마음과 마음의 만남으로 극적인 구원이 이루어지고 기회가 주어진다고 믿는 것 같습니다.

예수님은 죽은 사람들에게까지 전도하려고 혈안이 되신 분이 아니라 고통받고 억압받는 현재 우리의 마음을 헤아리는 분입니다. 성서를 비평적으로 접근하면 다양한 형태의 혼란한 문제를 해결할 수 있습니다. 비평적 성서 고찰은 문자에 어떤 내용이 쓰여 있는지에 집중하는 동시에 어떤 역사적 배경에서 그와 같은 글이 쓰였는지 그 배경과 상황을 연구하는 데 치중합니다. 제가 볼 때, '예수님의 지옥 하강 전도'는 논리적인 글이 아닙니다. 감성적인 글이며 상상의 산물입니다. 예수님을 따라 지옥에 가서 거기서 전도하는 예수님을 본 사람이 없는 이상 '지옥 하강 전도' 이야기는 상상의 결과입니다. 그렇다면 누가, 왜 이런 상상을 했습니까? 어떤 필요에서 이런 이야기를 써냈습니까?

제가 볼 때, 베드로전서 3:19는 용기와 위로를 주려고 작성한 것입니다. **예수님이 사탄이 있는 지옥에서 사탄의 지배 아래 있는 사람들에게 기사회생할 기회를 주었다는 것이 아니라, 어그러진 사회와 뒤틀린 규범의 피해자들에게 예수님이 찾아가셔서 또 하나의 기회를 주신다고 말한 것입니다.** 지옥과 마찬가지인 감옥에 갇혀 죽을 날만 기다리던 사람 중에 어떤 이는 확실한 신앙 고백을 하고 순교했습니다. 그러나 죽음의 공포에 사로잡혀서 신앙 선언도 하지 못하고 종교 배반도 하지 못한 채 살해당한 사람들도 있었을 것입니다. 글쓴이는 이들을 걱정했습니다. 확실히 하나님 품에 간 사람들보다는 혹시 신앙이 있는데도 멸망에 빠진 사람이 있을까 염려합니다. 결국, 그는 승천하신 예수님의 영이 그들을 찾아가서 그들의 믿음을 굳게 하실 것이라는 생각에 이릅니다. 사망하기 직전에 흔들렸던 믿음들에게 또 한 번의 기회를 주어 그들을 낙원에 가게 하실 것이라는 생각 말입니다. **이런 의미에서 베드로전서 3:19의 "옥"은 분명히 죽음 이후의 '지옥'입니다. 그러나 이를 지금 우리가 신봉하는 교리에 비추어 해석할 수는 없습니다. 시대적 차이, 상황적 괴리를 무시하므로 많은 해석자가 혼동하는 것입니다. 그러나 베드로전서 3:19를 적은 시대가 지금과 다르며 글쓴이의 천국과 지옥에 대한 이해가 지금 신자들의 그것과 다르다는 것을 생각하면 문제가 될 것이 전혀 없습니다.** 반대로 성서를 문자 그대로 교리와 1:1로 대응하여 따른다는 사람들에게는 저의 이런 해석조차 큰 부담으로 다가올 것입니다. 하지만 생각해보십시오. **다양한 상황에서 나온 성서의 다양한 본문이 편협하고 단편적인 교리에 다 담기겠습니까? 문자주의자나 근본주의자들의 성서 이해가 제한적이고 형편없는 것인 이유가 여기 있습니다.**

베드로전서 3:19의 "(그리스도가) 영으로 가서 옥에 있는 **영들에게 선포하**"셨다는 구절을 읽으면 저는 **'인간에게 주어진 또 한 번의 마지막 기회'**를 생각합니다. 대개 '마지막 기회'가 주어지면 그것으로 끝입니다. 그러나 **예수님은 '마지막 기회'를 놓친 사람들을 위해서 '또 한 번의 마지막'을 허락하십니다. 이 얼마나 따뜻한 이야기입니까!** 교리적으로는 말도 안 되는 소리일지 모르지만, 성서에 쓰여 있는 소리입니다! 어떤 이는 개신교를 냉혹한 종교라고 평가합니다. 믿으면 천국, 안 믿으면 지옥 … 그 외에는 없다는 것이죠. 그러나 성서를 꼼꼼히 읽으면 이만큼 따뜻한 종교가 없습니다. 성서를 건성으로 읽고 간편한 교리에 몇몇 단편적인 내용을 채워 그것을 신봉하는 사람들 때문에 역사적으로 성서에 대한 오해가 쌓입니다.

예수님은 잘못을 저지른 사람을 몇 번이나 용서해 주어야 하냐는 물음에 이처럼 대답하신 적이 있습니다. "예수께서 이르시되 네게 이르노니 일곱 번뿐 아니라 일곱 번을 일흔 번까지라도 할지니라"(마 18:22) 이 말씀은 딱 셈을 해서 7 X 70 = 490번까지만 용서하라는 뜻이 아닙니다. 완전수나 어림수 개념을 떠올려 보시면 좋을 것입니다. 이는 무한대로 계속 용서해 주어야 한다는 말씀입니다. 똑같은 잘못을 저지르는 인간을 무한정 용서한다는 것은 불가능합니다. 따라서 누군가 사람을 계속 용서하고 받아준다면 그 행위는 **신적인 행위**가 분명합니다. 바로 예수님의 용서와 같은 것입니다. 하나님의 은총이 그 사람과 함께 하는 것입니다.

지옥에 떨어진 사람까지 찾아가는 여지와 기회가 아름답습니다. 왜 한국 개신교인들의 삶 가운데에는 이런 여지와 기회를 발견하기가 어렵습니까? 성서를 날마다 읽는다는 사람들에게서 왜 넓은 포용력보다는 편협함과 옹졸함만 보게 됩니까? 참 안타까운 일입니다. 제 생각에는 개신교인들이 단순히 성서의 단어 풀이에 치중하고 교리를 기준으로 해석을 시도하는 태도를 보이기 때문에 그런 것은 아닌가 합니다. 이를 극복하기 위해서는 제가 위에서 했던 방식처럼 성서를 비평적으로 고찰하고 그 고찰 결과를 정리하는 습관을 길러야 합니다. 이는 여러분이 생각하는 마귀적인 행위가 아닙니다. 성서 본문을 해석할 때 실제 박해받았던 신자들을 대상으로 작성한 본문의 역사적 배경을 무시하고 단순히 단편적인 단어 고찰에 그치거나 교리적으로만 접근하면 난해한 구절들을 명확히 해석할 수 없습니다. 어휘적 고찰이라고 하더라도 그것이 성서 전체에 어떠한 변화를 일으키고 있는지 통시적으로 살펴보아야 합니다.

예수님은 이 세상을 떠난 자들에게까지 가서 복음을 전하려고 안달을 내시는 분이 아닙니다. 오히려 현실에서 고통받고 압제 받는 사람들, 우리 이웃을 찾아가 위로하는 분입니다. 따라서 베드로서의 이 구절을 보고 지옥에 갔을 것 같은 망자(亡者)들에게 다시 기회가 주어질 것을 기대하며 예배나 미사를 드리고 헌금하려고 하지 마십시오. 다만 성서 본문에 담겨 있는 사람에 대한 여지와 기회와 따뜻한 마음을 기억하십시오. 지금 무고하게 압박을 받는 사람들이 있다면 예수님의 이름으로 찾아가서 그들을 위로합시다. 성서는 돌아가신 분들을 위해 기도하는 것보다는 지금 우리 주변에 애매하게 어려움에 부닥친 사람들을 돌아보고 예수님의 메시지가 그들의 마음에 닿을 수 있도록 힘쓰라고 가르칩니다. 그것이 인간에 대한 예수님의 무한한 사랑을 조금이나마 우리를 통해 세상에 나타내는 방법입니다.

너희 중에 있는 하나님의 양 무리를 치되 억지로 하지 말고 하나님의 뜻을 따라 자원함으로 하며 더러운 이득을 위하여 하지 말고 기꺼이 하며

교회에서 억지로 시키는 모든 것은 잘못입니다.

바울보다 앞서 사도 베드로는 초기 기독교 공동체 최고의 리더였습니다. 따라서 이런 그를 무조건 '무식한 어부'라고 평가하는 것은 온당치 못합니다. 베드로전서 5:2는 지도자로서 베드로가 "바벨론(벧전 5:13 아마도 로마)"에서 여러 지역 교회의 리더들에게(참고: 벧전 1:1) 전한 교훈 중의 한 부분일 것입니다. 만약 그가 베드로전서의 저자가 확실하다면 말입니다.

화자는 목양(牧羊, 벧전 5:2 "하나님의 양 무리를 치되")에 대해 논하면서 "억지로 하지 말고 … 자원함으로 하"라고 분부합니다. 이는 **건전한 목양의 원칙 중 하나인 자원(自願)**을 말하고 있는 것입니다. 바로 다음 구절(벧전 5:3)에서 화자는 "맡은 자들에게 주장하는 자세를 하지 말고 양 무리의 본이 되라"고 말하는데, 이는 편지 수신자들의 지도권 아래 다시 적지 않은 신자들이 포진하고 있음을 알게 합니다. 지금으로 말하자면 이 글은 목사들에게 쓴 글입니다.

베드로전서 5:2의 '억지로'(ἀναγκαστῶς 벧전 5:2, ἀναγκάζω, ἀναγκαῖος, ἀνάγκη)는 신약성서에 36회 사용되었는데 주로 '어떤 일의 당위성(눅 14:18; 행 13:46; 15:28; 고후 9:5), 재촉(마 14:22; 막 6:45), 강권(눅 14:23; 고전 9:16), 강제(행 26:11; 고후 12:11; 갈 2:3,14; 6:12; 몬 14; 벧전 5:2), 부득이함(행 28:19 "마지 못하여"; 롬 13:5; 고전 7:37; 9:16; 고후 9:7)을 표현하는 데 쓰였습니다.

'어떤 일이나 물건이 꼭 필요하다'라는 뜻으로 쓴 다른 용례(행 15:28; 빌 1:24; 2:25; 딤전 3:7,14; 히 7:12,27; 8:3; 9:16,23)를 고려할 때, "억지로" 어떤 일을 하게 하는 것은 그 일이 꼭 '필요하다'라는 당위성을 전제하는 것입니다. **어떤 일을 꼭 해야 한다는 생각에서 강요하는 것입니다.**

예수님도 전도를 위해 제자들을 이끌고 '억지로' 이동하게 하셨고(마 14:22; 막 6:45) "큰 잔치"를 위한 '초청'의 비유에서 손님을 "강권하여 데려다가 … 채우라(눅 14:23)"라고 말씀하신 바 있으므로 성서를 건성으로 읽는 사람은 교회 일을 할 때 "억지로" 하는 것이 불가피하다고 주장합니다. 하지만 그런 주장을 하는 목사나 장로와 같은 자들이 몸소 "억지로" 어떤 일을 하는 경우는 거의 없습니다. 그들은 주로 다른 사람을 강제합니다. 이들은 성서에 나오는 "억지로"의 의미를 깊이 살피지 못했고 실천도 하지 못합니다.

"억지로"가 사용된 용례 중에서, 어휘 자체가 주는 느낌이 그렇듯이, 그것을 긍정적이거나 중립적인 의미로 사용한 것은 **매우 적습니다.** '강요'가 아닌 '필요'의 뜻으로 쓴 10회의 예를 제외하면 36회 중 긍정적이거나 중립적인 의미로 쓴 것은 6회에 불과합니다. **부정적인 의미로 쓴 경우가 훨씬 많습니다.**(36회 중 20회) 특별하게 긍정적인 의미로 썼다고 해도 그 모든 예(6회)는 하나같이 매우 급한 상황을 배경으로 하고 있습니다.

예수님이 **"제자들을 재촉"하신 이야기는 세례 요한의 죽음 이야기**(마 14:10-12 "예수께 아뢰니라"; 막 6:27-28)와 **예수님이 많은 추종자를 위해 기적을 행하시는 이야기**(마 14:18-21; 막 6:41-44 오병이어, "오천 명") 바로 다음에 나오기 때문에 저자가 '재촉하는' 이야기 앞에 일부러 위급한 정황을 두었다고도 할 수 있습니다. 세례 요한을 죽인 세력이 볼 때 많은 추종자가 따르는 예수님은 눈엣가시였으며 그래서 그들이 예수님도 죽이고 싶어 했다는 것, 바로 그것이 화자가 독자에게 전달하려는 메시지의 핵심 중 하나입

니다.(마 14:1-2 "분봉 왕 헤롯이 예수의 소문을 듣고"; 막 6:14-15)

"강권하여 … 내 집을 채우라"라는 누가복음 14:23의 상황도 "집주인"에 의해 야기된 급박한 상황입니다. 주인의 바람과는 달리 "아직도 자리가 있"는 것은 "종"의 긴장을 유발합니다. 왜냐하면, 주인이 "종"에게 '빨리 빈자리를 채우라'라고 거듭 명령하기 때문입니다.(눅 14:21,23) 제가 볼 때, 이 이야기 구성 역시 종말론적 위기 상황을 배경으로 합니다. 위기 때문에 제한된 시간, 그에 따른 신속한 전도의 필요성을 제기한 것입니다.

🐝 '강요된 은총'이라는 거짓말. "억지로" 무엇을 하라고 강요하는 것이 **일상적이거나 일반적인 명령이 아님**을 우리는 쉽게 알 수 있습니다. 하지만 그런데도 개신교 교회에는 아직도 여러 가지 이유에서 **강요가 존재합니다.**

저는 과거에 어떤 교회에서 어떤 목사가 '강요된 은총'이라는 제목의 설교를 하는 것을 들은 적이 있습니다. 설교의 내용인즉슨, 목회자가 어렵고 힘든 일을 시키면 신자들은 "억지로"라도 그것을 감당해야 한다는 것이었습니다. 설교자가 많은 헌금을 내게 한다든지 신자들 개인의 상황에도 불구하고 교회 행사에 적극적으로 참여하게 한다든지 해도 불평불만 하지 말고 순종하면 큰 복을 받게 된다는 것입니다. 저는 예배를 마친 후 설교를 마친 그 목사에게 조용히 다가가 '강요는 언제나 나쁩니다!'라고 한마디 했습니다. 물론 그는 저의 이야기를 귀담아듣는 것 같지는 않았습니다.

"억지로" 무엇인가를 시키는 것은 비성서적인 행동입니다! 성서는 그것을 대단히 부정적으로 봅니다. 베드로전서 5:2는 "하나님의 양 무리"를 목회할 때 "억지로 하지 말"라는 지침입니다. "자원함으로 하"게 하라는 권고입니다. 이 구절에 따르면 **"더러운 이익"**, 즉 금전적인 욕망 때문에 누군가 다른 이에게 "억지로" 무엇인가를 시키는 일이 일어납니다. 목회자가 신자들을 지배하려는 것(벧전 5:3 "주장하는 자세")도 사실 어떤 이익을 얻으려는 속셈에서 나오는 행동입니다. 그런 이들은 자주 하나님의 이름과 영광을 내세우면서 교회를 빨리 성장시켜 신도가 바글바글한 곳으로 만들어야 한다고 말합니다. 그들은 대개 흥분을 잘합니다. 인내심이 금세 바닥납니다. 자신은 열을 내는데 부목사나 전도사와 같은 부교역자들은 뒷짐을 지고 가만히 있다면서 호통을 칩니다. 강요합니다. 충분한 협의와 대화 혹은 설득이 없습니다. 이런 상황에서 부교역자들이나 신자들은 억지로 많은 일을 하게 됩니다. 뭔가 아니다 싶어도 온종일 전도지를 들고 거리에 나가 있게 됩니다. 하기 싫어도 헌금해야 합니다.

"억지로" 자꾸 뭔가를 시키는 목회자의 교회에서 떠나십시오! 저는 어린 교육전도사 시절, 한겨울에 얼어붙은 물풀 통을 들고 골목 전봇대마다 다니며 교회에 열릴 부흥회 포스터를 붙여 본 적이 있습니다. 풀을 녹여야 포스터가 붙어서 손으로 그것을 주물럭거리고 비볐는데 금방 두 손이 꽁꽁 얼어 무감각하게 되었던 기억이 납니다. 수백 장을 붙이면서 이런 것이 공해가 될 뿐 효과가 있을까 싶었지만 억지로 했습니다. 작은 교회를 크게 만들기 원하는 욕망을 가진 목사의 명령을 따라 묵묵히 할 수밖에 없었습니다. 그렇게 억지로 했던 많은 교회 일이 저의 뇌리에 주마등처럼 스칩니다. 하지만 수많은 이의 눈물과 땀으로 교회가 커지면 야심가 목사는 모든 재산을 자신의 명의로 돌려놓습니다. 그리고 어떤 이는 교회를 비싼 값에 팔고 다른 지역에 가서 작은 교회를 개척하고 헌금을 걷어 부동산을 키우는 일을 반복합니다. 불쌍한 신자들의 노력은 아무런 보상을 받지 못하지만, 목사라는 이름의 장사꾼은 대단한 부자가 됩니다. 제가 경험한 장사꾼들은 대단한 카리스마를 가졌습니다. 굳은 얼굴, 엄격한 이미지를 가졌습니다. 누구도 쉽게 그에게 반론을 제기할 수 없습니다. 신자들은 명령을 들을 뿐 그 어떤 의견도 제시할 수 없습니다. 그랬다가는 설교 시간에 목사가 쏟아붓는 저주를 들어야 합니다.

　목사와 신자 사이에 대화와 협의가 부재한 것은 소형 교회보다 대형교회에서 더 심각한 상황으로 비화합니다. 문제의 핵심은 이런 교회가 근본적으로 성서의 가르침과는 상관없고 하나님의 뜻과는 무관하게 운영되는 곳이라는 것입니다. **하나님 자리에 인간 목사가 앉아 있고 그 권위를 그가 빼앗아 마치 하나님처럼 호령하고 명령하는 것입니다.** 항상 붉으락푸르락하는 얼굴로 아랫사람들을 부리는 목사들은 붉어진 얼굴만큼 욕망이 대단하고 그 욕망을 최대한 빨리 채우기 위해 조바심을 떨고 있습니다.

　초기 기독교는 박해를 받았기 때문에 목양하는 자들은 큰 압박감을 받으며 목회를 했을 것입니다. 그런 상황에서도 **"억지로 하지 말"**라고 교훈하는 구절을 써내다니 얼마나 훌륭합니까! 이를 기준으로 보자면, 평화로운 시절인 지금 "억지로" 많은 일을 시키는 자의 욕심은 또 얼마나 큰 것입니까! 🏠

… 세상에서 썩어질 것을 피하여 신성한 성품에 참여하는 자가 되게 하려 하셨
느니라(1:4b)

사랑하는 자들아 주께는 하루가 천 년 같고 천 년이 하루 같다는 이 한 가지를
잊지 말라(3:8)

종말론만 제외한다면 베드로후서는 품격 있는 일상을 교훈하는
글입니다.

"주께는 하루가 천 년 같고 천 년이 하루 같다"라고 말하는 베드로후서
3:8을 보면 이레니우스라는 사람의 주장이 생각납니다. 이레니우스(Irenae-
us, A.D. 120~202)는 그의 저서 『이단 논박(A.D. 180, *Adversus haereses*,
Refutation and Overthrow of Knowledge Falsely So-Called Ἔλεγχος καὶ
ἀνατροπὴ τῆς ψευδωνύμου γνώσεως)』에서 6일간 천지창조가 이루어지고 7일
째 창조주가 안식하신 것과 같이 세계의 역사도 6,000년이 지나면 끝난다고
주장했습니다. 이는 **시한부 종말론**입니다. 창조의 1일을 천 년으로 환산하
고 있다는 측면에서, 베드로후서 3:8은 이레니우스의 주장과 비슷해 보입니
다. 하지만 현재의 우리는 지구의 역사가 약 45억 6,700년 정도 된 것으로 생
각합니다. 과학적으로 볼 때, 6천 년보다는 아득히 먼 과거에 지구가 생겨난
것입니다. 따라서 **6일 천지창조 + 1일 안식은 신앙적 이야기일 뿐, 실제 시간
을 나타낸 것으로 볼 수 없습니다.** 단도직입적으로 말씀드리자면 **베드로후서
3:8을 읽고 '신적 시간과 인간의 시간의 개념은 다르구나'라는 정도로 이해하
면 충분합니다.** 이레니우스가 이 성서의 내용을 문자적으로 이해했다면 그의
이해는 완전히 틀렸습니다.

세상이 언제 끝날지 시간을 셈하는 것은 **현실이 각박하고 열악하다 못해**

지옥과 같은 상황이 벌어질 때 하는 일입니다. 초기 개신교 공동체는 심한 박해를 받고 있었고 예수님의 재림과 심판이 빨리 이루어지기를 학수고대하고 있었습니다. 벧후 3:9a은 이러한 대중적 기대에 대한 부응입니다.

> "주의 약속은 어떤 이들이 더디다고 생각하는 것같이 더딘 것이 아니라"(벧후 3:9a)

화자는 예수님의 재림이 지연되고 있는 것에 대해서 나름 타당한 이유를 붙입니다. **모든 이가 "회개하"여 "아무도 멸망하지" 않게 하시려고 예수님이 '참고 계신다'**라는 말을 합니다.(벧후 3:9b) 하지만, 화자가 이 말을 하고 있었을 기원후 1세기뿐만 아니라 **21세기인 지금까지도 예수님은 재림하지 않고 계십니다.** 화자의 논리대로라면 예수님은 모든 이가 자기 잘못을 뉘우칠 때까지 인내하고 계신 것인데 … 2,000년이 넘었습니다. 그동안 잘못을 뉘우친 사람도 죽었고, 자기 잘못이 무엇인지 모르고 죽은 사람도 많을 것입니다.

박해받고 있으면서 언제 죽을지 모르는 청중에게, 예수님이 인내하고 계신다는 말은 별로 환영받지 못했을 것입니다. 그래서 화자는 바로 다음 구절인 베드로후서 3:10에서 다시 "주의 날이 도둑같이 오리니 …라고 말합니다. 또한, 앞선 베드로후서 3:4에서 화자는 "주께서 강림하신다는 약속이 어디 있느냐?"라고 "조롱"하는 자들(참고: 벧후 3:3)을 비판합니다. 그러면서 노아의 홍수 이야기(참고: 창 7장)를 언급합니다.(벧후 3:6) 조금만 기다리면 믿는 자를 제외한 모든 이가 멸망할 주 재림의 순간이 도래한다는 것입니다.

대개 세상의 종말을 염두에 두고 있으면 이 세상에서의 올바른 삶은 상대적으로 등한시하게 됩니다. 염세적인 사고를 하는 사람들은 세상이 어차피 뒤틀어져 있으므로 바르게 살아가려고 노력하는 것에 무슨 의미가 있냐고 반문합니다. **그런데 베드로후서의 몇몇 구절은 놀랍게도 올바른 행동과 생활을**

요구합니다. 이는 매우 급한 종말적 분위기에 걸맞지 않은 내용입니다.

> 이 모든 것이 이렇게 풀어지리니 너희가 어떠한 사람이 되어야 마땅하냐 거룩한 행실과 경건함으로 … 주 앞에서 점도 없고 흠도 없이 평강 가운데서 나타나기를 힘쓰라(벧후 3:11, 14b)

어떤 연구자들은 종말을 준비하는 차원에서 심판을 면하려면 신랑을 맞이하는 신부처럼 정결(貞潔)해야 한다고 본문을 해석합니다.(참고: 마 25:1-13 열 처녀 비유. 예기치 못한 도래(到來)가 이야기의 핵심) 하지만, 베드로후서 1장 전체 내용을 자세히 살펴보면 성서가 그 이상의 이야기를 하고 있음을 알게 됩니다.

> 그러므로 너희가 더욱 힘써 너희 믿음에 덕을, 덕에 지식을 지식에 절제를, 절제에 인내를, 인내에 경건을 경건에 형제 우애를, 형제 우애에 사랑을 더하라 (벧후 1:5-7)

이러한 교훈은 **임박한 종말적 상황에는 적합해 보이지 않습니다.** 이는 신앙인의 도덕적 성장을 말하는 것입니다. 그런데 **어떤 성장이든 짧지 않은 시간이 필요합니다.** 그다음 구절인 베드로후서 1:8은 "열매"에 대해서 말합니다. 11절이 "구주 예수 그리스도의 영원한 나라에 들어감"에 대해서 언급하지만 11절과 8절의 어조 사이에는 무시할 수 없는 괴리가 있습니다. 다시 거슬러 올라가서 4절을 보면 이것 역시 종말을 대비하는 차원에서 주어진 권고라기보다는, 주의 재림이 늦어지면서 중시하기 시작했거나 훨씬 이전부터 강조된, 올바른 삶에 대한 권고로 보입니다. 특히 **"신성한 성품에(의) 참여"**라는 어구가 그렇습니다.

이로써 그 보배롭고 지극히 큰 약속을 우리에게 주사 이 약속으로 말미암아 너희가 정욕 때문에 세상에서 썩어질 것을 피하여 신성한 성품에 참여하는 자가 되게 하려 하셨느니라(벧후 1:4)

"신성한 성품"의 "성품(φύσις, 퓌시스)"은 신약성서에 12회 사용되었는데 (약 3:7의 2회를 포함하면 총 14회) 이는 한국어로 **"순리"**(順理, 이치대로; 원리와 원칙대로, 롬 1:26), **"본성"**(롬 2:14; 11:24(3회); 고전 11:14), **"본래"**(롬 2:27; 갈 2:15), **"본질(상)"**(갈 4:8; 엡 2:3), **"원(래)"**(롬 11:21), **"성품"**(벧후 1:4)으로 번역한 단어입니다. 이와 같은 단어 고찰을 토대로 베드로후서 1:4의 "성품"을 다시 적는다면 이를 **'타고난 본성'**으로 적어볼 수 있습니다.

그럼 "신성한 성품"은 무엇입니까? "신성한(θεῖος)"은 "신(θεός)"과 나누어 생각할 수 없습니다. 따라서 "신성한 성품"은 일단 '신으로부터 부여받은 본성'으로 이해할 수 있습니다. 한편, 베드로후서 1:4가 "정욕 때문에 세상에서 썩어질 것을 피하여 …라고 말하면서 '세속적인 정욕'과 대비되는 개념으로서의 "신성한 성품"을 사용하고 있으므로 최종적으로 이를 '신으로부터 부여받은' 혹은 '신적인 고상한 본성'으로 이해하게 됩니다. 이는 교리주의자들이 반박하기 좋은 이해입니다. **인간을 죽을 죄인으로만 아는 자들은 인간에게 '신의 고상한 본성'이 주어졌다는 것을 이해하지 못합니다.** 기독교가 성선설(性善說)이 아닌 성악설(性惡說)을 주장한다고 하지만, 성서에도 이처럼 성선설로 간주할 만한 내용도 있는 것입니다.

"세상"과 "신성", 즉, 성속(性俗)을 극단적으로 구분하는 것은 비단 종말론적 위기 상황에서 도출된 것으로는 볼 수 없고 그리스-로마 시대 전반에 걸친 철학 사조의 영향을 받은 것으로 보아야 합니다. "신성한 성품"을 거론한 후에 "지식 … 절제 … 인내 … 사랑"과 같은 덕목을 나열한 것으로 볼 때 이 단락은 '신자의 덕스럽고 품격 있는 삶을 위한 권고'라고 하겠습니다. **세상의 빛이 되는 고상한 삶을 살아야 한다는 것입니다.** 물론 베드로후서 1:3-10이 나중에 추가된 단락이며 이것이 베드로후서 전반에 걸쳐 드러나는 거대한 위기 상황에서 쓴 것으로 본다면, 도덕적인 교훈이 추가되면서 재림 대망의 기조가 다소 누그러진 것도 같습니다. 하지만 제가 볼 때는 특이하게도 이 **도덕 덕목 조항이 먼저 있었고 종말론적인 권고가 나중에 추가된 것 같습니다.** 어쨌든, 베드로후서 1:3은 이 단락의 첫머리로서 전체 내용을 간단히 소개하고 있습니다.

> 그의 신기한 능력으로 생명과 경건에 속한 모든 것을 우리에게 주셨으니 이는 자기의 영광과 덕으로써 우리를 부르신 이를 앎으로 말미암음이라(벧후 1:3)

이 구절에서 특히 **"경건에 속한 모든 것"은 신자의 죽음이 아닌 이 땅에서의 삶을 위해 필요한 것입니다.** 그러나 이 구절만으로는 '고상한 도덕적 삶'의 단락이 나중에 삽입된 것인지 아니면 이것이 최초의 내용이고 거기에 나머지 베드로후서의 내용이 점진적으로 추가된 것인지 금방 단언하기가 어렵습니다. 하지만, 베드로후서 1:11의 **"이같이 하면(οὕτως γὰρ) 우리 주 곧 구주 예수 그리스도의 영원한 나라에 들어감을 넉넉히 너희에게 주시리라"**라는 표현을 봅시다. 이 표현을 시작으로 "영원한 나라에 들어감"(벧후 1:11), "임박한" … "장막을 벗어날" 날(벧후 1:14), "주 예수 그리스도의 … 강림"(벧후 1:16), "임박한 멸망"(벧후 2:1, 참고: 벧후 2:3), "비방을 받"는 "진리의 도"(벧후 2:2), 홍수 이야기(벧후 2:5) 등이 줄줄이 추가되면서 문헌이 확장된 것을 알 수 있습니다. "이같이 하면"은 먼저 존재하고 있었던 '삶에 관한 권고'에 대하여 뭔가를 추가하겠다는 일종의 표식입니다. **도덕 요구가 먼저 있었고 이 표식을 붙인 뒤에 종말론을 덧붙인 것입니다.**

더불어, 베드로후서 2:9-10의 "경건한 자는 시험에서 건지실 줄 아시고 불의한 자는 형벌 아래에 두어 심판 날까지 지키시며 … 육체를 따라 더러운 정욕 가운데서 행하며 … 자들에게는 형벌할 줄 아시느니라"라는 내용 역시 앞선 베드로후서 1:3-10의 덕스러운 삶을 위한 권고에 종말론적인 해석을 덧붙인 것으로 보입니다. 이는 베드로후서 2:12b이 앞선 2:2의 "비방"을 단순 반복한 것과는 비교됩니다. 이런 추가 양상을 베드로후서 3:11, 14b에서도 볼 수 있습니다.

> 이 모든 것이 이렇게 풀어지리니 너희가 어떠한 사람이 되어야 마땅하냐 거룩한 행실과 경건함으로 … 주 앞에서 점도 없고 흠도 없이 평강 가운데서 나타나기를 힘쓰라(벧후 3:11, 14b)

이 역시 **경건하고 덕스러운 삶의 권고를 종말론적 상황에 맞춰 풀어낸 것입**니다. 이 본문으로부터 지금 우리 시대와 같은 적용점을 찾기는 다소 어렵지만, 성서 기록 당대에서는 이것이 대단히 적확한 문헌 확장이라고 하겠습니다.

이처럼 베드로후서는 여러 차례 편집이 된 것이 확실합니다. **베드로후서 3:1을 보면 "내가 이 둘째 편지를 너희에게 쓰노니"라는 형식으로 편지 머리말이 다시 등장하기도 합니다. 따라서, 편집에 따라 일어난 탈형식을 저자의 무지때문에 일어난 오류로 볼 수는 없습니다. 베드로가 무식하여 글을 중구난방으로 쓴 게 아닙니다.**

베드로후서 3장은 또 한 편("둘째")의 종말적 권고문이라고 할 수 있습니다. 그 마지막 구절인 베드로후서 3:18은 "… 구주 예수 그리스도의 은혜와 그를 아는 지식에서 자라 가라"라며 성장(αὐξάνω)을 독려합니다. 그런데 인사말에 불과한 이 구절이 전체 흐름에 딱 들어맞지 않습니다. 이렇게 흐름이 틀어지는 것은 데살로니가전서 5장에서도 비슷한 예를 찾아볼 수 있습니다. 일반적으로는 인사말에서 간단히 '은혜'나 '평안'만을 비는 정도입니다.(참고: 고전 16:23; 갈 6:18; 엡 6:24; 빌 4:23; 골 4:18; 딤전 6:21 등 "은혜"; 살후 3:16; 벧전 5:14 등 "평강") **인사말이라고 그냥 넘기지 말고 비슷한 표현을**

모아놓고 차이점을 비교해 보십시오.

성장은 긴 시간이 필요한 것이며 긴박한 상황에서는 이룰 수 없는 것입니다. 고린도전서 3:6, 7; 고린도후서 9:10; 10:15은 돌봄에 따른 신자의 성장을 말하고 있으며 그 외 개인적 성장을 말하는 구절들도 "사랑 안에서 참된 것을 하여 … 자랄지라"(엡 4:15), "모든 선한 일에 열매를 맺게 하시며 … 자라게 하시고"(골 1:10)와 같이 선한 실천을 수반하는 성장을 촉구합니다. 이런 의미에서 **베드로후서 3:18의 "자라 가라"는 권고는 신앙적 성장인 동시에 도덕적 성장(참고: 벧후 1:3-10)을 말하는 것**으로 볼 수 있습니다. 쉽게 말하자면, **믿는 자라면 유치한 욕망을 부리지 않고 성장하여 타인에게 칭찬받는 착한 행동을 해야 한다는 것입니다.**

베드로후서의 저자 혹은 편집자는 "바울"의 글을 다소 참조한 것으로 보입니다.(벧후 3:15) 시간이 흐르면서 적지 않은 사이비 이단이 나타나 종말에 대한 거짓 메시지를 전한 것 같습니다.(참고: 벧후 1:20 "성경의 모든 예언은 사사로이 풀 것이 아니니" … 벧후 2:1 "거짓 선지자들이 일어났었나니" … 벧후 3:16 "… 억지로 풀다가 스스로 멸망에 이르느니라") **이런 상황을 고려할 때, 우리가 생각하는 것보다 훨씬 긴 시간에 걸쳐 베드로후서를 완성한 것 같습니다.** 지금의 모습이 되기 전, 초기의 베드로후서는 아마도 "언제든지 (ποτε) 실족하지 아니하리라"(벧후 1:10)로 시작하여 "… 구주 예수 그리스도의 은혜와 그를 아는 지식에서 자라 가라 영광이 이제와 영원한 날까지 그에게 있을지어다"(벧후 3:18)라는 마지막 인사말로 끝나는 **짧은** 글이었을 것입니다. 나중에 삽입한 것으로 보이는 내용, '노아의 홍수 심판'을 말하는 "둘째 편지"(벧후 3:1 이하, 벧후 3:5-6) 같은 것은 실질적으로 베드로후서 2:5("홍수")의 반복이며 이러한 **반복적인 종말 경고 내용을 제외하면 베드로후서는 이 세상에서 어떻게 살아야 할 것인가에 대하여 말하는 교훈만 남습니다.** 그것은 여유를 가지고 믿음, 덕, 지식, 절제, 인내, 경건, 형제 우애, 사랑을 쌓아가는 열매를 맺는 삶입니다.(벧후 1:5-8) 다시 말해 베드로후서의 골자는 '하나님 자녀의 격조에 맞는 삶'(벧후 1:4)입니다. 우리가 '주를 안다'면 부족하더라도 조금씩이나마 성장해야 합니다.(벧후 3:18)

마지막으로 위와 같은 고찰을 토대로 베드로후서 3:8 이하의 내용을 다시 읽어봅시다.

> 사랑하는 자들아 주께는 하루가 천 년 같고 천 년이 하루 같다는 이 한 가지를 잊지 말라 주의 약속은 어떤 이들이 더디다고 생각하는 것같이 더딘 것이 아니라 오직 주께서는 너희를 대하여 오래 참으사 아무도 멸망하지 아니하고 다 회개하기에 이르기를 원하시느니라 그러나 주의 날이 도둑 같이 오리니 그 날에는 하늘이 큰 소리로 떠나가고 물질이 뜨거운 불에 풀어지고 땅과 그중에 있는 모든 일이 드러나리로다(벧후 3:8-10)

이제 **이 글을 작성한 상황과 우리의 상황 사이에 상당한 거리가 있다는 것을 알겠습니까?** 물론, 신앙적 차원에서 주의 재림을 고대하는 것은 나쁜 것이 아닙니다. 특히 개인적인 종말을 앞둔 분들에게 종말론을 말하는 구절은 특별한 느낌으로 다가옵니다. 하지만 **우리는 초기 기독교인들처럼 오로지 재림만을 기다려서는 안 됩니다.** 그것을 깨닫는 데 베드로후서 1:4 + 5-10의 비평적 해석은 아주 유용합니다. 본문에서 우리의 삶에 필요한 덕목을 정리해 낼 수 있습니다.

🐝 주의 하루가 인간의 천년과 같아도 주의 일주일이 7,000년이 되는 게 아닙니다. 마지막으로, "주께는 하루가 천 년 같고 천 년이 하루 같다"(벧후 3:8)라는 말을 지금의 우리가 어떻게 해석하고 받아들여야 할까 생각해 봅

시다. 성서를 "사사로이(제멋대로)" 풀어(참고: 벤후 1:20) 세계의 역사가 6~7천 년이라고 우기는 **칭조괴학회**(稱造怪學會, 창조를 **칭**하지만 무리한 과학적인 해석으로 성서를 왜곡하여 **괴**이한 학설을 만들어내는 어떤 모임, 저자 주)처럼 잘못된 해석을 해서는 안 됩니다. 제가 볼 때 이 구절에서 천년설(千年說)을 도출하는 것은 무리입니다. **1,000년을 실제 시간으로 생각하는 것 자체가 난센스입니다.** 차라리 **'신적 시간 개념과 우리의 시간 개념이 완전히 다르다'라는 정도의 신앙적 해석은 어떨까요?** 하루하루 충실한 삶이 중요한 우리에게 있어서 이 구절을 재림 날짜를 계산하는 데 활용하는 것은 안 될 말입니다. 우리는 모두 나이를 먹으며 살아갑니다. 이것은 우리의 현실입니다. 하지만 신앙적으로는 다른 셈법이 있다는 것이지요. 긍정적인 셈법만이 우리의 마음에 도움이 됩니다. 뭘 딱 맞춰서 계산해 낼 수도 없으면서 억지로 무리하지 마세요. 어떤 셈법에서는 70대나 80대나 주님 앞에 선 10대, 20대, 활기 넘치는 존재일 수 있습니다. 아니, 바로 그렇습니다! 이런 해석에 힘입어 기운을 차려 일상을 열심히 살아가는 사람, 덕을 끼치고 인정을 베풀며 살아가는 사람이야말로 오늘 당장 예수님이 오신다고 해도 놀랄 것 없이 반가이 맞이할 수 있을 것입니다. **성서를 가지고 셈 놀이를 하면서 종말이 언제일까 따질 시간에 이웃을 돕는다든가 하는 작은 실천을 하세요.** 그게 낫습니다. 꼭 셈을 하시려거든 일상에 도움이 되는 쪽으로, 위로되고 격려가 되는 쪽으로 하십시오. 신앙적 셈법을 통하여 서로 격려하십시오. 자주 실패하고 인생의 경주에서 뒤처졌다고 생각하는 사람에게 '하나님의 시계는 거꾸로 돈다'라는 말을 들려주십시오. 우리 앞에는 아직도 살아가야 할 날이 많이 남아 있습니다. 믿음을 가진 인생의 길은 영원에 맞닿아있습니다. '계산해 봤더니 2년 뒤에 예수님이 오신다'라는 황당한 이야기를 하기보다는 우리에게 넉넉한 시간이 주어졌으니 과욕하지 말고 차분히 일상을 살아가자고 서로 응원하십시오. 그게 안전합니다! 건전합니다! 훨씬 좋습니다! 家

요한1서 1:7, 3:14

> 그가 빛 가운데 계신 것같이 우리도 빛 가운데 행하면 우리가 서로 사귐이 있고 그 아들 예수의 피가 우리를 모든 죄에서 깨끗하게 하실 것이요(1:7)
>
> 우리는 형제를 사랑함으로 사망에서 옮겨 생명으로 들어간 줄을 알거니와 사랑하지 아니하는 자는 사망에 머물러 있느니라(3:14)

죄 사함, 구원, 영생을 얻으려면 사람을 존중하고 사랑을 실천하세요!

요한1서는 "하나님과의 사귐"(요일 1:6)에 대해서 말하는데 이를 상당히 시청각적으로 생동감 있게 표현합니다. 추상적이 아니라 실제적입니다.

> 태초부터 있는 생명의 말씀에 관하여는 **우리가 들은 바요 눈으로 본 바요 자세히 보고 우리의 손으로 만진 바라 이 생명이 나타내신 바 된 지라 이 영원한 생명을 우리가 보았고 증언하여 너희에게 전하노니** 이는 아버지와 함께 계시다가 우리에게 나타내신 바 된 이시니라 우리가 보고 들은 바를 너희에게도 전함은 너희로 우리와 사귐이 있게 하려 함이니 우리의 사귐은 아버지와 그의 아들 예수 그리스도와 더불어 누림이라(요일 1:1-3)

이 글에서 말하고 있는 체험("눈으로 본 바 … 손으로 만진바 … 나타내신 바 …")의 대상은 요한1서 1:2에서와같이 **예수 그리스도**입니다. 요한1서의 화자는 "영원한 생명"을 신이 인간에게 부여하는 것으로 이해하는 것이 아니라 '신과의 만남', '사귐'으로 이해하고 있습니다. 이런 이해에 따르면 **예수 그리스도의 강림은 바로 이런 신·인 접촉을 위해 이루어진 것**입니다. 지금도 기독교인들은 신인 동시에 신의 아들인 예수 그리스도를 통하여 "아버지" 하나님과 교제한다고 믿습니다.

요한1서의 화자는 위와 같은 개념을 기초로 자신의 주장을 이어갑니다. 그것은 '인간이 신과 사귄다'면 "빛"이신 하나님(요일 1:5,7)처럼 그 인간에게 조금의 "어둠"도 없어야 한다는 것입니다.(요일 1:6) 그러면서 화자는 놀랍게도 "어둠"을 "죄"와 연결합니다.(요일 1:8,10) 간단히 말하자면, "죄"가 있는 사람은 거룩하신 하나님과 교제할 수 없다는 것입니다. 그러면 "죄"는 어떻게 없앨 수 있습니까? "죄"를 없애려면 사귐이 있어야 합니다.(요일 1:7) … 이쯤 되면 어떤 독자는 혼란스러워하면서 이 본문에 아래와 같은 순환 논법이 있다고 투덜댈 것입니다.

1. 죄가 없는 인간만 하나님과 사귈 수 있음.
2. 죄는 어떻게 해결하는가? 죄는 하나님과의 사귐으로만 해결됨.
3. 하나님과의 사귐은?
1. 죄가 없는 인간만 하나님과 사귈 수 있음 …
2, 죄는 어떻게 해결 …

하지만 이는 글을 세심하게 파악하지 못한 결과입니다. 본문을 자세히 읽으면 인간에게서 어둠을 제거할 방법을 제시하고 있습니다. 그것은 … 자백과 실천입니다.

화자의 주장에 따르면, 원래 하나님과 교제할 수 없는 인간이라도 자백과 실천으로 문제를 해결할 수 있습니다. 요한1서 1:9는 "우리가 … 자백하면(주께서) … 우리를 모든 불의에서 깨끗하게 하실 것이요"라고 말합니다. 그 때문에 인간은 절대로 '나는 죄를 지은 일이 없다'라고 해서는 안 된다는 것입니다.(요일 1:10) 완벽하게 거룩한 하나님 앞에서는 인간의 뇌리에 잠시 스치듯 품은 죄악도 치명적일 수 있습니다.(참고: 롬 3:10 "… 의인은 없나니 하나도 없으며"; 집회서 7:8 "죄 하나로도 벌을 면할 수가 없다") 그런데 화자는 '죄인임을 시인하는 것'에 앞서서 '실천'의 필요성을 먼저 역설합니다. 자백과 실천을 비교하자면 실천이 훨씬 더 중요하고 핵심적입니다.

> 그가 빛 가운데 계신 것같이 우리도 빛 가운데 행하면 우리가 서로 사귐이 있고 그 아들 예수의 피가 우리를 모든 죄에서 깨끗하게 하실 것이요(요일 1:7)

이 구절은 분명히 "… 빛 가운데 행하면 … 사귐이 있고"라고 말합니다. 그렇다면 화자가 말하는 "빛 가운데 행하"는 것이 무엇입니까? 그것은 요한1서 2:3-4에 따르면 "계명을 지키는"것이요, "그의 말씀을 지키는" 것(요일 2:5)입니다. 6절은 더 명확하게 "그가 행하시는 대로 자기도 행할지니라"라고 교훈합니다. 화자는 "새 계명을 너희에게 쓰는 것이 아니라 … 옛 계명"을 언급한다고 하면서(요일 2:7) "빛 가운데 행하"는 것이 무엇인지 요한1서 2:8, 9-11에서 뚜렷하게 정리합니다. 그것은 '형제를 미워하지 말라'는 것입니다.

> …이는 어둠이 지나가고 참 빛이 벌써 비침이니라 빛 가운데 있다 하면서 그 형제를 미워하는 자는 지금까지 어둠에 있는 자요 그의 형제를 사랑하는 자는 빛 가운데 거하여 자기 속에 거리낌이 없으나 그의 형제를 미워하는 자는 어둠에 있고 또 어둠에 행하며 갈 곳을 알지 못하나니 이는 그 어둠이 그의 눈을 멀게 하였음이라(요일 2:8b-11)

이를 단순히 남성인 "형제" 사랑에 대해서 교훈한 것으로 볼 수 없습니다. 지금의 우리는 이것을 **여성을 포함한 '사람을 미워하지 말라', 혹은 '사람을 존중하라'라는 권고로 이해해야 합니다.** 그런데 이 글의 당시 독자들은 '형제 사랑'이나 '인간 존중'을 어느 정도 충분히 실천하고 있었던 모양입니다.(참고: 요일 2:12 "자녀들아 … 너희 죄가 그의 이름으로 말미암아 사함을 받았음이요")

사람을 존중하고 뜨겁게 사랑하는 공동체는 황금보다 귀합니다! 그런데 그만큼 그런 공동체를 만나기가 어렵습니다. 사심 없이, 아무런 이기적인 목적 없이(참고: 요일 2:15-17 '욕망') 만나 함께한다는 것은 이 세상에서 쉽게 누릴 수 없는 행복과 희열입니다.

서로 뜨겁게 사랑하고 미워하지 않는 가족이나 모임은 우리 각자의 마음속에 있는 '죄의식' 조차 해결합니다.(요일 1:7 "우리가 서로 사귐이 있고 … 모든 죄에서 깨끗하게 하실 것이요"; 요일 2:10 "거리낌이 없으나") 또한 사랑의 공동체는 대단한 결속력을 자랑하므로 "미혹하는 자들"(요일 2:26)과 같은 **외부의 공격에도 안전합니다.** 한국 개신교가 이단·사이비 공격에 무력하다는 것은 내부적으로 사랑의 공동체를 이루지 못했다는 것의 방증입니다. 놀랍게도 **사랑이 충만한 공동체에는 "영원한 생명"까지 주어집니다.** 화자의 주장에 따르면, **영생은 개인에게 주어지는 것이 아니라 사랑의 집단에 약속하신 것입니다.**(요일 2:25) 가족도 없이 혼자 살아가는 현대인에게는 다소 거북스럽게 들리기도 하는 내용입니다. 민족주의, 집단주의보다는 개인주의적 철학이 지배적인 현대에는 이런 내용을 세심하게 해설해야 합니다.

이제 요한1서 3장 이하의 내용을 보도록 합시다. 앞에서 '형제 사랑'을 "그가 행하시는 대로 자기도 행"하는 것(요일 2:6)이라고 한 이유는 **우리가 사람을 존중하고 사랑하는 것이 "(하나님) 아버지께서" "우리에게 베푸"신 "사랑"을 표방하는 것이기 때문입니다.**(요일 3:1; 4:19 "우리가 사랑함은 그가 먼저 우리를 사랑하셨음이라") 혹자는 하나님이 아들 예수님을 이 세상에 보내 죽게 했는데 그런 하나님이 무슨 사랑의 아버지냐고 합니다. 하지만 **기독교 신앙 안에서는 아버지와 아들을 같은 개념으로 봅니다.**(참고: 요 10:30 "나와 아버지는 하나이니라") 따라서 하나님 아버지가 매몰차게 아들을 보내 죽게 하신 것이라기보다는, 그 자신이 인류를 위해 높은 자리에서 내려와 모멸과 죽임을 당했다고 하는 것이 맞습니다. 이런 관점에서는 누구도 하나님을 잔인한 신이라고 칭할 수 없습니다. 오히려 예수 그리스도를 통해 드러난 하나님 아버지의 조건 없는 사랑에 감탄할 뿐입니다. 그 무조건적 사랑이 우리로 서로 존중하고 사랑하게 합니다. 요한1서의 화자는 **하나님의 사랑을 진정으로 안다면 자연스럽게 서로 존중하고 사랑할 것**이라고 말합니다. 다소 이상적이긴 하지만 이것이 요한1서 글쓴이의 생각입니다.

요한1서에서 언급하는 "죄"는 '사람을 사랑하지 않는 것' 자체입니다. 사람을 존중하지도 마음으로 수용하지도 않는 자는 하나님을 전혀 모르고 영원한 생명과 전혀 관계가 없는 자입니다. 다시 말하지만, **'인간 사랑'만이 요한1서가 말하는 죄를 씻고 구원, 영생을 얻는 방법**입니다.

> … 형제를 사랑하지 아니하는 자는 하나님께 속하지 아니하니라(요일 3:10a)

> 우리는 형제를 사랑함으로 사망에서 옮겨 생명으로 들어간 줄을 알거니와 사랑하지 아니하는 자는 사망에 머물러 있느니라(요일 3:14)

> 우리가 이 계명을 주께 받았나니 하나님을 사랑하는 자는 또한 그 형제를 사랑할지니라(요일 4:21)

물론 우리가 모든 이를 존중하고 사랑하는 것은 쉽지 않은 일입니다. 화자가 반복해서 '사랑하라'라고 명령하고 있는 것 자체가 그것을 방증합니다.(요일 3:11,18; 4:7,11) 잘하고 있는 일을 여러 번 강조할 필요는 없습니다. 그렇다면 이제 우리는 어떻게 해야 할까요? '인간은 예수님이 아니므로 누구도 사랑할 수 없어'라며 자포자기해야 합니까? 절대 그럴 수는 없습니다. 요한1서의 화자가 실천하기 어려운데도 불구하고 사람을 용서하고 사랑하라고 누차 권고하면서 그것이 죄 문제 해결과 영생을 얻는 것의 열쇠가 된다고 말한 이유를 곰곰이 생각해보십시오. 그것은 단순한 비유입니까? 실제로 그렇습니까? 우리가 입으로 몇 마디 중얼거림으로 인스턴트 라면에 뜨거운 물을 부어 나무젓가락으로 휘휘 저어 먹듯이 간편하게 죄 사함과 구원을 받을 수 있습니까?(참고: 롬 10:10 "사람이 마음으로 믿어 의에 이르고 입으로 시인하여 구원에 이르느니라") **교리는 자주 우리로 삶의 여러 측면과 그 중요성을 간과하게 만듭니다.** 때로 우리는 간단하게 몇 차례의 교리 학습을 통해 신속하게 성서의 중요한 내용을 배우기도 하지만, 때로는 **중요한 화제들을 너무 경솔하게 간과합니다.** 요한1서의 저자 역시 많은 새 신자가 단지 간략한 신앙 고백으로 구원을 받아야 할 정도로 급박한 박해 상황에 있었음을 잘 알고 있습니다. 생사가 오가는 위기 상황에서는 입으로만 믿음을 고백해도 그 신자의 신앙이 진실하다고 인정할 수 있습니다.

하지만 그 외의 상황에서는 문제가 간단하지 않습니다. **평온한 상황에서 우리는 우리의 믿음의 진실성을 확증하기 위해 적지 않은 일을 해야 합니다. 우선 우리 주변의 사람부터 존중하고 받아들여야 합니다. 뜨겁게 사랑하지는 못할지라도 그렇게 하려고 노력해야 합니다.** 이 과정에서 '행위를 통해서 구원받는 것이 아니라 오직 하나님의 은혜로 받는 것이다'라는 교리 관념이 선행을 실천하는 데 장애물이 되는 아이러니한 상황이 발생할 수도 있습니다. **그만큼 우리는 삶 중심이 아닌 교리 중심의 신앙생활을 유지해 온 것입니다.** 우리는 마치 인간 사랑을 통해 죄 사함을 받고 구원과 영생을 받으려고 하는 사람들처럼 도움이 필요한 사람들에게 관심을 베풀고 사랑을 전해야 합니다. 바로 이것이 요한1서의 화자가 주장하는 내용의 핵심입니다. 요한1서의 화자는 심지어 이렇게 말합니다.

> 그가 우리를 위하여 목숨을 버리셨으니 우리가 이로써 사랑을 알고 우리도 형제들을 위하여 목숨을 버리는 것이 마땅하니라(요일 3:16)

이 구절을 읽고 타인을 위해 생명을 버리는 일이 가능한지 불가능한지를 따지는 것은 건설적인 일이 아닙니다. 사람의 생명을 위해서 어떤 일을 할 수도 있다는 뜻입니다. 그만큼 인간의 생명이 고귀하다는 것입니다. 성서의 문자가 아닌 의미를 파악하기를 바랍니다.

🐝 말이 아닌 실천으로 우리의 신앙을 증명해야 합니다. 우리 주변에는 남을 위해서 자기 생명을 나누는 분들이 계십니다. 이는 놀라운 실천입니다.

제가 존경하는 목사님 부부 중에 생면부지의 타인에게 신장 한쪽을 기증한 분들이 계십니다. 제가 그 목사님 부부를 알고 지낸 것은 30년 이상이 되었는데 저는 그분들이 말로만 신앙생활을 하시는 것이 아니라 실천이 수반된 아름다운 그리스도인의 삶을 살고 있음을 감히 확언할 수 있습니다. 이 목사님은 이렇게 말합니다. **"신장 두 개 중 하나는 다른 사람을 위해 나눠주라고 하나님이 주신 것입니다!"** 사모님이 먼저 2006년에 신장 한쪽을 나눠주신 후에 크게 감동하신 목사님도 2019년 신장을 기증하게 되었습니다. 이번 수혜자는 목사님 부부와 일면식도 없는 김모 씨였습니다. 그는 1990년 이래 만성신부전으로 29년 동안 매일 혈액투석 치료를 받으면서 실직, 이혼 등 많은 아픔을 겪다가 새 삶을 얻게 되었습니다. 저는 기증자 목사님 부부의 모습을 볼 때마다 **그 가정 안에 죄 사함과 구원은 물론 영생이 이미 깃들어 있음을 실제로 보고 만지듯이 느꼈습니다.**(참고: 요일 1:1 "들은 바요 눈으로 본 바요 자세히 보고 우리의 손으로 만진 바라") 이처럼 **실천하는 분들을 통하여 성서의 말씀이 거짓이 아님을 체험하게 되는 것입니다. 물론 우리는 모두 이처럼 위대한 나눔을 실천하기 어렵습니다. 하지만 작게라도 실천하기를 포기해서는 안 됩니다.** 마치 그러한 실천을 통해서 죄 사함을 받고 구원과 영생을 받으려고 노력하는 자들처럼 말입니다! 아래의 이야기 역시 제가 경험한 것으로서 우리에게 실천이 어렵지만 그만큼 가치가 있다는 것을 알려 줍니다.

제가 고등학교에 다닐 무렵 저희 가정은 말할 수 없이 가난했습니다. 생활비가 없어서 연로하신 할머니까지 봉제 공장에 나가셔야 했습니다. 고등학생이었던 저는 그때 의무적으로 토요일 오후 ~ 일요일 오전만 제외하고 기숙사생활을 했기 때문에 경제활동을 할 수 없었는데 가정 경제에 아무런 도움이 되지 않아 매우 안타까웠습니다. 그러던 중, 기숙사 바로 옆자리에 있던 친구가 교내 폭력 사건에 휘말려 사망하였습니다. 큰 충격을 받은 저는 자의 반타의 반 교내의 개신교 활동을 열심히 하게 되었습니다. 예배실로 쓰는 강당 장의자에 앉아 기도하면 매번 고생하시는 할머니와 동생들 생각이 났습니다. 저도 모르게 눈물이 났습니다. 비록 기숙사에 있어 매일 뵐 수 없지만, 하나님이 지켜주시고 부족한 경제 상황도 돌보아 주시기를 간절히 기도하였습니다.

그런데 저는 어느 날부터 학교에서 지내는 일상 중에 어떤 아주머니 한 분이 제 앞에서 서성거리는 것을 느끼게 되었습니다. 학생들과 교사들만 있는 기숙사형 학교에 잘 모르는 어른이 들어와 눈에 자주 띄니 참 이상했습니다. 한두 번이 아니었습니다. 다섯 번, 아니 열 번도 넘었습니다. 처음에는 친구 중 누군가를 면회 온 분인가 싶어 다가가 말을 붙일까 했지만, 그때마다 그분은 금세 사라지곤 하셨습니다. 나중에 알고 보니 그분은 학교 근처 교회를 다니는 집사님이었는데 우연히 가정 형편이 몹시 어려운 저의 소식을 듣고 조금이나마 도움을 주고 싶은 마음에 돈을 넣은 봉투를 들고 개인적으로 저를 찾아오신 것이었습니다. 제가 교내 개신교 활동을 하면서 가끔 방문했었던 교회에서 저를 본 적이 있고 저에 대한 딱한 사정도 들으셨던 모양입니다. 나중에 둘이 매점에 앉아 이야기를 나누었는데 그때 그분은 저에게 돈봉투를 건네셨습니다. 저는 그분이 왜 그렇게 여러 날 서성이셨는지가 너무 궁금해서 질문을 드렸습니다. "정말 감사합니다! 아주머니! 그런데 … 저를 보고 왜 그냥 가시곤 하셨어요?" 그러자 그분은 이렇게 말씀하셨습니다. **"내가 … 누군가를 도와 본 적이 없어서 말이야. 처음 이런 일을 하는 게 여간 쑥**

스럽지 않아서 …" 나중에 듣고 보니 외부인이 함부로 들어올 수 없는 우리 학교에 방문자로 들어오시는 시점까지 상당한 시간이 걸렸고 들어오셔서 며칠이고 그냥 돌아가시면서도 부끄러워서 다가오지 못하셨다고 합니다. 하지만 자신을 경제적으로 넉넉한 사람이라고 밝힌 그분이 저에게 건넨 돈의 액수는 그렇게 많지는 않았던 것 같습니다. 지금도 소장하고 있는 그 시절 제 일기장 내용에 따르면 친구들과 간식을 조금 사 먹고 남은 돈을 할머니께 모두 가져다드렸는데 할머니께서는 그 돈으로 가족이 한 끼 먹을 고기를 사 요리해 주셨고 그것으로 그만이었습니다. 하지만 **그분이 건넨 돈은 당시 고달픈 저의 삶에 형용할 수 없이 큰 위로가 되었습니다. 확실히 돈의 액수 그 이상의 무엇인가 큰 것이 저에게 선물로 주어진 느낌이었습니다!** 저는 하나님이 그분의 마음을 이끌어 저를 돕게 하셨다고 지금도 굳게 믿습니다. 나중에 그분을 다시 만나 감사의 마음을 표시하고 싶었으나 아무리 찾아도 찾을 수가 없었습니다. 옛날 적어 놓은 전화번호로 전화를 걸면 모르는 분이었습니다. 옛날 주소를 들고 찾아가 보았으나 역시 모르는 사람이 살고 있었습니다. **아마도 그분은 고달팠던 시절 저에게 보낸 천사가 아닐까 합니다.** 그분에게 은혜를 받은 이후 저도 돈을 벌기 시작하자마자 조금씩 남을 돕는 습관을 기르게 되었습니다. 선행은 이처럼 생명력이 있어 전염됩니다.

실천은 쉽지 않은 일입니다. 적은 것을 나누려고 해도 아주 애를 먹는 경우가 있습니다. 실천해 보신 분은 아실 것입니다. 가끔 그냥 가만히 있을 걸 하는 생각이 듭니다. 이처럼 선행에 적지 않은 장애물이 있으므로 선행을 하려다가 포기한 사람이 많을 것이라는 생각이 듭니다. 그때 그분도 주저하셨고 지금의 저도 그렇습니다. 어렵습니다. 하지만 그 **모든 장애물을 넘어 실천하게 되면 하나님께서 우리에게 허락하신 은혜가 무엇인지 구원과 영생이 무엇인지 명확하게 체험하게 됩니다. 이것은 머리로만 알고 입으로만 설명하는 것과는 완전히 다른 차원입니다.** 돌아보면 우리는 모두 누군가의 희생, 누군가의 나눔, 누군가의 사랑 덕분에 살아가고 있습니다. 그런 의미에서 사랑의 실천은 해도 되고 안 해도 되는 것이 아니라 너를 살리고 나를 살리는 필수적인 행동입니다.

간혹 뉴스에서 먹을 것이 없어 돌아가신 분, 전기세와 가스비를 내지 못해 겨울에 동사하신 분의 기사를 접하게 되면 너무 안타까운 나머지 제 가슴을 치게 됩니다. 혹시 내가 미리 알아 작은 도움의 손길을 베풀었다면 귀한 생명을 버리는 일은 없었을 것입니다. 그래서 저는 일단 제 주변을 둘러보는 습관이 생겼습니다. 살펴보면 21세기인 지금도 생활비가 없어 배를 주리고 고통받는 이웃이 적지 않습니다. 그들이 어떤 이유로, 때로는 도박이나 알코올 중독으로 혹은 과소비로 그런 처지가 되었는지는 중요하지 않습니다. **중요한 것은 그들이 지금 절실하게 도움을 요청하고 있다는 것입니다.**

이제는 우리나라의 복지 제도가 많이 좋아졌다고 합니다만 과중한 업무 때문인지 복지 담당 공무원들은 절박한 분들이 다가와 도움을 요청하기 전까지 누가 어려운지 알기 힘든 상황입니다. 그러므로 우리 각자가 일상 중에서 촉각을 곤두세우고 복지의 사각지대에 놓여 신음하면서도 도움을 요청할 기력이 없는 분을 찾아내야 합니다. 여력이 있다면 주위의 어려운 사람들을 적극적으로 찾아야 합니다. 너무 바빠서 그럴 수 없다면 적어도 우리 눈에 보이는 분들을 외면하면 안 됩니다. 우리 동네가 너무 잘 살아서 도움이 필요한 분이 없다고 핑계 댈 것이 아니라 지역 밖의 분들에게도 관심을 가져야 합니다. 개인 단위로도 돕고 교회 차원에서도 도와야 합니다. 저는 어려운 분을 만날 때마다 저에게 금일봉을 전달하려고 쑥스럽지만 많은 장애물을 헤치고 오셨던 그분을 떠올립니다. 실천은 어려운 일입니다. 하지만 최선을 다해 도웁시다. 사랑을 나눕시다. 우리가 죄 사함을 받고 구원받고 영생을 누리는 사람이라면 그래야 합니다! '구원은 행위로 받는 게 아니야'라는 말만 하지 말고 말입니다. 실천이 없으면 구원과 영생이 없다고 주장하는 요한1서의 메시지를 허투루 듣지 마십시오.

누가 이 세상의 재물을 가지고 형제의 궁핍함을 보고도 도와 줄 마음을 닫으면 하나님의 사랑이 어찌 그 속에 거하겠느냐(요일 3:17) 家

요한2서 1:10-11

누구든지 이 교훈을 가지지 않고 너희에게 나아가거든 그를 집에 들이지도 말고 인사도 하지 말라 / 그에게 인사하는 자는 그 악한 일에 참여하는 자임이라

이단·사이비를 대하는 우리의 자세

요한1서의 시작은 요한복음과 매우 비슷합니다.(요일 1:1 "태초부터 있는 생명의 말씀 …; 요 1:1 "태초에 말씀이 계시니라") 요한2서 1:5("… 새 계명 같이 … 쓰는 것이 아니요 처음부터 우리가 가진 것")과 요한1서 2:7(" 내가 새 계명을 너희에게 쓰는 것이 아니라 너희가 처음부터 가진 옛 계명이니")도 아주 비슷합니다. 요한2서 1:5의 "사랑하자"라는 권고(勸告) 역시 요한1서에서 자주 볼 수 있는 것입니다.(요일 3:11,23; 4:7,11,21) 이런 비슷한 점 때문에 **요한복음, 요한1서, 요한2서의 저자를 같은 사람으로 보는 경우가 있습니다.**

다만 글의 발신자가 누군지 밝히지 않았던 요한1서와는 달리 요한2서는 "장로"인 '내가 편지한다'라고 말합니다.(요이 1:1) 글쓴이인 "장로"는 말 그대로 나이가 좀 많은 것 같습니다. 글의 수신자는 "부녀와 그의 자녀들"인데 (요이 1:1) **이를 지나치게 비유적이거나 영적으로 해석할 필요는 없습니다.** 요한2서는 기본적으로 개인적인 안부 편지의 성격입니다.(참고: 요이 1:13 "네 자매의 자녀들이 … 문안하느니라")

수신자는 신앙적으로 그녀의 자녀를 바르게 훈육하고 있는 모양입니다.(요이 1:4 "너의 자녀들 중에 … 아버지께 받은 계명대로 진리를 행하는 자를 내가 보니 심히 기쁘도다") 발신자는 이에 대하여 칭찬하면서(요이 1:4 "심히 기쁘도다") **"미혹하는 자"를 경계할 것을 주문하고 있습니다.**(요이 1:7) 좀 과하게 느껴지지만 "그리스도의 교훈"(요이 1:9)을 신봉하지 않는 자를 "집에 들이지도 말고" 심지어 "인사도 하지 말라"(요이 1:10-11)고 경고합니

다. 화자는 수신자인 "부녀와 그의 자녀들"을 사랑하는 마음에서(요이 1:1) 악의를 가진 자들에게 속을까 염려하는 것입니다.

화자는 "계명을 따라 행하는 것", "그 가운데 행하"는 것을 강조하고 있습니다.(요이 1:6) 그런데 **이 "계명" 이야기는 행동거지를 유념하라는 일반적인 당부로 흐르는 것이 아니라 어떤 가치 개념과 연결됩니다.** 그것은 성육신, 즉, "그리스도"께서 "육체로 오"셨다는 개념입니다. 따라서 "그리스도의 교훈"(요이 1:9)이라는 것은 '**육체로 오신 그리스도께서 전수하신 교훈**', 다시 **말해 '성육하신 그리스도께서 가르치신 계명'이나 성육신에 담긴 가치 자체**를 의미한다고 할 수 있을 것입니다.

화자는 분명히 '우리가 믿는 것만 확실하다', '우리의 신조만이 정통이다'라고 생각하고 있습니다. 그래서 그는 수신자가 특히 주의할 것을 요구합니다. 그런데, 요한2서 1:5는 "계명"이 요한1서 2:8에서의 "새 계명"이 아니라 "처음부터 우리가 가진 것"이라고 말합니다. 이에 따르면 화자는 여전히 "그리스도의 교훈"이나 그리스도의 "계명"을 이스라엘 사람들에게 익숙한 구약성서의 전통으로부터 내려온 "계명"으로 이해하고 있습니다. **화자는 유대교의 영향으로부터 완전히 분리되었다는 의미에서의 "새 계명"(참고: 요일 2:8)이라는 표현을 쓰지 않습니다.** 만약 정말로 '우리가 믿는 것만 옳다'라고 주장하려면 요한1서 2:8의 화자처럼 "새 계명"이라는 어휘를 사용하는 것이 좋을 것입니다. 하지만 아직 거기까지는 미치지 않고 있습니다. 화자는 메시아에 관한 내용도 그렇고, 예수님의 교훈도 그렇고 **완전히 새로운 개념이 아니라 전통적 사상을 계승하여 그것을 재해석한 것으로 소개합니다.** 지금의 우리가 볼 때 그런 이해가 더 온전합니다. **신약성서의 "계명"은 하늘로부터 뚝 떨어진 것이 아닙니다. 그것은 구약성서가 말하는 "계명"의 연장 선상에 놓여 있습니다.**

요한2서 1:5를 요한1서 2:7-8과 대조하면 **본문 편집 시기에 관한 흥미로**

운 사실을 알게 됩니다.

> 사랑하는 자들아 내가 **새 계명을 너희에게 쓰는 것이 아니라** 너희가 처음부터 가진 **옛 계명이니** 이 **옛 계명**은 너희가 들은바 말씀이거니와(요일 2:7)

> 다시 내가 너희에게 **새 계명을 쓰노니** 그에게와 너희에게도 참된 것이라 이는 어둠이 지나가고 참 빛이 벌써 비침이니라(요일 2:8)

요한1서 2:7은 요한2서 1:5과 같이 '새 계명이 아니라 이미 가지고 있던 계명'이라고 말하고 있는데 반해, 요한1서 2:8은 "새 계명"을 쓴다고 말합니다. 이는 **요한1서 2:8이 요한1서 2:7이나 요한2서 1:5보다 뒤에 추가된 것임을 알게 합니다.**

처음에는 "그리스도의 교훈"(요이 1:9)이 **전통적인 교훈의 연장선에서 받아들여졌습니다.** 완전한 형태의 신약성서가 존재하지 않았던 상황에서 "계명"이나 "교훈"이라고 한다면 그것은 구약성서(타나크(תנך) = 율법서(תורה) + 예언서(נביאים) + 성문서(כתובים))를 의미할 수밖에 없습니다. 실제로 유대인 개종자를 주축으로 한 초기 교회는 예수 그리스도가 다윗의 자손(참고: 렘 23:5)이며, 구약에서 예고한 메시아(참고: 사 9:1-7)가 강생하신 것으로 알려졌습니다. 그러나 **어느 시점 이후부터는** 의식적으로 "그리스도의 교훈"이 옛날부터 존재했던 것이 아닌 **새로운 것임을 강조합니다.** 이는 의식적으로 구약 전통과 초기 기독교 집단의 친이방적인 경향이 강해지면서 나타난 변화입니다. **유대의 전통으로부터 추출한 신앙 개념이 결국 하나의 독립적 사상을 형성했습니다. 그것이 바로 기독교 신앙 이론입니다.** 이로 볼 때, 요한1서 2:7에 요한1서 2:8이 추가되기 이전에 요한2서 1:5가 쓰였다고 하겠습니다. 초기 기독교가 완전히 독립적인 사상으로 입지를 굳히기 이전의 상황,

즉, "미혹하는 자"에 대하여 지나칠 정도로 강한 경계를 할 수밖에 없었던 상황(요이 1:7,10-11)이 있었습니다. 초기 기독교가 신앙적 정체성을 다지지 못한 상황에서 외부 세력이 불건전한 사상을 가지고 침입하게 되면 걷잡을 수 없이 혼란스러울 것입니다. 사실 성서 본문에서 볼 수 있는 이단 및 사이비에 대한 경계심은 과한 것 같습니다. 하지만 초기 기독교의 형성 과정에서는 어쩔 수 없는 것이었습니다. **내부적으로 사상적인 결속력을 채 다지지 못한 상황에서 외부 사상이 유입되면 큰 타격을 입습니다.**

마태복음 24:5는 자칭 그리스도라는 자들이 등장하여 "많은 사람을 미혹하리라"라고 경고합니다. "다른 예수 … 다른 복음"을 "용납"하는 일에 대한 비판 구절도 있습니다.(갈 1:6-9; 고후 11:4) 자칭 사도, 즉, "거짓 사도"는 "광명의 천사로 가장"한 "사탄"이라는 맹비난을 듣습니다.(고후 11:13-15) 같은 관점에서 "거짓 선지자"와 "거짓 선생"(벧후 2:1)도 비판받습니다. 이 모든 상황은 박해를 배경으로 합니다.(참고: 마 24:26) 이로부터 시간이 더 흘러 기독교가 자리를 잡아 공인되고 여유가 생기면서 혼란한 상황에서는 차마 할 엄두를 내지 못했던 일을 하게 됩니다. 그것은 **단일한 기준을 세우는 것**입니다. 그런데 단일한 기준이 세워지면 그 외의 것들을 모두 부정합니다.(참고: 계 22:18-19 "만일 누구든지 이것들 외에 더하면 … 재앙들을 그에게 더하실 것이요") 하나의 정론을 확보하기 전에는 내부적인 안정을 위해서 외부로 향한 문을 굳게 닫기도 합니다. 이단과의 논쟁("변론 … 족보 이야기와 분쟁과 율법에 대한 다툼")을 "무익"한 것으로 보고 "이단에 속한 사람을 한두 번 훈계한 후에 멀리하라"라고 강하게 경고하게 됩니다.(딛 3:9-10) 4세기 이후 기독교 교회에서는 성서 본문을 확정하는 정경화가 급진전하였으며 16세기에 이르러 구약 39권, 신약 27권, 총 66권만을 정경으로 인정하였습니다. 동시에 그밖에 다양한 사본, 위작들은 부정되었습니다. 지금은 개신교의 교단마다 독특한 교리 체계를 갖추고 있습니다. 어떤 교리가 더 나은지는 차치하고 각각 그에 따라 신자들을 교육하고 있습니다. 그런데 개인주의가 팽배하면서 각 개인의 다양한 취향이 존중받게 되고 인터넷의 발달로 각자가 자유롭게 방대한 정보에 접근할 수 있게 되면서 획일화된 교리, 성서 이해는 큰 타격을 받고 있습니다. 이런 상황에서 개신교 리더들은 개신교 공동체 내부의 사상적 결속력이 약화하는 것을 우려합니다. 그래서 때로는 대외적인 문을 단단히 걸어 잠그고 접촉하지 말 것을 강하게 권고하기도 합니다. 그런데 뒤집어 보면, **외부로부터 부정적인 영향과 피해를 볼까 봐 염려하는 현실 자체가 개신교 내부의 결속력이 매우 약해졌음을 방증합니다.**

만약 개신교가 외부적 공격과 교란에 흔들리지 않을 정도로 튼튼한 상황이라면 이단·사이비에 관하여 관심조차 주지 않을 것입니다. 왜냐하면, **이단과 사이비는 사실 관심을 먹고 성장하기** 때문입니다. **존재 자체를 인정하지 않고 관심도 두지 않는 집단이 성장하는 예는 없습니다.** 그런데 이단과 사이비 집단의 신자들은 우리와 같은 인간인데 마귀나 사탄으로 보아야 하는지는 한번 깊이 생각해 볼 필요가 있습니다. 저는 **이단 및 사이비 단체를 반대하거나 무시하는 문제와 거기 속한 사람들을 사람으로 대하는 문제는 서로 다른 차원이**라고 생각합니다. **최소한, 우리는 초기 기독교가 그랬던 것처럼 이단 사상을 가진 사람을 불가촉천민(不可觸賤民)이나 무슨 병균처럼 여겨서는 안 됩니다.** 어느 날 우리 가족 중의 하나가 불건전한 이단에 빠졌다고 합시다. 정상적인 사람이라면 그를 이단에서 나오게 하려고 노력할 것입니다. 경솔하게 '너는 사탄이야'라고 하면서 잊어버릴 사람은 없습니다. 이 예는 우리가 이단에 빠진 사람일지라도 그들을 여전히 사람으로 대해야 함을 깨닫게 합니다.

🐝 이단·사이비에 빠진 사람도 사람입니다. '이단과 인사도 하지 말고 접촉하지 말라'는 과거의 교훈은 다양한 사람과의 접촉 및 왕래가 빈번한 현대 사회에 맞지 않습니다. "6단계만 거치면 세계 모든 사람과 연결된다"라는 사회관계 이론을 보면 아무리 우리가 다른 사람과의 사회적 관계를 단절하려

고 해도 촘촘한 관계망을 떠날 수 없다는 것을 알게 합니다. 예를 들어, 한국 장로파 교회를 다니는 어떤 신자와 미국에 살고 있으며 몰몬교를 믿는 유타 주의 어떤 사람은 6단계만 거치면 서로 일정한 관계를 맺고 있음을 드러냅니다. 아래를 보십시오.

1단계. 한국 장로교 은혜 교회의 신자 홍길동 씨

2단계. 홍길동 씨의 무역 회사 동료 김성령 씨

3단계. 김성령 씨가 태국 출장을 갔을 때 만난 미국인 로버트 씨

4단계. 워싱턴에 사는 미국인 로버트 씨가 참여하는 클럽의 구성원 제임스 씨

5단계. 네바다에 사는 제임스 씨가 애리조나에 갈 때 들르는 주유소의 지인 톰 씨

6단계. 애리조나에 사는 톰 씨 아내의 친정아버지는 유타에 사는 모르몬교도 스미스

이런 상황이기 때문에 '이단을 멀리하라'라고 말한다고 해도 우리는 우리가 일하는 일터, 공부하는 학교에서, 좋든 싫든 그들과 마주하고 일상을 공유하게 됩니다. 물론, 자신의 사고, 가치, 신앙에 대하여 명확히 뭐가 없는 사람은 이단·사이비와 인사도 안 하는 것이 유익할 수 있습니다. 어떤 측면에서 보면, 내부적으로 보수적인 신앙 정체성을 소유하는 것이 크게 나쁜 일이 아닙니다. 하지만 무조건 배타적인 태도는 좋지 않습니다. **상대방이 비록 이단자라고 할지라도 사람을 극단적으로 적대해서는 안 됩니다.** 다른 한편으로, 자기 정체성이 튼튼한 사람이라면 조금 더 여유롭게 다양한 사람을 대할 수 있다고 생각합니다. 물론, 스스로 느끼기에 감당 못 할 수준으로 불안하다면 어쩔 수 없이 외부를 향한 경계심을 가질 수밖에 없을 것입니다.

지금 우리 개신교는 어떻습니까? "미혹하는 자"들에 대하여 어떤 자세를

취합니까? 공개적으로 극한 경계심과 적개심을 표출합니까? 혹시 그것은 우리 내부의 명확한 뭔가가 없음을 방증하는 것은 아닐까요? 다시 말해, 사이비와 이단에 대하여 "인사"만 해도 동조하는 자로 매도하는 것(요이 1:10-11, 참고: 딛 3:10)은 일면 우리가 신앙하는 것에 대해 자신감이 없기 때문은 아닐까요? **그렇게 자주 모이고 그렇게 많은 시간 동안 학습하는데 신천지를 단지 경계하거나 배척하는 것 외에는 별다른 방안이 없는 것은 왜입니까?** 강한 확신과 신앙적 역량을 가지고 있다면 우리를 "미혹하는 자"들마저도 교화(教化)할 수 있는 것 아닐까요? 그냥 오물 대하듯이 멀리하는 것이 상책입니까?

만약 이단과의 접촉으로 당신의 신앙이 심하게 흔들리고 뿌리째 뽑힐 것 같다면 당신은 초기 기독교인이 그랬던 것처럼 그냥 그들을 멀리하십시오. 접촉하지 마세요. 외부에 대한 조건 없는 경계는 미성숙한 신자에게 유용합니다. 하지만 긴 시간 동안 교회를 다니고 성경공부라는 것을 했는데도 타자에 대해서 오로지 경계심으로 일관한다면 아마도 우리 밖이 아니라 우리 안에 문제가 있을 것입니다. 도대체 그동안 교회에서 무엇을 배웠다는 말입니까! '이단 출입금지'라는 스티커를 입구에 크게 붙여 놓아도 큰 교회에는 누구나 다 자유롭게 출입합니다. 그렇다면 당신의 교회를 방문한 이단자 중에서 왜 목사의 설교를 듣고 마음을 돌이키는 사람이 없습니까? 왜 오히려 반대입니까? 혹시 교회에 울려 퍼지는 메시지에 문제가 있는 것은 아닙니까? 개신교 교회 구조에 어떤 심각한 문제가 있는 것은 아닐까요? 여러 측면에서 생각해보십시오.

우리는 남을 경계하는 동시에 우리 스스로 돌아보아야 합니다. 상대가 어떤 사람이라고 할지라도 최소한 **사람을 사람으로 대해야 합니다.** 이단과 사이비라고 볼 수 없고, 교리 내용에도 큰 차이가 없는데 그런 신앙 집단까지 심하게 배척하는 것은 지양해야 합니다. 심지어 자신을 예수라고 하는 교주의 모임에 소속된 사람이라고 할지라도 우리가 그에게 선한 영향력을 미칠 방법이 없는지 한번 생각해봅시다. **무조건 피하고 배척한다면 뭔가 매우 아쉽습니다. 성서의 궁극적인 가치는 배척이 아니라 포용입니다.** 유대인들이 사람으로 여기지 않는 이방인, 즉, 유대인들과 다른 마음으로 하나님께 나아오는 이방인일지라도 그들을 위해 기도하라고 가르치는 것이 성서입니다. 조금 더 넉넉한 마음이 우리에게 필요합니다.

> … 주의 백성 이스라엘에 속하지 아니한 자 곧 주의 이름을 위하여 먼 지방에서 온 이방인이라도 그들이 주의 크신 이름과 주의 능한 손과 주의 펴신 팔의 소문을 듣고 와서 … 기도하거든 주는 계신 곳 하늘에서 들으시고 이방인이 주께 부르짖는 대로 이루사 땅의 만민이 주의 이름을 알고 주의 백성 이스라엘처럼 경외하게 하시오며 … (왕상 8:41-43)

아무리 생각해도 아니라고요? 이단·사이비는 인간도 아니라고요? 계속 만나는 족족 그들을 미워하고 째려볼 거라고요? 그렇게 해야 편안하시다면 저로서는 마음대로 하시라고밖에 달리 드릴 말씀이 없습니다. 어쩔 수 없습니다. 이단을 보거든 한두 마디 건넨 뒤에 멀리하십시오. 하지만 만에 하나 당신의 일가친척이 그 이단·사이비에 빠진다면 당신의 태도는 금방 바뀔 것입니다. 그 사람에 대한 염려가 발동하기 때문이죠. 비록 내 가족, 나의 친척은 아니지만 헛된 환상에 빠져 인생을 허비하고 금전을 허비하는 사람을 걱정하면 안 됩니까? 제가 저의 글의 독자인 당신에게 도전하는 것은 바로 사람을 불쌍히 여기는 마음을 발동할 수 없느냐 하는 것입니다. **아무리 그래도 사람이 사탄이나 마귀는 아니잖아요?** 🈁

요한3서 1:5-7

사랑하는 자여 네가 무엇이든지 형제 곧 나그네 된 자들에게 행하는 것은 신실한 일이니 / 그들이 교회 앞에서 너의 사랑을 증언하였느니라 네가 하나님께 합당하게 그들을 전송하면 좋으리로다 / 이는 그들이 주의 이름을 위하여 나가서 이방인에게 아무것도 받지 아니함이라

교회에 새로 온 사람이 발걸음을 돌리는 이유가 무엇입니까?

요한2서에서 "부녀와 그의 자녀들에게 편지"했던 "장로"는(요이 1:1) 요한3서에서 "사랑하는 가이오"에게 편지를 쓰고 있습니다.(요삼 1:1) 요한3서는 신약성서에서 가장 짧은 글입니다. **이 글이 인기가 있었다면 개인적인 편지라고 해도 많은 편집자의 손을 거쳐 더 긴 사본이 되었을 것입니다**만 이 편지는 편폭(篇幅)이 요한2서보다 더 짧습니다.(참고: 요삼 1:13 "쓸 것이 많으나 … 원하지 아니하고") 물론 그렇다고 우리가 읽고 있는 글이 최초의 글과 똑같다는 것을 확언할 수는 없습니다. **상대적으로 추가한 내용이 적을 것**이라는 말입니다.

글의 저자는 "가이오"라는 사람을 "내가 참으로 사랑하는 자"라고 극찬합니다.(요삼 1:1) 이는 요한2서에서 "부녀와 … 자녀들"을 "내가 참으로 사랑하는 자"라고 말한 것과 같은 어조입니다. 그런데, **좋은 말도 반복하면 무감각한 습관처럼 들립니다.** 이 말이 특정인을 특별히 사랑해서 말한 것 같지는 않습니다. 같은 맥락에서, 한국 신자와 교회들 사이에서는 유명한 구절인 요**한3서 1:2 "사랑하는 자여 네 영혼이 잘됨 같이 네가 범사에 잘되고 강건하기를 내가 간구하노라"에도 큰 의미를 부여할 필요가 없습니다.** 이 구절을 두고 '영혼의 잘됨'과 '범사의 잘됨', 즉, **신앙적 성장과 세속적 성공의 연관성을 교묘하게 이어 붙여서 설교하는 것도 바르지 않습니다.** 여기까지는 그냥 "가이

오"라는 한 사람을 향한 안부 인사에 불과합니다. 우리가 어떤 이에게 "늘 건강하시고 바라시는 일 다 이루세요!"라고 한다고 해서 건강과 성취라는 단어를 떼어 분석하고 그사이의 의미 관계를 파악할 필요는 없습니다. **요한3서에서 우리가 집중할 필요가 있는 중요한 내용은 이런 인사말이 아닙니다.**

요한3서는 3절부터 글쓴이가 요한1서에서도 권고한 바 있는 '**형제 사랑**'에 대하여 말하고 있습니다. '**영적으로도 복을 받고 육체적으로 성공하라**'라는 **주제로 이 편지를 쓴 것이 아니라는 말입니다.** 긴 세월에 걸쳐 심하게 편집한 본문의 경우 어쩔 수 없이 각 문장을 비교하거나 어구나 단어를 물고 늘어져야 하지만, 그런 경우라고 해도 궁극적으로 파악해야 하는 것은 문단의 구성, 문맥 형성의 배경과 그를 통해 전달하려고 하는 의미입니다. 나아가 글 전반에 담긴 심층적인 가치를 파악해야 합니다. 하지만 이 글과 같이 한 명(?)의 저자가 일관된 생각에서 쓴 글의 경우는 글 전체의 주제를 상대적으로 쉽게 파악할 수 있으므로 굳이 현미경을 보듯이 각 단어의 의미를 세부적으로 보는 작업을 진행할 필요는 없을 것입니다. 물론, 무조건 편폭이 짧다고 편집이 안 된 것으로 여겨서도 안 됩니다. 모든 것은 본문을 충분히 살펴본 뒤에 내린 판단입니다.

요한3서 1:3-4는 "진리 안에서(의) 행"위를 칭찬하고 있는데 이는 다름이 아닌 "형제 곧 나그네 된 자들에게 행한" 것을 칭찬하는 것입니다.(요삼 1:5a) 화자는 이 일을 대충 한 것이 아니라 "신실(충실)"하게 행했다고 합니다.(요삼 1:5b) 그는 "하나님께 합당하게 그들을 전송"한 것에 대해서 칭찬하는데(요삼 1:6b "좋으리로다") 이것을 "교회 앞에서"의 "사랑을 증언"한 것이라고 높게 평가합니다.(요삼 1:6a) 특정한 사람들을 돌보는 일(요삼 1:8 "영접하는 것")을 하면서 **대가를 받지 않은 것**(요삼 1:7 "아무것도 받지 아니함이라") 역시 칭찬하는 이유입니다.

요한3서의 화자가 말하는 '진리 안에서의 행위'는 전도하고 잦은 예배나 성경공부 모임에 개근하는 것이 아니라 '사람을 애정으로 대하며 아무런 대가 없이 실제적인 도움을 주는 것'입니다. 주의 이름으로 돈벌이를 하는 사람이 넘쳐나는 지금, 만약 당신도 이기적인 목적에서 선행한다면 부끄러워해야 합니다. 교회에 나오니까 도와주고 안 나오면 미워하는 것 역시 지양해야 할 행동입니다. 요한3서 1:11은 "선한 것을 본받으라"라고 권고하는데 이 역시 같은 맥락에서 말한 것입니다. "선한 것"이란 아무런 이유 없이 사람을 애정하고 돕는 것과 다름없습니다.

화자는 부정적인 관점에서 "디오드레베"라는 사람을 언급합니다.(요삼 1:9) 이 사람은 "으뜸 되기를 좋아"할 뿐(특정) 사람을 "맞아들이지 아니"했습니다. 화자는 "악한 말로 … 비방하"고(요삼 1:10) "형제들을 맞아들이지도 아니하고 맞아들이고자 하는 자를 금하여 … 내쫓"았다(요삼 1:10)는 점, 즉, '선한 행위를 하지 않았다'라는 점을 연거푸 언급합니다. 사실 이런 종류의 나쁜 사람과 행위는 우리 일상에서도 자주 마주치게 됩니다.

어떤 이들은 사람을 존중하고 잘 대하며 돕는 것보다는 교리를 수호하는 것이 훨씬 중요하다고 착각합니다. 하지만 요한3서의 화자는 선행과 신앙을 구분하지 않습니다. 그에게 선행은 신앙 자체입니다. "진리 안에서 행"하는 것이며 "진리를 증언"하는 것입니다.(요삼 1:3) 요한3서는 짧은 내용(15절)을 통해 마땅히 어떻게 사람을 대해야 할 것인지 교훈하면서 "나그네 된 자들에게 행하는 것"(요삼 1:5)이 신앙생활에 있어서 대단히 중요하다고 말합니다.

누가복음 6:31은 "남에게 대접을 받고자 하는 대로 너희도 남을 대접하라"라고 교훈합니다. 로마서 12:13도 "… 쓸 것을 공급하며 손 대접하기를 힘쓰라"라고 권고합니다. 히브리서 13:2는 심지어 "손님 대접하기를 잊지 말라 이로써 부지중에 천사들을 대접한 이들이 있었느니라"라고 말합니다. 이런 글들을 단지 '무리해서라도 손님에게 비싼 음식을 대접해야 하며 차 한 잔에 그쳐서는 안 된다'라는 말로 이해하는 것은 **틀린 이해입니다.** 이는 **사람에 대한 기본자세와 태도를 교훈**하는 것입니다. 또한, 요한3서는 사람에 대한 존중과 신앙을 같은 것으로 생각합니다. 바른 실천은 인간 존중을 바탕으로 하는 것이고 그 자체가 신앙 원리이며 신앙입니다. 안부 인사를 포함하는 요한3서의 핵심은 간단합니다. **사람 존중이 모든 면에서 얼마나 중요한 것인지 깨닫고 그것을 실천하라는 것입니다.**

🐝 **나에게 이익을 주는 사람만 환대하지 마세요.** 손님이 오면 주인은 긴장하지 않을 수 없습니다. 자연스럽게 그렇게 됩니다. 넉넉하지 않은 상황에서는 큰 부담이 됩니다. 하지만 저는 신앙인이라면, 선약이 있거나 시간상 불가능한 경우가 아니면 방문하기를 바라는 손님을 마다하지 말아야 한다고 생각합니다. 저의 이 말은 '손님을 환영합시다'라는 말인 동시에, **신앙인이라면 사람을 무시하거나 홀대해서는 안 된다는 뜻입니다.** 우리는 사람으로서 같은 사람에 대한 기본자세를 제대로 갖추어야 합니다. **사람이 어떠한 사람이기 때문에, 나에게 어떤 이익을 주었기 때문에 잘 대해주고 그렇지 않으면 홀대하는 일은 없어야 합니다. 어떤 사람이 교회에 나온다고 했기 때문에 잘 대해주고 교회 출석을 거절했다고 해서 무시하고 홀대해서는 안 됩니다.** 다른 종교를 가지고 있다고 해서 배척하고 홀대해서도 안 됩니다. 표면적으로 보면, 요한3서가 "형제(들)"(요삼 1:3,5,10), "자녀들"(요삼 1:4), "진리를 위하여 함께 일하는 자"(요삼 1:8)와 같이 선대(善待)할 대상을 신앙인이나 동역자로 한정하고 있는 것 같지만(참고: 롬 12:13) 그렇다고 이를 문자적으로만 이해할 수는 없습니다. **성서는 기본적으로 '나를 사랑하듯 모든 이를 사랑하라'라고 교훈하고 있기 때문입니다.**(마 19:19; 22:39; 막 12:31; 눅 6:31; 10:27) 실천 덕목은 대전제에 근거하여 해석하는 것이 옳습니다. 특정한 역사적 정

황에 기초한 특별한 이유로 존중과 대상에 제한을 둔 것으로 요한3서를 보는 것이 좋습니다. 초기 기독교가 태동하여 막 성장하기 시작한 시점에서 악의를 가진 세력이 존재했습니다. 이들까지 존중하고 사랑을 베푸는 것은 원칙적으로 박애주의를 지향한다고 해도 실제적으로는 매우 어렵습니다. 죽이려고 달려드는 사람까지 존중할 수는 없습니다. 얼른 경찰에 신고하는 것이 현실적입니다. 그러나 **신앙인은 최대한 노력해야 합니다.**(참고: 롬 12:18 "할 수 있거든 너희로서는 모든 사람으로 더불어 평화하라") 불가피한 전쟁의 상황이 벌어진다고 해도 절대로 이쪽에서 먼저 적의와 악의를 나타내서는 안 됩니다. 모든 이에게 최선의 관용을 표해야 합니다.(참고: 신 20:10 "먼저 평화를 선언하라") 그래야 우리의 삶을 통해 하나님이 '화평'의 하나님이라는 것이 드러날 것입니다.(참고: 마 5:9 "화평하게 하는 자")

참된 그리스도인은 싸움을 즐기거나 먼저 싸우자고 달려들거나 적의가 없는 다른 이를 싸움에 끌어들이는 일을 하지 않습니다. 개신교에 대해서 지적하고 비난하는 사람을 경솔하게 악인이나 악마로 규정하지 않습니다. 무고하게 못 박혀 돌아가신 예수그리스도의 십자가는 우리가 어떤 자세로 살아가야 할 것인지를 조용히, 그러나 명확하게 교훈하고 있습니다. 그것은 우리가 모두 평화의 사람들이 되는 것입니다.🈧

요한계시록 15:1, 21:9

또 하늘에 크고 이상한 다른 이적을 보매 일곱 천사가 일곱 재앙을 가졌으니 곧 마지막 재앙이라 하나님의 진노가 이것으로 마치리로다(15:1)

일곱 대접을 가지고 마지막 일곱 재앙을 담은 일곱 천사 중 하나가 나아와서 내게 말하여 이르되 이리 오라 내가 신부 곧 어린 양의 아내를 네게 보이리라 하고 (21:9)

신은 꽤 괜찮은 세상은 심판하지 않습니다.

계시록을 읽으면 비슷한 장면을 반복하는 것 같은 느낌을 강하게 받습니다. 특히 '마지막 재앙'이라고 하는 언급이 있어서(계 15:1) 끝인가 보다 생각하면 또 "하나님의 진노"(계 16:1)를 반복합니다.(계 21:9 "마지막 일곱 재앙")

계시록에서 "마지막($\tau\epsilon\lambda\acute{\epsilon}\omega$, 끝나다)"이라는 말은 모두 8회 쓰였는데 '하나님의 숨긴 것이 마침내 성취됨'(계 10:7), 증언의 종결(계 11:7), 하나님 말씀의 종국적인 실현(계 17:17), '정한 시간(1,000년)이 다 됨'(계 20:3,5)을 뜻하는 것 외에도 '하나님의 진노가 끝남'(계 15:1), '재앙이 끝남'(계 15:8)의 의미로 쓰였습니다. 만약 제가 계시록의 저자였다면 처음부터 끝까지 다 쓴 다음에 마지막에 '끝'이라고 한 번만 적어 놓을 것 같습니다. 하지만 **계시록은 반복해서 '이젠 마지막이다', '이젠 정말 끝이야'라고 반복하고 있습니다.** 그래서 긴장감이 다소 떨어집니다.

이처럼 비슷한 이야기가 반복되는 계시록을 해석하는 방법 중에 널리 알려진 것은 계시록 1장부터 마지막 장까지의 내용을 **실제로** 일어날 일이나 일어나고 있는, 혹은 이미 일어난 일로 해석하는 것입니다. 적지 않은 사람은 예수님이 재림하기 전의 징조들(계 10~13장)과 재앙들(계 14~16장), 악한 존재

들에 대한 심판(계 17~19장)이 예수님의 재림으로 이루어질 대심판과 천년왕
국(계 20:4 "그리스도와 더불어 천 년 동안 왕 노릇 하니")보다 앞에 있을 '일'
이라고 봅니다. 물론 예수님이 천년왕국 이후에 재림하고 다시 최종적인 심
판이 있다고 주장하는 때도 있습니다.(참고: 계 20:7-15 "천 년이 차매 사탄
이 그 옥에서 놓여 … 사망과 음부도 불못에 던져지니 …) 이처럼 **계시록을
둘러싸고 다양한 해석이 존재합니다. 이는 계시록이라는 글이 엄청나게 인기
가 있어서 수많은 편집자가 손을 댔기 때문에 내용이 모호하게 된 것입니다.**
저는 예수님이 천년왕국이라는 정해진 시간 이전에 재림하시는지 그 이후에
재림하시는지에 관심이 **없습니다.** 단지 왜 계시록에 이처럼 많은 반복 표현이
등장하는가에 관심이 있습니다. 그리고 **왜 많은 편집자가 비슷한 내용을 조
금씩 다르게 적어 붙여 놓았는지 아주 궁금합니다.**

> 또 하늘에 크고 이상한 다른 이적을 보매 일곱 천사가 일곱 재앙을 가졌으니
> 곧 마지막 재앙이라 하나님의 진노가 이것으로 마치리로다(계 15:1)

> 또 내가 들으니 성전에서 큰 음성이 나서 일곱 천사에게 말하되 너희는 가서
> 하나님의 진노의 일곱 대접을 땅에 쏟으라 하더라(계 16:1)

요한계시록 16:1의 "진노의 일곱 대접"은 요한계시록 15:1 "(마지막) 일곱
재앙"과 비슷한 이야기로 볼 수밖에 없습니다. 그렇다고 이를 똑같은 사람이
쓴 중복으로 볼 수도 없습니다. 한참 있다가 글에 다시 "마지막 일곱 재앙"
이 나옵니다.

> 일곱 대접을 가지고 마지막 일곱 재앙을 담은 일곱 천사 중 하나가 나아와서
> 내게 말하여 이르되 이리 오라 내가 신부 곧 어린 양의 아내를 네게 보이리라
> 하고(계 21:9)

이것은 왜 이렇습니까? 설마 요한계시록 15~16장의 "일곱 재앙"의 이야기가 21장까지 이어지고 있는 것입니까? 일곱 대접은 16장에서 다 쏟아졌는데(계 16:3 "둘째 …"; 계 16:4 "셋째 …"; 계 16:8 "넷째 …"; 계 16:10 "다섯째 …"; 계 16:12 "여섯째"; 계 16:17 "일곱째 …") 요한계시록 21:9에서 "일곱 천사"의 손에 들린 "일곱 대접"에 "일곱 재앙"이 여전히 '담겨'(ἐχόντων)있으니 이게 어떻게 된 일입니까? 심지어 '가득(γεμόντων)' 말입니다.

더욱 놀라운 것은 '일곱 대접의 재등장'이 나오는 21장부터 전체 글의 대단원의 막(幕)이 내린다는 것입니다. 여기서 신실한 신자와 하나님의 '결혼식'이 열립니다.(계 21:2) "다시는 사망이 없고 … 아픈 것이 다시 있지 아니하리"라는 보장이 주어집니다.(계 21:4) 하나님은 "(다) 이루었다"(참고: 계 21:6)라고 선언합니다. 여기서부터 요한계시록 21:7까지는 글의 실질적인 마무리입니다. 그런데 이런 흐름에도 불구하고 8절에 뜬금없는 구절이 끼워져 있습니다. **다시 '악인들의(둘째) 사망'이야기가 거론됩니다.** 그리고 그것은 **다시 채워진(?) "일곱 대접"**의 언급으로 이어집니다.

> 그러나 두려워하는 자들과 믿지 아니하는 자들과 흉악한 자들과 살인자들과 음행하는 자들과 점술가들과 우상 숭배자들과 거짓말하는 모든 자들은 불과 유황으로 타는 못에 던져지리니 이것이 둘째 사망이라 일곱 대접을 가지고 마지막 일곱 재앙을 담은 일곱 천사 중 하나가 나아와서 내게 말하여 이르되 이리 오라 내가 신부 곧 어린 양의 아내를 네게 보이리라 하고(계 21:8-9)

요한계시록을 처음 읽는 분은 이렇게 생각할 것입니다. '계시록은 벌을 주고 또 주다가 글이 끝나가는 와중에 또 벌을 주네? 계속 벌하네?' 사실 요한계시록 21:8-9a는 나중에 삽입한 구절인 것 같습니다. 왜냐하면 7절의 좋은 분위기("상속 … 나는 그의 하나님이 되고 그는 내 아들이 되리라")가 9b절 이후 내용과 자연스럽게 연결되기 때문입니다.

이기는 자는 이것들을 상속으로 받으리라 나는 그의 하나님이 되고 그는 내 아들이 되리라(계 21:7) ⋯ 이리 오라 내가 신부 곧 어린 양의 아내를 네게 보이리라 하고(계 21:9b) 성령으로 나를 데리고 크고 높은 산으로 올라가 하나님께로부터 하늘에서 내려오는 거룩한 성 예루살렘을 보이니(계 21:10) 하나님의 영광이 있어 그 성의 빛이 지극히 귀한 보석 같고 벽옥과 수정 같이 맑더라(계 21:11)

연결이 자연스럽지요? 이 단락에서 언급하는 '결혼식'(계 21:9b "신부", "아내")은 사실 앞 내용의 연장입니다.(계 21:2 "신부", "남편") "거룩한 성 예루살렘"의 언급도 양쪽이 똑같습니다.(계 21:2; 계 21:10) 그러니까 **요한계시록 21:8-9a만 없다면 21장은 전체가 '결혼식'입니다.** 즉, 이스라엘 민족이 그들의 전 역사에 걸쳐 그렇게도 소망했던 나라의 재건이 초월적인 형태로 이루어졌다는 것입니다. '거룩한 성 예루살렘(τὴν πόλιν τὴν ἁγίαν Ἰερουσαλὴμ)'이라는 표현을 보십시오. **이 땅에서 성취하지 못한 민족의 꿈이 하늘에서 이루어졌습니다.** 또한, 처음에는 일개 민족의 바람이 이제는 전 세계 모든 이를 백성으로 포함하는 비전으로 확장했습니다.

요한계시록 21:8-9a를 삽입한 사람은 악한 세력을 처벌하는 이야기를 계속하고 싶었던 것 같습니다. 원래 계시록 21~22장 전체에는 처벌 이야기가 없었습니다. 그냥 간단한 해피앤딩입니다. 삽입 구절인 요한계시록 21:8-9a를 제외하면, 21~22장에서 처벌을 비교적 간략하게 언급한 구절은 요한계시록 1:27; 22:11,15 그리고 22:19뿐입니다. 21~22장의 전반적인 내용은 바른 삶을 살아온 신자들에 대한 위로와 보상 이야기입니다.("하나님이 그들과 함께 계셔서"(계 21:3); "눈물을 ⋯ 닦아주시니 ⋯ 사망이 없고 애통하는 것이나 곡하는 것이나 아픈 것이 다시 있지 아니하리니"(계 21:4); "상속"(계 21:7); "사람들이 만국의 영광과 존귀를 가지고 그리(예루살렘성)로 들어가겠고"(계

21:26); "생명수"(계 22:1,17); "생명나무"(계 22:2,14,19); "치료"(계 22:2); "다시 저주가 없으며"(계 22:3); '하나님과 대면'(계 22:4; 참고: 출 10:28 "네가 내 얼굴을 보는 날에는 죽으리라"); "그들이 세세토록 왕 노릇 하리로다"(계 22:5); "줄 상이 내게 있어"(계 22:12); "거룩한 성에 참여"(계 22:19))

이런 흐름의 21~22장 사이에 요한계시록 21:8-9a의 "사망" 이야기를 삽입하면서 흐름이 단절되었는데 **편집의 가능성을 무시하는 사람들에 의해서 전천년설, 후천년설, 무천년설과 같은 다양한 해석이 나오게 되었습니다.** 따라서 이런 다양한 교리적 해석에 대해 크게 신경 쓸 필요가 없습니다. 많은 이가 지대한 관심을 가졌기 때문에 많은 부분이 편집된 계시록의 내용을 파악할 때는 문장 단위보다는 문단 단위, 혹은 장(章) 단위 전체의 이해가 필요합니다.

요한계시록 21:8-9a를 삽입한 사람이 왜 종결 부분에 뜬금없이 "둘째 사망" 이야기를 했는지 생각해보기 전에 계시록에 사용된 "둘째 사망"에 용례를 모두 살펴봅시다. "둘째 사망"은 계 2:11; 20:6, 14에서 누차 언급된 바 있습니다.

> 귀 있는 자는 성령이 교회들에게 하시는 말씀을 들을지어다 이기는 자는 둘째 사망의 해를 받지 아니하리라(계 2:11)

> 이 첫째 부활에 참여하는 자들은 복이 있고 거룩하도다 둘째 사망이 그들을 다스리는 권세가 없고 도리어 그들이 하나님과 그리스도의 제사장이 되어 천년 동안 그리스도와 더불어 왕 노릇 하리라(계 20:6)

> 사망과 음부도 불못에 던져지니 이것은 둘째 사망 곧 불못이라(계 20:14)

조금 표현을 바꾸면 이 구절들의 "첫째", "둘째"는 '먼저', '나중'으로 대신할 수 있습니다. 예를 들어 요한계시록 20:6의 "첫째(πρώτη) 부활"은 '먼저 이루어질 부활'이나 '우선적으로 부활이 있을 것이다'와 같이 이해할 수도 있고(참고: 마 5:24 "먼저 가서"; 행 1:1 "먼저 쓴 글" 등) "둘째(δεύτερος) 사망" 역시 '부활 다음에 있을 사망'으로 해석할 수 있습니다.(참고: 고전 12:28 "둘째는 … 그다음은 … 그다음은 …") 아래 제가 새로 번역한 것을 보십시오.

> 부활이 먼저 있을 것입니다. 여기에 참여하는 사람들은 복되고 깨끗한 사람들
> 입니다. 그다음 죽음의 시기가 닥쳐온다고 해도 그들을 어떻게 하지 못할 것
> 이며 오히려 그들은 하나님과 그리스도의 제사장이 되어 천 년 동안 주와 함
> 께 왕이 되어 다스릴 것입니다.(계 20:6, 송봉운 번역)

"첫째 부활"의 "첫째"가 정말로 "첫째 … 둘째"의 그 "첫째"라면 "둘째 사망"보다는 "둘째 부활"이 더 맞습니다. "둘째 사망" 역시 "첫째 사망"이 있어야 하는데 **그와 같은 표현은 성서에서 찾아볼 수 없습니다.** 따라서 순차적으로 '먼저' "부활"이 있고 나중에 대심판에 의한 "사망"이 도래한다고 말하는 편이 낫습니다.

요한계시록 21:8-9a의 편집자는 어떤 이유로 요한계시록 2:11; 20:6, 14에서 언급한 "둘째 사망"에 큰 관심을 끌게 되었습니다. 그래서 자신이 중요하다고 생각하는 부분을 삽입한 것입니다. 하지만 그는 내용을 더 확대하여 자세한 설명으로 나아가지는 않았습니다. 저는 이 사람이 구절을 삽입한 배후에 **예수님 재림의 지연과 소강상태를 거쳐 재차 심해진 박해**가 있었다고 생각합니다.

요한계시록 1:7에서 예수 그리스도가 "오시리라"라고 했던 것과 요한계시

록 22:12의 "속히(ταχύ) 오리니" 그리고 요한계시록 22:20의 "진실로(ναί) 속히(ταχύ) 오리라"는 말을 비교해 보면 다소간의 **시차**를 느낄 수 있습니다. **요한계시록 22:12, 20은 요한계시록 1:7의 약속을 믿고 기다려 온 사람들을 위해 재림이 반드시 이루어질 것을 다시 강조한 문장입니다.** 하지만 **재림은 그들의 시대로부터 어언 2천 년이 넘은 지금까지 이루어지지 않고 있습니다.**

단순히 재림의 시간만 지연된 것이 아니라 한동안 잠잠했던 박해의 불길이 다시 치솟아 올랐던 것 같습니다. 성서의 화자나 독자 모두 조급함을 느끼게 되고 전에 본 문장이 다시 등장하게 됩니다. 일곱 대접을 가진 … 마지막 일곱 재앙을 담은 일곱 천사 이야기(계 21:9)를 재차 언급한 것도 같은 맥락에서 이해할 수 있습니다. 만약 그렇지 않다면 이야기가 다 끝나가는 마당에 '재앙이 가득 담긴 대접을 들고 있는 천사' 이야기를 또 언급할 필요가 없습니다.

이를 요한계시록 15:7; 16:1, 17; 17:1에서 나왔던 "일곱(째) 천사"가 요한계시록 21:9에서 다시 등장했다고 보기는 어렵습니다. 왜냐하면 "일곱(째) 천사"의 등장은 원래 "(하나님의) 진노"를 내리는 한 차례의 임무를 완수하는 데만 필요하기 때문입니다.(계 15:7 "하나님의 진노를 가득히 담은 … 대접 … 을 … 천사들에게 주니"; 계 16:1 "천사에게 말하되 너희는 가서 하나님의 진노의 … 대접을 쏟으라"; 계 16:17 "일곱째 천사가 그 대접을 공중에 쏟으매 큰 음성이 … 나서 이르되 되었다"; 계 17:1 "일곱 대접을 가진 일곱 천사 중 하나가 … 심판을 내게 보이리라")

생각해보십시오. **대접에 담긴 것을 쏟고 다시 대접을 채워서 또 쏟는다는 것은 이상합니다.** 실제로 요한계시록 15~17장에 걸쳐 언급한 "일곱(째) 천사"와 "진노", "심판" 이야기는 한 개의 이야기 덩어리로서 종결된 것입니다.(참고: 계 16:17 "되었다"(γέγονεν))

하나님의 진노와 심판의 요청은 실제로 일어난 극심한 박해 상황을 전제합니다. 반복된 위기와 긴장은 악인의 종말을 말하는 계시록에 대한 독자들의 폭발적인 반응을 일으켰고 종결될 것 같다가 다시 이어지는 이야기는 나름 독특한 글로 완성되었습니다. **요한계시록 15~17장으로 매듭지은 심판 이야기가 종결 장인 21~22장에 재등장하게 된 것은 실제 상황의 변화 때문입니다.** 이는 끝났다고 안심하고 있는데 다시 발생한 박해에 대한 사람들의 신앙적 바람을 반영합니다. '하나님의 진노를 담고 있는 대접을 든 천사'가 다시 등장한 것은 '하나님의 진노가 아직 사그라지지 않았다'는 메시지를 담고 있습니다.

🐝 예수님이 재림과 심판을 유보하시게 합시다. 이 세상이 이상적인 천국과 같은 곳이 되기는 힘들 것입니다. 하지만 그렇다고 **세상을 바꾸려는 노력을 전혀 하지 않고 예수님의 재림과 하나님에 의해 이루어질 새 하늘과 새 땅만을 기다려서는 안 됩니다.** 보십시오! 천년왕국이 이루어졌다고 이제 안심이라며 마음 놓고 있을 때 다시 어디선가 '진노가 가득 찬 대접을 든 천사'가 나타나지 않습니까? 이런 의미에서 계시록이 묘사하는 천년왕국과 천국은 이 세상이 돌아가는 상황과 크게 다르지 않습니다. 한동안 이상적으로 보였던 세상이 이내 지옥과 같은 곳이 됩니다. **세상을 지옥으로 만든 세력에게 천벌이 내려지는 것 같다가도 또다시 악마와 같은 존재들이 일어납니다.**(참고: 계 20:2-3 "용을 잡으니 곧 옛 뱀이요 마귀요 사탄이라 잡아서 천 년 동안 결박하여 무저갱에 던져 넣어 잠그고 그 위에 인봉하여 천 년이 차도록 다시는 만국을 미혹하지 못하게 하였는데 그 후에는 반드시 잠깐 놓이리라") 이스라엘 역사에서도 앗시리아가 무대에서 사라지자 바벨론이 등장해서 국가를 멸망시키고 사람들을 억압했습니다. 우리나라는 어떻습니까? 하나의 독재자가 사라져서 모두 '봄이 왔다'라고 좋아했지만, 그것도 잠시 다시 지독한 독재자가 등장했습니다. **이런 의미에서 천년왕국은 수없이 등장하고 다시 나타납니다.** 따라서 성서를 문자적으로 이해해서 '실제로 언제 천년왕국이 올 것이다',

'지금이 천년왕국이다', '아니다! 천년왕국은 없다'라면서 다툴 필요가 없습니다. 우리가 이 세상을 충분히 편안한 곳으로 만든다면 우리의 시대가 천국 같은 시대가 될 것입니다. 세상이 대단히 부조리하고 악마 같은 사람들이 판을 치는 그런 곳이라면 많은 이는 행복한 시기가 도래하기를 고대할 것입니다. 예수님의 재림도 마찬가지입니다. 대개 시한부 종말론은 세기말, 불안한 시국에 힘을 얻습니다. 우리가 이뤄가는 세상이 완벽하지는 않지만, 이전보다 좋아질 수 있다면 우리 스스로 그런 세상을 만들어야 합니다. 우리 세상이 살만한 세상이 된다면 예수님은 우리를 바라보시며 흐뭇해하실 뿐 굳이 내려와 모두에게 벌을 내리시려고 하지 않으실 것입니다. 따라서 우리는 **언제 천국 같은 세상이 도래할 것인가를 기다릴 것이 아니라, 낙심하지 말고 세상이 좋은 세상이 되도록 노력해야 합니다.** 아무도 헐벗지 않고 억울하지 않아서 '예수님 좀 빨리 와 주세요'라고 부르짖지 않게 말입니다. **저는 우리의 세상이 살기에 썩 괜찮아서 예수님이 심판을 유보하는 세상이 되었으면 좋겠습니다.** 이기적이고 못된 사람들이 기를 못 펴고 어떤 음모도 꾸밀 수 없는 수준의 사회가 되기를 바랍니다. 모진 박해를 받아서 이 세상이 빨리 멸망했으면 좋겠다고 생각한 사람은 종말에 관한 글을 썼습니다. 이런 사람이 없는 사회가 되어야 합니다. 혼자 죽을 바에야 다 같이 죽자는 사람 말입니다. 저의 이런 생각이 전혀 실현 불가능한 것이라면 아마도 우리는 실제로 세상에 꿈틀대는 악마들과 거기에 놀아나는 사람들 그리고 그들을 쓸어버리기 위해 '진노가 가득 찬 대접'을 들고 서 있는 천사가 연거푸 나타나는 것을 보게 될 것입니다. **우리 스스로 정의를 이루지 못한다면 그제야 예수님은 일어나 불쌍한 약자들을 구원하러 이 땅에 내려오실지 모릅니다. 모든 것이 우리 하기 나름입니다.** 꽤 괜찮은 사회, 살만한 사회, 자발적 나눔이 상식이 되고 자신만 아는 돼지 같은 자들이 부끄러워하는 사회, **주님이 재림하실 필요가 없는 사회**, 이미 천년왕국과 같은 사회, 그런 사회를 우리 함께 만들어 갑시다! 🐾

좋은 신앙인은 목사가 되려고 하지 않는다.
목사가 되는 순간
신앙은 의무가 되기 때문이다.
예술은 그 자체로 가치가 있어야 하며
신앙은 평범한 일상 속에서만
가치를 드러낸다.

우리가 좋은 신앙인 되려는 순간부터
예수님이 손가락질하시는
바리새인이 되기 시작하는 것이다.
가식과 외식의
예배를 끊고서야
예수님을 만났다는
어떤 이의 말을 가볍게 듣지 말자.

'신앙이 삶'이라는 말을
24시간 개신교인인 체 하라는 말로
오해하지 말자.

신앙은 그냥 삶
목사가 되겠다는 자가
목수가 되고
선교사로 나가겠다는 자가
나가길 포기하고 가족으로 돌아오며
찬양사역자가 되겠다는 사람이
연로한 노모를 위해
흘러간 옛 노래를 불러드리는 일로
그것을 대신하는 것이
신앙이다.